中华人民共和国海关
进出口商品规范申报目录及释义

（2019 年）

进出口商品规范申报目录编委会　编

中国海关出版社

图书在版编目（CIP）数据

中华人民共和国海关进出口商品规范申报目录及释义.2019年/进出口商品规范申报目录编委会编.—北京：中国海关出版社，2019.1

ISBN 978-7-5175-0333-0

Ⅰ.①中… Ⅱ.①进… Ⅲ.①进出口商品—海关手续—中国—2019—目录 Ⅳ.①F752.65-63

中国版本图书馆CIP数据核字（2018）第284290号

中华人民共和国海关进出口商品规范申报目录及释义（2019年）

ZHONGHUA RENMIN GONGHEGUO HAIGUAN JINCHUKOU SHANGPIN GUIFAN SHENBAO MULU JI SHIYI（2019 NIAN）

作　　者：进出口商品规范申报目录编委会
责任编辑：史　娜　黄华莉　吴　婷　夏淑婷
助理编辑：衣尚书
出版发行：中国海关出版社
社　　址：北京市朝阳区东四环南路甲1号　　邮政编码：100023
网　　址：www.hgcbs.com.cn
编 辑 部：01065194242-7535（电话）　　01065194231（传真）
发 行 部：01065194221/4227/4238/4246（电话）　　01065194233（传真）
社办书店：01065195616（电话）　　01065195127（传真）
www.customskb.com/book（网址）
印　　刷：重庆华林天美印务有限公司　　经　　销：新华书店
开　　本：889mm×1194mm　1/16
印　　张：49　　字　　数：2225千字
版　　次：2019年1月第1版
印　　次：2019年1月第1次印刷
书　　号：ISBN 978-7-5175-0333-0
定　　价：360.00元

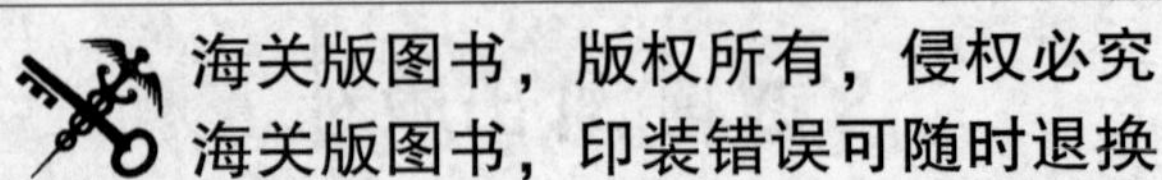

《中华人民共和国海关进出口商品规范申报目录及释义》移动版查询系统

权威准确　实时更新　移动便捷

一、功能简介

为满足读者移动办公及掌握商品实时更新信息的需求，我社开发了针对本书内容的移动版查询系统——“海关数库”微信服务号，免费向本书读者开放，开放时限为2019年全年。该系统具备本书主体内容全文检索查询功能，且将与海关监管库数据同步更新，以便读者实时掌握更新动态，提高通关效率。

二、开通流程

1. 刮开图书封面防伪标涂层，打开手机微信，扫描二维码。

注：每个二维码只能被扫描一次并开通权限，不能重复扫描。

2. 扫描成功后，系统自动弹出“中国海关出版社申请获得以下权限”对话框。

注：“中国海关出版社”为我社微信统一认证平台，认证结果将作用于“海关数库”微信公众号。

3. 点选“允许”后，首次微信扫码用户，还须进行手机号验证，并设置用户密码，以保证增值服务权益不受损。

4. 手机号验证成功后，系统自动弹出认证成功提示框。

5. 点选“进入‘海关数库’公众号”后，即可开通“海关数库”微信服务号下方的“税则申报”增值服务权限，点击“税则申报”按钮，进入右侧图示查询界面。

使用说明

为了规范进出口企业申报行为，提高通关数据质量，加快通关速度，促进贸易便利化，适应贸易发展及海关监管需要，中国海关出版社组织相关业务专家按照《中华人民共和国海关法》和《中华人民共和国海关进出口货物报关单填制规范》的要求，根据海关总署关税征管司发布的2019年版《中华人民共和国海关进出口商品规范申报目录》，编制了《中华人民共和国海关进出口商品规范申报目录及释义》(以下简称《目录》)。

进出口货物收发货人或其代理人在填报海关进出口货物报关单的“商品名称、规格型号”栏目时，应当按照本《目录》中所列商品申报要素的内容填报。为方便《目录》的使用，特作说明如下：

一、《目录》采用了与《中华人民共和国进出口税则》(以下简称《税则》)一致的结构，所列商品按照类、章层次排列。除了《税则》中已有的类注释、章注释外，为了解决目前通关现场海关和进出口企业在使用《目录》时对申报要素的含义理解缺乏统一标准的问题，在相关章前增加“要素释义”，对该章的申报要素加以说明。在使用《目录》时，首先应阅读各章的要素释义，再查阅具体商品对应的规范申报内容。

二、《目录》正文由“税则号列”“商品名称”“申报要素”“说明举例”栏组成。

三、《目录》的“税则号列”栏及对应的“商品名称”栏所列内容分别与《税则》的“税则号列”栏所列相应编码及“商品名称”栏所列相应内容相同。

四、《目录》对不同商品设置了特定的申报要素内容。报关单中的“商品名称、规格型号”栏应当按照《目录》中相应商品所列“申报要素”一栏的各项内容填写。

五、《目录》属于结构性目录，其中所列商品按照不同位数编码所代表的层次进行排列，当某一层次编码商品所要求的申报要素与上一层次编码商品的申报要素相同时，则该商品的“申报要素”栏为空白，此时应使用上一层次编码商品的申报要素内容。例如：编码0101.2100所列商品对应的“申报要素”栏为空白，说明其申报要素与上一层次编码01.01所列商品申报要素相同，故应使用编码01.01商品所列的申报要素内容。

六、《目录》中的“说明举例”栏主要列有正确填报的实例，在实际申报中可供参考。该栏目还列有部分易混淆商品的内容。

七、报关人员填制报关单时，首先应根据商品归类原则对进出口商品进行正确归类，并确定应归入的税则号列，然后按照本《目录》相应编码对应的“申报要素”栏所列申报要求认真填写报关单相应栏目。

编　者

2019年1月

目 录

第一类　活动物；动物产品

注释：

一、本类所称的各属种动物，除条文另有规定的以外，均包括其幼仔在内。

二、除条文另有规定的以外，本目录所称干的产品，均包括经脱水、蒸发或冷冻干燥的产品。

第一章　活动物

注释：

本章包括所有活动物，但下列各项除外：

一、税目 03.01、03.06、03.07 或 03.08 的鱼、甲壳动物、软体动物及其他水生无脊椎动物；

二、税目 30.02 的培养微生物及其他产品；以及

三、税目 95.08 的动物。

【要素释义】

一、归类要素

（一）是否改良种用：改良种用是指用于繁殖、培养推广或用以改良国内品种用的优化品种，并且只有由本国或本地区主管部门认定为"纯种"的种用动物才可以填写"改良种用"。

（二）个体重量：指每一只（头）动物的重量，如子目 0103.9120 填写"个体重量：35 千克/头"。

（三）用途：指动物进出口的实际用途，如食用、非食用。

二、价格要素

品种：指动物的生物学特征，如马的品种可以填写"夸特马""汗血马"等。

税则号列	商品名称	申报要素			说明举例
		归类要素	价格要素	其他要素	
01.01	马、驴、骡：	1. 品名；2. 是否改良种用	3. 品种		
	-马：				
0101.2100	--改良种用				
0101.2900	--其他				
	-驴：				
0101.3010	---改良种用				
0101.3090	---其他				
0101.9000	-其他				
01.02	牛：	1. 品名；2. 是否改良种用			
	-家牛：				
0102.2100	--改良种用				
0102.2900	--其他				
	-水牛：				
0102.3100	--改良种用				
0102.3900	--其他				
	-其他：				
0102.9010	---改良种用				

税则号列	商品名称	申报要素			说明举例
		归类要素	价格要素	其他要素	
0102.9090	---其他				
01.03	**猪:**				
0103.1000	-改良种用	1. 品名; 2. 是否改良种用			
	-其他:	1. 品名; 2. 个体重量			
	--重量在50千克以下:				
0103.9110	---重量在10千克以下				
0103.9120	---重量在10千克及以上, 但在50千克以下				
0103.9200	--重量在50千克及以上				
01.04	**绵羊、山羊:**	1. 品名; 2. 是否改良种用			
	-绵羊:				
0104.1010	---改良种用				例: 改良种用绵羊
0104.1090	---其他				例: 活绵羊
	-山羊:				
0104.2010	---改良种用				例: 改良种用山羊
0104.2090	---其他				例: 活山羊
01.05	**家禽, 即鸡、鸭、鹅、火鸡及珍珠鸡:**	1. 品名; 2. 是否改良种用; 3. 个体重量			不包括其他活禽(如鹧鸪、野鸡、鸽、野鸭、大雁)(税目01.06)
	-重量不超过185克:				
	--鸡:				
0105.1110	---改良种用				
0105.1190	---其他				
	--火鸡:				
0105.1210	---改良种用				
0105.1290	---其他				
	--鸭:				
0105.1310	---改良种用				
0105.1390	---其他				
	--鹅:				
0105.1410	---改良种用				
0105.1490	---其他				
	--珍珠鸡:				
0105.1510	---改良种用				
0105.1590	---其他				
	-其他:				
	--鸡:				
0105.9410	---改良种用				
0105.9490	---其他				

税则号列	商品名称	申报要素			说明举例
		归类要素	价格要素	其他要素	
	--其他：				
0105.9910	---改良种用				
	---其他：				
0105.9991	----鸭				
0105.9992	----鹅				
0105.9993	----珍珠鸡				
0105.9994	----火鸡				
01.06	**其他活动物：**				
	-哺乳动物：	1. 品名；2. 是否改良种用			
	--灵长目：				
0106.1110	---改良种用				
0106.1190	---其他				
	--鲸、海豚及鼠海豚（鲸目哺乳动物）；海牛及儒艮（海牛目哺乳动物）；海豹、海狮及海象（鳍足亚目哺乳动物）：				
	---鲸、海豚及鼠海豚（鲸目哺乳动物）；海牛及儒艮（海牛目哺乳动物）：				
0106.1211	----改良种用				
0106.1219	----其他				
	---海豹、海狮及海象（鳍足亚目哺乳动物）：				
0106.1221	----改良种用				
0106.1229	----其他				
	--骆驼及其他骆驼科动物：				
0106.1310	---改良种用				
0106.1390	---其他				
	--家兔及野兔：				
0106.1410	---改良种用				
0106.1490	---其他				
	--其他：				
0106.1910	---改良种用				
0106.1990	---其他				
	-爬行动物（包括蛇及龟鳖）：				
	---改良种用：	1. 品名；2. 是否改良种用			
0106.2011	----鳄鱼苗				
0106.2019	----其他				
0106.2020	---食用	1. 品名；2. 用途（食用）			

税则号列	商品名称	申报要素			说明举例
		归类要素	价格要素	其他要素	
0106.2090	---其他	1. 品名			
	-鸟:				
	--猛禽:	1. 品名; 2. 是否改良种用			
0106.3110	---改良种用				
0106.3190	---其他				
	--鹦形目（包括普通鹦鹉、长尾鹦鹉、金刚鹦鹉及美冠鹦鹉）:	1. 品名; 2. 是否改良种用			
0106.3210	---改良种用				
0106.3290	---其他				
	--鸵鸟; 鸸鹋:	1. 品名; 2. 是否改良种用			
0106.3310	---改良种用				
0106.3390	---其他				
	--其他:				
0106.3910	---改良种用	1. 品名; 2. 是否改良种用			
	---食用:	1. 品名; 2. 用途（食用）			
0106.3921	----乳鸽				
0106.3923	----野鸭				
0106.3929	----其他				
0106.3990	---其他	1. 品名			
	-昆虫:	1. 品名; 2. 是否改良种用			
	--蜂:				
0106.4110	---改良种用				
0106.4190	---其他				
	--其他:				
0106.4910	---改良种用				
0106.4990	---其他				
	-其他:	1. 品名; 2. 是否改良种用			
	---改良种用:				
0106.9011	----蛙苗				
0106.9019	----其他				
0106.9090	---其他				

第二章　肉及食用杂碎

注释：

本章不包括：

一、税目 02.01 至 02.08 或 02.10 的不适合供人食用的产品；

二、动物的肠、膀胱、胃（税目 05.04）或动物血（税目 05.11、30.02）；或

三、税目 02.09 所列产品以外的动物脂肪（第十五章）。

【要素释义】

本章中的"鲜的"包括运输途中用盐临时保藏的肉及杂碎；"冷的"即产品温度一般降至0℃左右，但未冻结的；"冻的"即冷却到产品的冰点以下，使产品全部冻结的。

一、归类要素

（一）制作或保存方法：指商品具体的制作方法或保存方法。例如，税目 02.03 的商品填写"鲜、冷、冻"中的一种，子目 0210.2000 的"牛肉"填写"干、熏、盐腌、盐渍"中的具体制作方法。

（二）加工方法：指商品的切割处理方法。例如，子目 0201.3000 商品填写"去骨"。

（三）种类：指动物食用杂碎的具体部位。例如，税目 02.06 的商品填报"舌、肝、心管、板筋等"中的具体种类。

二、价格要素

（一）牛肉部位：指牛肉源自牛身上部位的称谓。例如，税目 02.01 的"牛肉"填写"眼肉""腱子肉""腹部""肩部"等。

（二）包装规格：指肉类商品的重量或者数量包装要求，不同厂家和肉类品种包装规格要求不同。例如，子目 0201.2 的冷藏带骨牛肉的包装规格可以填写"11.5 千克/箱"。

（三）厂号：指工厂注册号，代表了某种产品的规格、标准、品质、口碑。例如，子目 0207.1422 的"冻鸡爪"可填写"厂号 8424-928"（指著名的美国泰森的特选凤爪）。

（四）品牌：指制造商或经销商加在商品上的标志，实际只需要填写名称即可，有外文品牌的以填写外文品牌名称为主。

（五）规格（个体重量）：子目 0207.1422 鸡爪的申报要素"规格（个体重量）"是指单个鸡爪的重量或者每磅鸡爪数量。例如，可填写"14~17 只/磅"。

税则号列	商品名称	申报要素			说明举例
		归类要素	价格要素	其他要素	
02.01	**鲜、冷牛肉：**	1. 品名；2. 制作或保存方法（鲜、冷）；3. 加工方法（整头及半头、带骨或去骨等）	4. 牛肉部位（如眼肉、腱子肉等）；5. 包装规格；6. 英文品名；7. 品牌；8. 厂号（名称或号码，注明饲养场或加工厂）；9. 牛种（安格斯牛、和牛等）；10. 牛龄；11. 级别（A级、B级等）；12. 饲养方式（草饲、谷饲等）；13. 签约日期；14. 加工程度（精修、粗修等）		

税则号列	商品名称	申报要素			说明举例
		归类要素	价格要素	其他要素	
0201.1000	-整头及半头				
0201.2000	-带骨肉				
0201.3000	-去骨肉				
02.02	**冻牛肉：**	1. 品名；2. 制作或保存方法（冻）；3. 加工方法（整头及半头、带骨或去骨等）	4. 牛肉部位（如眼肉、腱子肉等）；5. 包装规格；6. 英文品名；7. 品牌；8. 厂号（名称或号码，注明饲养场或加工厂）；9. 牛种（安格斯牛、和牛等）；10. 牛龄；11. 级别（A级、B级等）；12. 饲养方式（草饲、谷饲等）；13. 签约日期；14. 加工程度（精修、粗修等）		
0202.1000	-整头及半头				
0202.2000	-带骨肉				
0202.3000	-去骨肉				
02.03	**鲜、冷、冻猪肉：**	1. 品名；2. 制作或保存方法（鲜、冷、冻）；3. 加工方法（整头及半头、带骨或去骨等）	4. 包装规格；5. 厂号（名称或号码，注明饲养场或加工厂）		
	-鲜或冷的：				
	--整头及半头：				
0203.1110	---乳猪				
0203.1190	---其他				
0203.1200	--带骨的前腿、后腿及其肉块				
0203.1900	--其他				
	-冻的：				
	--整头及半头：				
0203.2110	---乳猪				
0203.2190	---其他				
0203.2200	--带骨的前腿、后腿及其肉块				
0203.2900	--其他				

税则号列	商品名称	申报要素			说明举例
		归类要素	价格要素	其他要素	
02.04	**鲜、冷、冻绵羊肉或山羊肉：**	1. 品名；2. 制作或保存方法（鲜、冷、冻）；3. 加工方法（整头及半头、带骨或去骨等）	4. 包装规格；5. 厂号（名称或号码，注明饲养场或加工厂）		
0204.1000	-鲜或冷的整头及半头羔羊				
	-其他鲜或冷的绵羊肉：				
0204.2100	--整头及半头				
0204.2200	--带骨肉				
0204.2300	--去骨肉				
0204.3000	-冻的整头及半头羔羊				
	-其他冻的绵羊肉：				
0204.4100	--整头及半头				
0204.4200	--带骨肉				
0204.4300	--去骨肉				
0204.5000	-山羊肉				
02.05	**鲜、冷、冻马、驴、骡肉：**	1. 品名；2. 制作或保存方法（鲜、冷、冻）	3. 包装规格；4. 厂号（名称或号码，注明饲养场或加工厂）		
0205.0000	鲜、冷、冻马、驴、骡肉				
02.06	**鲜、冷、冻牛、猪、绵羊、山羊、马、驴、骡的食用杂碎：**	1. 品名；2. 制作或保存方法（鲜、冷、冻）；3. 种类（舌、肝、心管、板筋等）	4. 包装规格；5. 厂号（名称或号码，注明饲养场或加工厂）		
0206.1000	-鲜、冷牛杂碎				
	-冻牛杂碎：				
0206.2100	--舌				
0206.2200	--肝				
0206.2900	--其他				
0206.3000	-鲜、冷猪杂碎				
	-冻猪杂碎：				
0206.4100	--肝				
0206.4900	--其他				
0206.8000	-其他鲜或冷杂碎				
0206.9000	-其他冻杂碎				
02.07	**税目01.05所列家禽的鲜、冷、冻肉及食用杂碎：**				
	-鸡：				

税则号列	商 品 名 称	申 报 要 素			说 明 举 例
		归类要素	价格要素	其他要素	
0207.1100	--整只，鲜或冷的	1. 品名；2. 制作或保存方法（鲜、冷）；3. 加工方法（整只、带骨或去骨等）	4. 厂号（名称或号码，注明饲养场或加工厂）；5. 品牌		
0207.1200	--整只，冻的	1. 品名；2. 制作或保存方法（冻）；3. 加工方法（整只、带骨或去骨等）	4. 厂号（名称或号码，注明饲养场或加工厂）；5. 品牌		
	--块及杂碎，鲜或冷的：	1. 品名；2. 制作或保存方法（鲜、冷）；3. 加工方法（整只、带骨或去骨等）	4. 厂号（名称或号码，注明饲养场或加工厂）；5. 品牌		
	---块：				
0207.1311	----带骨的				
0207.1319	----其他				
	---杂碎：				
0207.1321	----翼（不包括翼尖）				
0207.1329	----其他				
	--块及杂碎，冻的：				
	---块：	1. 品名；2. 制作或保存方法（冻）；3. 加工方法（整只、带骨或去骨等）	4. 厂号（名称或号码，注明饲养场或加工厂）；5. 品牌		
0207.1411	----带骨的				
0207.1419	----其他				
	---杂碎：				
0207.1421	----翼（不包括翼尖）	1. 品名；2. 制作或保存方法（冻）；3. 加工方法（整只、带骨或去骨等）	4. 厂号（名称或号码，注明饲养场或加工厂）；5. 品牌		
0207.1422	----鸡爪	1. 品名；2. 制作或保存方法（冻）；3. 加工方法（整只、带骨或去骨等）	4. 厂号（名称或号码，注明饲养场或加工厂）；5. 品牌；6. 规格（个体重量）		
0207.1429	----其他	1. 品名；2. 制作或保存方法（冻）；3. 加工方法（整只、带骨或去骨等）；4. 种类（心、肝等）	5. 厂号（名称或号码，注明饲养场或加工厂）；6. 品牌		
	-火鸡：				

税则号列	商品名称	申报要素			说明举例
		归类要素	价格要素	其他要素	
0207.2400	--整只，鲜或冷的	1. 品名；2. 制作或保存方法（鲜、冷）；3. 加工方法（整只、带骨或去骨等）			
0207.2500	--整只，冻的	1. 品名；2. 制作或保存方法（冻）；3. 加工方法（整只、带骨或去骨等）			
0207.2600	--块及杂碎，鲜或冷的	1. 品名；2. 制作或保存方法（鲜、冷）；3. 加工方法（整只、带骨或去骨等）；4. 杂碎请列明具体种类			
0207.2700	--块及杂碎，冻的	1. 品名；2. 制作或保存方法（冻）；3. 加工方法（整只、带骨或去骨等）；4. 杂碎请列明具体种类	5. 厂号（名称或号码，注明饲养场或加工厂）；6. 品牌；7. 英文品名		
	-鸭：				
0207.4100	--整只，鲜或冷的	1. 品名；2. 制作或保存方法（鲜、冷）；3. 加工方法（整只）			
0207.4200	--整只，冻的	1. 品名；2. 制作或保存方法（冻）；3. 加工方法（整只）			
0207.4300	--肥肝，鲜或冷的	1. 品名；2. 制作或保存方法（鲜、冷）			
0207.4400	--其他，鲜或冷的	1. 品名；2. 制作或保存方法（鲜、冷）；3. 加工方法（带骨或去骨等）；4. 杂碎请列明具体种类			
0207.4500	--其他，冻的	1. 品名；2. 制作或保存方法（冻）；3. 加工方法（带骨或去骨等）；4. 杂碎请列明具体种类			
	-鹅：				
0207.5100	--整只，鲜或冷的	1. 品名；2. 制作或保存方法（鲜、冷）；3. 加工方法（整只）			
0207.5200	--整只，冻的	1. 品名；2. 制作或保存方法（冻）；3. 加工方法（整只）			

税则号列	商品名称	申报要素			说明举例
		归类要素	价格要素	其他要素	
0207.5300	--肥肝，鲜或冷的	1. 品名；2. 制作或保存方法（鲜、冷）			
0207.5400	--其他，鲜或冷的	1. 品名；2. 制作或保存方法（鲜、冷）；3. 加工方法（带骨或去骨等）；4. 杂碎请列明具体种类			
0207.5500	--其他，冻的	1. 品名；2. 制作或保存方法（冻）；3. 加工方法（带骨或去骨等）；4. 杂碎请列明具体种类			
0207.6000	-珍珠鸡	1. 品名；2. 制作或保存方法（鲜、冷、冻）；3. 加工方法（整只、带骨或去骨等）；4. 杂碎请列明具体种类			
02.08	**其他鲜、冷、冻肉及食用杂碎：**				
	-家兔或野兔的：				
0208.1010	---鲜、冷兔肉，兔头除外	1. 品名；2. 制作或保存方法（鲜、冷）	3. 包装规格		
0208.1020	---冻兔肉，兔头除外	1. 品名；2. 制作或保存方法（冻）	3. 包装规格		
0208.1090	---其他	1. 品名；2. 制作或保存方法（鲜、冷、冻）；3. 杂碎请列明具体种类及用途	4. 包装规格		
0208.3000	-灵长目的	1. 品名；2. 制作或保存方法（鲜、冷、冻）；3. 杂碎请列明具体种类及用途	4. 包装规格		
0208.4000	-鲸、海豚及鼠海豚（鲸目哺乳动物）的；海牛及儒艮（海牛目哺乳动物）的；海豹、海狮及海象（鳍足亚目哺乳动物）的	1. 品名；2. 制作或保存方法（鲜、冷、冻）；3. 杂碎请列明具体种类及用途	4. 包装规格		
0208.5000	-爬行动物（包括蛇及龟鳖）的	1. 品名；2. 制作或保存方法（鲜、冷、冻）；3. 杂碎请列明具体种类及用途	4. 包装规格		
0208.6000	-骆驼及其他骆驼科动物的	1. 品名；2. 制作或保存方法（鲜、冷、冻）；3. 杂碎请列明具体种类及用途	4. 包装规格		

税则号列	商品名称	申报要素			说明举例
		归类要素	价格要素	其他要素	
	-其他：	1. 品名；2. 制作或保存方法（鲜、冷、冻）；3. 杂碎请列明具体种类及用途	4. 包装规格		
0208.9010	---乳鸽的				
0208.9090	---其他				
02.09	**未炼制或用其他方法提取的不带瘦肉的肥猪肉、猪脂肪及家禽脂肪，鲜、冷、冻、干、熏、盐腌或盐渍的：**	1. 品名；2. 制作或保存方法（未炼制、未提取脂肪，干、熏、盐腌、盐渍等）			不包括经炼制或用其他方法提取的脂肪（税目15.01）；不包括海生哺乳动物的脂肪（第十五章）
0209.1000	-猪的				
0209.9000	-其他				
02.10	**肉及食用杂碎，干、熏、盐腌或盐渍的；可供食用的肉或杂碎的细粉、粗粉：**				不包括未炼制或用其他方法提取的不带瘦肉的肥猪肉、猪脂肪或家禽脂肪（税目02.09）；不包括不适合供人食用的肉或杂碎的粗粉或细粉（税目23.01）
	-猪肉：	1. 品名；2. 部位（腿肉、腹肉等），是否带骨；3. 制作或保存方法（干、熏、盐腌、盐渍等）			
	--带骨的前腿、后腿及其肉块：				
0210.1110	---带骨的腿				
0210.1190	---其他				
0210.1200	--腹肉（五花肉）				
0210.1900	--其他				
0210.2000	-牛肉	1. 品名；2. 制作或保存方法（干、熏、盐腌、盐渍等）			
	-其他，包括可供食用的肉或杂碎的细粉、粗粉：	1. 品名；2. 用途；3. 制作或保存方法（干、熏、盐腌、盐渍等）；4. 杂碎请列明具体种类			
0210.9100	--灵长目的				
0210.9200	--鲸、海豚及鼠海豚（鲸目哺乳动物）的；海牛及儒艮（海牛目哺乳动物）的；海豹、海狮及海象（鳍足亚目哺乳动物）的				

税则号列	商品名称	申报要素			说明举例
		归类要素	价格要素	其他要素	
0210.9300	--爬行动物（包括蛇及龟鳖）的				
0210.9900	--其他				

第三章　鱼、甲壳动物、软体动物及其他水生无脊椎动物

注释：

一、本章不包括：

（一）税目 01.06 的哺乳动物；

（二）税目 01.06 的哺乳动物的肉（税目 02.08 或 02.10）；

（三）因品种或鲜度不适合供人食用的死鱼（包括鱼肝、鱼卵及鱼精等）、死甲壳动物、死软体动物及其他死水生无脊椎动物（第五章）；不适合供人食用的鱼、甲壳动物、软体动物、其他水生无脊椎动物的粉、粒（税目 23.01）；或

（四）鲟鱼子酱及用鱼卵制成的鲟鱼子酱代用品（税目 16.04）。

二、本章所称“团粒”，是指直接挤压或加入少量黏合剂制成的粒状产品。

【要素释义】

本章所称“冷”指产品的温度一般降至0℃左右，但产品尚未冻结的；“冻”指温度降至产品的冰点以下，使产品全部冻结的；“观赏鱼”指因其色彩或形态特殊而通常养于水族箱中以供观赏的活鱼；“鱼片”指顺鱼脊骨平切的长条肉片。

一、归类要素

（一）用途：子目 0301.10 的申报要素“用途”的含义是指活鱼的用途，一般填写观赏用、食用等。因为子目 0301.10 是指“观赏用活鱼”，故归入该子目的活鱼必须填写“用途：观赏用”这个条件。

（二）状态：税目 03.01 项下各子目的申报要素“状态”的含义是指向海关报验时鱼是活的还是死的。因为税目 03.01 是指“活鱼”，故归入该税目项下的鱼都必须填写“状态：活”这个条件。

（三）是否为鱼苗：子目 0301.9110、0301.9210、0301.9310、0301.9410、0301.9510、0301.991 的申报要素“鱼苗”的含义是指孵化不久的幼鱼，一般体长很小，有人工繁殖的鱼苗和来自江河湖海的天然鱼苗。例如，子目 0301.9110 是指“鳟鱼的鱼苗”，故归入该税号的鳟鱼必须填写“鱼苗”这个条件。

（四）是否是种苗：税目 03.06、03.07、03.08 项下众多子目的申报要素“种苗”的含义是指用于育苗的母体和用于培育的幼体。例如，子目 0307.3110 的贻贝种苗，包括用于育苗的贻贝母贝（指用于繁殖、育苗的成贝，一般性腺丰满、个体健壮，壳长为 8 厘米以上）及用于培育的贻贝幼贝（指贻贝幼虫变态后转入底栖附着的幼苗，体长 2 厘米左右，就可以进行分苗附着养成）。因为子目 0307.3110 是指“贻贝种苗”，故符合上述规定的贻贝必须填写“种苗”这个条件。

（五）拉丁名称：税目 03.01~03.07 项下各子目的申报要素“拉丁名称”的含义是指鱼、甲壳动物、软体动物在申报其商业名称的品名（如带鱼）时，还要申报其拉丁语学名，因为动物种类众多，并且对同一种动物由于语言不同以及各地习俗不同而造成交流困难，国际上公认用拉丁名称可以规范和确定动物的品种。例如归入子目 0302.8910 的“带鱼”必须填写“拉丁名称 *Trichiurus lepturus*”。

（六）制作或保存方法：税目 03.02~03.08 项下各子目的申报要素“制作或保存方法”的含义是指商品具体的制作或保存方法。例如，税目 03.02 是指“鲜、冷鱼”，则归入该税目项下的商品必须填写“制作或保存方法：鲜（或新鲜）”或者“制作或保存方法：冷（或冷藏）”，但不能填写成“制作或保存方法：鲜或冷”。

（七）状态：税目 03.06~03.07 项下子目的申报要素“状态”是指税目 03.06 的甲壳动物和税目 03.07 的软体动物是带壳的还是去壳的。例如，子目 0306.1611 是指“冻的冷水小虾虾仁”，则归入该税号的虾仁必须填写“状态：去壳”这个条件。

二、价格要素

（一）个体重量：税目 03.02、03.03 的申报要素“个体重量”的含义指一条鱼的重量，如 1500 克/条。有时一批鱼中有不同的大小，则可以填写一个范围，如 1500~2000 克/条。同样，税目 03.06 的个体重量也是指单个的甲壳动物（如虾、蟹）的重量。

（二）规格：税目 03.04、03.06 的申报要素“规格”的含义是指每个单位重量（千克或者磅）产品的数量，用“千克或磅”表示；或者每个个体重量产品的数量，用“个或片或条/千克或磅”表示。例如，子目 0304.44 的冻鳕鱼片填写“规格：500 克/片”；子目 0306.16 项下的冻小虾填写“规格：41~50 个/磅”；对虾填写“规格：8~12 个/千克”。

（三）是否带头（脏、皮、刺、鳞、鳍）：税目 03.04 项下的申报要素“是否带头（脏、皮、刺、鳞、鳍）”的含义是指税目 03.04 的鱼片及其他鱼肉是否还包括鱼头、脏、皮、刺、鳞、鳍等。例如，如果归入子

目 0304.87 的金枪鱼片是鱼皮未去除的鱼片，则填写“带皮”。

（四）包装规格：税目 03.06 的申报要素“包装规格”的含义是指每个独立包装中甲壳动物的数量或者重量。例如，子目 0306.1611 冻冷水小虾虾仁填写“包装规格：450 克/箱”。

税则号列	商品名称	申报要素			说明举例
		归类要素	价格要素	其他要素	
03.01	活鱼：				
	-观赏鱼：	1. 品名；2. 用途（观赏用）；3. 状态（活）；4. 拉丁名称			
0301.1100	--淡水鱼				
0301.1900	--其他				
	-其他活鱼：				
	--鳟鱼（河鳟、虹鳟、克拉克大麻哈鱼、阿瓜大麻哈鱼、吉雨大麻哈鱼、亚利桑那大麻哈鱼、金腹大麻哈鱼）：				
0301.9110	---鱼苗	1. 品名；2. 状态（活）；3. 是否为鱼苗；4. 拉丁名称			
0301.9190	---其他	1. 品名；2. 状态（活）；3. 拉丁名称			
	--鳗鱼（鳗鲡属）：				
0301.9210	---鱼苗	1. 品名；2. 状态（活）；3. 是否为鱼苗；4. 拉丁名称			
0301.9290	---其他	1. 品名；2. 状态（活）；3. 拉丁名称			
	--鲤科鱼（鲤属、鲫属、草鱼、鲢属、鲮属、青鱼、卡特拉鲃、野鲮属、哈氏纹唇鱼、何氏细须鲃、鲂属）：				
0301.9310	---鱼苗	1. 品名；2. 状态（活）；3. 是否为鱼苗；4. 拉丁名称			
0301.9390	---其他	1. 品名；2. 状态（活）；3. 拉丁名称			
	--大西洋及太平洋蓝鳍金枪鱼：				
0301.9410	---鱼苗	1. 品名；2. 状态（活）；3. 是否为鱼苗；4. 拉丁名称			
	---其他：	1. 品名；2. 状态（活）；3. 拉丁名称			
0301.9491	----大西洋蓝鳍金枪鱼				
0301.9492	----太平洋蓝鳍金枪鱼				
	--南方蓝鳍金枪鱼：				

税则号列	商品名称	申报要素			说明举例
		归类要素	价格要素	其他要素	
0301.9510	---鱼苗	1. 品名；2. 状态（活）；3. 是否为鱼苗；4. 拉丁名称			
0301.9590	---其他	1. 品名；2. 状态（活）；3. 拉丁名称			
	--其他：				
	---鱼苗：	1. 品名；2. 状态（活）；3. 是否为鱼苗；4. 拉丁名称			
0301.9911	----鲈鱼				
0301.9912	----鲟鱼				
0301.9919	----其他				
	---其他：	1. 品名；2. 状态（活）；3. 拉丁名称			
0301.9991	----罗非鱼				
0301.9992	----鲀				
0301.9993	----其他鲤科鱼				
0301.9999	----其他				
03.02	**鲜、冷鱼，但税目03.04的鱼片及其他鱼肉除外：**				不包括鱼片及其他鱼肉（税目03.04）
	-鲑科鱼，但子目0302.91至0302.99的可食用鱼杂碎除外：	1. 品名；2. 制作或保存方法（鲜、冷）；3. 拉丁名称	4. 个体重量［如1000~2000克/条（块）等］		
0302.1100	--鳟鱼（河鳟、虹鳟、克拉克大麻哈鱼、阿瓜大麻哈鱼、吉雨大麻哈鱼、亚利桑那大麻哈鱼、金腹大麻哈鱼）				
0302.1300	--大麻哈鱼［红大麻哈鱼、细磷大麻哈鱼、大麻哈鱼（种）、大鳞大麻哈鱼、银大麻哈鱼、马苏大麻哈鱼、玫瑰大麻哈鱼］				
	--大西洋鲑鱼及多瑙哲罗鱼：				
0302.1410	---大西洋鲑鱼				
0302.1420	---多瑙哲罗鱼				
0302.1900	--其他				
	-比目鱼（鲽科、鲆科、舌鳎科、鳎科、菱鲆科、刺鲆科），但子目0302.91至0302.99的可食用鱼杂碎除外：	1. 品名；2. 制作或保存方法（鲜、冷）；3. 拉丁名称	4. 个体重量［如1000~2000克/条（块）等］		

税则号列	商 品 名 称	申报要素			说 明 举 例
		归类要素	价格要素	其他要素	
0302.2100	--庸鲽鱼（马舌鲽、庸鲽、狭鳞庸鲽）				
0302.2200	--鲽鱼（鲽）				
0302.2300	--鳎鱼（鳎属）				
0302.2400	--大菱鲆（瘤棘鲆）				
0302.2900	--其他				
	-金枪鱼（金枪鱼属）、鲣鱼或狐鲣（鲣），但子目0302.91至0302.99的可食用鱼杂碎除外：	1. 品名；2. 制作或保存方法（鲜、冷）；3. 拉丁名称	4. 个体重量［如1000~2000克/条（块）等］		
0302.3100	--长鳍金枪鱼				
0302.3200	--黄鳍金枪鱼				
0302.3300	--鲣鱼或狐鲣				
0302.3400	--大眼金枪鱼				
	--大西洋及太平洋蓝鳍金枪鱼：				
0302.3510	---大西洋蓝鳍金枪鱼				
0302.3520	---太平洋蓝鳍金枪鱼				
0302.3600	--南方蓝鳍金枪鱼				
0302.3900	--其他				
	-鲱鱼（大西洋鲱鱼、太平洋鲱鱼）、鳀鱼（鳀属）、沙丁鱼（沙丁鱼、沙瑙鱼属）、小沙丁鱼属、黍鲱或西鲱、鲭鱼［大西洋鲭、澳洲鲭（鲐）、日本鲭（鲐）］、印度鲭（羽鳃鲐属）、马鲛鱼（马鲛属）、对称竹荚鱼、新西兰竹荚鱼及竹荚鱼（竹荚鱼属）、鲹鱼（鲹属）、军曹鱼、银鲳（鲳属）、秋刀鱼、圆鲹（圆鲹属）、多春鱼（毛鳞鱼）、剑鱼、鲔鱼、狐鲣（狐鲣属）、枪鱼、旗鱼、四鳍旗鱼（旗鱼科），但子目0302.91至0302.99的可食用鱼杂碎除外：	1. 品名；2. 制作或保存方法（鲜、冷）；3. 拉丁名称	4. 个体重量［如1000~2000克/条（块）等］		
0302.4100	--鲱鱼（大西洋鲱鱼、太平洋鲱鱼）				
0302.4200	--鳀鱼（鳀属）				
0302.4300	--沙丁鱼（沙丁鱼、沙瑙鱼属）、小沙丁鱼属、黍鲱或西鲱				
0302.4400	--鲭鱼［大西洋鲭、澳洲鲭（鲐）、日本鲭（鲐）］				

税则号列	商品名称	申报要素			说明举例
		归类要素	价格要素	其他要素	
0302.4500	--对称竹荚鱼、新西兰竹荚鱼及竹荚鱼（竹荚鱼属）				
0302.4600	--军曹鱼				
0302.4700	--剑鱼				
0302.4900	--其他				
	-犀鳕科、多丝真鳕科、鳕科、长尾鳕科、黑鳕科、无须鳕科、深海鳕科及南极鳕科鱼，但子目 0302.91 至 0302.99 的可食用鱼杂碎除外：	1. 品名；2. 制作或保存方法（鲜、冷）；3. 拉丁名称	4. 个体重量［如 1000～2000 克/条（块）等］		
0302.5100	--鳕鱼（大西洋鳕鱼、格陵兰鳕鱼、太平洋鳕鱼）				
0302.5200	--黑线鳕鱼（黑线鳕）				
0302.5300	--绿青鳕鱼				
0302.5400	--狗鳕鱼（无须鳕属、长鳍鳕属）				
0302.5500	--狭鳕鱼				
0302.5600	--蓝鳕鱼（小鳍鳕、南蓝鳕）				
0302.5900	--其他				
	-罗非鱼（口孵非鲫属）、鲶鱼（𩷶鲶属、鲶属、胡鲶属、真鮰属）、鲤科鱼（鲤属、鲫属、草鱼、鲢属、鲮属、青鱼、卡特拉鲃、野鲮属、哈氏纹唇鱼、何氏细须鲃、鲂属）、鳗鱼（鳗鲡属）、尼罗河鲈鱼（尼罗尖吻鲈）及黑鱼（鳢属），但子目 0302.91 至 0302.99 的可食用鱼杂碎除外：	1. 品名；2. 制作或保存方法（鲜、冷）；3. 拉丁名称	4. 个体重量［如 1000～2000 克/条（块）等］		
0302.7100	罗非鱼（口孵非鲫属）				
0302.7200	--鲶鱼（𩷶鲶属、鲶属、胡鲶属、真鮰属）				
0302.7300	--鲤科鱼（鲤属、鲫属、草鱼、鲢属、鲮属、青鱼、卡特拉鲃、野鲮属、哈氏纹唇鱼、何氏细须鲃、鲂属）				
0302.7400	--鳗鱼（鳗鲡属）				
0302.7900	--其他				
	-其他鱼，但子目 0302.91 至 0302.99 的可食用鱼杂碎除外：	1. 品名；2. 制作或保存方法（鲜、冷）；3. 拉丁名称	4. 个体重量［如 1000～2000 克/条（块）等］		
0302.8100	--角鲨及其他鲨鱼				

税则号列	商品名称	申报要素			说明举例
		归类要素	价格要素	其他要素	
0302.8200	--魟鱼及鳐鱼（鳐科）				
0302.8300	--南极犬牙鱼（南极犬牙鱼属）				
0302.8400	--尖吻鲈鱼（舌齿鲈属）				
0302.8500	--菱羊鲷（鲷科）				
	--其他：				
0302.8910	---带鱼				
0302.8920	---黄鱼				
0302.8930	---鲳鱼				
0302.8940	---鲀				
0302.8990	---其他				
	-鱼肝、鱼卵、鱼精、鱼鳍、鱼头、鱼尾、鱼鳔及其他可食用鱼杂碎：	1. 品名；2. 制作或保存方法（鲜、冷）；3. 拉丁名称			
0302.9100	--鱼肝、鱼卵及鱼精				
0302.9200	--鲨鱼翅				
0302.9900	--其他				
03.03	**冻鱼，但税目03.04的鱼片及其他鱼肉除外：**				不包括鱼片及其他鱼肉（税目03.04）
	-鲑科鱼，但子目0303.91至0303.99的可食用鱼杂碎除外：	1. 品名；2. 制作或保存方法（冻）；3. 拉丁名称	4. 个体重量[如1000~2000克/条（块）等]		
0303.1100	--红大麻哈鱼				
0303.1200	--其他大麻哈鱼[细磷大麻哈鱼、大麻哈鱼（种）、大鳞大麻哈鱼、银大麻哈鱼、马苏大麻哈鱼、玫瑰大麻哈鱼]				
0303.1300	--大西洋鲑鱼及多瑙哲罗鱼				
0303.1400	--鳟鱼（河鳟、虹鳟、克拉克大麻哈鱼、阿瓜大麻哈鱼、吉雨大麻哈鱼、亚利桑那大麻哈鱼、金腹大麻哈鱼）				
0303.1900	--其他				
	-罗非鱼（口孵非鲫属）、鲶鱼（鲑鲶属、鲶属、胡鲶属、真鮰属）、鲤科鱼（鲤属、鲫属、草鱼、鲢属、鲮属、青鱼、卡特拉鲃、野鲮属、哈氏纹唇鱼、何氏细须鲃、鲂属）、鳗鱼（鳗鲡属）、尼罗河鲈鱼（尼罗尖吻鲈）及黑鱼（鳢属），但子目0303.91至0303.99的可食用鱼杂碎除外：	1. 品名；2. 制作或保存方法（冻）；3. 拉丁名称	4. 个体重量[如1000~2000克/条（块）等]		

税则号列	商品名称	申报要素			说明举例
		归类要素	价格要素	其他要素	
0303.2300	--罗非鱼（口孵非鲫属）				
0303.2400	--鲶鱼（鲶鲶属、鲶属、胡鲶属、真鮰属）				
0303.2500	--鲤科鱼（鲤属、鲫属、草鱼、鲢属、鲮属、青鱼、卡特拉鲃、野鲮属、哈氏纹唇鱼、何氏细须鲃、鲂属）				
0303.2600	--鳗鱼（鳗鲡属）				
0303.2900	--其他				
	-比目鱼（鲽科、鲆科、舌鳎科、鳎科、菱鲆科、刺鲆科），但子目0303.91至0303.99的可食用鱼杂碎除外：	1. 品名；2. 制作或保存方法（冻）；3. 拉丁名称	4. 个体重量［如1000~2000克/条（块）等］		
	--庸鲽鱼（马舌鲽、庸鲽、狭鳞庸鲽）：				
0303.3110	---格陵兰庸鲽鱼				
0303.3190	---其他				
0303.3200	--鲽鱼（鲽）				
0303.3300	--鳎鱼（鳎属）				
0303.3400	--大菱鲆（瘤棘鲆）				
0303.3900	--其他				
	-金枪鱼（金枪鱼属）、鲣鱼或狐鲣（鲣），但子目0303.91至0303.99的可食用鱼杂碎除外：	1. 品名；2. 制作或保存方法（冻）；3. 拉丁名称	4. 个体重量［如1000~2000克/条（块）等］		
0303.4100	--长鳍金枪鱼				
0303.4200	--黄鳍金枪鱼				
0303.4300	--鲣鱼或狐鲣				
0303.4400	--大眼金枪鱼				
	--大西洋及太平洋蓝鳍金枪鱼：				
0303.4510	---大西洋蓝鳍金枪鱼				
0303.4520	---太平洋蓝鳍金枪鱼				
0303.4600	--南方蓝鳍金枪鱼				
0303.4900	--其他				

税则号列	商品名称	申报要素			说明举例
		归类要素	价格要素	其他要素	
	-鲱鱼（大西洋鲱鱼、太平洋鲱鱼）、鳀鱼（鳀属）、沙丁鱼（沙丁鱼、沙瑙鱼属）、小沙丁鱼属、黍鲱或西鲱、鲭鱼［大西洋鲭、澳洲鲭（鲐）、日本鲭（鲐）］、印度鲭（羽鳃鲐属）、马鲛鱼（马鲛属）、对称竹荚鱼、新西兰竹荚鱼及竹荚鱼（竹荚鱼属）、鲹鱼（鲹属）、军曹鱼、银鲳（鲳属）、秋刀鱼、圆鲹（圆鲹属）、多春鱼（毛鳞鱼）、剑鱼、鲔鱼、狐鲣（狐鲣属）、枪鱼、旗鱼、四鳍旗鱼（旗鱼科），但子目0303.91至0303.99的可食用鱼杂碎除外：	1. 品名；2. 制作或保存方法（冻）；3. 拉丁名称	4. 个体重量［如1000~2000克/条（块）等］		
0303.5100	--鲱鱼（大西洋鲱鱼、太平洋鲱鱼）				
0303.5300	--沙丁鱼（沙丁鱼、沙瑙鱼属）、小沙丁鱼属、黍鲱或西鲱				
0303.5400	--鲭鱼［大西洋鲭、澳洲鲭（鲐）、日本鲭（鲐）］				
0303.5500	--对称竹荚鱼、新西兰竹荚鱼及竹荚鱼（竹荚鱼属）				
0303.5600	--军曹鱼				
0303.5700	--剑鱼				
0303.5900	--其他				
	-犀鳕科、多丝真鳕科、鳕科、长尾鳕科、黑鳕科、无须鳕科、深海鳕科及南极鳕科鱼，但子目0303.91至0303.99的可食用鱼杂碎除外：	1. 品名；2. 制作或保存方法（冻）；3. 拉丁名称	4. 个体重量［如1000~2000克/条（块）等］		
0303.6300	--鳕鱼（大西洋鳕鱼、格陵兰鳕鱼、太平洋鳕鱼）				
0303.6400	--黑线鳕鱼（黑线鳕）				
0303.6500	--绿青鳕鱼				
0303.6600	--狗鳕鱼（无须鳕属、长鳍鳕属）				
0303.6700	--狭鳕鱼				
0303.6800	--蓝鳕鱼（小鳍鳕、南蓝鳕）				
0303.6900	--其他				

税则号列	商品名称	申报要素			说明举例
		归类要素	价格要素	其他要素	
	-其他鱼，但子目0303.91至0303.99的可食用鱼杂碎除外：	1. 品名；2. 制作或保存方法（冻）；3. 拉丁名称	4. 个体重量［如1000~2000克/条（块）等］		
0303.8100	--角鲨及其他鲨鱼				
0303.8200	--魟鱼及鳐鱼（鳐科）				
0303.8300	--南极犬牙鱼（南极犬牙鱼属）				
0303.8400	--尖吻鲈鱼（舌齿鲈属）				
	--其他：				
0303.8910	---带鱼				
0303.8920	---黄鱼				
0303.8930	---鲳鱼				
0303.8990	---其他				
	-鱼肝、鱼卵、鱼精、鱼鳍、鱼头、鱼尾、鱼鳔及其他可食用杂碎：	1. 品名；2. 制作或保存方法（冻）；3. 拉丁名称			
0303.9100	--鱼肝、鱼卵及鱼精				
0303.9200	--鲨鱼翅				
0303.9900	--其他				
03.04	**鲜、冷、冻鱼片及其他鱼肉(不论是否绞碎)：**				
	-鲜或冷的罗非鱼（口孵非鲫属）、鲶鱼（鮰鲶属、鲶属、胡鲶属、真鮰属）、鲤科鱼（鲤属、鲫属、草鱼、鲢属、鲮属、青鱼、卡特拉鲃、野鲮属、哈氏纹唇鱼、何氏细须鲃、鲂属）、鳗鱼（鳗鲡属）、尼罗河鲈鱼（尼罗尖吻鲈）及黑鱼（鳢属）的鱼片：	1. 品名；2. 制作或保存方法（鲜、冷）；3. 拉丁名称	4. 规格［克重/片（块）等］		
0304.3100	--罗非鱼（口孵非鲫属）				
0304.3200	--鲶鱼（鮰鲶属、鲶属、胡鲶属、真鮰属）				
0304.3300	--尼罗河鲈鱼（尼罗尖吻鲈）				
0304.3900	--其他				
	-鲜或冷的其他鱼片：	1. 品名；2. 制作或保存方法（鲜、冷）；3. 拉丁名称	4. 规格［克重/片（块）等］		

税则号列	商品名称	申报要素			说明举例
		归类要素	价格要素	其他要素	
0304.4100	--大麻哈鱼［红大麻哈鱼、细磷大麻哈鱼、大麻哈鱼（种）、大鳞大麻哈鱼、银大麻哈鱼、马苏大麻哈鱼、玫瑰大麻哈鱼］、大西洋鲑鱼及多瑙哲罗鱼				
0304.4200	--鳟鱼（河鳟、虹鳟、克拉克大麻哈鱼、阿瓜大麻哈鱼、吉雨大麻哈鱼、亚利桑那大麻哈鱼、金腹大麻哈鱼）				
0304.4300	--比目鱼（鲽科、鲆科、舌鳎科、鳎科、菱鲆科、刺鲆科）				
0304.4400	--犀鳕科、多丝真鳕科、鳕科、长尾鳕科、黑鳕科、无须鳕科、深海鳕科及南极鳕科鱼				
0304.4500	--剑鱼				
0304.4600	--南极犬牙鱼（南极犬牙鱼属）				
0304.4700	--角鲨及其他鲨鱼				
0304.4800	--魟鱼及鳐鱼（鳐科）				
0304.4900	--其他				
	-其他，鲜或冷的：	1. 品名；2. 制作或保存方法（鲜、冷）；3. 拉丁名称	4. 规格［克重/片（块）等］		
0304.5100	--罗非鱼（口孵非鲫属）、鲶鱼（鲑鲶属、鲶属、胡鲶属、真鮰属）、鲤科鱼（鲤属、鲫属、草鱼、鲢属、鲮属、青鱼、卡特拉鲃、野鲮属、哈氏纹唇鱼、何氏细须鲃、鲂属）、鳗鱼（鳗鲡属）、尼罗河鲈鱼（尼罗尖吻鲈）及黑鱼（鳢属）				
0304.5200	--鲑科鱼				
0304.5300	--犀鳕科、多丝真鳕科、鳕科、长尾鳕科、黑鳕科、无须鳕科、深海鳕科及南极鳕科鱼				
0304.5400	--剑鱼				
0304.5500	--南极犬牙鱼（南极犬牙鱼属）				
0304.5600	--角鲨及其他鲨鱼				
0304.5700	--魟鱼及鳐鱼（鳐科）				
0304.5900	--其他				

税则号列	商品名称	申报要素			说明举例
		归类要素	价格要素	其他要素	
	-冻的罗非鱼（口孵非鲫属）、鲶鱼（鲶鲶属、鲶属、胡鲶属、真鮰属）、鲤科鱼（鲤属、鲫属、草鱼、鲢属、鲮属、青鱼、卡特拉鲃、野鲮属、哈氏纹唇鱼、何氏细须鲃、鲂属）、鳗鱼（鳗鲡属）、尼罗河鲈鱼（尼罗尖吻鲈）及黑鱼（鳢属）的鱼片：				
0304.6100	--罗非鱼（口孵非鲫属）	1. 品名；2. 制作或保存方法（冻）；3. 拉丁名称	4. 规格［克重/片（块）等］		
	--鲶鱼（鲶鲶属、鲶属、胡鲶属、真鮰属）：				
	---叉尾鮰鱼（真鮰属）：	1. 品名；2. 制作或保存方法（冻）；3. 拉丁名称	4. 规格［克重/片（块）等］		
0304.6211	----斑点叉尾鮰鱼				
0304.6219	----其他				
0304.6290	---其他	1. 品名；2. 制作或保存方法（冻）；3. 拉丁名称	4. 规格［克重/片（块）等］；5. 是否带头、脏、皮、刺、鳞、鳍		
0304.6300	--尼罗河鲈鱼（尼罗尖吻鲈）	1. 品名；2. 制作或保存方法（冻）；3. 拉丁名称	4. 规格［克重/片（块）等］；5. 是否带头、脏、皮、刺、鳞、鳍		
0304.6900	--其他	1. 品名；2. 制作或保存方法（冻）；3. 拉丁名称	4. 规格［克重/片（块）等］；5. 是否带头、脏、皮、刺、鳞、鳍		
	-冻的犀鳕科、多丝真鳕科、鳕科、长尾鳕科、黑鳕科、无须鳕科、深海鳕科及南极鳕科鱼的鱼片：	1. 品名；2. 制作或保存方法（冻）；3. 拉丁名称	4. 规格［克重/片（块）等］；5. 是否带头、脏、皮、刺、鳞、鳍		
0304.7100	--鳕鱼（大西洋鳕鱼、格陵兰鳕鱼、太平洋鳕鱼）				

税则号列	商品名称	申报要素			说明举例
		归类要素	价格要素	其他要素	
0304.7200	--黑线鳕鱼（黑线鳕）				
0304.7300	--绿青鳕鱼				
0304.7400	--狗鳕鱼（无须鳕属、长鳍鳕属）				
0304.7500	--狭鳕鱼				
0304.7900	--其他				
	-其他冻鱼片：				
0304.8100	--大麻哈鱼［红大麻哈鱼、细磷大麻哈鱼、大麻哈鱼（种）、大鳞大麻哈鱼、银大麻哈鱼、马苏大麻哈鱼、玫瑰大麻哈鱼］、大西洋鲑鱼及多瑙哲罗鱼	1. 品名；2. 制作或保存方法（冻）；3. 拉丁名称	4. 规格［克重/片（块）等］；5. 是否带头、脏、皮、刺、鳞、鳍		
0304.8200	--鳟鱼（河鳟、虹鳟、克拉克大麻哈鱼、阿瓜大麻哈鱼、吉雨大麻哈鱼、亚利桑那大麻哈鱼、金腹大麻哈鱼）	1. 品名；2. 制作或保存方法（冻）；3. 拉丁名称	4. 规格［克重/片（块）等］；5. 是否带头、脏、皮、刺、鳞、鳍		
0304.8300	--比目鱼（鲽科、鲆科、舌鳎科、鳎科、菱鲆科、刺鲆科）	1. 品名；2. 制作或保存方法（冻）；3. 拉丁名称	4. 规格［克重/片（块）等］；5. 是否带头、脏、皮、刺、鳞、鳍		
0304.8400	--剑鱼	1. 品名；2. 制作或保存方法（冻）；3. 拉丁名称	4. 规格［克重/片（块）等］		
0304.8500	--南极犬牙鱼（南极犬牙鱼属）	1. 品名；2. 制作或保存方法（冻）；3. 拉丁名称	4. 规格［克重/片（块）等］		
0304.8600	--鲱鱼（大西洋鲱鱼、太平洋鲱鱼）	1. 品名；2. 制作或保存方法（冻）；3. 拉丁名称	4. 规格［克重/片（块）等］；5. 是否带头、脏、皮、刺、鳞、鳍		
0304.8700	--金枪鱼（金枪鱼属）、鲣鱼或狐鲣（鲣）	1. 品名；2. 制作或保存方法（冻）；3. 拉丁名称	4. 规格［克重/片（块）等］；5. 是否带头、脏、皮、刺、鳞、鳍		

税则号列	商品名称	申报要素			说明举例
		归类要素	价格要素	其他要素	
0304.8800	--角鲨、其他鲨鱼、魟鱼及鳐鱼（鳐科）	1. 品名；2. 制作或保存方法（冻）；3. 拉丁名称	4. 规格［克重/片（块）等］		
0304.8900	--其他	1. 品名；2. 制作或保存方法（冻）；3. 拉丁名称	4. 规格［克重/片（块）等］；5. 是否带头、脏、皮、刺、鳞、鳍		
	-其他，冻的：	1. 品名；2. 制作或保存方法（冻）；3. 拉丁名称	4. 规格［克重/片（块）等］		
0304.9100	--剑鱼				
0304.9200	--南极犬牙鱼（南极犬牙鱼属）				
0304.9300	--罗非鱼（口孵非鲫属）、鲶鱼（鲑鲶属、鲶属、胡鲶属、真鮰属）、鲤科鱼（鲤属、鲫属、草鱼、鲢属、鲮属、青鱼、卡特拉鲃、野鲮属、哈氏纹唇鱼、何氏细须鲃、鲂属）、鳗鱼（鳗鲡属）、尼罗河鲈鱼（尼罗尖吻鲈）及黑鱼（鳢属）				
0304.9400	--狭鳕鱼				
0304.9500	--犀鳕科、多丝真鳕科、鳕科、长尾鳕科、黑鳕科、无须鳕科、深海鳕科及南极鳕科鱼，狭鳕鱼除外				
0304.9600	--角鲨及其他鲨鱼				
0304.9700	--魟鱼及鳐鱼（鳐科）				
0304.9900	--其他				
03.05	**干、盐腌或盐渍的鱼；熏鱼，不论在熏制前或熏制过程中是否烹煮；适合供人食用的鱼的细粉、粗粉及团粒：**				
0305.1000	-适合供人食用的鱼的细粉、粗粉及团粒	1. 品名；2. 用途；3. 拉丁名称			
0305.2000	-干、熏、盐腌或盐渍的鱼肝、鱼卵及鱼精	1. 品名；2. 制作或保存方法（干、熏、盐腌、盐渍）；3. 拉丁名称			
	-干、盐腌或盐渍的鱼片，但熏制的除外：	1. 品名；2. 制作或保存方法（干、盐腌、盐渍）；3. 拉丁名称			

税则号列	商品名称	申报要素			说明举例
		归类要素	价格要素	其他要素	
0305.3100	--罗非鱼（口孵非鲫属）、鲶鱼（鲑鲶属、鲶属、胡鲶属、真鮰属）、鲤科鱼（鲤属、鲫属、草鱼、鲢属、鲮属、青鱼、卡特拉鲃、野鲮属、哈氏纹唇鱼、何氏细须鲃、鲂属）、鳗鱼（鳗鲡属）、尼罗河鲈鱼（尼罗尖吻鲈）及黑鱼（鳢属）				
0305.3200	--犀鳕科、多丝真鳕科、鳕科、长尾鳕科、黑鳕科、无须鳕科、深海鳕科及南极鳕科鱼				
0305.3900	--其他				
	-熏鱼，包括鱼片，但食用杂碎除外：	1. 品名；2. 制作或保存方法（熏）；3. 拉丁名称			
	--大麻哈鱼［红大麻哈鱼、细磷大麻哈鱼、大麻哈鱼（种）、大鳞大麻哈鱼、银大麻哈鱼、马苏大麻哈鱼、玫瑰大麻哈鱼］、大西洋鲑鱼及多瑙哲罗鱼：				
0305.4110	---大西洋鲑鱼				
0305.4120	---大麻哈鱼及多瑙哲罗鱼				
0305.4200	--鲱鱼（大西洋鲱鱼、太平洋鲱鱼）				
0305.4300	--鳟鱼（河鳟、虹鳟、克拉克大麻哈鱼、阿瓜大麻哈鱼、吉雨大麻哈鱼、亚利桑那大麻哈鱼、金腹大麻哈鱼）				
0305.4400	--罗非鱼（口孵非鲫属）、鲶鱼（鲑鲶属、鲶属、胡鲶属、真鮰属）、鲤科鱼（鲤属、鲫属、草鱼、鲢属、鲮属、青鱼、卡特拉鲃、野鲮属、哈氏纹唇鱼、何氏细须鲃、鲂属）、鳗鱼（鳗鲡属）、尼罗河鲈鱼（尼罗尖吻鲈）及黑鱼（鳢属）				
0305.4900	--其他				
	-干鱼（不包括食用杂碎），不论是否盐腌，但熏制的除外：	1. 品名；2. 制作或保存方法（干）；3. 拉丁名称			

税则号列	商品名称	申报要素			说明举例
		归类要素	价格要素	其他要素	
0305.5100	--鳕鱼（大西洋鳕鱼、格陵兰鳕鱼、太平洋鳕鱼）				
0305.5200	--罗非鱼（口孵非鲫属）、鲶鱼（鮰鲶属、鲶属、胡鲶属、真鮰属）、鲤科鱼（鲤属、鲫属、草鱼、鲢属、鲮属、青鱼、卡特拉鲃、野鲮属、哈氏纹唇鱼、何氏细须鲃、鲂属）、鳗鱼（鳗鲡属）、尼罗河鲈鱼（尼罗尖吻鲈）及黑鱼（鳢属）				
0305.5300	--犀鳕科、多丝真鳕科、鳕科、长尾鳕科、黑鳕科、无须鳕科、深海鳕科及南极鳕科鱼，鳕鱼（大西洋鳕鱼、格陵兰鳕鱼、太平洋鳕鱼）除外				
0305.5400	--鲱鱼（大西洋鲱鱼、太平洋鲱鱼）、鳀鱼（鳀属）、沙丁鱼（沙丁鱼、沙瑙鱼属）、小沙丁鱼属、黍鲱或西鲱、鲭鱼［大西洋鲭、澳洲鲭（鲐）、日本鲭（鲐）］、印度鲭（羽鳃鲐属）、马鲛鱼（马鲛属）、对称竹荚鱼、新西兰竹荚鱼及竹荚鱼（竹荚鱼属）、鲹鱼（鲹属）、军曹鱼、银鲳（鲳属）、秋刀鱼、圆鲹（圆鲹属）、多春鱼（毛鳞鱼）、剑鱼、鲔鱼、狐鲣（狐鲣属）、枪鱼、旗鱼、四鳍旗鱼（旗鱼科）				
	--其他：				
0305.5910	---海龙、海马				
0305.5990	---其他				
	-盐腌及盐渍的鱼（不包括食用杂碎），但干或熏制的除外：	1. 品名；2. 制作或保存方法（盐腌、盐渍）；3. 拉丁名称			
0305.6100	--鲱鱼（大西洋鲱鱼、太平洋鲱鱼）				
0305.6200	--鳕鱼（大西洋鳕鱼、格陵兰鳕鱼、太平洋鳕鱼）				
0305.6300	--鳀鱼（鳀属）				

税则号列	商品名称	申报要素			说明举例
		归类要素	价格要素	其他要素	
0305.6400	--罗非鱼（口孵非鲫属）、鲶鱼（𩽾鲶属、鲶属、胡鲶属、真鮰属）、鲤科鱼（鲤属、鲫属、草鱼、鲢属、鲮属、青鱼、卡特拉鲃、野鲮属、哈氏纹唇鱼、何氏细须鲃、鲂属）、鳗鱼（鳗鲡属）、尼罗河鲈鱼（尼罗尖吻鲈）及黑鱼（鳢属）				
	--其他：				
0305.6910	---带鱼				
0305.6920	---黄鱼				
0305.6930	---鲳鱼				
0305.6990	---其他				
	-鱼鳍、鱼头、鱼尾、鱼鳔及其他可食用杂碎：	1. 品名；2. 用途；3. 拉丁名称			
0305.7100	--鲨鱼翅				
0305.7200	--鱼头、鱼尾、鱼鳔				
0305.7900	--其他				
03.06	**带壳或去壳的甲壳动物，活、鲜、冷、冻、干、盐腌或盐渍的；熏制的带壳或去壳甲壳动物，不论在熏制前或熏制过程中是否烹煮；蒸过或用水煮过的带壳甲壳动物，不论是否冷、冻、干、盐腌或盐渍的；适合供人食用的甲壳动物的细粉、粗粉及团粒：**				
	-冻的：				
0306.1100	--岩礁虾和其他龙虾（真龙虾属、龙虾属、岩龙虾属）	1. 品名；2. 制作或保存方法（冻）；3. 状态（带壳、去壳）；4. 拉丁名称	5. 个体重量；6. 包装规格		
0306.1200	--螯龙虾（螯龙虾属）	1. 品名；2. 制作或保存方法（冻）；3. 状态（带壳、去壳）；4. 拉丁名称	5. 个体重量；6. 包装规格		
	--蟹：	1. 品名；2. 制作或保存方法（冻）；3. 状态（带壳、去壳）；4. 拉丁名称	5. 个体重量；6. 包装规格		
0306.1410	---梭子蟹				
0306.1490	---其他				

税则号列	商品名称	申报要素			说明举例
		归类要素	价格要素	其他要素	
0306.1500	--挪威海螯虾	1. 品名；2. 制作或保存方法（冻）；3. 状态（带壳、去壳）；4. 拉丁名称	5. 个体重量；6. 包装规格		
	--冷水小虾及对虾（长额虾属、褐虾）：	1. 品名；2. 制作或保存方法（冷水）；3. 状态（带壳、去壳）；4. 拉丁名称	5. 规格（如41~50个/磅）；6. 包装规格		
	---冷水小虾：				
0306.1611	----虾仁				
0306.1612	----其他，北方长额虾				
0306.1619	----其他				
	---冷水对虾：				
0306.1621	----虾仁				
0306.1629	----其他				
	--其他小虾及对虾：	1. 品名；2. 制作或保存方法（冻）；3. 状态（带壳、去壳）；4. 拉丁名称	5. 规格（如41~50个/磅）；6. 包装规格；7. 品牌		
	---小虾：				
0306.1711	----虾仁				
0306.1719	----其他				
	---对虾：				
0306.1721	----虾仁				
0306.1729	----其他				
	--其他，包括适合供人食用的甲壳动物的细粉、粗粉及团粒：	1. 品名；2. 制作或保存方法（冻）			
	---淡水小龙虾：				
0306.1911	----虾仁				
0306.1919	----其他				
0306.1990	---其他				
	-活、鲜或冷的：				
	--岩礁虾及其他龙虾（真龙虾属、龙虾属、岩龙虾属）：				
0306.3110	---种苗	1. 品名；2. 是否为种苗；3. 拉丁名称			
0306.3190	---其他	1. 品名；2. 制作或保存方法（活、鲜、冷等）；3. 状态（带壳、去壳）；4. 拉丁名称	5. 个体重量；6. 包装规格		
	--螯龙虾（螯龙虾属）：				

税则号列	商品名称	申报要素			说明举例
		归类要素	价格要素	其他要素	
0306.3210	---种苗	1. 品名；2. 是否为种苗；3. 拉丁名称			
0306.3290	---其他	1. 品名；2. 制作或保存方法（活、鲜、冷等）；3. 状态（带壳、去壳）；4. 拉丁名称	5. 个体重量；6. 包装规格		
	--蟹：				
0306.3310	---种苗	1. 品名；2. 是否为种苗；3. 拉丁名称			
	---其他：	1. 品名；2. 制作或保存方法（活、鲜、冷等）；3. 状态（带壳、去壳）；4. 拉丁名称	5. 个体重量；6. 包装规格		
0306.3391	----中华绒螯蟹				
0306.3392	----梭子蟹				
0306.3399	----其他				
	--挪威海螯虾：				
0306.3410	---种苗	1. 品名；2. 是否为种苗；3. 拉丁名称			
0306.3490	---其他	1. 品名；2. 制作或保存方法（活、鲜、冷等）；3. 状态（带壳、去壳）；4. 拉丁名称	5. 个体重量；6. 包装规格		
	--冷水小虾及对虾（长额虾属、褐虾）：				
0306.3510	---种苗	1. 品名；2. 是否为种苗；3. 拉丁名称			
0306.3520	---鲜、冷对虾	1. 品名；2. 制作或保存方法（鲜、冷等）；3. 状态（带壳、去壳）；4. 拉丁名称	5. 个体重量；6. 包装规格		
0306.3590	---其他	1. 品名；2. 制作或保存方法（活、鲜、冷等）；3. 状态（带壳、去壳）；4. 拉丁名称	5. 个体重量；6. 包装规格		
	--其他小虾及对虾：				
0306.3610	---种苗	1. 品名；2. 是否为种苗；3. 拉丁名称			
0306.3620	---鲜、冷对虾	1. 品名；2. 制作或保存方法（鲜、冷等）；3. 状态（带壳、去壳）；4. 拉丁名称	5. 个体重量；6. 包装规格		

税则号列	商品名称	申报要素			说明举例
		归类要素	价格要素	其他要素	
0306.3690	---其他	1. 品名；2. 制作或保存方法（活、鲜、冷等）；3. 拉丁名称	4. 状态（是否全虾、去头、去肠线，去尾、带壳、去壳、裹面粉等）；5. 个体重量；6. 包装规格		
	--其他，包括适合供人食用的甲壳动物的细粉、粗粉及团粒：				
0306.3910	---种苗	1. 品名；2. 是否为种苗			
0306.3990	---其他	1. 品名；2. 制作或保存方法（活、鲜、冷等）			
	-其他：				
0306.9100	--岩礁虾及其他龙虾（真龙虾属、龙虾属、岩龙虾属）	1. 品名；2. 制作或保存方法（干、盐腌、盐渍等）；3. 状态（带壳、去壳）；4. 拉丁名称	5. 个体重量；6. 包装规格		
0306.9200	--螯龙虾（螯龙虾属）	1. 品名；2. 制作或保存方法（干、盐腌、盐渍等）；3. 状态（带壳、去壳）；4. 拉丁名称			
	--蟹：	1. 品名；2. 制作或保存方法（干、盐腌、盐渍等）；3. 状态（带壳、去壳）；4. 拉丁名称	5. 个体重量；6. 包装规格		
0306.9310	---中华绒螯蟹				
0306.9320	---梭子蟹				
0306.9390	---其他				
0306.9400	--挪威海螯虾	1. 品名；2. 制作或保存方法（干、盐腌、盐渍等）；3. 状态（带壳、去壳）；4. 拉丁名称	5. 个体重量；6. 包装规格		
	--小虾及对虾：	1. 品名；2. 制作或保存方法（干、盐腌、盐渍等）；3. 状态（带壳、去壳）；4. 拉丁名称	5. 个体重量；6. 包装规格		
0306.9510	---冷水小虾及对虾（长额虾属、褐虾）				
0306.9590	---其他小虾及对虾				
0306.9900	--其他，包括适合供人食用的甲壳动物的细粉、粗粉及团粒	1. 品名；2. 制作或保存方法（干、盐腌、盐渍等）			

税则号列	商品名称	申报要素			说明举例
		归类要素	价格要素	其他要素	
03.07	带壳或去壳的软体动物，活、鲜、冷、冻、干、盐腌或盐渍的；熏制的带壳或去壳软体动物，不论在熏制前或熏制过程中是否烹煮；适合供人食用的软体动物的细粉、粗粉及团粒：				
	-牡蛎（蚝）：				
	--活、鲜或冷的：				
0307.1110	---种苗	1. 品名；2. 是否为种苗；3. 拉丁名称			
0307.1190	---其他	1. 品名；2. 制作或保存方法（活、鲜、冷）；3. 状态（带壳、去壳）；4. 拉丁名称	5. 个体重量；6. 包装规格		
0307.1200	--冻的	1. 品名；2. 制作或保存方法（冻）；3. 状态（带壳、去壳）；4. 拉丁名称	5. 个体重量；6. 包装规格		
0307.1900	--其他	1. 品名；2. 制作或保存方法（干、盐腌、盐渍等）；3. 状态（带壳、去壳）；4. 拉丁名称	5. 个体重量；6. 包装规格		
	-扇贝，包括海扇：				
	--活、鲜或冷的：				
0307.2110	---种苗	1. 品名；2. 是否为种苗；3. 拉丁名称			
0307.2190	---其他	1. 品名；2. 制作或保存方法（活、鲜、冷）；3. 状态（带壳、去壳）；4. 拉丁名称	5. 个体重量；6. 包装规格		
0307.2200	--冻的	1. 品名；2. 制作或保存方法（冻）；3. 状态（带壳、去壳）；4. 拉丁名称	5. 个体重量；6. 包装规格		
0307.2900	--其他	1. 品名；2. 制作或保存方法（干、盐腌、盐渍等）；3. 状态（带壳、去壳）；4. 拉丁名称	5. 个体重量；6. 包装规格		
	-贻贝：				
	--活、鲜或冷的：				
0307.3110	---种苗	1. 品名；2. 是否为种苗；3. 拉丁名称			

税则号列	商品名称	申报要素			说明举例
		归类要素	价格要素	其他要素	
0307.3190	---其他	1. 品名；2. 制作或保存方法（活、鲜、冷）；3. 状态（带壳、去壳）；4. 拉丁名称	5. 个体重量；6. 包装规格		
0307.3200	--冻的	1. 品名；2. 制作或保存方法（冻）；3. 状态（带壳、去壳）；4. 拉丁名称	5. 个体重量；6. 包装规格		
0307.3900	--其他	1. 品名；2. 制作或保存方法（干、盐腌、盐渍等）；3. 状态（带壳、去壳）；4. 拉丁名称	5. 个体重量；6. 包装规格		
	-墨鱼及鱿鱼：				
	--活、鲜或冷的：				
0307.4210	---种苗	1. 品名；2. 是否为种苗；3. 拉丁名称			
	---其他：				
0307.4291	----墨鱼（乌贼属、巨粒僧头乌贼、耳乌贼属）及鱿鱼（柔鱼属、枪乌贼属、双柔鱼属、拟乌贼属）	1. 品名；2. 制作或保存方法（活、鲜、冷）；3. 拉丁名称	4. 个体重量；5. 包装规格		
0307.4299	----其他	1. 品名；2. 制作或保存方法（活、鲜、冷）；3. 拉丁名称			
	--冻的：				
0307.4310	---墨鱼（乌贼属、巨粒僧头乌贼、耳乌贼属）及鱿鱼（柔鱼属、枪乌贼属、双柔鱼属、拟乌贼属）	1. 品名；2. 制作或保存方法（冻）；3. 拉丁名称（规范到属）	4. 个体重量；5. 包装规格		
0307.4390	---其他	1. 品名；2. 制作或保存方法（冻）；3. 拉丁名称			
	--其他：				
0307.4910	---墨鱼（乌贼属、巨粒僧头乌贼、耳乌贼属）及鱿鱼（柔鱼属、枪乌贼属、双柔鱼属、拟乌贼属）	1. 品名；2. 制作或保存方法（干、盐腌、盐渍等）；3. 拉丁名称	4. 个体重量；5. 包装规格		
0307.4990	---其他	1. 品名；2. 制作或保存方法（干、盐腌、盐渍等）；3. 拉丁名称			
	-章鱼：				
0307.5100	--活、鲜或冷的	1. 品名；2. 制作或保存方法（活、鲜、冷）；3. 拉丁名称	4. 个体重量；5. 包装规格		

税则号列	商品名称	申报要素			说明举例
		归类要素	价格要素	其他要素	
0307.5200	--冻的	1. 品名；2. 制作或保存方法（冻）；3. 拉丁名称	4. 个体重量；5. 包装规格		
0307.5900	--其他	1. 品名；2. 制作或保存方法（干、盐腌、盐渍等）；3. 拉丁名称	4. 个体重量；5. 包装规格		
	-蜗牛及螺，海螺除外：				
0307.6010	---种苗	1. 品名；2. 是否为种苗；3. 拉丁名称			
0307.6090	---其他	1. 品名；2. 制作或保存方法（活、鲜、冷、冻、干、盐腌、盐渍等）；3. 拉丁名称	4. 个体重量；5. 包装规格		
	-蛤、鸟蛤及舟贝（蚶科、北极蛤科、鸟蛤科、斧蛤科、缝栖蛤科、蛤蜊科、中带蛤科、海螂科、双带蛤科、截蛏科、竹蛏科、砗磲科、帘蛤科）：				
	--活、鲜或冷的：				
0307.7110	---种苗	1. 品名；2. 是否为种苗；3. 拉丁名称			
	---其他：	1. 品名；2. 制作或保存方法（活、鲜、冷）；3. 拉丁名称			
0307.7191	----蛤				
0307.7199	----其他				
0307.7200	--冻的	1. 品名；2. 制作或保存方法（冻）；3. 拉丁名称			
0307.7900	--其他	1. 品名；2. 制作或保存方法（干、盐腌、盐渍等）；3. 拉丁名称			
	-鲍鱼（鲍属）及凤螺（凤螺属）：				
	--活、鲜或冷的鲍鱼（鲍属）：				
0307.8110	---种苗	1. 品名；2. 是否为种苗；3. 拉丁名称			
0307.8190	---其他	1. 品名；2. 制作或保存方法（活、鲜、冷）；3. 拉丁名称			
	--活、鲜或冷的凤螺（凤螺属）：				
0307.8210	---种苗	1. 品名；2. 是否为种苗；3. 拉丁名称			

税则号列	商品名称	申报要素			说明举例
		归类要素	价格要素	其他要素	
0307.8290	---其他	1. 品名；2. 制作或保存方法（活、鲜、冷）；3. 拉丁名称			
0307.8300	--冻的鲍鱼（鲍属）	1. 品名；2. 制作或保存方法（冻）；3. 拉丁名称			
0307.8400	--冻的凤螺（凤螺属）	1. 品名；2. 制作或保存方法（冻）；3. 拉丁名称			
0307.8700	--其他鲍鱼（鲍属）	1. 品名；2. 制作或保存方法（干、盐腌、盐渍等）；3. 拉丁名称			
0307.8800	--其他凤螺（凤螺属）	1. 品名；2. 制作或保存方法（干、盐腌、盐渍等）；3. 拉丁名称			
	-其他，包括适合供人食用的细粉、粗粉及团粒： --活、鲜或冷的：				
0307.9110	---种苗	1. 品名；2. 是否为种苗；3. 拉丁名称			
0307.9190	---其他	1. 品名；2. 制作或保存方法（活、鲜、冷）；3. 拉丁名称			
0307.9200	--冻的	1. 品名；2. 制作或保存方法（冻）；3. 拉丁名称			
0307.9900	--其他	1. 品名；2. 制作或保存方法（干、盐腌、盐渍等）；3. 拉丁名称			
03.08	**不属于甲壳动物及软体动物的水生无脊椎动物，活、鲜、冷、冻、干、盐腌或盐渍的；熏制的不属于甲壳动物及软体动物的水生无脊椎动物，不论在熏制前或熏制过程中是否烹煮；适合供人食用的不属于甲壳动物及软体动物的水生无脊椎动物的细粉、粗粉及团粒：** -海参（仿刺参、海参纲）： --活、鲜或冷的：				
0308.1110	---种苗	1. 品名；2. 种苗请注明个体长度、尾数/千克等			
0308.1190	---其他	1. 品名；2. 制作或保存方法（活、鲜、冷）			

税则号列	商 品 名 称	申报要素			说 明 举 例
		归类要素	价格要素	其他要素	
0308.1200	--冻的	1. 品名；2. 制作或保存方法（冻）；3. 是否经水煮	4. 包装规格		
0308.1900	--其他	1. 品名；2. 制作或保存方法（干、盐腌、盐渍等）；3. 是否经水煮	4. 包装规格		
	-海胆（球海胆属、拟球海胆、智利海胆、食用正海胆）：				
	--活、鲜或冷的：				
0308.2110	---种苗	1. 品名；2. 种苗请注明个体长度、尾数/千克等			
0308.2190	---其他	1. 品名；2. 制作或保存方法（活、鲜、冷）			
0308.2200	--冻的	1. 品名；2. 制作或保存方法（冻）	3. 包装规格		
0308.2900	--其他	1. 品名；2. 制作或保存方法（干、盐腌、盐渍等）	3. 包装规格		
	-海蜇（海蜇属）：				
	---活、鲜或冷的：				
0308.3011	----种苗	1. 品名；2. 种苗请注明个体长度、尾数/千克等			
0308.3019	----其他	1. 品名；2. 制作或保存方法（活、鲜、冷）			
0308.3090	---其他	1. 品名；2. 制作或保存方法（冻、干、盐腌、盐渍等）	3. 包装规格		
	-其他：				
	---活、鲜或冷的：				
0308.9011	----种苗	1. 品名；2. 种苗请注明个体长度、尾数/千克等			
0308.9012	----沙蚕，种苗除外	1. 品名；2. 制作或保存方法（活、鲜、冷）			
0308.9019	----其他	1. 品名；2. 制作或保存方法（活、鲜、冷）			
0308.9090	---其他	1. 品名；2. 制作或保存方法（冻、干、盐腌、盐渍等）	3. 包装规格		

第四章　乳品；蛋品；天然蜂蜜；其他食用动物产品

注释：

一、所称“乳”，是指全脂乳及半脱脂或全脱脂的乳。

二、税目 04.05 所称：

（一）“黄油”，仅指从乳中提取的天然黄油、乳清黄油及调制黄油（新鲜、加盐或酸败的，包括罐装黄油），按重量计乳脂含量在 80%及以上，但不超过 95%，乳的无脂固形物最大含量不超过 2%，以及水的最大含量不超过 16%。黄油中不含添加的乳化剂，但可含有氯化钠、食用色素、中和盐及无害乳酸菌的培养物。

（二）“乳酱”是一种油包水型可涂抹的乳状物，乳脂是该制品所含的唯一脂肪，按重量计其含量在 39%及以上，但小于 80%。

三、乳清经浓缩并加入乳或乳脂制成的产品，若同时具有下列三种特性，则视为乳酪归入税目 04.06：

（一）按干重计乳脂含量在 5%及以上的；

（二）按重量计干质成分至少为 70%，但不超过 85%的；以及

（三）已成型或可以成型的。

四、本章不包括：

（一）按重量计乳糖含量（以干燥无水乳糖计）超过 95%的乳清制品（税目 17.02）；

（二）以一种物质（例如，油酸酯）代替乳中一种或多种天然成分（例如，丁酸酯）而制得的产品（税目 19.01 或 21.06）；或

（三）白蛋白（包括按重量计干质成分的乳清蛋白含量超过 80%的两种或两种以上的乳清蛋白浓缩物）（税目 35.02）及球蛋白（税目 35.04）。

子目注释：

一、子目 0404.10 所称“改性乳清”，是指由乳清成分构成的制品，即全部或部分去除乳糖、蛋白或矿物质的乳清、加入天然乳清成分的乳清及由混入天然乳清成分制成的产品。

二、子目 0405.10 所称“黄油”，不包括脱水黄油及印度酥油（子目 0405.90）。

【要素释义】

一、归类要素

（一）制作或保存方法：指商品具体的制作方法或保存方法。需要根据各税目的要求填写不同的制作或保存方法。例如，税目 04.01 商品填写“未浓缩及未加糖或其他甜物质”；税目 04.02 商品填报“浓缩、加糖或其他甜物质”中的一种或几种情况；税目 04.08 商品填写“鲜、冻、干、去壳、蒸、水煮、制成型等”中的具体情况。

（二）脂肪含量：指商品中按重量计脂肪的含量，如税目 04.01 可填写“脂肪含量 3.2%”。

（三）成分含量：指商品中所含物质的种类及按重量计各物质种类的组成。

（四）外观：指商品的外在表现形态。例如，税目 04.02 商品可填写“粉状”“粒状”等。

（五）用途：指商品的实际应用。例如，子目 0410.0010 商品可填写“食用”。

（六）乳脂含量：指商品中按重量计乳脂的含量。

（七）是否带蓝纹或娄地青霉生产的带有纹理：该要素为税号 0406.40 的专有归类要素，如果为子目所述商品即应填写“带蓝纹”或“娄地青霉生产的带有纹理”。

（八）孵化用受精禽蛋：指孵化小鸡、小鸭等家禽的蛋。

（九）来源：指蜂蜜是天然蜂蜜还是人造蜂蜜。由于税目 04.09 是“天然蜂蜜”，故如果归入该税目，应填写“来源：天然”。

二、价格要素

（一）包装规格：指每个独立包装乳制品的重量或者体积，用“升/盒”或者“千克/包”表示。例如，税目 04.01 的包装规格可填写“1 升/盒”；税目 04.02 的包装规格可填写“2 千克/包”。

（二）品牌：指制造商或经销商加在商品上的标志，实际只需要填写名称即可，有外文品牌的以填写外文品牌名称为主。

（三）品种：该要素是子目 0410.001 的专有价格要素，专指产生燕窝的燕子的品种，要求申报燕窝源自何种燕子的品种，例如，可填写“楼燕”。

（四）外形：该要素是子目 0410.001 的专有价格要素，专指加工生产后的燕窝的外形，例如，可填写“燕盏”。

（五）含水量：该要素是子目 0410.001 的专有价格要素，专指燕窝产品的含水量，例如，可填写“含水量 5%”。

税则号列	商品名称	申报要素			说明举例
		归类要素	价格要素	其他要素	
04.01	**未浓缩及未加糖或其他甜物质的乳及奶油：**	1. 品名；2. 制作或保存方法（未浓缩及未加糖或其他甜物质）；3. 脂肪含量（按重量计）；4. 成分含量	5. 包装规格（如 1 升/盒）；6. 品牌		
0401.1000	-按重量计脂肪含量不超过 1%				
0401.2000	-按重量计脂肪含量超过 1%，但不超过 6%				
0401.4000	-按重量计脂肪含量超过 6%，但不超过 10%				
0401.5000	-按重量计脂肪含量超过 10%				
04.02	**浓缩、加糖或其他甜物质的乳及奶油：**	1. 品名；2. 制作或保存方法（浓缩及加糖或其他甜物质）；3. 外观（粉状、粒状等）；4. 脂肪含量（按重量计）；5. 成分含量	6. 包装规格（如 25 千克/包）；7. 品牌		
0402.1000	-粉状、粒状或其他固体形状，按重量计脂肪含量不超过 1.5%				
	-粉状、粒状或其他固体形状，按重量计脂肪含量超过 1.5%：				
0402.2100	--未加糖或其他甜物质				
0402.2900	--其他				
	-其他：				
0402.9100	--未加糖或其他甜物质				
0402.9900	--其他				
04.03	**酪乳、结块的乳及奶油、酸乳、酸乳酒及其他发酵或酸化的乳和奶油，不论是否浓缩、加糖、加其他甜物质、加香料、加水果、加坚果或加可可：**	1. 品名；2. 制作或保存方法（发酵、酸化、浓缩、加糖及其他甜物质、香料等）；3. 成分含量	4. 包装规格；5. 品牌		
0403.1000	-酸乳				
0403.9000	-其他				
04.04	**乳清，不论是否浓缩、加糖或其他甜物质；其他税目未列名的含天然乳的产品，不论是否加糖或其他甜物质：**				
0404.1000	-乳清及改性乳清，不论是否浓缩、加糖或其他甜物质	1. 品名；2. 制作或保存方法（浓缩、加糖及其他甜物质）；3. 成分含量	4. 品牌		例：美女牌低蛋白乳清粉（饲料用）蛋白 3%、乳糖 80%、灰分 9%、脂肪 0.2%、其他 2.8%、水分 5%

<table>
<tr><th rowspan="2">税则号列</th><th rowspan="2">商 品 名 称</th><th colspan="3">申 报 要 素</th><th rowspan="2">说 明 举 例</th></tr>
<tr><th>归类要素</th><th>价格要素</th><th>其他要素</th></tr>
<tr><td>0404.9000</td><td>-其他</td><td>1. 品名；2. 成分含量</td><td></td><td></td><td>该子目仅指其他税目未列名的含天然乳的产品</td></tr>
<tr><td>04.05</td><td>黄油及其他从乳中提取的脂和油；乳酱：</td><td></td><td></td><td></td><td></td></tr>
<tr><td>0405.1000</td><td>-黄油</td><td>1. 品名；2. 成分含量（乳脂、乳的无脂固形物、水及其他成分含量）</td><td>3. 包装规格；4. 品牌；5. 如添加乳化剂，请注明</td><td></td><td></td></tr>
<tr><td>0405.2000</td><td>-乳酱</td><td>1. 品名；2. 成分含量</td><td>3. 包装规格；4. 品牌</td><td></td><td></td></tr>
<tr><td>0405.9000</td><td>-其他</td><td>1. 品名；2. 成分含量</td><td>3. 包装规格；4. 品牌</td><td></td><td></td></tr>
<tr><td>04.06</td><td>乳酪及凝乳：</td><td></td><td></td><td></td><td></td></tr>
<tr><td>0406.1000</td><td>-鲜乳酪（未熟化或未固化的），包括乳清乳酪；凝乳</td><td>1. 品名；2. 制作或保存方法（未熟化、未固化等）；3. 成分含量</td><td>4. 包装规格；5. 品牌</td><td></td><td></td></tr>
<tr><td>0406.2000</td><td>-各种磨碎或粉化的乳酪</td><td>1. 品名；2. 制作方法（磨碎、粉化等）；3. 乳脂含量</td><td>4. 包装规格；5. 品牌</td><td></td><td></td></tr>
<tr><td>0406.3000</td><td>-经加工的乳酪，但磨碎或粉化的除外</td><td>1. 品名；2. 制作或保存方法（未熟化、未固化等）；3. 成分含量</td><td>4. 包装规格；5. 品牌</td><td></td><td></td></tr>
<tr><td>0406.4000</td><td>-蓝纹乳酪和娄地青霉生产的带有纹理的其他乳酪</td><td>1. 品名；2. 制作或保存方法（熟化、固化、磨碎或粉化等）；3. 成分含量；4. 是否带蓝纹或娄地青霉生产的带有纹理</td><td>5. 包装规格；6. 品牌</td><td></td><td></td></tr>
<tr><td>0406.9000</td><td>-其他乳酪</td><td>1. 品名；2. 制作或保存方法（熟化、固化、磨碎或粉化等）；3. 成分含量</td><td>4. 包装规格；5. 品牌</td><td></td><td></td></tr>
<tr><td>04.07</td><td>带壳禽蛋，鲜、腌制或煮过的：</td><td></td><td></td><td></td><td></td></tr>
<tr><td></td><td>-孵化用受精禽蛋：</td><td>1. 品名；2. 是否孵化用受精禽蛋</td><td></td><td></td><td></td></tr>
<tr><td>0407.1100</td><td>--鸡的</td><td></td><td></td><td></td><td></td></tr>
<tr><td>0407.1900</td><td>--其他</td><td></td><td></td><td></td><td></td></tr>
<tr><td></td><td>-其他鲜蛋：</td><td>1. 品名；2. 制作或保存方法（鲜、带壳）</td><td></td><td></td><td></td></tr>
<tr><td>0407.2100</td><td>--鸡的</td><td></td><td></td><td></td><td></td></tr>
<tr><td>0407.2900</td><td>--其他</td><td></td><td></td><td></td><td></td></tr>
</table>

税则号列	商品名称	申报要素			说明举例
		归类要素	价格要素	其他要素	
	-其他：	1. 品名；2. 制作或保存方法（鲜、带壳、腌制、煮过）			
0407.9010	---咸蛋				
0407.9020	---皮蛋				
0407.9090	---其他				
04.08	**去壳禽蛋及蛋黄，鲜、干、冻、蒸过或水煮、制成型或用其他方法保藏的，不论是否加糖或其他甜物质：**	1. 品名；2. 制作或保存方法（鲜、冻、干、去壳、蒸、水煮、制成型等）			
	-蛋黄：				
0408.1100	--干的				
0408.1900	--其他				
	-其他：				
0408.9100	--干的				
0408.9900	--其他				
04.09	**天然蜂蜜：**	1. 品名；2. 来源（天然）	3. 品牌；4. 包装规格		不包括人造蜜及天然蜜和人造蜜的混合制品（税目17.02）
0409.0000	天然蜂蜜				
04.10	**其他税目未列名的食用动物产品：**				不包括海龟蛋油（税目15.06）；不包括液态或干制的动物血，不论是否可供食用（税目05.11或税目30.02）
0410.0010	---燕窝	1. 品名	2. 品种（燕子的品种）；3. 外形（燕盏或燕碎，燕条等）；4. 含水量		
	---蜂产品：				
0410.0041	----鲜蜂王浆	1. 品名；2. 制作或保存方法（鲜）	3. 品牌		
0410.0042	----鲜蜂王浆粉	1. 品名；2. 制作或保存方法（鲜）；3. 外观（粉）	4. 品牌		
0410.0043	----蜂花粉	1. 品名；2. 外观（粉）	3. 品牌		
0410.0049	----其他	1. 品名	2. 品牌		
0410.0090	---其他	1. 品名；2. 用途（食用）			

第五章　其他动物产品

注释：

一、本章不包括：

（一）食用产品（整个或切块的动物肠、膀胱和胃以及液态或干制的动物血除外）；

（二）生皮或毛皮（第四十一章、第四十三章），但税目 05.05 的货品及税目 05.11 的生皮或毛皮的边角废料仍归入本章；

（三）马毛及废马毛以外的动物纺织原料（第十一类）；或

（四）供制帚、制刷用的成束、成簇的材料（税目 96.03）。

二、仅按长度而未按发根和发梢整理的人发，视为未加工品，归入税目 05.01。

三、本目录所称“兽牙”，是指象、河马、海象、一角鲸和野猪的长牙、犀角及其他动物的牙齿。

四、本协调制度所称“马毛”，是指马科、牛科动物的鬃毛和尾毛。税目 05.11 主要包括马毛及废马毛，不论是否制成带衬垫或不带衬垫的毛片。

【要素释义】

本章所称“填充用羽毛”是指家禽（特别是鹅或鸭）、鸽子、鹧鸪或类似禽类的羽毛，但粗大的翼毛或尾毛及分级时摒弃的粗大的羽毛除外；“羽绒”，主要指鹅或鸭毛中最为细小、柔软的绒毛，它与羽毛的区别在于没有硬羽轴。

一、归类要素

（一）是否经加工：指商品的实际报验状态，例如，税目 05.01 可填写“未加工”。

（二）用途：指商品应用的方面、范围。例如，子目 0502.9 商品填报“制刷用”；子目 0505.1000 商品填报“填充用”；子目 0511.9119 商品填报“鱼饵用等”。

（三）制作或保存方法：指商品具体的制作方法或保存方法。例如，税目 05.04 商品填写“鲜、冷、冻、干、熏、盐腌、盐渍”中的具体情况；税目 05.10 商品填写“鲜、冷、冻、干或用其他方法暂时保藏”中的具体情况。

（四）处理方法：指商品是否经过加工及其具体的处理方法。例如，税目 05.07 商品应填写“未经加工或经脱脂等”。

（五）成分：指商品中所含物质的种类。例如，子目 0506.9011 商品填写“含牛羊成分”。

（六）外观：指商品的外在表现形态。例如，子目 0506.9011 商品填写“粉末”。

（七）是否废料：废料指在制造产品过程中剩下的而对本生产过程没有用的材料。例如，子目 0506.9011 商品按实际报验状态填写“废料”即可。

（八）是否脱胶：按商品的实际报验状态填写“未脱胶”或“脱胶”即可。

（九）是否为粉末及废料：按商品的实际报验状态填报“粉末”或“废料”即可。

二、价格要素

（一）品牌：指制造商或经销商加在商品上的标志，实际只需要填写名称即可，有外文品牌的以填写外文品牌名称为主。

（二）绒分：指含绒量，是羽毛或羽绒的主要价格指标，用“%”表示。例如，“绒分 10%~11%”。

（三）羽毛长度：指羽绒的羽毛长度，用“厘米”或者“毫米”表示。例如，“羽毛长度 3 毫米~5 毫米”。

税则号列	商品名称	申报要素			说明举例
		归类要素	价格要素	其他要素	
05.01	未经加工的人发，不论是否洗涤；废人发：	1. 品名；2. 是否经加工			不包括经过简单洗涤以外加工（如稀疏、染色、漂白、卷曲或为制作假发进行加工）的人发及已按发根和发梢整理的人发（税目 67.03）

税则号列	商品名称	申报要素			说明举例
		归类要素	价格要素	其他要素	
0501.0000	未经加工的人发，不论是否洗涤；废人发				
05.02	**猪鬃、猪毛；獾毛及其他制刷用兽毛；上述鬃毛的废料：**				不包括成束或成簇的鬃毛（税目96.03）
	-猪鬃、猪毛及其废料：	1. 品名			
0502.1010	---猪鬃				
0502.1020	---猪毛				
0502.1030	---废料				
	-其他：	1. 品名；2. 用途（制刷用）			
	---獾毛及其他制刷用兽毛：				
0502.9011	----山羊毛				
0502.9012	----黄鼠狼尾毛				
0502.9019	----其他				
0502.9020	---废料				
05.04	**整个或切块的动物（鱼除外）的肠、膀胱及胃，鲜、冷、冻、干、熏、盐腌或盐渍的：**				
	---肠衣：	1. 品名；2. 制作或保存方法（鲜、冷、冻、干、熏、盐腌、盐渍）			
0504.0011	----盐渍猪肠衣（猪大肠头除外）				
0504.0012	----盐渍绵羊肠衣				
0504.0013	----盐渍山羊肠衣				
0504.0014	----盐渍猪大肠头				
0504.0019	----其他				
	---胃：				
0504.0021	----冷、冻的鸡肫	1. 品名；2. 制作或保存方法（冷、冻）	3. 品牌		
0504.0029	----其他	1. 品名；2. 制作或保存方法（鲜、冷、冻、干、熏、盐腌、盐渍）			
0504.0090	---其他	1. 品名；2. 制作或保存方法（鲜、冷、冻、干、熏、盐腌、盐渍）			
05.05	**带有羽毛或羽绒的鸟皮及鸟体其他部分；羽毛及不完整羽毛（不论是否修边）、羽绒，仅经洗涤、消毒或为了保藏而做过处理，但未经进一步加工；羽毛或不完整羽毛的粉末及废料：**				

税则号列	商品名称	申报要素			说明举例
		归类要素	价格要素	其他要素	
0505.1000	-填充用羽毛；羽绒	1. 品名；2. 用途；3. 制作或保存方法（仅经洗涤、消毒或为了保藏而做过处理）	4. 含绒量（包含绒子和绒丝含量）；5. 羽毛长度		
	-其他：	1. 品名；2. 用途；3. 制作或保存方法（仅经洗涤、消毒或为了保藏而做过处理）			
0505.9010	---羽毛或不完整羽毛的粉末及废料				
0505.9090	---其他				
05.06	**骨及角柱，未经加工或经脱脂、简单整理（但未切割成形）、酸处理或脱胶；上述产品的粉末及废料：**				
0506.1000	-经酸处理的骨胶原及骨	1. 品名；2. 处理方法（经酸处理等）			
	-其他：				
	---骨粉、骨废料：				
0506.9011	----含牛羊成分的	1. 品名；2. 成分；3. 处理方法（未经加工或经脱脂等）；4. 外观（粉末）；5. 是否废料			
0506.9019	----其他	1. 品名；2. 处理方法（未经加工或经脱脂等）			
0506.9090	---其他	1. 品名；2. 处理方法（未经加工、经脱脂、脱胶等）			
05.07	**兽牙、龟壳、鲸须、鲸须毛、角、鹿角、蹄、甲、爪及喙，未经加工或仅简单整理但未切割成形；上述产品的粉末及废料：**	1. 品名；2. 处理方法（未经加工或经脱脂等）；3. 是否为粉末及废料			
0507.1000	-兽牙；兽牙粉末及废料				
	-其他：				
0507.9010	---羚羊角及其粉末和废料				
0507.9020	---鹿茸及其粉末				
0507.9090	---其他				
05.08	**珊瑚及类似品，未经加工或仅简单整理但未经进一步加工；软体动物壳、甲壳动物壳、棘皮动物壳、墨鱼骨，未经加工或仅简单整理但未切割成形，上述壳、骨的粉末及废料：**	1. 品名；2. 处理方法（未经加工或经脱脂等）；3. 是否为粉末及废料			

税则号列	商品名称	申报要素			说明举例
		归类要素	价格要素	其他要素	
0508.0010	---粉末及废料				
0508.0090	---其他				
05.10	**龙涎香、海狸香、灵猫香及麝香；斑蝥；胆汁，不论是否干制；供配制药用的腺体及其他动物产品，鲜、冷、冻或用其他方法暂时保藏的：**	1. 品名；2. 制作或保存方法（鲜、冷、冻、干或用其他方法暂时保藏）			不包括胆汁精及制成干片后用安瓿封装的蛇或蜂的毒液（税目30.01）
0510.0010	---黄药				
0510.0020	---龙涎香、海狸香、灵猫香				
0510.0030	---麝香				
0510.0040	---斑蝥				
0510.0090	---其他				
05.11	**其他税目未列名的动物产品；不适合供人食用的第一章或第三章的死动物：**				不包括食用鱼卵及食用鱼肝（第三章）；不包括虫胶片、原胶、梗胶及其他虫胶（税目13.01）
0511.1000	-牛的精液	1. 品名			
	-其他：				
	--鱼、甲壳动物、软体动物、其他水生无脊椎动物的产品；第三章的死动物：				
	---鱼的：				
0511.9111	----受精鱼卵	1. 品名			
0511.9119	----其他	1. 品名；2. 用途			
0511.9190	---其他	1. 品名；2. 用途			
	--其他：				
0511.9910	---动物精液（牛的精液除外）	1. 品名			
0511.9920	---动物胚胎	1. 品名			
0511.9930	---蚕种	1. 品名			
0511.9940	---马毛及废马毛，不论是否制成有或无衬垫的毛片	1. 品名			
0511.9990	---其他	1. 品名；2. 用途			

第二类　植物产品

注释：

本类所称“团粒”，是指直接挤压或加入按重量计比例不超过3%的黏合剂制成的粒状产品。

第六章　活树及其他活植物；鳞茎、根及类似品；插花及装饰用簇叶

注释：

一、除税目06.01的菊苣植物及其根以外，本章只包括通常由苗圃或花店供应为种植或装饰用的活树及其他货品（包括植物秧苗）；但不包括马铃薯、洋葱、青葱、大蒜及其他第七章的产品。

二、税目06.03、06.04的各种货品，包括全部或部分用这些货品制成的花束、花篮、花圈及类似品，不论是否有其他材料制成的附件。但这些货品不包括税目97.01的拼贴画或类似的装饰板。

【要素释义】

本章所称“树、灌木”包括具有木质梗的藤本植物（例如，葡萄、杂交草莓、悬钩子属植物、猕猴桃树）及其带根插枝。

归类要素

（一）状态：指事物所表现出来的形态。例如，税目06.01商品填写“休眠、生长、开花”中的具体情况。

（二）种类：指根据事物本身的性质或特点而分成的类别。例如，税目06.01商品填写“球茎、块茎、鳞茎、块根等”。

（三）是否种用：按商品的实际报验状态填写“种用”或“非种用”即可。

（四）栽培方法：按商品的实际报验状态填写“无根插枝、接穗等”即可。

（五）用途：指商品应用的方面、范围。例如，税目06.03商品填写“制花束或装饰用”。

（六）制作或保存方法：指商品具体的制作方法或保存方法。例如，税目06.04商品填写“鲜且不带花及花蕾、干、染色、漂白、浸渍等”中的具体情况。

税则号列	商品名称	申报要素			说明举例
		归类要素	价格要素	其他要素	
06.01	**鳞茎、块茎、块根、球茎、根颈及根茎，休眠、生长或开花的；菊苣植物及其根，但税目12.12的根除外：**	1. 品名；2. 状态（休眠、生长、开花）；3. 种类（球茎、块茎、鳞茎、块根等）；4. 是否种用			不包括第七章的某些鳞茎、块茎、块根、球茎、根茎及根颈（如洋葱、青葱、大蒜、马铃薯、洋蓟）；不包括生姜（税目09.10）
	-休眠的鳞茎、块茎、块根、球茎、根颈及根茎：				
0601.1010	---番红花球茎				
	---百合球茎：				
0601.1021	----种用				
0601.1029	----其他				
	---其他：				
0601.1091	----种用				
0601.1099	----其他				

税则号列	商品名称	申报要素			说明举例
		归类要素	价格要素	其他要素	
0601.2000	-生长或开花的鳞茎、块茎、块根、球茎、根颈及根茎；菊苣植物及其根				
06.02	**其他活植物（包括其根）、插枝及接穗；蘑菇菌丝：**				
0602.1000	-无根插枝及接穗	1. 品名；2. 栽培方法（无根插枝、接穗等）			
	-食用水果或食用坚果的树、灌木，不论是否嫁接：				
0602.2010	---种用苗木	1. 品名；2. 是否种用			
0602.2090	---其他	1. 品名			
	-杜鹃，不论是否嫁接：				
0602.3010	---种用	1. 品名；2. 是否种用			
0602.3090	---其他	1. 品名			
	-玫瑰，不论是否嫁接：				
0602.4010	---种用	1. 品名；2. 是否种用			
0602.4090	---其他	1. 品名			
	-其他：				
0602.9010	---蘑菇菌丝	1. 品名			
	---其他：				
0602.9091	----种用苗木	1. 品名；2. 是否种用			
0602.9092	----兰花	1. 品名			
0602.9093	----菊花	1. 品名			
0602.9094	----百合	1. 品名			
0602.9095	----康乃馨	1. 品名			
0602.9099	----其他	1. 品名		2. 直径、高度（整株植物从根部到树杈顶部的高度范围）	
06.03	**制花束或装饰用的插花及花蕾，鲜、干、染色、漂白、浸渍或用其他方法处理的：**	1. 品名；2. 用途（制花束或装饰用）；3. 制作或保存方法（鲜、干、染色、漂白、浸渍等）			不包括主要用作香料、药料、杀虫、杀菌或类似用途的花、花瓣及花蕾，如果其报验时的状态已不适合制花束或作装饰用（税目12.11）；不包括税目97.01的拼贴画及类似的装饰板
	-鲜的：				
0603.1100	--玫瑰				

税则号列	商 品 名 称	申报要素			说 明 举 例
		归类要素	价格要素	其他要素	
0603.1200	--康乃馨				
0603.1300	--兰花				
0603.1400	--菊花				
0603.1500	--百合花（百合属）				
0603.1900	--其他				
0603.9000	-其他				
06.04	**制花束或装饰用的不带花及花蕾的植物枝、叶或其他部分、草、苔藓及地衣，鲜、干、染色、漂白、浸渍或用其他方法处理的：**	1. 品名；2. 用途（制花束或装饰用）；3. 是否带花及花蕾；4. 制作或保存方法（鲜、干、染色、漂白、浸渍等）			不包括主要用作香料、药料、杀虫、杀菌或类似用途的植物及其部分品（包括草、苔藓及地衣）或供编结用的植物及其部分品，如果其报验时的状态已不适合制花束或作装饰用（税目12.11或14.01）；不包括税目97.01的拼贴画及类似的装饰板
	-鲜的：				
0604.2010	---苔藓及地衣				
0604.2090	---其他				
	-其他：				
0604.9010	---苔藓及地衣				
0604.9090	---其他				

第七章　食用蔬菜、根及块茎

注释：

一、本章不包括税目12.14的草料。

二、税目07.09、07.10、07.11及07.12所称“蔬菜”，包括食用的蘑菇、块菌、油橄榄、刺山柑、菜葫芦、南瓜、茄子、甜玉米、辣椒、茴香菜、欧芹、细叶芹、龙蒿、水芹、甜菜乔栾那。

三、税目07.12包括干制的归入税目07.01至07.11的各种蔬菜，但下列各项除外：

（一）做蔬菜用的脱荚干豆（税目07.13）；

（二）税目11.02至11.04所列形状的甜玉米；

（三）马铃薯细粉、粗粉、粉末、粉片、颗粒及团粒（税目11.05）；

（四）用税目07.13的干豆制成的细粉、粗粉及粉末（税目11.06）。

四、本章不包括辣椒干及辣椒粉（税目09.04）。

【要素释义】

本章所称“冷藏”，是指产品的温度一般已降至0℃左右，但未冻结。然而，某些产品，例如，马铃薯，当温度降至并维持在10℃时，也可视作“冷藏”。“冷冻”，是指产品已冷却到本身冰点以下并且已经全部冻结。

一、归类要素

（一）制作或保存方法：指商品具体的制作方法或保存方法。例如，税目07.14商品填写“鲜、冷、冻、干”中的具体情况；税目07.11商品填写“用盐水、二氧化硫气体、亚硫酸水或其他防腐液暂时保藏”中的具体情况。

（二）是否种用：按商品的实际报验状态填报“种用”或“非种用”即可。

（三）种类：指什锦蔬菜的具体种类。

（四）用途：指商品应用的方面、范围。例如，税目07.11商品填写“不适于直接食用”。

二、价格要素

品种：指子目0713.109非种类豌豆的细分种类。例如，黄豌豆、青豌豆、白豌豆、褐豌豆、紫豌豆等。

税则号列	商品名称	申报要素			说明举例
		归类要素	价格要素	其他要素	
07.01	**鲜或冷藏的马铃薯：**	1. 品名；2. 制作或保存方法（鲜、冷）；3. 是否种用			例：种用马铃薯
0701.1000	-种用				
0701.9000	-其他				
07.02	**鲜或冷藏的番茄：**	1. 品名；2. 制作或保存方法（鲜、冷）			例：鲜番茄
0702.0000	鲜或冷藏的番茄				
07.03	**鲜或冷藏的洋葱、青葱、大蒜、韭葱及其他葱属蔬菜：**	1. 品名；2. 制作或保存方法（鲜、冷）			本税目仅包括葱属蔬菜，例：鲜蒜头
	-洋葱及青葱：				
0703.1010	---洋葱				
0703.1020	---青葱				
	-大蒜：				
0703.2010	---蒜头				
0703.2020	---蒜薹及蒜苗（青蒜）				
0703.2090	---其他				
	-韭葱及其他葱属蔬菜：				

税则号列	商品名称	申报要素			说明举例
		归类要素	价格要素	其他要素	
0703.9010	---韭葱				
0703.9020	---大葱				
0703.9090	---其他				
07.04	**鲜或冷藏的卷心菜、菜花、球茎甘蓝、羽衣甘蓝及类似的食用芥菜类蔬菜：**	1. 品名；2. 制作或保存方法（鲜、冷）			例：冷藏菜花
0704.1000	-菜花及硬花甘蓝				
0704.2000	-抱子甘蓝				
	-其他：				
0704.9010	---卷心菜				
0704.9020	---西兰花				
0704.9090	---其他				
07.05	**鲜或冷藏的莴苣及菊苣：**	1. 品名；2. 制作或保存方法（鲜、冷）			不包括菊苣植物及菊苣根（税目06.01或12.12）
	-莴苣：				
0705.1100	--结球莴苣（包心生菜）				
0705.1900	--其他				
	-菊苣：				
0705.2100	--维特罗夫菊苣				
0705.2900	--其他				
07.06	**鲜或冷藏的胡萝卜、萝卜、色拉甜菜根、婆罗门参、块根芹、小萝卜及类似的食用根茎：**	1. 品名；2. 制作或保存方法（鲜、冷）			例：冷藏胡萝卜
0706.1000	-胡萝卜及萝卜				
0706.9000	-其他				
07.07	**鲜或冷藏的黄瓜及小黄瓜：**	1. 品名；2. 制作或保存方法（鲜、冷）			例：鲜黄瓜
0707.0000	鲜或冷藏的黄瓜及小黄瓜				
07.08	**鲜或冷藏的豆类蔬菜，不论是否脱荚：**	1. 品名；2. 制作或保存方法（鲜、冷）			不包括大豆（税目12.01）
0708.1000	-豌豆				
0708.2000	-豇豆及菜豆				
0708.9000	-其他豆类蔬菜				
07.09	**鲜或冷藏的其他蔬菜：**	1. 品名；2. 制作或保存方法（鲜、冷）			不包括荸荠属植物的可食用球茎（税目07.14）
0709.2000	-芦笋				
0709.3000	-茄子				
0709.4000	-芹菜，但块根芹除外				
	-蘑菇及块菌：				

税则号列	商品名称	申报要素			说明举例
		归类要素	价格要素	其他要素	
0709.5100	--伞菌属蘑菇				
	--其他：				
0709.5910	---松茸				
0709.5920	---香菇				
0709.5930	---金针菇				
0709.5940	---草菇				
0709.5950	---口蘑				
0709.5960	---块菌				
0709.5990	---其他				
0709.6000	-辣椒，包括甜椒				
0709.7000	-菠菜				
	-其他：				
0709.9100	--洋蓟				
0709.9200	--油橄榄				
0709.9300	--南瓜、笋瓜及瓠瓜（南瓜属）				
	--其他：				
0709.9910	---竹笋				
0709.9990	---其他				
07.10	**冷冻蔬菜（不论是否蒸煮）：**				例：冷冻马铃薯
0710.1000	-马铃薯	1. 品名；2. 制作或保存方法（冻）			
	-豆类蔬菜，不论是否脱荚：	1. 品名；2. 制作或保存方法（冻）			
0710.2100	--豌豆				
	--豇豆及菜豆：				
0710.2210	---红小豆（赤豆）				
0710.2290	---其他				
0710.2900	--其他				
0710.3000	-菠菜	1. 品名；2. 制作或保存方法（冻）			
0710.4000	-甜玉米	1. 品名；2. 制作或保存方法（冻）			
	-其他蔬菜：	1. 品名；2. 制作或保存方法（冻）			
0710.8010	---松茸				
0710.8020	---蒜薹及蒜苗（青蒜）				
0710.8030	---蒜头				
0710.8040	---牛肝菌				
0710.8090	---其他				
0710.9000	-什锦蔬菜	1. 品名；2. 制作或保存方法（冻）			

税则号列	商品名称	申报要素			说明举例
		归类要素	价格要素	其他要素	
07.11	**暂时保藏（例如，使用二氧化硫气体、盐水、亚硫酸水或其他防腐液）的蔬菜，但不适于直接食用的：**	1. 品名；2. 用途（不适于直接食用）；3. 制作或保存方法（用盐水、二氧化硫气体、亚硫酸水或其他防腐液）			例：盐水松茸（不适于直接食用）
0711.2000	-油橄榄				
0711.4000	-黄瓜及小黄瓜				
	-蘑菇及块菌：				
	--伞菌属蘑菇：				
	---盐水的：				
0711.5112	----白蘑菇				
0711.5119	----其他				
0711.5190	---其他				
	--其他：				
	---盐水的：				
0711.5911	----松茸				
0711.5919	----其他				
0711.5990	---其他				
	-其他蔬菜；什锦蔬菜：				
	---盐水的：				
0711.9031	----竹笋				
0711.9034	----大蒜				
0711.9039	----其他				
0711.9090	---其他				
07.12	**干蔬菜，整个、切块、切片、破碎或制成粉状，但未经进一步加工的：**	1. 品名；2. 制作或保存方法（干制，包括脱水、蒸干或冻干）			
0712.2000	-洋葱				
	-蘑菇、木耳、银耳及块菌：				
0712.3100	--伞菌属蘑菇				
0712.3200	--木耳				
0712.3300	--银耳				
	--其他：				
0712.3910	---香菇				
0712.3920	---金针菇				
0712.3950	---牛肝菌				
	---其他：				
0712.3991	----羊肚菌				
0712.3999	----其他				
	-其他蔬菜；什锦蔬菜：				
0712.9010	---笋干丝				
0712.9020	---紫萁（薇菜干）				

税则号列	商品名称	申报要素			说明举例
		归类要素	价格要素	其他要素	
0712.9030	---金针菜（黄花菜）				
0712.9040	---蕨菜				
0712.9050	---大蒜				
	---其他：				
0712.9091	----辣根				
0712.9099	----其他				
07.13	**脱荚的干豆，不论是否去皮或分瓣：**				
	-豌豆：				
0713.1010	---种用	1. 品名；2. 制作或保存方法（干制且脱荚）；3. 是否种用			
0713.1090	---其他	1. 品名；2. 制作或保存方法（干制且脱荚）	3. 品种（黄豌豆、青豌豆、白豌豆等）		
	-鹰嘴豆：	1. 品名；2. 制作或保存方法（干制且脱荚）；3. 是否种用			
0713.2010	---种用				
0713.2090	---其他				
	-豇豆属及菜豆属：	1. 品名；2. 制作或保存方法（干制且脱荚）；3. 是否种用			
	--绿豆：				
0713.3110	---种用				
0713.3190	---其他				
	--红小豆（赤豆）：				
0713.3210	---种用：				
0713.3290	---其他				
	--芸豆：				
0713.3310	---种用				
0713.3390	---其他				
0713.3400	--巴姆巴拉豆				
0713.3500	--牛豆（豇豆）				
0713.3900	--其他				
	-扁豆：	1. 品名；2. 制作或保存方法（干制且脱荚）；3. 是否种用			
0713.4010	---种用				
0713.4090	---其他				

税则号列	商品名称	申报要素			说明举例
		归类要素	价格要素	其他要素	
	-蚕豆：	1. 品名；2. 制作或保存方法（干制且脱荚）；3. 是否种用			
0713.5010	---种用				
0713.5090	---其他				
	-木豆（木豆属）：	1. 品名；2. 制作或保存方法（干制且脱荚）；3. 是否种用			
0713.6010	---种用				
0713.6090	---其他				
	-其他：	1. 品名；2. 制作或保存方法（干制且脱荚）；3. 是否种用			
0713.9010	---种用干豆				
0713.9090	---其他				
07.14	**鲜、冷、冻或干的木薯、竹芋、兰科植物块茎、菊芋、甘薯及含有高淀粉或菊粉的类似根茎，不论是否切片或制成团粒；西谷茎髓：**	1. 品名；2. 制作或保存方法（鲜、冷、冻、干）；3. 是否种用			例：干木薯
	-木薯：				
0714.1010	---鲜的				
0714.1020	---干的				
0714.1030	---冷或冻的				
	-甘薯：				
	---鲜的：				
0714.2011	----种用				
0714.2019	----其他				
0714.2020	---干的				
0714.2030	---冷或冻的				
0714.3000	-山药				
0714.4000	-芋头（芋属）				
0714.5000	-箭叶黄体芋（黄肉芋属）				
	-其他：				
0714.9010	---荸荠				
	---藕：				
0714.9021	----种用				
0714.9029	----其他				
0714.9090	---其他				

第八章　食用水果及坚果；柑橘属水果或甜瓜的果皮

注释：

一、本章不包括非供食用的坚果或水果。

二、冷藏的水果和坚果应按相应的鲜果税目归类。

三、本章的干果可以部分复水或为下列目的进行其他处理，但必须保持干果的特征：

（一）为保藏或保持其稳定性（例如，经适度热处理或硫化处理、添加山梨酸或山梨酸钾）；

（二）为改进或保持其外观（例如，添加植物油或少量葡萄糖浆）。

【要素释义】

本章所称“冷藏”，是指产品的温度一般降至0℃左右，但未冻结的。但是有些产品（例如，甜瓜及某些柑橘属果实），其温度降至并维持在10℃时，也可视作“冷藏”；所称“冷冻”，是指温度降至产品的冰点以下，产品已全部冻结。

一、归类要素

（一）制作或保存方法：指商品具体的制作方法或保存方法。例如，子目0801.32商品填写“鲜”或“干”，以及“未去壳”或“去壳”。

（二）是否种用：按商品的实际报验状态填报“种用”或“非种用”即可。

（三）种类：指坚果、干果的具体种类。

（四）用途：指商品应用的方面、范围。例如，税目08.12商品填写“不适于直接食用”。

二、价格要素

（一）等级：坚果和水果有不同的等级分类方法，并且不同国家的等级分类方法也不同。按实际情况填写即可。

（二）品种：该要素是榛子和核桃的专有价格要素。例如，子目0802.21的未去壳榛子美国产的品种“Ennis”或者“Barcelona”；子目0802.31的未去壳核桃美国产的品种“Stuart（斯道脱）”。

（三）签约日期：指供求双方企业合同价格签订的日期。实际只需填写具体日期即可。例如，可填写“2013-07-01”。

（四）种类：该要素是橙、苹果、猕猴桃和菠萝的专有价格要素。例如，子目0805.1橙的种类可填写“夏橙”；子目0804.3菠萝的种类可填写“青菠萝”或者“金菠萝”。

（五）品牌：指种植商或加工企业加在商品上的标志，实际只需要填写具体名称即可。有外文品牌的以申报外文品牌名称为主。

（六）干制方法：该要素为税目08.03的专有价格要素，按商品的实际报验状态填报“脱水”“蒸干”“冻干”即可。

（七）加工程度：指荔枝干是否去壳，按实际报验状态填写“去壳”或“未去壳”。

税则号列	商品名称	申报要素			说明举例
		归类要素	价格要素	其他要素	
08.01	鲜或干的椰子、巴西果及腰果，不论是否去壳或去皮：				不包括用于榨取椰子油而不适合供人食用的干椰肉（税目12.03）
	-椰子：	1. 品名；2. 制作或保存方法；3. 加工方法（去壳或未去壳）；4. 是否种用	5. 种类		
0801.1100	--干的				
0801.1200	--未去内壳（内果皮）				
	--其他：				
0801.1910	---种用				

税则号列	商品名称	申报要素			说明举例
		归类要素	价格要素	其他要素	
0801.1990	---其他				
	-巴西果：	1. 品名；2. 制作或保存方法；3. 加工方法（去壳或未去壳）			
0801.2100	--未去壳				
0801.2200	--去壳				
	-腰果：				
0801.3100	--未去壳	1. 品名；2. 制作或保存方法；3. 加工方法（去壳或未去壳）			
0801.3200	--去壳	1. 品名；2. 制作或保存方法；3. 加工方法（去壳或未去壳）	4. 等级		
08.02	**鲜或干的其他坚果，不论是否去壳或去皮：**				不包括花生（税目12.02）；不包括焙炒的花生或花生酱（税目20.08）；不包括核桃壳及杏仁壳（税目14.04）
	-扁桃核及仁：	1. 品名；2. 制作或保存方法；3. 加工方法（去壳或未去壳）			
0802.1100	--未去壳				
0802.1200	--去壳				
	-榛子：	1. 品名；2. 制作或保存方法；3. 加工方法（去壳或未去壳）	4. 品种		
0802.2100	--未去壳				
0802.2200	--去壳				
	-核桃：				
0802.3100	--未去壳				
0802.3200	--去壳				
	-栗子：	1. 品名；2. 制作或保存方法；3. 加工方法（去壳或未去壳）			
	--未去壳：				
0802.4110	---板栗				
0802.4190	---其他				
	--去壳：				
0802.4210	---板栗				
0802.4290	---其他				

税则号列	商品名称	申报要素			说明举例
		归类要素	价格要素	其他要素	
	-阿月浑子果（开心果）：	1. 品名；2. 制作或保存方法；3. 加工方法（去壳或未去壳）			
0802.5100	--未去壳				
0802.5200	--去壳				
	-马卡达姆坚果（夏威夷果）：	1. 品名；2. 制作或保存方法；3. 加工方法（去壳或未去壳）；4. 是否种用	5. 签约日期		
	--未去壳：				
0802.6110	---种用				
0802.6190	---其他				
0802.6200	--去壳				
0802.7000	-可乐果（可乐果属）	1. 品名；2. 制作或保存方法；3. 加工方法（去壳或未去壳）			
0802.8000	-槟榔果	1. 品名；2. 制作或保存方法；3. 加工方法（去壳或未去壳）			
	-其他：	1. 品名；2. 制作或保存方法；3. 加工方法（去壳或未去壳）			
0802.9020	---白果				
0802.9030	---松子仁				
0802.9090	---其他				
08.03	**鲜或干的香蕉，包括芭蕉：**	1. 品名；2. 制作或保存方法（鲜、干）	3. 干制方法（脱水、蒸干或冻干）；4. 种类（大香蕉、蕉仔、皇帝蕉等）；5. 等级（A级、B级、C级等）；6. 品牌		
0803.1000	-芭蕉				
0803.9000	-其他				
08.04	**鲜或干的椰枣、无花果、菠萝、鳄梨、番石榴、芒果及山竹果：**				
0804.1000	-椰枣	1. 品名；2. 制作或保存方法（鲜、干）	3. 等级		
0804.2000	-无花果	1. 品名；2. 制作或保存方法（鲜、干）	3. 等级		

税则号列	商品名称	申报要素			说明举例
		归类要素	价格要素	其他要素	
0804.3000	-菠萝	1. 品名；2. 制作或保存方法（鲜、干）	3. 等级		
0804.4000	-鳄梨	1. 品名；2. 制作或保存方法（鲜、干）	3. 等级		
	-番石榴、芒果及山竹果：	1. 品名；2. 制作或保存方法（鲜、干）	3. 等级		
0804.5010	---番石榴				
0804.5020	---芒果				
0804.5030	---山竹果				
08.05	**鲜或干的柑橘属水果：**				不包括柑橘皮（税目08.14）
0805.1000	-橙	1. 品名；2. 制作或保存方法（鲜、干）	3. 种类（脐橙、夏橙等）；4. 等级；5. 品牌		
	-柑橘（包括小蜜橘及萨摩蜜柑橘）；克里曼丁橘、韦尔金橘及类似的杂交柑橘：	1. 品名；2. 制作或保存方法（鲜、干）	3. 等级		
	--柑橘（包括小蜜橘及萨摩蜜柑橘）：				
0805.2110	---蕉柑				
0805.2190	---其他				
0805.2200	--克里曼丁橘				
0805.2900	--其他				
0805.4000	-葡萄柚，包括柚	1. 品名；2. 制作或保存方法（鲜、干）	3. 等级		
0805.5000	-柠檬及酸橙	1. 品名；2. 制作或保存方法（鲜、干）	3. 等级；4. 品牌		
0805.9000	-其他	1. 品名；2. 制作或保存方法（鲜、干）	3. 等级		
08.06	**鲜或干的葡萄：**				
0806.1000	-鲜的	1. 品名；2. 制作或保存方法（鲜）	3. 种类；4. 规格；5. 品牌		
0806.2000	-干的	1. 品名；2. 制作或保存方法（干）	3. 等级；4. 品牌		
08.07	**鲜的甜瓜（包括西瓜）及木瓜：**				
	-甜瓜，包括西瓜：				
0807.1100	--西瓜	1. 品名；2. 制作或保存方法（鲜）	3. 等级；4. 品牌		
	--其他：	1. 品名；2. 制作或保存方法（鲜）	3. 等级		
0807.1910	---哈密瓜				
0807.1920	---罗马甜瓜及加勒比甜瓜				

税则号列	商品名称	申报要素			说明举例
		归类要素	价格要素	其他要素	
0807.1990	---其他				
0807.2000	-木瓜	1. 品名；2. 制作或保存方法（鲜）	3. 等级；4. 品牌		
08.08	**鲜的苹果、梨及榅桲：**				
0808.1000	-苹果	1. 品名；2. 制作或保存方法（鲜）	3. 种类（蛇果、加纳果、青苹果、富士等）；4. 等级；5. 品牌		
	-梨：	1. 品名；2. 制作或保存方法（鲜）	3. 等级		
0808.3010	---鸭梨及雪梨				
0808.3020	---香梨				
0808.3090	---其他				
0808.4000	-榅桲	1. 品名；2. 制作或保存方法（鲜）	3. 等级		
08.09	**鲜的杏、樱桃、桃（包括油桃）、梅及李：**				
0809.1000	-杏	1. 品名；2. 制作或保存方法（鲜）	3. 等级		
	-樱桃：				
0809.2100	--欧洲酸樱桃	1. 品名；2. 制作或保存方法（鲜）	3. 等级		
0809.2900	--其他	1. 品名；2. 制作或保存方法（鲜）	3. 等级；4. 种类；5. 品牌		
0809.3000	-桃，包括油桃	1. 品名；2. 制作或保存方法（鲜）	3. 等级		
0809.4000	-梅及李	1. 品名；2. 制作或保存方法（鲜）	3. 等级		
08.10	**其他鲜果：**				
0810.1000	-草莓	1. 品名；2. 制作或保存方法（鲜）	3. 等级		
0810.2000	-木莓、黑莓、桑葚及罗甘莓	1. 品名；2. 制作或保存方法（鲜）	3. 等级		
0810.3000	-黑、白或红的穗醋栗（加仑子）及醋栗	1. 品名；2. 制作或保存方法（鲜）	3. 等级		
0810.4000	-蔓越橘及越橘	1. 品名；2. 制作或保存方法（鲜）	3. 等级；4. 品牌		
0810.5000	-猕猴桃	1. 品名；2. 制作或保存方法（鲜）	3. 种类（Hayward，Hort16A，SunGold，Jintao，Sorelli，kiwiberry 等）；4. 等级		

税则号列	商品名称	申报要素			说明举例
		归类要素	价格要素	其他要素	
0810.6000	-榴莲	1. 品名；2. 制作或保存方法（鲜）	3. 等级；4. 种类；5. 品牌		
0810.7000	-柿子	1. 品名；2. 制作或保存方法（鲜）	3. 等级		
	-其他：				
0810.9010	---荔枝	1. 品名；2. 制作或保存方法（鲜）	3. 等级		
0810.9030	---龙眼	1. 品名；2. 制作或保存方法（鲜）	3. 等级		
0810.9040	---红毛丹	1. 品名；2. 制作或保存方法（鲜）	3. 等级		
0810.9050	---番荔枝	1. 品名；2. 制作或保存方法（鲜）	3. 等级		
0810.9060	---杨桃	1. 品名；2. 制作或保存方法（鲜）	3. 等级		
0810.9070	---莲雾	1. 品名；2. 制作或保存方法（鲜）	3. 等级		
0810.9080	---火龙果	1. 品名；2. 制作或保存方法（鲜）	3. 等级；4. 种类		
0810.9090	---其他	1. 品名；2. 制作或保存方法（鲜）	3. 等级		
08.11	**冷冻水果及坚果，不论是否蒸煮、加糖或其他甜物质：**				例：冷冻未去壳栗子
0811.1000	-草莓	1. 品名；2. 制作或保存方法（冻）			
0811.2000	-木莓、黑莓、桑葚、罗甘莓、黑、白或红的穗醋栗（加仑子）及醋栗	1. 品名；2. 制作或保存方法（冻）			
	-其他：				
0811.9010	---栗子，未去壳	1. 品名；2. 制作或保存方法（冻、未去壳）			
0811.9090	---其他	1. 品名；2. 制作或保存方法（冻）			
08.12	**暂时保藏（例如，使用二氧化硫气体、盐水、亚硫酸水或其他防腐液）的水果及坚果，但不适于直接食用的：**	1. 品名；2. 是否适于直接食用；3. 制作或保存方法（用盐水、二氧化硫气体、亚硫酸水或其他防腐液）			例：盐水保藏樱桃（不适于直接食用）
0812.1000	-樱桃				
0812.9000	-其他				
08.13	**税目 08.01 至 08.06 以外的干果；本章的什锦坚果或干果：**				本税目仅包括税目 08.01 至 08.06 以外的干果

税则号列	商品名称	申报要素			说明举例
		归类要素	价格要素	其他要素	
0813.1000	-杏	1. 品名；2. 制作或保存方法（干）			
0813.2000	-梅及李	1. 品名；2. 制作或保存方法（干）			
0813.3000	-苹果	1. 品名；2. 制作或保存方法（干）			
	-其他干果：				
0813.4010	---龙眼干、肉	1. 品名；2. 制作或保存方法（干）	3. 等级		
0813.4020	---柿饼	1. 品名；2. 制作或保存方法（干）			
0813.4030	---红枣	1. 品名；2. 制作或保存方法（干）			
0813.4040	---荔枝干	1. 品名；2. 制作或保存方法（干）	3. 加工程度（去壳、未去壳）		
0813.4090	---其他	1. 品名；2. 制作或保存方法（干）			
0813.5000	-本章的什锦坚果或干果	1. 品名；2. 制作或保存方法（干）；3. 种类			
08.14	**柑橘属水果或甜瓜（包括西瓜）的果皮，鲜、冻、干或用盐水、亚硫酸水或其他防腐液暂时保藏的：**	1. 品名；2. 制作或保存方法（鲜、冻、干，用盐水、亚硫酸水或其他防腐液暂时保藏的）			不包括果皮粉（税目11.06）；不包括蜜饯果皮（税目20.06）
0814.0000	柑橘属水果或甜瓜（包括西瓜）的果皮，鲜、冻、干或用盐水、亚硫酸水或其他防腐液暂时保藏的				

第九章　咖啡、茶、马黛茶及调味香料

注释：

一、税目 09.04 至 09.10 所列产品的混合物，应按下列规定归类：

（一）同一税目的两种或两种以上产品的混合物仍应归入该税目；

（二）不同税目的两种或两种以上产品的混合物应归入税目 09.10。

税目 09.04 至 09.10 的产品［或上述（一）或（二）项的混合物］如添加了其他物质，只要所得的混合物保持了原产品的基本特性，其归类应不受影响。基本特性已经改变的，则不应归入本章；构成混合调味品的，应归入税目 21.03。

二、本章不包括荜澄茄椒或税目 12.11 的其他产品。

【要素释义】

一、归类要素

（一）制作或保存方法：指商品具体的制作方法或保存方法。例如，税目 09.02 商品填写“未发酵”“半发酵”“发酵”；税目 09.04 商品填写“未磨”或“已磨”。

（二）种类：根据商品的实际报验状态填写“咖啡豆荚”或“豆皮”。

（三）成分：指商品中所含物质的种类。

（四）内包装每件净重：指内包装每件商品本身的重量，即除去包装物后的商品实际重量。

（五）加工方法：指商品在加工过程中具体的加工方法。例如，税目 09.05 商品填写“未磨”或“已磨”。

（六）成分含量：指商品中所含物质的种类及按重量计各物质种类的比例。

二、价格要素

品牌：指种植商或加工企业加在商品上的标志，实际只需要填写具体名称即可。有外文品牌的以申报外文品牌名称为主。

税则号列	商品名称	申报要素			说明举例
		归类要素	价格要素	其他要素	
09.01	**咖啡，不论是否焙炒或浸除咖啡碱；咖啡豆荚及咖啡豆皮；含咖啡的咖啡代用品：**				不包括不含咖啡的焙炒咖啡代用品（税目 21.01）；不包括咖啡蜡（税目 15.21）；不包括咖啡碱，即咖啡中的生物碱（税目 29.39）
	-未焙炒的咖啡：				
0901.1100	--未浸除咖啡碱	1. 品名；2. 制作或保存方法（豆、粉等，未焙炒且未浸除咖啡碱）	3. 品种；4. 产区		
0901.1200	--已浸除咖啡碱	1. 品名；2. 制作或保存方法（豆、粉等，未焙炒且已浸除咖啡碱）	3. 品种；4. 产区		
	-已焙炒的咖啡：				
0901.2100	--未浸除咖啡碱	1. 品名；2. 制作或保存方法（豆、粉等，已焙炒且未浸除咖啡碱）	3. 品种；4. 产区		
0901.2200	--已浸除咖啡碱	1. 品名；2. 制作或保存方法（豆、粉等，已焙炒且已浸除咖啡碱）	3. 品种；4. 产区		

税则号列	商品名称	申报要素			说明举例
		归类要素	价格要素	其他要素	
	-其他:				
0901.9010	---咖啡豆荚及咖啡豆皮	1. 品名；2. 种类（咖啡豆荚或豆皮）	3. 品种；4. 产区		
0901.9020	---含咖啡的咖啡代用品	1. 品名；2. 成分	3. 品种；4. 产区		
09.02	**茶，不论是否加香料：**	1. 品名；2. 制作或保存方法（未发酵、半发酵、发酵）；3. 内包装每件净重	4. 品牌		
	-绿茶（未发酵），内包装每件净重不超过3千克：				
0902.1010	---花茶				
0902.1090	---其他				
	-其他绿茶（未发酵）：				
0902.2010	---花茶				
0902.2090	---其他				
	-红茶（已发酵）及半发酵茶，内包装每件净重不超过3千克：				
0902.3010	---乌龙茶				
0902.3020	---普洱茶				
0902.3090	---其他				
	-其他红茶（已发酵）及半发酵茶：				
0902.4010	---乌龙茶				
0902.4020	---普洱茶				
0902.4090	---其他				
09.03	**马黛茶：**	1. 品名			
0903.0000	马黛茶				
09.04	**胡椒；辣椒干及辣椒粉：**	1. 品名；2. 制作或保存方法（未磨、已磨、干、粉）			
	-胡椒：				
0904.1100	--未磨				
0904.1200	--已磨				
	-辣椒：				
0904.2100	--干，未磨				
0904.2200	--已磨				

税则号列	商品名称	申报要素			说明举例
		归类要素	价格要素	其他要素	
09.05	**香子兰豆：**	1. 品名；2. 加工方法(未磨、已磨)			不包括香草油树脂(人们有时误称为香草香膏或香草浸膏)(税目13.02)；不包括香草糖(税目17.01或17.02)；不包括香草醛(香草的香素)(税目29.12)
0905.1000	-未磨				
0905.2000	-已磨				
09.06	**肉桂及肉桂花：**	1. 品名；2. 加工方法(未磨、已磨)			
	-未磨：				
0906.1100	--锡兰肉桂				
0906.1900	--其他				
0906.2000	-已磨				
09.07	**丁香(母丁香、公丁香及丁香梗)：**	1. 品名；2. 加工方法(未磨、已磨)			不包括丁香树皮及树叶(税目12.11)
0907.1000	-未磨				
0907.2000	-已磨				
09.08	**肉豆蔻、肉豆蔻衣及豆蔻：**	1. 品名；2. 加工方法(未磨、已磨)			
	-肉豆蔻：				
0908.1100	--未磨				
0908.1200	--已磨				
	-肉豆蔻衣：				
0908.2100	--未磨				
0908.2200	--已磨				
	-豆蔻：				
0908.3100	--未磨				
0908.3200	--已磨				
09.09	**茴芹子、八角茴香、小茴香子、芫荽子、枯茗子及蒿子；杜松果：**	1. 品名；2. 加工方法(未磨、已磨)			例：八角茴香
	-芫荽子：				
0909.2100	--未磨				
0909.2200	--已磨				
	-枯茗子：				
0909.3100	--未磨				
0909.3200	--已磨				
	-茴芹子或八角茴香、蒿子或小茴香子；杜松果：				

税则号列	商品名称	申报要素			说明举例
		归类要素	价格要素	其他要素	
	--未磨：				
0909.6110	---八角茴香				
0909.6190	---其他				
	--已磨：				
0909.6210	---八角茴香				
0909.6290	---其他				
09.10	**姜、番红花、姜黄、麝香草、月桂叶、咖喱及其他调味香料：**				
	-姜：	1. 品名；2. 加工方法（未磨、已磨）			
0910.1100	--未磨				
0910.1200	--已磨				
0910.2000	-番红花	1. 品名			
0910.3000	-姜黄	1. 品名			
	-其他调味香料：	1. 品名；2. 成分含量			
0910.9100	--本章注释一（二）所述的混合物				
0910.9900	--其他				

第十章　谷物

注释：

一、（一）本章各税目所列产品必须带有谷粒，不论是否成穗或带秆。

（二）本章不包括已去壳或经其他加工的谷物。但去壳、碾磨、磨光、上光、半熟或破碎的稻米仍应归入税目 10.06。

二、税目 10.05 不包括甜玉米（第七章）。

子目注释：

所称“硬粒小麦”，是指硬粒小麦属的小麦及以该属具有相同染色体数目（28）的小麦种间杂交所得的小麦。

【要素释义】

一、归类要素

（一）是否种用：按商品的实际报验状态填写“种用”或“非种用”即可。

（二）是否硬粒：该要素为税目 10.01 的专有归类要素，按商品的实际报验状态填写“硬粒小麦”即可。

（三）制作或保存方法：指商品具体的制作方法或保存方法。例如，子目 1006.2090 商品填写“糙米”。

（四）用途：指商品应用的方面、范围。例如，税目 10.07 商品填写“食用”。

二、价格要素

（一）包装规格：指每个独立包装的重量或者大包装中独立包装的数量和重量。例如，子目 1006.1011 的“籼米”可填写“8 千克/包”。

（二）种类：该要素为税目 10.01 的价格要素，指小麦、稻谷、大米的具体品种或者种类。可填写“白麦、红麦、冬麦、春麦”等。

税则号列	商品名称	申报要素			说明举例
		归类要素	价格要素	其他要素	
10.01	**小麦及混合麦：**	1. 品名；2. 是否种用；3. 是否硬粒	4. 种类（白麦、红麦、冬麦、春麦）		
	-硬粒小麦：				
1001.1100	--种用				
1001.1900	--其他				
	-其他：				
1001.9100	--种用				
1001.9900	--其他				
10.02	**黑麦：**	1. 品名；2. 是否种用			不包括有麦角寄生的黑麦（税目 12.11）
1002.1000	-种用				
1002.9000	-其他				
10.03	**大麦：**	1. 品名；2. 是否种用			不包括烘焙大麦（咖啡代用品）（税目 21.01）；不包括在烘焙过程中从发芽麦粒分出来的麦芽新芽及其他酿造废料（粮食、啤酒花等的渣滓）（税目 23.03）
1003.1000	-种用				

税则号列	商品名称	申报要素			说明举例
		归类要素	价格要素	其他要素	
1003. 9000	-其他				
10. 04	**燕麦：**	1. 品名；2. 是否种用			例：种用燕麦
1004. 1000	-种用				
1004. 9000	-其他				
10. 05	**玉米：**	1. 品名；2. 是否种用			本税目所称“种用”，仅包括由本国主管部门认可作为播种用的玉米
1005. 1000	-种用				
1005. 9000	-其他				
10. 06	**稻谷、大米：**				
	-稻谷：				
	---种用：				
1006. 1021	----长粒米	1. 品名；2. 种类；3. 加工方法（去壳、未去壳）；4. 是否种用；5. 粒长；6. 长宽比	7. 包装规格		
1006. 1029	----其他	1. 品名；2. 种类；3. 加工方法（去壳、未去壳）；4. 是否种用；5. 粒长；6. 长宽比	7. 包装规格		
	---其他：				
1006. 1081	----长粒米	1. 品名；2. 种类；3. 加工方法（去壳、未去壳）；4. 粒长；5. 长宽比	6. 包装规格		
1006. 1089	----其他	1. 品名；2. 种类；3. 加工方法（去壳、未去壳）；4. 粒长；5. 长宽比	6. 包装规格		
	-糙米：				
1006. 2020	---长粒米	1. 品名；2. 种类；3. 加工方法（去壳、未去壳）；4. 制作或保存方法（糙米）；5. 粒长；6. 长宽比	7. 包装规格		
1006. 2080	---其他	1. 品名；2. 种类；3. 加工方法（去壳、未去壳）；4. 是否种用；5. 粒长；6. 长宽比	7. 包装规格		
	-精米，不论是否磨光或上光：				

税则号列	商品名称	申报要素			说明举例
		归类要素	价格要素	其他要素	
1006. 3020	---长粒米	1. 品名；2. 种类；3. 加工方法（去壳、未去壳）；4. 粒长；5. 长宽比	6. 包装规格		
1006. 3080	---其他	1. 品名；2. 种类；3. 加工方法（去壳、未去壳）；4. 粒长；5. 长宽比	6. 包装规格		
	-碎米：				
1006. 4020	---长粒米	1. 品名；2. 种类；3. 加工方法（去壳、未去壳）	4. 包装规格		
1006. 4080	---其他	1. 品名；2. 种类；3. 加工方法（去壳、未去壳）	4. 包装规格		
10. 07	**食用高粱：**	1. 品名；2. 用途（食用）；3. 是否种用	4. 包装规格		不包括饲料高粱及草高粱（税目12. 14）、甜高粱（税目12. 12）、帚用高粱（税目14. 03）
1007. 1000	-种用				
1007. 9000	-其他				
10. 08	**荞麦、谷子及加那利草子；其他谷物：**	1. 品名；2. 是否种用	3. 包装规格		
1008. 1000	-荞麦				
	-谷子：				
1008. 2100	--种用				
1008. 2900	--其他				
1008. 3000	-加那利草子				
	-直长马唐（马唐属）：				
1008. 4010	---种用				
1008. 4090	---其他				
	-昆诺阿藜：				
1008. 5010	---种用				
1008. 5090	---其他				
	-黑小麦：				
1008. 6010	---种用				
1008. 6090	---其他				
	-其他谷物：				
1008. 9010	---种用				
1008. 9090	---其他				

第十一章　制粉工业产品；麦芽；淀粉；菊粉；面筋

注释：

一、本章不包括：

（一）作为咖啡代用品的焙制麦芽（税目 09.01 或 21.01）；

（二）税目 19.01 的经制作的细粉、粗粒、粗粉或淀粉；

（三）税目 19.04 的玉米片及其他产品；

（四）税目 20.01、20.04 或 20.05 的经制作或保藏的蔬菜；

（五）药品（第三十章）；或

（六）具有芳香料制品或化妆盥洗品性质的淀粉（第三十三章）。

二、（一）下表所列谷物碾磨产品按干制品重量计如果同时符合以下两个条件，应归入本章；但是，整粒、滚压、制片或磨碎的谷物胚芽均归入税目 11.04：

1. 淀粉含量（按修订的尤艾斯旋光法测定）超过表列第（2）栏的比例；以及

2. 灰分含量（除去任何添加的矿物质）不超过表列第（3）栏的比例。否则，应归入税目 23.02。

（二）符合上述规定归入本章的产品，如果用表列第（4）或第（5）栏规定孔径的金属丝网筛过筛，其通过率按重量计不低于表列比例的，应归入税目 11.01 或 11.02。否则，应归入税目 11.03 或 11.04。

谷　物 (1)	淀粉含量 (2)	灰分含量 (3)	通过下列孔径筛子的比率	
			315 微米 (4)	500 微米 (5)
小麦及黑麦	45%	2.5%	80%	—
大麦	45%	3%	80%	—
燕麦	45%	5%	80%	—
玉米及高粱	45%	2%	—	90%
大米	45%	1.6%	80%	—
荞麦	45%	4%	80%	—

三、税目 11.03 所称“粗粒”及“粗粉”，是指谷物经碾碎所得的下列产品：

（一）玉米产品，用 2 毫米孔径的金属丝网筛过筛，通过率按重量计不低于 95%的；

（二）其他谷物产品，用 1.25 毫米孔径的金属丝网筛过筛，通过率按重量计不低于 95%的。

【要素释义】

归类要素

（一）状态：指事物所表现出来的形态。例如，税目 11.01 商品填写“细粉”；税目 11.03 商品填写“粗粒、粗粉、团粒”中的一种。

（二）种类：指根据事物本身的性质或特点而分成的类别。例如，税目 11.02 商品填写“玉米”“籼米”等。

（三）制作或保存方法：指商品具体的制作方法或保存方法。例如，税目 11.04 商品填写“去壳、滚压、制片等”中的具体情况；税目 11.07 商品填写“未焙制”或“已焙制”。

税则号列	商　品　名　称	申　报　要　素			说　明　举　例
		归类要素	价格要素	其他要素	
11.01	**小麦或混合麦的细粉：**	1. 品名；2. 状态（细粉）			不包括掺有可可的细粉［按重量计全脱脂可可含量在 40% 及以上的（税目 18.06），低于 40% 的（税目 19.01）］
1101.0000	小麦或混合麦的细粉				

税则号列	商　品　名　称	申　报　要　素			说　明　举　例
		归类要素	价格要素	其他要素	
11.02	**其他谷物细粉，但小麦或混合麦的细粉除外：**	1. 品名；2. 种类（玉米、长粒米等）；3. 状态（细粉）			不包括掺有可可的细粉［按重量计全脱脂可可含量在40%及以上的（税目18.06），低于40%的（税目19.02）］
1102.2000	-玉米细粉				
	-其他：				
	---大米细粉：				
1102.9021	----长粒米的				
1102.9029	----其他				
1102.9090	---其他				
11.03	**谷物的粗粒、粗粉及团粒：**	1. 品名；2. 种类（小麦、玉米、燕麦等）；3. 状态（粗粒、粗粉、团粒等）			
	-粗粒及粗粉：				
1103.1100	--小麦的				
1103.1300	--玉米的				
	--其他：				
1103.1910	---燕麦的				
	---大米的：				
1103.1931	----长粒米				
1103.1939	----其他				
1103.1990	---其他				
	-团粒：				
1103.2010	---小麦的				
1103.2090	---其他				
11.04	**经其他加工的谷物（例如，去壳、滚压、制片、制成粒状、切片或粗磨），但税目10.06的稻谷、大米除外；谷物胚芽，整粒、滚压、制片或磨碎的：**	1. 品名；2. 种类（燕麦、大麦、小麦等）；3. 制作或保存方法（去壳、滚压、制片等）			
	-滚压或制片的谷物：				
1104.1200	--燕麦的				
	--其他：				
1104.1910	---大麦的				
1104.1990	---其他				
	-经其他加工的谷物（例如，去壳、制成粒状、切片或粗磨）：				
1104.2200	--燕麦的				

税则号列	商品名称	申报要素			说明举例
		归类要素	价格要素	其他要素	
1104.2300	--玉米的				
	--其他：				
1104.2910	---大麦的				
1104.2990	---其他				
1104.3000	-谷物胚芽，整粒、滚压、制片或磨碎的				不包括谷物胚芽提取油类后的残渣（税目23.06）
11.05	**马铃薯的细粉、粗粉、粉末、粉片、颗粒及团粒：**	1. 品名；2. 状态（细粉、粗粉、粉末、粉片、颗粒及团粒）			不包括马铃薯淀粉（税目11.08）；不包括仅简单干燥、脱水或蒸干但未进一步加工的马铃薯（税目07.12）；不包括马铃薯淀粉制得的珍粉代用品（税目19.03）
1105.1000	-细粉、粗粉及粉末				
1105.2000	-粉片、颗粒及团粒				
11.06	**用税目07.13的干豆或税目07.14的西谷茎髓及植物根茎、块茎制成的细粉、粗粉及粉末；用第八章的产品制成的细粉、粗粉及粉末：**	1. 品名；2. 种类（豌豆、鹰嘴豆等）；3. 状态（细粉、粗粉、粉末）			
1106.1000	-用税目07.13的干豆制成的				仅用税目07.13的干豆制成；不包括未脱脂大豆细粉（税目12.08）；不包括以蔬菜细粉或粗粉为基料的汤料（不论液状、固体或粉状）（税目21.04）
1106.2000	-用税目07.14的西谷茎髓及植物根茎、块茎制成的				仅用税目07.14所列产品制成
1106.3000	-用第八章的产品制成的				仅用第八章的产品制成；不包括西谷茎髓（税目07.14）；不包括名为珍粉的食品（税目19.03）
11.07	**麦芽，不论是否焙制：**	1. 品名；2. 制作或保存方法（未焙制、已焙制）			例：未焙制麦芽
1107.1000	-未焙制				
1107.2000	-已焙制				

税则号列	商品名称	申报要素			说明举例
		归类要素	价格要素	其他要素	
11.08	**淀粉；菊粉：**				不包括制成香粉及盥洗用品的淀粉（第三十三章）；不包括以淀粉为基料的胶（税目35.05或35.06）；不包括用淀粉制成的上光料或浆料（税目38.09）；不包括分离淀粉所得的离析支链淀粉及离析直链淀粉（税目39.13）
	-淀粉：				
1108.1100	--小麦淀粉	1. 品名；2. 种类（小麦淀粉）			
1108.1200	--玉米淀粉	1. 品名；2. 种类（玉米淀粉）			
1108.1300	--马铃薯淀粉	1. 品名；2. 种类（马铃薯淀粉）			
1108.1400	--木薯淀粉	1. 品名；2. 种类（木薯淀粉）			
1108.1900	--其他	1. 品名；2. 种类（大米淀粉、竹芋淀粉等）			
1108.2000	-菊粉	1. 品名			
11.09	**面筋，不论是否干制：**	1. 品名			不包括加有面筋的营养面粉（税目11.01）；不包括作胶用或做纺织工业上光料或浆料用的面筋（税目35.06或38.09）

第十二章　含油子仁及果实；杂项子仁及果实；工业用或药用植物；稻草、秸秆及饲料

注释：

一、税目 12.07 主要包括棕榈果及棕榈仁、棉子、蓖麻子、芝麻、芥子、红花子、罂粟子、牛油树果，但不包括税目 08.01 或 08.02 的产品及油橄榄（第七章或第二十章）。

二、税目 12.08 不仅包括未脱脂的细粉和粗粉，而且包括部分或全部脱脂以及用其本身的油料全部或部分复脂的细粉和粗粉。但不包括税目 23.04 至 23.06 的残渣。

三、甜菜子、草子及其他草本植物种子、观赏用花的种子、蔬菜种子、林木种子、果树种子、巢菜子（蚕豆除外）、羽扇豆属植物种子，可一律视为种植用种子，归入税目 12.09。但下列各项即使做种子用，也不归入税目 12.09：

（一）豆类蔬菜或甜玉米（第七章）；

（二）第九章的调味香料及其他产品；

（三）谷物（第十章）；或

（四）税目 12.01 至 12.07 或 12.11 的产品。

四、税目 12.11 主要包括下列植物或这些植物的某部分：

罗勒、琉璃苣、人参、海索草、甘草、薄荷、迷迭香、芸香、鼠尾草及苦艾。

但税目 12.11 不包括：

（一）第三十章的药品；

（二）第三十三章的芳香料制品及化妆盥洗品；或

（三）税目 38.08 的杀虫剂、杀菌剂、除草剂、消毒剂及类似产品。

五、税目 12.12 的“海草及其他藻类”不包括：

（一）税目 21.02 的已死的单细胞微生物；

（二）税目 30.02 的培养微生物；或

（三）税目 31.01 或 31.05 的肥料。

子目注释：

子目 1205.10 所称“低芥子酸油菜子”，是指所榨取的固定油中芥子酸含量按重量计低于 2%，以及所得的固体成分每克葡萄糖苷酸（酯）含量低于 30 微摩尔的油菜子。

【要素释义】

一、归类要素

（一）种类：这里指大豆的具体种类，例如，“黄大豆、黑大豆、青大豆等”。

（二）是否种用：该要素按商品的实际报验状态填写“种用”或“非种用”即可。

（三）制作或保存方法：指商品具体的制作方法或保存方法。例如，税目 12.02 商品填写“未去壳、去壳、未焙炒、未烹煮”中的具体情况；税目 12.10 商品填写“鲜、干、未研磨、研磨、未制成团粒等”中的具体情况。

（四）用途：指商品应用的方面、范围。例如，税目 12.03 商品填写“榨油用”；税目 12.09 商品填写“种植用”；税目 12.11 商品填写“作香料、药料、杀虫、杀菌等类似用途”中的具体情况；子目 1212.99 商品填写“主要供人食用”。

（五）状态：指事物所表现出来的形态。例如，税目 12.08 商品填写“细粉”或“粗粉”。

（六）拉丁名称：指生物的学名，通常以拉丁文表示。

（七）加工程度：税目 12.13 是指“未经处理的谷类植物的茎、秆及谷壳，不论是否切碎、碾磨、挤压或制成团粒”，故归入该税目的商品应根据实际的报验状态填写“未经处理”。

二、价格要素

（一）蛋白含量：该要素是子目 1201.901 黄大豆的专有价格要素。例如，黄大豆的蛋白含量可填写 33.5%~35%。

（二）油含量：该要素是子目 1201.901 黄大豆的专有价格要素，例如，黄大豆的含油量可填写 18%~19%。

（三）芥子酸含量及所得固体成分每克葡萄糖苷酸（酯）含量：该要素是子目 1205.10 低芥子酸油菜子的专用价格要素。其中，芥子酸含量由于油菜子产地不同，含量有差异，例如，波兰产油菜子的芥子酸含量 23.5%，阿根廷产油菜子芥子酸含量 40%，“低芥子酸油菜子”的芥子酸含量按重量计低于 2%。根据实际申报即可。所得固体成分每克葡萄糖苷酸（酯）含量用“微摩尔”表示，例如，“低芥子酸油菜子”的所得固体成分每克葡萄糖苷酸（酯）含量“25 微摩尔”。

（四）升贴水：该要素是子目1201.901黄大豆的价格要素，是指黄大豆期货定价的价格组成部分。注意贴水有正、负贴水之分，一般情况下均是正贴水，但在极个别情况下也会出现负贴水的情况。

税则号列	商品名称	申报要素			说明举例
		归类要素	价格要素	其他要素	
12.01	**大豆，不论是否破碎：**				不包括作为咖啡代用品的烘焙大豆（税目21.01）
1201.1000	-种用	1. 品名；2. 种类（黄大豆、黑大豆、青大豆等）；3. 是否种用			
	-其他：				
1201.9010	---黄大豆	1. 品名；2. 种类（黄大豆）	3. 蛋白含量；4. 油含量；5. 升贴水		
1201.9020	---黑大豆	1. 品名；2. 种类（黑大豆）			
1201.9030	---青大豆	1. 品名；2. 种类（青大豆）			
1201.9090	---其他	1. 品名；2. 种类			
12.02	**未焙炒或未烹煮的花生，不论是否去壳或破碎：**	1. 品名；2. 制作或保存方法（未去壳、去壳、未焙炒、未烹煮）；3. 是否种用			本税目仅指未焙炒或未烹煮的
1202.3000	-种用				
	-其他：				
1202.4100	--未去壳				
1202.4200	--去壳，不论是否破碎				
12.03	**干椰子肉：**	1. 品名；2. 用途（榨油用）			不包括供人食用的干椰丝（税目08.01）
1203.0000	干椰子肉				
12.04	**亚麻子，不论是否破碎：**	1. 品名			
1204.0000	亚麻子，不论是否破碎				
12.05	**油菜子，不论是否破碎：**				例：种用低芥子酸油菜子
	-低芥子酸油菜子：	1. 品名；2. 是否种用	3. 芥子酸含量及所得固体成分每克葡萄糖苷酸（酯）含量		
1205.1010	---种用				
1205.1090	---其他				
	-其他：	1. 品名；2. 是否种用			
1205.9010	---种用				
1205.9090	---其他				

税则号列	商品名称	申报要素			说明举例
		归类要素	价格要素	其他要素	
12.06	**葵花子，不论是否破碎：**				
1206.0010	---种用	1. 品名；2. 是否种用			例：种用葵花子
1206.0090	---其他	1. 品名			
12.07	**其他含油子仁及果实，不论是否破碎：**	1. 品名；2. 是否种用			
	-棕榈果及棕榈仁：				
1207.1010	---种用				
1207.1090	---其他				
	-棉子：				
1207.2100	--种用				例：种用棉子
1207.2900	--其他				
	-蓖麻子：				
1207.3010	---种用				
1207.3090	---其他				
	-芝麻：				
1207.4010	---种用				
1207.4090	---其他				
	-芥子：				
1207.5010	---种用				
1207.5090	---其他				
	-红花子：				
1207.6010	---种用				
1207.6090	---其他				
	-甜瓜的子：				
1207.7010	---种用				
	---其他：				
1207.7091	----黑瓜子				
1207.7092	----红瓜子				
1207.7099	----其他				
	-其他：				
1207.9100	--罂粟子				
	--其他：				
1207.9910	---种用				
	---其他：				
1207.9991	----牛油树果				
1207.9999	----其他				
12.08	**含油子仁或果实的细粉及粗粉，但芥子粉除外：**	1. 品名；2. 状态（细粉、粗粉）			不包括花生酱（税目20.08）；不包括芥子细粉及粗粉，不论是否脱脂、调制（税目21.03）
1208.1000	-大豆粉				

税则号列	商品名称	申报要素			说明举例
		归类要素	价格要素	其他要素	
1208.9000	-其他				
12.09	**种植用的种子、果实及孢子：**	1. 品名；2. 用途（种植用）			
1209.1000	-糖甜菜子				
	-饲料植物种子：				
1209.2100	--紫苜蓿子				
1209.2200	--三叶草子				
1209.2300	--羊茅子				
1209.2400	--草地早熟禾子				
1209.2500	--黑麦草种子				
	--其他：				
1209.2910	---甜菜子，糖甜菜子除外				
1209.2990	---其他				
1209.3000	-草本花卉植物种子				
	-其他：				
1209.9100	--蔬菜种子				
1209.9900	--其他				
12.10	**鲜或干的啤酒花，不论是否研磨或制成团粒；蛇麻腺：**	1. 品名；2. 制作或保存方法（鲜、干、未研磨、研磨、未制成团粒等）			不包括啤酒花浸膏（税目13.02）；不包括废啤酒花（税目23.03）；不包括蛇麻精油（税目33.01）
1210.1000	-啤酒花，未经研磨也未制成团粒				
1210.2000	-啤酒花，经研磨或制成团粒；蛇麻腺				
12.11	**主要用作香料、药料、杀虫、杀菌或类似用途的植物或这些植物的某部分（包括子仁及果实），鲜、冷、冻或干的，不论是否切割、压碎或研磨成粉：**	1. 品名；2. 用途（作香料、药料、杀虫、杀菌等类似用途）；3. 制作或保存方法（鲜、干等）			不包括制成一定剂量或零售包装的
	-人参：				
1211.2010	---西洋参				
1211.2020	---野山参（西洋参除外）				
	---其他：				
1211.2091	----鲜的				
1211.2099	----其他				
1211.3000	-古柯叶				
1211.4000	-罂粟秆				
1211.5000	-麻黄				
	-其他：				

税则号列	商品名称	申报要素			说明举例
		归类要素	价格要素	其他要素	
	---主要用作药料的植物及其某部分：				
1211.9011	----当归				
1211.9012	----三七（田七）				
1211.9013	----党参				
1211.9014	----黄连				
1211.9015	----菊花				
1211.9016	----冬虫夏草				
1211.9017	----贝母				
1211.9018	----川芎				
1211.9019	----半夏				
1211.9021	----白芍				
1211.9022	----天麻				
1211.9023	----黄芪				
1211.9024	----大黄、籽黄				
1211.9025	----白术				
1211.9026	----地黄				
1211.9027	----槐米				
1211.9028	----杜仲				
1211.9029	----茯苓				
1211.9031	----枸杞				
1211.9032	----大海子				
1211.9033	----沉香				
1211.9034	----沙参				
1211.9035	----青蒿				
1211.9036	----甘草				
1211.9037	----黄芩				
1211.9038	----椴树（欧椴）花及叶				
1211.9039	----其他				
1211.9050	---主要用作香料的植物及其某部分				
	---其他：				
1211.9091	----鱼藤根、除虫菊				
1211.9099	----其他				

税则号列	商 品 名 称	申 报 要 素			说 明 举 例
		归类要素	价格要素	其他要素	
12.12	**鲜、冷、冻或干的刺槐豆、海草及其他藻类、甜菜及甘蔗，不论是否碾磨；主要供人食用的其他税目未列名的果核、果仁及植物产品（包括未焙制的菊苣根）：**				不包括作为胶黏剂或增稠剂的刺槐豆胚乳粉（税目13.02）；不包括琼脂及角叉藻胶（税目13.02）；不包括已死的单细胞藻类（税目21.02）；不包括蔗渣，即甘蔗榨汁后剩下的纤维部分（税目23.03）；不包括作为咖啡代用品的烘焙菊苣根（税目21.01），不包括其他未烘焙菊苣根（税目06.01）；不包括雕刻用的果核（例如，椰枣核）（税目14.04）及烘焙果仁（一般作为咖啡代用品）（税目21.01）
	-海草及其他藻类：	1. 品名；2. 制作或保存方法（鲜、冷、冻、干等）；3. 拉丁名称			
	--适合供人食用的：				
1212.2110	---海带				
1212.2120	---发菜				
	---裙带菜：				
1212.2131	----干的				
1212.2132	----鲜的				
1212.2139	----其他				
	---紫菜：				
1212.2141	----干的				
1212.2142	----鲜的				
1212.2149	----其他				
	---麒麟菜：				
1212.2161	----干的				
1212.2169	----其他				
	---江蓠：				
1212.2171	----干的				
1212.2179	----其他				
1212.2190	---其他				
	--其他：				

税则号列	商 品 名 称	申报要素			说 明 举 例
		归类要素	价格要素	其他要素	
1212.2910	---马尾藻				
1212.2990	---其他				
	-其他：				
1212.9100	--甜菜	1. 品名；2. 制作或保存方法（鲜、冷、冻等）			
1212.9200	--刺槐豆	1. 品名；2. 制作或保存方法（鲜、冷、冻等）			
1212.9300	--甘蔗	1. 品名；2. 制作或保存方法（鲜、冷、冻等）			
1212.9400	--菊苣根	1. 品名；2. 制作或保存方法（鲜、冷、冻等）			
	--其他：	1. 品名；2. 用途（主要供人食用）			
	---杏、桃（包括油桃）、梅或李的核及核仁：				
1212.9911	----苦杏仁				
1212.9912	----甜杏仁				
1212.9919	----其他				
	---其他：				
1212.9993	----白瓜子				
1212.9994	----莲子				
1212.9996	----甜叶菊叶				
1212.9999	----其他				
12.13	**未经处理的谷类植物的茎、秆及谷壳，不论是否切碎、碾磨、挤压或制成团粒：**	1. 品名；2. 制作或保存方法（切碎、碾磨、挤压等）；3. 加工程度（未经处理）			不包括已净、漂白或染色的谷粒植物草、秆（税目 14.01）
1213.0000	未经处理的谷类植物的茎、秆及谷壳，不论是否切碎、碾磨、挤压或制成团粒				
12.14	**芜菁甘蓝、饲料甜菜、饲料用根、干草、紫苜蓿、三叶草、驴喜豆、饲料羽衣甘蓝、羽扇豆、巢菜及类似饲料，不论是否制成团粒：**				不包括谷类植物的草、秆及壳（税目 12.03）；不包括虽然用作动物饲料，但并非专为饲养动物而种植的植物产品（如甜菜、胡萝卜叶及玉米叶）（税目 23.08）；不包括配制的动物饲料（如甜饲料）（税目 23.09）
1214.1000	-紫苜蓿粗粉及团粒	1. 品名；2. 状态（粗粉及团粒等）			
1214.9000	-其他	1. 品名			

第十三章　虫胶；树胶、树脂及其他植物液、汁

注释：

税目 13.02 主要包括甘草、除虫菊、啤酒花、芦荟的浸膏及鸦片，但不包括：

一、按重量计蔗糖含量在 10%以上或制成糖食的甘草浸膏（税目 17.04）；

二、麦芽膏（税目 19.01）；

三、咖啡精、茶精、马黛茶精（税目 21.01）；

四、构成含酒精饮料的植物汁、液（第二十二章）；

五、樟脑、甘草甜及税目 29.14 或 29.38 的其他产品；

六、按重量计生物碱含量不低于 50%的罂粟秆的浓缩物（税目 29.39）；

七、税目 30.03 或 30.04 的药品及税目 30.06 的血型试剂；

八、鞣料或染料的浸膏（税目 32.01 或 32.03）；

九、精油、浸膏、净油、香膏、提取的油树脂或精油的水馏液及水溶液；饮料制造业用的以芳香物质为基料的制剂（第三十三章）；或

十、天然橡胶、巴拉塔胶、古塔波胶、银胶菊胶、糖胶树胶或类似的天然树胶（税目 40.01）。

【要素释义】

一、归类要素

（一）制作或保存方法：指商品具体的制作方法或保存方法。例如，子目 1302.1100 商品填写“液汁、浸膏、粉末”中的具体情况。

（二）请注明有效成分含量：该要素按商品的实际报验状态填写“α酸等有效成分及含量”即可。

（三）来源：该要素在本税目中指该商品是从刺槐豆、刺槐豆子或瓜尔豆制得的胶液及增稠剂，应填写“从刺槐豆制得”“从刺槐豆子制得”或“从瓜尔豆制得”。

二、价格要素

（一）种类：该要素是子目 1302.3911 的专有价格要素。可申报为“卡帕胶”“阿欧塔胶”或者“莱姆达胶”等。

（二）用途：指商品应用的方面、范围。例如，子目 1302.3911 的卡拉胶的用途可填写“果冻”；子目 1302.3912 项下的褐藻胶的用途可填写“纺织助剂”；子目 1302.2 果胶和子目 1302.31 琼脂的用途填写“食品用”“医药用”等。

税则号列	商品名称	申报要素			说明举例
		归类要素	价格要素	其他要素	
13.01	虫胶；天然树胶、树脂、树胶脂及油树脂（例如，香树脂）：				不包括接触空气即硬化成为一种抗性薄膜的某些东方树木的树液（名为“日本漆”“中国漆”等）（税目 13.02）；不包括琥珀（税目 25.30）；不包括虫胶染料，即从虫胶提取的色料（税目 32.03）；不包括香膏（从本税目物质中提取的）及提取的油树脂（税目 33.01）；不包括妥尔油（有时称为“液体松香”）（税目 38.03）；不包括松节油（税目 38.05）

税则号列	商品名称	申报要素			说明举例
		归类要素	价格要素	其他要素	
1301.2000	-阿拉伯胶	1. 品名	2. 用途（食品、饮料、制药等）		
	-其他：	1. 品名			
1301.9010	---胶黄耆树胶（卡喇杆胶）				
1301.9020	---乳香、没药及血竭				
1301.9030	---阿魏				
1301.9040	---松脂				
1301.9090	---其他				
13.02	**植物液汁及浸膏；果胶、果胶酸盐及果胶酸酯；从植物产品制得的琼脂、其他胶液及增稠剂，不论是否改性：**				不包括麦精（税目19.01）；不包括烟草精（税目24.03）；不包括樟脑（税目29.14）；不包括甘草甜及甘草酸（税目29.38）；不包括作血型试剂用的浸膏（税目30.06）；不包括鞣料膏（税目32.01）；不包括染料膏（税目32.03）；不包括天然橡胶、巴拉塔胶、古塔波胶、银胶菊胶，糖胶树胶及类似天然树胶（税目40.01）；不包括藻酸及藻酸盐（税目39.13）
	-植物液汁及浸膏：				
1302.1100	--鸦片	1. 品名；2. 制作或保存方法（液汁、浸膏、粉末）			
1302.1200	--甘草的	1. 品名；2. 制作或保存方法（液汁、浸膏、粉末）			
1302.1300	--啤酒花的	1. 品名；2. 制作或保存方法（液汁、浸膏、粉末）；3. 请注明有效成分含量（α酸等）			
1302.1400	--麻黄的	1. 品名；2. 制作或保存方法（液汁、浸膏、粉末）			
	--其他：	1. 品名；2. 制作或保存方法（液汁、浸膏、粉末）			

税则号列	商　品　名　称	申报要素			说　明　举　例
		归类要素	价格要素	其他要素	
1302.1910	---生漆				
1302.1920	---印楝素				
1302.1930	---除虫菊的或含鱼藤酮植物根茎的				
1302.1940	---银杏的				
1302.1990	---其他				
1302.2000	-果胶、果胶酸盐及果胶酸酯	1. 品名	2. 用途（食品用、医药用）		
	-从植物产品制得的胶液及增稠剂，不论是否改性：				
1302.3100	--琼脂	1. 品名	2. 等级（食品级、医药级等）		
1302.3200	--从刺槐豆、刺槐豆子或瓜尔豆制得的胶液及增稠剂，不论是否改性	1. 品名；2. 来源	3. 黏度；4. 级别（食用级、工业级）		
	--其他：				
	---海草及其他藻类制品：				
1302.3911	----卡拉胶	1. 品名	2. 种类（卡帕胶、阿欧塔胶、莱姆达胶等）；3. 用途（乳品、肉类、水、糖果、果冻、甜品）		
1302.3912	----褐藻胶	1. 品名	2. 用途		
1302.3919	----其他	1. 品名	2. 用途		
1302.3990	---其他	1. 品名；2. 来源	3. 用途		

第十四章　编结用植物材料；其他植物产品

注释：

一、本章不包括归入第十一类的下列产品：

主要供纺织用的植物材料或植物纤维，不论其加工程度如何；或经过处理使其只能作为纺织原料用的其他植物材料。

二、税目 14.01 主要包括竹（不论是否劈开、纵锯、切段、圆端、漂白、磨光、染色或进行不燃处理）、劈开的柳条、芦苇及类似品和藤心、藤丝、藤片，但不包括木片条（税目 44.04）。

三、税目 14.04 不包括木丝（税目 44.05）及供制帚、制刷用成束、成簇的材料（税目 96.03）。

【要素释义】

一、归类要素

（一）用途：指商品应用的方面、范围。例如，税目 14.01 商品填写“主要作编结用”；子目 1404.901 商品填写“主要供染料或鞣料用”。

（二）纤维长度：子目 1404.2 的棉短绒按实际报验状态填写其纤维的长度。

二、价格要素

（一）请注明加工程度：该要素是子目 1401.2 藤的专有价格要素。藤产品进口有去皮和未去皮的不同加工，可填写“去皮的藤条”或者“藤皮”。

（二）直径：该要素是子目 1401.2 藤的专有价格要素。例如，可填写“直径 9 毫米~16 毫米”。

（三）长度：该要素是子目 1401.2 藤的专有价格要素。例如，可填写“长度 5 米~6 米”。

（四）种类：该要素是子目 1401.2 藤的专有价格要素，指藤的品种。例如，可填写“巴丹藤”等。

税则号列	商品名称	申报要素			说明举例
		归类要素	价格要素	其他要素	
14.01	**主要作编结用的植物材料（例如，竹、藤、芦苇、灯芯草、柳条、酒椰叶，已净、漂白或染色的谷类植物的茎秆，椴树皮）：**				不包括木片条（税目 44.04）
1401.1000	-竹	1. 品名；2. 用途（主要作编结用）			
1401.2000	-藤	1. 品名；2. 用途（主要作编结用）	3. 种类；4. 请注明加工程度（去皮或未去皮）；5. 直径；6. 长度		
	-其他：	1. 品名；2. 用途（主要作编结用）			
1401.9010	---谷类植物的茎秆（麦秸除外）				
1401.9020	---芦苇				
	---灯芯草属：				
1401.9031	----蔺草				
1401.9039	----其他				
1401.9090	---其他				
14.04	**其他税目未列名的植物产品：**				

税则号列	商品名称	申报要素			说明举例
		归类要素	价格要素	其他要素	
1404.2000	-棉短绒	1. 品名；2. 纤维长度			不包括棉絮，药用的或医疗、外科、牙科或兽医用零售包装的（税目30.05）；不包括其他棉絮胎（税目56.01）
	-其他：				
1404.9010	---主要供染料、鞣料用的植物原料	1. 品名；2. 用途（主要供染料或鞣料用）			不包括植物鞣料膏及鞣酸，包括水萃没食子酸（税目32.01）；不包括染料木及其他染料植物浸膏（税目32.03）
1404.9090	---其他	1. 品名			

第三类　动、植物油、脂及其分解产品；精制的食用油脂；动、植物蜡

第十五章　动、植物油、脂及其分解产品；精制的食用油脂；动、植物蜡

注释：

一、本章不包括：

（一）税目 02.09 的猪脂肪及家禽脂肪；

（二）可可脂、可可油（税目 18.04）；

（三）按重量计税目 04.05 所列产品的含量超过 15%的食品（通常归入第二十一章）；

（四）税目 23.01 的油渣或税目 23.04 至 23.06 的残渣；

（五）第六类的脂肪酸、精制蜡、药品、油漆、清漆、肥皂、芳香料制品、化妆盥洗品、磺化油及其他货品；或

（六）从油类提取的油膏（税目 40.02）。

二、税目 15.09 不包括用溶剂提取的橄榄油（税目 15.10）。

三、税目 15.18 不包括变性的油、脂及其分离品，这些货品应归入其相应的未变性油、脂及其分离品的税目。

四、皂料、油脚、硬脂沥青、甘油沥青及羊毛脂残渣，归入税目 15.22。

子目注释：

子目 1514.11 及 1514.19 所称"低芥子酸菜子油"，是指按重量计芥子酸含量低于 2%的固定油。

【要素释义】

本章税目 15.04 及 15.06 至 15.15 所称分离的主要方法指通过压榨、倾析、冬化及过滤进行干分离、溶剂分离、借助表面活性剂分离。

一、归类要素

（一）加工程度：指物品在加工过程中经过的具体加工工艺。例如，税目 15.02 商品填写"干、熏、盐腌、盐渍、已炼制等"中的具体情况；税目 15.04 商品填写"未经化学改性"。

（二）加工方法：指商品在加工过程中具体的加工方法。根据各税目的要求不同填写，例如，税目 15.07 商品填写"初榨"或"精制"；税目 15.16 商品填写"氢化、相互酯化、再酯化、反油酸化"中的具体情况。

（三）熔点：指晶体将其物态由固态转变（熔化）为液态的过程中固液共存状态的温度。

（四）制作或保存方法：指商品具体的制作方法或保存方法。根据商品的实际制作或保存方法填写"氢化、乳化、搅拌等"即可。

（五）用途：指商品应用的方面、范围。例如，子目 1517.9 商品填写"食用"。

（六）甘油含量：指商品中所含甘油按重量计的组成。

（七）成分：指商品中所含物质的种类。

（八）来源：指根据实际来源填写其为皮革工业上油（加脂）的天然或人造回收废脂等。

二、价格要素

（一）是否含瘦肉：该要素是税目 15.02 项下牛、羊脂肪的专有价格要素。可填写"含瘦肉"或"不含瘦肉"。

（二）饲料用的鱼油、脂及其分离品请注明是否精炼：该要素是子目 1504.1 和子目 1504.2 鱼油、脂及其分离品的专有价格要素。可填写"精炼"或"非精炼"。

（三）保健用鱼油请注明 DHA+EPA 浓度：该要素是子目 1504.1 和子目 1504.2 鱼油、脂及其分离品的专有价格要素，指鱼油的营养指标，用"毫克"表示。例如，DHA 为 120 毫克，EPA 为 180 毫克。

（四）包装规格：指植物油的包装形式，如散装或者小包装。例如，税目 15.09 项下的橄榄油可填写"包装规格：1 升/瓶"。

（五）品牌：指制造商或经销商加在商品上的标志，实际只需要申报出名称即可。有外文品牌的以申报外文品牌名称为主。

（六）酸度：该要素是税目 15.09 项下橄榄油产品的专有价格要素，是指橄榄油的质量指标，用"%"表示。国际市场橄榄油的酸度标准为 0.3%~0.8%，只需要填写实际的酸度百分比即可。

（七）产区：该要素是税目 15.09 项下橄榄油产品的专有价格要素，是指生产橄榄油原产国家的地区。例如，可填写"西班牙的安达卢西亚"。

（八）包装方式：该要素是子目1511.901棕榈液油的专有价格要素，例如，“散装”“桶装”，等等。

（九）规格：该要素是子目1511.901棕榈液油的专有价格要素，棕榈液油的规格有“24度”“33度”。

（十）芥子酸含量及所得固体成分每克葡萄糖苷酸（酯）含量：该要素是子目1514.11和子目1514.19低芥子酸菜子油及其分离品的价格要素。其中，芥子酸含量由于原材料油菜子产地不同，含量差异，用“%”表示，例如，波兰产油菜子的芥子酸含量23.5%，阿根廷产油菜子芥子酸含量40%，“低芥子酸油菜子”榨得菜子油的芥子酸含量按重量计低于2%。所得固体成分每克葡萄糖苷酸（酯）含量用“微摩尔”表示，例如，“低芥子酸油菜子”榨得菜子油的所得固体成分每克葡萄糖苷酸（酯）含量“25微摩尔”。根据实际申报即可。

（十一）加工原料（动物油脂、植物油脂）：该要素指子目1517.1人造黄油的专有价格要素。人造黄油由一种或者多种动、植物油脂制成。需要申报动物油脂品种或者植物油脂品种，例如，动物油脂“牛油脂”、植物油脂“大豆油”或者“棉子油”，等等。

（十二）成分含量：该要素是子目1521.1植物蜡的价格要素，指商品中所含物质的种类及按重量计各物质种类的组成，用“%”表示。例如，“小烛树蜡”的成分含量：50%石蜡烃，28%蜡酸蜡醇脂，13%游离酸，8%游离醇。

税则号列	商品名称	申报要素			说明举例
		归类要素	价格要素	其他要素	
15.01	**猪脂肪（包括已炼制的猪油）及家禽脂肪，但税目02.09及15.03的货品除外：**	1. 品名			不包括未炼制或用其他方法提取的不带瘦肉的肥猪肉、猪脂肪及家禽脂肪（税目02.09）；不包括猪油硬脂及液体猪油（税目15.03）；不包括人造猪油（税目15.17）
1501.1000	-猪油				
1501.2000	-其他猪脂肪				
1501.9000	-其他				
15.02	**牛、羊脂肪，但税目15.03的货品除外：**	1. 品名；2. 加工方法	3. 是否含瘦肉		不包括税目15.03的货品，例：油硬脂、食用或非食用脂油（税目15.03）；不包括马脂（税目15.06）
1502.1000	-牛、羊油脂				
1502.9000	-其他				
15.03	**猪油硬脂、液体猪油、油硬脂、食用或非食用脂油，未经乳化、混合或其他方法制作：**	1. 品名；2. 加工程度（未经乳化、混合或其他方法制作）			
1503.0000	猪油硬脂、液体猪油、油硬脂、食用或非食用脂油，未经乳化、混合或其他方法制作				
15.04	**鱼或海生哺乳动物的油、脂及其分离品，不论是否精制，但未经化学改性：**				

税则号列	商品名称	申报要素			说明举例
		归类要素	价格要素	其他要素	
1504.1000	-鱼肝油及其分离品	1. 品名；2. 成分含量；3. 加工程度（未经化学改性）	4. 饲料用的鱼油、脂及其分离品请注明是否精炼；5. 保健用鱼油请注明 DHA + EPA 浓度		
1504.2000	-除鱼肝油以外的鱼油、脂及其分离品	1. 品名；2. 成分含量；3. 加工程度（未经化学改性）	4. 饲料用的鱼油、脂及其分离品请注明是否精炼；5. 保健用鱼油请注明 DHA + EPA 浓度		
1504.3000	-海生哺乳动物的油、脂及其分离品	1. 品名；2. 成分含量；3. 加工程度（未经化学改性）			
15.05	**羊毛脂及从羊毛脂制得的脂肪物质（包括纯净的羊毛脂）：**	1. 品名			不包括羊毛脂残渣（税目15.22）
1505.0000	羊毛脂及从羊毛脂制得的脂肪物质（包括纯净的羊毛脂）				
15.06	**其他动物油、脂及其分离品，不论是否精制，但未经化学改性：**	1. 品名；2. 加工程度（未经化学改性）			不包括猪脂肪及家禽脂肪（税目02.09或15.01）；不包括牛、绵羊或山羊脂肪（税目15.02）；不包括鱼或海生哺乳动物的油、脂及其分离品（税目15.04）；不包括主要同吡啶基组成的产品（通称为骨焦油，有时也称骨油）（税目38.24）
1506.0000	其他动物油、脂及其分离品，不论是否精制，但未经化学改性				
15.07	**豆油及其分离品，不论是否精制，但未经化学改性：**	1. 品名；2. 加工方法（初榨、精制）；3. 加工程度（未经化学改性）			
1507.1000	-初榨的，不论是否脱胶				例：初榨豆油（未经化学改性）
1507.9000	-其他				
15.08	**花生油及其分离品，不论是否精制，但未经化学改性：**	1. 品名；2. 加工方法（初榨、精制）；3. 加工程度（未经化学改性）			

税则号列	商品名称	申报要素			说明举例
		归类要素	价格要素	其他要素	
1508.1000	-初榨的				
1508.9000	-其他				例：精制花生油（未经化学改性）
15.09	**油橄榄油及其分离品，不论是否精制，但未经化学改性：**	1. 品名；2. 加工方法（初榨、精制）；3. 加工程度（未经化学改性）；4. 用途	5. 包装规格；6. 品牌；7. 酸度；8. 产区		不包括橄榄渣油及油橄榄油与橄榄渣油的混合油（税目15.10）；不包括从橄榄油中制取的再酯化油（税目15.16）
1509.1000	-初榨的				
1509.9000	-其他				
15.10	**其他橄榄油及其分离品，不论是否精制，但未经化学改性，包括掺有税目15.09的油或分离品的混合物：**	1. 品名；2. 加工程度（未经化学改性）	3. 包装规格；4. 品牌		包括掺有税目15.09的油或分离品的混合物；橄榄油（未经化学改性）
1510.0000	其他橄榄油及其分离品，不论是否精制，但未经化学改性，包括掺有税目15.09的油或分离品的混合物				
15.11	**棕榈油及其分离品，不论是否精制，但未经化学改性：**				
1511.1000	-初榨的	1. 品名；2. 加工方法（初榨）；3. 加工程度（未经化学改性）			
	-其他：	1. 品名；2. 加工方法（初榨、精制）；3. 加工程度（未经化学改性）	4. 包装规格		
1511.9010	---棕榈液油（熔点19℃～24℃）				
1511.9020	---棕榈硬脂（熔点44℃～56℃）				
1511.9090	---其他				
15.12	**葵花油、红花油或棉子油及其分离品，不论是否精制，但未经化学改性：**	1. 品名；2. 加工方法（初榨、精制）；3. 加工程度（未经化学改性）			
	-葵花油或红花油及其分离品：				
1512.1100	--初榨的				例：初榨葵花油（未经化学改性）
1512.1900	--其他				
	-棉子油及其分离品：				
1512.2100	--初榨的，不论是否去除棉子酚				
1512.2900	--其他				

税则号列	商 品 名 称	申 报 要 素			说 明 举 例
		归类要素	价格要素	其他要素	
15.13	**椰子油、棕榈仁油或巴巴苏棕榈果油及其分离品，不论是否精制，但未经化学改性：**	1. 品名；2. 加工方法（初榨、精制）；3. 加工程度（未经化学改性）			
	-椰子油及其分离品：				
1513.1100	--初榨的				例：初榨椰子油（未经化学改性）
1513.1900	--其他				
	-棕榈仁油或巴巴苏棕榈果油及其分离品：				
1513.2100	--初榨的				
1513.2900	--其他				
15.14	**菜子油或芥子油及其分离品，不论是否精制，但未经化学改性：**				
	-低芥子酸菜子油及其分离品：				
1514.1100	--初榨的	1. 品名；2. 加工方法（初榨）；3. 加工程度（未经化学改性）	4. 芥子酸含量		例：初榨低芥子酸菜子油（未经化学改性）
1514.1900	--其他	1. 品名；2. 加工方法（精制）；3. 加工程度（未经化学改性）	4. 芥子酸含量及所得固体成分每克葡萄糖苷酸（酯）含量		
	-其他：	1. 品名；2. 加工方法（初榨、精制）；3. 加工程度（未经化学改性）			
	--初榨的：				
1514.9110	---菜子油				
1514.9190	---芥子油				
1514.9900	--其他				
15.15	**其他固定植物油、脂（包括希蒙得木油）及其分离品，不论是否精制，但未经化学改性：**				
	-亚麻子油及其分离品：	1. 品名；2. 加工方法（初榨、精制）；3. 加工程度（未经化学改性）			
1515.1100	--初榨的				
1515.1900	--其他				
	-玉米油及其分离品：	1. 品名；2. 加工方法（初榨、精制）；3. 加工程度（未经化学改性）			
1515.2100	--初榨的				
1515.2900	--其他				

税则号列	商品名称	申报要素			说明举例
		归类要素	价格要素	其他要素	
1515.3000	-蓖麻油及其分离品	1. 品名；2. 加工方法（初榨、精制）；3. 加工程度（未经化学改性）			
1515.5000	-芝麻油及其分离品	1. 品名；2. 加工方法（初榨、精制）；3. 加工程度（未经化学改性）	4. 包装规格		
	-其他：	1. 品名；2. 加工方法（初榨、精制）；3. 加工程度（未经化学改性）			
1515.9010	---希蒙得木油及其分离品				
1515.9020	---印楝油及其分离品				
1515.9030	---桐油及其分离品				例：精制桐油（未经化学改性）
1515.9090	---其他				
15.16	**动、植物油、脂及其分离品，全部或部分氢化、相互酯化、再酯化或反油酸化，不论是否精制，但未经进一步加工：**	1. 品名；2. 加工方法（全部或部分氢化、相互酯化、再酯化或反油酸化）			
1516.1000	-动物油、脂及其分离品				
1516.2000	-植物油、脂及其分离品				
15.17	**人造黄油；本章各种动、植物油、脂及其分离品混合制成的食用油、脂或制品，但税目15.16的食用油、脂及其分离品除外：**				
1517.1000	-人造黄油，但不包括液态的	1. 品名；2. 加工方法	3. 加工原料（动物油脂、植物油脂）；4. 品牌		
	-其他：				
1517.9010	---起酥油	1. 品名；2. 成分含量	3. 加工原料（豆油、菜子油、棕榈油等）；4. 品牌		
1517.9090	---其他	1. 品名；2. 成分含量	3. 加工原料（动物油脂、植物油脂）；4. 品牌		

税则号列	商品名称	申报要素			说明举例
		归类要素	价格要素	其他要素	
15.18	**动、植物油、脂及其分离品，经过熟炼、氧化、脱水、硫化、吹制或在真空、惰性气体中加热聚合及用其他化学方法改性的，但税目15.16的产品除外；本章各种油、脂及其分离品混合制成的其他税目未列名的非食用油、脂或制品：**	1. 品名；2. 成分含量；3. 加工方法（经熟炼、氧化、脱水、硫化、吹制等）			不包括氢化、相互酯化、再酯化或反油酸化的油、脂（税目15.16）；不包括配制的动物饲料（税目23.09）；不包括磺化油（用硫酸处理过的油）（税目34.02）
1518.0000	动、植物油、脂及其分离品，经过熟炼、氧化、脱水、硫化、吹制或在真空、惰性气体中加热聚合及用其他化学方法改性的，但税目15.16的产品除外；本章各种油、脂及其分离品混合制成的其他税目未列名的非食用油、脂或制品				
15.20	**粗甘油；甘油水及甘油碱液：**	1. 品名；2. 甘油含量			纯度在95%及以上（以干燥产品的重量计）的甘油归入税目29.05；制成药品或加有药料的甘油归入税目30.03或30.04
1520.0000	粗甘油；甘油水及甘油碱液				
15.21	**植物蜡（甘油三酯除外）、蜂蜡、其他虫蜡及鲸蜡，不论是否精制或着色：**				不包括蜂箱用的人造蜡蜂房（税目96.02）；不包括鲸蜡油，不论是天然的或是通过分离鲸蜡精制的（税目15.04）
1521.1000	-植物蜡	1. 品名；2. 成分			不包括植物蜡的混合物；不包括与动物蜡、矿物蜡或人造蜡混合的植物蜡；不包括与脂肪、树脂、矿物或其他材料（颜料除外）混合的植物蜡
	-其他：	1. 品名			
1521.9010	---蜂蜡				
1521.9090	---其他				

税则号列	商品名称	申报要素			说明举例
		归类要素	价格要素	其他要素	
15.22	**油鞣回收脂；加工处理油脂物质及动、植物蜡所剩的残渣：**	1. 品名；2. 来源			不包括仅经氧化或聚合的鱼油（税目15.18）；不包括磺化油（税目34.02）；不包括脂化皮革用的制剂（税目34.03）；不包括从已炼制的猪脂肪或其他动物脂肪中所得的脂渣及膜渣（税目23.01）
1522.0000	油鞣回收脂；加工处理油脂物质及动、植物蜡所剩的残渣				

第四类　食品；饮料、酒及醋；烟草、烟草及烟草代用品的制品

注释：

本类所称"团粒"，是指直接挤压或加入按重量计比例不超过3%的黏合剂制成的粒状产品。

第十六章　肉、鱼、甲壳动物、软体动物及其他水生无脊椎动物的制品

注释：

一、本章不包括用第二章、第三章及税目05.04所列方法制作或保藏的肉、食用杂碎、鱼、甲壳动物、软体动物或其他水生无脊椎动物。

二、本章的食品按重量计必须含有20%以上的香肠、肉、食用杂碎、动物血、鱼、甲壳动物、软体动物或其他水生无脊椎动物及其混合物。对于含有两种或两种以上前述产品的食品，则应按其中重量最大的产品归入第十六章的相应税目。但本条规定不适用于税目19.02的包馅食品和税目21.03及21.04的食品。

子目注释：

一、子目1602.10的"均化食品"，是指用肉、食用杂碎或动物血经精细均化制成适合供婴幼儿食用或营养用的零售包装食品（每件净重不超过250克）。为了调味、保藏或其他目的，均化食品中可以加入少量其他配料，还可以含有少量可见的肉粒或食用杂碎粒。归类时该子目优先于税目16.02的其他子目。

二、税目16.04或16.05项下各子目所列的是鱼、甲壳动物、软体动物及其他水生无脊椎动物的俗名，它们与第三章中相同名称的鱼、甲壳动物、软体动物及其他水生无脊椎动物种类范围相同。

【要素释义】

一、归类要素

（一）是否用天然肠衣做外包装：归入子目1601.001的商品应填写"用天然肠衣做外包装"。

（二）制作或保存方法：指商品具体的制作方法或保存方法。例如，子目1602.2商品填写"煮、蒸、烤、煎、炸、炒等"中的具体情况。

（三）是否非密封包装：归入子目1605.2的商品应填写"非密封包装"。

二、价格要素

（一）包装规格：指每个独立包装中的本章商品的数量或者重量。例如，子目1602.501项下的牛肉午餐肉罐头课填写"包装规格：340克/罐"。

（二）品牌：指制造商或经销商加在商品上的标志，实际只需要申报出名称即可。有外文品牌的以申报外文品牌名称为主。

税则号列	商品名称	申报要素			说明举例
		归类要素	价格要素	其他要素	
16.01	**肉、食用杂碎或动物血制成的香肠及类似产品；用香肠制成的食品：**				
1601.0010	---用天然肠衣做外包装的香肠及类似产品	1. 品名；2. 是否用天然肠衣做外包装	3. 包装规格		
1601.0020	---其他香肠及类似产品	1. 品名	2. 包装规格		
1601.0030	---用香肠制成的食品	1. 品名	2. 包装规格		
16.02	**其他方法制作或保藏的肉、食用杂碎或动物血：**				
1602.1000	-均化食品	1. 品名；2. 成分含量	3. 包装规格；4. 品牌（中文及外文名称）		

税则号列	商　品　名　称	申报要素			说　明　举　例
		归类要素	价格要素	其他要素	
1602.2000	-动物肝	1. 品名；2. 制作或保存方法（煮、蒸、烤、煎、炸、炒等）；3. 成分含量	4. 包装规格；5. 品牌（中文及外文名称）		不包括包馅面食（饺子等），以肉或食用杂碎做馅的（税目19.02）；不包括调味汁及其制品、混合调味品（税目21.03）；不包括汤料及其制品、均化混合食品（税目21.04）
	-税目01.05的家禽的：				不包括包馅面食（饺子等），以肉或食用杂碎做馅的（税目19.02）；不包括调味汁及其制品、混合调味品（税目21.03）；不包括汤料及其制品、均化混合食品（税目21.04）
1602.3100	--火鸡的	1. 品名；2. 制作或保存方法（煮、蒸、烤、煎、炸、炒等）；3. 成分含量	4. 包装规格；5. 品牌（中文及外文名称）		
	--鸡的：				
1602.3210	---罐头	1. 品名；2. 制作或保存方法（煮、蒸、烤、煎、炸、炒等）；3. 成分含量	4. 包装规格；5. 品牌（中文及外文名称）		
	---其他：	1. 品名；2. 制作或保存方法（煮、蒸、烤、煎、炸、炒等）；3. 成分含量	4. 包装规格；5. 品牌（中文及外文名称）		
1602.3291	----鸡胸肉				
1602.3292	----鸡腿肉				
1602.3299	----其他				
	--其他：				
1602.3910	---罐头	1. 品名；2. 制作或保存方法（煮、蒸、烤、煎、炸、炒等）；3. 成分含量	4. 包装规格；5. 品牌（中文及外文名称）		
	---其他：	1. 品名；2. 制作或保存方法（煮、蒸、烤、煎、炸、炒等）；3. 成分含量	4. 包装规格；5. 品牌（中文及外文名称）		
1602.3991	----鸭的				
1602.3999	----其他				

税则号列	商品名称	申报要素			说明举例
		归类要素	价格要素	其他要素	
	-猪的：				不包括包馅面食（饺子等），以肉或食用杂碎做馅的（税目 19.02）；不包括调味汁及其制品、混合调味品（税目 21.03）；不包括汤料及其制品、均化混合食品（税目 21.04）
1602.4100	--后腿及其肉块	1. 品名；2. 制作或保存方法（煮、蒸、烤、煎、炸、炒等）；3. 成分含量	4. 包装规格；5. 品牌（中文及外文名称）		
1602.4200	--前腿及其肉块	1. 品名；2. 制作或保存方法（煮、蒸、烤、煎、炸、炒等）；3. 成分含量	4. 包装规格；5. 品牌（中文及外文名称）		
	--其他，包括混合的肉：				
1602.4910	---罐头	1. 品名；2. 制作或保存方法（煮、蒸、烤、煎、炸、炒等）；3. 成分含量	4. 包装规格；5. 品牌（中文及外文名称）		
1602.4990	---其他	1. 品名；2. 制作或保存方法（煮、蒸、烤、煎、炸、炒等）；3. 成分含量	4. 包装规格；5. 品牌（中文及外文名称）		
	-牛的：				
1602.5010	---罐头	1. 品名；2. 制作或保存方法（煮、蒸、烤、煎、炸、炒等）；3. 成分含量	4. 包装规格；5. 品牌（中文及外文名称）		
1602.5090	---其他	1. 品名；2. 制作或保存方法（煮、蒸、烤、煎、炸、炒等）；3. 成分含量	4. 包装规格；5. 品牌（中文及外文名称）		
	-其他，包括动物血的食品：				
1602.9010	---罐头	1. 品名；2. 制作或保存方法（煮、蒸、烤、煎、炸、炒等）；3. 成分含量	4. 包装规格；5. 品牌（中文及外文名称）		
1602.9090	---其他	1. 品名；2. 制作或保存方法（煮、蒸、烤、煎、炸、炒等）；3. 成分含量	4. 包装规格；5. 品牌（中文及外文名称）		
16.03	**肉、鱼、甲壳动物、软体动物或其他水生无脊椎动物的精及汁：**	1. 品名；2. 制作或保存方法（精、汁）	3. 包装规格		不包括胨及胨化品（税目 35.04）
1603.0000	肉、鱼、甲壳动物、软体动物或其他水生无脊椎动物的精及汁				

税则号列	商品名称	申报要素			说明举例
		归类要素	价格要素	其他要素	
16.04	**制作或保藏的鱼；鲟鱼子酱及鱼卵制的鲟鱼子酱代用品：**				不包括鱼精及鱼汁（税目16.03）；不包括鱼馅面食（税目19.02）；不包括调味汁及其制品、混合调味料（税目21.03）；不包括汤料及其制品和均化混合食品（税目21.04）
	-鱼，整条或切块，但未绞碎：	1. 品名；2. 制作或保存方法（整条或切块、非整条或切块、烤、煎、炸等）	3. 包装规格		
	--鲑鱼：				
1604.1110	---大西洋鲑鱼				
1604.1190	---其他				
1604.1200	--鲱鱼				
1604.1300	--沙丁鱼、小沙丁鱼属、黍鲱或西鲱				
1604.1400	--金枪鱼、鲣鱼及狐鲣（狐鲣属）				
1604.1500	--鲭鱼				
1604.1600	--鳀鱼				
1604.1700	--鳗鱼				
1604.1800	--鲨鱼翅				
	--其他：				
1604.1920	---罗非鱼				
	---叉尾鮰鱼：				
1604.1931	----斑点叉尾鮰鱼				
1604.1939	----其他				
1604.1990	---其他				
	-其他制作或保藏的鱼：	1. 品名；2. 制作或保存方法（整条或切块、非整条或切块、烤、煎、炸等）	3. 包装规格		
	---罐头：				
1604.2011	----鱼翅				
1604.2019	----其他				
	---其他：				
1604.2091	----鱼翅				
1604.2099	----其他				
	-鲟鱼子酱及鲟鱼子酱代用品：	1. 品名	2. 包装规格；3. 品牌		

税则号列	商 品 名 称	申报要素			说 明 举 例
		归类要素	价格要素	其他要素	
1604.3100	--鲟鱼子酱				
1604.3200	--鲟鱼子酱代用品				
16.05	**制作或保藏的甲壳动物、软体动物及其他水生无脊椎动物：**				
1605.1000	-蟹	1. 品名；2. 制作或保存方法（烤、煎、炸等）	3. 包装规格		
	-小虾及对虾：	1. 品名；2. 制作或保存方法（烤、煎、炸等）；3. 是否非密封包装	4. 包装规格		
1605.2100	--非密封包装				
1605.2900	--其他				
1605.3000	-龙虾	1. 品名；2. 制作或保存方法（烤、煎、炸等）	3. 包装规格		
	-其他甲壳动物：	1. 品名；2. 制作或保存方法（烤、煎、炸等）	3. 包装规格		
	---淡水小龙虾：				
1605.4011	----虾仁				
1605.4019	----其他				
1605.4090	---其他				
	-软体动物：	1. 品名；2. 制作或保存方法（烤、煎、炸等）	3. 包装规格		
1605.5100	--牡蛎（蚝）				
1605.5200	--扇贝，包括海扇				
1605.5300	--贻贝				
1605.5400	--墨鱼及鱿鱼				
1605.5500	--章鱼				
	--蛤、鸟蛤及舟贝：				
1605.5610	---蛤				
1605.5620	---鸟蛤及舟贝				
1605.5700	--鲍鱼				
1605.5800	--蜗牛及螺，海螺除外				
1605.5900	--其他				
	-其他水生无脊椎动物：	1. 品名；2. 制作或保存方法（烤、煎、炸等）	3. 包装规格		
1605.6100	--海参				
1605.6200	--海胆				
1605.6300	--海蜇				
1605.6900	--其他				

第十七章　糖及糖食

注释：

本章不包括：

一、含有可可的糖食（税目 18.06）；

二、税目 29.40 的化学纯糖（蔗糖、乳糖、麦芽糖、葡萄糖及果糖除外）及其他产品；或

三、第三十章的药品及其他产品。

子目注释：

一、子目 1701.12、1701.13 及 1701.14 所称“原糖”，是指按重量计干燥状态的蔗糖含量对应的旋光读数低于 99.5°的糖。

二、子目 1701.13 仅包括非离心甘蔗糖，其按重量计干燥状态的庶糖含量对应的旋光读数不低于 69°但低于 93°。该产品仅含肉眼不可见的不规则形状天然他形微晶，外被糖蜜残余及其他甘蔗成分。

【要素释义】

一、归类要素

（一）加工方法：指商品在加工过程中具体的加工方法。例如，税目 17.01 商品填写“未加香料或着色剂”或“加香料或着色剂”。

（二）按重量计干燥无水乳糖的含量：指商品中所含干燥无水乳糖按重量计的组成。

（三）按重量计干燥状态的果糖含量：指商品中按重量计干燥状态的果糖组成。

（四）种类：指商品根据事物本身的性质或特点而分成的类别。例如，子目 1704.9 商品填写“硬糖”“软糖”等。

（五）成分含量：指商品中所含物质的种类及按重量计各物质种类的组成。

（六）原料：税目 17.03 是“制糖后所剩的糖蜜”，故归入该税目的商品应填写“制糖后所剩糖蜜”。

（七）成分：指商品中所含物质的种类。

二、价格要素

（一）按重量计干燥状态的糖含量对应的旋光度：该要素是税目 17.01 原糖专有的价格要素，指按重量计干燥状态的糖含量，用“旋光度”读数来表示。例如，可填写“旋光度 96~97 度”。

（二）用途：指葡萄糖的用途，实际只需要申报“食用”或者“医用”即可。

（三）包装规格：指每个独立包装中的本章商品的数量或者重量。例如，子目 1704.1 口香糖包装规格可填写“56 克/罐”或“10 片/包”。

（四）品牌：指制造商或经销商加在商品上的标志。实际只需要申报出名称即可，有外文品牌的以申报外文品牌名称为主。例如，子目 1704.1“口香糖”的品牌可填写“DOUBLEMINT（绿箭）牌”。

（五）种类：该要素是子目 1704.9 的价格要素，指糖食产品的质感，只需申报“软糖”或者“硬糖”即可。

税则号列	商品名称	申报要素			说明举例
		归类要素	价格要素	其他要素	
17.01	**固体甘蔗糖、甜菜糖及化学纯蔗糖：**				
	-未加香料或着色剂的原糖：	1. 品名；2. 加工方法（未加香料或着色剂）	3. 按重量计干燥状态的糖含量对应的旋光度		
1701.1200	--甜菜糖				
1701.1300	--本章子目注释二所述的甘蔗糖				
1701.1400	--其他甘蔗糖				
	-其他：				

税则号列	商品名称	申报要素			说明举例
		归类要素	价格要素	其他要素	
1701.9100	--加有香料或着色剂	1. 品名；2. 加工方法（加香料或着色剂）			
	--其他：	1. 品名			
1701.9910	---砂糖				
1701.9920	---绵白糖				
1701.9990	---其他				
17.02	**其他固体糖，包括化学纯乳糖、麦芽糖、葡萄糖及果糖；未加香料或着色剂的糖浆；人造蜜，不论是否掺有天然蜂蜜；焦糖：**				不包括加香料或着色剂的糖浆（税目21.06）
	-乳糖及乳糖浆：	1. 品名；2. 按重量计干燥无水乳糖的含量			
1702.1100	--按重量计干燥无水乳糖含量在99%及以上				
1702.1900	--其他				
1702.2000	-槭糖及槭糖浆	1. 品名			
1702.3000	-葡萄糖及葡萄糖浆，不含果糖或按重量计干燥状态的果糖含量在20%以下	1. 品名；2. 按重量计干燥状态的果糖含量	3. 用途（食用、医用）		
1702.4000	-葡萄糖及葡萄糖浆，按重量计干燥状态的果糖含量在20%及以上，但在50%以下	1. 品名；2. 按重量计干燥状态的果糖含量			
1702.5000	-化学纯果糖	1. 品名；2. 按重量计干燥状态的果糖含量			
1702.6000	-其他果糖及果糖浆，按重量计干燥状态的果糖含量在50%以上	1. 品名；2. 种类（高果糖浆、高果糖晶体、低聚酯果糖等）；3. 按重量计干燥状态的果糖含量	4. 用途（食用、医用）		
1702.9000	-其他，包括转化糖	1. 品名；2. 成分含量			
17.03	**制糖后所剩的糖蜜：**	1. 品名；2. 原料			
1703.1000	-甘蔗糖蜜				
1703.9000	-其他				

税则号列	商品名称	申报要素			说明举例
		归类要素	价格要素	其他要素	
17.04	不含可可的糖食（包括白巧克力）：	1. 品名；2. 成分	3. 包装规格；4. 品牌		不包括含蔗糖重量在10%及以下的甘草精（未制成糖果的）（税目13.02）；不包括含可可糖食（可可脂在此不视为可可）（税目18.06）；不包括糖渍蔬菜、果实、果皮等的糖食（税目20.06）；不包括果酱、果子冻等（税目20.07）；不包括含替代糖的合成甜味剂（例如，山梨醇）的糖果、口香糖及类似品（主要供糖尿病患者用），加有大量脂肪，有时还加有乳、果仁的糖膏，不适合供直接制糖食的（税目21.06）
1704.1000	-口香糖，不论是否裹糖				
1704.9000	-其他				

第十八章　可可及可可制品

注释：

一、本章不包括税目 04.03、19.01、19.04、19.05、21.05、22.02、22.08、30.03、30.04 的制品。

二、税目 18.06 包括含有可可的糖食及注释一以外的其他含可可的食品。

【要素释义】

本章所称“夹心”，包括用巧克力包裹，中心有馅（例如，用奶油、糖壳、干椰子肉、水果、果子膏、酒、蛋白杏仁糖果、坚果、牛轧糖、焦糖或上述产品的混合物做馅）的粒、块、条状食品。谷物、水果或坚果（不论是否成块）嵌于整个巧克力当中的实心块状或条状巧克力，不视为“夹心”。

一、归类要素

（一）制作或保存方法：指商品具体的制作方法或保存方法。例如，税目 18.01 商品填写“整颗”或“破碎的”“生的”或“焙炒的”；税目 18.05 商品填写“粉末状、未加糖或其他甜物质”。

（二）可可脂含量：指商品中所含可可脂按重量计的组成。

（三）容器包装或内包装每件净重：指容器包装或内包装每件商品本身的净重量，即商品的实际重量。

（四）成分含量：指商品中所含物质的种类及按重量计各物质种类的组成。

（五）形状：指商品的形态、状貌。例如，子目 1806.2000 商品填写“条状”“块状”等。

（六）是否夹心：该要素为子目 1806.3 的专有归类要素，指该子目项下商品应填写“夹心”或“不夹心”。

二、价格要素

（一）包装规格：该要素是税目 18.05“未加糖或其他甜物质的可可粉”的专用价格要素，指单个独立包装的商品的数量或重量。例如，可填写“8 盎司（或‘226 克’）/罐”。

（二）品牌：指制造商或经销商加在商品上的标志。实际只需要申报出名称即可，有外文品牌的以申报外文品牌名称为主。例如，子目 1806.32“其他块状或条状的含可可食品”可填写“SWISS CLASSIC（瑞士莲）牌”巧克力。

税则号列	商品名称	申报要素			说明举例
		归类要素	价格要素	其他要素	
18.01	**整颗或破碎的可可豆，生的或焙炒的：**	1. 品名；2. 制作或保存方法（整颗或破碎的、生的或焙炒的）			
1801.0000	整颗或破碎的可可豆，生的或焙炒的				
18.02	**可可荚、壳、皮及废料：**	1. 品名			
1802.0000	可可荚、壳、皮及废料				
18.03	**可可膏，不论是否脱脂：**	1. 品名；2. 是否脱脂（未脱脂、全部脱脂或部分脱脂）			
1803.1000	-未脱脂				
1803.2000	-全脱脂或部分脱脂				
18.04	**可可脂、可可油：**	1. 品名			
1804.0000	可可脂、可可油				
18.05	**未加糖或其他甜物质的可可粉：**	1. 品名；2. 制作或保存方法（粉末状、未加糖或其他甜物质）；3. 可可脂含量	4. 包装规格		不包括含有仅作为药物赋形剂或载体可可粉的药品（税目 30.03 或 30.04）
1805.0000	未加糖或其他甜物质的可可粉				

税则号列	商品名称	申报要素			说明举例
		归类要素	价格要素	其他要素	
18.06	**巧克力及其他含可可的食品：**				不包括白巧克力（由可可脂、糖及奶粉组成）（税目17.04）；不包括裹巧克力的饼干及其他烘焙糕饼（税目19.05）
1806.1000	-加糖或其他甜物质的可可粉	1. 品名；2. 制作或保存方法（粉末状、加糖或其他甜物质）；3. 容器包装或内包装每件净重	4. 品牌		
1806.2000	-其他重量超过2千克的块状或条状含可可食品，或液状、膏状、粉状、粒状或其他散装形状的含可可食品，容器包装或内包装每件净重超过2千克的	1. 品名；2. 成分含量；3. 形状（条状、块状等）；4. 容器包装或内包装每件净重	5. 品牌		
	-其他块状或条状的含可可食品：	1. 品名；2. 成分含量；3. 形状（条状、块状等）；4. 容器包装或内包装每件净重；5. 是否夹心	6. 品牌		
1806.3100	--夹心				
1806.3200	--不夹心				
1806.9000	-其他	1. 品名；2. 成分含量；3. 容器包装或内包装每件净重	4. 品牌		

第十九章　谷物、粮食粉、淀粉或乳的制品；糕饼点心

注释：

一、本章不包括：

（一）按重量计含香肠、肉、食用杂碎、动物血、鱼、甲壳动物、软体动物、其他水生无脊椎动物及其混合物超过20%的食品（第十六章），但税目19.02的包馅食品除外；

（二）用粮食粉或淀粉制的专做动物饲料用的饼干及其他制品（税目23.09）；或

（三）第三十章的药品及其他产品。

二、税目19.01所称：

（一）“粗粒”是指第十一章的谷物粗粒；

（二）“细粉”及“粗粉”，是指：

1. 第十一章的谷物细粉及粗粉；以及

2. 其他章所列植物的细粉、粗粉及粉末，但不包括干蔬菜、马铃薯和干豆类的细粉、粗粉及粉末（应分别归入税目07.12、11.05和11.06）。

三、税目19.04不包括按重量计全脱脂可可含量超过6%或用巧克力完全包裹的食品或税目18.06的其他含可可食品（税目18.06）。

四、税目19.04所称“其他方法制作的”，是指制作或加工程度超过第十章或第十一章各税目或注释所规定范围的。

【要素释义】

一、归类要素

（一）成分含量：指商品中所含物质的种类及按重量计各物质种类的组成。

（二）用途：指商品应用的方面、范围。例如，子目1901.1000商品填写“供婴幼儿食用”、子目1901.2000商品填写“供烘焙面包、糕饼等用”。

（三）制作或保存方法：指商品具体的制作方法或保存方法。例如，子目1902.1商品填写“生的、未包馅或未经其他方法加工”；子目1904.1000商品填写“膨化”或“烘炒”；子目1904.9000商品填写“经过预煮或经其他方法制作”中的具体情况。

（四）种类：指商品根据事物本身的性质或特点而分成的类别。例如，子目1902.3030商品填写“即食面条、快熟面条”。

（五）成分：指商品中所含物质的种类。

二、价格要素

（一）包装规格：指单个独立包装的商品的数量或者重量。例如，子目1902.303台湾产“维力”炸酱面包装规格90克/包；泰国“yumyum（养养）”牌冬阴功面的包装规格“70克×5包/袋”。

（二）品牌：指制造商或经销商加在商品上的标志。实际只需要申报出名称即可，有外文品牌的以申报外文品牌名称为主。例如，子目1902.303的即食面课填写“NISSIN（出前一丁）牌”。

税则号列	商品名称	申报要素			说明举例
		归类要素	价格要素	其他要素	
19.01	**麦精；细粉、粗粒、粗粉、淀粉或麦精制的其他税目未列名的食品，不含可可或按重量计全脱脂可可含量低于40%；税目04.01至04.04所列货品制的其他税目未列名的食品，不含可可或按重量计全脱脂可可含量低于5%：**				
	-供婴幼儿食用的零售包装食品：	1. 品名；2. 成分含量；3. 用途（供婴幼儿食用/适用的年龄阶段）	4. 包装规格；5. 品牌（中文及外文名称）		

税则号列	商品名称	申报要素			说明举例
		归类要素	价格要素	其他要素	
1901.1010	---配方奶粉				
1901.1090	---其他				
1901.2000	-供烘焙税目19.05所列面包、糕饼用的调制品及面团	1. 品名；2. 成分含量；3. 用途（供烘焙面包、糕饼等用）	4. 包装规格		
1901.9000	-其他	1. 品名；2. 成分含量	3. 包装规格		不包括用牛奶做基料的冰淇淋及其他冰制食品（税目21.05）
19.02	**面食，不论是否煮熟、包馅（肉馅或其他馅）或其他方法制作，例如，通心粉、面条、汤团、馄饨、饺子、奶油面卷；古斯古斯面食，不论是否制作：**				不包括带面食的汤料及其制品（税目21.04）
	-生的面食，未包馅或未经其他方法制作：	1. 品名；2. 成分含量；3. 制作或保存方法（生的、未包馅或未经其他方法加工）			
1902.1100	--含蛋				
1902.1900	--其他				
1902.2000	-包馅面食，不论是否烹煮或经其他方法制作	1. 品名；2. 成分；3. 制作或保存方法（包馅或经其他方法加工）			
	-其他面食：				
1902.3010	---米粉干	1. 品名；2. 成分含量			
1902.3020	---粉丝	1. 品名；2. 成分含量			
1902.3030	---即食或快熟面条	1. 品名；2. 种类（即食面条、快熟面条）；3. 成分含量	4. 包装规格；5. 品牌		
1902.3090	---其他	1. 品名；2. 成分含量	3. 包装规格；4. 品牌		
1902.4000	-古斯古斯面食	1. 品名；2. 成分含量			
19.03	**珍粉及淀粉制成的珍粉代用品，片、粒、珠、粉或类似形状的：**	1. 品名；2. 成分	3. 包装规格		
1903.0000	珍粉及淀粉制成的珍粉代用品，片、粒、珠、粉或类似形状的				

税则号列	商品名称	申报要素			说明举例
		归类要素	价格要素	其他要素	
19.04	**谷物或谷物产品经膨化或烘炒制成的食品（例如，玉米片）；其他税目未列名的预煮或经其他方法制作的谷粒（玉米除外）、谷物片或经其他加工的谷粒（细粉、粗粒及粗粉除外）：**				
1904.1000	-谷物或谷物产品经膨化或烘炒制成的食品	1. 品名；2. 制作或保存方法（膨化或烘炒）	3. 包装规格		
1904.2000	-未烘炒谷物片制成的食品及未烘炒的谷物片与烘炒的谷物片或膨化的谷物混合制成的食品	1. 品名；2. 制作或保存方法（未烘炒、未烘炒与烘炒或膨化混合）	3. 包装规格		
1904.3000	-碾碎的干小麦	1. 品名；2. 制作或保存方法（干、碾碎）	3. 包装规格		
1904.9000	-其他	1. 品名；2. 制作或保存方法（经过预煮或经其他方法制作）	3. 包装规格		玉米除外
19.05	**面包、糕点、饼干及其他烘焙糕饼，不论是否含可可；圣餐饼、装药空囊、封缄、糯米纸及类似制品：**				
1905.1000	-黑麦脆面包片	1. 品名；2. 成分含量	3. 包装规格；4. 品牌		
1905.2000	-姜饼及类似品	1. 品名；2. 成分含量	3. 包装规格；4. 品牌		
	-甜饼干、华夫饼干及圣餐饼：	1. 品名；2. 成分含量	3. 包装规格；4. 品牌		
1905.3100	--甜饼干				
1905.3200	--华夫饼及圣餐饼				
1905.4000	-面包干、吐司及类似的烤面包	1. 品名；2. 成分含量	3. 包装规格；4. 品牌		
1905.9000	-其他	1. 品名；2. 成分含量；3. 制作或保存方法（烘焙等）	4. 包装规格；5. 品牌		

第二十章　蔬菜、水果、坚果或植物其他部分的制品

注释：

一、本章不包括：

（一）用第七章、第八章或第十一章所列方法制作或保藏的蔬菜、水果或坚果；

（二）按重量计含香肠、肉、食用杂碎、动物血、鱼、甲壳动物、软体动物、其他水生无脊椎动物及其混合物超过20%的食品（第十六章）；

（三）税目19.05的烘焙糕饼及其他制品；或

（四）税目21.04的均化混合食品。

二、税目20.07及20.08不包括制成糖食的果冻、果膏、糖衣杏仁或类似品（税目17.04）及巧克力糖食（税目18.06）。

三、税目20.01、20.04及20.05仅酌情包括用本章注释一（一）以外的方法制作或保藏的第七章或税目11.05、11.06的产品（第八章产品的细粉、粗粉除外）。

四、干重量在7%及以上的番茄汁归入税目20.02。

五、税目20.07所称“烹煮制成的”，是指在常压或减压状态下，通过减少产品中的水分或其他方法增加产品黏稠度的热处理制得的。

六、税目20.09所称“未发酵及未加酒精的水果汁”，是指按容量计酒精浓度（标准见第二十二章注释二）不超过0.5%的水果汁。

子目注释：

一、子目2005.10所称“均化蔬菜”，是指蔬菜经精细均化制成适合供婴幼儿食用或营养用的零售包装食品（每件净重不超过250克）。为了调味、保藏或其他目的，均化蔬菜中可以加入少量其他配料，还可以含有少量可见的蔬菜粒。归类时，子目2005.10优先于税目20.05的其他子目。

二、子目2007.10所称“均化食品”，是指果实经精细均化制成适合供婴幼儿食用或营养用的零售包装食品（每件净重不超过250克）。为了调味、保藏或其他目的，均化食品中可以加入少量其他配料，还可以含有少量可见的果粒。归类时，子目2007.10优先于税目20.07的其他子目。

三、子目2009.12、2009.21、2009.31、2009.41、2009.61及2009.71所称“白利糖度值”，是指在20℃时直接从白利糖度计读取的度数或从折射计直接读取的以蔗糖百分比含量计的折射率，在其他温度下读取的数值应折算为20℃时的数值。

【要素释义】

一、归类要素

（一）制作方法：指商品具体的加工方法。例如，税目20.01商品填写“用醋或醋酸制作或保藏”。

（二）制作或保存方法：指商品具体的制作方法或保存方法。例如，子目2002.1010商品填写“整个”“切片”等。

（三）包装规格：指每罐罐头的重量，例如，可填写“300克/罐”。

（四）是否脱荚：指如果是脱荚的豇豆及菜豆，应填写“脱荚”。

（五）成分含量：指商品中所含物质的种类及按重量计各物质种类的组成。

（六）白利糖度值：指如果是税目20.09的橙汁、葡萄柚（包括柚）汁、柠檬汁等其他未混合的柑橘属水果汁、菠萝汁、葡萄汁、苹果汁，应填写白利糖度值。

（七）浓缩果汁请注明浓缩倍数：指如果是税目20.09的浓缩果汁应填写浓缩的倍数。

（八）储藏温度：指如果是税目20.09的果汁，应填写其储藏的温度。

二、价格要素

（一）包装规格：指单个独立包装的商品的数量或者重量。例如，子目2008.701黄桃罐头的包装规格可填写“425克×12罐/箱”或“425克/罐”；子目2004.1冻薯条包装规格可填写“2.04千克/包”。

（二）品牌：指制造商或经销商加在商品上的标志。实际只需要申报出名称即可，有外文品牌的以申报外文品牌名称为主。

税则号列	商品名称	申报要素			说明举例
		归类要素	价格要素	其他要素	
20.01	**蔬菜、水果、坚果及植物的其他食用部分，用醋或醋酸制作或保藏的：**	1. 品名；2. 制作方法（用醋或醋酸制作或保藏）	3. 包装规格		不包括用面粉制的糕点；例：果馅饼（税目 19.05）
2001.1000	-黄瓜及小黄瓜				
	-其他：				
2001.9010	---大蒜				
2001.9090	---其他				
20.02	**番茄，用醋或醋酸以外的其他方法制作或保藏的：**				不包括番茄沙司及其他番茄调味汁（税目 21.03）；不包括番茄汤料及其制品（税目 21.04）
	-番茄，整个或切片：				
2002.1010	---罐头	1. 品名；2. 制作或保存方法（整个、切片等）	3. 包装规格；4. 品牌		
2002.1090	---其他	1. 品名；2. 制作或保存方法（整个、切片等）	3. 包装规格		
	-其他：				
	---番茄酱罐头：	1. 品名；2. 包装规格（重量/罐）；	3. 品牌		
2002.9011	----重量不超过 5 千克的番茄酱罐头				
2002.9019	----重量大于 5 千克的番茄酱罐头				
2002.9090	---其他	1. 品名；2. 制作或保存方法（绞碎等）；3. 包装规格			
20.03	**蘑菇及块菌，用醋或醋酸以外的其他方法制作或保藏的：**	1. 品名；2. 制作方法	3. 包装规格；4. 品牌		
	-伞菌属蘑菇：				
	---罐头：				
2003.1011	----小白蘑菇				
2003.1019	----其他				
2003.1090	---其他				
	-其他：				
2003.9010	---罐头				
2003.9090	---其他				
20.04	**其他冷冻蔬菜，用醋或醋酸以外的其他方法制作或保藏的，但税目 20.06 的产品除外：**	1. 品名；2. 制作或保存方法（冻等）	3. 包装规格		税目 20.06 的产品除外
2004.1000	-马铃薯				
2004.9000	-其他蔬菜及什锦蔬菜				

税则号列	商品名称	申报要素			说明举例
		归类要素	价格要素	其他要素	
20.05	**其他未冷冻蔬菜，用醋或醋酸以外的其他方法制作或保藏的，但税目20.06的产品除外：**				
2005.1000	-均化蔬菜	1. 品名；2. 制作或保存方法（未冷冻等）	3. 包装规格		
2005.2000	-马铃薯	1. 品名；2. 制作或保存方法（未冷冻等）	3. 包装规格		
2005.4000	-豌豆	1. 品名；2. 制作或保存方法（未冷冻等）	3. 包装规格		
	-豇豆及菜豆：				
	--脱荚的：	1. 品名；2. 制作或保存方法（未冷冻等）；3. 是否脱荚	4. 包装规格		
	---罐头：				
2005.5111	----赤豆馅				
2005.5119	----其他				
	---其他：				
2005.5191	----赤豆馅				
2005.5199	----其他				
	--其他：	1. 品名；2. 制作或保存方法（未冷冻等）	3. 包装规格；4. 品牌		
2005.5910	---罐头				
2005.5990	---其他				
	-芦笋：	1. 品名；2. 制作或保存方法（未冷冻等）	3. 包装规格；4. 品牌		
2005.6010	---罐头				
2005.6090	---其他				
2005.7000	-油橄榄	1. 品名；2. 制作或保存方法（未冷冻等）	3. 包装规格		
2005.8000	-甜玉米	1. 品名；2. 制作或保存方法（未冷冻等）	3. 包装规格		
	-其他蔬菜及什锦蔬菜：				
	--竹笋：				
2005.9110	---竹笋罐头	1. 品名；2. 制作或保存方法（未冷冻等）	3. 包装规格；4. 品牌		
2005.9190	---其他	1. 品名；2. 制作或保存方法（未冷冻等）	3. 包装规格		
	--其他：				
2005.9920	---蚕豆罐头	1. 品名；2. 制作或保存方法（未冷冻等）	3. 包装规格；4. 品牌		
2005.9940	---榨菜	1. 品名；2. 制作或保存方法（未冷冻等）	3. 包装规格		

税则号列	商品名称	申报要素			说明举例
		归类要素	价格要素	其他要素	
2005.9950	---咸蕨菜	1. 品名；2. 制作或保存方法（未冷冻等）	3. 包装规格		
2005.9960	---咸藠头	1. 品名；2. 制作或保存方法（未冷冻等）	3. 包装规格		
	---其他：	1. 品名；2. 制作或保存方法（未冷冻等）	3. 包装规格		
2005.9991	----罐头				
2005.9999	----其他				
20.06	**糖渍蔬菜、水果、坚果、果皮及植物的其他部分（沥干、糖渍或裹糖的）：**	1. 品名；2. 制作或保存方法（沥干、糖渍、裹糖）	3. 包装规格		
2006.0010	---蜜枣				
2006.0020	---橄榄				
2006.0090	---其他				
20.07	**烹煮的果酱、果冻、柑橘酱、果泥及果膏，不论是否加糖或其他甜物质：**	1. 品名；2. 制作或保存方法（烹煮）	3. 包装规格；4. 品牌		
2007.1000	-均化食品				
	-其他：				不包括用明胶、糖及果汁或人造果精制成的餐用果冻（税目21.06）
2007.9100	--柑橘属水果的				
	--其他：				
2007.9910	---罐头				
2007.9990	---其他				
20.08	**用其他方法制作或保藏的其他税目未列名水果、坚果及植物的其他食用部分，不论是否加酒、加糖或其他甜物质：**	1. 品名；2. 制作或保存方法	3. 包装规格；4. 品牌		
	-坚果、花生及其他子仁，不论是否混合：				
	--花生：				
2008.1110	---花生米罐头				
2008.1120	---烘焙花生				
2008.1130	---花生酱				
2008.1190	---其他				
	--其他，包括什锦坚果及其他子仁：				
2008.1910	---核桃仁罐头				
2008.1920	---其他果仁罐头				
	---其他：				
2008.1991	----栗仁				

税则号列	商品名称	申报要素			说明举例
		归类要素	价格要素	其他要素	
2008.1992	----芝麻				
2008.1999	----其他				
	-菠萝：				
2008.2010	---罐头				
2008.2090	---其他				
	-柑橘属水果：				
2008.3010	---罐头				
2008.3090	---其他				
	-梨：				
2008.4010	---罐头				
2008.4090	---其他				
2008.5000	-杏				
	-樱桃：				
2008.6010	---罐头				
2008.6090	---其他				
	-桃，包括油桃：				
2008.7010	---罐头				
2008.7090	---其他				
2008.8000	-草莓				
	-其他，包括子目2008.19以外的什锦果实：				
2008.9100	--棕榈芯				
2008.9300	--蔓越橘（大果蔓越橘、小果蔓越橘、越橘）				
2008.9700	--什锦果实				
	--其他：				
2008.9910	---荔枝罐头				
2008.9920	---龙眼罐头				
	---海草及其他藻类制品：				
2008.9931	----调味紫菜				
2008.9932	----盐腌海带				
2008.9933	----盐腌裙带菜				
2008.9934	----烤紫菜				
2008.9939	----其他				
2008.9940	---清水荸荠（马蹄）罐头				
2008.9990	---其他				

税则号列	商品名称	申报要素			说明举例
		归类要素	价格要素	其他要素	
20.09	**未发酵及未加酒精的水果汁(包括酿酒葡萄汁)、蔬菜汁,不论是否加糖或其他甜物质:**	1. 品名;2. 成分含量;3. 白利糖度值;4. 浓缩果汁请注明浓缩倍数;5. 加工方法(是否发酵、加酒精、冷冻、混合等);6. 保存方法(储藏温度)	7. 包装规格;8. 品牌		不包括半发酵的酿酒葡萄汁,不论其发酵是否已经中止,以及加酒精的未发酵酿酒葡萄汁,如果按容量计酒精浓度已超过0.5%的(税目22.04)
	-橙汁:				
2009.1100	--冷冻的				包括保存温度在-18℃及以下的未冻结浓缩澄汁
2009.1200	--非冷冻的,白利糖度值不超过20				
2009.1900	--其他				
	-葡萄柚(包括柚)汁:				
2009.2100	--白利糖度值不超过20的				
2009.2900	--其他				
	-其他未混合的柑橘属水果汁:				
	--白利糖度值不超过20的:				
2009.3110	---柠檬汁				
2009.3190	---其他				
	--其他:				
2009.3910	---柠檬汁				
2009.3990	---其他				
	-菠萝汁:				
2009.4100	--白利糖度值不超过20的				
2009.4900	--其他				
2009.5000	-番茄汁				
	-葡萄汁,包括酿酒葡萄汁:				
2009.6100	--白利糖度值不超过30的				
2009.6900	--其他				
	-苹果汁:				
2009.7100	--白利糖度值不超过20的				
2009.7900	--其他				
	-其他未混合的水果汁或蔬菜汁:				
2009.8100	--蔓越橘汁(大果蔓越橘、小果蔓越橘、越橘)				
	--其他:				
	---水果汁:				
2009.8912	----芒果汁				
2009.8913	----西番莲果汁				

税则号列	商品名称	申报要素			说明举例
		归类要素	价格要素	其他要素	
2009.8914	----番石榴果汁				
2009.8915	----梨汁				
2009.8919	----其他				
2009.8920	---蔬菜汁				
	-混合汁：				
2009.9010	---水果汁				
2009.9090	---其他				

第二十一章　杂项食品

注释：

一、本章不包括：

（一）税目 07.12 的什锦蔬菜；

（二）含咖啡的焙炒咖啡代用品（税目 09.01）；

（三）加香料的茶（税目 09.02）；

（四）税目 09.04 至 09.10 的调味香料或其他产品；

（五）按重量计含香肠、肉、食用杂碎、动物血、鱼、甲壳动物、软体动物、其他水生无脊椎动物及其混合物超过 20% 的食品（第十六章），但税目 21.03 或 21.04 的产品除外；

（六）税目 30.03 或 30.04 的药用酵母及其他产品；或

（七）税目 35.07 的酶制品。

二、上述注释一（二）所述咖啡代用品的精汁归入税目 21.01。

三、税目 21.04 所称"均化混合食品"，是指两种或两种以上的基本配料，例如，肉、鱼、蔬菜或果实等，经精细均化制成适合供婴幼儿食用或营养用的零售包装食品（每件净重不超过 250 克）。为了调味、保藏或其他目的，可以加入少量其他配料，还可以含有少量可见的小块配料。

【要素释义】

一、归类要素

（一）成分含量：指商品中所含物质的种类及按重量计各物质种类的组成。例如，子目 2103.9020 商品要求填写的成分含量包括酒精含量、香料和各种配料成分含量及糖含量等，对于一种日本"特惠优牌"料理酒，可填写"成分含量：水 65%，盐 2.1%，米和米麴 30.4%，酒精 0.3%，酸味料 0.2%，果汁 2%"。

（二）是否活性酵母：指如果是活性酵母应填写"活性酵母"，否则填"非活性酵母"。

（三）是否已死的单细胞微生物：指如果是已死的单细胞微生物应填写"已死的单细胞微生物"，否则填"非已死的单细胞微生物"。

（四）成分：指商品中所含物质的种类。

（五）包装规格：指发酵粉应填写每袋（箱、罐等）的重量。

（六）是否可直接饮用：指如果是子目 2106.904 椰子汁应填写"不可直接饮用"。

二、价格要素

（一）包装规格：指单个独立包装的商品的数量或者重量。例如，子目 2103.2 番茄沙司的包装规格有：220 升/桶或 150 克/罐（450 克/罐、800 克/罐、2000 克/罐不等）。

（二）品牌：指制造商或经销商加在商品上的标志。实际只需要申报出名称即可，有外文品牌的以申报外文品牌名称为主。

税则号列	商品名称	申报要素			说明举例
		归类要素	价格要素	其他要素	
21.01	**咖啡、茶、马黛茶的浓缩精汁及以其为基本成分或以咖啡、茶、马黛茶为基本成分的制品；烘焙菊苣和其他烘焙咖啡代用品及其浓缩精汁：**	1. 品名；2. 成分含量	3. 包装规格；4. 品牌		不包括含任何比例咖啡的烘焙咖啡代用品（税目 09.01）；不包括加香料的茶（税目 09.02）；不包括焦糖（焦糖化的糖蜜及糖）（税目 17.02）
	-咖啡浓缩精汁及以其为基本成分或以咖啡为基本成分的制品：				
2101.1100	--浓缩精汁				

税则号列	商品名称	申报要素			说明举例
		归类要素	价格要素	其他要素	
2101.1200	--以浓缩精汁或咖啡为基本成分的制品				
2101.2000	-茶、马黛茶浓缩精汁及以其为基本成分或以茶、马黛茶为基本成分的制品				
2101.3000	-烘焙菊苣和其他烘焙咖啡代用品及其浓缩精汁				
21.02	**酵母（活性或非活性）；已死的其他单细胞微生物（不包括税目30.02的疫苗）；发酵粉：**				不包括自发谷物细粉，例如，加有发酵粉的细粉（税目11.01或11.02）；不包括自溶酵母（税目21.06）；不包括培养微生物（酵母除外）及疫苗（税目30.02）；不包括酶（淀粉酶、胃朊酶、粗制凝乳酶等）（税目35.07）
2102.1000	-活性酵母	1.品名；2.是否活性酵母	3.包装规格；4.品牌		
2102.2000	-非活性酵母；已死的其他单细胞微生物	1.品名；2.是否活性酵母；3.是否已死的单细胞微生物	4.包装规格；5.品牌		
2102.3000	-发酵粉	1.品名	2.包装规格；3.品牌		
21.03	**调味汁及其制品；混合调味品；芥子粉及其调制品：**				不包括芥子（税目12.07）；不包括固定芥子油（税目15.14）；不包括芥子油饼，即从芥子提取固定油后所剩的产品（税目23.06）；不包括芥子精油（税目33.01）
2103.1000	-酱油	1.品名；2.成分	3.包装规格；4.品牌		
2103.2000	-番茄沙司及其他番茄调味汁	1.品名；2.成分	3.包装规格；4.品牌		
2103.3000	-芥子粉及其调制品	1.品名；2.成分	3.包装规格；4.品牌		
	-其他：				
2103.9010	---味精	1.品名；2.成分	3.包装规格；4.品牌		

税则号列	商品名称	申报要素			说明举例
		归类要素	价格要素	其他要素	
2103.9020	---别特酒，按体积计酒精含量44.2%~49.2%，按重量计含1.5%~6%的香料、各种配料及4%~10%的糖	1. 品名；2. 成分含量（酒精含量、香料和各种配料含量及糖含量等）	3. 包装规格；4. 品牌		
2103.9090	---其他	1. 品名；2. 成分	3. 包装规格；4. 品牌		
21.04	**汤料及其制品；均化混合食品：**	1. 品名；2. 成分含量	3. 包装规格；4. 品牌		
2104.1000	-汤料及其制品				不包括干蔬菜的混合品，不论是否粉状（税目07.12）；不包括干豆类的细粉、粗粉及粉末（税目11.06）；不包括自溶酵母（税目21.06）
2104.2000	-均化混合食品				
21.05	**冰淇淋及其他冰制食品，不论是否含可可：**	1. 品名	2. 包装规格；3. 品牌		
2105.0000	冰淇淋及其他冰制食品，不论是否含可可				
21.06	**其他税目未列名的食品：**				不包括服（使）用一定剂量后对某种病痛具有防治作用的药剂（税目30.03或30.04）
2106.1000	-浓缩蛋白质及组织化蛋白质	1. 品名；2. 成分含量	3. 包装规格；4. 品牌		
	-其他：				
2106.9010	---制造碳酸饮料的浓缩物	1. 品名；2. 成分含量	3. 包装规格；4. 品牌		
2106.9020	---制造饮料用的复合酒精制品	1. 品名；2. 成分含量	3. 包装规格；4. 品牌		
2106.9030	---蜂王浆制剂	1. 品名；2. 成分含量	3. 包装规格；4. 品牌		
2106.9040	---椰子汁	1. 品名；2. 成分含量；3. 是否可直接饮用	4. 包装规格；5. 品牌		
2106.9050	---海豹油胶囊	1. 品名；2. 成分含量	3. 包装规格；4. 品牌		
2106.9090	---其他	1. 品名；2. 成分含量	3. 包装规格；4. 品牌		

第二十二章　饮料、酒及醋

注释：

一、本章不包括：

（一）本章的产品（税目 22.09 的货品除外）经配制后，用于烹饪而不适于作为饮料的制品（通常归入税目 21.03）；

（二）海水（税目 25.01）；

（三）蒸馏水、导电水及类似的纯净水（税目 28.53）；

（四）按重量计浓度超过 10%的醋酸（税目 29.15）；

（五）税目 30.03 或 30.04 的药品；或

（六）芳香料制品及盥洗品（第三十三章）。

二、本章及第二十章和第二十一章所称“按容量计酒精浓度”，应是温度在 20℃时测得的浓度。

三、税目 22.02 所称“无酒精饮料”，是指按容量计酒精浓度不超过 0.5%的饮料。含酒精饮料应分别归入税目 22.03 至 22.06 或税目 22.08。

子目注释：

子目 2204.10 所称“汽酒”，是指温度在 20℃时装在密封容器中超过大气压力 3 巴及以上的酒。

【要素释义】

一、归类要素

（一）加工程度：指物品在加工过程中经过的具体加工工艺。例如，税目 22.01 商品填写“未加糖或其他甜物质及未加味”；子目 2202.1000 商品填写“加糖、加味或其他甜物质”。

（二）来源：指税目 22.01 商品应根据水的实际来源填写“天然”等。

（三）成分：指商品中所含物质的种类。

（四）是否麦芽酿造：指税目 22.03 麦芽酿造的啤酒应填写“麦芽酿造”。

（五）种类：指商品根据事物本身的性质或特点而分成的类别。例如，子目 2204.1000 商品填写“汽酒”；子目 2204.1000 商品填写“酿酒葡萄汁”。

（六）加工方法：指商品在加工过程中具体的加工方法。例如，子目 2204.1000 商品填写“鲜葡萄酿造”；税目 22.07 商品填写“未改性”或“改性”。

（七）酒精浓度：指商品中按容量计酒精的浓度。

（八）原料：指税目 22.08 的酒所用生产原料。例如，子目 2208.2000 商品填写“蒸馏葡萄酒制得”；子目 2208.4000 商品填写“蒸馏已发酵甘蔗产品制得”等。

（九）醋酸浓度：指商品中按重量计醋酸的浓度。

二、价格要素

（一）包装规格：指单个商品的数量或者重量。例如，子目 2201.101 矿泉水的包装规格可填写“1500 毫升/瓶”或者“1500 毫升/瓶×12 瓶/箱”；子目 2204.1 葡萄酒的包装规格可填写“12 支（750 毫升/瓶或 375 毫升/瓶或 250 毫升/瓶）/箱”。

（二）品牌：指制造商或经销商加在商品上的标志。实际只需要申报出名称即可，有外文品牌的以申报外文品牌名称为主。例如，子目 2201.101 可填写“Evian（依云）”牌矿泉水；子目 2204.1 可填写“Bordeaux（波尔多）”牌葡萄酒。

（三）麦芽浓度：表示啤酒的“度数”，啤酒的“度”为 7~20 度，度数越高，麦芽浓度越高。例如，“黑啤”的“麦芽浓度”为 18~20 度。

（四）级别：例如，AOC 为法国葡萄酒的最高等级，AOC 级葡萄酒只能采用指定产区内种植的葡萄酿制，且使用的葡萄品种等都受到最严格的监控。再如，意大利“Piemonte（皮特蒙特）”牌“DOCG”级葡萄酒。

（五）年份：指用来酿造葡萄酒的葡萄的收获年份，而不是酒的瓶装年份。例如，子目 2204.1 意大利“Prosecco（普罗赛柯）”牌汽酒的“DOCG”级 2007 年；子目 2204.1 意大利“Piemonte（皮特蒙特）”牌“DOCG”级 2009 年。

（六）产区（中文及外文名称）：指酒标上标示的葡萄酒的产区。例如，子目 2204.1 意大利“Prosecco（普罗赛柯）”牌汽酒的产区“威尼托（Veneto）”或“艾米利亚—罗马涅地（Emilia Romagna）”；子目 2204.1 法国“Bordeaux（波尔多）”牌葡萄酒的产区“梅克多”或者“格拉夫”。

（七）酒庄名（中文及外文名称）：指生产或者储存酒的酒庄名称。例如，子目 2204.1 意大利“Prosecco（普罗赛柯）”牌汽酒的酒庄名“Seiler Manor（赛乐庄园）”；子目2204.1法国“Bordeaux（波尔多）”牌葡萄酒的“（Chateau Lafite Rothschild）（拉菲酒庄）”。

（八）葡萄品种：指酿制葡萄酒的具体品种名称。澳大利亚、美国等生产国规定，一瓶酒中含某种葡萄75%以上，才能在瓶上标示该品种名称；德国、法国等国家则规定，酒标上如果出现某种葡萄品种名称时，表示该酒至少有85%是使用该种葡萄所酿制的。例如，子目2204.1意大利“Prosecco（普罗赛柯）”牌汽酒的葡萄品种“Prosecco（普罗赛柯）”；子目2204.1法国“Bordeaux（波尔多）”牌葡萄酒的葡萄品种“Carbernet Sauvignon（赤霞珠）”。

（九）酒精含量：指商品中按重量计酒精的百分比含量，用“%”表示。

税则号列	商品名称	申报要素			说明举例
		归类要素	价格要素	其他要素	
22.01	**未加糖或其他甜物质及未加味的水，包括天然或人造矿泉水及汽水；冰及雪：**				不包括“碳酸雪”或“干冰”（固体二氧化碳）（税目28.11）
	-矿泉水及汽水：	1. 品名	2. 包装规格；3. 品牌		
2201.1010	---矿泉水				
2201.1020	---汽水				
	-其他：				
	---天然水：	1. 品名；2. 加工方法（未加糖或其他甜物质及未加味）；3. 来源（天然）	4. 包装规格；5. 品牌		
2201.9011	----已包装				
2201.9019	----其他				
2201.9090	---其他	1. 品名；2. 加工方法（未加糖或其他甜物质及未加味）	3. 包装规格；4. 品牌		
22.02	**加味、加糖或其他甜物质的水，包括矿泉水及汽水，其他无酒精饮料，但不包括税目20.09的水果汁或蔬菜汁：**				不包括税目20.09的水果汁或蔬菜汁；不包括含可可、水果或香料的液状酸乳及其他发酵或酸化乳及奶油（税目04.03）；不包括水果汁及蔬菜汁，不论是否用作饮料（税目20.09）
2202.1000	-加味、加糖或其他甜物质的水，包括矿泉水及汽水	1. 品名；2. 加工方法（未加糖或其他甜物质及未加味）	3. 包装规格；4. 品牌		
	-其他：				
2202.9100	--无醇啤酒	1. 品名；2.. 成分含量（酒精浓度等）	3. 包装规格；4. 品牌		
2202.9900	--其他	1. 品名；2. 成分	3. 包装规格；4. 品牌		

税则号列	商品名称	申报要素			说明举例
		归类要素	价格要素	其他要素	
22.03	**麦芽酿造的啤酒：**	1. 品名（中文及外文名称）；2. 是否麦芽酿造；3. 酒精含量	4. 麦芽浓度；5. 包装规格；6. 品牌（中文及外文名称）；7. 生产日期		
2203.0000	麦芽酿造的啤酒				
22.04	**鲜葡萄酿造的酒，包括加酒精的；税目20.09以外的酿酒葡萄汁：**				不包括未发酵或按容量计酒精浓度不超过0.5%的葡萄汁，不论其是否浓缩（税目20.09）
2204.1000	-汽酒	1. 品名（中文及外文名称）；2. 种类（汽酒）；3. 加工方法（鲜葡萄酿造）；4. 酒精含量	5. 级别；6. 年份（没有年份的申报无年份）；7. 产区（中文及外文名称）；8. 酒庄名（中文及外文名称）；9. 葡萄品种（中文及外文名称）；10. 包装规格		
	-其他酒；加酒精抑制发酵的酿酒葡萄汁：	1. 品名（中文及外文名称）；2. 加工方法（鲜葡萄酿造）；3. 酒精浓度	4. 级别；5. 年份（没有年份的申报无年份）；6. 产区（中文及外文名称）；7. 酒庄名（中文及外文名称）；8. 葡萄品种（中文及外文名称）；9. 包装规格（单位包装规格×每箱单位数）		
2204.2100	--装入2升及以下容器的				
2204.2200	--装入2升以上但不超过10升容器的				
2204.2900	--其他				
2204.3000	-其他酿酒葡萄汁	1. 品名（中文及外文名称）；2. 种类（酿酒葡萄汁）	3. 包装规格；4. 品牌（中文及外文名称）		

税则号列	商 品 名 称	申 报 要 素			说 明 举 例
		归类要素	价格要素	其他要素	
22.05	**味美思酒及其他加植物或香料的用鲜葡萄酿造的酒：**	1. 品名（中文及外文名称）；2. 加工方法（鲜葡萄酿造、加植物或香料）	3. 包装规格；4. 品牌（中文及外文名称）		
2205.1000	-装入 2 升及以下容器的				
2205.9000	-其他				
22.06	**其他发酵饮料（例如，苹果酒、梨酒、蜂蜜酒、清酒）；其他税目未列名的发酵饮料的混合物及发酵饮料与无酒精饮料的混合物：**				
2206.0010	---黄酒	1. 品名（中文及外文名称）；2. 加工方法（发酵、混合）	3. 包装规格；4. 品牌（中文及外文名称）		
2206.0090	---其他发酵饮料	1. 品名（中文及外文名称）；2. 成分含量；3. 加工方法（发酵、混合）；4. 酒精浓度	5. 包装规格；6. 品牌（中文及外文名称）；7. 年份；8. 等级		
22.07	**未改性乙醇，按容量计酒精浓度在 80%及以上；任何浓度的改性乙醇及其他酒精：**	1. 品名（中文及外文名称）；2. 加工方法（未改性、改性）；3. 酒精浓度	4. 品牌（中文及外文名称）		不包括以酒精为基料的固体或半固体燃料（通常作为“固体酒精”出售）（税目 36.06）
2207.1000	-未改性乙醇，按容量计酒精浓度在 80%及以上				
2207.2000	-任何浓度的改性乙醇及其他酒精				
22.08	**未改性乙醇，按容量计酒精浓度在 80%以下；蒸馏酒、利口酒及其他酒精饮料：**				
2208.2000	-蒸馏葡萄酒制得的烈性酒	1. 品名（中文及外文名称）；2. 原料；3. 酒精浓度	4. 包装规格；5. 品牌（中文及外文名称）；6. 级别；7. 产地		
2208.3000	-威士忌酒	1. 品名（中文及外文名称）；2. 原料；3. 酒精浓度	4. 包装规格；5. 品牌（中文及外文名称）；6. 产地		
2208.4000	-朗姆酒及蒸馏已发酵甘蔗产品制得的其他烈性酒	1. 品名（中文及外文名称）；2. 原料；3. 酒精浓度	4. 包装规格；5. 品牌（中文及外文名称）		

税则号列	商品名称	申报要素			说明举例
		归类要素	价格要素	其他要素	
2208.5000	-杜松子酒	1. 品名（中文及外文名称）；2. 原料；3. 酒精浓度	4. 包装规格；5. 品牌（中文及外文名称）		
2208.6000	-伏特加酒	1. 品名（中文及外文名称）；2. 原料；3. 酒精浓度	4. 包装规格；5. 品牌（中文及外文名称）		
2208.7000	-利口酒及柯迪尔酒	1. 品名（中文及外文名称）；2. 原料；3. 酒精浓度	4. 包装规格；5. 品牌（中文及外文名称）		
	-其他：				
2208.9010	---龙舌兰酒	1. 品名（中文及外文名称）；2. 原料；3. 酒精浓度	4. 包装规格；5. 品牌（中文及外文名称）		
2208.9020	---白酒	1. 品名；2. 原料；3. 酒精浓度	4. 包装规格；5. 品牌		
2208.9090	---其他	1. 品名（中文及外文名称）；2. 原料；3. 酒精浓度	4. 包装规格；5. 品牌（中文及外文名称）		
22.09	**醋及用醋酸制得的醋代用品：**	1. 品名（中文及外文名称）；2. 醋酸浓度	3. 包装规格；4. 品牌（中文及外文名称）		不包括盥洗用品（税目33.04）
2209.0000	醋及用醋酸制得的醋代用品				

第二十三章　食品工业的残渣及废料；配制的动物饲料

注释：

税目 23.09 包括其他税目未列名的配制动物饲料，这些饲料是由动、植物原料加工而成的，并且已改变了原料的基本特性，但加工过程中的植物废料、植物残渣及副产品除外。

子目注释：

子目 2306.41 所称的“低芥子酸油菜子”，是指第十二章子目注释一所定义的菜子。

【要素释义】

制成的饲料添加剂种类有：氨基酸添加剂、维生素添加剂、矿物元素添加剂、药物饲料添加剂、饲用酶制剂、饲料酸化剂、饲料保存剂等。

一、归类要素

（一）成分含量：指商品中所含物质的种类及按重量计各物质种类的组成。例如，子目 2301.2010 商品可填写“蛋白质含量 48%”。

（二）用途：指商品应用的方面、范围。例如，税目 23.01 商品填写“不适合供人食用”；税目 23.08 商品填写“饲料用”。

（三）状态：指事物所表现出来的形态。例如，税目 23.01 商品填写“渣粉”“团粒”。

（四）是否配制：指子目 2303.10 商品应填写“未配制”。

（五）原料：指油渣饼的生产原料。例如，税目 23.04 商品填写“提炼豆油所得”；税目 23.05 商品填写“提炼花生油所得”。

（六）加工方法：指商品在加工过程中具体的加工方法。例如，税目 23.09 商品填写“配制的”。

（七）包装规格：指配制的动物饲料应填写每袋（箱、罐等密封容器）的重量。

二、价格要素

（一）品牌：指制造商或经销商加在商品上的标志。实际只需要申报出名称即可，有外文品牌的以申报外文品牌名称为主。例如，子目 2309.1 可填写“Kaler（卡乐）”牌犬粮。

（二）种类：指根据商品本身的性质或特点而分成的类别。例如，子目 2301.201 填写“红鱼粉”“白鱼粉”；税目 23.02 填写“玉米的”“小麦的”等。

税则号列	商品名称	申报要素			说明举例
		归类要素	价格要素	其他要素	
23.01	**不适于供人食用的肉、杂碎、鱼、甲壳动物、软体动物或其他水生无脊椎动物的渣粉及团粒；油渣：**				包括供人食用的油渣
	-肉、杂碎的渣粉及团粒；油渣：	1. 品名；2. 用途（不适合供人食用）；3. 状态（渣粉、团粒）			
	---肉骨粉：				
2301.1011	----含牛羊成分的				
2301.1019	----其他				
2301.1020	---油渣				
2301.1090	---其他				
	-鱼、甲壳动物、软体动物或其他水生无脊椎动物的渣粉及团粒：				

税则号列	商品名称	申报要素			说明举例
		归类要素	价格要素	其他要素	
2301.2010	---饲料用鱼粉	1. 品名；2. 用途（不适合供人食用）；3. 状态（渣粉、团粒）；4. 成分含量（蛋白质含量等）	5. 种类（红、白鱼粉）		
2301.2090	---其他	1. 品名；2. 用途（不适合供人食用）；3. 状态（渣粉、团粒）			
23.02	**谷物或豆类植物在筛、碾或其他加工过程中所产生的糠、麸及其他残渣，不论是否制成团粒：**	1. 品名；2 种类（玉米的、小麦的等）			不包括谷物脱粒时产生的谷壳（税目12.13）
2302.1000	-玉米的				
2302.3000	-小麦的				
2302.4000	-其他谷物的				
2302.5000	-豆类植物的				
23.03	**制造淀粉过程中的残渣及类似的残渣，甜菜渣、甘蔗渣及制糖过程中的其他残渣，酿造及蒸馏过程中的糟粕及残渣，不论是否制成团粒：**	1. 品名；2. 种类；3. 是否配制			不包括提取或精炼糖所剩的糖蜜（税目17.03）；不包括非活性酵母或废酵母（税目21.02）；不包括焚烧并洗涤甜菜糖蜜残渣所得的粗钾盐（税目26.21）；不包括蔗渣浆（税目47.06）
2303.1000	-制造淀粉过程中的残渣及类似的残渣				
2303.2000	-甜菜渣、甘蔗渣及制糖过程中的其他残渣				
2303.3000	-酿造及蒸馏过程中的糟粕及残渣				
23.04	**提炼豆油所得的油渣饼及其他固体残渣，不论是否碾磨或制成团粒：**	1. 品名；2. 原料			不包括油脚（税目15.22）；不包括通过去除脱脂大豆粉的某些成分制得的浓缩蛋白质（用作食品添加剂）及改善了组织结构的大豆粉（税目21.06）
2304.0010	---油渣饼				
2304.0090	---其他				
23.05	**提炼花生油所得的油渣饼及其他固体残渣，不论是否碾磨或制成团粒：**	1. 品名；2. 原料			

税则号列	商品名称	申报要素			说明举例
		归类要素	价格要素	其他要素	
2305.0000	提炼花生油所得的油渣饼及其他固体残渣，不论是否碾磨或制成团粒				
23.06	**税目 23.04 或 23.05 以外的提炼植物油脂所得的油渣饼及其他固体残渣，不论是否碾磨或制成团粒：**	1. 品名；2. 原料			
2306.1000	-棉子的				
2306.2000	-亚麻子的				
2306.3000	-葵花子的				
	-油菜子的：				
2306.4100	--低芥子酸的				
2306.4900	--其他				
2306.5000	-椰子或干椰肉的				
2306.6000	-棕榈果或棕榈仁的				
2306.9000	-其他				
23.07	**葡萄酒渣；粗酒石：**	1. 品名			不包括酒石（税目29.18）
2307.0000	葡萄酒渣、粗酒石				
23.08	**动物饲料用的其他税目未列名的植物原料、废料、残渣及副产品，不论是否制成团粒：**	1. 品名；2. 用途（饲料用等）			
2308.0000	动物饲料用的其他税目未列名的植物原料、废料、残渣及副产品，不论是否制成团粒				
23.09	**配制的动物饲料：**				
	-零售包装的狗食或猫食：	1. 品名；2. 成分含量；3. 用途（狗食、猫食等）；4. 加工方法（配制的）；5. 包装规格	6. 品牌（中文及外文名称）		
2309.1010	---罐头				
2309.1090	---其他				
	-其他：				
2309.9010	---制成的饲料添加剂	1. 品名；2. 成分含量（须分别标明载体及活性物质）；3. 加工方法（配制的）；4. 包装规格	5. 品牌（中文及外文名称）		
2309.9090	---其他	1. 品名；2. 成分含量；3. 加工方法（配制的）；4. 包装规格	5. 品牌（中文及外文名称）		

第二十四章　烟草、烟草及烟草代用品的制品

注释：

本章不包括药用卷烟（第三十章）。

子目注释：

子目 2403.11 所称“水烟料”，是指由烟草和甘油混合而成用水烟筒吸用的烟草，不论是否含有芳香油及提取物、糖蜜或糖，也不论是否用水果调味，但供在水烟筒中吸用的非烟草产品除外。

【要素释义】

一、归类要素

（一）加工方法：指商品在加工过程中具体的加工方法。例如，子目 2401.1 商品填写“未去梗”。

（二）是否废料：废料指在制造某种产品过程中剩下的而对本生产过程没有用的材料。例如，子目 2401.3000 商品按实际报验状态填写“废料”即可。

（三）种类：指商品根据事物本身的性质或特点而分成的类别。例如，税目 24.02 商品填写“卷烟”“雪茄烟”。

（四）来源：指根据雪茄烟及卷烟的实际来源填写“烟草制”或“烟草代用品制”。

（五）用途：指商品应用的方面、范围。例如，子目 2403.1 商品填写“吸用”。

（六）是否烟草精汁：指子目 2403.9900 商品如果为烟草精汁，应填写“烟草精汁”。

二、价格要素

品牌：指制造商或经销商加在商品上的标志。实际只需要申报出名称即可，有外文品牌的以申报外文品牌名称为主。例如，子目 2402.1 古巴产雪茄烟可填写“COHIBA（高斯巴）牌”或“BELINDA（贝琳达）牌”。

税则号列	商品名称	申报要素			说明举例
		归类要素	价格要素	其他要素	
24.01	**烟草；烟草废料：**				包括烟草废料
	-未去梗的烟草：	1. 品名；2. 加工方法（未去梗）			
2401.1010	---烤烟				
2401.1090	---其他				
	-部分或全部去梗的烟草：	1. 品名；2. 加工方法（去梗、部分去梗）			
2401.2010	---烤烟				
2401.2090	---其他				
2401.3000	-烟草废料	1. 品名；2. 是否废料			
24.02	**烟草或烟草代用品制成的雪茄烟及卷烟：**	1. 品名；2. 种类（卷烟、雪茄烟）；3. 来源（烟草制或烟草代用品制）	4. 品牌；5. 型号或系列名称		
2402.1000	-烟草制的雪茄烟				
2402.2000	-烟草制的卷烟				
2402.9000	-其他				
24.03	**其他烟草及烟草代用品的制品；“均化”或“再造”烟草；烟草精汁：**				
	-供吸用的烟草，不论是否含有任何比例的烟草代用品：	1. 品名；2. 用途（吸用等）			

税则号列	商品名称	申报要素			说明举例
		归类要素	价格要素	其他要素	
2403. 1100	--本章子目注释所述的水烟料				
2403. 1900	--其他				
	-其他：				
2403. 9100	--“均化”或“再造”烟草	1. 品名；2. 加工方法(均化、再造)			
2403. 9900	--其他	1. 品名；2. 是否烟草精汁			

第五类　矿产品

第二十五章　盐；硫磺；泥土及石料；石膏料、石灰及水泥

注释：

一、除条文及注释四另有规定的以外，本章各税目只包括原产状态的矿产品，或只经过洗涤（包括用化学物质清除杂质而未改变产品结构的）、破碎、磨碎、研粉、淘洗、筛分以及用浮选、磁选和其他机械物理方法（不包括结晶法）精选过的货品，但不得经过焙烧、煅烧、混合或超过税目所列的加工范围。

本章产品可含有添加的抗尘剂，但所加剂料并不使原产品改变其一般用途而适合于某些特殊用途。

二、本章不包括：

（一）升华硫磺、沉淀硫磺及胶态硫磺（税目 28.02）；

（二）土色料，按重量计三氧化二铁含量在 70%及以上（税目 28.21）；

（三）第三十章的药品及其他产品；

（四）芳香料制品及化妆盥洗品（第三十三章）；

（五）长方砌石、路缘石、扁平石（税目 68.01）、镶嵌石或类似石料（税目 68.02）及铺屋顶、饰墙面或防潮用的板岩（税目 68.03）；

（六）宝石或半宝石（税目 71.02 或 71.03）；

（七）每颗重量不低于 2.5 克的氯化钠或氧化镁培养晶体（光学元件除外）（税目 38.24）；氯化钠或氧化镁制的光学元件（税目 90.01）；

（八）台球用粉块（税目 95.04）；或

（九）书写或绘画用粉笔及裁缝划粉（税目 96.09）。

三、既可归入税目 25.17，又可归入本章其他税目的产品，应归入税目 25.17。

四、税目 25.30 主要包括：未膨胀的蛭石、珍珠岩及绿泥石；不论是否煅烧或混合的土色料；天然云母氧化铁；海泡石（不论是否磨光成块）；琥珀；模制后未经进一步加工的片、条、杆或类似形状的黏聚海泡石及黏聚琥珀；黑玉；菱锶矿（不论是否煅烧），但不包括氧化锶；陶器、砖或混凝土的碎块。

【要素释义】

一、归类要素

（一）成分：指构成货品的各种不同的物质。例如，税目 25.01 商品需填写是否添加超出税目 25.01 规定的其他成分。

（二）外观：指货品实际的外观状态情况，主要指货品的颜色、形状等表观性状。例如，税目 25.04 商品填写“粉末”“鳞片”“块”等；税目 25.19 商品填写“粉末”“粒状”“块状”等。

（三）包装：指为保护、贮运货品或促进货品销售而使用特定材料、技术、方法的形式。包装要素的填写应体现出是否为零售包装形式。

（四）是否食用盐：税目 25.01 的盐应填写“食用盐”或“不是食用盐”。

（五）加工方法：指使原材料、半成品变得合用或达到某种要求而采用的处理过程。例如，税目 25.02 货品填写“焙烧”或“未焙烧”；税目 25.06 货品填写“天然状态”“粗加修整”或“简单切割”。

（六）加工工艺：指对某种商品进行加工或处理的方法与过程。例如，税目 25.03 的硫磺需填写用何种方式加工而得。

（七）成分含量：指货品中所包含的某种成分的量。

（八）用途：指该税目商品应用的方面、范围。例如，税目 25.20 货品填写“牙科用”或其他用途。

（九）来源：指生产某种货品的原料由何而来。例如，税目 25.05 货品填写“海砂”“湖砂”或“河砂”等。

（十）种类：指矿物种类。例如，税目 25.13 货品填写“刚玉岩、天然刚玉砂、天然石榴石、天然磨料”中的实际种类。

（十一）表观比重：指每 1000 立方厘米的实际千克数。

（十二）是否球化加工：该归类要素为税目 25.04 的专有归类要素，货品需填写是有球化加工或没有球化加工。

（十三）是否活化：矿物质为使其适应于某些用途（例如，脱色、吸气或吸湿、催化、离子交换或过滤）而经适当处理（用热、化学品等进行处理），使其表面结构改变后，即称为活性产品。税目 25.07、25.08、

25.12 货品需要填写是否经过活化处理。

（十四）除蜡石外要注明表观比重：除了蜡石外的税目 25.15 货品需要填写表观比重，即每 1000 立方厘米的实际千克数。

（十五）是否青石棉：该归类要素为税目 25.24 的专有归类要素，石棉货品需填写是否为青石棉。

（十六）是否长纤维：该归类要素为税目 25.24 的专有归类要素，石棉货品需填写是否为长纤维。

（十七）氟化钙含量：该归类要素为税目 25.29 的专有归类要素，萤石货品需要填写其中氟化钙的含量。

二、价格要素

（一）状态（液态、固态、粉状、块状）：该要素是税目 25.03 硫磺的价格要素，指商品的外观存在状态。只需申报“液态”“固态”“粉状”或“块状”即可。

（二）成分含量：该要素是税目 25.03 硫磺的价格要素，是指硫磺中所含各种物质成分含量，用“%”表示。

（三）石墨含量：该要素是税目 25.04 天然石墨的价格要素，是天然石墨的品种分类的重要指标，用“%”表示。石墨的主要成分含量是固定碳，根据碳含量决定石墨的纯度和品种。例如，可填写“石墨含量94%”。

（四）细度指标（细度、鳞片大小）：该要素是税目 25.04 天然石墨和税目 25.07 高岭土及类似土的价格要素，指天然石墨和高岭土的粒度和鳞片直径的大小，用“微米（μm）”表示。

（五）用途：该要素是税目 25.07 的高岭土和税目 25.08 其他黏土的价格要素，指各种黏土的作用。

（六）外观：该要素是税目 25.07 高岭土及类似土的价格要素，是指高岭土及类似土的颜色和状态。例如，子目 2507.001 高岭土的外观可填写“白色软泥状”或“纯白粉状”。

（七）加工方法（是否煅烧）：该要素是税目 25.07 高岭土及类似土的价格要素。根据高岭土加工方法，只需填写“煅烧”或“未煅烧”即可。

（八）白度：该要素是税目 25.07 高岭土及类似土的价格要素之一。白度是高岭土工艺性能的主要参数之一，纯度高的高岭土为白色，用“%”表示。

（九）蒙脱石成分含量：该要素是子目 2508.1 膨润土的价格要素。蒙脱石是膨润土的一种起主要作用的成分，用“%”表示，一般在 0.2%~0.6%之间，根据实际情况填写。

（十）氧化铝含量：该要素是子目 2508.3 耐火黏土的价格要素，用“%”表示。不同状态的氧化铝含量不同，按实际情况填写。

（十一）级别：该要素是子目 2511.1 天然硫酸钡（重晶石）的价格要素。这里的“级别”要素是指“用途”的级别而不是质量高低的级别。例如，可填写“钻井级”“化工级”或“涂料级”等。

（十二）是否含有添加剂或改性：该要素是子目 2508.3 耐火黏土和子目 2508.4 其他黏土的价格要素，是指商品的性质和用途，以及成分含量是否已经改变。

（十三）注明五氧化二磷含量（P_2O_5）：该要素是税目 25.10 天然磷酸钙、天然磷酸铝钙及磷酸盐白垩的价格要素，用“%”表示。

（十四）品牌：该要素是税目 25.12 硅质化石粗粉（例如，各种硅藻土）及类似的硅质土的价格要素，指制造商或经销商加在商品上的标志。实际只需要申报出名称即可，有外文品牌的以申报外文品牌名称为主。

（十五）种类：该要素是税目 25.12 硅质化石粗粉（例如，各种硅藻土）及类似的硅质土的价格要素，指硅质土属性。由于硅藻土中主要伴生矿物为黏土矿物、炭质（有机质），当这些矿物含量达 50%以上则属黏土岩、炭质页岩，在命名时则冠以硅藻××岩；当这些矿物含量小于 50%时则属硅藻土，在命名时冠以××硅藻土。故根据实际情况填写如“硅藻海绵岩”。

（十六）二氧化硅（SiO_2）含量：该要素是税目 25.12 硅质化石粗粉（例如，各种硅藻土）及类似的硅质土的专用价格要素，用“%”表示。按实际情况填写。

（十七）体积或面积数量（立方米数或平方米数）：该要素是税目 25.15~251.6 的大理石、石灰华及其他石灰质碑用或建筑用石价格要素，是指上述税目石材的计量单位，按实际情况填写。

（十八）花色品种的中英文名称、规格（长宽高）：该要素是税目 25.15 大理石和税目 25.16 花岗岩的价格要素。例如，税目 25.15 的大理石的花色可填写“Beige Haffouz（米黄哈否斯）”“Beige Thala（米黄塔拉）”；税目 25.16 的花岗岩的花色可填写“White Galaxy（印度白金）”“White Star（凯撒白）”。

（十九）规格（长宽高）：该要素是税目 25.15 大理石和税目 25.16 花岗岩的价格要素。行业惯例板材只有长×宽，荒料才有长×宽×高。计量单位可以是“m（米）”，也可以是“ft（英尺）”。

（二十）粉状请注明细度，粒状请注明直径：该要素是税目 25.19 天然碳酸镁（菱镁矿）等的专用价格要素。例如，子目 2519.1 轻质碳酸镁可填写“颗粒 0.15 毫米”；子目 2519.902 烧结镁氧矿（重烧镁）可填写“细度 600 目”。

（二十一）来源：该要素是税目25.20生石膏、硬石膏、熟石膏等的专用价格要素。一般所称石膏可泛指生石膏和硬石膏两种矿物，两种石膏常伴生产出，在一定的地质作用下又可互相转化。其中，子目2520.1的生石膏、硬石膏的来源需填写“天然产”或“人工合成”；子目2520.201熟石膏的来源需填写“天然产”“磷酸盐工业的副产品”（或其他“××工业的副产品”）”等。

（二十二）用途：该要素是子目2513.1浮石的价格要素，是指商品的作用。例如，“用于打磨牛仔布料衣物”或“种植物用”。

（二十三）型号：该要素是税目25.24石棉的价格要素。不同型号的石棉具有不同的外观和用途。例如，“型号A-5-70”指白色纤维状的短纤维石棉；“型号A-5-65”指灰白色絮状的短纤维石棉。

三、其他要素

稀土元素的重量百分比，以［A］表示：该要素为税目25.30的专有要素，“稀土金属矿”需填写货品中稀土元素的重量百分比，填写时以“［A］”表示。A代表所含稀土元素，若含有多种稀土元素，应填写重量之和百分比。例如，可填写“［铽、镝］：5%”。

税则号列	商品名称	申报要素			说明举例
		归类要素	价格要素	其他要素	
25.01	**盐（包括精制盐及变性盐）及纯氯化钠，不论是否为水溶液，也不论是否添加抗结块剂或松散剂；海水：**	1. 品名；2. 成分（是否添加其他成分）；3. 外观；4. 包装；5. 是否食用盐			不包括加调料的盐（税目21.03）、氯化钠光学元件（税目90.01）、培养氯化钠晶体≥2.5克/颗（税目38.24）
	---盐：				
2501.0011	----食用盐				
2501.0019	----其他				
2501.0020	---纯氯化钠				
2501.0030	---海水				
25.02	**未焙烧的黄铁矿：**	1. 品名；2. 加工方法（焙烧、未焙烧）			例：未焙烧黄铁矿
2502.0000	未焙烧的黄铁矿				
25.03	**各种硫磺，但升华硫磺、沉淀硫磺及胶态硫磺除外：**	1. 品名；2. 包装；3. 加工工艺	4. 状态（液态、固态、粉状、块状）；5. 成分含量		不包括升华硫磺、沉淀硫磺、胶态硫磺（税目28.02）。例：硫磺（液体罐装）
2503.0000	各种硫磺，但升华硫磺、沉淀硫磺及胶态硫磺除外				
25.04	**天然石墨：**	1. 品名；2. 用途；3. 外观（粉末、鳞片、块等）；4. 来源（是否天然）；5. 是否球化加工	6. 石墨含量；7. 细度指标（细度、鳞片大小）		
	-粉末或粉片：				
2504.1010	---鳞片				
	---其他：				
2504.1091	----球化石墨				
2504.1099	----其他				
2504.9000	-其他				

税则号列	商品名称	申报要素			说明举例
		归类要素	价格要素	其他要素	
25.05	**各种天然砂，不论是否着色，但第二十六章的含金属矿砂除外：**	1. 品名；2. 用途；3. 来源（如海砂、湖砂或河砂等）			不包括第二十六章的金属砂、焦油砂、沥青砂。例：天然石英砂（玻璃工业用）
2505.1000	-硅砂及石英砂				
2505.9000	-其他				
25.06	**石英（天然砂除外）；石英岩，不论是否粗加修整或仅用锯或其他方法切割成矩形（包括正方形）的板、块：**	1. 品名；2. 加工方法（天然状态、粗加修整、简单切割等）；3. 外观			不包括宝石半宝石及制品（第七十一章）
2506.1000	-石英				
2506.2000	-石英岩				
25.07	**高岭土及类似土，不论是否煅烧：**	1. 品名；2. 成分；3. 是否活化	4. 用途；5. 外观；6. 加工方法（是否煅烧）；7. 白度；8. 细度		不包括含高岭土的砂（税目 25.05）
2507.0010	---高岭土				
2507.0090	---其他				
25.08	**其他黏土（不包括税目 68.06 的膨胀黏土）、红柱石、蓝晶石及硅线石，不论是否煅烧；富铝红柱石；火泥及第纳斯土：**				
2508.1000	-膨润土	1. 品名；2. 外观；3. 是否活化	4. 用途；5. 蒙脱石含量		
2508.3000	-耐火黏土	1. 品名；2. 外观；3. 是否活化	4. 氧化铝含量；5. 级别；6. 是否含有添加剂或改性		如级别：耐火级或研磨级
2508.4000	-其他黏土	1. 品名；2. 外观；3. 是否活化	4. 氧化铝含量；5. 级别；6. 是否含有添加剂或改性		不包括税目 25.30 的颜料土、活性黏土（税目 38.02）、膨胀黏土（税目 68.06）
2508.5000	-红柱石、蓝晶石及硅线石	1. 品名；2. 种类；3. 外观；4. 是否活化	5. 用途		
2508.6000	-富铝红柱石	1. 品名；2. 种类；3. 外观；4. 是否活化	5. 用途		
2508.7000	-火泥及第纳斯土	1. 品名；2. 种类；3. 外观；4. 是否活化	5. 用途		
25.09	**白垩：**	1. 品名			不包括磷酸白垩（税目 25.10）、法国白垩或威尼斯白垩（税目 25.26）

税则号列	商品名称	申报要素			说明举例
		归类要素	价格要素	其他要素	
2509.0000	白垩				
25.10	**天然磷酸钙、天然磷酸铝钙及磷酸盐白垩：**				不包括超出清除杂质范围的煅烧或进一步热处理的产品（第三十一章）
	-未碾磨：				
2510.1010	---磷灰石	1. 品名；2. 加工方法（是否碾磨及其他进一步加工）；3. 成分（磷灰石、天然磷酸钙、天然磷酸铝钙及磷酸盐白垩）；4. 来源	5. 注明五氧化二磷含量		
2510.1090	---其他	1. 品名；2. 加工方法（是否碾磨及其他进一步加工）；3. 成分（磷灰石、天然磷酸钙、天然磷酸铝钙及磷酸盐白垩）	4. 注明五氧化二磷含量		
	-已碾磨：				
2510.2010	---磷灰石	1. 品名；2. 加工方法（是否碾磨及其他进一步加工）；3. 成分（磷灰石、天然磷酸钙、天然磷酸铝钙及磷酸盐白垩）；4. 来源	5. 注明五氧化二磷含量		
2510.2090	---其他	1. 品名；2. 加工方法（是否碾磨及其他进一步加工）；3. 成分（磷灰石、天然磷酸钙、天然磷酸铝钙及磷酸盐白垩）	4. 注明五氧化二磷含量		
25.11	**天然硫酸钡（重晶石）；天然碳酸钡（毒重石），不论是否煅烧，但税目28.16的氧化钡除外：**				
2511.1000	-天然硫酸钡（重晶石）	1. 品名；2. 加工方法	3. 级别（钻井级、化工级、涂料级等）；4. 细度（目数）		
2511.2000	-天然碳酸钡（毒重石）	1. 品名；2. 加工方法			
25.12	**硅质化石粗粉（例如，各种硅藻土）及类似的硅质土，不论是否煅烧，其表观比重不超过1：**	1. 品名；2. 用途；3. 外观；4. 是否活化；5. 表观比重	6. 品牌；7. 种类；8. 是否改性；9. 二氧化硅含量		不包括活性硅藻土（税目38.02）
2512.0010	---硅藻土				

税则号列	商品名称	申报要素			说明举例
		归类要素	价格要素	其他要素	
2512.0090	---其他				
25.13	**浮石；刚玉岩；天然刚玉砂；天然石榴石及其他天然磨料，不论是否热处理：**				
2513.1000	-浮石	1. 品名；2. 加工方法（如天然原状、破碎）；3. 外观	4. 用途		
2513.2000	-刚玉岩、天然刚玉砂、天然石榴石及其他天然磨料	1. 品名；2. 种类（刚玉岩、天然刚玉砂、天然石榴石、天然磨料等）			不包括其他税目列名的磨料（税目25.17等）
25.14	**板岩，不论是否粗加修整或仅用锯或其他方法切割成矩形（包括正方形）的板、块：**	1. 品名；2. 用途；3. 加工方法（天然原状、粗加修整、锯、割等）；4. 外观			不包括铺屋顶、饰墙面及防潮用的板石（税目68.03）
2514.0000	板岩，不论是否粗加修整或仅用锯或其他方法切割成矩形（包括正方形）的板、块				
25.15	**大理石、石灰华及其他石灰质碑用或建筑用石，表观比重为2.5及以上，蜡石，不论是否粗加修整或仅用锯或其他方法切割成矩形（包括正方形）的板、块：**				
	-大理石及石灰华：	1. 品名；2. 加工方法（天然原状、粗加修整、锯、割等）；3. 外观；4. 表观比重	5. 体积或面积数量（立方米数或平方米数）；6. 花色品种的中英文名称；7. 规格（长宽高）		
2515.1100	--原状或粗加修整				
2515.1200	--用锯或其他方法切割成矩形，包括正方形				
2515.2000	-其他石灰质碑用或建筑用石；蜡石	1. 品名；2. 加工方法（天然原状、粗加修整、锯、割等）；3. 外观；4. 除蜡石外要注明表观比重			
25.16	**花岗岩、斑岩、玄武岩、砂岩以及其他碑用或建筑用石，不论是否粗加修整或仅用锯或其他方法切割成矩形（包括正方形）的板、块：**				

税则号列	商品名称	申报要素			说明举例
		归类要素	价格要素	其他要素	
	-花岗岩：	1. 品名；2. 加工方法（天然原状、粗加修整、锯、割等）；3. 外观	4. 体积或面积数量（立方米数或平方米数）；5. 花色的中英文名称（如埃及金线米黄等）；6. 规格（长宽高）		
2516.1100	--原状或粗加修整				
2516.1200	--仅用锯或其他方法切割成矩形，包括正方形				
2516.2000	-砂岩	1. 品名；2. 加工方法（天然原状、粗加修整、锯、割等）；3. 外观	4. 体积或面积数量（立方米数或平方米数）；5. 花色的中英文名称（如埃及金线米黄等）；6. 规格（长宽高）		
2516.9000	-其他碑用或建筑用石	1. 品名；2. 用途；3. 加工方法（天然原状、粗加修整、锯、割等）；4. 外观			不包括第七十一章的宝石及半宝石、用于印刷业的石灰石（通称为石印石，税目25.30）
25.17	**通常作混凝土粒料、铺路、铁道路基或其他路基用的卵石、砾石及碎石，圆石子及燧石，不论是否热处理；矿渣、浮渣及类似的工业残渣，不论是否混有本税目第一部分所列的材料；沥青碎石，税目25.15、25.16所列各种石料的碎粒、碎屑及粉末，不论是否热处理：**				
2517.1000	-通常作混凝土粒料、铺路、铁道路基或其他路基用的卵石、砾石及碎石，圆石子及燧石，不论是否热处理	1. 品名；2. 用途；3. 外观			不包括切成块的燧石、人工磨圆的卵石。例：碎石（用作混凝土粒料，不规则小块状）
2517.2000	-矿渣、浮渣及类似的工业残渣，不论是否混有子目2517.10所列的材料	1. 品名；2. 用途；3. 外观；4. 来源（是否矿渣、浮渣、残渣等）			例：矿渣（铺路用、矿砂浮选所剩、粉末颗粒混合物）
2517.3000	-沥青碎石	1. 品名；2. 用途；3. 外观			例：大理石粉末

税则号列	商品名称	申报要素			说明举例
		归类要素	价格要素	其他要素	
	-税目25.15及25.16所列各种石料的碎粒、碎屑及粉末，不论是否热处理：	1. 品名；2. 外观			
2517.4100	--大理石的				
2517.4900	--其他				
25.18	**白云石，不论是否煅烧或烧结、粗加修整或仅用锯或其他方法切割成矩形（包括正方形）的板、块；夯混白云石：**	1. 品名；2. 加工方法（夯混、是否煅烧或烧结、粗加修整、锯、割等）；3. 外观			例：白云石（经过煅烧，不规则块状，粉末颗粒混合物）
2518.1000	-未煅烧或未烧结的白云石				
2518.2000	-已煅烧或烧结的白云石				
2518.3000	-夯混白云石				
25.19	**天然碳酸镁（菱镁矿）；熔凝镁氧矿；烧结镁氧矿，不论烧结前是否加入少量其他氧化物；其他氧化镁，不论是否纯净：**	1. 品名；2. 加工方法；3. 成分含量；4. 外观（粉末、粒状、块状等）	5. 粉状请注明细度，粒状请注明直径		
2519.1000	-天然碳酸镁（菱镁矿）				
	-其他：				
2519.9010	---熔凝镁氧矿				
2519.9020	---烧结镁氧矿（重烧镁）				
2519.9030	---碱烧镁（轻烧镁）				
	---其他：				不包括氧化镁光学元件（税目90.01）、培养氧化镁晶体≥2.5克/颗（税目38.24）。例：化学纯氧化镁（MgO含量99.9%）
2519.9091	----化学纯氧化镁				
2519.9099	----其他				
25.20	**生石膏；硬石膏；熟石膏（由煅烧的生石膏或硫酸钙构成），不论是否着色，也不论是否带有少量促凝剂或缓凝剂：**	1. 品名；2. 用途（是否牙科用或其他用途）	3. 来源		例：熟石膏（牙科用）
2520.1000	-生石膏；硬石膏				
	-熟石膏：				
2520.2010	---牙科用				
2520.2090	---其他				
25.21	**石灰石助熔剂；通常用于制造石灰或水泥的石灰石及其他钙质石：**	1. 品名；2. 用途			例：石灰石（制造石灰用）

税则号列	商品名称	申报要素			说明举例
		归类要素	价格要素	其他要素	
2521.0000	石灰石助熔剂；通常用于制造石灰或水泥的石灰石及其他钙质石				
25.22	**生石灰、熟石灰及水硬石灰，但税目28.25的氧化钙及氢氧化钙除外：**	1. 品名			例：生石灰
2522.1000	-生石灰				
2522.2000	-熟石灰				
2522.3000	-水硬石灰				
25.23	**硅酸盐水泥、矾土水泥、矿渣水泥、富硫酸盐水泥及类似的水凝水泥，不论是否着色，包括水泥熟料：**	1. 品名；2. 用途	3. 品牌或厂家名称		不包括耐火水泥及灰泥（税目38.16）、非耐火的灰泥及混凝土（税目38.24）、英国水泥或干固水泥（税目25.20）等。例：水泥熟料
2523.1000	-水泥熟料				
	-硅酸盐水泥：				
2523.2100	--白水泥，不论是否人工着色				
2523.2900	--其他				
2523.3000	-矾土水泥				
2523.9000	-其他水凝水泥				
25.24	**石棉：**	1. 品名；2. 外观；3. 是否青石棉；4. 是否长纤维	5. 型号		不包括人工染色、梳理等进一步加工的（税目68.12）。例：青石棉（长纤维）
2524.1000	-青石棉				
	-其他：				
2524.9010	---长纤维的				
2524.9090	---其他的				
25.25	**云母，包括云母片；云母废料：**	1. 品名；2. 用途；3. 外观			不包括切割或冲模成型、黏合的、复制的
2525.1000	-原状云母及劈开的云母片				
2525.2000	-云母粉				
2525.3000	-云母废料				
25.26	**天然冻石，不论是否粗加修整或仅用锯或其他方法切割成矩形（包括正方形）的板、块；滑石：**				例：天然滑石粉
	-未破碎及未研粉：	1. 品名；2. 加工方法（天然原状、粗加修整、简单切割、是否破碎）			
2526.1010	---冻石				

税则号列	商品名称	申报要素			说明举例
		归类要素	价格要素	其他要素	
2526.1020	---滑石				
	-已破碎或已研粉：				
2526.2010	---冻石	1. 品名；2. 加工方法（天然原状、粗加修整、简单切割、是否破碎）			
2526.2020	---滑石	1. 品名；2. 加工方法（天然原状、粗加修整、简单切割、是否破碎）	3. 白度		
25.28	**天然硼酸盐及其精矿（不论是否煅烧），但不包括从天然盐水析离的硼酸盐；天然粗硼酸，含硼酸干重不超过85%：**				
2528.0010	-天然硼砂及其精矿（不论是否煅烧）	1. 品名			不包括精制硼砂（税目28.40）。例：白硼钙石
2528.0090	-其他	1. 品名；2. 成分含量			不包括所含硼酸干重超过85%的硼酸（税目28.11）
25.29	**长石；白榴石；霞石及霞石正长岩；萤石（氟石）：**				
2529.1000	-长石	1. 品名；2. 用途；3. 外观			不包括第七十一章的宝石及半宝石
	-萤石：	1. 品名；2. 用途；3. 外观；4. 氟化钙含量			不包括第七十一章的宝石及半宝石
2529.2100	--按重量计氟化钙含量在97%及以下				
2529.2200	--按重量计氟化钙含量在97%以上				
2529.3000	-白榴石；霞石及霞石正长岩	1. 品名；2. 用途；3. 外观			不包括第七十二章的宝石及半宝石
25.30	**其他税目未列名的矿产品：**				不包括第七十二章的宝石及半宝石
	-未膨胀的蛭石、珍珠岩及绿泥石：				
2530.1010	---绿泥石	1. 品名；2. 用途；3. 加工方法（天然开采、简单破碎、磨粉、未膨胀等）；4. 外观；5. 成分含量	6. 白度		
2530.1020	---蛭石及珍珠岩	1. 品名；2. 用途；3. 加工方法（天然开采、简单破碎、磨粉、未膨胀等）；4. 外观；5. 成分含量			

税则号列	商品名称	申报要素			说明举例
		归类要素	价格要素	其他要素	
2530.2000	-硫镁矾矿及泻盐矿（天然硫酸镁）	1. 品名；2. 用途；3. 加工方法（天然开采、简单破碎、磨粉、未膨胀等）；4. 外观；5. 成分含量			
	-其他：				
2530.9010	---矿物性药材	1. 品名；2. 用途；3. 加工方法（天然开采、简单破碎、磨粉、未膨胀等）；4. 外观；5. 成分含量			
2530.9020	---稀土金属矿	1. 品名；2. 用途；3. 加工方法（天然开采、简单破碎、磨粉、未膨胀等）；4. 外观；5. 成分含量		6. 稀土元素的重量百分比，以［A］表示	
	---其他：	1. 品名；2. 用途；3. 加工方法（天然开采、简单破碎、磨粉、未膨胀等）；4. 外观；5. 成分含量			
2530.9091	----硅灰石				
2530.9099	----其他				

第二十六章　矿砂、矿渣及矿灰

注释：

一、本章不包括：

（一）供铺路用的矿渣及类似的工业废渣（税目 25.17）；

（二）天然碳酸镁（菱镁矿），不论是否煅烧（税目 25.19）；

（三）主要含有石油的石油储罐的淤渣（税目 27.10）；

（四）第三十一章的碱性熔渣；

（五）矿物棉（税目 68.06）；

（六）贵金属或包贵金属的废碎料；主要用于回收贵金属的含贵金属或贵金属化合物的其他废碎料（税目 71.12）；或

（七）通过熔炼所产生的铜锍、镍锍或钴锍（第十五类）。

二、税目 26.01 至 26.17 所称“矿砂”，是指冶金工业中提炼汞、税目 28.44 的金属以及第十四类、第十五类金属的矿物，即使这些矿物不用于冶金工业，也包括在内。但税目 26.01 至 26.17 不包括不是以冶金工业正常加工方法处理的各种矿物。

三、税目 26.20 仅适用于：

（一）在工业上提炼金属或作为生产金属化合物基本原料的矿渣、矿灰及残渣，但焚化城市垃圾所产生的灰、渣除外（税目 26.21）；以及

（二）含有砷的矿渣、矿灰及残渣，不论其是否含有金属，用于提取或生产砷或金属及其化合物。

子目注释：

一、子目 2620.21 所称“含铅汽油的淤渣及含铅抗震化合物的淤渣”，是指含铅汽油及含铅抗震化合物（例如，四乙基铅）储罐的淤渣，主要含有铅、铅化合物以及铁的氧化物。

二、含有砷、汞、铊及其混合物的矿渣、矿灰及残渣，用于提取或生产砷、汞、铊及其化合物，归入子目 2620.60。

【要素释义】

一、归类要素

（一）用途：指商品应用的方面、范围。

（二）加工方法：指使原材料、半成品变得合用或达到某种要求而采用的处理过程，也指改变原材料、毛坯或半成品的形状、尺寸、性质或表面状态，使之达到规定要求的各种形状的方法。

（三）外观：指商品实际的外观状态情况，主要指货品的颜色、形状等表观性状。

（四）成分含量：指货品中所包含的某种成分的量。

（五）平均粒度：代表粉末或粉末中某个分级粉中颗粒的平均大小。

（六）主要伴生矿物元素含量：税目 26.05 的“钴矿砂及其精矿”需填写货品中主要的伴生矿物元素的含量。

（七）种类：指矿物种类。例如，税目 26.12 商品填写“独居矿”“钍石”等。

（八）粒度：指颗粒的大小。通常，球体颗粒的粒度用直径表示，立方体颗粒的粒度用边长表示。对不规则的矿物颗粒，可将与矿物颗粒有相同行为的某一球体直径作为该颗粒的等效直径。

二、价格要素

（一）来源（原产地及矿区名称）：指矿产品的原产地或者矿区的名称。例如，税目 26.01 的铁矿砂的来源可填写“土耳其 GAZIANTEP 矿区”。

（二）签约日期：该要素是指供求双方企业合同价格签订的日期。实际只需填写具体日期即可，例如，可填写“2013-07-01”。

（三）含水率：指铜矿砂及其精矿发货时的实际含水量，用“%”表示，例如，含水率 7.4%。

（四）用途：指税目 26.05 钴矿砂及其精矿的实际应用。例如，可填写“提炼钴和铜金属”“钴锂电池用”“加工成为钴盐”等用途。

三、其他要素

稀土元素的重量百分比，以［A］表示：该要素为税目 26.12 专有价格要素，“铀或钍矿砂及其精矿”需填写货品中稀土元素的重量百分比，填写时以“［A］”表示。

税则号列	商品名称	申报要素			说明举例
		归类要素	价格要素	其他要素	
26.01	**铁矿砂及其精矿，包括焙烧黄铁矿：**				不包括作颜料用的精细研磨的（第三十二章）。例：铁矿砂（已烧结，Fe：20%，黑色粉末，炼铁用）
	-铁矿砂及其精矿，但焙烧黄铁矿除外：				
	--未烧结：	1. 品名；2. 加工方法；3. 外观；4. 成分含量；5. 平均粒度	6. 来源（矿区名称）；7. 签约日期；8. 定价方式（公式定价、现货价）；9. 是否需要二次结算；10. 计价日期		
2601.1110	---平均粒度小于0.8毫米的				
2601.1120	---平均粒度不小于0.8毫米，但不大于6.3毫米的				
2601.1190	---其他				
2601.1200	--已烧结	1. 品名；2. 加工方法；3. 外观；4. 成分含量	5. 来源（矿区名称）；6. 签约日期；7. 定价方式（公式定价、现货价）；8. 是否需要二次结算；9. 计价日期		
2601.2000	-焙烧黄铁矿	1. 品名；2. 加工方法；3. 外观；4. 成分含量	5. 来源（矿区名称）；6. 签约日期；7. 定价方式（公式定价、现货价）；8. 是否需要二次结算；9. 计价日期		
26.02	**锰矿砂及其精矿，包括以干重计含锰量在20%及以上的锰铁矿及其精矿：**	1. 品名；2. 用途；3. 加工方法；4. 外观；5. 成分含量	6. 来源（矿区名称）；7. 签约日期；8. 定价方式（公式定价、现货价）；9. 是否需要二次结算；10. 计价日期		不包括用于干电池的软锰矿（税目25.30）。例：锰矿砂（Mn：21%，天然，黑色粉末，炼锰）

税则号列	商品名称	申报要素			说明举例
		归类要素	价格要素	其他要素	
2602.0000	锰矿砂及其精矿，包括以干重计含锰量在 20%及以上的锰铁矿及其精矿				
26.03	**铜矿砂及其精矿：**	1. 品名；2. 加工方法；3. 外观；4. 成分含量	5. 含水率；6. 来源（矿区名称）；7. 签约日期；8. 定价方式（公式定价、现货价）；9. 是否需要二次结算；10. 计价日期		例：铜精矿（Cu：25%，天然，黑色粉末）
2603.0000	铜矿砂及其精矿				
26.04	**镍矿砂及其精矿：**	1. 品名；2. 加工方法；3. 外观；4. 成分含量	5. 来源（矿区名称）；6. 签约日期；7. 定价方式（公式定价、现货价）；8. 是否需要二次结算；9. 计价日期		例：镍矿砂（Ni：1.5%，天然，黑色粉末）
2604.0000	镍矿砂及其精矿				
26.05	**钴矿砂及其精矿：**	1. 品名；2. 加工方法；3. 外观；4. 主要伴生矿物元素含量	5. 用途；6. 来源（矿区名称）；7. 签约日期；8. 定价方式（公式定价、现货价）；9. 是否需要二次结算；10. 计价日期		例：钴精矿（Co：20%，天然，黑色粉末）
2605.0000	钴矿砂及其精矿				
26.06	**铝矿砂及其精矿：**	1. 品名；2. 加工方法；3. 外观；4. 成分含量	5. 来源（矿区名称）；6. 签约日期；7. 定价方式（公式定价、现货价）8. 是否需要二次结算；9. 计价日期		例：铝矿砂（Al：30%，天然，黑色粉末）
2606.0000	铝矿砂及其精矿				

税则号列	商 品 名 称	申报要素			说 明 举 例
		归类要素	价格要素	其他要素	
26.07	**铅矿砂及其精矿：**	1. 品名；2. 加工方法；3. 外观；4. 成分含量	5. 来源（矿区名称）；6. 签约日期；7. 定价方式（公式定价、现货价）；8. 是否需要二次结算；9. 计价日期		例：铅精矿（Pb：20%，天然，黑色粉末）
2607.0000	铅矿砂及其精矿				
26.08	**锌矿砂及其精矿：**	1. 品名；2. 加工方法；3. 外观；4. 成分含量	5. 来源（矿区名称）；6. 签约日期；7. 定价方式（公式定价、现货价）；8. 是否需要二次结算；9. 计价日期		例：锌精矿（Zn：20%，天然，黑色粉末）
2608.0000	锌矿砂及其精矿				
26.09	**锡矿砂及其精矿：**	1. 品名；2. 加工方法；3. 外观；4. 成分含量	5. 来源（矿区名称）；6. 签约日期；7. 定价方式（公式定价、现货价）8. 是否需要二次结算；9. 计价日期		例：锡精矿（Sn：15%，天然，黑色粉末）
2609.0000	锡矿砂及其精矿				
26.10	**铬矿砂及其精矿：**	1. 品名；2. 加工方法；3. 外观；4. 成分含量	5. 来源（矿区名称）；6. 签约日期；7. 定价方式（公式定价、现货价）；8. 是否需要二次结算；9. 计价日期		例：铬精矿（Cr：15%，天然，黑色粉末）
2610.0000	铬矿砂及其精矿				
26.11	**钨矿砂及其精矿：**	1. 品名；2. 加工方法；3. 外观；4. 成分含量	5. 来源（矿区名称）；6. 签约日期		例：钨精矿（W：15%，天然，黑色粉末）
2611.0000	钨矿砂及其精矿				
26.12	**铀或钍矿砂及其精矿：**				例：铀精矿（U：5%，天然，黑色粉末）

税则号列	商品名称	申报要素			说明举例
		归类要素	价格要素	其他要素	
2612.1000	-铀矿砂及其精矿	1. 品名；2. 加工方法；3. 外观；4. 成分含量；5. 种类（独居矿、钍石等）	6. 来源（矿区名称）；7. 签约日期；8. 定价方式（公式定价、现货价）；9. 是否需要二次结算；10. 计价日期		
2612.2000	-钍矿砂及其精矿	1. 品名；2. 加工方法；3. 外观；4. 成分含量；5. 种类（独居矿、钍石等）	6. 来源（矿区名称）；7. 签约日期；8. 定价方式（公式定价、现货价）；9. 是否需要二次结算；10. 计价日期	11. 稀土元素的重量百分比，以［A］表示	
26.13	**钼矿砂及其精矿：**	1. 品名；2. 加工方法；3. 外观；4. 成分含量	5. 来源（矿区名称）；6. 签约日期；7. 定价方式（公式定价、现货价）；8. 是否需要二次结算；9. 计价日期		不包括用作润滑剂的辉钼矿（税目25.30）。例：钼精矿（已焙烧，Mo：20%，黑色粉末，炼钼）
2613.1000	-已焙烧				
2613.9000	-其他				
26.14	**钛矿砂及其精矿：**	1. 品名；2. 加工方法；3. 外观；4. 成分含量	5. 来源（矿区名称）；6. 签约日期；7. 定价方式（公式定价、现货价）；8. 是否需要二次结算；9. 计价日期		不包括用作颜料的钛矿粉末（第三十二章）。例：钛精矿（Ti：20%，天然，黑色粉末，炼钛）
2614.0000	钛矿砂及其精矿				
26.15	**铌、钽、钒或锆矿砂及其精矿：**				不包括搪瓷生产上做遮光料的微化锆砂（税目25.30）。例：钒精矿（V：20%，天然，黑色粉末，炼钒）

税则号列	商品名称	申报要素			说明举例
		归类要素	价格要素	其他要素	
2615.1000	-锆矿砂及其精矿	1. 品名；2. 加工方法；3. 外观；4. 成分含量；5. 粒度	6. 来源（矿区名称）；7. 签约日期；8. 定价方式（公式定价、现货价）；9. 是否需要二次结算；10. 计价日期		
	-其他：	1. 品名；2. 加工方法；3. 外观；4. 成分含量	5. 来源（矿区名称）；6. 签约日期；7. 定价方式（公式定价、现货价）；8. 是否需要二次结算；9. 计价日期		
2615.9010	---水合钽铌原料（钽铌矿富集物）				
2615.9090	---其他				
26.16	**贵金属矿砂及其精矿：**				
2616.1000	-银矿砂及其精矿	1. 品名；2. 加工方法；3. 外观；4. 成分含量	5. 来源（矿区名称）；6. 签约日期；7. 定价方式（公式定价、现货价）；8. 是否需要二次结算；9. 计价日期		
2616.9000	-其他	1. 品名；2. 加工方法；3. 外观；4. 成分含量；5. 黄金矿砂请申报粒度［货物通过74微米（或200目）标准筛的筛下物的量比］	6. 来源（矿区名称）；7. 签约日期；8. 定价方式（公式定价、现货价）；9. 是否需要二次结算；10. 计价日期		
26.17	**其他矿砂及其精矿：**	1. 品名；2. 加工方法；3. 外观；4. 成分含量	5. 来源（矿区名称）；6. 签约日期；7. 定价方式（公式定价、现货价）；8. 是否需要二次结算；9. 计价日期		例：锑精矿（Sb：15%，天然，黑色粉末，炼锑）
	-锑矿砂及其精矿：				

税则号列	商品名称	申报要素			说明举例
		归类要素	价格要素	其他要素	
2617.1010	---生锑（锑精矿，选矿产品）				
2617.1090	---其他				
	-其他：				
2617.9010	---朱砂（辰砂）				
2617.9090	---其他				
26.18	**冶炼钢铁所产生的粒状熔渣（熔渣砂）：**	1. 品名；2. 用途；3. 加工方法；4. 外观；5. 成分含量	6. 来源		不包括泡沫矿渣、矿渣棉（税目 68.06）、矿渣水泥（税目 25.23）
2618.0010	---主要含锰				
2618.0090	---其他				
26.19	**冶炼钢铁所产生的熔渣、浮渣（粒状熔渣除外）、氧化皮及其他废料：**	1. 品名；2. 用途；3. 加工方法；4. 外观；5. 成分含量	6. 来源；7. 定价方式（公式定价、现货价）；8. 是否需要二次结算；9. 计价日期		不包括经破碎并粗略分级的筑路熔渣（税目 25.17）
2619.0000	冶炼钢铁所产生的熔渣、浮渣（粒状熔渣除外）、氧化皮及其他废料				
26.20	**含有金属、砷及其化合物的矿渣、矿灰及残渣（冶炼钢铁所产生的灰、渣除外）：**	1. 品名；2. 用途；3. 加工方法；4. 外观；5. 成分含量	6. 来源		不包括冶炼钢铁所产生的
	-主要含锌：				
2620.1100	--含硬锌				
2620.1900	--其他				
	-主要含铅：				
2620.2100	--含铅汽油的淤渣及含铅抗震化合物的淤渣				
2620.2900	--其他				
2620.3000	-主要含铜				
2620.4000	-主要含铝				
2620.6000	-含有砷、汞、铊及其混合物，用于提取或生产砷、汞、铊及其化合物				
	-其他：				
2620.9100	--含有锑、铍、镉、铬或其混合物				
	--其他：				
2620.9910	---主要含钨				
2620.9990	---其他				

税则号列	商品名称	申报要素			说明举例
		归类要素	价格要素	其他要素	
26.21	**其他矿渣及矿灰，包括海藻灰（海草灰）；焚化城市垃圾所产生的灰、渣：**	1. 品名；2. 用途；3. 加工方法；4. 外观	5. 来源		例：稻壳灰（烧稻壳而得，黑色粉末，隔音用）
2621.1000	-焚化城市垃圾所产生的灰、渣				
2621.9000	-其他				

第二十七章　矿物燃料、矿物油及其蒸馏产品；沥青物质；矿物蜡

注释：

一、本章不包括：

（一）单独的已有化学定义的有机化合物，但纯甲烷及纯丙烷应归入税目 27.11；

（二）税目 30.03 及 30.04 的药品；或

（三）税目 33.01、33.02 及 38.05 的不饱和烃混合物。

二、税目 27.10 所称“石油及从沥青矿物提取的油类”，不仅包括石油、从沥青矿物提取的油及类似油，还包括那些用任何方法提取的主要含有不饱和烃混合物的油，但其非芳族成分的重量必须超过芳族成分。

然而，它不包括采用减压蒸馏法，在压力转换为 1013 毫巴下的温度 300℃时，以体积计馏出量小于 60%的液体合成聚烯烃（第三十九章）。

三、税目 27.10 所称“废油”，是指主要含石油及从沥青矿物提取的油类（参见本章注释二）的废油，不论其是否与水混合。它们包括：

（一）不再适于作为原产品使用的废油（例如，用过的润滑油、液压油及变压器油）；

（二）石油储罐的淤渣油，主要含废油及高浓度的在生产原产品时使用的添加剂（例如，化学品）；以及

（三）水乳浊液状的或与水混合的废油，例如，浮油、清洗油罐所得的油或机械加工中已用过的切削油。

子目注释：

一、子目 2701.11 所称“无烟煤”，是指含挥发物（以干燥、无矿物质计）不超过 14%的煤。

二、子目 2701.12 所称“烟煤”，是指含挥发物（以干燥、无矿物质计）超过 14%，并且热值（以潮湿、无矿物质计）等于或大于 5833 大卡/千克的煤。

三、子目 2707.10、2707.20、2707.30 及 2707.40 所称“粗苯”“粗甲苯”“粗二甲苯”及“萘”，是分别指按重量计苯、甲苯、二甲苯或萘的含量在 50%以上的产品。

四、子目 2710.12 所称“轻油及其制品”，是指根据 ISO 3405 方法（等同于 ASTM D 86 方法），温度在 210℃时以体积计馏出量（包括损耗）在 90%及以上的产品。

五、税目 27.10 的子目所称“生物柴油”，是指从动植物油脂（不论是否使用过）得到的用作燃料的脂肪酸单烷基酯。

【要素释义】

一、归类要素

（一）外观：指的是货品本身实际的外观状态情况，主要指货品的颜色、形状等表观性状。

（二）挥发物含量：该归类要素为税目 27.01 的专有归类要素，指干燥无灰基挥发分。测定方法见 GB/T 212。

（三）热值（统一使用“恒湿无灰基高位发热量”指标）：该归类要素是税目 27.01 和 27.02 的专有归类要素。测定方法见 GB/T 213。

（四）角质层最大厚度：该归类要素为子目 2701.1210 的专有归类要素。测定方法见 GB/T 479。

（五）黏结指数：该归类要素为子目 2701.1210 的专有归类要素。测定方法见 GB/T 5447。

（六）是否黑玉：该归类要素为税目 27.02 的专有归类要素，货品应填写“不是黑玉”。

（七）来源：指生产某种货品的原料由何而来。

（八）成分含量：指货品中所包含的某种成分的量，用 %表示。例如，税目 27.14 货品填写“沥青、水”的含量。

（九）结晶点：指在规定条件下，使液体试样降温，出现结晶时，在液相中测量到的一个恒定温度或回升的最高温度。一般用摄氏温度表示。

（十）250℃蒸馏出芳烃体积含量：该归类要素为子目 2707.50 的专有归类要素，货品需填写以美国标准试验法 D86 为准，温度在 250℃时货品蒸馏出的芳烃含量以体积计（包括损耗）百分比。

（十一）种类：该归类要素为税目 27.09 的专有归类要素，指的是石油原油及从沥青矿物提取的原油的种类。

（十二）密度或 API 度：指物质单位体积的质量。美国常用 API 度来表示石油的密度，它与国际通用的密度存在一定的换算关系，API 度与国际通用的密度在数值上相反，API 度高的石油，实际上都是密度低的轻质石油。

（十三）若为凝析油需注明：凝析油为天然气提取稳定过程中所得的原油，这一操作包括主要通过冷却和降压从含大量石油气的天然气中制得可凝析烃（C4 至大约 C20）。该归类要素为税目 27.09 的专有归类要素，货品若为凝析油需明确注明。

（十四）馏程：在标准条件下，蒸馏石油所得的沸点范围，即是在一定温度范围内该石油产品中可能蒸馏出来的油品数量和温度的标示。也可以描述为，油品在规定条件下蒸馏所得到，从初馏点到终馏点表示蒸发特征的温度范围。该归类要素为税目 27.10 的专有归类要素。

（十五）硫成分含量：该归类要素为子目 2710.1210 的专有归类要素，“车用汽油及航空汽油”需填写“硫”的含量。

（十六）用途：指商品应用的方面、范围。

（十七）轻柴油标号：该归类要素为子目 2710.1921 的专有归类要素，“轻柴油”需填写标号，如 0 号柴油等。

（十八）硫含量：该归类要素为子目 2710.1921 和 2710.1922 的专有归类要素，“轻柴油”和“5~7 号燃料油”需填写“硫”的含量。

（十九）运动黏度指标：指在一定温度下，流体的动力黏度与密度之比。“5~7 号燃料油”需填写 100℃时的运动黏度指标。

（二十）水和沉淀物含量：“5~7 号燃料油”需填写水和沉淀物的量。

（二十一）闪点：在规定的条件下，加热试样，当试样达到某温度时，试样的蒸汽和周围空气的混合气，一旦与火焰接触，即发生闪燃现象，发生闪燃时试样的最低温度，称为闪点。测定闪点的方法有开口闪点和闭口闪点两种。该归类要素为子目 2710.1922 的专有归类要素，5 号轻、5 号重、6 号燃料油填写闭口闪点，7 号燃料油填写开口闪点。

（二十二）灰分含量：该归类要素为子目 2710.1922 的专有归类要素，“5~7 号燃料油”需填灰分的量。

（二十三）从石油或沥青提取矿物油类的百分比含量：该归类要素为子目 2710.1991、2710.1992 和 2710.2000 的专有归类要素，归入上述子目的货品需填写从石油或沥青提取矿物油类的百分比含量。

（二十四）状态：该归类要素为税目 27.11 的专有归类要素，填写“液化”或“气态”等。

（二十五）是否零售包装：该归类要素为子目 2712.10 的专有归类要素，“凡士林”需填写是否为零售包装形式。

（二十六）加工方法：指使原材料、半成品变得合用或达到某种要求而采用的处理过程。例如，税目 27.13 货品填写“煅烧”或“未煅烧”。

（二十七）含油量：该归类要素为子目 2712.20 的专有归类要素，货品需填写石蜡的含油量指标。

（二十八）针入度：指标准圆锥体或标准尖针在规定时间内沉入保温在一定温度时的试样中的深度。该归类要素为子目 2713.20 的专有归类要素，“石油沥青”需填写针入度指标。

二、价格要素

（一）灰分：该要素是税目 27.01 煤产品和子目 2704.001 焦炭的专有价格要素，是衡量煤产品的用途和级别的技术指标之一，用“%”表示。按实际情况填写。

（二）含硫量：该要素是税目 27.01 的煤和税目 27.04 焦炭的价格要素，用“%”表示。

（三）含水量：该要素是税目 27.02 褐煤和税目 27.04 焦炭的价格要素，用“%”表示。

（四）透光率：该要素是税目 27.02 褐煤的价格要素。该要素是划分褐煤和烟煤的主要指标，计量单位用“%”表示。例如，可填写“透光率≤50%”。

（五）挥发物含量：该要素是子目 2704.001 焦炭的价格要素，也称挥发分，用“%”表示。

（六）气孔率：该要素是子目 2704.001 焦炭的价格要素，指焦炭气孔体积占总体积的百分数，用“%”表示。例如，可填写“气孔率 40%”。

（七）含磷量：该要素是子目 2704.001 焦炭的价格要素，用“%”表示。

（八）粒度：该要素是子目 2704.001 焦炭的价格要素，用单位“毫米”表示。

（九）外观：该要素是子目 2707.4 萘的专用价格要素，是指萘的颜色和状态。例如，可填写“白色片状晶体”。

（十）品牌：指制造商或经销商加在商品上的标志。实际只需要申报出名称即可，有外文品牌的以申报外文品牌名称为主。

（十一）型号：不同用途的油品用不同的型号表示。

（十二）包装规格：该要素是税目 27.10 油品的价格要素，需填写单个包装的数量或者重量。例如，“1000 毫米/桶”。

（十三）包装容器容积：指包装容器的体积大小。需填写包装气类商品的容器的容积，例如，1000立方米。

（十四）加工方法（压力货、冷冻货等）：该要素是税目27.11石油气及其他烃类气的专有价格要素。只需填写“压力货”或“冷冻货”即可。

（十五）包装类型（桶装、散装等）：该要素是子目2713.2石油沥青的价格要素，是指商品包装的状态。不仅需申报“桶装”或者“散装”，如桶装还需申报每桶重量。

（十六）含蜡量：该要素是子目2713.2石油沥青的价格指标，用“%”表示。国家实际情况填写，例如，可填写“含蜡量2.8%”。

（十七）签约日期：该要素是指供求双方企业合同价格签订的日期。实际只需申报具体日期即可，例如，可填写“2013-07-01”。

税则号列	商品名称	申报要素			说明举例
		归类要素	价格要素	其他要素	
27.01	**煤；煤砖、煤球及用煤制成的类似固体燃料：**				不包括黑玉（税目25.30）、褐煤（税目27.02）、焦炭及半焦炭（税目27.04）
	-煤，不论是否粉化，但未制成型：				
2701.1100	--无烟煤	1. 品名；2. 挥发物含量（以干燥、无矿物质计）；3. 热值（以潮湿、无矿物质计以及收到基）	4. 灰分；5. 含硫量；6. 含水量；7. 定价方式（公式定价、现货价）；8. 是否需要二次结算；9. 签约日期；10. 计价日期		
	--烟煤：				
2701.1210	---炼焦煤	1. 品名；2. 挥发物含量（以干燥、无矿物质计）；3. 热值（以潮湿、无矿物质计以及收到基）；4. 胶质层最大厚度；5. 黏结指数	6. 灰分；7. 含硫量；8. 含水量；9. 定价方式（公式定价、现货价）；10. 是否需要二次结算；11. 签约日期；12. 计价日期		

税则号列	商品名称	申报要素			说明举例
		归类要素	价格要素	其他要素	
2701.1290	---其他	1. 品名；2. 挥发物含量（以干燥、无矿物质计）；3. 热值（以潮湿、无矿物质计以及收到基）；4. 黏结指数	5. 灰分；6. 含硫量；7. 含水量；8. 定价方式（公式定价、现货价）；9. 是否需要二次结算；10. 签约日期；11. 计价日期		
2701.1900	--其他煤	1. 品名；2. 挥发物含量（以干燥、无矿物质计）；3. 热值（包括以潮湿无矿物质计以及收到基）	4. 灰分；5. 含硫量；6. 含水量；7. 透光率；8. 定价方式（公式定价、现货价）；9. 是否需要二次结算；10. 签约日期；11. 计价日期		
2701.2000	-煤砖、煤球及用煤制成的类似固体燃料	1. 品名；2. 外观；3. 挥发物含量（以干燥、无矿物质计）；4. 等级；5. 热值（包括以潮湿无矿物质计以及收到基）	6. 灰分；7. 含硫量；8. 含水量；9. 定价方式（公式定价、现货价）；10. 是否需要二次结算；11. 签约日期；12. 计价日期		
27.02	**褐煤，不论是否制成型，但不包括黑玉：**				不包括黑玉（税目25.30）。例：褐煤（粉末颗粒混合物，不是黑玉）
2702.1000	-褐煤，不论是否粉化，但未制成型	1. 品名；2. 外观；3. 是否黑玉；4. 挥发物含量（以干燥、无灰基计）；5. 热值（包括以潮湿无矿物质计以及收到基）	6. 透光率；7. 含水量；8. 定价方式（公式定价、现货价）；9. 是否需要二次结算；10. 签约日期；11. 计价日期		

税则号列	商品名称	申报要素			说明举例
		归类要素	价格要素	其他要素	
2702.2000	-制成型的褐煤	1. 品名；2. 外观；3. 是否黑玉；4. 挥发物含量（以干燥、无灰基计）；5. 热值（包括以潮湿无矿物质计以及收到基）	6. 透光率；7. 含水量；8. 定价方式（公式定价、现货价）；9. 是否需要二次结算；10. 签约日期；11. 计价日期		
27.03	**泥煤（包括肥料用泥煤），不论是否制成型：**	1. 品名；2. 外观；3. 来源	4. 签约日期；5. 计价日期		
2703.0000	泥煤（包括肥料用泥煤），不论是否制成型				
27.04	**煤、褐煤或泥煤制成的焦炭及半焦炭，不论是否制成型；甑炭：**				不包括电气用甑炭制品（税目85.45）。例：焦炭（由褐煤制得，燃料用）
2704.0010	---焦炭或半焦炭	1. 品名；2. 用途；3. 来源	4. 挥发物含量（以干燥、无矿物质计）；5. 气孔率；6. 含磷量；7. 灰分；8. 粒度；9. 含水量；10. 含硫量；11. 签约日期；12. 计价日期		
2704.0090	---其他	1. 品名；2. 用途；3. 来源	4. 签约日期；5. 计价日期		
27.05	**煤气、水煤气、炉煤气及类似气体，但石油气及其他烃类气除外：**	1. 品名；2. 来源	3. 签约日期；4. 计价日期		不包括石油气及其他烃类气体（税目27.11）
2705.0000	煤气、水煤气、炉煤气及类似气体，但石油气及其他烃类气除外				
27.06	**从煤、褐煤或泥煤蒸馏所得的焦油及其他矿物焦油，不论是否脱水或部分蒸馏，包括再造焦油：**	1. 品名；2. 外观；3. 来源；4. 成分含量	6. 签约日期；7. 计价日期		不包括木焦油（税目38.07）。例：焦油（由煤蒸馏而得）
2706.0000	从煤、褐煤或泥煤蒸馏所得的焦油及其他矿物焦油，不论是否脱水或部分蒸馏，包括再造焦油				
27.07	**蒸馏高温煤焦油所得的油类及其他产品；芳族成分重量超过非芳族成分的类似产品：**				

税则号列	商品名称	申报要素			说明举例
		归类要素	价格要素	其他要素	
2707.1000	-粗苯	1. 品名；2. 成分含量	3. 定价方式（公式定价、现货价）；4. 是否需要二次结算；5. 签约日期；6. 计价日期		例：粗甲苯（甲苯含量93%）
2707.2000	-粗甲苯	1. 品名；2. 成分含量	3. 定价方式（公式定价、现货价）；4. 是否需要二次结算；5. 签约日期；6. 计价日期		例：粗二甲苯（二甲苯含量94%）
2707.3000	-粗二甲苯	1. 品名；2. 成分含量	3. 定价方式（公式定价、现货价）；4. 是否需要二次结算；5. 签约日期；6. 计价日期		
2707.4000	-萘	1. 品名；2. 成分含量（以美国标准实验方法D86为准，250℃时）；3. 结晶点	4. 外观；5. 定价方式（公式定价、现货价）；6. 是否需要二次结算；7. 签约日期；8. 计价日期		不包括混合烷基苯、混合烷基萘（税目38.17）。例：芳烃混合物（主要为苯、甲苯和二甲苯，用D86方法250℃蒸馏出芳烃85%）
2707.5000	-其他芳烃混合物，根据ISO 3405方法（等同于ASTM D86方法），温度在250℃时的馏出量以体积计（包括损耗）在65%及以上	1. 品名；2. 成分含量；3. 250℃蒸馏出芳烃体积含量；4. 馏程	5. 定价方式（公式定价、现货价）；6. 是否需要二次结算；7. 签约日期；8. 计价日期		
	-其他：	1. 品名；2. 成分含量	3. 定价方式（公式定价、现货价）；4. 是否需要二次结算；5. 签约日期；6. 计价日期		
2707.9100	--杂酚油				
	--其他：				
2707.9910	---酚				
2707.9990	---其他				
27.08	**从煤焦油或其他矿物焦油所得的沥青及沥青焦：**	1. 品名；2. 外观；3. 来源	4. 签约日期；5. 计价日期		
2708.1000	-沥青				

税则号列	商品名称	申报要素			说明举例
		归类要素	价格要素	其他要素	
2708.2000	-沥青焦				
27.09	**石油原油及从沥青矿物提取的原油：**	1. 品名；2. 种类；3. 密度或API度；4. 若为凝析油需注明	5. 定价方式（公式定价、现货价）；6. 是否需要二次结算；7. 签约日期；8. 计价日期		
2709.0000	石油原油及从沥青矿物提取的原油				
27.10	**石油及从沥青矿物提取的油类，但原油除外；以上述油为基本成分（按重量计不低于70%）的其他税目未列名制品；废油：**				
	-石油及从沥青矿物提取的油类（但原油除外）以及以上述油为基本成分（按重量计不低于70%）的其他税目未列名制品，不含有生物柴油，但废油除外：				
		--轻油及其制品：			参考相关标准提供技术指标，如【标准号】GB484-1993【中文标题】车用汽油，【标准号】GB1787-1988【中文标题】航空汽油，中国石化集团公司出口标准SINOPEC002-1987，【标准号】SH0004-1990【中文标题】橡胶工业用溶剂油，【标准号】SH0005-1990【中文标题】油漆工业用溶剂油，【标准号】GB16629-1996【中文标题】6号抽提溶剂油，【标准号】GB1922-1988【中文标题】溶剂油

税则号列	商　品　名　称	申报要素			说　明　举　例
		归类要素	价格要素	其他要素	
2710.1210	---车用汽油及航空汽油	1. 品名；2. 馏程；3. 硫成分含量	4. 定价方式（公式定价、现货价）；5. 是否需要二次结算；6. 签约日期；7. 计价日期		
2710.1220	---石脑油	1. 品名；2. 馏程	3. 定价方式（公式定价、现货价）；4. 是否需要二次结算；5. 签约日期；6. 计价日期		
2710.1230	---橡胶溶剂油、油漆溶剂油、抽提溶剂油	1. 品名；2. 馏程；3. 用途	4. 品牌；5. 型号；6. 包装规格；7. 定价方式（公式定价、现货价）；8. 是否需要二次结算；9. 签约日期；10. 计价日期		
	---其他：				
2710.1291	----壬烯	1. 品名；2. 成分含量	3. 定价方式（公式定价、现货价）；4. 是否需要二次结算；5. 签约日期；6. 计价日期		
2710.1299	----其他	1. 品名；2. 馏程；3. 成分含量	4. 定价方式（公式定价、现货价）；5. 是否需要二次结算；6. 签约日期；7. 计价日期		
	--其他：				
	---煤油馏分：	1. 品名；2. 馏程	3. 定价方式（公式定价、现货价）；4. 是否需要二次结算；5. 签约日期；6. 计价日期		
2710.1911	----航空煤油				
2710.1912	----灯用煤油				
2710.1919	----其他				

税则号列	商品名称	申报要素			说明举例
		归类要素	价格要素	其他要素	
	---柴油及其他燃料油：				
2710.1922	----5~7 号燃料油	1. 品名；2. 馏程；3. 运动黏度指标（100℃）；4. 硫含量；5. 水和沉淀物含量；6. 闪点（7 号燃料油注明开口闪点，其他注明闭口闪点）；7. 灰分含量	8. 定价方式（公式定价、现货价）；9. 是否需要二次结算；10. 签约日期；11. 计价日期		
2710.1923	----柴油	1. 品名；2. 馏程；3. 硫含量	4. 定价方式（公式定价、现货价）；5. 是否需要二次结算；6. 签约日期；7. 计价日期		
2710.1929	----其他	1. 品名；2. 馏程	3. 定价方式（公式定价、现货价）；4. 是否需要二次结算；5. 签约日期；6. 计价日期		
	---润滑油、润滑脂及其他重油：				
2710.1991	----润滑油	1. 品名；2. 用途；3. 从石油或沥青提取矿物油类的百分比含量	4. 品牌；5. 型号；6. 包装规格；7. 定价方式（公式定价、现货价）；8. 是否需要二次结算；9. 签约日期；10. 计价日期		
2710.1992	----润滑脂	1. 品名；2. 用途；3. 从石油或沥青提取矿物油类的百分比含量	4. 品牌；5. 型号；6. 包装规格；7. 定价方式（公式定价、现货价）；8. 是否需要二次结算；9. 签约日期；10. 计价日期		

税则号列	商品名称	申报要素			说明举例
		归类要素	价格要素	其他要素	
2710.1993	----润滑油基础油	1. 品名；2. 用途	3. 品牌；4. 型号；5. 包装规格；6. 定价方式（公式定价、现货价）；7. 是否需要二次结算；8. 签约日期；9. 计价日期		
2710.1994	----液体石蜡和重质液体石蜡	1. 品名；2. 初馏点；3. 98%馏出温度；4. 正构烷烃含量；5. 芳烃含量；	6. 包装规格；7. 定价方式（公式定价、现货价）；8. 是否需要二次结算；9. 签约日期；10. 计价日期		
2710.1999	----其他	1. 品名；2. 成分含量	3. 包装规格；4. 定价方式（公式定价、现货价）；5. 是否需要二次结算；6. 签约日期；7. 计价日期		
2710.2000	-石油及从沥青矿物提取的油类（但原油除外）以及以上述油为基本成分（按重量计不低于70%）的其他税目未列名制品，含有生物柴油，但废油除外	1. 品名；2. 用途；3. 成分；4. 从石油或沥青提取矿物油类的百分比含量	5. 定价方式（公式定价、现货价）；6. 是否需要二次结算；7. 签约日期；8. 计价日期		
	-废油：	1. 品名；2. 来源	3. 定价方式（公式定价、现货价）；4. 是否需要二次结算；5. 签约日期；6. 计价日期		
2710.9100	--含多氯联苯（PCBs）、多氯三联苯（PCTs）或多溴联苯（PBBs）的				
2710.9900	--其他				

税则号列	商品名称	申报要素			说明举例
		归类要素	价格要素	其他要素	
27.11	**石油气及其他烃类气:**	1. 品名; 2. 状态（液化或气态）; 3. 成分含量	4. 包装容器容积; 5. 加工方法（压力货、冷冻货等）; 6. 定价方式（公式定价、现货价）; 7. 是否需要二次结算; 8. 签约日期; 9. 计价日期		
	-液化的:				
2711.1100	--天然气				
2711.1200	--丙烷				
	--丁烷:				
2711.1310	---直接灌注香烟打火机及类似打火器用，其包装容器的容积超过300立方厘米				
2711.1390	---其他				
2711.1400	--乙烯、丙烯、丁烯及丁二烯				
	--其他:				
2711.1910	---直接灌注香烟打火机及类似打火器用的燃料，其包装容器的容积超过300立方厘米				
2711.1990	---其他				
	-气态的:				
2711.2100	--天然气				
2711.2900	--其他				
27.12	**凡士林；石蜡、微晶石蜡、疏松石蜡、地蜡、褐煤蜡、泥煤蜡、其他矿物蜡及用合成或其他方法制得的类似产品，不论是否着色:**				
2712.1000	-凡士林	1. 品名; 2. 用途; 3. 是否零售包装			不包括零售包装的适于作护肤用的凡士林（税目33.04）
2712.2000	-石蜡，按重量计含油量小于0.75%	1. 品名; 2. 加工方法; 3. 外观; 4. 含油量			
	-其他:	1. 品名; 2. 成分			
2712.9010	---微晶石蜡				
2712.9090	---其他				
27.13	**石油焦、石油沥青及其他石油或从沥青矿物提取的油类的残渣:**				

税则号列	商品名称	申报要素			说明举例
		归类要素	价格要素	其他要素	
	-石油焦：	1. 品名；2. 用途；3. 加工方法（是否煅烧）；4. 外观；5. 含硫量	6. 定价方式（公式定价、现货价）；7. 是否需要二次结算；8. 签约日期；9. 计价日期		
	--未煅烧：				
2713.1110	---硫的重量百分比小于3%的				
2713.1190	---其他				
	--已煅烧：				
2713.1210	---硫的重量百分比小于0.8%的				
2713.1290	---其他				
2713.2000	-石油沥青	1. 品名；2. 针入度；3. 用途；4. 加工方法（是否煅烧）；5. 外观	6. 品牌；7. 包装规格；8. 含蜡量；9. 定价方式（公式定价、现货价）；10. 是否需要二次结算；11. 签约日期；12. 计价日期		
2713.9000	-其他石油或从沥青矿物提取的油类的残渣	1. 品名；2. 用途；3. 加工方法（是否煅烧）；4. 外观	5. 定价方式（公式定价、现货价）；6. 是否需要二次结算；7. 签约日期；8. 计价日期		
27.14	**天然沥青（地沥青）、沥青页岩、油页岩及焦油砂；沥青岩：**	1. 品名；2. 用途；3. 加工方法；4. 外观；5. 成分含量（沥青、水）	6. 定价方式（公式定价、现货价）；7. 是否需要二次结算；8. 签约日期；9. 计价日期		
2714.1000	-沥青页岩、油页岩及焦油砂				
	-其他：				
2714.9010	---天然沥青（地沥青）				
2714.9020	---乳化沥青				
2714.9090	---其他				

税则号列	商品名称	申报要素			说明举例
		归类要素	价格要素	其他要素	
27.15	**以天然沥青（地沥青）、石油沥青、矿物焦油或矿物焦油沥青为基本成分的沥青混合物（例如，沥青胶黏剂、稀释沥青）：**	1. 品名；2. 用途；3. 加工方法；4. 外观；5. 成分含量	6. 定价方式（公式定价、现货价）；7. 是否需要二次结算；8. 签约日期；9. 计价日期		
2715.0000	以天然沥青（地沥青）、石油沥青、矿物焦油或矿物焦油沥青为基本成分的沥青混合物（例如，沥青胶黏剂、稀释沥青）				
27.16	**电力：**	1. 品名			
2716.0000	电力				

第六类　化学工业及其相关工业的产品

注释：

一、（一）凡符合税目 28.44 或 28.45 规定的货品（放射性矿砂除外），应分别归入这两个税目而不归入本目录的其他税目。

（二）除上述（一）款另有规定的以外，凡符合税目 28.43、28.46 或 28.52 规定的货品，应分别归入以上税目而不归入本类的其他税目。

二、除上述注释一另有规定的以外，凡由于按一定剂量或作为零售包装而可归入税目 30.04、30.05、30.06、32.12、33.03、33.04、33.05、33.06、33.07、35.06、37.07 或 38.08 的货品，应分别归入以上税目，而不归入本目录的其他税目。

三、由两种或两种以上单独成分配套的货品，其部分或全部成分属于本类范围以内，混合后则构成第六类或第七类的货品，应按混合后产品归入相应的税目，但其组成成分必须符合下列条件：

（一）其包装形式足以表明这些成分不需经过改装就可一起使用的；

（二）一起报验的；以及

（三）这些成分的属性及相互比例足以表明是相互配用的。

第二十八章　无机化学品；贵金属、稀土金属、放射性元素及其同位素的有机及无机化合物

注释：

一、除条文另有规定的以外，本章各税目只适用于：

（一）单独的化学元素及单独的已有化学定义的化合物，不论是否含有杂质；

（二）上述（一）款产品的水溶液；

（三）溶于其他溶剂的上述（一）款产品，但该产品处于溶液状态只是为了安全或运输所采取的正常必要方法，其所用溶剂并不使该产品改变其一般用途而适合于某些特殊用途；

（四）为了保存或运输需要，加入稳定剂（包括抗结块剂）的上述（一）、（二）、（三）款产品；

（五）为了便于识别或安全起见，加入抗尘剂或着色剂的上述（一）、（二）、（三）、（四）款产品，但所加剂料并不使原产品改变其一般用途而适合于某些特殊用途。

二、除以有机物质稳定的连二亚硫酸盐及次硫酸盐（税目 28.31），无机碱的碳酸盐及过碳酸盐（税目 28.36），无机碱的氰化物、氧氰化物及氰络合物（税目 28.37），无机碱的雷酸盐、氰酸盐及硫氰酸盐（税目 28.42），税目 28.43 至 28.46 及 28.52 的有机产品，以及碳化物（税目 28.49）之外，本章仅包括下列碳化合物：

（一）碳的氧化物，氰化氢及雷酸、异氰酸、硫氰酸及其他简单或络合氰酸（税目 28.11）；

（二）碳的卤氧化物（税目 28.12）；

（三）二硫化碳（税目 28.13）；

（四）硫代碳酸盐、硒代碳酸盐、碲代碳酸盐、硒代氰酸盐、碲代氰酸盐、四氰硫基二氨基络酸盐及其他无机碱络合氰酸盐（税目 28.42）；

（五）用尿素固化的过氧化氢（税目 28.47）、氧硫化碳、硫代羰基卤化物、氰、卤化氰、氨基氰及其金属衍生物（税目 28.53），不论是否纯净，但氰氨化钙除外（第三十一章）。

三、除第六类注释一另有规定的以外，本章不包括：

（一）氯化钠或氧化镁（不论是否纯净）及第五类的其他产品；

（二）上述注释二所述以外的有机—无机化合物；

（三）第三十一章注释二、三、四或五所述的产品；

（四）税目 32.06 的用作发光剂的无机产品；税目 32.07 的搪瓷玻璃料及其他玻璃，呈粉、粒或粉片状的；

（五）人造石墨（税目 38.01）；税目 38.13 的灭火器的装配药及已装药的灭火弹；税目 38.24 的零售包装的除墨剂；税目 38.24 的每颗重量不少于 2.5 克的碱金属或碱土金属卤化物的培养晶体（光学元件除外）；

（六）宝石或半宝石（天然、合成或再造）及这些宝石、半宝石的粉末（税目 71.02 至 71.05），第七十一章的贵金属及贵金属合金；

（七）第十五类的金属（不论是否纯净）、金属合金或金属陶瓷，包括硬质合金（与金属烧结的金属碳化物）；或

(八) 光学元件，例如，用碱金属或碱土金属卤化物制成的（税目90.01)。

四、由本章第二分章的非金属酸和第四分章的金属酸所构成的已有化学定义的络酸，应归入税目28.11。

五、税目28.26至28.42只适用于金属盐、铵盐及过氧酸盐。除条文另有规定的以外，复盐及络盐应归入税目28.42。

六、税目28.44只适用于：

(一) 锝（原子序数43)、钷（原子序数61)、钋（原子序数84）及原子序数大于84的所有化学元素；

(二) 天然或人造放射性同位素（包括第十四类及第十五类的贵金属和贱金属的放射性同位素)，不论是否混合；

(三) 上述元素或同位素的无机或有机化合物，不论是否已有化学定义或是否混合；

(四) 含有上述元素或同位素及其无机或有机化合物并且具有某种放射性强度超过74贝克勒尔/克（0.002微居里/克）的合金、分散体（包括金属陶瓷)、陶瓷产品及混合物；

(五) 核反应堆已耗尽（已辐照）的燃料元件（释热元件)；

(六) 放射性的残渣，不论是否有用。

税目28.44、28.45及本注释所称“同位素”，是指：

1. 单独的核素，但不包括自然界中以单一同位素状态存在的核素；

2. 同一元素的同位素混合物，其中一种或几种同位素已被浓缩，即人工地改变了该元素同位素的自然构成。

七、税目28.53包括按重量计含磷量超过15%的磷化铜（磷铜)。

八、经掺杂用于电子工业的化学元素（例如，硅、硒)，如果拉制后未经加工或呈圆筒形、棒形，应归入本章；如果已切成圆片、薄片或类似形状，则归入税目38.18。

子目注释：

子目2852.10所称“已有化学定义”是指符合第二十八章注释一（一）至（五）或第二十九章注释一（一）至（八）规定的汞的无机或有机化合物。

【要素释义】

一、归类要素

(一) 来源：指生产某种货品的原料由何而来。

(二) 有无活性：该归类要素为税目28.03的专有归类要素。归入税目28.03的“碳”需填写“无活性”。

(三) 细度：表示颗粒、粉末大小的指标。

(四) 用途：指商品应用的方面、范围。例如，税目28.35的“正磷酸氢钙（磷酸二钙）”和“多磷酸盐”可填写“饲料用”“食品用”等。

(五) 加工方法：指使原材料、半成品变得合用或达到某种要求而采用的处理过程。

(六) 成分含量：指货品中所包含的某种成分的量。

(七) 技术指标（直径)：该要素为税目28.04的专有归类要素，按实际情况填写“单晶硅棒”的直径。

(八) 外观：指的是货品本身实际的外观状态情况，主要指货品的颜色、形状等表观性状。

(九) 电阻率：该要素为子目2804.6190的专有归类要素，单位是欧姆·米。

(十) 是否需清洗：该归类要素为子目2804.6190的专有归类要素，货品需填写进一步加工时是否需要清洗。

(十一) 混合稀土应注明各组分含量：该归类要素为子目2805.30的专有归类要素，相互混合或相互熔合的稀土金属、钪及钇需填写各组分的含量。

(十二) 是否经过表面处理：该归类要素为子目2811.22的专有归类要素，“二氧化硅”需填写“经过表面处理”或“没有经过表面处理”。

(十三) 氨含量：该归类要素为税目28.14的专有归类要素，货品需填写氨的含量。

(十四) 天然的请注明：该归类要素为税目28.17的专有归类要素，货品需填写“非天然”。

(十五) 晶型：指晶体结构，是晶体材料中原子按一定对称性周期性平移重复而形成的空间排列形式。该归类要素为子目2818.10“人造刚玉”的专有归类要素，需填写其晶体结构。例如，α（三方)、β（六方)、γ（四方)、η（等轴)、ρ（晶系未定)、χ（六方)、κ（六方)、δ（四方)、θ（单斜）等。

(十六) 莫氏硬度：指表示矿物硬度的一种指标。归入子目2818.1010的“棕刚玉”需填写莫氏硬度。

(十七) 铁按三氧化二铁计含量：归入子目2821.20的“土色料”需填写铁按三氧化二铁计的含量。

(十八) 与其他物质混合请注明：该归类要素为税目28.23的专有归类要素，“钛的氧化物”与其他物质混合需注明。

(十九) 水合肼含量：该归类要素为子目2825.1010的专有归类要素，“水合肼”需填写含量。

(二十) 氟质量分数：指溶质质量与溶液质量之比，混合物质量分数是指其中某种物质质量占总质量的百分比。

"无水氟化铝"需填写氟的质量分数。

(二十一) 铝质量分数：指溶质质量与溶液质量之比，混合物质量分数是指其中某种物质质量占总质量的百分比。"无水氟化铝"需填写铝的质量分数。

(二十二) 烧减量：又称灼烧减量、烧失量，指将在105℃～110℃烘干的原料在1000℃～1100℃灼烧恒重后失去的重量百分比。"无水氟化铝"需填写烧减量。

(二十三) 松装密度：指粉末在规定条件下自由充满标准容器后所测得的堆积密度，即粉末松散填装时单位体积的质量。松装密度是粉末多种性能的综合体现，是粉末的一种工艺性能。"无水氟化铝"需填写松装密度。

(二十四) 肥料用硝酸钾请注明：该归类要素为子目2834.21的专有归类要素，肥料用硝酸钾需注明。

(二十五) 正磷酸氢钙请注明氟含量：该归类要素为子目2835.25的专有归类要素，"正磷酸氢钙（磷酸二钙）"需填写氟的含量。

(二十六) 包装：指为保护、贮运货品或促进货品销售而使用特定材料、技术、方法的形式。例如，税目28.47的货品包装要素的填写应体现出是否为零售包装形式。

(二十七) 铜母合金请注明磷的重量百分比：该归类要素为税目28.53的专有归类要素，货品若为铜母合金需填写磷的重量百分比，因为税目28.53包括磷化铜及含磷重量在15%以上的铜母合金，含磷重量低于15%的通常归入第七十四章。

(二十八) 水请注明用途：该归类要素为税则号列2853.0010的专有归类要素，"饮用蒸馏水"需填写"饮用"。

二、价格要素

(一) 包装：指商品的个体重量包装方式。例如，"桶装、袋装、瓶装"等等。

(二) 型号：指不同结构、不同成分和用途的代码。

(三) 品牌：指制造商或经销商加在商品上的标志。实际只需要填写名称即可，有外文品牌的以填写外文品牌名称为主。

(四) 牌号：指不同结构、不同成分和不同用途的代码。例如，用于加工闪烁晶体的牌号"OST"的晶棒；用于铝合金冶炼的牌号"553"的金属硅。

(五) 是否高纯度钙：该要素是子目2805.12的专用价格要素。只需填写"高纯度钙"或"非高纯度钙"即可。

(六) 是否电池级的稀土金属、钪及钇：该要素是税目28.05其他稀土金属、钪及钇等商品的价格要素，是指用途级别，并非等级之分。只需填写"电池级"或者"非电池级"即可。

(七) 加工工艺（如回收硫酸，硫磺硫酸，硫矿硫酸）：该要素是税目28.07的硫酸、发烟硫酸的价格要素，填写"回收硫酸""硫磺硫酸"或"硫矿硫酸"等。

(八) 外观：该要素是子目2811.22二氧化硅的专用价格要素，指二氧化硅的存在状态，有"结晶态"和"无定型态"。

(九) 细度：该要素是子目2811.22二氧化硅的专用价格要素，用"目"或者"um"表示。

(十) 经表面处理的请注明：该要素是税目28.23的专用价格要素。只需申报"经表面处理"或者"未经表面处理"即可。

(十一) 状态（粉末）：该要素是子目2825.9012三氧化钨的专用价格要素，是指三氧化钨的外观存在状态。例如，可填写"黄色粉末"。

(十二) 粒度：该要素是子目2825.9012三氧化钨的专用价格要素，用"目数"表示。例如，型号WO3-1的三氧化钨的粒度"40目"。

(十三) 杂质含量：该要素是子目2825.9012三氧化钨的专用价格要素，用"%"表示。不同型号的三氧化钨的杂质含量不同。

(十四) 如为高氯酸铵请注明粒度：该要素是子目2829.9高氯酸铵的价格要素，用"目"或者"um"表示。

(十五) 含量（WO_3含量）：该要素是子目2841.801仲钨酸铵的价格要素，用"%"表示。例如，牌号为APT-0、APT-1、APT-2的WO_3含量"不小于88.5%"。

(十六) 用途：该要素是税目28.49碳化物的价格要素。不同碳化物用途不同，例如，子目2849.2的碳化硅的用途可填写"耐火材料用"或"研磨粉用"。

(十七) 碳化钨请注明粒度：该要素是子目2849.902碳化钨的价格要素，用"um"表示。

三、其他要素

稀土元素的重量百分比，以[A]表示：该要素为税目28.05、28.46的专有要素，货品需填写货品中稀土元素的重量百分比，填写时以"[A]"表示。例如，可填写"[镝]：5%"。

税则号列	商 品 名 称	申 报 要 素			说 明 举 例
		归类要素	价格要素	其他要素	
	第一分章 化学元素				
28.01	**氟、氯、溴及碘：**	1. 品名	2. 包装；3. 品牌；4. 型号		例：碘溶液（50 千克/桶）
2801.1000	-氯				
2801.2000	-碘				
	-氟、溴：				
2801.3010	---氟				
2801.3020	---溴				
28.02	**升华硫磺、沉淀硫磺、胶态硫磺：**	1. 品名	2. 包装		例：胶态硫磺（50 千克/袋）
2802.0000	升华硫磺、沉淀硫磺、胶态硫磺				
28.03	**碳（炭黑及其他税目未列名的其他形态的碳）：**	1. 品名；2. 来源；3. 有无活性	4. 包装；5. 型号；6. 品牌		不包括石墨、木炭、动物炭黑、活性碳。例：植物炭黑（无活性，60 目，N550，60 千克/袋）
2803.0000	碳（炭黑及其他税目未列名的其他形态的碳）				
28.04	**氢、稀有气体及其他非金属：**				
2804.1000	-氢	1. 品名			例：氢气
	-稀有气体：	1. 品名			例：氩气
2804.2100	--氩				
2804.2900	--其他				
2804.3000	-氮	1. 品名			例：氮气
2804.4000	-氧	1. 品名			例：氧气
2804.5000	-硼；碲	1. 品名			
	-硅：				
	--按重量计含硅量不少于 99.99%：				
	---经掺杂用于电子工业的直径在 7.5 厘米及以上的单晶硅棒：	1. 品名；2. 用途（用于电子工业等）；3. 加工方法（经掺杂等）；4. 成分含量；5. 直径			
2804.6117	----直径在 30 厘米及以上的				
2804.6119	----其他				
2804.6120	---经掺杂用于电子工业的其他单晶硅棒	1. 品名；2. 用途（用于电子工业等）；3. 加工方法（经掺杂等）；4. 成分含量；5. 直径			

税则号列	商品名称	申报要素			说明举例
		归类要素	价格要素	其他要素	
2804.6190	---其他	1. 品名；2. 用途；3. 加工方法（经掺杂等）；4. 成分含量；5. 外观（多晶硅碎料、块料或锅底料、头尾料等）；6. 电阻率；7. 是否需清洗			
2804.6900	--其他	1. 品名；2. 用途；3. 加工方法（经掺杂等）；4. 成分含量	5. 牌号		
	-磷：	1. 品名；2. 成分含量			
2804.7010	---黄磷（白磷）				
2804.7090	---其他				
2804.8000	-砷	1. 品名			例：黄砷
	-硒：	1. 品名；2. 用途（用于电子工业等）；3. 加工方法（经掺杂等）；4. 成分含量	5. 包装		不包括已切割圆片状或类似形状的（税目38.18）、胶态悬浮硒（第三十章）
2804.9010	---经掺杂用于电子工业的晶体棒				
2804.9090	---其他				
28.05	碱金属、碱土金属；稀土金属、钪及钇，不论是否相互混合或相互熔合；汞：				
	-碱金属及碱土金属：	1. 品名	2. 包装		
2805.1100	--钠				
2805.1200	--钙				
	--其他：				
2805.1910	---锂				
2805.1990	---其他				
	-稀土金属、钪及钇，不论是否相互混合或相互熔合：	1. 品名；2. 混合稀土应注明各组分含量	3. 是否电池级的稀土金属、钪及钇；4. 包装	5. 稀土元素的重量百分比，以［A］表示	
	---稀土金属、钪及钇，未相互混合或相互熔合：				
2805.3011	----钕				
2805.3012	----镝				
2805.3013	----铽				
2805.3014	----镧				
2805.3015	----铈				
2805.3016	----镨				

税则号列	商品名称	申报要素			说明举例
		归类要素	价格要素	其他要素	
2805.3017	----钇				
2805.3019	----其他				
	---稀土金属、钪及钇，相互混合或相互熔合：				
2805.3021	----电池级				
2805.3029	----其他				
2805.4000	-汞	1. 品名	2. 包装		
	第二分章 无机酸及非金属无机氧化物				
28.06	**氯化氢（盐酸）；氯磺酸：**	1. 品名；2. 成分含量			
2806.1000	-氯化氢（盐酸）				
2806.2000	-氯磺酸				
28.07	**硫酸；发烟硫酸：**	1. 品名；2. 成分含量	3. 加工工艺（如回收硫酸；硫磺硫酸；硫矿硫酸）		
2807.0000	硫酸；发烟硫酸				
28.08	**硝酸；磺硝酸：**	1. 品名；2. 成分含量			
2808.0000	硝酸；磺硝酸				
28.09	**五氧化二磷；磷酸；多磷酸，不论是否已有化学定义：**	1. 品名；2. 成分含量			
2809.1000	-五氧化二磷				
	-磷酸及多磷酸：				
	---磷酸及偏磷酸、焦磷酸：				
2809.2011	----食品级磷酸				
2809.2019	----其他				
2809.2090	---其他				
28.10	**硼的氧化物；硼酸：**	1. 品名；2. 成分含量			
2810.0010	---硼的氧化物				
2810.0020	---硼酸				
28.11	**其他无机酸及非金属无机氧化物：**				
	-其他无机酸：				
	--氟化氢（氢氟酸）：	1. 品名；2. 成分含量	3. 包装（槽罐集装箱、塑料桶等）		
2811.1110	---电子级氢氟酸				
2811.1190	---其他				
2811.1200	--氰化氢（氢氰酸）	1. 品名；2. 成分含量			
	--其他：	1. 品名；2. 成分含量			
2811.1920	---硒化氢				
2811.1990	---其他				

税则号列	商　品　名　称	申报要素			说　明　举　例
		归类要素	价格要素	其他要素	
	-其他非金属无机氧化物：				
2811.2100	--二氧化碳	1. 品名；2. 成分含量			
	--二氧化硅：	1. 品名；2. 成分含量；3. 是否经过表面处理	4. 品牌；5. 外观；6. 加工工艺；7. 细度；8. 型号		
2811.2210	---硅胶				
2811.2290	---其他				
2811.2900	--其他	1. 品名			
	第三分章　非金属卤化物及硫化物				
28.12	**非金属卤化物及卤氧化物：**	1. 品名			例：氯化亚砜
	-氯化物及氯氧化物：				
2812.1100	--碳酰二氯（光气）				
2812.1200	--氧氯化磷				
2812.1300	--三氯化磷				
2812.1400	--五氯化磷				
2812.1500	--一氯化硫				
2812.1600	--二氯化硫				
2812.1700	--亚硫酰氯				
2812.1900	--其他				
	-其他：				
	---氟化物及氟氧化物：				
2812.9011	----三氟化氮				
2812.9019	----其他				
2812.9090	---其他				
28.13	**非金属硫化物；商品三硫化二磷：**	1. 品名			例：二硫化硅
2813.1000	-二硫化碳				
2813.9000	-其他				
	第四分章　无机碱和金属氧化物、氢氧化物及过氧化物				
28.14	**氨及氨水：**	1. 品名；2. 氨含量			
2814.1000	-氨				
2814.2000	-氨水				
28.15	**氢氧化钠（烧碱）；氢氧化钾（苛性钾）；过氧化钠及过氧化钾：**	1. 品名；2. 成分含量；3. 用途；4. 外观			
	-氢氧化钠（烧碱）：				
2815.1100	--固体				
2815.1200	--水溶液（氢氧化钠浓溶液及液体烧碱）				

税则号列	商品名称	申报要素			说明举例
		归类要素	价格要素	其他要素	
2815.2000	-氢氧化钾（苛性钾）				
2815.3000	-过氧化钠及过氧化钾				
28.16	**氢氧化镁及过氧化镁；锶或钡的氧化物、氢氧化物及过氧化物：**	1. 品名			例：氧化钡
2816.1000	-氢氧化镁及过氧化镁				
2816.4000	-锶或钡的氧化物、氢氧化物及过氧化物				
28.17	**氧化锌及过氧化锌：**	1. 品名；2. 用途；3. 天然的请注明			不包括天然氧化锌（税目26.08）
2817.0010	---氧化锌				
2817.0090	---过氧化锌				
28.18	**人造刚玉，不论是否已有化学定义；氧化铝；氢氧化铝：**				
	-人造刚玉，不论是否已有化学定义：				
2818.1010	---棕刚玉	1. 品名；2. 成分含量；3. 外观；4. 晶型；5. 莫氏硬度			
2818.1090	---其他	1. 品名；2. 成分含量；3. 外观；4. 晶型			
2818.2000	-氧化铝，但人造刚玉除外	1. 品名；2. 外观；3. 成分含量			
2818.3000	-氢氧化铝	1. 品名；2. 成分含量			
28.19	**铬的氧化物及氢氧化物：**				
2819.1000	-三氧化铬	1. 品名；2. 成分含量			
2819.9000	-其他	1. 品名			
28.20	**锰的氧化物：**	1. 品名；2. 成分含量			
2820.1000	-二氧化锰				
2820.9000	-其他				
28.21	**铁的氧化物及氢氧化物；土色料，按重量计三氧化二铁含量在70%及以上：**				
2821.1000	-铁的氧化物及氢氧化物	1. 品名；2. 成分含量			
2821.2000	-土色料	1. 品名；2. 铁按三氧化二铁计含量			
28.22	**钴的氧化物及氢氧化物；商品氧化钴：**	1. 品名			不包括天然水合氧化钴（税目26.05）。例：氧化钴
2822.0010	---四氧化三钴				
2822.0090	---其他				
28.23	**钛的氧化物：**	1. 品名；2. 成分含量，是否与其他物质混合	3. 是否经表面处理		

税则号列	商品名称	申报要素			说明举例
		归类要素	价格要素	其他要素	
2823.0000	钛的氧化物				
28.24	**铅的氧化物；铅丹及铅橙：**	1. 品名			例：铅丹
2824.1000	-一氧化铅（铅黄、黄丹）				
	-其他：				
2824.9010	---铅丹及铅橙				
2824.9090	---其他				
28.25	**肼（联氨）、胲（羟胺）及其无机盐；其他无机碱；其他金属氧化物、氢氧化物及过氧化物：**				
	-肼（联氨）、胲（羟胺）及其无机盐：				
2825.1010	---水合肼	1. 品名；2. 水合肼含量			例：水合肼（含量98%）
2825.1020	---硫酸羟胺	1. 品名			
2825.1090	---其他	1. 品名			
	-锂的氧化物及氢氧化物：	1. 品名			
2825.2010	---氢氧化锂				
2825.2090	---其他				
	-钒的氧化物及氢氧化物：	1. 品名			
2825.3010	---五氧化二钒				
2825.3090	---其他				
2825.4000	-镍的氧化物及氢氧化物	1. 品名			
2825.5000	-铜的氧化物及氢氧化物	1. 品名			
2825.6000	-锗的氧化物及二氧化锆	1. 品名			
2825.7000	-钼的氧化物及氢氧化物	1. 品名			
2825.8000	-锑的氧化物	1. 品名			
	-其他：				
	---钨的氧化物及氢氧化物：				
2825.9011	----钨酸	1. 品名			
2825.9012	----三氧化钨	1. 品名	2. 状态（粉末）；3. 外观（淡黄色）；4. 粒度；5. 杂质含量		
2825.9019	----其他	1. 品名			
	---铋的氧化物及氢氧化物：	1. 品名			
2825.9021	----三氧化二铋				
2825.9029	----其他				
	---锡的氧化物及氢氧化物：	1. 品名			
2825.9031	----二氧化锡				
2825.9039	----其他				

税则号列	商 品 名 称	申 报 要 素			说 明 举 例
		归类要素	价格要素	其他要素	
	---铌的氧化物及氢氧化物：	1. 品名			
2825.9041	----一氧化铌				
2825.9049	----其他				
2825.9090	---其他	1. 品名			
	第五分章 无机酸盐、无机过氧酸盐及金属酸盐、金属过氧酸盐				
28.26	**氟化物；氟硅酸盐、氟铝酸盐及其他氟络盐：**				
	-氟化物：				
	--氟化铝：				
2826.1210	---无水氟化铝	1. 品名；2. 氟质量分数；3. 铝质量分数；4. 烧碱量；5. 松装密度			
2826.1290	---其他	1. 品名			
	--其他：	1. 品名			
2826.1910	---铵的氟化物				
2826.1920	---钠的氟化物				
2826.1990	---其他				
2826.3000	-六氟铝酸钠（人造冰晶石）	1. 品名			
	-其他：	1. 品名			
2826.9010	---氟硅酸盐				
2826.9020	---六氟磷酸锂				
2826.9090	---其他				
28.27	**氯化物、氯氧化物及氢氧基氯化物；溴化物及溴氧化物；碘化物及碘氧化物：**				
	-氯化铵：	1. 品名；2. 肥料用请注明	3. 外观（粉状、颗粒）		
2827.1010	---肥料用				
2827.1090	---其他				
2827.2000	-氯化钙	1. 品名			
	-其他氯化物：	1. 品名			不包括纯氯化钠及纯氯化钾
2827.3100	--氯化镁				
2827.3200	--氯化铝				
2827.3500	--氯化镍				
	--其他：				
2827.3910	---氯化锂				
2827.3920	---氯化钡				
2827.3930	---氯化钴				
2827.3990	---其他				

税则号列	商　品　名　称	申　报　要　素			说　明　举　例
		归类要素	价格要素	其他要素	
	-氯氧化物及氢氧基氯化物：	1. 品名			
2827.4100	--铜的氯氧化物及氢氧基氯化物				
	--其他：				
2827.4910	---锆的氯氧化物及氢氧基氯化物				
2827.4990	---其他				
	-溴化物及溴氧化物：	1. 品名			
2827.5100	--溴化钠及溴化钾				
2827.5900	--其他				
2827.6000	-碘化物及碘氧化物	1. 品名			
28.28	**次氯酸盐；商品次氯酸钙；亚氯酸盐；次溴酸盐：**	1. 品名			例：次氯酸钙
2828.1000	-商品次氯酸钙及其他钙的次氯酸盐				
2828.9000	-其他				
28.29	**氯酸盐及高氯酸盐；溴酸盐及过溴酸盐；碘酸盐及高碘酸盐：**				
	-氯酸盐：	1. 品名			
2829.1100	--氯酸钠				
	--其他：				
2829.1910	---氯酸钾（洋硝）				
2829.1990	---其他				
2829.9000	-其他	1. 品名	2. 如为高氯酸铵请注明粒度		
28.30	**硫化物；多硫化物，不论是否已有化学定义：**	1. 品名			不包括红锑（税目38.24）。例：硫化钠
	-钠的硫化物：				
2830.1010	---硫化钠				
2830.1090	---其他				
	-其他：				
2830.9020	---硫化锑				
2830.9030	---硫化钴				
2830.9090	---其他				
28.31	**连二亚硫酸盐及次硫酸盐：**	1. 品名			例：连二亚硫酸钠
	-钠的连二亚硫酸盐及次硫酸盐：				
2831.1010	---钠的连二硫酸盐				
2831.1020	---钠的次硫酸盐				
2831.9000	-其他				
28.32	**亚硫酸盐；硫代硫酸盐：**	1. 品名			例：亚硫酸钠

税则号列	商品名称	申报要素			说明举例
		归类要素	价格要素	其他要素	
2832.1000	-钠的亚硫酸盐				
2832.2000	-其他亚硫酸盐				
2832.3000	-硫代硫酸盐				
28.33	**硫酸盐；矾；过硫酸盐：**	1. 品名			例：硫酸镁
	-钠的硫酸盐：				
2833.1100	--硫酸钠				
2833.1900	--其他				
	-其他硫酸盐：				
2833.2100	--硫酸镁				
2833.2200	--硫酸铝				
2833.2400	--镍的硫酸盐				
2833.2500	--铜的硫酸盐				
2833.2700	--硫酸钡				
	--其他：				
2833.2910	---硫酸亚铁				
2833.2920	---铬的硫酸盐				
2833.2930	---硫酸锌				
2833.2990	---其他				
	-矾：				
2833.3010	---钾铝矾				
2833.3090	---其他				
2833.4000	-过硫酸盐				
28.34	**亚硝酸盐；硝酸盐：**				不包括硝酸铵、硝酸钠（第三十一章）
2834.1000	-亚硝酸盐	1. 品名			
	-硝酸盐：				
	--硝酸钾：	1. 品名；2. 肥料用请注明			
2834.2110	---肥料用				
2834.2190	---其他				
	--其他：	1. 品名			
2834.2910	---硝酸钴				
2834.2990	---其他				
28.35	**次磷酸盐、亚磷酸盐及磷酸盐；多磷酸盐，不论是否已有化学定义：**				不包括磷酸一铵、磷酸二铵（税目31.05）
2835.1000	-次磷酸盐及亚磷酸盐	1. 品名			
	-磷酸盐：				
2835.2200	--磷酸一钠及磷酸二钠	1. 品名			
2835.2400	--钾的磷酸盐	1. 品名			

税则号列	商品名称	申报要素			说明举例
		归类要素	价格要素	其他要素	
	--正磷酸氢钙（磷酸二钙）：	1. 品名；2. 正磷酸氢钙请注明氟含量；3. 用途（饲料、食品等）			
2835.2510	---饲料级的				
2835.2520	---食品级的				
2835.2590	---其他				
2835.2600	--其他磷酸钙	1. 品名			
	--其他：	1. 品名			
2835.2910	---磷酸三钠				
2835.2990	---其他				
	-多磷酸盐：	1. 品名；2. 用途（饲料、食品等）			
	--三磷酸钠（三聚磷酸钠）：				
2835.3110	---食品级的				
2835.3190	---其他				
	--其他：				
	---六偏磷酸钠：				
2835.3911	----食品级的				
2835.3919	----其他				
2835.3990	---其他				
28.36	**碳酸盐；过碳酸盐；含氨基甲酸铵的商品碳酸铵：**				
2836.2000	-碳酸钠（纯碱）	1. 品名			
2836.3000	-碳酸氢钠（小苏打）	1. 品名			
2836.4000	-钾的碳酸盐	1. 品名			
2836.5000	-碳酸钙	1. 品名；2. 成分含量；3. 用途	4. 品牌		
2836.6000	-碳酸钡	1. 品名			
	-其他：	1. 品名			
2836.9100	--锂的碳酸盐				
2836.9200	--锶的碳酸盐				
	--其他：				
2836.9910	---碳酸镁				
2836.9930	---碳酸钴				
2836.9940	---商品碳酸铵及其他铵的碳酸盐				
2836.9950	---碳酸锆				
2836.9990	---其他				
28.37	**氰化物、氧氰化物及氰络合物：**	1. 品名；2. 成分含量	3. 包装		不包括非金属氰化物（税目28.51）
	-氰化物及氧氰化物：				
	--氰化钠及氧氰化钠：				

税则号列	商品名称	申报要素			说明举例
		归类要素	价格要素	其他要素	
2837.1110	---氰化钠				
2837.1120	---氧氰化钠				
	--其他：				
2837.1910	---氰化钾				
2837.1990	---其他				
2837.2000	-氰络合物				
28.39	**硅酸盐；商品碱金属硅酸盐：**	1. 品名			例：硅酸钠
	-钠盐：				
2839.1100	--偏硅酸钠				
	--其他：				
2839.1910	---硅酸钠				
2839.1990	---其他				
2839.9000	-其他				
28.40	**硼酸盐及过硼酸盐：**	1. 品名			例：四硼酸钠
	-四硼酸钠（精炼硼砂）：				
2840.1100	--无水四硼酸钠				
2840.1900	--其他				
2840.2000	-其他硼酸盐				
2840.3000	-过硼酸盐				
28.41	**金属酸盐及过金属酸盐：**				不包括发光钨酸盐（税目32.06）
2841.3000	-重铬酸钠	1. 品名			
2841.5000	-其他铬酸盐及重铬酸盐；过铬酸盐	1. 品名			
	-亚锰酸盐、锰酸盐及高锰酸盐：	1. 品名			
2841.6100	--高锰酸钾	1. 品名			
	--其他：	1. 品名			
2841.6910	---锰酸锂	1. 品名			
2841.6990	---其他	1. 品名			
	-钼酸盐：	1. 品名			
2841.7010	---钼酸铵	1. 品名			
2841.7090	---其他	1. 品名			
	-钨酸盐：	1. 品名			
2841.8010	---仲钨酸铵	1. 品名	2. 含量（WO_3含量）		
2841.8020	---钨酸钠	1. 品名			
2841.8030	---钨酸钙	1. 品名			
2841.8040	---偏钨酸铵	1. 品名	2. 含量（WO_3含量）		
2841.8090	---其他	1. 品名			

税则号列	商品名称	申报要素			说明举例
		归类要素	价格要素	其他要素	
2841.9000	-其他	1. 品名			
28.42	**其他无机酸盐或过氧酸盐（包括不论是否已有化学定义的硅铝酸盐），但叠氮化物除外：**	1. 品名	2. 包装		例：硅铝酸钠（20千克/瓶）
2842.1000	-硅酸复盐或硅酸络盐，包括不论是否已有化学定义的硅铝酸盐				
	-其他：				
	---雷酸盐、氰酸盐及硫氰酸盐：				
2842.9011	----硫氰酸钠				
2842.9019	----其他				
2842.9020	---碲化镉				
2842.9030	---锂镍钴锰氧化物				
2842.9040	---磷酸铁锂				
2842.9050	---硒酸盐及亚硒酸盐				
2842.9060	---锂镍钴铝氧化物				
2842.9090	---其他				
	第六分章　杂项产品				
28.43	**胶态贵金属；贵金属的无机或有机化合物，不论是否已有化学定义；贵金属汞齐：**	1. 品名	2. 包装		例：硝酸银（20千克/瓶）
2843.1000	-胶态贵金属				
	-银化合物：				
2843.2100	--硝酸银				
2843.2900	--其他				
2843.3000	-金化合物				
2843.9000	-其他贵金属化合物；贵金属汞齐				
28.44	**放射性化学元素及放射性同位素（包括可裂变或可转换的化学元素及同位素）及其化合物；含上述产品的混合物及残渣：**	1. 品名			例：铀
2844.1000	-天然铀及其化合物；含天然铀或天然铀化合物的合金、分散体（包括金属陶瓷）、陶瓷产品及混合物				
2844.2000	-U235浓缩铀及其化合物；钚及其化合物；含U235浓缩铀、钚或它们的化合物的合金、分散体（包括金属陶瓷）、陶瓷产品及混合物				

税则号列	商品名称	申报要素			说明举例
		归类要素	价格要素	其他要素	
2844.3000	-U235 贫化铀及其化合物；钍及其化合物；含 U235 贫化铀、钍或它们的化合物的合金、分散体（包括金属陶瓷）、陶瓷产品及混合物				
	-除子目 2844.10、2844.20 及 2844.30 以外的放射性元素、同位素及其化合物；含这些元素、同位素及其化合物的合金、分散体（包括金属陶瓷）、陶瓷产品及混合物：				
2844.4010	---镭及镭盐				
2844.4020	---钴及钴盐				
2844.4090	---其他				
2844.5000	-核反应堆已耗尽（已辐照）的燃料元件（释热元件）				
28.45	**税目 28.44 以外的同位素；这些同位素的无机或有机化合物，不论是否已有化学定义：**	1. 品名			例：重水
2845.1000	-重水（氧化氘）				
2845.9000	-其他				
28.46	**稀土金属、钇、钪及其混合物的无机或有机化合物：**				
	-铈的化合物：	1. 品名		2. 稀土元素的重量百分比，以[A]表示	
2846.1010	---氧化铈				
2846.1020	---氢氧化铈				
2846.1030	---碳酸铈				
2846.1090	---其他				
	-其他：				
	---氧化稀土（氧化铈除外）：	1. 品名		2. 稀土元素的重量百分比，以[A]表示	
2846.9011	----氧化钇				
2846.9012	----氧化镧				
2846.9013	----氧化钕				

税则号列	商品名称	申报要素			说明举例
		归类要素	价格要素	其他要素	
2846.9014	----氧化铕				
2846.9015	----氧化镝				
2846.9016	----氧化铽				
2846.9017	----氧化镨				
2846.9019	----其他				
	---氯化稀土：				
2846.9021	----氯化铽	1. 品名		2. 稀土元素的重量百分比，以[A]表示	
2846.9022	----氯化镝	1. 品名		2. 稀土元素的重量百分比，以[A]表示	
2846.9023	----氯化镧	1. 品名		2. 稀土元素的重量百分比，以[A]表示	
2846.9024	----氯化钕	1. 品名		2. 稀土元素的重量百分比，以[A]表示	
2846.9025	----氯化镨	1. 品名		2. 稀土元素的重量百分比，以[A]表示	
2846.9026	----氯化钇	1. 品名		2. 稀土元素的重量百分比，以[A]表示	

税则号列	商品名称	申报要素			说明举例
		归类要素	价格要素	其他要素	
2846.9028	----混合氯化稀土	1. 品名；2. 成分含量		3. 稀土元素的重量百分比，以［A］表示	
2846.9029	----其他	1. 品名；2. 成分含量		3. 稀土元素的重量百分比，以［A］表示	
	---氟化稀土：	1. 品名；2. 成分含量		3. 稀土元素的重量百分比，以［A］表示	
2846.9031	----氟化铽				
2846.9032	----氟化镝				
2846.9033	----氟化镧				
2846.9034	----氟化钕				
2846.9035	----氟化镨				
2846.9036	----氟化钇				
2846.9039	----其他				
	---碳酸稀土：	1. 品名；2. 成分含量		3. 稀土元素的重量百分比，以［A］表示	
2846.9041	----碳酸镧				
2846.9042	----碳酸铽				
2846.9043	----碳酸镝				
2846.9044	----碳酸钕				
2846.9045	----碳酸镨				
2846.9046	----碳酸钇				
2846.9048	----混合碳酸稀土				
2846.9049	----其他				

税则号列	商品名称	申报要素			说明举例
		归类要素	价格要素	其他要素	
	---其他：	1. 品名；2. 成分含量		3. 稀土元素的重量百分比，以[A]表示	
2846.9091	----镧的其他化合物				
2846.9092	----钕的其他化合物				
2846.9093	----铽的其他化合物				
2846.9094	----镝的其他化合物				
2846.9095	----镨的其他化合物				
2846.9096	----钇的其他化合物				
2846.9099	----其他				
28.47	**过氧化氢，不论是否用尿素固化：**	1. 品名；2. 成分含量；3. 包装			不包括制成一定剂量或零售形状或包装的（税目30.04）。例：过氧化氢（50千克/桶，含量90%）
2847.0000	过氧化氢，不论是否用尿素固化				
28.49	**碳化物，不论是否已有化学定义：**	1. 品名；2. 成分含量	3. 品牌；4. 型号；5. 外观；6. 用途；7. 碳化钨请注明粒度		
2849.1000	-碳化钙				
2849.2000	-碳化硅				
	-其他：				
2849.9010	---碳化硼				
2849.9020	---碳化钨				
2849.9090	---其他				
28.50	**氢化物、氮化物、叠氮化物、硅化物及硼化物，不论是否已有化学定义，但可归入税目28.49的碳化物除外：**	1. 品名			例：硼化氮
	---氮化物：				
2850.0011	----氮化锰				
2850.0012	----氮化硼				
2850.0019	----其他				
2850.0090	---其他				
28.52	**汞的无机或有机化合物，不论是否已有化学定义，汞齐除外：**	1. 品名；2. 成分含量			

税则号列	商品名称	申报要素			说明举例
		归类要素	价格要素	其他要素	
2852.1000	-已有化学定义的				
2852.9000	-其他				
28.53	**磷化物，不论是否已有化学定义，但磷铁除外；其他无机化合物（包括蒸馏水、导电水及类似的纯净水）；液态空气（不论是否除去稀有气体）；压缩空气；汞齐，但贵金属汞齐除外：**				
2853.1000	-氯化氰	1. 品名	2. 包装规格		
	-其他：				
2853.9010	---饮用蒸馏水	1. 品名；2. 是否饮用	3. 包装规格		
2853.9030	---镍钴锰氢氧化物	1. 品名			
2853.9040	---磷化物，不论是否已有化学定义，但不包括磷铁	1. 品名；2. 铜母合金请注明磷的重量百分比			
2853.9050	---镍钴铝氢氧化物	1. 品名			
2853.9090	---其他	1. 品名			

第二十九章　有机化学品

注释：

一、除条文另有规定的以外，本章各税目只适用于：

（一）单独的已有化学定义的有机化合物，不论是否含有杂质；

（二）同一有机化合物的两种或两种以上异构体的混合物（不论是否含有杂质），但无环烃异构体的混合物（立体异构体除外），不论是否饱和，应归入第二十七章；

（三）税目 29.36 至 29.39 的产品，税目 29.40 的糖醚、糖缩醛、糖酯及其盐类和税目 29.41 的产品，不论是否已有化学定义；

（四）上述（一）、（二）、（三）款产品的水溶液；

（五）溶于其他溶剂的上述（一）、（二）、（三）款的产品，但该产品处于溶液状态只是为了安全或运输所采取的正常必要方法，其所用溶剂并不使该产品改变其一般用途而适合于某些特殊用途；

（六）为了保存或运输的需要，加入稳定剂（包括抗结块剂）的上述（一）、（二）、（三）、（四）、（五）各款产品；

（七）为了便于识别或安全起见，加入抗尘剂、着色剂或气味剂的上述（一）、（二）、（三）、（四）、（五）、（六）各款产品，但所加剂料并不使原产品改变其一般用途而适合于某些特殊用途；

（八）为生产偶氮染料而稀释至标准浓度的下列产品：重氮盐，用于重氮盐、可重氮化的胺及其盐类的耦合剂。

二、本章不包括：

（一）税目 15.04 的货品及税目 15.20 的粗甘油；

（二）乙醇（税目 22.07 或 22.08）；

（三）甲烷及丙烷（税目 27.11）；

（四）第二十八章注释二所述的碳化合物；

（五）税目 30.02 的免疫制品；

（六）尿素（税目 31.02 或 31.05）；

（七）植物性或动物性着色料（税目 32.03）、合成有机着色料、用作荧光增白剂或发光体的合成有机产品（税目为 32.04）及零售包装的染料或其他着色料（税目 32.12）；

（八）酶（税目 35.07）；

（九）聚乙醛、六亚甲基四胺（乌洛托品）及类似物质，制成片、条或类似形状作为燃料用的，以及包装容器的容积不超过 300 立方厘米的直接灌注香烟打火机及类似打火器用的液体燃料或液化气体燃料（税目 36.06）；

（十）灭火器的装配药及已装药的灭火弹（税目 38.13）；零售包装的除墨剂（税目 38.24）；或

（十一）光学元件，例如，用酒石酸乙二胺制成的（税目 90.01）。

三、可以归入本章两个或两个以上税目的货品，应归入有关税目中的最后一个税目。

四、税目 29.04 至 29.06、29.08 至 29.11 及 29.13 至 29.20 的卤化、磺化、硝化或亚硝化衍生物均包括复合衍生物，例如，卤磺化、卤硝化、磺硝化及卤磺硝化衍生物。

硝基及亚硝基不作为税目 29.29 的含氮基官能团。

税目 29.11、29.12、29.14、29.18 及 29.22 所称“含氧基”，仅限于税目 29.05 至 29.20 的各种含氧基（其特征为有机含氧基）。

五、（一）本章第一分章至第七分章的酸基有机化合物与这些分章的有机化合物构成的酯，应归入有关分章的最后一个税目。

（二）乙醇与本章第一分章至第七分章的酸基有机化合物所构成的酯，应按有关酸基化合物归类。

（三）除第六类注释一及第二十八章注释二另有规定的以外：

1. 第一分章至第十分章及税目 29.42 的有机化合物的无机盐，例如，含酸基、酚基或烯醇基的化合物及有机碱的无机盐，应归入相应的有机化合物的税目；
2. 第一分章至第十分章及税目 29.42 的有机化合物之间生成的盐，应按生成该盐的碱或酸（包括酚基或烯醇基化合物）归入本章有关税目中的最后一个税目；以及
3. 除第十一分章或税目 29.41 的产品外，配位化合物应按该化合物所有金属键（金属—碳键除外）“断开”所形成的片段归入第二十九章有关税目中的最后一个税目。

（四）除乙醇外，金属醇化物应按相应的醇归类（税目 29.05）。

（五）羧酸酰卤化物应按相应的酸归类。

六、税目29.30及29.31的化合物是指有机化合物，其分子中除含氢、氧或氮原子外，还含有与碳原子直接连接的其他非金属或金属原子（例如，硫、砷或铅）。

税目29.30（有机硫化合物）及税目29.31（其他有机—无机化合物）不包括某些磺化或卤化衍生物（含复合衍生物）。这些衍生物分子中除氢、氧、氮之外，只有具有磺化或卤化衍生物（或复合衍生物）性质的硫原子或卤素原子与碳原子直接连接。

七、税目29.32、29.33及29.34不包括三节环环氧化物、过氧化酮、醛或硫醛的环聚合物、多元羧酸酐、多元醇或酚与多元酸构成的环酯及多元酸酰亚胺。

本条规定只适用于由本条所列环化功能形成环内杂原子的化合物。

八、税目29.37所称：

（一）“激素”，包括激素释放因子、激素刺激和释放因子、激素抑制剂以及激素抗体；

（二）“主要用作激素的”，不仅适用于主要起激素作用的激素衍生物及结构类似物，也适用于在本税目所列产品合成过程中主要用作中间体的激素衍生物及结构类似物。

子目注释：

一、属于本章任一税目项下的一种（组）化合物的衍生物，如果该税目其他子目未明确将其包括在内，而且有关的子目中又无列名为“其他”的子目，则应与该种（组）化合物归入同一子目。

二、第二十九章注释三不适用于本章的子目。

【要素释义】

一、归类要素

（一）成分含量：指货品中所包含的某种成分的量。

（二）用途：指该税目商品应用的方面、范围。

（三）用作气体燃料的应报明包装容器容积：该归类要素为税目29.01的专有归类要素。用作气体燃料的无环烃需填写包装容器的容积。

（四）结晶温度：该要素为子目2902.902的专有归类要素，“精萘”需要填写结晶温度。

（五）四聚甲醛报明外观：该归类要素为税目29.12“四聚甲醛”的专有归类要素，指商品本身实际的外观状态情况，主要指货品的颜色、形状等表观性状。

（六）乙醇胺及其盐应报明色度：颜色是由亮度和色度共同表示的，而色度则是不包括亮度在内的颜色的性质，它反映的是颜色的色调和饱和度。测定方法：铂钴标准比色法，亦即用氯铂酸钾和氯化钴配制成测色度的标准溶液，规定1升水中含有2.419毫克氯铂酸钾和2.00毫克氯化钴时，将铂的浓度为每升1毫克时所产生的颜色深浅定为1度。

（七）乌洛托品请注明外观：该归类要素为税目29.33“乌洛托品”的专有归类要素。外观指的是商品本身实际的外观状态情况，主要指货品的颜色、形状等表观性状。

（八）包装：主要指为保护、贮运货品或促进货品销售而使用特定材料、技术、方法的形式。包装要素的填写应体现出是否为零售包装形式。

（九）来源：指生产某种货品的原料由何而来。

二、价格要素

（一）散装货物应报明：该要素是税目29.01无环烃类商品的价格要素，指商品的包装方式，只需申报是否“散货”即可。

（二）包装：该要素是税目29.05无环醇及其卤化、磺化、硝化或亚硝化衍生物的价格要素，指商品的外包装的工具名称。例如，子目2905.11甲醇的包装填写“铁制槽车”或者“船”或者“铁桶”或者“玻璃瓶包装”等。

（三）丙酮报明包装：该要素是子目2914.11丙酮的价格要素，指商品的外包装的工具名称。可填写“铁制槽车”或者“船”或者“铁桶”或者“玻璃瓶包装”等。

（四）丙烯酸、丙烯酸盐或酯应报明包装：该要素是税目29.16丙烯酸、丙烯酸盐或酯的价格要素，指商品的外包装的工具名称。可填写“铁制槽车”或者“船”或者“铁桶”或者“玻璃瓶包装”等。

（五）乙醇胺及其盐应报明包装：该要素是税目29.22含氧基氨基化合物的价格要素，指商品的外包装的工具名称。可填写“铁制槽车”或者“船”或者“铁桶”或者“玻璃瓶包装”等。

（六）6-己内酰胺请注明外观：该要素是子目2923.71的6-己内酰胺的价格要素，指商品的外观存在状态。例如，可填写“无色透明粒状”。

（七）签约日期：该要素是指供求双方企业合同价格签订的日期。实际只需申报具体日期即可。例如，可填写

"2013-07-01"。

（八）对苯二甲酸请注明色度：该要素为税目29.17的专有价格要素。颜色是由亮度和色度共同表示的，而色度则是不包括亮度在内的颜色的性质，它反映的是颜色的色调和饱和度。测定方法：铂钴标准比色法，亦即用氯铂酸钾和氯化钴配制成测色度的标准溶液，规定1升水中含有2.419毫克氯铂酸钾和2.00毫克氯化钴时，将铂的浓度为每升1毫克时所产生的颜色深浅定为1度，用"APHA"表示。例如，子目2917.3619聚酯生产用的对苯二甲酸的色度"2.8-2.9APHA"。

（九）对苯二甲酸请注明水分：指"对苯二甲酸"中含水分比重，用"%"表示。例如，子目2917.3619聚酯生产用的对苯二甲酸的水分含量0.05%。

（十）对苯二甲酸请注明4-CBA值4-CBA值是指4-甲基苯甲醛，是聚合物链的终止剂，更会严重影响对苯二甲酸（TA）与乙二醇（EG）的缩聚反应．使聚合物的分子量降低．影响特性黏度。例如，子目2917.3619聚酯生产用的对苯二甲酸的4-CBA值可填写"13毫克/千克"。

（十一）对苯二甲酸请注明P-TL酸值：P-TL酸值是对甲基苯甲酸含量，是精对苯二甲酸（PTA）在氧化、精制过程中的杂质成分。P-TL以高效液相色谱法测定，用"毫克/千克"表示。例如，子目2917.3619聚酯生产用的对苯二甲酸的P-TL酸值可填写"130毫克/千克"。

税则号列	商品名称	申报要素			说明举例
		归类要素	价格要素	其他要素	
	第一分章　烃类及其卤化、磺化、硝化或亚硝化衍生物				
29.01	无环烃：	1. 品名；2. 成分含量；3. 用途；4. 用作气体燃料的应报明包装容器容积	5. 散装货物应报明		例：丁烷，丁烷含量99%，用于气体燃料，350毫升罐装
2901.1000	-饱和				
	-不饱和：				
2901.2100	--乙烯				
2901.2200	--丙烯				
	--丁烯及其异构体：				
2901.2310	---1-丁烯				
2901.2320	---2-丁烯				
2901.2330	---2-甲基丙稀				
	--1,3-丁二烯及异戊二烯：				
2901.2410	---1,3-丁二烯				
2901.2420	---异戊二烯				
	--其他：				
2901.2910	---异戊烯				
2901.2920	---乙炔				
2901.2990	---其他				
29.02	环烃：				
	-环烷烃、环烯及环萜烯：	1. 品名；2. 成分含量	3. 用途		
2902.1100	--环己烷				
	--其他：				
2902.1910	---蒎烯				
2902.1920	---4-烷基-4'-烷基双环己烷				
2902.1990	---其他				

税则号列	商 品 名 称	申 报 要 素			说 明 举 例
		归类要素	价格要素	其他要素	
2902.2000	-苯	1. 品名；2. 成分含量			
2902.3000	-甲苯	1. 品名；2. 成分含量			
	-二甲苯：	1. 品名；2. 成分含量			
2902.4100	--邻二甲苯				
2902.4200	--间二甲苯				
2902.4300	--对二甲苯				
2902.4400	--混合二甲苯异构体				
2902.5000	-苯乙烯	1. 品名；2. 成分含量			
2902.6000	-乙苯	1. 品名；2. 成分含量			
2902.7000	-异丙基苯	1. 品名；2. 成分含量			
	-其他：				
2902.9010	---四氢萘	1. 品名；2. 成分含量			
2902.9020	---精萘	1. 品名；2. 成分含量；3. 结晶温度			
2902.9030	---十二烷基苯	1. 品名；2. 成分含量			
2902.9040	---4-（4'-烷基环己基）环己基乙烯	1. 品名；2. 成分含量			
2902.9050	---1-烷基-4-（4-烷烯基-1,1'-双环己基）苯	1. 品名；2. 成分含量			
2902.9090	---其他	1. 品名；2. 成分含量			
29.03	**烃的卤化衍生物：**	1. 品名；2. 成分含量；3. 用途			
	-无环烃的饱和氯化衍生物：				
2903.1100	--一氯甲烷及氯乙烷				
2903.1200	--二氯甲烷				
2903.1300	--氯仿（三氯甲烷）				
2903.1400	--四氯化碳				
2903.1500	--1,2-二氯乙烷（ISO）				
	--其他：				
2903.1910	---1,1,1-三氯乙烷（甲基氯仿）				
2903.1990	---其他				
	-无环烃的不饱和氯化衍生物：				
2903.2100	--氯乙烯				
2903.2200	--三氯乙烯				
2903.2300	--四氯乙烯（全氯乙烯）				
	--其他：				
2903.2910	---3-氯-1-丙烯（氯丙烯）				
2903.2990	---其他				
	-无环烃的氟化、溴化或碘化衍生物：				
2903.3100	--1,2-二溴乙烷（ISO）				

税则号列	商品名称	申报要素			说明举例
		归类要素	价格要素	其他要素	
	--其他：				
2903.3910	---1,1,3,3,3-五氟-2-三氟甲基-1-丙烯（全氟异丁烯；八氟异丁烯）				
2903.3990	---其他				
	-含有两种或两种以上不同卤素的无环烃卤化衍生物：				
2903.7100	--一氯二氟甲烷				
2903.7200	--二氯三氟乙烷				
2903.7300	--二氯一氟乙烷				
2903.7400	--一氯二氟乙烷				
2903.7500	--二氯五氟丙烷				
2903.7600	--溴氯二氟甲烷、溴三氟甲烷及二溴四氟乙烷				
	--其他，仅含氟和氯的全卤化物：				
2903.7710	---三氯氟甲烷				
2903.7720	---其他仅含氟和氯的甲烷、乙烷及丙烷的全卤化物				
2903.7790	---其他				
2903.7800	--其他全卤化衍生物				
	--其他：				
2903.7910	---其他仅含氟和氯的甲烷、乙烷及丙烷的卤化衍生物				
2903.7990	---其他				
	-环烷烃、环烯烃或环萜烯烃的卤化衍生物：				
2903.8100	--1,2,3,4,5,6-六氯环己烷［六六六（ISO）］，包括林丹（ISO，INN）				
2903.8200	--艾氏剂（ISO）、氯丹（ISO）及七氯（ISO）				
2903.8300	--灭蚁灵（ISO）				
2903.8900	--其他				
	-芳烃卤化衍生物：				
	--氯苯、邻二氯苯及对二氯苯：				
2903.9110	---邻二氯苯				
2903.9190	---其他				
2903.9200	--六氯苯（ISO）及滴滴涕（ISO，INN）［1,1,1-三氯-2,2-双（4-氯苯基）乙烷］				
2903.9300	--五氯苯（ISO）				

税则号列	商品名称	申报要素			说明举例
		归类要素	价格要素	其他要素	
2903.9400	--六溴联苯				
	--其他：				
2903.9910	---对氯甲苯				
2903.9920	---3,4-二氯三氟甲苯				
2903.9930	---4-（4'-烷基苯基）-1-（4'-烷基苯基）-2-氟苯				
2903.9990	---其他				
29.04	**烃的磺化、硝化或亚硝化衍生物，不论是否卤化：**	1. 品名；2. 成分含量；3. 用途			
2904.1000	-仅含磺基的衍生物及其盐和乙酯				
	-仅含硝基或亚硝基的衍生物：				
2904.2010	---硝基苯				
2904.2020	---硝基甲苯				
2904.2030	---二硝基甲苯				
2904.2040	---三硝基甲苯（TNT）				
2904.2090	---其他				
	-全氟辛基磺酸及其盐和全氟辛基磺酰氟：				
2904.3100	--全氟辛基磺酸				
2904.3200	--全氟辛基磺酸铵				
2904.3300	--全氟辛基磺酸锂				
2904.3400	--全氟辛基磺酸钾				
2904.3500	--其他全氟辛基磺酸盐				
2904.3600	--全氟辛基磺酰氟				
	-其他：				
2904.9100	--三氯硝基甲烷（氯化苦）				
2904.9900	--其他				
	第二分章 醇类及其卤化、磺化、硝化或亚硝化衍生物				
29.05	**无环醇及其卤化、磺化、硝化或亚硝化衍生物：**	1. 品名；2. 成分含量；3. 用途		4. 包装规格	
	-饱和一元醇：				
2905.1100	--甲醇				
	--丙醇及异丙醇：				
2905.1210	---丙醇				
2905.1220	---异丙醇				
2905.1300	--正丁醇				
	--其他丁醇：				
2905.1410	---异丁醇				
2905.1420	---仲丁醇				

税则号列	商品名称	申报要素			说明举例
		归类要素	价格要素	其他要素	
2905.1430	---叔丁醇				
	--辛醇及其异构体：				
2905.1610	---正辛醇				
2905.1690	---其他				
2905.1700	--十二醇、十六醇及十八醇				
	--其他：				
2905.1910	---3,3-二甲基丁-2-醇（频哪基醇）				
2905.1990	---其他				
	-不饱和一元醇：				
	--无环萜烯醇：				
2905.2210	---香叶醇、橙花醇（3,7-二甲基-2,6-辛二烯-1-醇）				
2905.2220	---香茅醇（3,7-二甲基-6-辛烯-1-醇）				
2905.2230	---芳樟醇				
2905.2290	---其他				
2905.2900	--其他				
	-二元醇：				
2905.3100	--1,2-乙二醇				
2905.3200	--1,2-丙二醇				
	--其他：				
2905.3910	---2,5-二甲基己二醇				
2905.3990	---其他				
	-其他多元醇：				
2905.4100	--2-乙基-2-（羟甲基）丙烷-1,3-二醇（三羟甲基丙烷）				
2905.4200	--季戊四醇				
2905.4300	--甘露糖醇				
2905.4400	--山梨醇				
2905.4500	--丙三醇（甘油）				
	--其他：				
2905.4910	---木糖醇				
2905.4990	---其他				
	-无环醇的卤化、磺化、硝化或亚硝化衍生物：				
2905.5100	--乙氯维诺（INN）				
2905.5900	--其他				
29.06	**环醇及其卤化、磺化、硝化或亚硝化衍生物：**	1.品名；2.成分含量；3.用途			
	-环烷醇、环烯醇及环萜烯醇：				
2906.1100	--薄荷醇				

税则号列	商 品 名 称	申报要素			说 明 举 例
		归类要素	价格要素	其他要素	
2906.1200	--环己醇、甲基环己醇及二甲基环己醇				
	--固醇及肌醇：				
2906.1310	---固醇				
2906.1320	---肌醇				
	--其他：				
2906.1910	---萜品醇				
2906.1990	---其他				
	-芳香醇：				
2906.2100	--苄醇				
	--其他：				
2906.2910	---2-苯基乙醇				
2906.2990	---其他				
	第三分章 酚、酚醇及其卤化、磺化、硝化或亚硝化衍生物				
29.07	**酚；酚醇：**	1. 品名；2. 成分含量；3. 用途			
	-一元酚：				
	--苯酚及其盐：				
2907.1110	---苯酚				
2907.1190	---其他				
	--甲酚及其盐：				
	---甲酚：				
2907.1211	----间甲酚				
2907.1212	----邻甲酚				
2907.1219	----其他				
2907.1290	---其他				
	--辛基酚、壬基酚及其异构体以及它们的盐：				
2907.1310	---壬基酚				
2907.1390	---其他				
	--萘酚及其盐：				
2907.1510	---2-萘酚（β-萘酚）				
2907.1590	---其他				
	--其他：				
2907.1910	---邻仲丁基酚、邻异丙基酚				
2907.1990	---其他				
	-多元酚；酚醇：				
2907.2100	--间苯二酚及其盐				
	--对苯二酚及其盐：				
2907.2210	---对苯二酚				

税则号列	商品名称	申报要素			说明举例
		归类要素	价格要素	其他要素	
2907.2290	---其他				
2907.2300	--4,4'-异亚丙基联苯酚（双酚A，二苯基酚丙烷）及其盐				
	--其他：				
2907.2910	---邻苯二酚				
2907.2990	---其他				
29.08	**酚及酚醇的卤化、磺化、硝化或亚硝化衍生物：**	1. 品名；2. 成分含量；3. 用途			
	-仅含卤素取代基的衍生物及其盐：				
2908.1100	--五氯苯酚（ISO）				
	--其他：				
2908.1910	---对氯苯酚				
2908.1990	---其他				
	-其他：				
2908.9100	--地乐酚（ISO）及其盐				
2908.9200	--4,6-二硝基邻甲酚［二硝酚（ISO）］及其盐				
	--其他：				
2908.9910	---对硝基酚，对硝基酚钠				
2908.9990	---其他				
	第四分章　醚、过氧化醇、过氧化醚、过氧化酮、三节环环氧化物、缩醛及半缩醛及其卤化、磺化、硝化或亚硝化衍生物				
29.09	**醚、醚醇、醚酚、醚醇酚、过氧化醇、过氧化醚、过氧化酮（不论是否已有化学定义）及其卤化、磺化、硝化或亚硝化衍生物：**	1. 品名；2. 成分含量；3. 用途			
	-无环醚及其卤化、磺化、硝化或亚硝化衍生物：				
2909.1100	--乙醚				
	--其他：				
2909.1910	---甲醚				
2909.1990	---其他				
2909.2000	-环烷醚、环烯醚或环萜烯醚及其卤化、磺化、硝化或亚硝化衍生物				
	-芳香醚及其卤化、磺化、硝化或亚硝化衍生物：				

税则号列	商 品 名 称	申 报 要 素			说 明 举 例
		归类要素	价格要素	其他要素	
2909.3010	---1-烷氧基-4-（4-乙烯基环己基）-2，3-二氟苯				
2909.3020	---4-烷氧基-4-（4'-烷烯基-1，1'-双环己烷及其氟代衍生物				
2909.3090	---其他				
	-醚醇及其卤化、磺化、硝化或亚硝化衍生物：				
2909.4100	--2，2'-氧联二乙醇（二甘醇）				
2909.4300	--乙二醇或二甘醇的单丁醚				
2909.4400	--乙二醇或二甘醇的其他单烷基醚				
	--其他：				
2909.4910	---间苯氧基苄醇				
2909.4990	---其他				
2909.5000	-醚酚、醚醇酚及其卤化、磺化、硝化或亚硝化衍生物				
2909.6000	-过氧化醇、过氧化醚、过氧化酮及其卤化、磺化、硝化或亚硝化衍生物				
29.10	**三节环环氧化物、环氧醇、环氧酚、环氧醚及其卤化、磺化、硝化或亚硝化衍生物：**	1. 品名；2. 成分含量；3. 用途			
2910.1000	-环氧乙烷（氧化乙烯）				
2910.2000	-甲基环氧乙烷（氧化丙烯）				
2910.3000	-1-氯-2，3-环氧丙烷（表氯醇）				
2910.4000	-狄氏剂（ISO，INN）				
2910.5000	-异狄氏剂（ISO）				
2910.9000	-其他				
29.11	**缩醛及半缩醛，不论是否含有其他含氧基，及其卤化、磺化、硝化或亚硝化衍生物：**	1. 品名；2. 成分含量；3. 用途			
2911.0000	缩醛及半缩醛，不论是否含有其他含氧基，及其卤化、磺化、硝化或亚硝化衍生物				
	第五分章 醛基化合物				
29.12	**醛，不论是否含有其他含氧基；环聚醛；多聚甲醛：**	1. 品名；2. 成分含量；3. 用途；4. 四聚甲醛报明外观			
	-不含其他含氧基的无环醛：				
2912.1100	--甲醛				
2912.1200	--乙醛				

税则号列	商品名称	申报要素			说明举例
		归类要素	价格要素	其他要素	
2912.1900	--其他				
	-不含其他含氧基的环醛：				
2912.2100	--苯甲醛				
	--其他：				
2912.2910	---铃兰醛（对叔丁基-α-甲基-氧化肉桂醛）				
2912.2990	---其他				
	-醛醚、醛酚及含其他含氧基的醛：				
2912.4100	--香草醛（3-甲氧基-4-羟基苯甲醛）				
2912.4200	--乙基香草醛（3-乙氧基-4-羟基苯甲醛）				
	--其他：				
2912.4910	---醛醇				
2912.4990	---其他				
2912.5000	-环聚醛				
2912.6000	-多聚甲醛				
29.13	**税目29.12所列产品的卤化、磺化、硝化或亚硝化衍生物：**	1. 品名；2. 成分含量；3. 用途			
2913.0000	税目29.12所列产品的卤化、磺化、硝化或亚硝化衍生物				
	第六分章 酮基化合物及醌基化合物				
29.14	**酮及醌，不论是否含有其他含氧基，及其卤化、磺化、硝化或亚硝化衍生物：**	1. 品名；2. 成分含量；3. 用途	4. 丙酮报明包装		
	-不含其他含氧基的无环酮：				
2914.1100	--丙酮				
2914.1200	--丁酮［甲基乙基（甲）酮］				
2914.1300	--4-甲基-2-戊酮［甲基异丁基（甲）酮］				
2914.1900	--其他				
	-不含其他含氧基的环烷酮、环烯酮或环萜烯酮：				
2914.2200	--环已酮及甲基环已酮				
2914.2300	--芷香酮及甲基芷香酮				
	--其他：				
2914.2910	---樟脑				
2914.2990	---其他				
	-不含其他含氧基的芳香酮：				
2914.3100	--苯丙酮（苯基丙-2-酮）				

税则号列	商品名称	申报要素			说明举例
		归类要素	价格要素	其他要素	
	--其他:				
2914.3910	---苯乙酮				
2914.3990	---其他				
2914.4000	-酮醇及酮醛				
	-酮酚及含有其他含氧基的酮:				
	---酮酚:				
2914.5011	----覆盆子酮				
2914.5019	----其他				
2914.5020	---2-羟基-4-甲氧基二苯甲酮				
2914.5090	---其他				
	-醌:				
2914.6100	--蒽醌				
2914.6200	--辅酶 Q10［癸烯醌（INN）］				
2914.6900	--其他				
	-卤化、磺化、硝化或亚硝化衍生物:				
2914.7100	--十氯酮（ISO）				
2914.7900	--其他				
	第七分章 羧酸及其酸酐、酰卤化物、过氧化物和过氧酸以及它们的卤化、磺化、硝化或亚硝化衍生物				
29.15	**饱和无环一元羧酸及其酸酐、酰卤化物、过氧化物和过氧酸以及它们的卤化、磺化、硝化或亚硝化衍生物:**	1. 品名; 2. 成分含量; 3. 用途			
	-甲酸及其盐和酯:				
2915.1100	--甲酸				
2915.1200	--甲酸盐				
2915.1300	--甲酸酯				
	-乙酸及其盐; 乙酸酐:				
	--乙酸:				
	---冰乙酸:				
2915.2111	----食品级的				
2915.2119	----其他				
2915.2190	---其他				
2915.2400	--乙酸酐				
	--其他:				
2915.2910	---乙酸钠				
2915.2990	---其他				
	-乙酸酯:				
2915.3100	--乙酸乙酯				

税则号列	商品名称	申报要素			说明举例
		归类要素	价格要素	其他要素	
2915.3200	--乙酸乙烯酯				
2915.3300	--乙酸（正）丁酯				
2915.3600	--地乐酚（ISO）乙酸酯				
2915.3900	--其他				
2915.4000	-一氯代乙酸、二氯乙酸或三氯乙酸及其盐和酯				
	-丙酸及其盐和酯：				
2915.5010	---丙酸				
2915.5090	---其他				
2915.6000	-丁酸、戊酸及其盐和酯				
	-棕榈酸、硬脂酸及其盐和酯：				
2915.7010	---硬脂酸				
2915.7090	---其他				
2915.9000	-其他				
29.16	**不饱和无环一元羧酸、环一元羧酸及其酸酐、酰卤化物、过氧化物和过氧酸以及它们的卤化、磺化、硝化或亚硝化衍生物：**	1. 品名；2. 成分含量；3. 用途	4. 丙烯酸、丙烯酸盐或酯应报明包装		
	-不饱和无环一元羧酸及其酸酐、酰卤化物、过氧化物和过氧酸以及它们的衍生物：				
2916.1100	--丙烯酸及其盐				
	--丙烯酸酯：				
2916.1210	---丙烯酸甲酯				
2916.1220	---丙烯酸乙酯				
2916.1230	---丙烯酸丁酯				
2916.1240	---丙烯酸异辛酯				
2916.1290	---其他				
2916.1300	--甲基丙烯酸及其盐				
2916.1400	--甲基丙烯酸酯				
2916.1500	--油酸、亚油酸或亚麻酸及其盐和酯				
2916.1600	--乐杀螨（ISO）				
2916.1900	--其他				
	-环烷一元羧酸、环烯一元羧酸或环萜烯一元羧酸及其酸酐、酰卤化物、过氧化物和过氧酸以及它们的衍生物：				
2916.2010	---二溴菊酸、DV菊酸甲酯				
2916.2090	---其他				

税则号列	商品名称	申报要素			说明举例
		归类要素	价格要素	其他要素	
	-芳香一元羧酸及其酸酐、酰卤化物、过氧化物和过氧酸以及它们的衍生物：				
2916.3100	--苯甲酸及其盐和酯				
2916.3200	--过氧化苯甲酰及苯甲酰氯				
2916.3400	--苯乙酸及其盐				
	--其他：				
2916.3910	---邻甲基苯甲酸				
2916.3920	---布洛芬				
2916.3930	---2-（3-碘-4-乙基苯基）-2-甲基丙酸				
2916.3990	---其他				
29.17	**多元羧酸及其酸酐、酰卤化物、过氧化物和过氧酸以及它们的卤化、磺化、硝化或亚硝化衍生物：**	1. 品名；2. 成分含量；3. 用途	4. 对苯二甲酸请注明 4-CBA 值；5. 对苯二甲酸请注明 P-TL 酸值；6. 对苯二甲酸请注明色度；7. 对苯二甲酸请注明水分		
	-无环多元羧酸及其酸酐、酰卤化物、过氧化物和过氧酸以及它们的衍生物：				
	--草酸及其盐和酯：				
2917.1110	---草酸				
2917.1120	---草酸钴				
2917.1190	---其他				
2917.1200	--己二酸及其盐和酯				
	--壬二酸、癸二酸及其盐和酯：				
2917.1310	---癸二酸及其盐和酯				
2917.1390	---其他				
2917.1400	--马来酐				
2917.1900	--其他				
	-环烷多元羧酸、环烯多元羧酸、环萜烯多元羧酸及其酸酐、酰卤化物，过氧化物和过氧酸以及它们的衍生物：				
2917.2010	---四氢苯酐				
2917.2090	---其他				
	-芳香多元羧酸及其酸酐、酰卤化物、过氧化物和过氧酸以及它们的衍生物：				

税则号列	商品名称	申报要素			说明举例
		归类要素	价格要素	其他要素	
2917.3200	--邻苯二甲酸二辛酯				
2917.3300	--邻苯二甲酸二壬酯及邻苯二甲酸二癸酯				
	--其他邻苯二甲酸酯：				
2917.3410	---邻苯二甲酸二丁酯				
2917.3490	---其他				
2917.3500	--邻苯二甲酸酐				
	--对苯二甲酸及其盐：				
	---对苯二甲酸：				
2917.3611	----精对苯二甲酸				
2917.3619	----其他				
2917.3690	---其他				
2917.3700	--对苯二甲酸二甲酯				
	--其他：				
2917.3910	---间苯二甲酸				
2917.3990	---其他				
29.18	**含附加含氧基的羧酸及其酸酐、酰卤化物、过氧化物和过氧酸以及它们的卤化、磺化、硝化或亚硝化衍生物：**	1. 品名；2. 成分含量；3. 用途			
	-含醇基但不含其他含氧基的羧酸及其酸酐、酰卤化物、过氧化物和过氧酸以及它们的衍生物：				
2918.1100	--乳酸及其盐和酯				
2918.1200	--酒石酸				
2918.1300	--酒石酸盐及酒石酸酯				
2918.1400	--柠檬酸				
2918.1500	--柠檬酸盐及柠檬酸酯				
2918.1600	--葡糖酸及其盐和酯				
2918.1700	--2,2-二苯基-2-羟基乙酸（二苯基乙醇酸）				
2918.1800	--乙酯杀螨醇（ISO）				
2918.1900	--其他				
	-含酚基但不含其他含氧基的羧酸及其酸酐、酰卤化物、过氧化物和过氧酸以及它们的衍生物：				
	--水杨酸及其盐：				
2918.2110	---水杨酸、水杨酸钠				
2918.2190	---其他				
	--邻乙酰水杨酸及其盐和酯：				

税则号列	商品名称	申报要素			说明举例
		归类要素	价格要素	其他要素	
2918.2210	---邻乙酰水杨酸（阿司匹林）				
2918.2290	---其他				
2918.2300	--水杨酸的其他酯及其盐				
2918.2900	--其他				
2918.3000	-含醛基或酮基但不含其他含氧基的羧酸及其酸酐、酰卤化物、过氧化物和过氧酸以及它们的衍生物				
	-其他：				
2918.9100	--2,4,5-涕（ISO）（2,4,5-三氯苯氧基乙酸）及其盐或酯				
2918.9900	--其他				
	第八分章 非金属无机酸酯及其盐以及它们的卤化、磺化、硝化或亚硝化衍生物				
29.19	**磷酸酯及其盐，包括乳磷酸盐，以及它们的卤化、磺化、硝化或亚硝化衍生物：**	1. 品名；2. 成分含量；3. 用途			
2919.1000	-三（2,3-二溴丙基）磷酸酯				
2919.9000	-其他				
29.20	**其他非金属无机酸酯（不包括卤化氢的酯）及其盐以及它们的卤化、磺化、硝化或亚硝化衍生物：**	1. 品名；2. 成分含量；3. 用途			
	-硫代磷酸酯及其盐以及它们的卤化、磺化、硝化或亚硝化衍生物：				
2920.1100	--对硫磷（ISO）及甲基对硫磷（ISO）				
2920.1900	--其他				
	-亚磷酸酯及其盐以及它们的卤化、磺化、硝化或亚硝化衍生物：				
2920.2100	--亚磷酸二甲酯				
2920.2200	--亚磷酸二乙酯				
2920.2300	--亚磷酸三甲酯				
2920.2400	--亚磷酸三乙酯				
	--其他：				
2920.2910	---其他亚磷酸酯				
2920.2990	---其他				
2920.3000	-硫丹（ISO）				
2920.9000	-其他				

税则号列	商品名称	申报要素			说明举例
		归类要素	价格要素	其他要素	
	第九分章 含氮基化合物				
29.21	氨基化合物：	1. 品名；2. 成分含量；3. 用途			
	-无环单胺及其衍生物以及它们的盐：				
2921.1100	--甲胺、二甲胺或三甲胺及其盐				
2921.1200	--2-（N，N-二甲基氨基）氯乙烷盐酸盐				
2921.1300	--2-（N，N-二乙基氨基）氯乙烷盐酸盐				
2921.1400	--2-（N，N-二异丙基氨基）氯乙烷盐酸盐				
	--其他：				
2921.1910	---二正丙胺				
2921.1920	---异丙胺				
2921.1930	---N，N-二（2-氯乙基）乙胺				
2921.1940	---N，N-二（2-氯乙基）甲胺				
2921.1950	---三（2-氯乙基）胺				
2921.1960	---二烷（甲、乙、正丙或异丙）氨基乙基-2-氯及其质子化盐				
2921.1990	---其他				
	-无环多胺及其衍生物以及它们的盐：				
	--乙二胺及其盐：				
2921.2110	---乙二胺				
2921.2190	---其他				
	--六亚甲基二胺及其盐：				
2921.2210	---己二酸己二胺盐（尼龙-6,6盐）				
2921.2290	---其他				
2921.2900	--其他				
2921.3000	-环烷单胺或多胺、环烯单胺或多胺、环萜烯单胺或多胺及其衍生物以及它们的盐				
	-芳香单胺及其衍生物以及它们的盐：				
	--苯胺及其盐：				
2921.4110	---苯胺				
2921.4190	---其他				
2921.4200	--苯胺衍生物及其盐				

税则号列	商品名称	申报要素			说明举例
		归类要素	价格要素	其他要素	
2921.4300	--甲苯胺及其衍生物以及它们的盐				
2921.4400	--二苯胺及其衍生物以及它们的盐				
2921.4500	--1-萘胺（α-萘胺）、2-萘胺（β-萘胺）及其衍生物以及它们的盐				
2921.4600	--安非他明（INN）、苄非他明（INN）、右苯丙胺（INN）、乙非他明（INN）、芬坎法明（INN）、利非他明（INN）、左苯丙胺（INN）、美芬雷司（INN）、苯丁胺（INN）以及它们的盐				
	--其他：				
2921.4910	---对异丙基苯胺				
2921.4920	---二甲基苯胺				
2921.4930	---2,6-甲基乙基苯胺				
2921.4940	---2,6-二乙基苯胺				
2921.4990	---其他				
	-芳香多胺及其衍生物以及它们的盐：				
	--邻-、间-、对-苯二胺、二氨基甲苯及其衍生物以及它们的盐：				
2921.5110	---邻苯二胺				
2921.5190	---其他				
2921.5900	--其他				
29.22	**含氧基氨基化合物：**	1. 品名；2. 成分含量；3. 用途；4. 乙醇胺及其盐应报明色度	5. 乙醇胺及其盐应报明包装		
	-氨基醇（但含有一种以上含氧基的除外）及其醚和酯，以及它们的盐：				
2922.1100	--单乙醇胺及其盐				
2922.1200	--二乙醇胺及其盐				
2922.1400	--右丙氧吩（INN）及其盐				
2922.1500	--三乙醇胺				
2922.1600	--全氟辛基磺酸二乙醇铵				
2922.1700	--甲基二乙醇胺和乙基二乙醇胺				
2922.1800	--2-（N，N-二异丙基氨基）乙醇				

税则号列	商品名称	申报要素			说明举例
		归类要素	价格要素	其他要素	
	--其他：				
2922.1910	---乙胺丁醇				
	---二烷（甲、乙、正丙或异丙）氨基乙-2-醇及其质子化盐：				
2922.1921	----二甲氨基乙醇及其质子化盐				
2922.1922	----二乙氨基乙醇及其质子化盐				
2922.1929	----其他				
2922.1930	---乙基二乙醇胺的盐				
2922.1940	---甲基二乙醇胺的盐				
2922.1950	---本芴醇				
2922.1990	---其他				
	-氨基萘酚和其他氨基酚（但含有一种以上含氧基的除外）及其醚和酯，以及它们的盐：				
2922.2100	--氨基羟基萘磺酸及其盐				
	--其他：				
2922.2910	---茴香胺、二茴香胺、氨基苯乙醚及其盐				
2922.2990	---其他				
	-氨基醛、氨基酮和氨基醌，但含有一种以上含氧基的除外，以及它们的盐：				
2922.3100	--安非拉酮（INN）、美沙酮（INN）和去甲美沙酮（INN）以及它们的盐				
	--其他：				
2922.3910	---4-甲基甲卡西酮				
2922.3920	---安非他酮及其盐				
2922.3990	---其他				
	-氨基酸（但含有一种以上含氧基的除外）及其酯以及它们的盐：				
	--赖氨酸及其酯以及它们的盐：				
2922.4110	---赖氨酸				
2922.4190	---其他				
	--谷氨酸及其盐：				
2922.4210	---谷氨酸				
2922.4220	---谷氨酸钠				
2922.4290	---其他				
	--邻氨基苯甲酸（氨茴酸）及其盐：				

税则号列	商品名称	申报要素			说明举例
		归类要素	价格要素	其他要素	
2922.4310	---邻氨基苯甲酸（氨茴酸）				
2922.4390	---其他				
2922.4400	--替利定（INN）及其盐				
	--其他：				
	---其他氨基酸：				
2922.4911	----氨甲环酸				
2922.4919	----其他				
	---其他：				
2922.4991	----普鲁卡因				
2922.4999	----其他				
	-氨基醇酚、氨基酸酚及其他含氧基氨基化合物：				
2922.5010	---对羟基苯甘氨酸及其邓钾盐				
2922.5020	---莱克多巴胺和盐酸莱克多巴胺				
2922.5090	---其他				
29.23	**季铵盐及季铵碱；卵磷脂及其他磷氨基类脂，不论是否已有化学定义：**	1. 品名；2. 成分含量；3. 用途			
2923.1000	-胆碱及其盐				
2923.2000	-卵磷脂及其他磷氨基类脂				
2923.3000	-全氟辛基磺酸四乙基铵				
2923.4000	-全氟辛基磺酸二癸基二甲基铵				
2923.9000	-其他				
29.24	**羧基酰胺基化合物；碳酸酰胺基化合物：**	1. 品名；2. 成分含量；3. 用途	4. 包装规格		
	-无环酰胺（包括无环氨基甲酸酯）及其衍生物以及它们的盐：				
2924.1100	--甲丙氨酯（INN）				
2924.1200	--氟乙酰胺（ISO）、久效磷（ISO）及磷胺（ISO）				
	--其他：				
2924.1910	---二甲基甲酰胺				
2924.1990	---其他				
	-环酰胺（包括环氨基甲酸酯）及其衍生物以及它们的盐：				
2924.2100	--酰脲及其衍生物以及它们的盐				
2924.2300	--2-乙酰氨基苯甲酸（N-乙酰基氨基苯甲酸）及其盐				
2924.2400	--炔己蚁胺（INN）				

税则号列	商　品　名　称	申报要素			说　明　举　例
		归类要素	价格要素	其他要素	
2924.2500	--甲草胺（ISO）				
	--其他：				
2924.2910	---对乙酰氨基苯乙醚（非那西丁）				
2924.2920	---对乙酰氨基酚（扑热息痛）				
2924.2930	---阿斯巴甜				
2924.2990	---其他				
29.25	**羧基酰亚胺化合物（包括糖精及其盐）及亚胺基化合物：**	1. 品名；2. 成分含量；3. 用途			
	-酰亚胺及其衍生物以及它们的盐：				
2925.1100	--糖精及其盐				
2925.1200	--格鲁米特（INN）				
2925.1900	--其他				
	-亚胺及其衍生物以及它们的盐：				
2925.2100	--杀虫脒（ISO）				
2925.2900	--其他				
29.26	**腈基化合物：**	1. 品名；2. 成分含量；3. 用途			
2926.1000	-丙烯腈				
2926.2000	-1-氰基胍（双氰胺）				
2926.3000	-芬普雷司（INN）及其盐；美沙酮（INN）中间体（4-氰基-2-二甲氨基-4,4-二苯基丁烷）				
2926.4000	-α-苯基乙酰基乙腈				
	-其他：				
2926.9010	---对氯氰苄				
2926.9020	---间苯二甲腈				
2926.9090	---其他				
29.27	**重氮化合物、偶氮化合物及氧化偶氮化合物：**	1. 品名；2. 成分含量；3. 用途			
2927.0000	重氮化合物、偶氮化合物及氧化偶氮化合物				
29.28	**肼（联氨）及胲（羟胺）的有机衍生物：**	1. 品名；2. 成分含量；3. 用途			
2928.0000	肼（联氨）及胲（羟胺）的有机衍生物				
29.29	**其他含氮基化合物：**				
	-异氰酸酯：	1. 品名；2. 成分含量；3. 用途；4. 型号			

税则号列	商品名称	申报要素			说明举例
		归类要素	价格要素	其他要素	
2929.1010	---2,4-和2,6-甲苯二异氰酸酯混合物（甲苯二异氰酸酯TDI）				
2929.1020	---二甲苯二异氰酸酯（TODI）				
2929.1030	---二苯基甲烷二异氰酸酯（纯MDI）				
2929.1040	---六亚甲基二异氰酸酯				
2929.1090	---其他				
	-其他：	1. 品名；2. 成分含量；3. 用途			
2929.9010	---环已基氨基磺酸钠（甜蜜素）				
2929.9020	---二烷（甲、乙、正丙或异丙）氨基膦酰二卤				
2929.9030	---二烷（甲、乙、正丙或异丙）氨基膦酸二烷（甲、乙、正丙或异丙）酯				
2929.9040	---乙酰甲胺磷				
2929.9090	---其他				
	第十分章 有机—无机化合物、杂环化合物、核酸及其盐以及磺（酰）胺				
29.30	**有机硫化合物：**	1. 品名；2. 成分含量；3. 用途			
2930.2000	-硫代氨基甲酸盐（或酯）及二硫代氨基甲酸盐				
2930.3000	-一硫化二烃氨基硫羰、二硫化二烃氨基硫羰及四硫化二烃氨基硫羰				
2930.4000	-甲硫氨酸（蛋氨酸）				
2930.6000	-2-（N，N-二乙基氨基）乙硫醇				
2930.7000	-二（2-羟乙基）硫醚［硫二甘醇（INN）］				
2930.8000	-涕灭威（ISO）、敌菌丹（ISO）及甲胺磷（ISO）				
	-其他：				
2930.9010	---双巯丙氨酸（胱氨酸）				
2930.9020	---二硫代碳酸酯（或盐）［黄原酸酯（或盐）］				
2930.9090	---其他				
29.31	**其他有机-无机化合物：**	1. 品名；2. 成分含量；3. 用途			

税则号列	商品名称	申报要素			说明举例
		归类要素	价格要素	其他要素	
2931.1000	-四甲基铅及四乙基铅				
2931.2000	-三丁基锡化合物				
	-其他有机磷衍生物：				
2931.3100	--甲基膦酸二甲酯				
2931.3200	--丙基膦酸二甲酯				
2931.3300	--乙基膦酸二乙酯				
2931.3400	--3-（三羟基硅烷基）丙基甲基膦酸钠				
2931.3500	--1-丙基磷酸环酐				
2931.3600	--(5-乙基-2-甲基-2-氧代-1,3,2-二氧磷杂环己-5-基)甲基膦酸二甲酯				
2931.3700	--双［（5-乙基-2-甲基-2-氧代-1,3,2-二氧磷杂环已-5-基）甲基］甲基膦酸酯（阻燃剂 FRC-1）				
2931.3800	--甲基膦酸和脒基尿素（1：1）生成的盐				
	--其他：				
2931.3910	---双甘膦				
2931.3990	---其他				
2931.9000	-其他				
29.32	**仅含有氧杂原子的杂环化合物：**	1. 品名；2. 成分含量(对于成分较复杂，字节较长商品可用 CAS 号代替)；3. 用途			
	-结构上含有一个非稠合呋喃环（不论是否氢化）的化合物：				
2932.1100	--四氢呋喃				
2932.1200	--2-糠醛				
2932.1300	--糠醇及四氢糠醇				
2932.1400	--三氯蔗糖				
2932.1900	--其他				
	-内酯：				
2932.2010	---香豆素、甲基香豆素及乙基香豆素				
2932.2090	---其他内酯				
	-其他：				
2932.9100	--4-丙烯基-1,2-亚甲二氧基苯（异黄樟脑）				
2932.9200	--1-（1,3-苯并二噁茂-5-基）丙烷-2-酮				

税则号列	商品名称	申报要素			说明举例
		归类要素	价格要素	其他要素	
2932.9300	--3,4-亚甲二氧基苯甲醛（胡椒醛）				
2932.9400	--4-烯丙基-1,2-亚甲二氧基苯（黄樟脑）				
2932.9500	--四氢大麻酚（所有的异构体）				
	--其他：				
2932.9910	---7-羟基苯并呋喃（呋喃酚）				
2932.9920	---2，2’-双甲氧羰基-4，4’-双甲氧基-5，6，5’，6’-双亚甲二氧基联苯（联苯双酯）				
2932.9930	---蒿甲醚				
2932.9990	---其他				
29.33	**仅含有氮杂原子的杂环化合物：**	1. 品名；2. 成分含量；3. 用途；4. 乌洛托品请注明外观	5. 6-己内酰胺请注明外观；6. 签约日期		
	-结构上含有一个非稠合吡唑环（不论是否氢化）的化合物：				
2933.1100	--二甲基苯基吡唑酮（安替比林）及其衍生物				
	--其他：				
2933.1920	---安乃近				
2933.1990	---其他				
	-结构上含有一个非稠合咪唑环（不论是否氢化）的化合物：				
2933.2100	--乙内酰脲及其衍生物				
2933.2900	--其他				
	-结构上含有一个非稠合吡啶环（不论是否氢化）的化合物：				
2933.3100	--吡啶及其盐				
	--六氢吡啶（哌啶）及其盐：				
2933.3210	---六氢吡啶（哌啶）				
2933.3220	---六氢吡啶（哌啶）盐				

税则号列	商品名称	申报要素			说明举例
		归类要素	价格要素	其他要素	
2933.3300	--阿芬太尼（INN）、阿尼利定（INN）、苯氰米特（INN）、溴西泮（INN）、地芬诺新（INN）、地芬诺酯（INN）、地匹哌酮（INN）、芬太尼（INN）、凯托米酮（INN）、哌醋甲酯（INN）、喷他左辛（INN）、哌替啶（INN）、哌替啶中间体A（INN）、苯环利定（INN）（PCP）、苯哌利定（INN）、哌苯甲醇（INN）、哌氰米特（INN）、哌丙吡胺（INN）和三甲利定（INN）以及它们的盐				
	--其他：				
2933.3910	---二苯乙醇酸-3-奎宁环脂				
2933.3920	---奎宁环-3-醇				
2933.3990	---其他				
	-结构上含有一个喹啉或异喹啉环系（不论是否氢化）的化合物，但未经进一步稠合的：				
2933.4100	--左非诺（INN）及其盐				
2933.4900	--其他				
	-结构上含有一个嘧啶环（不论是否氢化）或哌嗪环的化合物：				
2933.5200	--丙二酰脲（巴比土酸）及其盐				
2933.5300	--阿洛巴比妥（INN）、异戊巴比妥（INN）、巴比妥（INN）、布他比妥（INN）、正丁巴比妥（INN）、环己巴比妥（INN）、甲苯巴比妥（INN）、戊巴比妥（INN）、苯巴比妥（INN）、仲丁巴比妥（INN）、司可巴比妥（INN）和乙烯比妥（INN）以及它们的盐				
2933.5400	--其他丙二酰脲（巴比土酸）的衍生物以及它们的盐				
2933.5500	--氯普唑仑（INN），甲氯喹酮（INN），甲喹酮（INN）和齐培丙醇（INN）以及它们的盐				

税则号列	商品名称	申报要素			说明举例
		归类要素	价格要素	其他要素	
	--其他：				
2933.5910	---胞嘧啶				
2933.5920	---环丙氟哌酸				
2933.5990	---其他				
	-结构上含有一个非稠合三嗪环（不论是否氢化）的化合物：				
2933.6100	--三聚氰胺（蜜胺）				
	--其他：				
2933.6910	---三聚氰氯				
	---异氰脲酸氯化衍生物：				
2933.6921	----二氯异氰脲酸				
2933.6922	----三氯异氰脲酸				
2933.6929	----其他				
2933.6990	---其他				
	-内酰胺：				
2933.7100	--6-己内酰胺				
2933.7200	--氯巴占（INN）和甲乙哌酮（INN）				
2933.7900	--其他内酰胺				
	-其他：				
2933.9100	--阿普唑仑（INN）、卡马西泮（INN）、氯氮卓（INN）、氯硝西泮（INN）、氯拉卓酸、地洛西泮（INN）、地西泮（INN）、艾司唑仑（INN）、氯氟卓乙酯（INN）、氟地西泮（INN）、氟硝西泮（INN）、氟西泮（INN）、哈拉西泮（INN）、劳拉西泮（INN）、氯甲西泮（INN）、马吲哚（INN）、美达西泮（INN）、咪达唑仑（INN）、硝甲西泮（INN）、硝西泮（INN）、去甲西泮（INN）、奥沙西泮（INN）、匹那西泮（INN）、普拉西泮（INN）、吡咯戊酮（INN）、替马西泮（INN）、四氢西泮（INN）和三唑仑（INN）以及它们的盐				
2933.9200	--甲基谷硫磷（ISO）				
2933.9900	--其他				

税则号列	商品名称	申报要素			说明举例
		归类要素	价格要素	其他要素	
29.34	**核酸及其盐，不论是否已有化学定义；其他杂环化合物：**	1. 品名；2. 成分含量；3. 用途			
	-结构上含有一个非稠合噻唑环（不论是否氢化）的化合物：				
2934.1010	---三苯甲基氨噻肟酸				
2934.1090	---其他				
2934.2000	-结构上含有一个苯并噻唑环系（不论是否氢化）的化合物，但未经进一步稠合的				
2934.3000	-结构上含有一个吩噻嗪环系（不论是否氢化）的化合物，但未经进一步稠合的				
	-其他：				
2934.9100	--阿米雷司（INN）、溴替唑仑（INN）、氯噻西泮（INN）、氯恶唑仑（INN）、右吗拉胺（INN）、卤恶唑仑（INN）、凯他唑仑（INN）、美索卡（INN）、恶唑仑（INN）、匹莫林（INN）、苯巴曲嗪（INN）、芬美曲嗪（INN）和舒芬太尼（INN）以及它们的盐				
	--其他：				
2934.9910	---磺内酯及磺内酰胺				
2934.9920	---呋喃唑酮				
2934.9930	---核酸及其盐				
2934.9940	---奈韦拉平、依发韦仑、利托那韦及它们的盐				
2934.9950	---克拉维酸及其盐				
2934.9960	---7-苯乙酰氨基-3-氯甲基-4-头孢烷酸对甲氧基苄酯、7-氨基头孢烷酸、7-氨基脱乙酰氧基头孢烷酸				
2934.9990	---其他				
29.35	**磺（酰）胺：**	1. 品名；2. 成分含量；3. 用途			
2935.1000	-N-甲基全氟辛基磺酰胺				
2935.2000	-N-乙基全氟辛基磺酰胺				
2935.3000	-N-乙基-N-（2-羟乙基）全氟辛基磺酰胺				
2935.4000	-N-（2-羟乙基）-N-甲基全氟辛基磺酰胺				

税则号列	商品名称	申报要素			说明举例
		归类要素	价格要素	其他要素	
2935.5000	-其他全氟辛基磺酰胺				
2935.9000	-其他				
	第十一分章 维生素原、维生素及激素				
29.36	**天然或合成再制的维生素原和维生素（包括天然浓缩物）及其主要用作维生素的衍生物，上述产品的混合物，不论是否溶于溶剂：**	1. 品名；2. 成分含量；3. 用途；4. 包装			
	-未混合的维生素及其衍生物：				
2936.2100	--维生素 A 及其衍生物				
2936.2200	--维生素 B_1 及其衍生物				
2936.2300	--维生素 B_2 及其衍生物				
2936.2400	--D 或 DL-泛酸（维生素 B_3 或维生素 B_5）及其衍生物				
2936.2500	--维生素 B_6 及其衍生物				
2936.2600	--维生素 B_{12} 及其衍生物				
2936.2700	--维生素 C 及其衍生物				
2936.2800	--维生素 E 及其衍生物				
2936.2900	--其他维生素及其衍生物				
	-其他，包括天然浓缩物：				
2936.9010	---维生素 AD_3				
2936.9090	---其他				
29.37	**天然或合成再制的激素、前列腺素、血栓烷和白细胞三烯以及它们的衍生物和结构类似物，包括主要用作激素的改性链多肽：**	1. 品名；2. 成分含量；3. 用途；4. 包装			
	-多肽激素、蛋白激素和糖蛋白激素以及它们的衍生物和结构类似物：				
2937.1100	--生长激素及其衍生物及结构类似物				
	--胰岛素及其盐：				
2937.1210	---重组人胰岛素及其盐				
2937.1290	---其他				
2937.1900	--其他				
	-甾族激素及其衍生物和结构类似物：				
2937.2100	--可的松、氢化可的松、脱氢可的松及脱氢皮（甾）醇				
	--皮质甾类激素的卤化衍生物：				

税则号列	商品名称	申报要素			说明举例
		归类要素	价格要素	其他要素	
2937.2210	---地塞米松				
2937.2290	---其他				
	--雌（甾）激素和孕激素：				
	---动物源的：				
2937.2311	----孕马结合雌激素				
2937.2319	----其他				
2937.2390	---其他				
2937.2900	--其他				
2937.5000	-前列腺素、血栓烷和白细胞三烯及其衍生物和结构类似物				
2937.9000	-其他				
	第十二分章　天然或合成再制的苷（配糖物）、生物碱及其盐、醚、酯和其他衍生物				
29.38	**天然或合成再制的苷（配糖物）及其盐、醚、酯和其他衍生物：**	1. 品名；2. 成分含量；3. 用途；4. 来源（天然、合成再制）			
2938.1000	-芸香苷及其衍生物				
	-其他：				
2938.9010	---齐多夫定、拉米夫定、司他夫定、地达诺新及它们的盐				
2938.9090	---其他				
29.39	**天然或合成再制的生物碱及其盐、醚、酯和其他衍生物：**	1. 品名；2. 成分含量；3. 用途；4. 来源（天然、合成再制）			
	-鸦片碱及其衍生物，以及它们的盐：				
2939.1100	--罂粟杆浓缩物、丁丙诺啡（INN）、可待因、双氢可待因（INN）、乙基吗啡、埃托啡（INN）、海洛因、氢可酮（INN）、氢吗啡酮（INN）、吗啡、尼可吗啡（INN）、羟考酮（INN）、羟吗啡酮（INN）、福尔可定（INN）、醋氢可酮（INN）和蒂巴因，以及它们的盐				
2939.1900	--其他				
2939.2000	-金鸡纳生物碱及其衍生物，以及它们的盐				
2939.3000	-咖啡因及其盐				
	-麻黄碱类及其盐：				
2939.4100	--麻黄碱及其盐				

税则号列	商品名称	申报要素			说明举例
		归类要素	价格要素	其他要素	
2939.4200	--假麻黄碱（INN）及其盐				
2939.4300	--d-去甲假麻黄碱（INN）及其盐				
2939.4400	--去甲麻黄碱及其盐				
2939.4900	--其他				
	-茶碱和氨茶碱及其衍生物，以及它们的盐：				
2939.5100	--芬乙茶碱（INN）及其盐				
2939.5900	--其他				
	-麦角生物碱及其衍生物，以及它们的盐：				
2939.6100	--麦角新碱（INN）及其盐				
2939.6200	--麦角胺（INN）及其盐				
2939.6300	--麦角酸及其盐				
2939.6900	--其他				
	-其他，植物来源的：				
	--可卡因、芽子碱、左甲苯丙胺、去氧麻黄碱（INN）、去氧麻黄碱外消旋体，它们的盐、酯及其他衍生物：				
2939.7110	---可卡因及其盐				
2939.7190	---其他				
	--其他：				
2939.7910	---烟碱及其盐				
2939.7920	---番木鳖碱（士的年）及其盐				
2939.7990	---其他				
2939.8000	-其他（相应子目，例如税目 29.33 和 29.34 项下的）				
	第十三分章 其他有机化合物				
29.40	**化学纯糖，但蔗糖、乳糖、麦芽糖、葡萄糖及果糖除外；糖醚、糖缩醛和糖酯及其盐，但不包括税目 29.37、29.38 及 29.39 的产品：**	1. 品名；2. 成分含量	3. 用途		
2940.0010	---木糖				
2940.0090	---其他				
29.41	**抗菌素：**	1. 品名；2. 包装	3. 用途（用于制口服、注射还是外用药）		
	-青霉素和具有青霉烷酸结构的青霉素衍生物及其盐：				
	---氨苄青霉素及其盐：				
2941.1011	----氨苄青霉素				

税则号列	商品名称	申报要素			说明举例
		归类要素	价格要素	其他要素	
2941.1012	----氨苄青霉素三水酸				
2941.1019	----其他				
	---其他：				
2941.1091	----羟氨苄青霉素				
2941.1092	----羟氨苄青霉素三水酸				
2941.1093	----6氨基青霉烷酸（6APA）				
2941.1094	----青霉素V				
2941.1095	----磺苄青霉素				
2941.1096	----邻氯青霉素				
2941.1099	----其他				
2941.2000	-链霉素及其衍生物以及它们的盐				
	-四环素及其衍生物以及它们的盐：				
	---四环素及其盐：				
2941.3011	----四环素				
2941.3012	----四环素盐				
2941.3020	---四环素衍生物及其盐				
2941.4000	-氯霉素及其衍生物以及它们的盐				
2941.5000	-红霉素及其衍生物以及它们的盐				
	-其他：				
2941.9010	---庆大霉素及其衍生物以及它们的盐				
2941.9020	---卡那霉素及其衍生物以及它们的盐				
2941.9030	---利福平及其衍生物以及它们的盐				
2941.9040	---林可霉素及其衍生物以及它们的盐				
	---头孢菌素及其衍生物以及它们的盐：				
2941.9052	----头孢氨苄及其盐				
2941.9053	----头孢唑啉及其盐				
2941.9054	----头孢拉啶及其盐				
2941.9055	----头孢三嗪（头孢曲松）及其盐				
2941.9056	----头孢哌酮及其盐				
2941.9057	----头孢噻肟及其盐				
2941.9058	----头孢克罗及其盐				
2941.9059	----其他				

税则号列	商 品 名 称	申报要素			说明举例
		归类要素	价格要素	其他要素	
2941.9060	---麦迪霉素及其衍生物以及它们的盐				
2941.9070	---乙酰螺旋霉素及其衍生物以及它们的盐				
2941.9090	---其他				
29.42	**其他有机化合物：**	1. 品名；2. 成分含量	3. 用途		
2942.0000	其他有机化合物				

第三十章　药品

注释：

一、本章不包括：

（一）食品及饮料（例如，营养品、糖尿病食品、强化食品、保健食品、滋补饮料及矿泉水），但不包括供静脉摄入用的滋养品（第四类）；

（二）用于帮助吸烟者戒烟的制剂，例如，片剂、咀嚼胶或透皮贴片（税目 21.06 或 38.24）；

（三）经特殊煅烧或精细研磨的牙科用熟石膏（税目 25.20）；

（四）适合医药用的精油水馏液及水溶液（税目 33.01）；

（五）税目 33.03 至 33.07 的制品，不论是否具有治疗及预防疾病的作用；

（六）加有药料的肥皂及税目 34.01 的其他产品；

（七）以熟石膏为基本成分的牙科用制品（税目 34.07）；或

（八）不作治疗及预防疾病用的血清蛋白（税目 35.02）。

二、税目 30.02 所称的"免疫制品"是指直接参与免疫过程调节的多肽及蛋白质（税目 29.37 的货品除外），例如，单克隆抗体（MAB）、抗体片段、抗体偶联物及抗体片段偶联物、白介素、干扰素（IFN）、趋化因子及特定的肿瘤坏死因子（TNF）、生长因子（GF）、促红细胞生成素及集落刺激因子（CSF）。

三、税目 30.03 及 30.04 以及本章注释四（四）所述的非混合产品及混合产品，按下列规定处理：

（一）非混合产品：

1. 溶于水的非混合产品；

2. 第二十八章及第二十九章的所有货品；以及

3. 税目 13.02 的单一植物浸膏，只经标定或溶于溶剂的。

（二）混合产品：

1. 胶体溶液及悬浮液（胶态硫磺除外）；

2. 从植物性混合物加工所得的植物浸膏；以及

3. 蒸发天然矿质水所得的盐及浓缩物。

四、税目 30.06 仅适用于下列物品（这些物品只能归入税目 30.06 而不得归入本目录其他税目）：

（一）无菌外科肠线、类似的无菌缝合材料（包括外科或牙科用无菌可吸收缝线）及外伤创口闭合用的无菌黏合胶布；

（二）无菌昆布及无菌昆布塞条；

（三）外科或牙科用无菌吸收性止血材料；外科或牙科用无菌抗粘连阻隔材料，不论是否可吸收；

（四）用于病人的 X 光检查造影剂及其他诊断试剂，这些药剂是由单一产品配定剂量或由两种以上成分混合而成的；

（五）血型试剂；

（六）牙科粘固剂及其他牙科填料；骨骼粘固剂；

（七）急救药箱、药包；

（八）以激素、税目 29.37 的其他产品或杀精子剂为基本成分的化学避孕药物；

（九）专用于人类或作兽药用的凝胶制品，作为外科手术或体检时躯体部位的润滑剂，或者作为躯体和医疗器械之间的耦合剂；

（十）废药物，即因超过有效保存期等原因而不适合作原用途的药品；以及

（十一）可确定用于造口术的用具，即裁切成型的结肠造口术、回肠造口术、尿道造口术用袋及其具有黏性的片或底盘。

子目注释：

一、子目 3002.13 及 3002.14 所述的非混合产品、纯物质及混合产品，按下列规定处理：

（一）非混合产品或纯物质，不论是否含有杂质；

（二）混合产品：

1. 上述（一）款所述的产品溶于水或其他溶剂的；

2. 为保存或运输需要，上述（一）款及（二）1. 项所述的产品加入稳定剂的；以及

3. 上述（一）款、（二）1. 项及（二）2. 项所述的产品添加其他添加剂的。

二、子目 3003.60 和 3004.60 包括的药品含有与其他药用活性成分配伍的口服用青蒿素（INN），或者含有下列任何

一种活性成分，不论是否与其他药用活性成分配伍：阿莫地喹（INN）、蒿醚林酸及其盐（INN）、双氢青蒿素（INN）、蒿乙醚（INN）、蒿甲醚（INN）、青蒿琥酯（INN）、氯喹（INN）、二氢青蒿素（INN）、苯芴醇（INN）、甲氟喹（INN）、哌喹（INN）、乙胺嘧啶（INN）或磺胺多辛（INN）。

【要素释义】

一、归类要素

（一）用途：指该税目商品应用的方面、范围。

（二）加工工艺：对某种商品进行加工或处理的方法与过程。

（三）成分含量：指货品中所包含的某种成分的量。

（四）是否配定剂量或零售包装：配定剂量主要指已制成供治病或防病用的一次使用剂量；零售包装主要指其包装形式，尤其是所附的说明（注明适应症、用法、用量）明显为不需重新包装即可直接售给用户（个人、医院等）防病或治病。

（五）是否经过药物浸涂或制成零售包装：该归类要素为税目30.05的专有归类要素。药物浸涂主要指用药物（反刺激剂、杀菌剂等）浸渍、涂覆等；零售包装主要指不需重新包装，只能直接出售（例如，受所附标签或特殊折叠方式所限）给用户（个人、医院等），用于医疗、外科、牙科或兽医方面。

（六）组成：该要素为子目3006.5的专有归类要素。“急救药箱、药包”需填写箱或包中的药品、器具等的种类和数量。

二、价格要素

（一）品牌：指制造商或经销商加在商品上的标志。实际只需要申报出名称即可，有外文品牌的以申报外文品牌名称为主。

（二）型号：例如，子目3002.1的美国产“BIOGENEX”牌抗体的型号可填写“AM012-5M”。

（三）包装规格：指商品个体独立包装的数量或者重量。例如，子目3002.1的抗体的包装规格可填写“10毫米/支”。

（四）包装：该要素是子目3006.1无菌外科肠线、类似的无菌缝合材料的价格要素，指商品的外包装的工具名称。例如，申报“盒装”“袋装”“桶装”“罐装”等。

税则号列	商品名称	申报要素			说明举例
		归类要素	价格要素	其他要素	
30.01	**已干燥的器官疗法用腺体及其他器官，不论是否制成粉末；器官疗法用腺体、其他器官及其分泌物的提取物；肝素及其盐；其他供治疗或预防疾病用的其他税目未列名的人体或动物制品：**	1. 品名；2. 用途；3. 加工工艺	4. 品牌（英文）；5. 型号		
3001.2000	-腺体、其他器官及其分泌物的提取物				
	-其他：				
3001.9010	---肝素及其盐				
3001.9090	---其他				
30.02	**人血；治病、防病或诊断用的动物血制品；抗血清、其他血份及免疫制品，不论是否修饰或通过生物工艺加工制得；疫苗、毒素、培养微生物（不包括酵母）及类似产品：**	1. 品名；2. 用途；3. 加工工艺；4. 是否配定剂量或零售包装	5. 品牌；6. 型号；7. 包装规格		

税则号列	商品名称	申报要素			说明举例
		归类要素	价格要素	其他要素	
	-抗血清、其他血份及免疫制品，不论是否修饰或通过生物工艺加工制得：				
3002.1100	--疟疾诊断试剂盒				
3002.1200	--抗血清及其他血份				
3002.1300	--非混合的免疫制品，未配定剂量或制成零售包装				
3002.1400	--混合的免疫制品，未配定剂量或制成零售包装				
3002.1500	--免疫制品，已配定剂量或制成零售包装				
3002.1900	--其他				
3002.2000	-人用疫苗				
3002.3000	-兽用疫苗				
	-其他：				
3002.9010	---石房蛤毒素				
3002.9020	---蓖麻毒素				
3002.9030	---细菌及病毒				
3002.9040	---遗传物质和基因修饰生物体				
3002.9090	---其他				
30.03	**两种或两种以上成分混合而成的治病或防病用药品（不包括税目30.02、30.05或30.06的货品），未配定剂量或制成零售包装：**	1.品名；2.用途；3.成分；4.是否配定剂量或零售包装	5.品牌；6.型号；7.包装规格		
	-含有青霉素及具有青霉烷酸结构的青霉素衍生物或链霉素及其衍生物：				
	---青霉素：				
3003.1011	----氨苄青霉素				
3003.1012	----羟氨苄青霉素				
3003.1013	----青霉素V				
3003.1019	----其他				
3003.1090	---其他				
	-其他，含有抗菌素：				
	---头孢菌素：				
3003.2011	----头孢噻肟				
3003.2012	----头孢他啶				
3003.2013	----头孢西丁				
3003.2014	----头孢替唑				
3003.2015	----头孢克罗				
3003.2016	----头孢呋辛				

税则号列	商品名称	申报要素			说明举例
		归类要素	价格要素	其他要素	
3003.2017	----头孢三嗪（头孢曲松）				
3003.2018	----头孢哌酮				
3003.2019	----其他				
3003.2090	---其他				
	-其他，含有激素或税目29.37的其他产品：				
3003.3100	--含有胰岛素				
3003.3900	--其他				
	-其他，含有生物碱及其衍生物：				
3003.4100	--含有麻黄碱及其盐				
3003.4200	--含有伪麻黄碱（INN）及其盐				
3003.4300	--含有去甲麻黄碱及其盐				
3003.4900	--其他				
	-其他，含有本章子目注释二所列抗疟疾活性成分的：				
3003.6010	---含有青蒿素及其衍生物				
3003.6090	---其他				
3003.9000	-其他				
30.04	**由混合或非混合产品构成的治病或防病用药品（不包括税目30.02、30.05或30.06的货品），已配定剂量（包括制成皮肤摄入形式的）或制成零售包装：**	1. 品名；2. 用途；3. 成分；4. 是否配定剂量或零售包装；	5. 品牌；6. 包装规格		
	-含有青霉素及具有青霉烷酸结构的青霉素衍生物或链霉素及其衍生物：				
	---青霉素：				
3004.1011	----氨苄青霉素制剂				
3004.1012	----羟氨苄青霉素制剂				
3004.1013	----青霉素V制剂				
3004.1019	----其他				
3004.1090	---其他				
	-其他，含有抗菌素：				
	---头孢菌素：				
3004.2011	----头孢噻肟制剂				
3004.2012	----头孢他啶制剂				
3004.2013	----头孢西丁制剂				
3004.2014	----头孢替唑制剂				
3004.2015	----头孢克罗制剂				

税则号列	商品名称	申报要素			说明举例
		归类要素	价格要素	其他要素	
3004.2016	----头孢呋辛制剂				
3004.2017	----头孢三嗪（头孢曲松）制剂				
3004.2018	----头孢哌酮制剂				
3004.2019	----其他				
3004.2090	---其他				
	-其他，含有激素或税目29.37的其他产品：				
	--含有胰岛素：				
3004.3110	---含有重组人胰岛素的				
3004.3190	---其他				
3004.3200	--含有皮质甾类激素及其衍生物或结构类似物				
3004.3900	--其他				
	-其他，含有生物碱及其衍生物：				
3004.4100	--含有麻黄碱及其盐				
3004.4200	--含有伪麻黄碱（INN）及其盐				
3004.4300	--含有去甲麻黄碱及其盐				
3004.4900	--其他				
3004.5000	-其他，含有维生素或税目29.36所列产品				
	-其他，含有本章子目注释二所列抗疟疾活性成分的：				
3004.6010	---含有青蒿素及其衍生物				
3004.6090	---其他				
	-其他：				
3004.9010	---含有磺胺类				
3004.9020	---含有联苯双酯				
	---中式成药：				
3004.9051	----中药酒				
3004.9052	----片仔癀				
3004.9053	----白药				
3004.9054	----清凉油				
3004.9055	----安宫牛黄丸				
3004.9059	----其他				
3004.9090	---其他				

税则号列	商 品 名 称	申 报 要 素			说 明 举 例
		归类要素	价格要素	其他要素	
30.05	**软填料、纱布、绷带及类似物品（例如，敷料、橡皮膏、泥罨剂），经过药物浸涂或制成零售包装供医疗、外科、牙科或兽医用：**	1. 品名；2. 用途；3. 成分；4. 是否经过药物浸涂或制成零售包装	5. 品牌；6. 型号；7. 包装规格		
	-胶粘敷料及有胶粘涂层的其他物品：				
3005.1010	---橡皮膏				
3005.1090	---其他				
	-其他：				
3005.9010	---药棉、纱布、绷带				
3005.9090	---其他				
30.06	**本章注释四所规定的医药用品：**				
3006.1000	-无菌外科肠线、类似的无菌缝合材料（包括外科或牙科用无菌可吸收缝线）及外伤创口闭合用的无菌黏合胶布；无菌昆布及无菌昆布塞条；外科或牙科用无菌吸收性止血材料；外科或牙科用无菌抗粘连阻隔材料，不论是否可吸收	1. 品名；2. 用途	3. 品牌；4. 型号；5. 包装规格		
3006.2000	-血型试剂	1. 品名；2. 用途；3. 成分	4. 品牌；5. 型号；6. 包装规格		
3006.3000	-X 光检验造影剂；用于病人的诊断试剂	1. 品名；2. 用途；3. 成分	4. 品牌；5. 型号；6. 包装规格		
3006.4000	-牙科粘固剂及其他牙科填料；骨骼粘固剂	1. 品名；2. 用途；3. 成分	4. 品牌；5. 型号；6. 包装规格		
3006.5000	-急救药箱、药包	1. 品名；2. 组成（指箱或包中的药品、器具等）	3. 品牌；4. 型号		不包括医生用较复杂的医药包。例：急救药箱（组成：双氧水、碘酊、红汞、山金车花酊剂、少量敷料、药膏、剪刀、镊子）
	-以激素、税目 29.37 其他产品或杀精子剂为基本成分的化学避孕药物：	1. 品名；2. 用途；3. 成分	4. 品牌；5. 型号；6. 包装规格		
3006.6010	---以激素为基本成分的避孕药物				
3006.6090	---其他				

税则号列	商品名称	申报要素			说明举例
		归类要素	价格要素	其他要素	
3006.7000	-专用于人类或兽药的凝胶制品，作为外科手术或体检时躯体部位的润滑剂，或者作为躯体和医疗器械之间的耦合剂	1. 品名；2. 用途；3. 成分	4. 品牌；5. 型号；6. 包装规格		
	-其他：				
3006.9100	--可确定用于造口术的用具	1. 品名；2. 用途	3. 品牌；4. 型号		
3006.9200	--废药物	1. 品名			

第三十一章　肥料

注释：

一、本章不包括：

（一）税目 05.11 的动物血；

（二）单独的已有化学定义的化合物［符合下列注释二（一）、三（一）、四（一）或五所规定的化合物除外］；或

（三）税目 38.24 的每颗重量不低于 2.5 克的氯化钾培养晶体（光学元件除外）；氯化钾光学元件（税目 90.01）。

二、税目 31.02 只适用于下列货品，但未制成税目 31.05 所述形状或包装：

（一）符合下列任何一条规定的货品：

1. 硝酸钠，不论是否纯净；
2. 硝酸铵，不论是否纯净；
3. 硫酸铵及硝酸铵的复盐，不论是否纯净；
4. 硫酸铵，不论是否纯净；
5. 硝酸钙及硝酸铵的复盐（不论是否纯净）或硝酸钙及硝酸铵的混合物；
6. 硝酸钙及硝酸镁的复盐（不论是否纯净）或硝酸钙及硝酸镁的混合物；
7. 氰氨化钙，不论是否纯净或用油处理；
8. 尿素，不论是否纯净。

（二）由上述（一）款任何货品相互混合的肥料。

（三）由氯化铵或上述（一）或（二）款任何货品与白垩、石膏或其他无肥效无机物混合而成的肥料。

（四）由上述（一）2 或 8 项的货品或其混合物溶于水或液氨的液体肥料。

三、税目 31.03 只适用于下列货品，但未制成税目 31.05 所述形状或包装：

（一）符合下列任何一条规定的货品：

1. 碱性熔渣；
2. 税目 25.10 的天然磷酸盐，已焙烧或经过超出清除杂质范围的热处理；
3. 过磷酸钙（一过磷酸钙、二过磷酸钙或三过磷酸钙）；
4. 磷酸氢钙，按干燥无水产品重量计含氟量不低于 0.2%。

（二）由上述（一）款的任何货品相互混合的肥料，不论含氟量多少。

（三）由上述（一）或（二）款的任何货品与白垩、石膏或其他无肥效无机物混合而成的肥料，不论含氟量多少。

四、税目 31.04 只适用于下列货品，但未制成税目 31.05 所述形状或包装：

（一）符合下列任何一条规定的货品：

1. 天然粗钾盐（例如，光卤石、钾盐镁矾及钾盐）；
2. 氯化钾，不论是否纯净，但上述注释一（三）所述的产品除外；
3. 硫酸钾，不论是否纯净；
4. 硫酸镁钾，不论是否纯净。

（二）由上述（一）款任何货品相互混合的肥料。

五、磷酸二氢铵及磷酸氢二铵（不论是否纯净）及其相互之间的混合物应归入税目 31.05。

六、税目 31.05 所称"其他肥料"，仅适用于其基本成分至少含有氮、磷、钾中一种肥效元素的肥料用产品。

【要素释义】

一、归类要素

（一）用途：指商品应用的方面、范围。

（二）加工工艺：为对某种商品进行加工或处理的方法与过程。

（三）外观：指货品本身实际的外观状态情况，主要指货品的颜色形状等表观性状。

（四）包装件重：指单包货品的毛重。

（五）是否经过化学处理或与化学肥料混合：该要素是税目 31.01 的专有归类要素，按实际情况填写即可。

（六）每包重量：与包装件重类似，指单包货品的毛重。

（七）成分含量：指货品中所包含的某种成分的量。

（八）对于本章“成分含量”在有些情况下，部分商品的成分、含量只要能满足海关管理即可。

二、价格要素

（一）品牌：指制造商或经销商加在商品上的标志。实际只需要申报出名称即可，有外文品牌的以申报外文品牌名称为主。例如，子目3101.009的植物肥料可填写“Stoller（世多乐）牌”。

（二）型号：指不同用途产品的代码。例如，子目3101.009品牌“Stoller（世多乐）”的植物肥料可填写型号“科索1号”。

（三）总氮含量：该要素是税目31.02矿物氮肥及化学氮肥的专用价格要素，用“%”表示。例如，子目3102.1法国产的“MERCK”牌“43601286型”尿素的总氮含量46.7%。

（四）成分含量：该要素是税目31.02矿物氮肥及化学氮肥的专用价格要素，用“%”表示，需申报具体所含所有元素的含量。

（五）总磷含量：该要素是税目31.03矿物磷肥及化学磷肥的价格要素，用“%”表示。例如，子目3103.9英国产的磷肥的总磷含量20%。

（六）总钾含量（以氧化物计）：该要素是税目31.04矿物钾肥及化学钾肥的价格要素，用“%”表示。例如，子目3104.209美国产的氯化钾肥的总钾含量1.25%。

（七）总氮含量、总磷含量、总钾（以氧化物计）含量：该要素是税目31.05含氮、磷、钾中两种或三种肥效元素的矿物肥料或化学肥料的价格要素，用“%”表示。例如，子目3105.9美国产的化肥，总磷0%，总氮6.5%，总钾3.6%。

税则号列	商品名称	申报要素			说明举例
		归类要素	价格要素	其他要素	
31.01	**动物或植物肥料，不论是否相互混合或经化学处理；动植物产品经混合或化学处理制成的肥料：**	1. 品名；2. 用途；3. 加工工艺；4. 外观；5. 每包重量；6. 是否经过化学处理或与化学肥料混合	7. 品牌		不包括天然与化学肥料的混合物（税目31.05）
	---未经化学处理：				
3101.0011	----鸟粪				
3101.0019	----其他				
3101.0090	---其他				
31.02	**矿物氮肥及化学氮肥：**	1. 品名；2. 每包重量	3. 总氮含量；4. 品牌；5. 型号；6. 成分含量		
3102.1000	-尿素，不论是否水溶液				
	-硫酸铵；硫酸铵和硝酸铵的复盐及混合物：				
3102.2100	--硫酸铵				
3102.2900	--其他				
3102.3000	-硝酸铵，不论是否水溶液				
3102.4000	-硝酸铵与碳酸钙或其他无肥效无机物的混合物				
3102.5000	-硝酸钠				
3102.6000	-硝酸钙和硝酸铵的复盐及混合物				
3102.8000	-尿素及硝酸铵混合物的水溶液或氨水溶液				

税则号列	商品名称	申报要素			说明举例
		归类要素	价格要素	其他要素	
	-其他，包括上述子目未列名的混合物：				
3102.9010	---氰氨化钙				
3102.9090	---其他				
31.03	**矿物磷肥及化学磷肥：**	1. 品名；2. 每包重量	3. 总磷含量；4. 品牌；5. 型号		
	-过磷酸钙：				
	--按重量计五氧化二磷（P_2O_5）含量在35%及以上：				
3103.1110	---重过磷酸钙				
3103.1190	---其他				
3103.1900	--其他				
3103.9000	-其他				
31.04	**矿物钾肥及化学钾肥：**				
	-氯化钾：	1. 品名；2. 每包重量；3. 按照重量计氯化钾含量	4. 总钾含量（以氧化物计）；5. 品牌；6. 型号		
3104.2020	---纯氯化钾				
3104.2090	---其他				
3104.3000	-硫酸钾	1. 品名；2. 每包重量	3. 总钾含量（以氧化物计）；4. 品牌；5. 型号		
	-其他：	1. 品名；2. 每包重量	3. 总钾含量（以氧化物计）；4. 品牌；5. 型号		
3104.9010	---光卤石、钾盐及其他天然粗钾盐				
3104.9090	---其他				
31.05	**含氮、磷、钾中两种或三种肥效元素的矿物肥料或化学肥料；其他肥料；制成片及类似形状或每包毛重不超过10千克的本章各项货品：**	1. 品名；2. 成分含量；3. 每包重量	4. 总氮含量、总磷含量、总钾（以氧化物计）含量；5. 品牌；6. 型号		
3105.1000	-制成片及类似形状或每包毛重不超过10千克的本章各项货品				
3105.2000	-含氮、磷、钾三种肥效元素的矿物肥料或化学肥料				

税则号列	商品名称	申报要素			说明举例
		归类要素	价格要素	其他要素	
3105.3000	-磷酸氢二铵				
3105.4000	-磷酸二氢铵及磷酸二氢铵与磷酸氢二铵的混合物				
	-其他含氮、磷两种肥效元素的矿物肥料或化学肥料：				
3105.5100	--含有硝酸盐及磷酸盐				
3105.5900	--其他				
3105.6000	-含磷、钾两种肥效元素的矿物肥料或化学肥料				
	-其他：				
3105.9010	---有机-无机复混肥料				
3105.9090	---其他				

第三十二章　鞣料浸膏及染料浸膏；鞣酸及其衍生物；染料、颜料及其他着色料；油漆及清漆；油灰及其他类似胶黏剂；墨水、油墨

注释：

一、本章不包括：

（一）单独的已有化学定义的化学元素及化合物（税目 32.03 及 32.04 的货品、税目 32.06 的用作发光体的无机产品、税目 32.07 所述形状的熔融石英或其他熔融硅石制成的玻璃及税目 32.12 的零售形状或零售包装的染料及其他着色料除外）；

（二）税目 29.36 至 29.39、29.41 及 35.01 至 35.04 的鞣酸盐及其他鞣酸衍生物；或

（三）沥青胶黏剂（税目 27.15）。

二、税目 32.04 包括生产偶氮染料用的稳定重氮盐与偶合物的混合物。

三、税目 32.03、32.04、32.05 及 32.06 也包括以着色料为基本成分的制品（例如，税目 32.06 包括以税目 25.30 或第二十八章的颜料，金属粉片及金属粉末为基本成分的制品）。该制品是用作原材料着色剂的拼料。但以上税目不包括分散在非水介质中呈液状或浆状的制漆用颜料，例如，税目 32.12 的瓷漆及税目 32.07、32.08、32.09、32.10、32.12、32.13 及 32.15 的其他制品。

四、税目 32.08 包括由税目 39.01 至 39.13 所列产品溶于挥发性有机溶剂的溶液（胶棉除外），但溶剂重量必须超过溶液重量的 50%。

五、本章所称“着色料”，不包括作为油漆填料的产品，不论这些产品能否用于水浆涂料的着色。

六、税目 32.12 所称“压印箔”，只包括用以压印诸如书本封面或帽带之类的薄片，这些薄片由以下材料构成：

（一）金属粉（包括贵金属粉）或颜料经胶水、明胶及其他黏合剂凝结而成的；或

（二）金属（包括贵金属）或颜料沉积于任何材料衬片上的。

【要素释义】

一、归类要素

（一）用途：指该税目商品应用的方面、范围。

（二）加工工艺：对某种商品进行加工或处理的方法与过程。

（三）成分含量：指货品中所包含的某种成分的量。

（四）是否具有曝光显影功能：该归类要素为子目 3215.10 的专有归类要素。“印刷油墨”填写“不具有曝光显影功能”。

（五）染料须报明种类：指染料的具体分类，如分散染料、酸性染料、碱性染料等。

（六）成分：指构成货品的各种不同的物质。

（七）外观：指的是货品本身实际的外观状态情况，主要指货品的颜色、形状等表观性状。

（八）包装：主要指为保护、贮运货品或促进货品销售，而使用特定材料、技术、方法的形式。包装要素的填写应体现出是否为零售包装形式。

（九）颜色：指色彩，光的各种现象（如红色、橙色、桃红色、绿色、蓝色、紫色、和黄色等），或使人们得以区分在大小、形状或结构等方面完全相同的物体的视觉或知觉现象。该归类要素为税目 32.15 的专有归类要素，“印刷油墨、书写或绘图墨水及其他墨类”需填写颜色。

（十）对于本章“成分含量”在有些情况下，部分商品的成分、含量只要能满足海关管理即可。

二、价格要素

（一）品牌：指制造商或经销商加在商品上的标志。实际只需要申报出名称即可，有外文品牌的以申报外文品牌名称为主。

（二）型号：指不同用途产品的代码。

（三）包装规格：指商品独立包装的重量。例如涂料的包装规格可填写“4 千克/桶”。

（四）成分含量：该要素是税目 32.03 动植物质着色料的价格要素。例如，子目 3203.0019 美国产“SIGMA-ALDRICH”牌型号 H3136”的苏木精的成分含量是“40%苏木精，60%水”。

（五）包装：指商品的外包装的工具名称。例如，子目 3203.0019 的商品包装可填写“瓶装”。

（六）如果加入放射性盐，请注明放射性比度：该要素为子目 3206.111 钛白粉的价格要素，用“kBq/kg 或 μCi/g”表示。如果无加入放射性盐，只需申报“无加入放射性盐”即可，如果加入，申报具体的放射性比度。

（七）外观：指商品外观存在的状态，例如“卷状”或者“片状”等。

（八）规格：该要素是税目32.12压印箔的价格要素，指压印箔的长度和宽度，用“米”或者“毫米”表示。

（九）加工工艺：该要素是税目32.12压印箔的价格要素，需简单申报加工工艺。

（十）是否成套：该要素是税目32.13艺术家、学生和广告美工用的颜料、调色料、文娱颜料及类似品的专用价格要素。如果成套则需申报“成套”，非成套则申报“散件”。

（十一）级别：该要素是子目3206.111钛白粉的价格要素。钛白粉有不同的型号和级别，价格存在差异。级别有塑料级、涂料级和通用级等，按实际级别申报即可。

（十二）签约日期：指供求双方企业合同价格签订的日期。实际只需申报具体日期即可，例如可填写“2013-07-01”。

三、其他要素

稀土元素的重量百分比，以［A］表示：该要素为税目32.06的专有要素，“用作发光体的无机产品”需填写货品中稀土元素的重量百分比，填写时以“［A］”表示。

税则号列	商品名称	申报要素			说明举例
		归类要素	价格要素	其他要素	
32.01	**植物鞣料浸膏；鞣酸及其盐、醚、酯和其他衍生物：**	1. 品名；2. 用途；3. 加工工艺	4. 品牌；5. 型号		
3201.1000	-坚木浸膏				
3201.2000	-荆树皮浸膏				
	-其他：				
3201.9010	---其他鞣料浸膏				
3201.9090	---其他				
32.02	**有机合成鞣料；无机鞣料；鞣料制剂，不论是否含有天然鞣料；预鞣用酶制剂：**	1. 品名；2. 成分含量；3. 型号；4. 是否为无铬鞣料	5. 品牌；6. 包装规格		
3202.1000	-有机合成鞣料				
3202.9000	-其他				
32.03	**动植物质着色料（包括染料浸膏，但动物炭黑除外），不论是否已有化学定义；本章注释三所述的以动植物质着色料为基本成分的制品：**	1. 品名；2. 用途；3. 加工工艺	4. 包装；5. 品牌；6. 型号；7. 成分含量		
	---植物质着色料及以其为基本成分的制品：				
3203.0011	----天然靛蓝及以其为基本成分的制品				
3203.0019	----其他				
3203.0020	---动物质着色料及以其为基本成分的制品				
32.04	**有机合成着色料，不论是否已有化学定义；本章注释三所述的以有机合成着色料为基本成分的制品；用作荧光增白剂或发光体的有机合成产品，不论是否已有化学定义：**	1. 品名；2. 成分含量；3. 用途；4. 染料须报明种类	5. 包装规格；6. 品牌；7. 型号		

税则号列	商品名称	申报要素			说明举例
		归类要素	价格要素	其他要素	
	-有机合成着色料及本章注释三所述的以有机合成着色料为基本成分的制品：				
3204.1100	--分散染料及以其为基本成分的制品				
3204.1200	--酸性染料（不论是否预金属络合）及以其为基本成分的制品；媒染染料及以其为基本成分的制品				
3204.1300	--碱性染料及以其为基本成分的制品				
3204.1400	--直接染料及以其为基本成分的制品				
	--瓮染料（包括颜料用的）及以其为基本成分的制品：				
3204.1510	---合成靛蓝（还原靛蓝）				
3204.1590	---其他				
3204.1600	--活性染料及以其为基本成分的制品				
3204.1700	--颜料及以其为基本成分的制品				
	--其他，包括由子目3204.11至3204.19中两个或多个子目所列着色料组成的混合物：				
	---硫化染料及以其为基本成分的制品：				
3204.1911	----硫化黑（硫化青）及以其为基本成分的制品				
3204.1919	----其他				
3204.1990	---其他				
3204.2000	-用作荧光增白剂的有机合成产品				
	-其他：				
3204.9010	---生物染色剂及染料指示剂				
3204.9020	---胡萝卜素及类胡萝卜素				
3204.9090	---其他				
32.05	**色淀；本章注释三所述的以色淀为基本成分的制品：**	1. 品名；2. 成分	3. 包装；4. 品牌；5. 型号		
3205.0000	色淀；本章注释三所述的以色淀为基本成分的制品				

税则号列	商品名称	申报要素			说明举例
		归类要素	价格要素	其他要素	
32.06	**其他着色料；本章注释三所述的制品，但税目32.03、32.04及32.05的货品除外；用作发光体的无机产品，不论是否已有化学定义：**				
	-以二氧化钛为基本成分的颜料及制品：				
	--以干物质计二氧化钛含量在80%及以上的：				
3206.1110	---钛白粉	1. 品名；2. 成分含量；3. 用途	4. 包装；5. 型号；6. 品牌；7. 如果加入放射性盐，请注明放射性比度；8. 级别；9. 签约日期		
3206.1190	---其他	1. 品名；2. 成分含量；3. 用途	4. 包装规格；5. 型号；6. 品牌；7. 如果加入放射性盐，请注明放射性比度		
3206.1900	--其他	1. 品名；2. 成分含量；3. 用途	4. 包装规格；5. 型号；6. 品牌；7. 如果加入放射性盐，请注明放射性比度		
3206.2000	-以铬化合物为基本成分的颜料及制品	1. 品名；2. 成分含量；3. 用途	4. 包装规格；5. 型号；6. 品牌；7. 如果加入放射性盐，请注明放射性比度		
	-其他着色料及其他制品：	1. 品名；2. 成分含量；3. 用途	4. 包装规格；5. 型号；6. 品牌；7. 如果加入放射性盐，请注明放射性比度		
3206.4100	--群青及以其为基本成分的制品				
	--锌钡白及以硫化锌为基本成分的其他颜料和制品：				
3206.4210	---锌钡白				

税则号列	商 品 名 称	申报要素			说 明 举 例
		归类要素	价格要素	其他要素	
3206.4290	---其他				
	--其他:				
	---以铋化合物为基本成分的颜料及制品:				
3206.4911	----以钒酸铋为基本成分的颜料及制品				
3206.4919	----其他				
3206.4990	---其他				
3206.5000	-用作发光体的无机产品	1. 品名; 2. 成分含量; 3. 用途	4. 包装规格; 5. 型号; 6. 品牌; 7. 如果加入放射性盐, 请注明放射性比度	8. 稀土元素的重量百分比, 以 [A] 表示	
32.07	**陶瓷、搪瓷及玻璃工业用的调制颜料、遮光剂、着色剂、珐琅和釉料、釉底料(泥釉)、光瓷釉以及类似产品;搪瓷玻璃料及其他玻璃,呈粉、粒或粉片状的:**	1. 品名; 2. 用途; 3. 外观; 4. 成分含量	5. 包装; 6. 品牌; 7. 型号		
3207.1000	-调制颜料、遮光剂、着色剂及类似制品				
3207.2000	-珐琅和釉料、釉底料(泥釉)及类似制品				
3207.3000	-光瓷釉及类似制品				
3207.4000	-搪瓷玻璃料及其他玻璃,呈粉、粒或粉片状的				
32.08	**以合成聚合物或化学改性天然聚合物为基本成分的油漆及清漆(包括瓷漆及大漆),分散于或溶于非水介质的;本章注释四所述的溶液:**	1. 品名; 2. 成分含量; 3. 用途; 4. 是否分散于或溶于非水介质; 5. 施工状态下挥发性有机物含量	6. 包装; 7. 品牌; 8. 型号		
3208.1000	-以聚酯为基本成分				
	-以丙烯酸聚合物或乙烯聚合物为基本成分:				
3208.2010	---以丙烯酸聚合物为基本成分				
3208.2020	---以乙烯聚合物为基本成分				
	-其他:				
3208.9010	---以聚胺酯类化合物为基本成分				
3208.9090	---其他				

税则号列	商品名称	申报要素			说明举例
		归类要素	价格要素	其他要素	
32.09	**以合成聚合物或化学改性天然聚合物为基本成分的油漆及清漆（包括瓷漆及大漆），分散于或溶于水介质的：**	1. 品名；2. 成分含量；3. 用途；4. 是否分散于或溶于水介质；5. 施工状态下挥发性有机物含量	6. 包装；7. 品牌；8. 型号		
3209.1000	-以丙烯酸聚合物或乙烯聚合物为基本成分				
	-其他：				
3209.9010	---以环氧树脂为基本成分				
3209.9020	---以氟树脂为基本成分				
3209.9090	---其他				
32.10	**其他油漆及清漆（包括瓷漆、大漆及水浆涂料）；加工皮革用的水性颜料：**	1. 品名；2. 成分含量；3. 用途；4. 施工状态下挥发性有机物含量	5. 包装；6. 品牌；7. 型号		
3210.0000	其他油漆及清漆（包括瓷漆、大漆及水浆涂料）；加工皮革用的水性颜料				
32.11	**配制的催干剂：**	1. 品名；2. 成分含量；3. 用途	4. 品牌；5. 型号		
3211.0000	配制的催干剂				
32.12	**制造油漆（含瓷漆）用的颜料（包括金属粉末或金属粉片），分散于非水介质中呈液状或浆状的；压印箔；零售形状及零售包装的染料或其他着色料：**				
3212.1000	-压印箔	1. 品名；2. 成分含量；3. 用途	4. 包装；5. 外观；6. 品牌；7. 规格；8. 加工工艺		
3212.9000	-其他	1. 品名；2. 成分含量；3. 用途	4. 包装；5. 外观；6. 品牌		
32.13	**艺术家、学生和广告美工用的颜料、调色料、文娱颜料及类似品，片状、管装、罐装、瓶装、扁盒装以及类似形状或包装的：**	1. 品名；2. 用途；3. 包装	4. 品牌；5. 型号；6. 是否成套		
3213.1000	-成套的颜料				
3213.9000	-其他				
32.14	**安装玻璃用油灰、接缝用油灰、树脂胶泥、嵌缝胶及其他类似胶黏剂；漆工用填料；非耐火涂面制剂，涂门面、内墙、地板、天花板等用：**	1. 品名；2. 成分含量；3. 用途；4. 包装；5. 施工状态下挥发性有机物含量	6. 品牌；7. 型号		

税则号列	商品名称	申报要素			说明举例
		归类要素	价格要素	其他要素	
	-安装玻璃用油灰、接缝用油灰、树脂胶泥、嵌缝胶及其他类似胶黏剂；漆工用填料：				
3214.1010	---半导体器件封装材料				
3214.1090	---其他				
3214.9000	-其他				
32.15	**印刷油墨、书写或绘图墨水及其他墨类，不论是否固体或浓缩：**				
	-印刷油墨：	1. 品名；2. 用途（如子目 8443.31、8443.32 或 8443.39 所列设备用等）；3. 包装；4. 颜色；5. 成分含量；6. 是否具有曝光显影功能；7. 若为工程形态需注明；8. 是否为固体			
3215.1100	--黑色				
3215.1900	--其他				
	-其他：	1. 品名；2. 用途；3. 包装；4. 成分含量			
3215.9010	---书写墨水				
3215.9020	---水性喷墨墨水				
3215.9090	---其他				

第三十三章　精油及香膏；芳香料制品及化妆盥洗品

注释：

一、本章不包括：

（一）税目 13.01 或 13.02 的天然油树脂或植物浸膏；

（二）税目 34.01 的肥皂及其他产品；或

（三）税目 38.05 的脂松节油、木松节油和硫酸盐松节油及其他产品。

二、税目 33.02 所称“香料”，仅指税目 33.01 所列的物质、从这些物质离析出来的香料组分以及合成芳香剂。

三、税目 33.03 至 33.07 主要包括适合作这些税目所列用途的零售包装产品，不论其是否混合（精油水馏液及水溶液除外）。

四、税目 33.07 所称“芳香料制品及化妆盥洗品”，主要适用于下列产品：香袋；通过燃烧散发香气的制品；香纸及用化妆品浸渍或涂布的纸；隐形眼镜片或假眼用的溶液；用香水或化妆品浸渍、涂布、包覆的絮胎、毡呢及无纺织物；动物用盥洗品。

【要素释义】

一、归类要素

（一）用途：指该税目商品应用的方面、范围。

（二）加工工艺：对某种商品进行加工或处理的方法与过程。

（三）成分：指构成货品的各种不同的物质。

（四）酒精含量：该归类要素为子目 3302.10 的专有归类要素，需填写含有酒精的量。

（五）包装：主要指为保护、贮运货品或促进货品销售，而使用特定材料、技术、方法的形式。包装要素的填写应体现出是否为零售包装形式。

（六）对于本章“成分含量”在有些情况下，部分商品的成分、含量只要能满足海关管理即可。

二、价格要素

（一）包装：该要素是税目 33.01 和税目 33.04 的价格要素，是指个体商品的包装方式。例如，“桶装”“瓶（塑料或者玻璃）装”“袋装”等。

（二）品牌：指制造商或经销商加在商品上的标志。实际只需要申报出名称即可，有外文品牌的以申报外文品牌名称为主。

（三）型号：指不同用途、成分的商品的代码。

（四）成分含量：该要素是税目 33.01 精油等的专有价格要素，指商品所含所有成分的名称及含量。例如，子目 3301.12 甜橙油的成分含量可填写“甜橙油 98%，水 2%”。

（五）规格：指个体包装的数量或者重量或者容量。例如，10 毫升/瓶。

税则号列	商品名称	申报要素			说明举例
		归类要素	价格要素	其他要素	
33.01	**精油（无萜或含萜），包括浸膏及净油；香膏；提取的油树脂；用花香吸取法或浸渍法制成的含浓缩精油的脂肪、固定油、蜡及类似品；精油脱萜时所得的萜烯副产品；精油水馏液及水溶液：**	1. 品名；2. 用途；3. 加工工艺	4. 包装规格；5. 品牌；6. 型号；7. 成分含量		
	-柑橘属果实的精油：				
3301.1200	--橙油				
3301.1300	--柠檬油				
	--其他：				
3301.1910	---白柠檬油（酸橙油）				

税则号列	商品名称	申报要素			说明举例
		归类要素	价格要素	其他要素	
3301.1990	---其他				
	-非柑橘属果实的精油：				
3301.2400	--胡椒薄荷油				
3301.2500	--其他薄荷油				
	--其他：				
3301.2910	---樟脑油				
3301.2920	---香茅油				
3301.2930	---茴香油				
3301.2940	---桂油				
3301.2950	---山苍子油				
3301.2960	---桉叶油				
	---其他：				
3301.2991	----老鹳草油（香叶油）				
3301.2999	----其他				
	-香膏：				
3301.3010	---鸢尾凝脂				
3301.3090	---其他				
	-其他：				
3301.9010	---提取的油树脂				
3301.9020	---柑橘属果实的精油脱萜烯副产品				
3301.9090	---其他				
33.02	**工业原料用的芳香物质的混合物及以一种或多种芳香物质为基本成分的混合物（包括酒精溶液）；生产饮料用的以芳香物质为基本成分的其他制品：**				
	-食品或饮料工业用：	1. 品名；2. 成分；3. 用途；4. 酒精含量	5. 品牌；6. 型号；7. 包装规格		
3302.1010	---生产饮料用的以香料为基本成分的制品，按容量计酒精浓度不超过0.5%的				
3302.1090	---其他				
3302.9000	-其他	1. 品名；2. 成分；3. 用途	4. 品牌；5. 型号；6. 包装规格		
33.03	**香水及花露水：**	1. 品名；2. 包装规格	3. 品牌		
3303.0000	香水及花露水				
33.04	**美容品或化妆品及护肤品（药品除外），包括防晒油或晒黑油；指（趾）甲化妆品：**	1. 品名；2. 用途；3. 包装规格	4. 品牌		

税则号列	商品名称	申报要素			说明举例
		归类要素	价格要素	其他要素	
3304.1000	-唇用化妆品				
3304.2000	-眼用化妆品				
3304.3000	-指（趾）甲化妆品				
	-其他：				
3304.9100	--粉，不论是否压紧				
3304.9900	--其他				
33.05	**护发品：**	1. 品名；2. 用途；3. 包装规格	4. 品牌；5. 型号（货号）		
3305.1000	-洗发剂（香波）				
3305.2000	-烫发剂				
3305.3000	-定型剂				
3305.9000	-其他				
33.06	**口腔及牙齿清洁剂，包括假牙模膏及粉；清洁牙缝用的纱线（牙线），单独零售包装的：**	1. 品名；2. 包装规格	3. 品牌；4. 型号（货号）		
	-洁齿品：				
3306.1010	---牙膏				
3306.1090	---其他				
3306.2000	-清洁牙缝用的纱线（牙线）				
	-其他：				
3306.9010	---漱口剂				
3306.9090	---其他				
33.07	**剃须用制剂、人体除臭剂、沐浴用制剂、脱毛剂和其他税目未列名的芳香料制品及化妆盥洗品；室内除臭剂，不论是否加香水或消毒剂：**	1. 品名；2. 用途；3. 包装规格	4. 品牌；5. 型号（货号）		
3307.1000	-剃须用制剂				
3307.2000	-人体除臭剂及止汗剂				
3307.3000	-香浴盐及其他沐浴用制剂				
	-室内散香或除臭制品，包括宗教仪式用的香：				
3307.4100	--神香及其他通过燃烧散发香气的制品				
3307.4900	--其他				
3307.9000	-其他				

第三十四章　肥皂、有机表面活性剂、洗涤剂、润滑剂、人造蜡、调制蜡、光洁剂、蜡烛及类似品、塑型用膏、“牙科用蜡”及牙科用熟石膏制剂

注释：

一、本章不包括：

（一）用作脱模剂的食用动植物油、脂混合物或制品（税目 15.17）；

（二）单独的已有化学定义的化合物；或

（三）含肥皂或其他有机表面活性剂的洗发剂、洁齿品、剃须膏及沐浴用制剂（税目 33.05、33.06 及 33.07）。

二、税目 34.01 所称“肥皂”，只适用于水溶性肥皂。税目 34.01 的肥皂及其他产品可以含有添加料（例如，消毒剂、磨料粉、填料或药料）。含磨料粉的产品，只有条状、块状或模制形状可以归入税目 34.01。其他形状的应作为“去污粉及类似品”归入税目 34.05。

三、税目 34.02 所称“有机表面活性剂”，是指温度在 20℃时与水混合配成 0.5%浓度的水溶液，并在同样温度下搁置 1 小时后与下列规定相符的产品：

（一）成为透明或半透明的液体或稳定的乳浊液而未离析出不溶解物质；以及

（二）将水的表面张力减低到每厘米 45 达因及以下。

四、税目 34.03 所称“石油及从沥青矿物提取的油类”，适用于第二十七章注释二所规定的产品。

五、税目 34.04 所称“人造蜡及调制蜡”，仅适用于：

（一）用化学方法生产的具有蜡质特性的有机产品，不论是否为水溶性的；

（二）各种蜡混合制成的产品；

（三）以一种或几种蜡为基本原料并含有油脂、树脂、矿物质或其他原料的具有蜡质特性的产品。

本税目不包括：

（一）税目 15.16、34.02 或 38.23 的产品，不论是否具有蜡质特性；

（二）税目 15.21 的未混合的动物蜡或未混合的植物蜡，不论是否精制或着色；

（三）税目 27.12 的矿物蜡或类似产品，不论是否相互混合或仅经着色；或

（四）混合、分散或溶解于液体溶剂的蜡（税目 34.05、38.09 等）。

【要素释义】

一、归类要素

（一）成分含量：指货品中所包含的某种成分的量。

（二）外观：指货品本身实际的外观状态情况，主要指货品的颜色、形状等表观性状。

（三）包装：主要指为保护、贮运货品或促进货品销售，而使用特定材料、技术、方法的形式。包装要素的填写应体现出是否为零售包装形式。

（四）浸渍物的成分：该要素为子目 3401.1990 的专有归类要素，货品若经过浸渍需填写为何种浸渍物。

（五）种类：该要素为子目 3402.10 的专有归类要素，指阳离子、阴离子、非离子、两性表面活性剂。

（六）用途：指该税目商品应用的方面、范围。

（七）是否零售包装：包装主要指为保护、贮运货品或促进货品销售，而使用特定材料、技术、方法的形式。根据具体情况填写“零售包装”或“非零售包装”。

（八）矿物油含量：指以石油或从沥青矿物提取的油类的含量。

（九）成分：指构成货品的各种不同的物质。

（十）对于本章“成分含量”在有些情况下，部分商品的成分、含量只要能满足海关管理即可。

二、价格要素

（一）品牌：指制造商或经销商加在商品上的标志。实际只需要申报出名称即可，有外文品牌的以申报外文品牌名称为主。

（二）型号：指不同品种、不同用途或者作用的商品的代码。

税则号列	商品名称	申报要素			说明举例
		归类要素	价格要素	其他要素	
34.01	**肥皂；做肥皂用的有机表面活性产品及制品，条状、块状或模制形状的，不论是否含有肥皂；洁肤用的有机表面活性产品及制品，液状或膏状并制成零售包装的，不论是否含有肥皂；用肥皂或洗涤剂浸渍、涂面或包覆的纸、絮胎、毡呢及无纺织物：**				
	-肥皂及有机表面活性产品及制品，条状、块状或模制形状的，以及用肥皂或洗涤剂浸渍、涂面或包覆的纸、絮胎、毡呢及无纺织物：				
3401.1100	--盥洗用（包括含有药物的产品）	1. 品名；2. 成分含量；3. 外观；4. 包装规格	5. 品牌；6. 型号（货号）		
	--其他：				
3401.1910	---洗衣皂	1. 品名；2. 成分含量；3. 外观；4. 包装规格	5. 品牌；6. 型号（货号）		
3401.1990	---其他	1. 品名；2. 成分含量；3. 外观；4. 包装规格；5. 浸渍物的成分	6. 品牌；7. 型号（货号）		
3401.2000	-其他形状的肥皂	1. 品名；2. 成分含量；3. 外观；4. 包装规格	5. 品牌；6. 型号（货号）		
3401.3000	-洁肤用的有机表面活性产品及制剂，液状或膏状并制成零售包装的，不论是否含有肥皂	1. 品名；2. 成分含量；3. 外观；4. 包装规格	5. 品牌；6. 型号（货号）		
34.02	**有机表面活性剂（肥皂除外）；表面活性剂制品、洗涤剂（包括助洗剂）及清洁剂，不论是否含有肥皂，但税目34.01的产品除外：**				
	-有机表面活性剂，不论是否零售包装：	1. 品名；2. 种类（阳离子、阴离子、非离子、两性等）；3. 成分	4. 品牌；5. 型号		
3402.1100	--阴离子型				
3402.1200	--阳离子型				
3402.1300	--非离子型				
3402.1900	--其他				

税则号列	商品名称	申报要素			说明举例
		归类要素	价格要素	其他要素	
	-零售包装的制品：	1. 品名；2. 用途；3. 是否零售包装；4. 成分	5. 品牌；6. 型号		例：洗衣粉（每袋450克，主要成分为烷基苯磺酸钠、非离子活性剂、硅酸钠、硅酸镁、过硼酸钠、增白剂等）
3402.2010	---合成洗涤粉				
3402.2090	---其他				
3402.9000	-其他	1. 品名；2. 用途；3. 是否零售包装；4. 成分	5. 品牌；6. 型号		例：洗衣粉（每袋50千克，主要成分为烷基苯磺酸钠、非离子活性剂、硅酸钠、硅酸镁、过硼酸钠、增白剂等）
34.03	**润滑剂（包括以润滑剂为基本成分的切削油制剂、螺栓或螺母松开剂、防锈或防腐蚀制剂及脱模剂）及用于纺织材料、皮革、毛皮或其他材料油脂处理的制剂，但不包括以石油或从沥青矿物提取的油类为基本成分（按重量计不低于70%）的制剂：**	1. 品名；2. 用途；3. 成分；4. 从石油或沥青提取矿物油类的百分比含量；5. 包装规格	6. 品牌；7. 型号		
	-含有石油或从沥青矿物提取的油类：				
3403.1100	--处理纺织材料、皮革、毛皮或其他材料的制剂				
3403.1900	--其他				
	-其他：				
3403.9100	--处理纺织材料、皮革、毛皮或其他材料的制剂				
3403.9900	--其他				
34.04	**人造蜡及调制蜡：**	1. 品名；2. 用途；3. 外观；4. 成分	5. 品牌；6. 型号		
3404.2000	-聚氧乙烯（聚乙二醇）蜡				
3404.9000	-其他				
34.05	**鞋靴、家具、地板、车身、玻璃或金属用的光洁剂、擦洗膏、去污粉及类似制品（包括用这类制剂浸渍、涂面或包覆的纸、絮胎、毡呢、无纺织物、泡沫塑料或海绵橡胶），但不包括税目34.04的蜡：**	1. 品名；2. 用途；3. 成分	4. 品牌；5. 型号		

税则号列	商品名称	申报要素			说明举例
		归类要素	价格要素	其他要素	
3405.1000	-鞋靴或皮革用的上光剂及类似制品				
3405.2000	-保养木制家具、地板或其他木制品用的上光剂及类似制品				
3405.3000	-车身用的上光剂及类似制品，但金属用的光洁剂除外				
3405.4000	-擦洗膏、去污粉及类似制品				
3405.9000	-其他				
34.06	**各种蜡烛及类似品：**	1. 品名；2. 成分	3. 品牌		
3406.0000	各种蜡烛及类似品				
34.07	**塑型用膏，包括供儿童娱乐用的在内；通称为“牙科用蜡”或“牙科造型膏”的制品，成套、零售包装或制成片状、马蹄形、条状及类似形状的；以熟石膏（煅烧石膏或硫酸钙）为基本成分的牙科用其他制品：**	1. 品名；2. 用途；3. 外观；4. 包装；5. 成分含量	6. 品牌；7. 型号		
3407.0010	---牙科用蜡及造型膏				
3407.0020	---以熟石膏为基本成分的牙科用其他制品				
3407.0090	---其他				

第三十五章　蛋白类物质；改性淀粉；胶；酶

注释：

一、本章不包括：

（一）酵母（税目 21.02）；

（二）第三十章的血份（非治病、防病用的血清白蛋白除外）、药品及其他产品；

（三）预鞣用酶制剂（税目 32.02）；

（四）第三十四章的加酶的浸透剂、洗涤剂及其他产品；

（五）硬化蛋白（税目 39.13）；或

（六）印刷工业用的明胶产品（第四十九章）。

二、税目 35.05 所称“糊精”，是指淀粉的降解产品，其还原糖含量以右旋糖的干重量计不超过 10%。如果还原糖含量超过 10%，应归入税目 17.02。

【要素释义】

一、归类要素

（一）包装：指为保护、贮运货品或促进货品销售，而使用特定材料、技术、方法的形式。包装要素的填写应体现出是否为零售包装形式。

（二）用途：指该税目商品应用的方面、范围。

（三）外观：指商品本身实际的外观状态情况，主要指货品的颜色、形状等表观性状。

（四）成分含量：指货品中所包含的某种成分的量。

（五）来源：指生产某种货品的原料由何而来。

（六）蛋白质含量：该要素为税目 35.04 的专有归类要素。根据实际情况填写含有蛋白质的量。

（七）还原糖含量：该要素为税目 35.05 的专有归类要素。根据实际情况填写含有还原糖的量。

（八）成分：指构成货品的各种不同的物质。

（九）种类：该要素为税目 35.07 的专有归类要素，指酶的种类，例如，凝乳酶、胰酶、胃蛋白酶、木瓜蛋白酶、菠萝蛋白酶、无花果蛋白酶等。

（十）对于本章“成分含量”在有些情况下，部分商品的成分、含量只要能满足海关管理即可。

二、价格要素

（一）品牌：指制造商或经销商加在商品上的标志。实际只需要申报出名称即可，有外文品牌的以申报外文品牌名称为主。例如，子目 3506.1 的硅胶可填写“DOW CORNING（道康宁）牌”。

（二）型号：指不同品种、不同用途或者作用的商品的代码。

税则号列	商品名称	申报要素			说明举例
		归类要素	价格要素	其他要素	
35.01	**酪蛋白、酪蛋白酸盐及其他酪蛋白衍生物；酪蛋白胶：**	1. 品名；2. 包装	3. 品牌；4. 型号；5. 用途		
3501.1000	-酪蛋白				
3501.9000	-其他				
35.02	**白蛋白（包括按重量计干质成分的乳清蛋白含量超过 80% 的两种或两种以上的乳清蛋白浓缩物）、白蛋白盐及其他白蛋白衍生物：**	1. 品名；2. 用途；3. 外观；4. 成分含量			例：白蛋白（用于制药，白色粉末，白蛋白含量 90%）
	-卵清蛋白：				
3502.1100	--干的				
3502.1900	--其他				

税则号列	商品名称	申报要素			说明举例
		归类要素	价格要素	其他要素	
3502.2000	-乳白蛋白，包括两种或两种以上的乳清蛋白浓缩物				
3502.9000	-其他				
35.03	**明胶（包括长方形、正方形明胶薄片，不论是否表面加工或着色）及其衍生物；鱼鳔胶；其他动物胶，但不包括税目35.01的酪蛋白胶：**	1. 品名；2. 用途；3. 外观；4. 包装			例：明胶（用于配制食品，透明薄片，每包10千克）
3503.0010	---明胶及其衍生物				
3503.0090	---其他				
35.04	**蛋白胨及其衍生物；其他税目未列名的蛋白质及其衍生物；皮粉，不论是否加入铬矾：**	1. 品名；2. 用途；3. 来源；4. 包装；5. 蛋白质含量			
3504.0010	---蛋白胨				
3504.0090	---其他				
35.05	**糊精及其他改性淀粉（例如，预凝化淀粉或酯化淀粉）；以淀粉、糊精或其他改性淀粉为基本成分的胶：**	1. 品名；2. 用途；3. 还原糖含量；4. 包装	5. 品牌；6. 型号		
3505.1000	-糊精及其他改性淀粉				
3505.2000	-胶				
35.06	**其他税目未列名的调制胶及其他调制黏合剂；适于做胶或黏合剂用的产品，零售包装每件净重不超过1千克：**				
3506.1000	-适于做胶或黏合剂用的产品，零售包装每件净重不超过1千克	1. 品名；2. 用途；3. 包装；4. 成分含量	5. 品牌；6. 型号		
	-其他：				
	--以税目39.01至39.13的聚合物或以橡胶为基本成分的黏合剂：				
3506.9110	---以聚酰胺为基本成分的	1. 品名；2. 用途；3. 包装；4. 成分含量	5. 品牌；6. 型号		
3506.9120	---以环氧树脂为基本成分的	1. 品名；2. 用途；3. 包装；4. 成分含量	5. 品牌；6. 型号		

税则号列	商品名称	申报要素			说明举例
		归类要素	价格要素	其他要素	
3506.9190	---其他	1. 品名；2. 光学透明膜黏合剂和光固化液体黏合剂需注明英文品名；3. 用途（如显示屏或触摸屏制造用等）；4. 包装；5. 遮光包装需注明；6. 成分含量；7. 光学透明膜黏合剂和光固化液体黏合剂需注明透光率；8. 光学透明膜黏合剂需注明断差吸收能力	9. 品牌；10. 型号		
3506.9900	--其他	1. 品名；2. 用途；3. 包装；4. 成分含量	5. 品牌；6. 型号		
35.07	**酶；其他税目未列名的酶制品：**	1. 品名；2. 用途；3. 种类			
3507.1000	-粗制凝乳酶及其浓缩物				
	-其他：				
3507.9010	---碱性蛋白酶				
3507.9020	---碱性脂肪酶				
3507.9090	---其他				

第三十六章　炸药；烟火制品；火柴；引火合金；易燃材料制品

注释：

一、本章不包括单独的已有化学定义的化合物，但下列注释二（一）、（二）所述物品除外。

二、税目36.06所称“易燃材料制品”，只适用于：

（一）聚乙醛、六亚甲基四胺（六甲撑四胺）及类似物质，已制成片、棒或类似形状作燃料用的；以酒精为基本成分的固体或半固体燃料及类似的配制燃料；

（二）直接灌注香烟打火机及类似打火器用的液体燃料或液化气体燃料，其包装容器的容积不超过300立方厘米；以及

（三）树脂火炬、引火物及类似品。

【要素释义】

一、归类要素

（一）成分：指构成货品的各种不同的物质。

（二）用途：指该税目商品应用的方面、范围。

（三）包装容器的容积：该要素为子目3606.1000的专有归类要素。“直接灌注香烟打火机及类似打火器用的液体燃料或液化气体燃料”需填写包装容器的容积。

（四）外观：指的是货品本身实际的外观状态情况，主要指货品的颜色、形状等表观性状。

（五）对于本章“成分”在有些情况下，部分商品的成分只要能满足海关管理即可。

二、其他要素

稀土元素的重量百分比，以［A］表示：该要素为子目3606.90的专有要素，“铈铁及其他引火合金”需填写货品中稀土元素的重量百分比，填写时以“［A］”表示。

税则号列	商品名称	申报要素			说明举例
		归类要素	价格要素	其他要素	
36.01	**发射药：**	1. 品名；2. 成分			例：黑色火药（主要成分为硝酸钾、硫、木炭）
3601.0000	发射药				
36.02	**配制炸药，但发射药除外：**	1. 品名；2. 成分			例：喷妥莱炸药（主要成分为三硝基甲苯、四硝基赤藓醇、蜡、聚合黏合剂等）
3602.0010	---硝铵炸药				
3602.0090	---其他				
36.03	**安全导火索；导爆索；火帽或雷管；引爆器；电雷管：**	1. 品名			例：雷管
3603.0000	安全导火索；导爆索；火帽或雷管；引爆器；电雷管				
36.04	**烟花、爆竹、信号弹、降雨火箭、浓雾信号弹及其他烟火制品：**	1. 品名			例：烟花
3604.1000	-烟花、爆竹				
3604.9000	-其他				
36.05	**火柴，但税目36.04的烟火制品除外：**	1. 品名			例：火柴

税则号列	商品名称	申报要素			说明举例
		归类要素	价格要素	其他要素	
3605.0000	火柴，但税目36.04的烟火制品除外				
36.06	**各种形状的铈铁及其他引火合金；本章注释二所述的易燃材料制品：**				
3606.1000	-直接灌注香烟打火机及类似打火器用的液体燃料或液化气体燃料，其包装容器的容积不超过300立方厘米	1. 品名；2. 用途；3. 包装容器的容积			
	-其他：				
	---铈铁及其他引火合金：	1. 品名；2. 用途；3. 外观		4. 稀土元素的重量百分比，以［A］表示	
3606.9011	----已切成形可直接使用				
3606.9019	----其他				
3606.9090	---其他	1. 品名；2. 用途；3. 外观			

第三十七章　照相及电影用品

注释：

一、本章不包括废碎料。

二、本章所称"摄影"，是指光或其他射线作用于感光面上直接或间接形成可见影像的过程。

【要素释义】

一、归类要素

（一）用途：指该税目商品应用的方面、范围。

（二）材质：指材料、原料。

（三）是否成卷：货品需填写是否为成卷，根据实际情况填写"成卷"或"未成卷"。

（四）是否一次成像：货品需填写是否为一次成像，根据实际情况填写"一次成像"或"非一次成像"。

（五）规格尺寸：主要表示货品的大小尺寸。例如，块状、板状货品需填写"长、宽、厚"等；管状货品需填写"外径、内径、长或高"等。

（六）包装：主要指为保护、贮运货品或促进货品销售，而使用特定材料、技术、方法的形式。包装要素的填写应体现出是否为零售包装形式。

（七）成分：指构成货品的各种不同的物质。

（八）本章"成分含量"是指："成分"指商品所构成的部分或要素，一般指所含物质的种类；"含量"一般指所含物质的数量。

二、价格要素

（一）品牌：指制造商或经销商加在商品上的标志。实际只需要申报出名称即可，有外文品牌的以申报外文品牌名称为主。例如，税目 37.02 感光胶片可填写"FUJIFILM 牌"。

（二）型号：指照相及电影用品的用途的代码。

税则号列	商品名称	申报要素			说明举例
		归类要素	价格要素	其他要素	
37.01	**未曝光的摄影感光硬片及平面软片，用纸、纸板及纺织物以外任何材料制成；未曝光的一次成像感光平片，不论是否分装：**	1. 品名；2. 用途；3. 材质；4. 是否成卷；5. 是否一次成像	6. 规格尺寸（长×宽×厚度）；7. 品牌；8. 型号；9. 进口总面积（平方米）；10. 包装规格（张/盒）		
3701.1000	-X 光用				
3701.2000	-一次成像平片				
	-其他硬片及软片，任何一边超过 255 毫米：				
	---照相制版用：				
3701.3021	----激光照排片				
3701.3022	----PS 版				
3701.3024	----CTP 版				
3701.3025	----柔性印刷版				
3701.3029	----其他				
3701.3090	---其他				
	-其他：				
3701.9100	--彩色摄影用				

税则号列	商 品 名 称	申报要素			说明举例
		归类要素	价格要素	其他要素	
	--其他:				
3701.9920	---照相制版用				
3701.9990	---其他				
37.02	**成卷的未曝光摄影感光胶片，用纸、纸板及纺织物以外任何材料制成；未曝光的一次成像感光卷片：**	1. 品名；2. 用途；3. 材质；4. 是否成卷；5. 是否一次成像	6. 规格尺寸（长×宽×厚度）；7. 品牌；8. 型号；9. 进口总面积（平方米），包括涂布和白边面积之和；10. 包装规格（张/盒）		
3702.1000	-X 光用				
	-无齿孔的其他胶片，宽度不超过 105 毫米:				
	--彩色摄影用:				
3702.3110	---一次成像卷片				
3702.3190	---其他				
	--其他涂卤化银乳液的:				
3702.3210	---一次成像卷片				
3702.3220	---照相制版用				
3702.3290	---其他				
	--其他:				
3702.3920	---照相制版用				
3702.3990	---其他				
	-无齿孔的其他胶片，宽度超过 105 毫米:				
3702.4100	--彩色摄影用，宽度超过 610 毫米，长度超过 200 米				
	--非彩色摄影用，宽度超过 610 毫米，长度超过 200 米:				
	---照相制版用:				
3702.4221	----印刷电路板制造用光致抗蚀干膜				
3702.4229	----其他				
	---其他:				
3702.4292	----红色或红外激光胶片				
3702.4299	----其他				
	--宽度超过 610 毫米，长度不超过 200 米:				
	---照相制版用:				
3702.4321	----激光照排片				
3702.4329	----其他				

税则号列	商品名称	申报要素			说明举例
		归类要素	价格要素	其他要素	
3702.4390	---其他				
	--宽度超过105毫米，但不超过610毫米：				
	---照相制版用：				
3702.4421	----激光照排片				
3702.4422	----印刷电路板制造用光致抗蚀干膜				
3702.4429	----其他				
3702.4490	---其他				
	-彩色摄影用的其他胶片：				
3702.5200	--宽度不超过16毫米				
3702.5300	--幻灯片用，宽度超过16毫米，但不超过35毫米，长度不超过30米				
	--非幻灯片用，宽度超过16毫米，但不超过35毫米，长度不超过30米：				
3702.5410	---宽度35毫米，长度不超过2米				
3702.5490	---其他				
	--宽度超过16毫米，但不超过35毫米，长度超过30米：				
3702.5520	---电影胶片				
3702.5590	---其他				
	--宽度超过35毫米：				
3702.5620	---电影胶片				
3702.5690	---其他				
	-其他：				
3702.9600	--宽度不超过35毫米，长度不超过30米				
3702.9700	--宽度不超过35毫米，长度超过30米				
3702.9800	--宽度超过35毫米				
37.03	**未曝光的摄影感光纸、纸板及纺织物：**	1. 品名；2. 用途；3. 是否成卷；4. 规格尺寸	5. 品牌；6. 型号		
	-成卷，宽度超过610毫米：				
3703.1010	---感光纸及纸板				
3703.1090	---其他				
	-其他，彩色摄影用：				
3703.2010	---感光纸及纸板				
3703.2090	---其他				
	-其他：				

税则号列	商品名称	申报要素			说明举例
		归类要素	价格要素	其他要素	
3703.9010	---感光纸及纸板				
3703.9090	---其他				
37.04	**已曝光未冲洗的摄影硬片、软片、纸、纸板及纺织物：**	1. 品名；2. 用途；3. 规格尺寸	4. 品牌		
3704.0010	---电影胶片				
3704.0090	---其他				
37.05	**已曝光已冲洗的摄影硬片及软片，但电影胶片除外：**	1. 品名；2. 用途；3. 规格尺寸	4. 品牌		
3705.0010	---教学专用幻灯片				
	---缩微胶片：				
3705.0021	----书籍、报刊的				
3705.0029	----其他				
3705.0090	---其他				
37.06	**已曝光已冲洗的电影胶片，不论是否配有声道或仅有声道：**	1. 品名；2. 用途；3. 规格尺寸	4. 品牌		
	-宽度在35毫米及以上：				
3706.1010	---教学专用				
3706.1090	---其他				
	-其他：				
3706.9010	---教学专用				
3706.9090	---其他				
37.07	**摄影用化学制剂（不包括上光漆、胶水、黏合剂及类似制剂）；摄影用未混合产品，定量包装或零售包装可立即使用的：**				
3707.1000	-感光乳液	1. 品名；2. 用途；3. 包装；4. 成分；5. 是否含银；6. 是否有感光作用	7. 品牌；8. 型号		
	-其他：	1. 品名；2. 用途；3. 包装；4. 成分；5. 是否含银	6. 品牌；7. 型号		
3707.9010	---冲洗照相胶卷及相片用				
3707.9020	---复印机用				
3707.9090	---其他				

第三十八章　杂项化学产品

注释：

一、本章不包括：

（一）单独的已有化学定义的元素及化合物，但下列各项除外：

1. 人造石墨（税目 38.01）；

2. 制成税目 38.08 所述的形状或包装的杀虫剂、杀鼠剂、杀菌剂、除草剂、抗萌剂、植物生长调节剂、消毒剂及类似产品；

3. 灭火器的装配药及已装药的灭火弹（税目 38.13）；

4. 下列注释二所规定的检定参照物；

5. 下列注释三（一）及三（三）所规定的产品。

（二）化学品与食品或其他营养物质的混合物，配制食品用的（一般归入税目 21.06）。

（三）含有金属、砷及其混合物，并符合第二十六章注释三（一）或三（二）的规定的矿渣、矿灰和残渣（包括淤渣，但下水道淤泥除外）（税目 26.20）。

（四）药品（税目 30.03 及 30.04）。

（五）用于提取贱金属或生产贱金属化合物的废催化剂（税目 26.20），主要用于回收贵金属的废催化剂（税目 71.12），或某种形状（例如，精细粉末或纱网状）的金属或金属合金催化剂（第十四类或第十五类）。

二、（一）税目 38.22 所称的"检定参照物"，是指附有证书的参照物，该证书标明了参照物属性的指标、确定这些指标的方法以及与每一指标相关的确定度，这些参照物用于分析、校准和比较。

（二）除第二十八章和第二十九章的产品外，检定参照物在本目录中应优先归入税目 38.22。

三、税目 38.24 包括不归入本目录其他税目的下列货品：

（一）每颗重量不小于 2.5 克的氧化镁、碱金属或碱土金属卤化物制成的培养晶体（光学元件除外）；

（二）杂醇油；骨焦油；

（三）零售包装的除墨剂；

（四）零售包装的蜡纸改正液、其他改正液及改正带（税目 96.12 的产品除外）；以及

（五）可熔性陶瓷测温器（例如，塞格测温锥）。

四、本目录所称"城市垃圾"，是指从家庭、宾馆、餐厅、医院、商店、办公室等收集来的废物、马路和人行道的垃圾以及建筑垃圾或拆建垃圾。城市垃圾通常含有大量各种各样的材料，例如，塑料、橡胶、木材、纸张、纺织品、玻璃、金属、食物、破烂家具和其他已损坏或被丢弃的物品。但"城市垃圾"不包括：

（一）已从垃圾中分拣出来的单独的材料或物品，例如，废的塑料、橡胶、木材、纸张、纺织品、玻璃、金属和电池的废品，这些材料或物品应归入本目录中适当税目；

（二）工业废物；

（三）第三十章注释四（十）所规定的废药物；或

（四）本章注释六（一）所规定的医疗废物。

五、税目 38.25 所称"下水道淤泥"，是指经城市污水处理厂处理的淤泥，包括预处理的废料、刷洗污垢和性质不稳定的淤泥。但适合作为肥料用的性质稳定的淤泥除外（第三十一章）。

六、税目 38.25 所称的"其他废物"适用于：

（一）医疗废物，即医学研究、诊断、治疗以及其他内科、外科、牙科或兽医治疗所产生的被污染的废物，通常含有病菌和药物，需作专门处理（例如，脏的敷料、用过的手套及注射器）；

（二）废有机溶剂；

（三）废的金属酸洗液、液压油、制动油及防冻液；以及

（四）化学工业及相关工业的其他废物。

但不包括主要含有石油及从沥青矿物提取的油类的废油（税目 27.10）。

七、税目 38.26 所称的"生物柴油"，是指从动植物油脂（不论是否使用过）得到的用作燃料的脂肪酸单烷基酯。

子目注释：

一、子目 3808.52 及 3808.59 仅包括税目 38.08 的货品，含有一种或多种下列物质：甲草胺（ISO）、涕灭威（ISO）、艾氏剂（ISO）、谷硫磷（ISO）、乐杀螨（ISO）、毒杀芬（ISO）、敌菌丹（ISO）、氯丹（ISO）、杀虫脒（ISO）、乙酯杀螨醇（ISO）、滴滴涕（ISO，INN）［1,1,1-三氯-2,2-双（4-氯苯基）乙烷］、狄氏剂（ISO，INN）、4,6-二硝基邻甲酚［二硝酚（ISO）］及其盐、地乐酚（ISO）及其盐或酯、硫丹（ISO）、1,2-二溴乙

烷（ISO）、1,2-二氯乙烷（ISO）、氟乙酰胺（ISO）、七氯（ISO）、六氯苯（ISO）、1,2,3,4,5,6-六氯环己烷［六六六（ISO）］，包括林丹（ISO，INN）、汞化合物、甲胺磷（ISO）、久效磷（ISO）、环氧乙烷（氧化乙烯）、对硫磷（ISO）、甲基对硫磷（ISO）、五溴二苯醚及八溴二苯醚、五氯苯酚（ISO）及其盐或酯、全氟辛基磺酸及其盐、全氟辛基磺胺、全氟辛基磺酰氯、磷胺（ISO）、2,4,5-涕（ISO）（2,4,5-三氯苯氧基乙酸）及其盐或酯、三丁基锡化合物。

子目3808.59还包括含有苯菌灵（ISO）、克百威（ISO）及福美双（ISO）混合物的粉状制剂。

二、子目3808.61至3808.69仅包括税目38.08项下含有下列物质的货品：α-氯氰菊酯（ISO）、恶虫威（ISO）、联苯菊酯（ISO）、虫螨腈（ISO）、氟氯氰菊酯（ISO）、溴氰菊酯（INN，ISO）、醚菊酯（INN）、杀螟硫磷（ISO）、高效氯氟氰菊酯（ISO）、马拉硫磷（ISO）、甲基嘧啶磷（ISO）、或残杀威（ISO）。

三、子目3824.81至3824.88仅包括含有下列一种或多种物质的混合物及制品：环氧乙烷（氧化乙烯）、多溴联苯（PBBs）、多氯联苯（PCBs）、多氯三联苯（PCTs）、三（2,3-二溴丙基）磷酸酯、艾氏剂（ISO）、毒杀芬（ISO）、氯丹（ISO）、十氯酮（ISO）、滴滴涕（ISO，INN）［1,1,1-三氯-2,2-双（4-氯苯基）乙烷］、狄氏剂（ISO，INN）、硫丹（ISO）、异狄氏剂（ISO）、七氯（ISO）、灭蚁灵（ISO）、1,2,3,4,5,6-六氯环己烷［六六六（ISO）］，包括林丹（ISO，INN）、五氯苯（ISO）、六氯苯（ISO）、全氟辛基磺酸及其盐、全氟辛基磺胺、全氟辛基磺酰氯，或四、五、六、七或八溴联苯醚。

四、子目3825.41和3825.49所称“废有机溶剂”，是指主要含有有机溶剂的废物，不适合再作原产品使用，不论其是否用于回收溶剂。

【要素释义】

一、归类要素

（一）用途：指该税目商品应用的方面、范围。

（二）状态：该要素为税目38.01的专有归类要素，指该品位人造石墨、浸渍或不渗透性石墨、胶态石墨、半胶态石墨等。

（三）加工工艺：对某种商品进行加工或处理的方法与过程。

（四）成分含量：指货品中所包含的某种成分的量。

（五）来源：一般指的是生产某种货品的原料由何而来。

（六）包装：主要指为保护、贮运货品或促进货品销售，而使用特定材料、技术、方法的形式。包装要素的填写应体现出是否为零售包装形式。

（七）成分：指构成货品的各种不同的物质。

（八）二聚戊烯、萜烯烃、萜品醇及水合萜品请注明含量：税目38.05的产品含有萜烯，当含有二聚戊烯、萜烯烃、萜品醇及水合萜品时应注明这些成分的具体百分含量。

（九）外观：指的是货品本身实际的外观状态情况，主要指货品的颜色、形状等表观性状。

（十）单晶硅切片请注明直径：该要素为税目38.18的专有归类要素。单晶硅切片需填写直径。

（十一）加工程度：该要素为税目38.18的专有归类要素。和加工工艺类似，主要指对某种商品进行加工或处理的方法与过程。

（十二）矿物油含量：主要指以石油或从沥青矿物提取的油类的含量。该要素为税目38.19的专有归类要素。货品需填写从石油或沥青提取矿物油类的百分比含量。

（十三）是否血源筛查用诊断试剂：该要素为税目38.22的专有归类要素。对于“诊断或实验用试剂”需根据实际情况填写是否血源筛查用诊断试剂。

（十四）从石油或沥青提取矿物油类的百分比含量：该要素为税目38.26的专有归类要素。“生物柴油及其混合物”需填写从石油或沥青提取矿物油类的百分比含量。

（十五）对于本章“成分含量”在有些情况下，部分商品的成分、含量只要能满足海关管理即可。

二、价格要素

（一）品牌：指制造商或经销商加在商品上的标志。实际只需要申报出名称即可，有外文品牌的以申报外文品牌名称为主。

（二）型号：指不同品种、不同用途或者作用的商品的代码。

（三）干品填充密度：该要素是子目3802.101木质活性炭的专有价格要素，用“克/立方厘米”表示。例如，干品填充密度0.45克/立方厘米。

三、其他要素

稀土元素的重量百分比，以［A］表示：该要素为税目38.24的专有价格要素，货品需填写货品中稀土元素的重量百分比，填写时以“［A］”表示。

税则号列	商品名称	申报要素			说明举例
		归类要素	价格要素	其他要素	
38.01	**人造石墨；胶态或半胶态石墨；以石墨或其他碳为基本成分的糊状、块状、板状制品或半制品：**	1. 品名；2. 用途；3. 状态；4. 加工工艺；5. 成分含量	6. 品牌；7. 型号		
3801.1000	-人造石墨				
3801.2000	-胶态或半胶态石墨				
3801.3000	-电极用碳糊及炉衬用的类似糊				
	-其他：				
3801.9010	---表面处理的球化石墨				
3801.9090	---其他				
38.02	**活性碳；活性天然矿产品；动物炭黑，包括废动物炭黑：**				
	-活性碳：				
3802.1010	---木质的	1. 品名；2. 用途；3. 来源；4. 包装规格	5. 干品填充密度		
3802.1090	---其他	1. 品名；2. 用途；3. 来源；4. 包装规格			
3802.9000	-其他	1. 品名；2. 用途；3. 来源；4. 包装规格			
38.03	**妥尔油，不论是否精炼：**	1. 品名；2. 用途			不包括皂化妥尔油。例：妥尔油（用于制路面乳胶）
3803.0000	妥尔油，不论是否精炼				
38.04	**木浆残余碱液，不论是否浓缩、脱糖或经化学处理，包括木素磺酸盐，但不包括税目38.03的妥尔油：**	1. 品名			不包括妥尔油。例：木素磺酸盐
3804.0000	木浆残余碱液，不论是否浓缩、脱糖或经化学处理，包括木素磺酸盐，但不包括税目38.03的妥尔油				
38.05	**脂松节油、木松节油和硫酸盐松节油及其他萜烯油，用蒸馏或其他方法从针叶木制得；粗制二聚戊烯；亚硫酸盐松节油及其他粗制对异丙基苯甲烷；以α萜品醇为基本成分的松油：**	1. 品名；2. 用途；3. 成分；4. 二聚戊烯、萜烯烃、萜品醇及水合萜品请注明含量			不包括松针油（税目33.01）、松香油（税目38.06）。例：粗制二聚戊烯（用于溶剂，通过分馏木松节油制得）
3805.1000	-脂松节油、木松节油和硫酸盐松节油				
	-其他：				
3805.9010	---松油				
3805.9090	---其他				

税则号列	商品名称	申报要素			说明举例
		归类要素	价格要素	其他要素	
38.06	**松香和树脂酸及其衍生物；松香精及松香油；再熔胶：**	1. 品名；2. 来源			例：松香（蒸馏松树渗出物制得）
	-松香及树脂酸：				
3806.1010	---松香				
3806.1020	---树脂酸				
	-松香盐、树脂酸盐及松香或树脂酸衍生物的盐，但松香加合物的盐除外：				
3806.2010	---松香盐及树脂酸盐				
3806.2090	---其他				
3806.3000	-酯胶				
3806.9000	-其他				
38.07	**木焦油；精制木焦油；木杂酚油；粗木精；植物沥青；以松香、树脂酸或植物沥青为基本成分的啤酒桶沥青及类似制品：**	1. 品名；2. 用途			例：粗木精（用作乙醇变性剂）
3807.0000	木焦油；精制木焦油；木杂酚油；粗木精；植物沥青；以松香、树脂酸或植物沥青为基本成分的啤酒桶沥青及类似制品				
38.08	**杀虫剂、杀鼠剂、杀菌剂、除草剂、抗萌剂、植物生长调节剂、消毒剂及类似产品，零售形状、零售包装或制成制剂及成品（例如，经硫磺处理的带子、杀虫灯芯、蜡烛及捕蝇纸）：**	1. 品名；2. 用途；3. 成分含量；4. 包装规格（净重），是否零售包装	5. 品牌；6. 型号		
	-本章子目注释一所列货品：				
3808.5200	--DDT（ISO）［滴滴涕（INN）］，每包净重不超过300克				
	--其他：				
3808.5910	---零售包装的				
3808.5990	---其他				
	-本章子目注释二所列货品：				
3808.6100	--每包净重不超过300克				
3808.6200	--每包净重超过300克，但不超过7.5千克				
3808.6900	--其他				
	-其他：				
	--杀虫剂：				
	---零售包装：				

税则号列	商品名称	申报要素			说明举例
		归类要素	价格要素	其他要素	
3808.9111	----蚊香				
3808.9112	----生物杀虫剂				
3808.9119	----其他				
3808.9190	---其他				
	--杀菌剂：				
3808.9210	---零售包装				
3808.9290	---其他				
	--除草剂、抗萌剂及植物生长调节剂：				
	---除草剂：				
3808.9311	----零售包装				
3808.9319	----其他				
	---其他：				
3808.9391	----零售包装				
3808.9399	----其他				
3808.9400	--消毒剂				
	--其他：				
3808.9910	---零售包装				
3808.9990	---其他				
38.09	**纺织、造纸、制革及类似工业用的其他税目未列名的整理剂、染料加速着色或固色助剂及其他产品和制剂（例如，修整剂及媒染剂）：**	1. 品名；2. 用途；3. 成分	4. 品牌；5. 型号		
3809.1000	-以淀粉物质为基本成分				
	-其他：				
3809.9100	--纺织工业及类似工业用				
3809.9200	--造纸工业及类似工业用				
3809.9300	--制革工业及类似工业用				
38.10	**金属表面酸洗剂；焊接用的焊剂及其他辅助剂；金属及其他材料制成的焊粉或焊膏；作焊条芯子或焊条涂料用的制品：**	1. 品名；2. 用途；3. 成分	4. 品牌；5. 型号		
3810.1000	-金属表面酸洗剂；金属及其他材料制成的焊粉或焊膏				
3810.9000	-其他				
38.11	**抗震剂、抗氧剂、防胶剂、黏度改良剂、防腐蚀制剂及其他配制添加剂，用于矿物油（包括汽油）或与矿物油同样用途的其他液体：**	1. 品名；2. 包装；3. 用途；4. 成分	5. 品牌；6. 型号		
	-抗震剂：				

税则号列	商品名称	申报要素			说明举例
		归类要素	价格要素	其他要素	
3811.1100	--以铅化合物为基本成分				
3811.1900	--其他				
	-润滑油添加剂：				
3811.2100	--含有石油或从沥青矿物提取的油类				
3811.2900	--其他				
3811.9000	-其他				
38.12	**配制的橡胶促进剂；其他税目未列名的橡胶或塑料用复合增塑剂；橡胶或塑料用抗氧制剂及其他复合稳定剂：**	1. 品名；2. 用途；3. 成分	4. 品牌；5. 型号		
3812.1000	-配制的橡胶促进剂				
3812.2000	-橡胶或塑料用复合增塑剂				
	-橡胶或塑料用抗氧制剂及其他复合稳定剂：				
3812.3100	--2,2,4-三甲基-1,2-二氢化喹啉（TMQ）低聚体混合物				
	--其他：				
3812.3910	---其他橡胶防老剂				
3812.3990	---其他				
38.13	**灭火器的装配药；已装药的灭火弹：**	1. 品名；2. 用途；3. 成分			例：灭火器的调配药（主要成分为碳酸氢钙，含有少量甘草浸膏）
3813.0010	---灭火器的装配药				
3813.0020	---已装药的灭火弹				
38.14	**其他税目未列名的有机复合溶剂及稀释剂；除漆剂：**	1. 品名；2. 用途；3. 成分	4. 品牌；5. 型号		
3814.0000	其他税目未列名的有机复合溶剂及稀释剂；除漆剂				
38.15	**其他税目未列名的反应引发剂、反应促进剂、催化剂：**	1. 品名；2. 用途（如促进某某聚合物的聚合等）；3. 成分含量			
	-载体催化剂：				
3815.1100	--以镍及其化合物为活性物的				
3815.1200	--以贵金属及其化合物为活性物的				
3815.1900	--其他				
3815.9000	-其他				
38.16	**耐火的水泥、灰泥、混凝土及类似耐火混合制品，但税目38.01的产品除外：**	1. 品名；2. 用途；3. 成分			

税则号列	商品名称	申报要素			说明举例
		归类要素	价格要素	其他要素	
3816.0000	耐火的水泥、灰泥、混凝土及类似耐火混合制品，但税目38.01的产品除外				
38.17	**混合烷基苯及混合烷基萘，但税目27.07及29.02的货品除外：**	1. 品名；2. 用途；3. 成分			
3817.0000	混合烷基苯及混合烷基萘，但税目27.07及29.02的货品除外				
38.18	**经掺杂用于电子工业的化学元素，已切成圆片、薄片或类似形状；经掺杂用于电子工业的化合物：**				
	---直径在7.5厘米及以上的单晶硅切片：	1. 品名；2. 用途；3. 外观；4. 成分；5. 直径；6. 加工程度			
3818.0011	----直径在15.24厘米及以下的				
3818.0019	----其他				
3818.0090	---其他	1. 品名；2. 用途；3. 外观；4. 成分；5. 加工程度			
38.19	**闸用液压油及其他液压传动用液体，不含石油或从沥青矿物提取的油类，或者按重量计石油或从沥青矿物提取的油类含量低于70%：**	1. 品名；2. 用途；3. 成分；4. 从石油或沥青提取矿物油类的百分比含量	5. 品牌；6. 型号		
3819.0000	闸用液压油及其他液压传动用液体，不含石油或从沥青矿物提取的油类，或者按重量计石油或从沥青矿物提取的油类含量低于70%				
38.20	**防冻剂及解冻剂：**	1. 品名；2. 用途；3. 成分	4. 品牌；5. 型号		
3820.0000	防冻剂及解冻剂				
38.21	**制成的供微生物（包括病毒及类似品）或植物细胞、人体细胞、动物细胞生长或维持用的培养基：**	1. 品名；2. 用途；3. 成分			
3821.0000	制成的供微生物（包括病毒及类似品）或植物细胞、人体细胞、动物细胞生长或维持用的培养基				

税则号列	商品名称	申报要素			说明举例
		归类要素	价格要素	其他要素	
38.22	**附于衬背上的诊断或实验用试剂及不论是否附于衬背上的诊断或实验用配制试剂，但税目30.02及30.06的货品除外；检定参照物：**	1. 品名；2. 用途；3. 包装；4. 成分；5. 是否血源筛查用诊断试剂；6. 是否有衬背			
3822.0010	---附于衬背上的				
3822.0090	---其他				
38.23	**工业用单羧脂肪酸；精炼所得的酸性油；工业用脂肪醇：**	1. 品名；2. 成分含量；3. 来源（动植物油脂等）；4. 加工程度（是否经过皂化、是否经过水解）	5. 品牌；6. 型号		
	-工业用单羧脂肪酸；精炼所得的酸性油：				
3823.1100	--硬脂酸				
3823.1200	--油酸				
3823.1300	--妥尔油脂肪酸				
3823.1900	--其他				
3823.7000	-工业用脂肪醇				
38.24	**铸模及铸芯用粘合剂；其他税目未列名的化学工业及其相关工业的化学产品及配制品（包括由天然产品混合组成的）：**				
3824.1000	-铸模及铸芯用粘合剂	1. 品名；2. 用途；3. 成分含量	4. 品牌；5. 型号		例：铸模及铸芯用黏合剂（用于铸模及铸芯的黏合，主要成分为松香、亚麻子油、植物粘质、糊精、糖蜜）
3824.3000	-自身混合或与金属粘合剂混合的未烧结金属碳化物	1. 品名；2. 用途；3. 成分含量	4. 品牌；5. 型号		例：未烧结碳化钼（主要成分为碳化钼、金属黏合剂）
	-水泥、灰泥及混凝土用添加剂：	1. 品名；2. 用途；3. 成分含量	4. 品牌；5. 型号		例：混凝土防水剂（主要成分为氯化铁、硅酸钠、粉煤灰、硅灰、硅藻土）
3824.4010	---高效减水剂				
3824.4090	---其他				
3824.5000	-非耐火的灰泥及混凝土	1. 品名；2. 用途；3. 成分含量	4. 品牌；5. 型号		例：非耐火的混凝土（主要成分为 CaO、SiO_2、Al_2O_3 等）
3824.6000	-子目2905.44以外的山梨醇	1. 品名；2. 用途；3. 外观；4. 来源；5. 成分含量	6. 品牌；7. 型号		

税则号列	商品名称	申报要素			说明举例
		归类要素	价格要素	其他要素	
	-含有甲烷、乙烷或丙烷的卤化衍生物的混合物：	1. 品名；2. 用途；3. 成分含量	4. 品牌；5. 型号		
3824.7100	--含全氯氟烃（CFCs）的，不论是否含氢氯氟烃（HCFCs）、全氟烃（PFCs）或氢氟烃（HFCs）				
3824.7200	--含溴氯二氟甲烷、溴三氟甲烷或二溴四氟乙烷的				
3824.7300	--含氢溴氟烃（HBFCs）的				
3824.7400	--含氢氯氟烃（HCFCs）的，不论是否含全氟烃（PFCs）或氢氟烃（HFCs），但不含全氯氟烃（CFCs）				
3824.7500	--含四氯化碳的				
3824.7600	--含1,1,1-三氯乙烷（甲基氯仿）的				
3824.7700	--含溴化甲烷（甲基溴）或溴氯甲烷的				
3824.7800	--含全氟烃（PFCs）或氢氟烃（HFCs）的，但不含全氯氟烃（CFCs）或氢氯氟烃（HCFCs）的				
3824.7900	--其他				
	-本章子目注释三所列货品：	1. 品名；2. 用途；3. 成分含量	4. 品牌；5. 型号		
3824.8100	--含环氧乙烷（氧化乙烯）的				
3824.8200	--含多氯联苯（PCBs）、多氯三联苯（PCTs）或多溴联苯（PBBs）的				
3824.8300	--含三（2,3-二溴丙基）磷酸酯的				
3824.8400	--含艾氏剂（ISO）、毒杀芬（ISO）、氯丹（ISO）、十氯酮（ISO）、DDT（ISO）［滴滴涕（INN）、1,1,1-三氯-2,2-双（4-氯苯基）乙烷］、狄氏剂（ISO，INN）、硫丹（ISO）、异狄氏剂（ISO）、七氯（ISO）或灭蚁灵（ISO）的				
3824.8500	--含1,2,3,4,5,6-六氯环已烷［六六六（ISO）］，包括林丹（ISO，INN）的				

税则号列	商 品 名 称	申报要素			说 明 举 例
		归类要素	价格要素	其他要素	
3824.8600	--含五氯苯（ISO）或六氯苯（ISO）的				
3824.8700	--含全氟辛基磺酸及其盐，全氟辛基磺胺或全氟辛基磺酰氯的				
3824.8800	--含四、五、六、七或八溴联苯醚的				
	-其他：				
3824.9100	--主要由（5-乙基-2-甲基-2氧代-1,3,2-二氧磷杂环己-5-基）甲基膦酸二甲酯和双[（5-乙基-2-甲基-2氧代-1,3,2-二氧磷杂环己-5-基）甲基]甲基膦酸酯（阻燃剂FRC-1）组成的混合物及制品	1. 品名；2. 用途；3. 成分含量；4. 包装规格	5. 品牌；6. 型号		
	--其他：				
3824.9910	---杂醇油	1. 品名；2. 用途；3. 成分含量；4. 包装规格	5. 品牌；6. 型号		
3824.9920	---除墨剂、蜡纸改正液及类似品	1. 品名；2. 用途；3. 成分含量；4. 包装规格	5. 品牌；6. 型号		
3824.9930	---增炭剂	1. 品名；2. 用途；3. 成分含量；4. 包装规格	5. 品牌；6. 型号		
	---其他：				
3824.9991	----按重量计含滑石 50%以上的混合物	1. 品名；2. 用途；3. 成分含量；4. 包装规格	5. 品牌；6. 型号		
3824.9992	----按重量计含氧化镁 70%以上的混合物	1. 品名；2. 用途；3. 成分含量；4. 包装规格	5. 品牌；6. 型号		
3824.9993	----表面包覆钴化物的氢氧化镍（掺杂碳）	1. 品名；2. 用途；3. 成分含量；4. 包装规格	5. 品牌；6. 型号		
3824.9999	----其他	1. 品名；2. 用途；3. 成分含量；4. 包装规格	5. 品牌；6. 型号		
38.25	**其他税目未列名的化学工业及其相关工业的副产品；城市垃圾；下水道淤泥；本章注释六所规定的其他废物：**	1. 品名；2. 用途；3. 来源			例：城市垃圾（收集家庭废物而得，用于分拣回收）
3825.1000	-城市垃圾				
3825.2000	-下水道淤泥				
3825.3000	-医疗废物				
	-废有机溶剂：				
3825.4100	--卤化物的				
3825.4900	--其他				

税则号列	商品名称	申报要素			说明举例
		归类要素	价格要素	其他要素	
3825.5000	-废的金属酸洗液、液压油、制动油及防冻液				
	-其他化学工业及相关工业的废物：				
3825.6100	--主要含有有机成分的				
3825.6900	--其他				
3825.9000	-其他				
38.26	**生物柴油及其混合物，不含或含有按重量计低于70%的石油或从沥青矿物提取的油类：**	1. 品名；2. 用途；3. 成分含量；4. 从石油或沥青提取矿物油类的百分比含量			
3826.0000	生物柴油及其混合物，不含或含有按重量计低于70%的石油或从沥青矿物提取的油类				

第七类　塑料及其制品；橡胶及其制品

注释：

一、由两种或两种以上单独成分配套的货品，其部分或全部成分属于本类范围以内，混合后则构成第六类或第七类的货品，应按混合后产品归入相应的税目，但其组成成分必须同时符合下列条件：

（一）其包装形式足以表明这些成分不需经过改装就可以一起使用的；

（二）一起报验的；以及

（三）这些成分的属性及相互比例足以表明是相互配用的。

二、除税目 39.18 或 39.19 的货品外，印有花纹、文字、图画的塑料、橡胶及其制品，如果所印花纹、字画作为其主要用途，应归入第四十九章。

第三十九章　塑料及其制品

注释：

一、本目录所称"塑料"，是指税目 39.01 至 39.14 的材料，这些材料能够在聚合时或聚合后在外力（一般是热力和压力，必要时加入溶剂或增塑剂）作用下通过模制、浇铸、挤压、滚轧或其他工序制成一定的形状，成形后除去外力，其形状仍保持不变。

本目录所称"塑料"，还应包括钢纸，但不包括第十一类的纺织材料。

二、本章不包括：

（一）税目 27.10 或 34.03 的润滑剂；

（二）税目 27.12 或 34.04 的蜡；

（三）单独的已有化学定义的有机化合物（第二十九章）；

（四）肝素及其盐（税目 30.01）；

（五）税目 39.01 至 39.13 所列的任何产品溶于挥发性有机溶剂的溶液（胶棉除外），但溶剂的重量必须超过溶液重量的 50%（税目 32.08）；税目 32.12 的压印箔；

（六）有机表面活性剂或税目 34.02 的制剂；

（七）再熔胶及酯胶（税目 38.06）；

（八）矿物油（包括汽油）或与矿物油用途相同的其他液体用的配制添加剂（税目 38.11）；

（九）以第三十九章的聚乙二醇、聚硅氧烷或其他聚合物为基本成分配制的液压用液体（税目 38.19）；

（十）附于塑料衬背上的诊断或实验用试剂（税目 38.22）；

（十一）第四十章规定的合成橡胶及其制品；

（十二）鞍具及挽具（税目 42.01）；税目 42.02 的衣箱、提箱、手提包及其他容器；

（十三）第四十六章的缏条、编结品及其他制品；

（十四）税目 48.14 的壁纸；

（十五）第十一类的货品（纺织原料及纺织制品）；

（十六）第十二类的物品（例如，鞋靴、帽类、雨伞、阳伞、手杖、鞭子、马鞭及其零件）；

（十七）税目 71.17 的仿首饰；

（十八）第十六类的物品（机器、机械器具或电气器具）；

（十九）第十七类的航空器零件及车辆零件；

（二十）第九十章的物品（例如，光学元件、眼镜架及绘图仪器）；

（二十一）第九十一章的物品（例如，钟壳及表壳）；

（二十二）第九十二章的物品（例如，乐器及其零件）；

（二十三）第九十四章的物品（例如，家具、灯具、照明装置、灯箱及活动房屋）；

（二十四）第九十五章的物品（例如，玩具、游戏品及运动用品）；或

（二十五）第九十六章的物品（例如，刷子、纽扣、拉链、梳子、烟斗的嘴及柄、香烟嘴及类似品、保温瓶的零件及类似品、钢笔、活动铅笔、独脚架、双脚架、三角架及类似品）。

三、税目 39.01 至 39.11 仅适用于化学合成的下列货品：

（一）采用减压蒸馏法，在压力转换为 1013 毫巴下的温度 300℃时，以体积计馏出量小于 60% 的液体合成聚烯

烃（税目39.01及39.02）；

（二）非高度聚合的苯并呋喃-茚树脂（税目39.11）；

（三）平均至少有5个单体单元的其他合成聚合物；

（四）聚硅氧烷（税目39.10）；

（五）甲阶酚醛树脂（税目39.09）及其他预聚物。

四、所称“共聚物”，包括在整个聚合物中按重量计没有一种单体单元的含量在95%及以上的各种聚合物。

在本章中，除条文另有规定的以外，共聚物（包括共缩聚物、共加聚物，嵌段共聚物及接枝共聚物）及聚合物混合体应按聚合物中重量最大的那种共聚单体单元所构成的聚合物归入相应税目。在本注释中，归入同一税目的聚合物的共聚单体单元应作为一种单体单元对待。

如果没有任何一种共聚单体单元重量为最大，共聚物或聚合物混合体应按号列顺序归入其可归入的最末一个税目。

五、化学改性聚合物，即聚合物主链上的支链通过化学反应发生了变化的聚合物，应按未改性的聚合物的相应税目归类。本规定不适用于接枝共聚物。

六、税目39.01至39.14所称“初级形状”，只限于下列各种形状：

（一）液状及糊状，包括分散体（乳浊液及悬浮液）及溶液；

（二）不规则形状的块、团、粉（包括压型粉）、颗粒、粉片及类似的散装形状。

七、税目39.15不适用于已制成初级形状的单一的热塑材料废碎料及下脚料（税目39.01至39.14）。

八、税目39.17所称“管子”，是指通常用于输送或供给气体或液体的空心制品或半制品（例如，肋纹浇花软管、多孔管），还包括香肠用肠衣及其他扁平管。除肠衣及扁平管外，内截面如果不呈圆形、椭圆形、矩形（其长度不超过宽度的1.5倍）或正几何形，则不能视为管子，而应作为异型材。

九、税目39.18所称“塑料糊墙品”，适用于墙壁或天花板装饰用的宽度不小于45厘米的成卷产品，这类产品是将塑料牢固地附着在除纸张以外任何材料的衬背上，并且在塑料面起纹、压花、着色、印制图案或用其他方法装饰。

十、税目39.20及39.21所称“板、片、膜、箔、扁条”，只适用于未切割或仅切割成矩形（包括正方形）（含切割后即可供使用的），但未经进一步加工的板、片、膜、箔、扁条（第五十四章的物品除外）及正几何形块，不论是否经过印制或其他表面加工。

十一、税目39.25只适用于第二分章以前各税目未包括的下列物品：

（一）容积超过300升的囤、柜（包括化粪池）、罐、桶及类似容器；

（二）用于地板、墙壁、隔墙、天花板或屋顶等方面的结构件；

（三）槽管及其附件；

（四）门、窗及其框架和门槛；

（五）阳台、栏杆、栅栏、栅门及类似品；

（六）窗板、百叶窗（包括威尼斯式百叶窗）或类似品及其零件、附件；

（七）商店、工棚、仓库等用的拼装式固定大型货架；

（八）建筑用的特色（例如，凹槽、圆顶及鸽棚式）装饰件；以及

（九）固定装于门窗、楼梯、墙壁或建筑物其他部位的附件及架座，例如，球形把手、拉手、挂钩、托架、毛巾架、开关板及其他护板。

子目注释：

一、属于本章任一税目项下的聚合物（包括共聚物）及化学改性聚合物应按下列规则归类：

（一）在同级子目中有一个“其他”子目的：

1. 子目所列聚合物名称冠有“聚（多）”的（例如，聚乙烯及聚酰胺6,6），是指列名的该种聚合物单体单元含量在整个聚合物中按重量计必须占95%及以上。

2. 子目3901.30、3901.40、3903.20、3903.30及3904.30所列的共聚物，如果该种共聚单体单元含量在整个聚合物中按重量计占95%及以上，应归入上述子目。

3. 化学改性聚合物如未在其他子目具体列名，应归入列名为“其他”的子目内。

4. 不符合上述（一）、（二）、（三）款规定的聚合物，应按聚合物中重量最大的那种单体单元（与其他各种单一的共聚单体单元相比）所构成的聚合物归入该级其他相应子目。为此，归入同一子目的聚合物单体单元应作为一种单体单元对待。只有在同级子目中的聚合物共聚单体单元才可以进行比较。

（二）在同级子目中没有“其他”子目的：

1. 聚合物应按聚合物中重量最大的那种单体单元（与其他各种单一的共聚单体单元相比）所构成的聚合物归入该级相应子目。为此，归入同一子目的聚合物单体单元应作为一种单体单元对待。只有在同级子目中的聚合物共聚单体单元才可以进行比较。

2. 化学改性聚合物应按相应的未改性聚合物的子目归类。

聚合物混合体应按单体单元比例相等、种类相同的聚合物归入相应子目。

二、子目 3920.43 所称“增塑剂”，包括“次级增塑剂”。

【要素释义】

一、归类要素

（一）外观：指的是货品本身实际的外观状态情况，主要指货品的颜色、形状等表观性状。

（二）成分含量：指货品中所包含的某种成分的量。

（三）单体单元的种类和比例：单体单元指能起聚合反应或缩聚等反应而成高分子化合物的简单化合物。一般是不饱和的、环状的或含有两个或多个官能团的低分子化合物。归类要素“单体单元的种类和比例”指货品需填写单体的种类和含量。例如，乙烯—丙烯聚合物的单体单元的种类和比例可填写“乙烯 15%、丙烯 85%”。

（四）是否为线型：该归类要素为子目 3901.10 的专有归类要素，“比重小于 0.94 的聚乙烯”货品需填写“非线性”。

（五）比重：指一物质的密度与取作标准的某一物质密度之比。

（六）聚苯乙烯请注明是否为可发性的：该归类要素为税目 39.03 的专有归类要素，“聚苯乙烯”货品需填写“可发性的”或“非可发性的”。

（七）聚氯乙烯请注明是否已塑化：该归类要素为税目 39.04 的专有归类要素，“聚氯乙烯”货品需填写“已塑化”或“未塑化”。

（八）聚氯乙烯请注明是否掺有其他物质：该归类要素为税目 39.04 的专有归类要素，“聚氯乙烯”货品需填写“掺其他物质”或“未掺其他物质”。

（九）是否切片：切片是指聚合物与各种添加剂混合后，送入挤出机中熔化，并进一步混合均匀。通过多孔口模，形成多根条料，再用切粒机切断成粒料。切断有热切粒和冷切粒之分。前者条料离口模后，一边用空气或水冷却，一边立即用旋转刀切断，此时的粒料的周边无明显的切刀的痕迹，大多呈圆粒状；后者是将条料全部冷却后，再送入切粒机切粒，此时粒料的两边可见有切刀的痕迹，大多呈扁平或扁椭圆状。该归类要素为子目 3607.60 和税目 39.08 的专有归类要素。“聚对苯二甲酸乙二酯”和“聚酰胺”货品需填写“切片”或“不是切片”。

（十）粘数：指当高分子溶液浓度趋于零时的比浓粘度，即表示单个分子对溶液粘度的贡献，常以［η］表示，常用单位是分升/克 。如果是纤维级聚酯切片按 GB/T 14190 — 2008 方法测定特性黏度，其他级别的按 GB/T 1632 — 2008 方法测定。该归类要素为子目 3907.60 的专有归类要素。“聚对苯二甲酸乙二酯”货品需填写粘数。

（十一）用途：指该税目商品应用的方面、范围。

（十二）是否溶于水：该归类要素为税目 39.10 的专有归类要素，按实际情况填写。

（十三）是否塑化：该归类要素为 39.12 的专有归类要素，“乙酸纤维素”需填写“已塑化”或“未塑化”。

（十四）来源：指生产某种货品的原料由何而来。

（十五）是否成卷带轴心：该归类要素为税目 39.15 的专有归类要素，“塑料的废碎料及下脚料”货品需填写是否成卷带轴心。

（十六）是否已经破坏性处理：该归类要素为税目 39.15 的专有归类要素，“塑料的废碎料及下脚料”货品需填写是否已经破坏性处理。

（十七）单丝请注明截面直径：塑料单丝需填写截面直径。

（十八）是否装有附件：该归类要素为税目 39.17 的专有归类要素，除“硬化蛋白或纤维素材料制的人造肠衣（香肠用肠衣）”和“硬管”外的“其他塑料制管子”需填写“装有附件”或“未装有附件”。

（十九）最小爆破压力：指对测试样品施加压力载荷使其发生破裂时的压力值。

（二十）材质：指材料、原料。

（二十一）成分：指构成货品的各种不同的物质。

（二十二）是否成卷：该归类要素为税目 39.19 的专有归类要素，货品填写“成卷”或“未成卷”。

（二十三）是否自黏：该归类要素为税目 39.19 的专有归类要素，商品如归入该税目，需填写“自黏”。

（二十四）规格尺寸：主要表示货品的大小尺寸。例如，块状、板状货品需填写“长、宽、厚”等；卷状货品需填写“宽幅、度、长”等；管状货品需填写“外径、内径、长或高”。

（二十五）是否与其他材料合制：该归类要素为税目 39.20 和 39.21 的专有归类要素，货品需填写是否与其他材料合制，如与其他材料合制，需填写具体材料，如“与纺织物合制”。

（二十六）是否非泡沫：该归类要素为税目39.20的专有归类要素，商品如归入该税目，需填写“非泡沫塑料”。

（二十七）PVC制品请注明增塑剂含量：该归类要素为税目39.20的专有归类要素，归入税目39.20的PVC（聚氯乙烯）需填写按重量计增塑剂的含量。

（二十八）泡沫塑料请注明：该归类要素为税目39.21的专有归类要素，货品若为泡沫塑料需填写注明。

（二十九）塑料制囤、柜、罐、桶及类似容器请注明容积：该归类要素为税目39.21的专有归类要素，塑料制囤、柜、罐、桶及类似容器需填写容积。

二、价格要素

（一）级别：指产品的使用或者用途的“级别”，并非指产品质量上的“级别”。例如，税目39.01聚乙烯的级别可填写“薄膜级”“注射级”“吹塑级”“注塑机”“拉丝级”“电缆级”等。

（二）品牌：指制造商或经销商加在商品上的标志。实际只需要申报出名称即可，有外文品牌的以申报外文品牌名称为主。

（三）型号：指塑料产品的用途和技术指标的代码。

（四）签约日期：指供求双方企业合同价格签订的日期。实际只需申报具体日期即可，例如，可填写“2013-07-01”。

（五）用途：指商品的应用范围。例如，子目3905.91“聚乙烯吡咯烷酮”的用途可填写“化妆品用”“纺织印染剂用”“啤酒澄清剂用”等。

（六）生产厂商：该要素是子目3901.3乙烯—乙酸乙烯酯共聚物的专有价格要素，只需申报具体厂商即可。例如，“日本室素石油化工公司”。

（七）牌号：该要素是子目3901.3乙烯—乙酸乙烯酯共聚物的专有价格要素，指塑料产品的用途或者技术指标的代码，例如，美国杜邦公司生产的牌号为“11D542”EVA（乙烯—乙酸乙烯酯共聚物）。

（八）阴离子还是阳离子还是两性：该要素是税目39.14的初级形状的离子交换剂的专有价格要素。只需申报“阳离子”“阴离子”或“两性”即可。

（九）花色（中英文）：该要素是税目39.18块状或成卷的塑料铺地制品的专用价格要素。可填写“枫木纹”“绿竹”或“乌竹”等。

（十）成分：该要素是税目392的专有价格要素，指塑料制品的主要成分名称。例如，可填写“PP（聚丙烯）”。

（十一）如为成卷，需注明是否带有轴心：该要素是税目39.15废塑料的价格要素，是指成卷废塑料薄膜的外观状态。需申报是否带轴心。例如，可填写“带轴心的成卷透明无色废聚乙烯薄膜”。

税则号列	商品名称	申报要素			说明举例
		归类要素	价格要素	其他要素	
	第一分章　初级形状				
39.01	初级形状的乙烯聚合物：				
3901.1000	-聚乙烯，比重小于0.94	1. 品名；2. 外观（形状、颜色等）；3. 成分含量；4. 单体单元的种类和比例；5. 比重；6. 底料来源	7. 级别；8. 品牌；9. 型号；10. 签约日期；11. 用途	12. 是否为再生料	
3901.2000	-聚乙烯，比重在0.94及以上	1. 品名；2. 外观（形状、颜色等）；3. 成分含量；4. 单体单元的种类和比例；5. 比重；6. 底料来源	7. 级别；8. 品牌；9. 型号；10. 签约日期；11. 用途	12. 是否为再生料	

税则号列	商品名称	申报要素			说明举例
		归类要素	价格要素	其他要素	
3901.3000	-乙烯-乙酸乙烯酯共聚物	1. 品名；2. 外观（形状、颜色等）；3. 成分含量；4. 单体单元的种类和比例；5. 底料来源	6. 级别；7. 品牌；8. 牌号或型号；9. 签约日期；10. 生产厂商；11. 用途	12. 是否为再生料	
	-乙烯-α-烯烃共聚物，比重小于0.94：	1. 品名；2. 外观（形状、颜色等）；3. 成分含量；4. 单体单元的种类和比例；5. 比重；6. 底料来源	7. 级别；8. 品牌；9. 型号；10. 签约日期；11. 用途	12. 是否为再生料	
3901.4010	---乙烯-丙烯共聚物（乙丙橡胶）				
3901.4020	---线型低密度聚乙烯				
3901.4090	---其他				
	-其他：				
3901.9010	---乙烯-丙烯共聚物（乙丙橡胶）	1. 品名；2. 外观（形状、颜色等）；3. 成分含量；4. 单体单元的种类和比例；5. 比重；6. 底料来源	7. 级别；8. 品牌；9. 型号；10. 签约日期；11. 用途	12. 是否为再生料	
3901.9090	---其他	1. 品名；2. 外观（形状、颜色等）；3. 成分含量；4. 单体单元的种类和比例；5. 底料来源	6. 级别；7. 品牌；8. 型号；9. 签约日期；10. 用途	11. 是否为再生料	
39.02	**初级形状的丙烯或其他烯烃聚合物：**	1. 品名；2. 外观（形状、颜色等）；3. 成分含量；4. 单体单元的种类和比例；5. 底料来源	6. 级别；7. 品牌；8. 型号；9. 签约日期；10. 用途	11. 是否为再生料	
3902.1000	-聚丙烯				
3902.2000	-聚异丁烯				
	-丙烯共聚物：				
3902.3010	---乙烯-丙烯共聚物（乙丙橡胶）				
3902.3090	---其他				
3902.9000	-其他				
39.03	**初级形状的苯乙烯聚合物：**				
	-聚苯乙烯：	1. 品名；2. 外观（形状、颜色等）；3. 是否可发性，是否改性；4. 成分含量；5. 单体单元的种类和比例；6. 底料来源	7. 级别；8. 品牌；9. 型号；10. 签约日期；11. 用途	12. 是否为再生料	
3903.1100	--可发性的				
	--其他：				

税则号列	商品名称	申报要素			说明举例
		归类要素	价格要素	其他要素	
3903.1910	---改性的				
3903.1990	---其他				
3903.2000	-苯乙烯-丙烯腈（SAN）共聚物	1. 品名；2. 外观（形状、颜色等）；3. 成分含量；4. 单体单元的种类和比例；5. 底料来源	6. 品牌；7. 型号；8. 签约日期；9. 用途	10. 是否为再生料	
	-丙烯腈-丁二烯-苯乙烯（ABS）共聚物：	1. 品名；2. 外观（形状、颜色等）；3. 成分含量；4. 单体单元的种类和比例；5. 是否改性；6. 底料来源	7. 级别；8. 品牌；9. 型号；10. 签约日期；11. 用途	12. 是否为再生料	
3903.3010	---改性的				
3903.3090	---其他				
3903.9000	-其他	1. 品名；2. 外观（形状、颜色等）；3. 成分含量；4. 单体单元的种类和比例；5. 底料来源	6. 品牌；7. 型号；8. 签约日期；9. 用途	10. 是否为再生料	
39.04	**初级形状的氯乙烯或其他卤化烯烃聚合物：**				
	-聚氯乙烯，未掺其他物质：	1. 品名；2. 外观（形状、颜色等）；3. 是否掺杂其他物质；4. 成分含量；5. 单体单元的种类和比例；6. 底料来源	7. 品牌；8. 型号；9. 签约日期；10. 用途	11. 是否为再生料	
3904.1010	---糊树脂				
3904.1090	---其他				
	-其他聚氯乙烯：	1. 品名；2. 外观（形状、颜色等）；3. 是否塑化；4. 成分含量；5. 单体单元的种类和比例；6. 底料来源	7. 品牌；8. 型号；9. 签约日期；10. 用途	11. 是否为再生料	
3904.2100	--未塑化				
3904.2200	--已塑化				
3904.3000	-氯乙烯-乙酸乙烯酯共聚物	1. 品名；2. 外观（形状、颜色等）；3. 成分含量；4. 单体单元的种类和比例；5. 底料来源	6. 品牌；7. 型号；8. 签约日期；9. 用途	10. 是否为再生料	
3904.4000	-其他氯乙烯共聚物	1. 品名；2. 外观（形状、颜色等）；3. 成分含量；4. 单体单元的种类和比例；5. 底料来源	6. 品牌；7. 型号；8. 签约日期；9. 用途	10. 是否为再生料	

税则号列	商品名称	申报要素			说明举例
		归类要素	价格要素	其他要素	
3904.5000	-偏二氯乙烯聚合物	1. 品名；2. 外观（形状、颜色等）；3. 成分含量；4. 单体单元的种类和比例；5. 底料来源	6. 品牌；7. 型号；8. 签约日期；9. 用途	10. 是否为再生料	
	-氟聚合物：	1. 品名；2. 外观（形状、颜色等）；3. 成分含量；4. 单体单元的种类和比例；5. 底料来源	6. 品牌；7. 型号；8. 签约日期；9. 用途	10. 是否为再生料	
3904.6100	--聚四氟乙烯				
3904.6900	--其他				
3904.9000	-其他	1. 品名；2. 外观（形状、颜色等）；3. 成分含量；4. 单体单元的种类和比例；5. 底料来源	6. 品牌；7. 型号；8. 签约日期；9. 用途	10. 是否为再生料	
39.05	**初级形状的乙酸乙烯酯或其他乙烯酯聚合物；初级形状的其他乙烯基聚合物：**	1. 品名；2. 外观（形状、颜色等）；3. 成分含量；4. 单体单元的种类和比例；5. 底料来源	6. 品牌；7. 型号；8. 签约日期；9. 用途	10. 是否为再生料	
	-聚乙酸乙烯酯：				
3905.1200	--水分散体				
3905.1900	--其他				
	-乙酸乙烯酯共聚物：				
3905.2100	--水分散体				
3905.2900	--其他				
3905.3000	-聚乙烯醇，不论是否含有未水解的乙酸酯基				
	-其他：				
3905.9100	--共聚物				
3905.9900	--其他				
39.06	**初级形状的丙烯酸聚合物：**	1. 品名；2. 外观（形状、颜色等）；3. 成分含量；4. 单体单元的种类和比例；5. 底料来源	6. 品牌；7. 型号；8. 签约日期；9. 用途	10. 是否为再生料	
3906.1000	-聚甲基丙烯酸甲酯				
	-其他：				
3906.9010	---聚丙烯酰胺				
3906.9090	---其他				
39.07	**初级形状的聚缩醛、其他聚醚及环氧树脂；初级形状的聚碳酸酯、醇酸树脂、聚烯丙基酯及其他聚酯：**				

税则号列	商品名称	申报要素			说明举例
		归类要素	价格要素	其他要素	
	-聚缩醛:	1. 品名; 2. 外观(形状、颜色等); 3. 成分含量; 4. 单体单元的种类和比例; 5. 底料来源	6. 品牌; 7. 型号; 8. 签约日期; 9. 用途	10. 是否为再生料	
3907.1010	---聚甲醛				
3907.1090	---其他				
	-其他聚醚:	1. 品名; 2. 外观(形状、颜色等); 3. 成分含量; 4. 单体单元的种类和比例; 5. 底料来源	6. 品牌; 7. 型号; 8. 签约日期	9. 是否为再生料	
3907.2010	---聚四亚甲基醚二醇				
3907.2090	---其他				
3907.3000	-环氧树脂	1. 品名; 2. 外观(形状、颜色等); 3. 成分含量及溴含量; 4. 底料来源	5. 品牌; 6. 型号; 7. 签约日期	8. 是否为再生料	
3907.4000	-聚碳酸酯	1. 品名; 2. 外观(形状、颜色等); 3. 成分含量; 4. 底料来源	5. 品牌; 6. 型号; 7. 签约日期	8. 是否为再生料	
3907.5000	-醇酸树脂	1. 品名; 2. 外观(形状、颜色等); 3. 成分含量; 4. 单体单元的种类和比例; 5. 底料来源	6. 品牌; 7. 型号; 8. 用途	8. 是否为再生料	
	-聚对苯二甲酸乙二酯:	1. 品名; 2. 外观(形状、颜色等); 3. 是否切片; 4. 成分含量; 5. 单体单元的种类和比例; 6. 粘数; 7. 底料来源	8. 级别; 9. 品牌; 10. 型号; 11. 签约日期	12. 是否为再生料	
	--粘数在78毫升/克或以上:				
3907.6110	---切片				
3907.6190	---其他				
	--其他:				
3907.6910	---切片				
3907.6990	---其他				
3907.7000	-聚乳酸	1. 品名; 2. 外观(形状、颜色等); 3. 成分含量; 4. 单体单元的种类和比例; 5. 底料来源	6. 品牌; 7. 型号; 8. 签约日期; 9. 用途	10. 是否为再生料	
	-其他聚酯:				
3907.9100	--不饱和	1. 品名; 2. 外观(形状、颜色等); 3. 是否饱和; 4. 成分含量; 5. 单体单元的种类和比例; 6. 底料来源	7. 品牌; 8. 型号; 9. 签约日期	10. 是否为再生料	

税则号列	商品名称	申报要素			说明举例
		归类要素	价格要素	其他要素	
	--其他：				
3907. 9910	---聚对苯二甲酸丁二酯	1. 品名；2. 外观（形状、颜色等）；3. 是否饱和；4. 成分含量；5. 单体单元的种类和比例；6. 底料来源	7. 品牌；8. 型号；9. 签约日期	10. 是否为再生料	
	---其他：	1. 品名；2. 外观（形状、颜色等）；3. 是否饱和；4. 成分含量；5. 单体单元的种类和比例；6. 若为热塑性液晶需注明；7. 底料来源	8. 品牌；9. 型号；10. 签约日期	11. 是否为再生料	
3907. 9991	----聚对苯二甲酸-己二醇-丁二醇酯				
3907. 9999	----其他				
39. 08	**初级形状的聚酰胺：**	1. 品名；2. 外观（形状、颜色等）；3. 是否切片；4. 成分含量；5. 单体单元的种类和比例；6. 底料来源	7. 级别；8. 品牌；9. 型号；10. 签约日期；11. 用途	12. 是否为再生料	
	-聚酰胺-6、-11、-12、-6, 6、-6, 9、-6, 10 或-6, 12：				
	---切片：				
3908. 1011	----聚酰胺-6, 6 切片				
3908. 1012	----聚酰胺-6 切片				
3908. 1019	----其他				
3908. 1090	---其他				
	-其他：				
3908. 9010	---芳香族聚酰胺及其共聚物				
3908. 9020	---半芳香族聚酰胺及其共聚物				
3908. 9090	---其他				
39. 09	**初级形状的氨基树脂、酚醛树脂及聚氨酯类：**	1. 品名；2. 外观（形状、颜色等）；3. 成分含量；4. 单体单元的种类和比例；5. 底料来源	6. 品牌；7. 型号；8. 签约日期；9. 用途	10. 是否为再生料	
3909. 1000	-尿素树脂；硫脲树脂				
3909. 2000	-蜜胺树脂				
	-其他氨基树脂：				
3909. 3100	--聚（亚甲基苯基异氰酸酯）（粗 MDI、聚合 MDI）				
3909. 3900	--其他				
3909. 4000	-酚醛树脂				
3909. 5000	-聚氨基甲酸酯				

税则号列	商品名称	申报要素			说明举例
		归类要素	价格要素	其他要素	
39.10	**初级形状的聚硅氧烷：**	1. 品名；2. 外观（形状、颜色等）；3. 用途；4. 是否溶于水；5. 成分含量；6. 底料来源	7. 品牌；8. 型号；9. 签约日期	10. 是否为再生料	
3910.0000	初级形状的聚硅氧烷				
39.11	**初级形状的石油树脂、苯并呋喃-茚树脂、多萜树脂、多硫化物、聚砜及本章注释三所规定的其他税目未列名产品：**				
3911.1000	-石油树脂、苯并呋喃树脂、茚树脂、苯并呋喃-茚树脂及多萜树脂	1. 品名；2. 外观（形状、颜色等）；3. 成分含量；4. 底料来源	5. 品牌；6. 型号；7. 签约日期；8. 用途	9. 是否为再生料	
3911.9000	-其他	1. 品名；2. 外观（形状、颜色等）；3. 成分含量；4. 单体单元的种类和比例；5. 底料来源	6. 品牌；7. 型号；8. 签约日期；9. 用途	10. 是否为再生料	
39.12	**初级形状的其他税目未列名的纤维素及其化学衍生物：**				
	-乙酸纤维素：	1. 品名；2. 外观（形状、颜色等）；3. 是否塑化；4. 成分含量；5. 底料来源	6. 品牌；7. 型号；8. 签约日期；9. 用途	10. 是否为再生料	
3912.1100	--未塑化				
3912.1200	--已塑化				
3912.2000	-硝酸纤维素（包括胶棉）	1. 品名；2. 外观（形状、颜色等）；3. 成分含量；4. 底料来源	5. 品牌；6. 型号；7. 签约日期；8. 用途	9. 是否为再生料	
	-纤维素醚：	1. 品名；2. 外观（形状、颜色等）；3. 成分含量；4. 底料来源	5. 品牌；6. 型号；7. 签约日期；8. 用途	9. 是否为再生料	
3912.3100	--羧甲基纤维素及其盐				
3912.3900	--其他				
3912.9000	-其他	1. 品名；2. 外观（形状、颜色等）；3. 成分含量；4. 底料来源	5. 品牌；6. 型号；7. 签约日期；8. 用途	9. 是否为再生料	
39.13	**初级形状的其他税目未列名的天然聚合物（例如，藻酸）及改性天然聚合物（例如，硬化蛋白、天然橡胶的化学衍生物）：**	1. 品名；2. 外观（形状、颜色等）；3. 成分含量；4. 底料来源	5. 品牌；6. 型号；7. 签约日期；8. 用途	9. 是否为再生料	
3913.1000	-藻酸及其盐和酯				
3913.9000	-其他				

税则号列	商品名称	申报要素			说明举例
		归类要素	价格要素	其他要素	
39.14	**初级形状的离子交换剂，以税目39.01至39.13的聚合物为基本成分的：**	1. 品名；2. 用途（形状、颜色等）；3. 外观；4. 成分；5. 底料来源	6. 品牌；7. 型号；8. 签约日期；9. 级别；10. 阴离子还是阳离子还是两性	11. 是否为再生料	
3914.0000	初级形状的离子交换剂，以税目39.01至39.13的聚合物为基本成分的				
	第二分章 废碎料及下脚料；半制品；制成品				
39.15	**塑料的废碎料及下脚料：**				
3915.1000	-乙烯聚合物的	1. 品名；2. 外观（颜色、尺寸）；3. 来源；4. 成分；5. 是否已经破坏性处理；6. 如为铝塑复合膜需注明	7. 如为成卷，需注明是否带有轴心	8. 是否为再生料	废聚乙烯膜，20～40厘米成卷，带轴心白色薄膜，纵切破坏性处理
3915.2000	-苯乙烯聚合物的	1. 品名；2. 外观（颜色、尺寸）；3. 来源；4. 成分；5. 是否已经破坏性处理	6. 如为成卷，需注明是否带有轴心	7. 是否为再生料	废聚乙烯膜，20～40厘米成卷，带轴心白色薄膜，纵切破坏性处理
3915.3000	-氯乙烯聚合物的	1. 品名；2. 外观（颜色、尺寸）；3. 来源；4. 成分；5. 是否已经破坏性处理	6. 如为成卷，需注明是否带有轴心	7. 是否为再生料	废聚乙烯膜，20～40厘米成卷，带轴心白色薄膜，纵切破坏性处理
	-其他塑料的：				
3915.9010	---聚对苯二甲酸乙二酯的	1. 品名；2. 外观（颜色、尺寸）；3. 来源；4. 成分；5. 是否已经破坏性处理；6. 如为PET瓶（砖）需注明	7. 如为成卷，需注明是否带有轴心	8. 是否为再生料	废聚乙烯膜，20～40厘米成卷，带轴心白色薄膜，纵切破坏性处理
3915.9090	---其他	1. 品名；2. 外观（颜色、尺寸）；3. 来源；4. 成分；5. 是否已经破坏性处理；6. 如为废光盘破碎料请注明	7. 如为成卷，需注明是否带有轴心	8. 是否为再生料	废聚乙烯膜，20～40厘米成卷，带轴心白色薄膜，纵切破坏性处理
39.16	**塑料制的单丝（截面直径超过1毫米）、条、杆、型材及异型材，不论是否经表面加工，但未经其他加工：**	1. 品名；2. 外观；3. 成分；4. 单丝请注明截面直径	5. 品牌；6. 型号；7. 用途		
3916.1000	-乙烯聚合物制				
	-氯乙烯聚合物制：				
3916.2010	---异型材				
3916.2090	---其他				

税则号列	商品名称	申报要素			说明举例
		归类要素	价格要素	其他要素	
	-其他塑料制:				
3916.9010	---聚酰胺制的				
3916.9090	---其他				
39.17	**塑料制的管子及其附件(例如,接头、肘管、法兰):**				
3917.1000	-硬化蛋白或纤维素材料制的人造肠衣(香肠用肠衣)	1.品名;2.成分;3.用途	4.品牌;5.型号		
	-硬管:	1.品名;2.成分	3.品牌;4.型号;5.用途		
3917.2100	--乙烯聚合物制				
3917.2200	--丙烯聚合物制				
3917.2300	--氯乙烯聚合物制				
3917.2900	--其他塑料制				
	-其他管:	1.品名;2.成分;3.是否装有附件;4.爆破压力;5.是否经加强或与其他材料合制;6.种类(硬管、半硬管或软管)	7.品牌;8.型号;9.用途		
3917.3100	--软管,最小爆破压力为27.6兆帕斯卡				
3917.3200	--其他未装有附件的管子,未经加强也未与其他材料合制				
3917.3300	--其他装有附件的管子,未经加强也未与其他材料合制				
3917.3900	--其他				
3917.4000	-管子附件	1.品名;2.材质			例:硬聚氯乙烯变接头
39.18	**块状或成卷的塑料铺地制品,不论是否胶粘;本章注释九所规定的塑料糊墙品:**	1.品名;2.材质	3.品牌;4.型号;5.用途		
	-氯乙烯聚合物制:				
3918.1010	---糊墙品				
3918.1090	---其他				
	-其他塑料制:				
3918.9010	---糊墙品				
3918.9090	---其他				
39.19	**自粘的塑料板、片、膜、箔、带、扁条及其他扁平形状材料,不论是否成卷:**				

税则号列	商品名称	申报要素			说明举例
		归类要素	价格要素	其他要素	
	-成卷，宽度不超过20厘米：	1. 品名；2. 用途；3. 外观（板、片、膜、箔、带、扁条）；4. 是否成卷；5. 是否单面自粘；6. 成分含量；7. 规格尺寸	8. 品牌；9. 型号		
3919.1010	---丙烯酸树脂类为基本成分				
	---其他：				
3919.1091	----胶囊型反光膜				
3919.1099	----其他				
	-其他：				
3919.9010	---胶囊型反光膜	1. 品名；2. 用途；3. 外观（板、片、膜、箔、带、扁条）；4. 是否成卷；5. 是否自粘；6. 成分含量；7. 规格尺寸	8. 品牌；9. 型号		
3919.9090	---其他	1. 品名；2. 用途（如半导体晶圆制造用等）；3. 外观（板、片、膜、箔、带、扁条）；4. 是否成卷；5. 是否自粘；6. 成分含量；7. 规格尺寸；8. 若为半导体晶圆制造用需注明形状（如圆形等）	9. 品牌；10. 型号		
39.20	**其他非泡沫塑料的板、片、膜、箔及扁条，未用其他材料强化、层压、支撑或用类似方法合制：**				
	-乙烯聚合物制：	1. 品名；2. 用途；3. 外观；4. 是否与其他材料合制；5. 成分；6. 规格尺寸；7. 是否非泡沫	8. 品牌；9. 型号		
3920.1010	---乙烯聚合物制电池隔膜				
3920.1090	---其他				
	-丙烯聚合物制：	1. 品名；2. 用途；3. 外观；4. 是否与其他材料合制；5. 成分；6. 规格尺寸；7. 是否非泡沫	8. 品牌；9. 型号		
3920.2010	---丙烯聚合物制电池隔膜				
3920.2090	---其他				

税则号列	商品名称	申报要素			说明举例
		归类要素	价格要素	其他要素	
3920.3000	-苯乙烯聚合物制	1. 品名；2. 用途；3. 外观；4. 是否与其他材料合制；5. 成分；6. 规格尺寸；7. 是否非泡沫	8. 品牌；9. 型号		
	-氯乙烯聚合物制：	1. 品名；2. 用途；3. 外观；4. 是否与其他材料合制；5. 成分；6. 规格尺寸；7. PVC 制品请注明增塑剂含量；8. 是否非泡沫	9. 品牌；10. 型号		
3920.4300	--按重量计增塑剂含量不小于6%				
3920.4900	--其他				
	-丙烯酸聚合物制：	1. 品名；2. 用途；3. 外观；4. 是否与其他材料合制；5. 成分；6. 规格尺寸；7. 是否非泡沫	8. 品牌；9. 型号		
3920.5100	--聚甲基丙烯酸甲酯制				
3920.5900	--其他				
	-聚碳酸酯、醇酸树脂、聚烯丙酯或其他聚酯制：	1. 品名；2. 用途；3.3. 外观（包括颜色、形状等）；4. 是否与其他材料合制；5. 成分；6. 规格尺寸；7. 是否非泡沫	8. 品牌；9. 型号		
3920.6100	--聚碳酸酯制				
3920.6200	--聚对苯二甲酸乙二酯制				
3920.6300	--不饱和聚酯制				
3920.6900	--其他聚酯制				
	-纤维素及其化学衍生物制：	1. 品名；2. 用途；3. 外观（形状、颜色等）；4. 是否与其他材料合制；5. 成分；6. 规格尺寸；7. 是否非泡沫	8. 品牌；9. 型号		
3920.7100	--再生纤维素制				
3920.7300	--乙酸纤维素制				
3920.7900	--其他纤维素衍生物制				
	-其他塑料制：	1. 品名；2. 用途；3. 外观；4. 是否与其他材料合制；5. 成分；6. 规格尺寸；7. 是否非泡沫	8. 品牌；9. 型号		
3920.9100	--聚乙烯醇缩丁醛制				
3920.9200	--聚酰胺制				
3920.9300	--氨基树脂制				

税则号列	商品名称	申报要素			说明举例
		归类要素	价格要素	其他要素	
3920.9400	--酚醛树脂制				
	--其他塑料制：				
3920.9910	---聚四氟乙烯制				
3920.9990	---其他塑料制				
39.21	**其他塑料板、片、膜、箔、扁条：**	1. 品名；2. 成分；3. 外观；4. 是否与其他材料合制；5. 泡沫塑料请注明；6. 用途；7. 规格尺寸	8. 品牌；9. 型号		
	-泡沫塑料的：				
3921.1100	--苯乙烯聚合物制				
	--氯乙烯聚合物制：				
3921.1210	---人造革及合成革				
3921.1290	---其他				
	--氨酯聚合物制：				
3921.1310	---人造革及合成革				
3921.1390	---其他				
3921.1400	--再生纤维素制				
	--其他塑料制：				
3921.1910	---人造革及合成革				
3921.1990	---其他				
	-其他：				
3921.9020	---聚乙烯嵌有玻璃纤维的板、片				
3921.9030	---聚异丁烯为基本成分的附有人造毛毡的板、片、卷材				
3921.9090	---其他				
39.22	**塑料浴缸、淋浴盘、洗涤槽、盥洗盆、坐浴盆、便盆、马桶座圈及盖、抽水箱及类似卫生洁具：**	1. 品名；2. 用途；3. 材质	4. 品牌；5. 型号		
3922.1000	-浴缸、淋浴盘、洗涤槽及盥洗盆				
3922.2000	-马桶座圈及盖				
3922.9000	-其他				
39.23	**供运输或包装货物用的塑料制品；塑料制的塞子、盖子及类似品：**				

税则号列	商品名称	申报要素			说明举例
		归类要素	价格要素	其他要素	
3923.1000	-盒、箱（包括板条箱）及类似品	1. 品名；2. 用途（如半导体晶圆、掩模或光罩用等）；3. 材质；4. 半导体晶圆、掩模或光罩用需报是否具有特定形状或装置；5. 半导体晶圆、掩模或光罩用需注明是否有ROHS认证	6. 品牌；7. 规格或型号		
	-袋及包（包括锥形的）：	1. 品名；2. 用途；3. 材质	4. 品牌；5. 规格或型号		
3923.2100	--乙烯聚合物制				
3923.2900	--其他塑料制				
3923.3000	-坛、瓶及类似品	1. 品名；2. 用途；3. 材质	4. 品牌；5. 规格或型号		
3923.4000	-卷轴、纡子、筒管及类似品	1. 品名；2. 用途；3. 材质	4. 品牌；5. 规格或型号		
3923.5000	-塞子、盖子及类似品	1. 品名；2. 用途；3. 材质	4. 品牌；5. 规格或型号		
3923.9000	-其他	1. 品名；2. 用途；3. 材质	4. 品牌；5. 规格或型号		
39.24	**塑料制的餐具、厨房用具、其他家庭用具及卫生或盥洗用具：**	1. 品名；2. 用途；3. 材质	4. 品牌；5. 规格或型号		
3924.1000	-餐具及厨房用具				
3924.9000	-其他				
39.25	**其他税目未列名的建筑用塑料制品：**	1. 品名；2. 用途；3. 塑料制囤、柜、罐、桶及类似容器请注明容积；4. 材质	5. 品牌		
3925.1000	-囤、柜、罐、桶及类似容器，容积超过300升				
3925.2000	-门、窗及其框架、门槛				
3925.3000	-窗板、百叶窗（包括威尼斯式百叶窗）或类似制品及其零件				
3925.9000	-其他				
39.26	**其他塑料制品及税目39.01至39.14所列其他材料的制品：**	1. 品名；2. 用途；3. 材质	4. 品牌；5. 规格或型号		
3926.1000	-办公室或学校用品				
	-衣服及衣着附件（包括分指手套、连指手套及露指手套）：				
	---手套（包括分指手套、连指手套及露指手套）：				

税则号列	商 品 名 称	申 报 要 素			说 明 举 例
		归类要素	价格要素	其他要素	
3926. 2011	----聚氯乙烯制				
3926. 2019	----其他				
3926. 2090	---其他				
3926. 3000	-家具、车厢或类似品的附件				
3926. 4000	-小雕塑品及其他装饰品				
	-其他：				
3926. 9010	---机器及仪器用零件				
3926. 9090	---其他				

第四十章　橡胶及其制品

注释：

一、除条文另有规定的以外，本目录所称“橡胶”，是指不论是否硫化或硬化的下列产品：天然橡胶、巴拉塔胶、古塔波胶、银胶菊胶、糖胶树胶及类似的天然树胶、合成橡胶、从油类中提取的油膏以及上述物品的再生品。

二、本章不包括：

（一）第十一类的货品（纺织原料及纺织制品）；

（二）第六十四章的鞋靴及其零件；

（三）第六十五章的帽类及其零件（包括游泳帽）；

（四）第十六类的硬质橡胶制的机械器具、电气器具及其零件（包括各种电气用品）；

（五）第九十章、第九十二章、第九十四章或第九十六章的物品；或

（六）第九十五章的物品（运动用分指手套、连指手套及露指手套及税目 40.11 至 40.13 的制品除外）。

三、税目 40.01 至 40.03 及 40.05 所称“初级形状”，只限于下列形状：

（一）液状及糊状，包括胶乳（不论是否预硫化）及其他分散体和溶液；

（二）不规则形状的块，团、包、粉、粒、碎屑及类似的散装形状。

四、本章注释一和税目 40.02 所称“合成橡胶”，适用于：

（一）不饱和合成物质，即用硫磺硫化能使其不可逆地变为非热塑物质，这种物质能在温度 18℃～29℃之间被拉长到其原长度的 3 倍而不致断裂，拉长到原长度的 2 倍时，在 5 分钟内能回复到不超过原长度的 1.5 倍。为了进行上述试验，可以加入交联所需的硫化活化剂或促进剂；也允许含有注释五（二）2 及 3 所述的物质。但不能加入非交联所需的物质，例如，增量剂、增塑剂及填料。

（二）聚硫橡胶（TM）；以及

（三）与塑料接枝共聚或混合而改性的天然橡胶、解聚天然橡胶以及不饱和合成物质与饱和合成高聚物的混合物，但这些产品必须符合以上（一）款关于硫化、延伸及回复的要求。

五、（一）税目 40.01 及 40.02 不适用于任何凝结前或凝结后与下列物质相混合的橡胶或橡胶混合物：

1. 硫化剂、促进剂、防焦剂或活性剂（为制造预硫胶乳所加入的除外）；
2. 颜料或其他着色料，但仅为易于识别而加入的除外；
3. 增塑剂或增量剂（用油增量的橡胶中所加的矿物油除外）、填料、增强剂、有机溶剂或其他物质，但以下（二）款所述的除外。

（二）含有下列物质的橡胶或橡胶混合物，只要仍具有原料的基本特性，应归入税目 40.01 或 40.02：

1. 乳化剂或防粘剂；
2. 少量的乳化剂分解产品；
3. 微量的下列物质：热敏剂（一般为制造热敏胶乳用）、阳离子表面活性剂（一般为制造阳性胶乳用）、抗氧剂、凝固剂、碎裂剂、抗冻剂、胶溶剂、保存剂、稳定剂、黏度控制剂或类似的特殊用途添加剂。

六、税目 40.04 所称“废碎料及下脚料”，是指在橡胶或橡胶制品生产或加工过程中由于切割、磨损或其他原因明显不能按橡胶或橡胶制品使用的废橡胶及下脚料。

七、全部用硫化橡胶制成的线，其任一截面的尺寸超过 5 毫米的，应作为带、杆或型材及异型材归入税目 40.08。

八、税目 40.10 包括用橡胶浸渍、涂布、包覆或层压的织物制成的或用橡胶浸渍、涂布、包覆或套裹的纱线或绳制成的传动带、输送带。

九、税目 40.01、40.02、40.03、40.05 及 40.08 所称“板”“片”“带”，仅指未切割或只简单切割成矩形（包括正方形）的板、片、带及正几何形块，不论是否具有成品的特征，也不论是否经过印制或其他表面加工，但未切割成其他形状或进一步加工。

税目 40.08 所称“杆”或“型材及异型材”，仅指不论是否切割成一定长度或表面加工，但未经进一步加工的该类产品。

【要素释义】

一、归类要素

本章的一些产品需要注明成分、含量、单体种类、单体比例，这是明确归类的需要。在实际申报中只要申报的内容能明确归类即可。

本章商品需要申报的品名包括标准命名法名称或工商业通用俗称。

（一）外观：指的是货品本身实际的外观状态情况，主要指货品的颜色、形状等表观性状。

（二）型号：指橡胶产品的用途和技术指标的代码。

（三）包装：主要指为保护、贮运货品或促进货品销售，而使用特定材料、技术、方法的形式。

（四）用途：指该税目商品应用的方面、范围。

（五）成分含量：指货品中所包含的某种成分的量。

（六）丁苯橡胶请注明是否充油、热塑：该归类要素为税目40.02的专有归类要素，“丁苯橡胶”货品需填写是否充油、热塑。

（七）来源：指生产某种货品的原料由何而来。

（八）水分：该归类要素为税目40.04的专有归类要素，对于橡胶废料需根据实际情况填写水分含量。

（九）杂质：该归类要素为税目40.04的专有归类要素，对于橡胶废料需根据实际情况填写杂质含量。

（十）硫化的请注明：该归类要素为税目40.05的专有归类要素，货品若经过硫化需填写。实际上税目40.05是“未硫化的复合橡胶，初级形状或板、片、带”，所以如果经过硫化加工，则不能归入税目40.05。

（十一）成分：指构成货品的各种不同的物质。

（十二）截面尺寸：该归类要素为税目40.07的专有归类要素，“硫化橡胶线及绳”需填写截面尺寸。

（十三）是否海绵橡胶：该归类要素为税目40.08的专有归类要素，货品填写“海绵橡胶”或“非海绵橡胶”。

（十四）规格尺寸：主要表示货品的大小尺寸。例如，块状、板状货品需填写“长、宽、厚”等；卷状货品需填写“宽幅、度、长”等；管状货品需填写“外径、内径、长或高”等。

（十五）是否硫化：该归类要素为税目40.08的专有归类要素，个人该税目的货品需填写“硫化”。

（十六）材质构成：该归类要素为税目40.09的专有归类要素，指材料、原料的构成。“硫化橡胶（硬质橡胶除外）制的管子”需填写是否加强或与其他材料合制，并说明加强或合制材料的材质。

（十七）是否装有附件：该归类要素为税目40.08的专有归类要素，根据实际情况填写。

（十八）加强材料要注明：该归类要素为税目40.10的专有归类要素，若货品用其他材料加强，需填写加强材料的材质。

（十九）截面形状：该归类要素为税目40.10的专有归类要素，货品需填写截面的形状。

（二十）规格型号：该归类要素为税目40.11的专有归类要素。“橡胶轮胎”货品的规格型号，由一组字母或数字以一定规律编号组成，反映货品性质等级。

（二十一）辋圈尺寸：该归类要素为税目40.11的专有归类要素。“橡胶轮胎”货品需填写应用的辋圈的尺寸。

（二十二）胎面花纹：该归类要素为税目40.11的专有归类要素。“橡胶轮胎”货品需填写胎面的花纹，例如，“人字形胎面”。

（二十三）断面宽度：该归类要素为税目40.12的专有归类要素。“橡胶轮胎”货品需填写断面的宽度。

（二十四）是否实心：该归类要素为税目40.12的专有归类要素。实心轮胎指不充气轮胎。

（二十五）充气轮胎请注明翻新或旧的：该归类要素为税目40.12的专有归类要素。“充气轮胎”货品需填写“翻新、旧的”等。

（二十六）材质：指材料、原料。

二、价格要素

（一）签约日期：指供求双方企业合同价格签订的日期。实际只需申报具体日期即可。例如，可填写“2013-07-01”。

（二）品牌：指制造商或经销商加在商品上的标志。实际只需要申报出名称即可，有外文品牌的以申报外文品牌名称为主。

（三）型号：指产品的用途和技术指标的代码。

（四）干胶含量：该要素是税目40.04的专用价格要素，用“%”表示。例如，可填写“干胶含量65%”。

（五）材质：该要素是税目40.06~税目40.08的价格要素。例如，税目40.07的硫化橡胶线的材质可填写“天然橡胶”。

（六）成分（含胶率）：该要素是子目4015.19其他手套的价格要素。需申报所含成分胶的比重，用“%”表示。例如，可填写“含胶60%”。

税则号列	商品名称	申报要素			说明举例
		归类要素	价格要素	其他要素	
40.01	**天然橡胶、巴拉塔胶、古塔波胶、银胶菊胶、糖胶树胶及类似的天然树胶，初级形状或板、片、带：**				
4001.1000	-天然胶乳，不论是否预硫化	1. 品名；2. 外观；3. 型号；4. 包装	5. 签约日期；6. 干胶含量		
	-其他形状的天然橡胶：				
4001.2100	--烟胶片	1. 品名；2. 外观；3. 型号；4. 包装	5. 签约日期		
4001.2200	--技术分类天然橡胶（TSNR）	1. 品名；2. 外观；3. 型号；4. 包装规格；5. 是否随附生产国主管当局出具的检验证书，并列明橡胶的等级、规格及检验结果	6. 签约日期		
4001.2900	--其他	1. 品名；2. 外观；3. 型号；4. 包装	5. 签约日期		
4001.3000	-巴拉塔胶、古塔波胶、银胶菊胶、糖胶树胶及类似的天然树胶	1. 品名；2. 外观；3. 型号；4. 包装	5. 签约日期		
40.02	**合成橡胶及从油类提取的油膏，初级形状或板、片、带；税目40.01所列产品与本税目所列产品的混合物，初级形状或板、片、带：**				
	-丁苯橡胶（SBR）；羧基丁苯橡胶（XSBR）：				
	--胶乳：	1. 品名；2. 用途；3. 外观；4. 成分含量	5. 签约日期；6. 品牌；7. 型号		
4002.1110	---羧基丁苯橡胶				
4002.1190	---其他				
	--其他：	1. 品名；2. 用途；3. 外观；4. 丁苯橡胶请注明是否充油、热塑；5. 成分含量	6. 签约日期；7. 品牌；8. 型号		
	---初级形状的：				
4002.1911	----未经任何加工的丁苯橡胶				
4002.1912	----充油丁苯橡胶				
4002.1913	----热塑丁苯橡胶				
4002.1914	----充油热塑丁苯橡胶				
4002.1915	----未经任何加工的溶聚丁苯橡胶				
4002.1916	----充油溶聚丁苯橡胶				

税则号列	商品名称	申报要素			说明举例
		归类要素	价格要素	其他要素	
4002.1919	----其他				
4002.1990	---其他				
	-丁二烯橡胶（BR）：	1. 品名；2. 外观；3. 成分含量	4. 签约日期；5. 品牌；6. 型号		
4002.2010	---初级形状的				
4002.2090	---其他				
	-异丁烯-异戊二烯（丁基）橡胶（IIR）；卤代丁基橡胶（CIIR 或 BIIR）：	1. 品名；2. 外观；3. 成分含量	4. 签约日期；5. 品牌；6. 型号		
	--异丁烯-异戊二烯（丁基）橡胶（IIR）：				
4002.3110	---初级形状的				
4002.3190	---其他				
	--其他：				
4002.3910	---初级形状的				
4002.3990	---其他				
	-氯丁二烯（氯丁）橡胶（CR）：	1. 品名；2. 外观；3. 成分含量	4. 签约日期；5. 品牌；6. 型号		
4002.4100	--胶乳				
	--其他：				
4002.4910	---初级形状的				
4002.4990	---其他				
	-丁腈橡胶（NBR）：	1. 品名；2. 外观；3. 成分含量	4. 签约日期；5. 品牌；6. 型号		
4002.5100	--胶乳				
	--其他：				
4002.5910	---初级形状的				
4002.5990	---其他				
	-异戊二烯橡胶（IR）：	1. 品名；2. 外观；3. 成分含量	4. 签约日期；5. 品牌；6. 型号		
4002.6010	---初级形状的				
4002.6090	---其他				
	-乙丙非共轭二烯橡胶（EPDM）：	1. 品名；2. 外观；3. 成分含量	4. 签约日期；5. 品牌；6. 型号		
4002.7010	---初级形状的				
4002.7090	---其他				

税则号列	商品名称	申报要素			说明举例
		归类要素	价格要素	其他要素	
4002.8000	-税目40.01所列产品与本税目所列产品的混合物	1. 品名；2. 外观；3. 成分含量	4. 签约日期；5. 品牌；6. 型号	8. 混合过程加工方式	
	-其他：	1. 品名；2. 外观；3. 成分含量	4. 签约日期；5. 品牌；6. 型号		
4002.9100	--胶乳				
	--其他：				
	---其他合成橡胶：				
4002.9911	----初级形状的				
4002.9919	----其他				
4002.9990	---其他				
40.03	**再生橡胶，初级形状或板、片、带：**	1. 品名；2. 外观；3. 来源			
4003.0000	再生橡胶，初级形状或板、片、带				
40.04	**橡胶（硬质橡胶除外）的废碎料、下脚料及其粉、粒：**	1. 品名；2. 外观；3. 来源；4. 水分；5. 杂质	6. 干胶含量		
4004.0000	橡胶（硬质橡胶除外）的废碎料、下脚料及其粉、粒				
40.05	**未硫化的复合橡胶，初级形状或板、片、带：**	1. 品名；2. 外观；3. 成分	4. 签约日期；5. 品牌；6. 型号		例：未硫化复合橡胶（成分为丁苯橡胶、炭黑，黑色有弹性的片状固体）
4005.1000	-与炭黑或硅石混合				
4005.2000	-溶液；子目4005.10以外的分散体				
	-其他：				
4005.9100	--板、片、带				
4005.9900	--其他				
40.06	**其他形状（例如，杆、管或型材及异型材）的未硫化橡胶及未硫化橡胶制品（例如，盘、环）：**	1. 品名；2. 用途；3. 外观	4. 材质；5. 品牌；6. 型号		例：未硫化的丁腈橡胶密封圈（用于机械设备的密封，黑色有弹性的环）
4006.1000	-轮胎翻新用胎面补料胎条				
	-其他：				
4006.9010	---其他形状的未硫化橡胶				
4006.9020	---未硫化橡胶制品				
40.07	**硫化橡胶线及绳：**	1. 品名；2. 外观；3. 截面尺寸	4. 材质；5. 品牌；6. 型号		例：硫化丁二烯橡胶线（黑色有弹性单股线，截面尺寸4.5毫米）
4007.0000	硫化橡胶线及绳				

税则号列	商品名称	申报要素			说明举例
		归类要素	价格要素	其他要素	
40.08	**硫化橡胶（硬质橡胶除外）制的板、片、带、杆或型材及异型材：**	1. 品名；2. 外观；3. 是否海绵橡胶；4. 规格尺寸	5. 材质；6. 品牌；7. 型号		例：软质硫化的橡胶片（海绵橡胶制，红色多孔性高弹性片状固体，厚度 2 毫米，长度 1 米，宽度 50 厘米）
	-海绵橡胶制：				
4008.1100	--板、片、带				
4008.1900	--其他				
	-非海绵橡胶制：				
4008.2100	--板、片、带				
4008.2900	--其他				
40.09	**硫化橡胶（硬质橡胶除外）制的管子，不论是否装有附件（例如，接头、肘管、法兰）：**	1. 品名；2. 用途；3. 外观；4. 材质构成（是否加强或与其他材料合制）；5. 是否装有附件	6. 品牌；7. 型号		例：未装附件、未加强和未与其他材料合制的软质硫化的橡胶管
	-未经加强或未与其他材料合制：				
4009.1100	--未装有附件				
4009.1200	--装有附件				
	-用金属加强或只与金属合制：				
4009.2100	--未装有附件				
4009.2200	--装有附件				
	-用纺织材料加强或只与纺织材料合制：				
4009.3100	--未装有附件				
4009.3200	--装有附件				
	-用其他材料加强或只与其他材料合制：				
4009.4100	--未装有附件				
4009.4200	--装有附件				
40.10	**硫化橡胶制的传动带或输送带及带料：**				
	-输送带及带料：	1. 品名；2. 用途；3. 外观；4. 材质构成（有加强材料的也要注明其材质）；5. 规格尺寸	6. 品牌；7. 型号		
4010.1100	--仅用金属加强的				
4010.1200	--仅用纺织材料加强的				
4010.1900	--其他				
	-传动带及带料：				

税则号列	商品名称	申报要素			说明举例
		归类要素	价格要素	其他要素	
4010.3100	--梯形截面的环形传动带（三角带），V形肋状的，外周长超过60厘米，但不超过180厘米	1. 品名；2. 用途；3. 外观；4. 材质；5. 规格尺寸（外周长）；6. 截面形状	7. 品牌		
4010.3200	--梯形截面的环形传动带（三角带），外周长超过60厘米，但不超过180厘米，V形肋状的除外	1. 品名；2. 用途；3. 外观；4. 材质；5. 规格尺寸（外周长）；6. 截面形状	7. 品牌		
4010.3300	--梯形截面的环形传动带（三角带），V形肋状的，外周长超过180厘米，但不超过240厘米	1. 品名；2. 用途；3. 外观；4. 材质；5. 规格尺寸（外周长）；6. 截面形状	7. 品牌		
4010.3400	--梯形截面的环形传动带（三角带），外周长超过180厘米，但不超过240厘米，V形肋状的除外	1. 品名；2. 用途；3. 外观；4. 材质；5. 规格尺寸（外周长）；6. 截面形状	7. 品牌		
4010.3500	--环形同步带，外周长超过60厘米，但不超过150厘米	1. 品名；2. 用途；3. 外观；4. 材质；5. 规格尺寸（外周长）	6. 品牌		
4010.3600	--环形同步带，外周长超过150厘米，但不超过198厘米	1. 品名；2. 用途；3. 外观；4. 材质；5. 规格尺寸（外周长）	6. 品牌		
4010.3900	--其他	1. 品名；2. 用途；3. 外观；4. 材质；5. 规格尺寸（外周长）；6. 截面形状	7. 品牌		
40.11	**新的充气橡胶轮胎：**				
4011.1000	-机动小客车（包括旅行小客车及赛车）用	1. 品名；2. 用途；3. 型号；4. 辋圈尺寸；5. 断面宽度	6. 胎面花纹；7. 品牌；8. 速度等级		
4011.2000	-客运机动车辆或货运机动车辆用	1. 品名；2. 用途；3. 型号；4. 辋圈尺寸；5. 断面宽度	6. 胎面花纹；7. 品牌		
4011.3000	-航空器用	1. 品名；2. 用途；3. 型号；4. 辋圈尺寸；5. 断面宽度	6. 胎面花纹；7. 品牌		
4011.4000	-摩托车用	1. 品名；2. 用途；3. 型号；4. 辋圈尺寸；5. 断面宽度	6. 胎面花纹；7. 品牌		
4011.5000	-自行车用	1. 品名；2. 用途；3. 型号；4. 辋圈尺寸；5. 断面宽度	6. 胎面花纹；7. 品牌		

税则号列	商 品 名 称	申 报 要 素			说 明 举 例
		归类要素	价格要素	其他要素	
	-农业或林业车辆及机器用：	1. 品名；2. 用途；3. 型号；4. 辋圈尺寸；5. 胎面花纹（人字型胎面或类似胎面等）；6. 断面宽度	7. 品牌		
4011.7010	---人字形胎面或类似胎面				
4011.7090	---其他				
	-建筑业、采矿业或工业搬运车辆及机器用：	1. 品名；2. 用途；3. 型号；4. 辋圈尺寸；5. 胎面花纹（人字型胎面或类似胎面等）；6. 断面宽度	7. 品牌		
	---人字形胎面或类似胎面：				
4011.8011	----辋圈尺寸不超过61厘米				
4011.8012	----辋圈尺寸超过61厘米				
	---其他：				
4011.8091	----辋圈尺寸不超过61厘米				
4011.8092	----辋圈尺寸超过61厘米				
	-其他：	1. 品名；2. 用途；3. 型号；4. 辋圈尺寸；5. 胎面花纹（人字型胎面或类似胎面等）；6. 断面宽度	7. 品牌		
4011.9010	---人字形胎面或类似胎面的				
4011.9090	---其他				
40.12	**翻新的或旧的充气橡胶轮胎；实心或半实心橡胶轮胎、橡胶胎面及橡胶轮胎衬带：**	1. 品名；2. 用途；3. 是否实心；4. 充气轮胎请注明翻新或旧的	5. 品牌；6. 型号		
	-翻新轮胎：				
4012.1100	--机动小客车（包括旅行小客车及赛车）用				
4012.1200	--机动大客车或货运机动车用				
4012.1300	--航空器用				
4012.1900	--其他				
	-旧的充气轮胎：				
4012.2010	---汽车用				
4012.2090	---其他				
	-其他：				
4012.9010	---航空器用				
4012.9020	---汽车用				
4012.9090	---其他				
40.13	**橡胶内胎：**	1. 品名；2. 用途	3. 品牌		

税则号列	商品名称	申报要素			说明举例
		归类要素	价格要素	其他要素	
4013.1000	-机动小客车（包括旅行小客车及赛车）、客运机动车辆或货运机动车辆用				
4013.2000	-自行车用				
	-其他：				
4013.9010	---航空器用				
4013.9090	---其他				
40.14	**硫化橡胶（硬质橡胶除外）制的卫生及医疗用品（包括奶嘴），不论是否装有硬质橡胶制的附件：**	1. 品名；2. 用途	3. 品牌		
4014.1000	-避孕套				
4014.9000	-其他				
40.15	**硫化橡胶（硬质橡胶除外）制的衣着用品及附件（包括分指手套、连指手套及露指手套）：**				不包括橡胶线与纺织材料合制的衣着用品及附件（第六十一或第六十二章）
	-分指手套、连指手套及露指手套：				
4015.1100	--外科用	1. 品名；2. 用途	3. 品牌		
4015.1900	--其他	1. 品名；2. 用途	3. 品牌；4. 成分（含胶率）；5. 规格型号（S、M、XL等）		
	-其他：	1. 品名；2. 用途	3. 品牌		
4015.9010	---医疗用				
4015.9090	---其他				
40.16	**硫化橡胶（硬质橡胶除外）的其他制品：**	1. 品名；2. 用途；3. 材质（海绵橡胶、非海绵橡胶）；4. 是否机器及仪器用	5. 品牌；6. 型号		
	-海绵橡胶制：				
4016.1010	---机器及仪器用零件				
4016.1090	---其他				
	-其他：				
4016.9100	--铺地制品及门垫				
4016.9200	--橡皮擦				
	--垫片、垫圈及其他密封件：				
4016.9310	---机器及仪器用				
4016.9390	---其他				
4016.9400	--船舶或码头的碰垫，不论是否可充气				

税则号列	商品名称	申报要素			说明举例
		归类要素	价格要素	其他要素	
4016.9500	--其他可充气制品				
	--其他：				
4016.9910	---机器及仪器用零件				
4016.9990	---其他				
40.17	**各种形状的硬质橡胶（例如，纯硬质胶），包括废碎料；硬质橡胶制品：**	1. 品名；2. 外观；3. 成分			
4017.0010	---各种形状的硬质橡胶，包括废碎料				
4017.0020	---硬质橡胶制品				

第八类　生皮、皮革、毛皮及其制品；鞍具及挽具；旅行用品、手提包及类似容器；动物肠线（蚕胶丝除外）制品

第四十一章　生皮（毛皮除外）及皮革

注释：

一、本章不包括：

（一）生皮的边角废料（税目 05.11）；

（二）税目 05.05 或 67.01 的带羽毛或羽绒的整张或部分鸟皮；

（三）带毛生皮或已鞣的带毛皮张（第四十三章）；但下列动物的带毛生皮应归入第四十一章：牛（包括水牛）、马、绵羊及羔羊（不包括阿斯特拉罕、喀拉科尔、波斯羔羊或类似羔羊，印度、中国或蒙古羔羊）、山羊或小山羊（不包括也门、蒙古或西藏的山羊及小山羊）、猪（包括野猪）、小羚羊、瞪羚、骆驼（包括单峰骆驼）、驯鹿、麋、鹿、狍或狗。

二、（一）税目 41.04 至 41.06 不包括经逆鞣（包括预鞣）加工的皮（酌情归入税目 41.01 至 41.03）。

（二）税目 41.04 至 41.06 所称“坯革”，包括在干燥前经复鞣、染色或加油（加脂）的皮。

三、本目录所称“再生皮革”，仅指税目 41.15 的皮革。

【要素释义】

一、归类要素

油鞣皮革是通过用鱼油或动物油反复鞣制，然后加热烘干或晾干，用碱水洗去余油，最后清洁皮张的表面，并用浮石或其他磨料进行磨里加工制得。这样鞣制的皮革通常采用正面起绒除去粒层的绵羊或羔羊肉面剖层皮来做原料；漆皮，即涂有一层清漆或大漆，或在皮革表面覆盖一层塑料膜的皮革。这种皮革的表面光亮宛如镜面；层压漆皮，商业上称为特种漆革，这种皮革的表面覆盖了一层塑料片，其厚度超过 0.15 毫米，但不超过总厚度的一半，并且与漆皮一样有着镜面般的光洁表面；镀金属皮革，即表面涂有或覆盖金属（例如，银、金、青铜或铝）粉末或箔的皮革；本章所称“坯革”，包括在干燥前经复鞣、染色或加油（加脂）的皮；经鞣制或鞣制后进一步加工的皮张在贸易上称为“皮革”。鞣制后经干燥的皮革称为“坯革”。

（一）制作或保存方法：指货品在申报前经过怎样的处理工艺。

（二）种类：指货品来源于哪种动物。例如，税目 41.02 填写“羔羊”或“绵羊”；税目 41.07 填写“牛”“马”等。

（三）状态：指货品的外观形状。例如，税目 41.15 要填写“块、张、条、卷、边角料、粉末”中的具体情况。

（四）用途：指货品具体的应用方向，主要为了排除申报的边角废料是否适宜作皮革制品。

（五）平均每张重量：指一同报验的货品总重量与总张数的比值。

二、价格要素

（一）种类：指生皮来源的动物的种类，包括公牛、母牛、奶牛、阉牛、马等。

（二）产区：指生皮的原产地。例如，澳大利亚维多利亚、新南威尔士、阿根廷潘帕司草原等。

（三）规格：主要表示货品的大小尺寸。

（四）请注明平方英尺数/张：该要素是税目 41.05 绵羊或羔羊生皮的价格要素，是指生皮的面积。例如，可填写“山羊皮面积 0.5 平方米~0.9 平方米”。

（五）等级：该要素是税目 41.02 的价格要素，是指绵羊或羔羊生皮的品质，品质按毛面和皮板分级。例如，可填写“优选级”“普通级”或者“次级品”。

（六）用途：该要素是税目 41.02 的专有价格要素。在用途上，羊毛皮可分为两类，一类是褪毛工业用的，另一类是加工业用的，按实际情况填写即可。

（七）是否源于野生动物：只需填写“源于野生动物”或者“非源于野生动物”即可。

（八）品种：该要素是税目 41.04 的价格要素，填写“全粒面未剖层”“粒面剖层”或者其他品种即可。

（九）级别：该要素是税目 41.04 的价格要素，是指按皮革外表是否有刀痕和颜色等划分的等级。填写“一级”“二级”“三级”或者“等外品”等即可。

（十）颜色：该要素是税目 41.07 的价格要素，是指商品的外观颜色，只需填写具体颜色即可。例如，“黄色”“深灰色”“蓝色”等。

（十一）是否经过筛选：该要素是子目4115.2的价格要素。例如，可填写“经过人工筛选”“未经人工筛选”或者“统货”。

税则号列	商品名称	申报要素			说明举例
		归类要素	价格要素	其他要素	
41.01	**生牛皮（包括水牛皮）、生马科动物皮（鲜的、盐渍的、干的、石灰浸渍的、浸酸的或以其他方法保藏，但未鞣制、未经羊皮纸化处理或进一步加工的），不论是否去毛或剖层：**	1. 品名；2. 制作或保存方法（鲜、干、盐渍、石灰浸渍、浸酸、未鞣制、退鞣处理）；3. 状态（整张/半张，是否去肉修边等）；4. 平均每张重量	5. 种类（公牛、未育/已育母牛、奶牛、阉牛、小牛、马）；6. 产区（如澳大利亚维多利亚、新南威尔士等）		本税目仅指生皮。例：牛皮、盐干、整张臀部烙印、阉牛、厚度0.5～1毫米、平均每张64～66磅、一级
	-未剖层的整张皮，简单干燥的每张重量不超过8千克，干盐腌的不超过10千克，鲜的、湿盐腌的或以其他方法保藏的不超过16千克：				
	---牛皮：				
4101.2011	----经退鞣处理的				
4101.2019	----其他				
4101.2020	---马科动物皮				
	-整张皮，重量超过16千克：				
	---牛皮：				
4101.5011	----经退鞣处理的				
4101.5019	----其他				
4101.5020	---马科动物皮				
	-其他，包括整张或半张的背皮及腹皮：				
	---牛皮：				
4101.9011	----经退鞣处理的				
4101.9019	----其他				
4101.9020	---马科动物皮				
41.02	**绵羊或羔羊生皮（鲜的、盐渍的、干的、石灰浸渍的、浸酸的或经其他方法保藏，但未鞣制、未经羊皮纸化处理或进一步加工的），不论是否带毛或剖层，但本章注释一（三）所述不包括的生皮除外：**	1. 品名；2. 制作或保存方法（鲜、干、盐渍、石灰浸渍、浸酸、未鞣制、退鞣处理）；3. 种类（羔羊、绵羊）；4. 状态（带毛、不带毛）	5. 规格（毛长）；6. 请注明平方英尺数/张；7. 等级；8. 用途（毛革一体、制革）		本税目仅指生皮
4102.1000	-带毛				
	-不带毛：				
	--浸酸的：				
4102.2110	---经退鞣处理的				
4102.2190	---其他				

税则号列	商品名称	申报要素			说明举例
		归类要素	价格要素	其他要素	
	--其他：				
4102.2910	---经退鞣处理的				
4102.2990	---其他				
41.03	**其他生皮（鲜的、盐渍的、干的、石灰浸渍的、浸酸的或以其他方法保藏，但未鞣制、未经羊皮纸化处理或进一步加工的），不论是否去毛或剖层，但本章注释一（二）或（三）所述不包括的生皮除外：**	1. 品名；2. 制作或保存方法（鲜、干、盐渍、石灰浸渍、浸酸、未鞣制、退鞣处理）；3. 种类（山羊、猪、爬行动物等）	4. 是否源于野生动物；5. 规格（长/宽或面积）		
4103.2000	-爬行动物皮				
4103.3000	-猪皮				
	-其他：				
	---山羊板皮：				
4103.9011	----经退鞣处理的				
4103.9019	----其他				
	---其他山羊或小山羊皮：				
4103.9021	----经退鞣处理的				
4103.9029	----其他				
4103.9090	---其他				
41.04	**经鞣制的不带毛牛皮（包括水牛皮）、马科动物皮及其坯革，不论是否剖层，但未经进一步加工：**	1. 品名；2. 制作或保存方法（干、鞣制无毛、表面是否涂覆、涂覆何种物质）；3. 状态（湿，如蓝湿，整张/半张/背皮/头颈等）	4. 种类（公牛、母牛、奶牛、阉牛、马）；5. 是否源于野生动物；6. 规格（厚度、平均尺寸及平均重量）；7. 品种；8. 用途；9. 级别（头层皮TR1/2/3，二层皮A/B/C/D级）		
	-湿革（包括蓝湿皮）：				
	--全粒面未剖层革；粒面剖层革：				
	---牛皮：				
4104.1111	----蓝湿的				
4104.1119	----其他				
4104.1120	---马科动物皮				
	--其他：				
	---牛皮：				
4104.1911	----蓝湿的				

税则号列	商品名称	申报要素			说明举例
		归类要素	价格要素	其他要素	
4104.1919	----其他				
4104.1920	---马科动物皮				
	-干革（坯革）:				
4104.4100	--全粒面未剖层革；粒面剖层革				
	--其他:				
4104.4910	---机器带用牛、马皮革				
4104.4990	---其他				
41.05	**经鞣制的不带毛绵羊或羔羊皮革及其坯革，不论是否剖层，但未经进一步加工:**	1. 品名；2. 制作或保存方法（干、鞣制无毛）；3. 种类（羔羊、绵羊）；4. 状态（湿，如蓝湿）	5. 是否源于野生动物；6. 规格（厚度、张幅）		
	-湿革（包括蓝湿皮）:				
4105.1010	---蓝湿的				
4105.1090	---其他				
4105.3000	-干革（坯革）				
41.06	**经鞣制的其他不带毛动物皮革及其坯革，不论是否剖层，但未经进一步加工:**	1. 品名；2. 制作或保存方法（干、鞣制无毛）；3. 种类（如爬行动物、小山羊）；4. 状态（湿）	5. 是否源于野生动物；6. 规格（厚度、张幅）		
	-山羊或小山羊的:				
4106.2100	--湿革（包括蓝湿皮）				
4106.2200	--干革（坯革）				
	-猪的:				
	--湿革（包括蓝湿皮）:				
4106.3110	---蓝湿的				
4106.3190	---其他				
4106.3200	--干革（坯革）				
4106.4000	-爬行动物的				
	-其他:				
4106.9100	--湿革（包括蓝湿皮）				
4106.9200	--干革（坯革）				
41.07	**经鞣制或半硝处理后进一步加工的不带毛的牛皮革（包括水牛皮革）及马科动物皮革，包括羊皮纸化处理的皮革，不论是否剖层，但税目 41.14 的皮革除外:**				
	-整张的:				

税则号列	商品名称	申报要素			说明举例
		归类要素	价格要素	其他要素	
	--全粒面未剖层革：	1. 品名；2. 制作或保存方法（表面是否涂覆、涂覆何种物质）；3. 种类（牛、马）；4. 状态（是否整张、无毛全粒面未剖层或无毛粒面剖层、牛皮层数）	5. 规格（厚度、平均面积）；6. 颜色；7. 用途（鞋面、箱包、鞋底、家具、汽车座椅、皮带等）		
4107.1110	---牛皮				
4107.1120	---马科动物皮				
	--粒面剖层革：	1. 品名；2. 制作或保存方法（表面是否涂覆、涂覆何种物质）；3. 种类（牛、马）；4. 状态（是否整张、无毛全粒面未剖层或无毛粒面剖层、牛皮层数）	5. 规格（厚度、平均面积）；6. 颜色；7. 用途（鞋面、箱包、鞋底、家具、汽车座椅、皮带等）		
4107.1210	---牛皮				
4107.1220	---马科动物皮				
	--其他：				
4107.1910	---机器带用	1. 品名；2. 制作或保存方法（表面是否涂覆、涂覆何种物质）；3. 种类（牛、马）；4. 状态（是否整张、无毛全粒面未剖层或无毛粒面剖层、牛皮层数）；5. 用途（机器带用）	6. 规格（厚度、平均面积）；7. 颜色		
4107.1990	---其他	1. 品名；2. 制作或保存方法（表面是否涂覆、涂覆何种物质）；3. 种类（牛、马）；4. 状态（是否整张、无毛全粒面未剖层或无毛粒面剖层、牛皮层数）	5. 规格（厚度、平均面积）；6. 颜色；7. 用途（鞋面、箱包、鞋底、家具、汽车座椅、皮带等）		
	-其他，包括半张的：				
4107.9100	--全粒面未剖层革	1. 品名；2. 制作或保存方法（表面是否涂覆、涂覆何种物质）；3. 种类（牛、马）；4. 状态（是否整张、无毛全粒面未剖层或无毛粒面剖层、牛皮层数）	5. 规格（厚度、平均面积）；6. 颜色；7. 用途（鞋面、箱包、鞋底、家具、汽车座椅、皮带等）		

税则号列	商品名称	申报要素			说明举例
		归类要素	价格要素	其他要素	
4107.9200	--粒面剖层革	1. 品名；2. 制作或保存方法（表面是否涂覆、涂覆何种物质）；3. 种类（牛、马）；4. 状态（是否整张、无毛全粒面未剖层或无毛粒面剖层、牛皮层数）	5. 规格（厚度、平均面积）；6. 颜色；7. 用途（鞋面、箱包、鞋底、家具、汽车座椅、皮带等）		
	--其他：				
4107.9910	---机器带用	1. 品名；2. 制作或保存方法（表面是否涂覆、涂覆何种物质）；3. 种类（牛、马）；4. 状态（是否整张、无毛全粒面未剖层或无毛粒面剖层、牛皮层数）5. 用途（机器带用）	6. 规格（厚度、平均面积）；7. 颜色		
4107.9990	---其他	1. 品名；2. 制作或保存方法（表面是否涂覆、涂覆何种物质）；3. 种类（牛、马）；4. 状态（是否整张、无毛全粒面未剖层或无毛粒面剖层、牛皮层数）	5. 规格（厚度、平均面积）；6. 颜色；7. 用途（鞋面、箱包、鞋底、家具、汽车座椅、皮带等）		
41.12	**经鞣制或半硝处理后进一步加工的不带毛的绵羊或羔羊皮革，包括羊皮纸化处理的皮革，不论是否剖层，但税目41.14的皮革除外：**	1. 品名；2. 种类；3. 状态（无毛全粒面或无毛羊皮纸化等）	4. 规格（厚度及面积）；5. 颜色		
4112.0000	经鞣制或半硝处理后进一步加工的不带毛的绵羊或羔羊皮革，包括羊皮纸化处理的皮革，不论是否剖层，但税目41.14的皮革除外				
41.13	**经鞣制或半硝处理后进一步加工的不带毛的其他动物皮革，包括羊皮纸化处理的皮革，不论是否剖层，但税目41.14的皮革除外：**	1. 品名；2. 制作或保存方法；3. 状态（无毛全粒面等）	4. 规格（长/宽或面积）；5. 整张/背皮/腹皮等		
4113.1000	-山羊或小山羊的				
4113.2000	-猪的				
4113.3000	-爬行动物的				
4113.9000	-其他				

税则号列	商品名称	申报要素			说明举例
		归类要素	价格要素	其他要素	
41.14	**油鞣皮革（包括结合鞣制的油鞣皮革）；漆皮及层压漆皮；镀金属皮革：**	1. 品名；2. 制作或保存方法（漆皮、镀金属）	3. 规格（厚度）；4. 请注明平方英尺数/张		
4114.1000	-油鞣皮革（包括结合鞣制的油鞣皮革）				
4114.2000	-漆皮及层压漆皮；镀金属皮革				
41.15	**以皮革或皮革纤维为基本成分的再生皮革，成块、成张或成条，不论是否成卷；皮革或再生皮革的边角废料，不适宜作皮革制品用；皮革粉末：**				
4115.1000	-以皮革或皮革纤维为基本成分的再生皮革，成块、成张或成条的，不论是否成卷	1. 品名；2. 制作或保存方法（再生）；3. 状态（块、张、条、卷、边角料、粉末）	4. 规格（厚度）		
4115.2000	-皮革或再生皮革的边角废料，不适宜作皮革制品用；皮革粉末	1. 品名；2. 状态（块、张、条、卷、边角料、粉末）；3. 用途	4. 是否经过筛选		

第四十二章 皮革制品；鞍具及挽具；旅行用品、手提包及类似容器；动物肠线（蚕胶丝除外）制品

注释：

一、本章所称的“皮革”包括油鞣皮革（含包括结合鞣制的油鞣皮革）、漆皮、层压漆皮和镀金属皮革。

二、本章不包括：

（一）外科用无菌肠线或类似的无菌缝合材料（税目30.06）；

（二）以毛皮或人造毛皮衬里或作面（仅饰边的除外）的衣服及衣着附件（分指手套、连指手套及露指手套除外）（税目43.03或43.04）；

（三）网线袋及类似品（税目56.08）；

（四）第六十四章的物品；

（五）第六十五章的帽类及其零件；

（六）税目66.02的鞭子、马鞭或其他物品；

（七）袖扣、手镯或其他仿首饰（税目71.17）；

（八）单独报验的挽具附件或装饰物，例如，马镫、马嚼子、马铃铛及类似品、带扣（一般归入第十五类）；

（九）弦线、鼓面皮或类似品及其他乐器零件（税目92.09）；

（十）第九十四章的物品（例如，家具，灯具及照明装置）；

（十一）第九十五章的物品（例如，玩具、游戏品及运动用品）；或

（十二）税目96.06的纽扣、揿扣、纽扣芯或这些物品的其他零件、纽扣坯。

三、（一）除上述注释二所规定的以外，税目42.02也不包括：

1. 非供长期使用的带把手塑料薄膜袋，不论是否印制（税目39.23）；

2. 编结材料制品（税目46.02）。

（二）税目42.02及42.03的制品，如果装有用贵金属、包贵金属、天然或养殖珍珠、宝石或半宝石（天然、合成或再造）制的零件，即使这些零件不是仅作为小配件或小饰物的，只要其未构成物品的基本特征，仍应归入上述税目。但如果这些零件已构成物品的基本特征，则应归入第七十一章。

四、税目42.03所称“衣服及衣着附件”，主要适用于分指手套、连指手套及露指手套（包括运动手套及防护手套）、围裙及其他防护用衣着、裤吊带、腰带、子弹带及腕带，但不包括表带（税目91.13）。

【要素释义】

本章所称“运动包”，包括高尔夫球袋、体操袋、网球拍提袋、滑雪袋和钓鱼袋。本章所称“首饰盒”，不仅包括为存放首饰而专门设计的盒子，也包括其形状和配件专门适于盛装一件或多件首饰的各种规格的类似有盖容器，不论是否装有铰链或扣件。它们一般用纺织材料衬里。这些容器盛装首饰后可一同展示及出售，适于长期使用。本章所称“食品或饮料保温包”，包括在运输或临时保存期间保持食物及饮料温度用的可重复使用的保温包。

一、归类要素

（一）材质：指货品的主体是用什么材料制成的。

（二）表面材质：该要素是税目42.02的专有归类要素，指货品的最外面的包覆层是用什么材料制成的。例如，子目4202.2要填写“塑料”“纺织物”等。

（三）种类：该要素是税目42.02的专有归类要素，指货品属于什么类型的箱包或容器。例如，子目4202.2要填写“衣箱、提箱、小手袋等”中的具体情况。

（四）衣服种类：指货品属于什么类型的衣服。例如上衣、大衣等。

（五）用途：指货品具体应用于哪种行业。例如，子目4203.2要填写“专供运动用”“劳保用”等。

二、价格要素

（一）品牌及款号：指制造商或经销商加在商品上的标志。实际只需要申报出名称即可，有外文品牌的以申报外文品牌名称为主。例如，子目4202.19的手提包的品牌和款号可填写：“SATCHELS”牌手提包，款号“F19312”。

（二）是否源于野生动物：只需申报“是野生动物”或者“非野生动物”即可。

<table>
<tr><th rowspan="2">税则号列</th><th rowspan="2">商 品 名 称</th><th colspan="3">申 报 要 素</th><th rowspan="2">说 明 举 例</th></tr>
<tr><th>归类要素</th><th>价格要素</th><th>其他要素</th></tr>
<tr><td>42.01</td><td>各种材料制成的鞍具及挽具（包括缰绳、挽绳、护膝垫、口套、鞍褥、马褡裢、狗外套及类似品），适合各种动物用：</td><td>1. 品名；2. 材质；3. 用途；</td><td></td><td></td><td></td></tr>
<tr><td>4201.0000</td><td>各种材料制成的鞍具及挽具（包括缰绳、挽绳、护膝垫、口套、鞍褥、马褡裢、狗外套及类似品），适合各种动物用</td><td></td><td></td><td></td><td></td></tr>
<tr><td>42.02</td><td>衣箱、提箱、小手袋、公文箱、公文包、书包、眼镜盒、望远镜盒、照相机套、乐器盒、枪套及类似容器；旅行包、食品或饮料保温包、化妆包、帆布包、手提包、购物袋、钱夹、钱包、地图盒、烟盒、烟袋、工具包、运动包、瓶盒、首饰盒、粉盒、刀叉餐具盒及类似容器，用皮革或再生皮革、塑料片、纺织材料、钢纸或纸板制成，或者全部或主要用上述材料或纸包覆制成：</td><td></td><td></td><td></td><td></td></tr>
<tr><td></td><td>-衣箱、提箱、小手袋、公文箱、公文包、书包及类似容器：</td><td></td><td></td><td></td><td></td></tr>
<tr><td></td><td>--以皮革或再生皮革作面：</td><td>1. 品名；2. 种类（衣箱、提箱、小手袋等）；3. 表面材质（皮革、再生皮革等）</td><td>4. 品牌及款号</td><td></td><td></td></tr>
<tr><td>4202.1110</td><td>---衣箱</td><td></td><td></td><td></td><td></td></tr>
<tr><td>4202.1190</td><td>---其他</td><td></td><td></td><td></td><td></td></tr>
<tr><td></td><td>--以塑料或纺织材料作面：</td><td>1. 品名；2. 种类（衣箱、提箱、小手袋等）；3. 表面材质（塑料、纺织物等）</td><td>4. 品牌及款号</td><td></td><td></td></tr>
<tr><td>4202.1210</td><td>---衣箱</td><td></td><td></td><td></td><td></td></tr>
<tr><td>4202.1290</td><td>---其他</td><td></td><td></td><td></td><td></td></tr>
<tr><td>4202.1900</td><td>--其他</td><td>1. 品名；2. 种类（衣箱、提箱、小手袋等）；3. 表面材质（塑料、纺织物等）</td><td>4. 品牌及款号</td><td></td><td></td></tr>
</table>

税则号列	商品名称	申报要素			说明举例
		归类要素	价格要素	其他要素	
	-手提包，不论是否有背带，包括无把手的：	1. 品名；2. 种类（衣箱、提箱、小手袋等）；3. 表面材质（皮革、再生皮革、塑料、纺织物等）	4. 品牌及款号		
4202.2100	--以皮革或再生皮革作面				
4202.2200	--以塑料片或纺织材料作面				
4202.2900	--其他				
	-通常置于口袋或手提包内的物品：	1. 品名；2. 种类（钱夹、钱包、手机套等适放在口袋、手提袋内）；3. 表面材质（皮革、再生皮革、塑料、纺织物等）	4. 品牌及款号		
4202.3100	--以皮革或再生皮革作面				
4202.3200	--以塑料片或纺织材料作面				
4202.3900	--其他				
	-其他：	1. 品名；2. 种类（衣箱、提箱、小手袋等）；3. 表面材质（皮革、再生皮革、塑料、纺织物等）	4. 品牌及款号		
4202.9100	--以皮革或再生皮革作面				
4202.9200	--以塑料片或纺织材料作面				
4202.9900	--其他				
42.03	**皮革或再生皮革制的衣服及衣着附件：**				
4203.1000	-衣服	1. 品名；2. 材质（皮革或再生皮革）；3. 衣服种类	4. 是否源于野生动物；5. 品牌及款号		
	-手套，包括连指或露指的：	1. 品名；2. 用途（专供运动用、劳保用等）；3. 材质（皮革或再生皮革）			
4203.2100	--专供运动用				
	--其他：				
4203.2910	---劳保手套				
4203.2990	---其他				
	-腰带及子弹带：	1. 品名；2. 材质（皮革或再生皮革）			
4203.3010	---腰带				
4203.3020	---子弹带				

税则号列	商　品　名　称	申报要素			说　明　举　例
		归类要素	价格要素	其他要素	
4203.4000	-其他衣着附件	1. 品名；2. 材质（皮革或再生皮革）			
42.05	**皮革或再生皮革的其他制品：**				
4205.0010	---坐具套	1. 品名；2. 材质（皮革或再生皮革）			
4205.0020	---机器、机械器具或其他专门技术用途的	1. 品名；2. 用途（机械、技术用等）；3. 材质（皮革或再生皮革）			
4205.0090	---其他	1. 品名；2. 用途；3. 材质（皮革或再生皮革）	4. 品牌		
42.06	**肠线（蚕胶丝除外）、肠膜、膀胱或筋腱制品：**	1. 品名			蚕胶丝应归入税目50.06；不包括税目30.06的货品
4206.0000	肠线（蚕胶丝除外）、肠膜、膀胱或筋腱制品				

第四十三章　毛皮、人造毛皮及其制品

注释：

一、本目录所称“毛皮”，是指已鞣的各种动物的带毛毛皮，但不包括税目 43.01 的生毛皮。

二、本章不包括：

（一）带羽毛或羽绒的整张或部分鸟皮（税目 05.05 或 67.01）；

（二）第四十一章的带毛生皮［参见该章注释一（三）］；

（三）用皮革与毛皮或用皮革与人造毛皮制成的分指手套、连指手套及露指手套（税目 42.03）；

（四）第六十四章的物品；

（五）第六十五章的帽件及其零件；或

（六）第九十五章的物品（例如，玩具、游戏品及运动用品）。

三、税目 43.03 包括加有其他材料缝合的毛皮和毛皮部分品，以及缝合成衣服、衣服部分品、衣着附件或其他制品的毛皮和毛皮部分品。

四、以毛皮或人造毛皮衬里或作面（仅饰边的除外）的衣服及衣着附件（不包括注释二所述的货品），应分别归入税目 43.03 或 43.04，但毛皮或人造毛皮仅作为装饰的除外。

五、本目录所称“人造毛皮”，是指以毛、发或其他纤维粘附或缝合于皮革、织物或其他材料之上而构成的仿毛皮，但不包括以机织或针织方法制得的仿毛皮（一般应归入税目 58.01 或 60.01）。

【要素释义】

本章所称“人造毛皮”，是指将毛、发或其他纤维（包括绳绒纱线的纤维）粘附或缝合于皮革、织物或其他材料上以仿充毛皮的材料，但不包括有时也被人称为“毛皮织物”的纺织或针织长毛绒织物（一般归入税目 58.01 或 60.01），也不包括“加毛”毛皮，即额外插毛的真毛皮。

一、归类要素

（一）种类：指货品来源于哪种动物。例如，税目 43.01 填写“中国羔羊、波斯羔羊、狐皮、兔皮等”中的具体情况。

（二）状态：指货品的表观特征。例如，税目 43.01 要填写“生毛皮”。

（三）外观：指货品的商业形态。例如，税目 43.01 要填写“整张、头、尾、爪等”。

（四）制作或保存方法：指税目 43.02 的“毛皮”经过怎样的处理工艺。例如可填写“鞣制未缝制毛皮”或“鞣制已缝制毛皮”。

（五）材质：指货品的主体是用什么材料制成的。对于税目 43.03，要填写货品里层和外层的材料；对于税目 43.04，要填写“人造毛皮”。

（六）衣服种类：指货品属于什么类型的衣服。例如，上衣、大衣等。

二、价格要素

（一）级别：该要素是子目 4301.1 的价格要素，是指按照外观质量和大小划分的等级，例如“一级”或“二级”等。

（二）规格：该要素是子目 4301.6 和税目 43.02 的价格要素，指毛皮的长度和宽度，用“厘米”表示。例如，子目 4301.6 的整张蓝狐皮规格可填写“长 110 厘米，宽 20 厘米”。

（三）颜色：该要素是税目 43.01 的价格要素，指商品的外观颜色。例如可填写“白色”等等。

（四）品种：该要素是税目 43.01 的价格要素。毛皮的种类很多，按其经济价值，最高档包括水貂、紫貂、银鼠、麝鼠等；中档的包括狐狸、貉子、黄狼等；中低档的包括羊毛、兔毛等。

（五）性别：该要素是税目 43.01 的价格要素，指皮产品源自动物的性别之分，填写“公”或“母”。

（六）尺寸：该要素是税目 43.01 的价格要素。动物皮的尺寸大小是指由动物鼻尖至尾根的长度尺寸，用“厘米”表示，国际市场用“××号”表示。例如，狐狸皮“50 号”，表示该狐狸皮尺寸“133 厘米”。

（七）质量：该要素是税目 43.01 的价格要素。不同品种的毛皮质量分类不同，例如，狐狸皮分为一级、二级、三级等。

（八）是否来自拍卖会及拍卖会日期：该要素是税目 43.01 的价格要素。如果生毛皮是拍卖而来，需填写拍卖会的名称和拍卖会的日期。例如可填写“丹麦哥本哈根拍卖会，2013-04-20”。

税则号列	商品名称	申报要素			说明举例
		归类要素	价格要素	其他要素	
43.01	**生毛皮（包括适合加工皮货用的头、尾、爪及其他块、片），但税目41.01、41.02或41.03的生皮除外：**				明显不能做皮货用的毛皮的废料应归入税目05.11；不包括税目 41.01、41.02、41.03的生皮
4301.1000	-整张水貂皮，不论是否带头、尾或爪	1. 品名；2. 状态（生毛皮）；3. 外观（整张、带头、尾、爪等）；4. 重量、张数；	5. 品种（深棕、黑十字等）；6. 性别（公、母）；7. 尺寸（50号、40号等）；8. 颜色；9. 等级（以各拍卖会等级体系为准、残次皮需明确种类及等级）（中英文）；10. 是否来自拍卖会及拍卖日期、把号		
4301.3000	-下列羔羊的整张毛皮，不论是否带头、尾或爪：阿斯特拉罕、喀拉科尔、波斯羔羊及类似羔羊、印度、中国或蒙古羔羊	1. 品名；2. 种类（中国羔羊、波斯羔羊、狐皮、兔皮等）；3. 状态（生毛皮）；4. 外观（整张、头、尾、爪等）			
4301.6000	-整张狐皮，不论是否带头、尾或爪	1. 品名；2. 种类（中国羔羊、波斯羔羊、狐皮、兔皮等）；3. 状态（生毛皮）；4. 外观（整张、头、尾、爪等）	5. 品种（蓝狐、蓝霜狐皮等）；6. 尺寸（50号、40号等）；7. 颜色（深、浅）；8. 质量（世家皇冠、世家级）；9. 是否来自拍卖会及拍卖会日期		
	-整张的其他毛皮，不论是否带头、尾或爪：				
4301.8010	---兔皮	1. 品名；2. 种类（中国羔羊、波斯羔羊、狐皮、兔皮等）；3. 状态（生毛皮）；4. 外观（整张、头、尾、爪等）	5. 颜色（白色、黑色等）		

税则号列	商品名称	申报要素			说明举例
		归类要素	价格要素	其他要素	
4301.8090	---其他	1. 品名；2. 种类（中国羔羊、波斯羔羊、狐皮、兔皮等）；3. 状态（生毛皮）；4. 外观（整张、头、尾、爪等）			
	-适合加工皮货用的头、尾、爪及其他块、片：	1. 品名；2. 种类（中国羔羊、波斯羔羊、狐皮、兔皮等）；3. 状态（生毛皮）；4. 外观（整张、头、尾、爪等）			
4301.9010	---黄鼠狼尾				
4301.9090	---其他				
43.02	**未缝制或已缝制（不加其他材料）的已鞣毛皮（包括头、尾、爪及其他块、片），但税目43.03的货品除外：**				
	-未缝制的整张毛皮，不论是否带头、尾或爪：				
4302.1100	--水貂皮	1. 品名；2. 制作或保存方法（鞣制未缝制或已缝制毛皮）；3. 外观（整张、带头、尾、爪等）；4. 重量、张数；	5. 品种（深棕、黑十字等）；6. 性别（公、母）；7. 尺寸（50号、40号等）；8. 颜色；9. 等级（以各拍卖会等级体系为准、残次皮需明确种类及等级）（中英文）；10. 是否来自拍卖会及拍卖日期、把号		
	--其他：				
4302.1910	---灰鼠皮、白鼬皮、其他貂皮、狐皮、水獭皮、旱獭皮及猞猁皮	1. 品名；2. 种类（中国羔羊、波斯羔羊、狐皮、兔皮等）；3. 制作或保存方法（鞣制未缝制或已缝制毛皮）；4. 外观（整张、头、尾、爪等）	5. 品种（蓝狐、蓝霜狐皮等）；6. 尺寸（50号、40号等）；7. 颜色（深、浅）；8. 质量（世家皇冠、世家级）；9. 是否来自拍卖会及拍卖会日期		

税则号列	商品名称	申报要素			说明举例
		归类要素	价格要素	其他要素	
4302.1920	---兔皮	1. 品名；2. 种类（中国羔羊、波斯羔羊、狐皮、兔皮等）；3. 制作或保存方法（鞣制未缝制或已缝制毛皮）；4. 外观（整张、头、尾、爪等）	5. 规格		
4302.1930	---下列羔羊皮：阿斯特拉罕、喀拉科尔、波斯羔羊及类似羔羊，印度、中国或蒙古羔羊	1. 品名；2. 种类（中国羔羊、波斯羔羊、狐皮、兔皮等）；3. 制作或保存方法（鞣制未缝制或已缝制毛皮）；4. 外观（整张、头、尾、爪等）	5. 规格		
4302.1990	---其他	1. 品名；2. 种类（中国羔羊、波斯羔羊、狐皮、兔皮等）；3. 制作或保存方法（鞣制未缝制或已缝制毛皮）；4. 外观（整张、头、尾、爪等）	5. 规格		
4302.2000	-未缝制的头、尾、爪及其他块、片	1. 品名；2. 种类（中国羔羊、波斯羔羊、狐皮、兔皮等）；3. 制作或保存方法（鞣制未缝制或已缝制毛皮）；4. 外观（整张、头、尾、爪等）			
	-已缝制的整张毛皮及其块、片：	1. 品名；2. 种类（中国羔羊、波斯羔羊、狐皮、兔皮等）；3. 制作或保存方法（鞣制未缝制或已缝制毛皮）；4. 外观（整张、头、尾、爪等）	5. 规格		
4302.3010	---灰鼠、白鼬、貂、狐、水獭、旱獭及猞猁的整张毛皮及其块、片				
4302.3090	---其他				
43.03	**毛皮制的衣服、衣着附件及其他物品：**	1. 品名；2. 材质（里、外）；3. 衣服种类			
	-衣服及衣着附件：				
4303.1010	---毛皮衣服				
4303.1020	---毛皮衣着附件				
4303.9000	-其他				
43.04	**人造毛皮及其制品：**	1. 品名；2. 材质（人造毛皮）			
4304.0010	---人造毛皮				
4304.0020	---人造毛皮制品				

第九类　木及木制品；木炭；软木及软木制品；稻草、秸秆、针茅或其他编结材料制品；篮筐及柳条编结品

第四十四章　木及木制品；木炭

注释：

一、本章不包括：

（一）主要作香料、药料、杀虫、杀菌或类似用途的木片、刨花、碎木、木粒或木粉（税目12.11）；

（二）竹或主要作编结用的其他木质材料，呈原木状，不论是否经劈开、纵锯或切段（税目14.01）；

（三）主要作染料或鞣料用的木片、刨花、木粒或木粉（税目14.04）；

（四）活性碳（税目38.02）；

（五）税目42.02的物品；

（六）第四十六章的货品；

（七）第六十四章的鞋靴及其零件；

（八）第六十六章的货品（例如，伞、手杖及其零件）；

（九）税目68.08的货品；

（十）税目71.17的仿首饰；

（十一）第十六类或第十七类的货品（例如，机器零件，机器及器具的箱、罩、壳，车辆部件）；

（十二）第十八类的货品（例如，钟壳、乐器及其零件）；

（十三）火器的零件（税目93.05）；

（十四）第九十四章的物品（例如，家具、灯具及照明装置、活动房屋）；

（十五）第九十五章的物品（例如，玩具、游戏品及运动用品）；

（十六）第九十六章的物品（例如，烟斗及其零件、纽扣、铅笔、独脚架、双脚架、三脚架及类似品），但税目96.03所列物品的木身及木柄除外；或

（十七）第九十七章的物品（例如，艺术品）。

二、本章所称“强化木”，是指经过化学或物理方法处理（对于多层黏合木材，其处理应超出一般黏合需要），从而增加了密度或硬度并改善了机械强度、抗化学或抗电性能的木材。

三、税目44.14至44.21适用于碎料板或类似木质材料板、纤维板、层压板或强化木的制品。

四、税目44.10、44.11或44.12的产品，可以加工成税目44.09所述的各种形状，也可以加工成弯曲、瓦楞、多孔或其他形状（正方形或矩形除外），以及经其他任何加工，但未具有其他税目所列制品的特性。

五、税目44.17不包括装有第八十二章注释一所述材料制成的刀片、工作刃、工作面或其他工作部件的工具。

六、除上述注释一及其他条文另有规定的以外，本章税目中所称“木”，也包括竹及其他木质材料。

子目注释：

子目4401.31所称“木屑棒”是指由木材加工业、家具制造业及其他木材加工活动中产生的副产品（例如，刨花、锯末及碎木片）直接压制而成或加入按重量计不超过3%的黏合剂后黏聚而成的产品。此类产品呈圆柱状，其直径不超过25毫米，长度不超过100毫米。

【要素释义】

一、归类要素

“品名”项应填报植物学名；本章所称“强化木”，是指经过化学或物理方法处理（对于多层黏合木材，其处理应超出一般黏合需要），从而增加了密度或硬度并改善了机械强度、抗化学或抗电性能的木材；本章所称“木”，也包括竹及其他木质材料。

（一）种类：指货品来源的具体树种。树种名称包括中文及拉丁学名，都要填写。

（二）外观：指货品的外观形状。例如，税目44.04填写“棒状”“条状”等。

（三）规格：指货品的外形尺寸。例如，税目44.06要填写“长×宽×高”。

（四）材质：指货品属于哪一类材料，主要是用来区别木质或非木质的。

（五）加工方法：指货品在申报前经过怎样的处理工艺。例如，子目4403.1要填写“用油漆、着色剂等防腐剂处理等”；税目44.06要填写“是否浸渍”。

（六）用途：该要素专用于税目44.18，指货品具体应用于哪种行业。例如，可填写“建筑用”。
（七）密度：该要素专用于税目44.11，指货品每单位体积的质量，填写时应统一换算成每立方厘米的克重。
（八）厚度：该要素专用于子目4411.1，指中密度纤维板（MDF）的外形厚度。
（九）请注明是否辐射松制：该要素专用于税目44.11，辐射松是树种名称。
（十）每层材质及树种名称：该要素专用于税目44.12，树种名称应包含中文及拉丁学名。
（十一）单层厚度：该要素专用于税目44.12，指多层板的每一层材料的厚度。
（十二）是否是一次性产品：该要素专用于子目4421.902，一次性产品是指类似圆签、圆棒、冰果棒、压舌片等形状简单、不适合重复使用的货品。

二、价格要素

（一）碳含量：该要素是子目4402.9的专有价格要素，用“%”表示。实验测得的碳含量是指将测得的水分、灰分、挥发分从总重量减去，其差值与原样品炭之百分比为“固定碳含量。
（二）挥发分：该要素是子目4402.9的专有价格要素，用“%”表示“挥发分的数量”。指木炭在高温下煅烧时放出的一氧化碳、二氧化碳、氢、甲烷和其他碳氢化合物等气体产物为挥发分。
（三）直径：该要素是税目44.03的价格要素，用“厘米”表示。原木直径直接区分原木的大小。
（四）长度：该要素是税目44.03的价格要素，用“米”来表示原木的长度，检测原木两端断面之间的距离，用0.2米为一个增进单位，不足0.2米的尾数舍去不计，例如，6.01米至6.19米，则按6.0米计。
（五）级别：该要素是税目44.03的专有价格要素，指木材的加工等级，只需填写“锯材级”或者“切片级”即可。
（六）等级：该要素是税目44.07的价格要素，是指商品的外观划分的等级。例如，美国产的该税目项下的木板材，等级可申报“FAS级”“普1级（NO.1C）”“普2A级（NO.2AC）”。
（七）毛边板或直边板请注明：该要素是子目4407.92的价格要素。只需直接填写“毛边板”或者“直边板”即可。
（八）请注明立方米数或平方米数：该要素是板材的价格要素。要求按实际成交的立方米或者平方米申报，可用厚度、长度和宽度进行计算。

税则号列	商品名称	申报要素			说明举例
		归类要素	价格要素	其他要素	
44.01	**薪柴（圆木段、块、枝、成捆或类似形状）；木片或木粒；锯末、木废料及碎片，不论是否粘结成圆木段、块、片或类似形状：**				涂有树脂或以其他方法制成点火物的木及木废料归入税目36.06
	-薪柴（圆木段、块、枝、成捆或类似形状）：	1. 品名；2. 种类（中文及拉丁学名）；3. 外观（圆木段、块、枝、成捆或类似形状等）			
4401.1100	--针叶木				
4401.1200	--非针叶木				
	-木片或木粒：	1. 品名；2. 种类（中文及拉丁学名）	3. 规格；4. 用途		
4401.2100	--针叶木				
4401.2200	--非针叶木				
	-锯末、木废料及碎片，粘结成圆木段、块、片或类似形状：				
4401.3100	--木屑棒	1. 品名；2. 外观（棒）；3. 规格（直径×长度）			

税则号列	商 品 名 称	申报要素			说 明 举 例
		归类要素	价格要素	其他要素	
4401.3900	--其他	1. 品名；2. 外观（块、片或类似形状等）			
4401.4000	-锯末、木废料及碎片，未粘结的	1. 品名；2. 外观（末、废料、碎片等）			
44.02	**木炭（包括果壳炭及果核炭），不论是否结块：**				与香料混合后制成片状或其他形状的木炭归入税目 33.07；活性碳归入税目 38.02；绘图用木炭（炭笔）归入税目 96.09
4402.1000	-竹的	1. 品名；2. 材质			
4402.9000	-其他	1. 品名；2. 材质	3. 碳含量；4. 挥发份		
44.03	**原木，不论是否去皮、去边材或粗锯成方：**				
	-用油漆、着色剂、杂酚油或其他防腐剂处理：	1. 品名；2. 种类（中文及拉丁学名）；3. 加工方法（用油漆、着色剂等防腐剂处理等）	4. 截面尺寸（圆木直径或方木宽度×厚度）；5. 长度		
4403.1100	--针叶木				
4403.1200	--非针叶木				
	-其他，针叶木：	1. 品名；2. 种类（中文及拉丁学名）	3. 截面尺寸（圆木直径或方木宽度×厚度）；4. 长度；5. 级别（锯材级、切片级等）		
	--松木，截面尺寸在 15 厘米及以上：				
4403.2110	---红松和樟子松				
4403.2120	---辐射松				
4403.2130	---落叶松				
4403.2140	---花旗松				
4403.2190	---其他				
	--其他松木：				
4403.2210	---红松和樟子松				
4403.2220	---辐射松				
4403.2230	---落叶松				
4403.2240	---花旗松				
4403.2290	---其他				
4403.2300	--冷杉和云杉，截面尺寸在 15 厘米及以上				

税则号列	商　品　名　称	申报要素			说　明　举　例
		归类要素	价格要素	其他要素	
4403.2400	--其他冷杉和云杉				
4403.2500	--其他，截面尺寸在15厘米及以上				
4403.2600	--其他				
	-其他，热带木：	1. 品名；2. 种类（中文及拉丁学名）	3. 截面尺寸（圆木直径或方木宽度×厚度）；4. 长度；5. 级别（锯材级、切片级等）		
4403.4100	--深红色红柳桉木、浅红色红柳桉木及巴栲红柳桉木				
	--其他：				
4403.4910	---柚木				
4403.4920	---奥克曼（奥克槐）				
4403.4930	---龙脑香木（克隆）				
4403.4940	---山樟（香木）				
4403.4950	---印茄木（波罗格）				
4403.4960	---大干巴豆（门格里斯或康派斯）				
4403.4970	---异翅香木				
4403.4980	---红木				
4403.4990	---其他				
	-其他：	1. 品名；2. 种类（中文及拉丁学名）	3. 截面尺寸（圆木直径或方木宽度×厚度）；4. 长度；5. 级别（锯材级、切片级等）		
4403.9100	--栎木（橡木）				
4403.9300	--水青冈木（山毛榉木），截面尺寸在15厘米及以上				
4403.9400	--其他水青冈木（山毛榉木）				
4403.9500	--桦木，截面尺寸在15厘米及以上				
4403.9600	--其他桦木				
4403.9700	--杨木				
4403.9800	--桉木				
	--其他：				
4403.9930	---红木，但税号4403.4980所列热带红木除外				
4403.9940	---泡桐木				
4403.9950	---水曲柳				

税则号列	商品名称	申报要素			说明举例
		归类要素	价格要素	其他要素	
4403.9960	---北美硬阔叶木				
4403.9980	---其他未列名的温带非针叶木				
4403.9990	---其他				
44.04	**箍木；木劈条；已削尖但未经纵锯的木桩；粗加修整但未经车圆、弯曲或其他方式加工的木棒，适合制手杖、伞柄、工具把柄及类似品；木片条及类似品：**	1. 品名；2. 种类（中文及拉丁学名）；3. 外观（棒状、条状等）			
4404.1000	-针叶木的				
4404.2000	-非针叶木的				
44.05	**木丝；木粉：**	1. 品名			
4405.0000	木丝；木粉				
44.06	**铁道及电车道枕木：**	1. 品名；2. 加工方法（是否浸渍）；3. 规格（长×宽×高）；4. 种类（中文及拉丁学名）			
	-未浸渍：				
4406.1100	--针叶木				
4406.1200	--非针叶木				
	-其他：				
4406.9100	--针叶木				
4406.9200	--非针叶木				
44.07	**经纵锯、纵切、刨切或旋切的木材，不论是否刨平、砂光或端部接合，厚度超过6毫米：**				
	-针叶木：	1. 品名；2. 种类（中文及拉丁学名）；3. 规格（厚度×宽度×长度）	4. 等级		
	--松木：				
4407.1110	---红松和樟子松				
4407.1120	---辐射松				
4407.1130	---花旗松				
4407.1190	---其他				
4407.1200	--冷杉及云杉				
4407.1900	--其他				
	-热带木：	1. 品名；2. 种类（中文及拉丁学名）；3. 规格（厚度×宽度×长度）	4. 等级		
4407.2100	--美洲桃花心木				
4407.2200	--苏里南肉豆蔻木、细孔绿心樟及美洲轻木				

税则号列	商品名称	申报要素			说明举例
		归类要素	价格要素	其他要素	
4407.2500	--深红色红柳桉木、浅红色红柳桉木及巴栲红柳桉木				
4407.2600	--白柳桉木、白色红柳桉木、白色柳桉木、黄色红柳桉木及阿兰木				
4407.2700	--沙比利				
4407.2800	--伊罗科木				
	--其他：				
4407.2910	---柚木				
4407.2920	---非洲桃花心木				
4407.2930	---波罗格				
4407.2940	---红木				
4407.2990	---其他				
	-其他：				
4407.9100	--栎木（橡木）	1. 品名；2. 种类（中文及拉丁学名）；3. 规格（厚度×宽度×长度）	4. 等级		
4407.9200	--水青冈木（山毛榉木）	1. 品名；2. 种类（中文及拉丁学名）；3. 规格（厚度×宽度×长度）	4. 等级；5. 毛边板或直边板请注明		
4407.9300	--槭木（枫木）	1. 品名；2. 种类（中文及拉丁学名）；3. 规格（厚度×宽度×长度）	4. 等级		
4407.9400	--樱桃木	1. 品名；2. 种类（中文及拉丁学名）；3. 规格（厚度×宽度×长度）	4. 等级		
4407.9500	--白蜡木	1. 品名；2. 种类（中文及拉丁学名）；3. 规格（厚度×宽度×长度）	4. 等级		
4407.9600	--桦木	1. 品名；2. 种类（中文及拉丁学名）；3. 规格（厚度×宽度×长度）	4. 等级		
4407.9700	--杨木	1. 品名；2. 种类（中文及拉丁学名）；3. 规格（厚度×宽度×长度）	4. 等级		
	--其他：	1. 品名；2. 种类（中文及拉丁学名）；3. 规格（厚度×宽度×长度）	4. 等级		
4407.9910	---红木，但税号4407.2940所列热带红木除外				
4407.9920	---泡桐木				
4407.9930	---其他北美硬阔叶材				
4407.9980	---其他温带非针叶材				

税则号列	商 品 名 称	申 报 要 素			说 明 举 例
		归类要素	价格要素	其他要素	
4407.9990	---其他				
44.08	**饰面用单板（包括刨切积层木获得的单板）、制胶合板或类似多层板用单板以及其他经纵锯、刨切或旋切的木材，不论是否刨平、砂光、拼接或端部结合，厚度不超过 6 毫米：**	1. 品名；2. 用途（饰面用等）；3. 种类（中文及拉丁学名）；4. 规格（厚度×宽度×长度）；5. 加工工艺（纵锯、刨切、旋切等）；	6. 请注明立方米数或平方米数		
	-针叶木：				
	---饰面用单板：				
4408.1011	**----用胶合板等多层板制的**				
4408.1019	**----其他**				
4408.1020	---制胶合板用单板				
4408.1090	---其他				
	-热带木：				
	--深红色红柳桉木、浅红色红柳桉木及巴栲红柳桉木：				
	---饰面用单板：				
4408.3111	**----用胶合板等多层板制的**				
4408.3119	**----其他**				
4408.3120	---制胶合板用单板				
4408.3190	---其他				
	--其他：				
	---饰面用单板：				
4408.3911	**----用胶合板等多层板制的**				
4408.3919	**----其他**				
4408.3920	---制胶合板用单板				
4408.3990	---其他				
	-其他：				
	---饰面用单板：				
4408.9011	**----用胶合板等多层板制的**				
4408.9012	**----温带非针叶木制**				
4408.9013	**----竹制**				
4408.9019	**----其他**				
	---制胶合板用单板：				
4408.9021	**----温带非针叶木制**				
4408.9029	**----其他**				
	---其他：				
4408.9091	**----温带非针叶木制**				
4408.9099	**----其他**				

税则号列	商品名称	申报要素			说明举例
		归类要素	价格要素	其他要素	
44.09	**任何一边、端或面制成连续形状（舌榫、槽榫、半槽榫、斜角、V形接头、珠榫、缘饰、刨圆及类似形状）的木材（包括未装拼的拼花地板用板条及缘板），不论其任意一边或面是否刨平、砂光或端部接合：**	1. 品名；2. 种类（中文及拉丁学名）；3. 外观（舌榫、槽榫、半槽榫等）；4. 规格（厚度×宽度×长度）；5. 加工工艺			
	-针叶木：				
4409.1010	---地板条（块）				
4409.1090	---其他				
	-非针叶木：				
	--竹的：				
4409.2110	---地板条（块）				
4409.2190	---其他				
	--热带木的：				
4409.2210	---地板条（块）				
4409.2290	---其他				
	--其他：				
4409.2910	---地板条（块）				
4409.2990	---其他				
44.10	**碎料板、定向刨花板（OSB）及类似板（例如，华夫板），木或其他木质材料制，不论是否用树脂或其他有机黏合剂黏合：**	1. 品名；2. 材质（木质或类似木质材料）	3. 请注明立方米数或平方米数		用水泥、石膏或其他无机黏合物质黏聚而成的木质材料板归入税目68.08
	-木制：				
4410.1100	--碎料板				
4410.1200	--定向刨花板（OSB）				
4410.1900	--其他				
	-其他：				
	---碎料板：				
4410.9011	----麦稻秸秆制				
4410.9019	----其他				
4410.9090	---其他				
44.11	**木纤维板或其他木质材料纤维板，不论是否用树脂或其他有机黏合剂黏合：**				
	-中密度纤维板（MDF）：	1. 品名；2. 加工方法（是否经机械加工或盖面、干法、湿法等）；3. 密度；4. 厚度；5. 请注明是否辐射松制	6. 请注明立方米数或平方米数		
	--厚度不超过5毫米：				

税则号列	商品名称	申报要素			说明举例
		归类要素	价格要素	其他要素	
	---密度超过每立方厘米0.8克：				
4411.1211	----未经机械加工或盖面的				
4411.1219	----其他				
	---密度超过每立方厘米0.5克，但未超过每立方厘米0.8克：				
4411.1221	----辐射松制的				
4411.1229	----其他				
	---其他：				
4411.1291	----未经机械加工或盖面的				
4411.1299	----其他				
	--厚度超过5毫米，但未超过9毫米：				
	---密度超过每立方厘米0.8克：				
4411.1311	----未经机械加工或盖面的				
4411.1319	----其他				
	---密度超过每立方厘米0.5克，但未超过每立方厘米0.8克：				
4411.1321	----辐射松制的				
4411.1329	----其他				
	---其他：				
4411.1391	----未经机械加工或盖面的				
4411.1399	----其他				
	--厚度超过9毫米：				
	---密度超过每立方厘米0.8克：				
4411.1411	----未经机械加工或盖面的				
4411.1419	----其他				
	---密度超过每立方厘米0.5克，但未超过每立方厘米0.8克：				
4411.1421	----辐射松制的				
4411.1429	----其他				
	---其他：				
4411.1491	----未经机械加工或盖面的				
4411.1499	----其他				

税则号列	商品名称	申报要素			说明举例
		归类要素	价格要素	其他要素	
	-其他：	1. 品名；2. 加工方法(是否经机械加工或盖面、干法、湿法等)；3. 密度；4. 请注明是否辐射松制	5. 请注明立方米数或平方米数		
	--密度超过每立方厘米0.8克：				
4411.9210	---未经机械加工或盖面的				
4411.9290	---其他				
	--密度超过每立方厘米0.5克，但未超过每立方厘米0.8克：				
4411.9310	---辐射松制的				
4411.9390	---其他				
	--密度未超过每立方厘米0.5克：				
4411.9410	---密度超过每立方厘米0.35克，但未超过每立方厘米0.5克				
	---密度未超过每立方厘米0.35克：				
4411.9421	----未经机械加工或盖面的				
4411.9429	----其他				
44.12	**胶合板、单板饰面板及类似的多层板：**	1. 品名；2. 每层材质及树种名称；3. 最大的单层厚度；4. 规格（厚度×宽度×长度）；5. 加工工艺	6. 请注明立方米数或平方米数		
	-竹制的：				
	---仅由薄板制的胶合板，每层厚度不超过6毫米：				
4412.1011	----至少有一表层是热带木				
4412.1019	----其他				
4412.1020	---其他，至少有一表层是非针叶木				
	---其他：				
4412.1091	----至少有一层是热带木				
4412.1092	----至少含有一层木碎料板				
4412.1099	----其他				
	-其他仅由薄木板制的其他胶合板（竹制除外），每层厚度不超过6毫米：				
4412.3100	--至少有一表层是热带木				

税则号列	商品名称	申报要素			说明举例
		归类要素	价格要素	其他要素	
4412.3300	--其他，至少有一表层是下列非针叶木：桤木、白蜡木、水青冈木（山毛榉木）、桦木、樱桃木、栗木、榆木、桉木、山核桃、七叶树、椴木、槭木、栎木（橡木）、悬铃木、杨木、刺槐木、鹅掌楸或核桃木				
	--其他，至少有一表层为子目4412.33未具体列名的非针叶木：				
4412.3410	---其他，至少有一表层是温带非针叶木（子目4412.3300的非针叶木除外）				
4412.3490	---其他				
4412.3900	--其他，上下表层均为针叶木				
	-其他：				
	--木块芯胶合板，侧板条芯胶合板及板条芯胶合板：				
4412.9410	---至少有一表层是非针叶木				
	---其他：				
4412.9491	----至少有一层是热带木				
4412.9492	----其他，至少含有一层木碎料板				
4412.9499	----其他				
	--其他：				
4412.9910	---至少有一表层是非针叶木				
	---其他：				
4412.9991	----至少有一层是热带木				
4412.9992	----其他，至少含有一层木碎料板				
4412.9999	----其他				
44.13	**强化木，成块、板、条或异型的：**	1. 品名；2. 加工方法（压缩、浸渍等）；3. 外观（块、板、条、异型）			
4413.0000	强化木，成块、板、条或异型的				
44.14	**木制的画框、相框、镜框及类似品：**	1. 品名；2. 材质（木制）；3. 种类（单一材质申报中文及拉丁学名）			镶框玻璃镜归入税目70.09
4414.0010	---辐射松制的				
4414.0090	---其他				

税则号列	商品名称	申报要素			说明举例
		归类要素	价格要素	其他要素	
44.15	**包装木箱、木盒、板条箱、圆桶及类似的包装容器；木制电缆卷筒；木托板、箱形托盘及其他装载用木板；木制的托盘护框：**	1. 品名；2. 材质（木制）；3. 种类（中文及拉丁学名）			经特殊设计，装备适于一种或多种运输方式的集装箱归入税目86.09
4415.1000	-箱、盒、板条箱、圆桶及类似的包装容器；电缆卷筒				
	-木托板、箱形托盘及其他装载用木板；木制的托盘护框：				
4415.2010	---辐射松制的				
4415.2090	---其他				
44.16	**木制大桶、琵琶桶、盆和其他木制箍桶及其零件，包括桶板：**	1. 品名；2. 材质（木制）；3. 种类（单一材质申报中文及拉丁学名）			
4416.0010	---辐射松制的				
4416.0090	---其他				
44.17	**木制的工具、工具支架、工具柄、扫帚及刷子的身及柄；木制鞋靴楦及楦头：**	1. 品名；2. 材质（木制）；3. 种类（单一材质申报中文及拉丁学名）			
4417.0010	---辐射松制的				
4417.0090	---其他				
44.18	**建筑用木工制品，包括蜂窝结构木镶板、已装拼的地板、木瓦及盖屋板：**				
	-窗、法兰西式（落地）窗及其框架：	1. 品名；2. 用途（建筑用）；3. 材质（木制）；4. 种类（中文及拉丁学名）			
4418.1010	---辐射松制的				
4418.1090	---其他				
4418.2000	-门及其框架和门槛	1. 品名；2. 用途（建筑用）；3. 材质（木制）；4. 种类（中文及拉丁学名）；5. 规格			
4418.4000	-水泥构件的模板	1. 品名；2. 用途（建筑用）；3. 材质（木制）；4. 种类（中文及拉丁学名）；5. 规格			
4418.5000	-木瓦及盖屋板	1. 品名；2. 用途（建筑用）；3. 材质（木制）；4. 种类（中文及拉丁学名）；5. 规格			

税则号列	商品名称	申报要素			说明举例
		归类要素	价格要素	其他要素	
4418.6000	-柱及梁	1. 品名；2. 材质（木制）；3. 种类（中文及拉丁学名、柱、梁）；4. 规格			
	-已装拼的地板：	1. 品名；2. 加工方法（已装拼）；3. 材质（木制等）；4. 种类（中文及拉丁学名、马赛克地板、多层地板等）；5. 规格			
	--竹的或至少顶层（耐磨层）是竹的：				
4418.7310	---马赛克地板用				
4418.7320	---其他，竹制多层的				
4418.7390	---其他				
4418.7400	--其他，马赛克地板用				
4418.7500	--其他，多层的				
4418.7900	--其他				
	-其他：	1. 品名；2. 用途（建筑用）；3. 材质（木制等）；4. 种类（中文及拉丁学名）			
4418.9100	--竹的				
4418.9900	--其他				
44.19	**木制餐具及厨房用具：**				
	-竹的：	1. 品名；2. 材质（竹制、木制等）；3. 是否是一次性产品；4. 种类（单一材质申报中文及拉丁学名）			
4419.1100	--切面包板、砧板及类似板				
	--筷子：				
4419.1210	---一次性筷子				
4419.1290	---其他				
4419.1900	--其他				
	-其他：				
4419.9010	---一次性筷子	1. 品名；2. 材质（竹制、木制等）；3. 是否是一次性产品；4. 种类（单一材质申报中文及拉丁学名）	5. 小包装类别（塑料、纸制等）；6. 是否包含附件		

税则号列	商品名称	申报要素			说明举例
		归类要素	价格要素	其他要素	
4419.9090	---其他	1. 品名；2. 材质（竹制、木制等）；3. 是否是一次性产品；4. 种类（单一材质申报中文及拉丁学名）			
44.20	**镶嵌木（包括细工镶嵌木）；装珠宝或刀具用的木制盒子和小匣子及类似品；木制小雕像及其他装饰品；第九十四章以外的木制家具：**	1. 品名；2. 材质（木制）；3. 种类（单一材质申报中文及拉丁学名）			盛装乐器或枪支的木制箱、盒及包有皮革或再生皮革、纸或纸板、钢纸、塑料片或纺织材料的护套、箱、盒及类似容器归入税目42.02
	-木制小雕像及其他装饰品：				
	---木刻及竹刻：				
4420.1011	----木刻				
4420.1012	----竹刻				
4420.1020	---木扇				
4420.1090	---其他				
	-其他：				
4420.9010	---镶嵌木				
4420.9090	---其他				
44.21	**其他木制品：**				枪托及其他武器零件归入税目93.05
4421.1000	-衣架	1. 品名；2. 材质（竹制、木制等）；3. 种类（单一材质申报中文及拉丁学名）			
	-其他：				
	--竹的：				
4421.9110	---圆签、圆棒、冰果棒、压舌片及类似一次性制品	1. 品名；2. 材质（竹制）；3. 种类（单一材质申报中文及拉丁学名）；4. 是否是一次性产品；5. 尺寸（长、宽、厚、直径等）			
4421.9190	---其他	1. 品名；2. 材质（竹制）；3. 种类（单一材质申报中文及拉丁学名）			
	--其他：				

税则号列	商品名称	申报要素			说明举例
		归类要素	价格要素	其他要素	
4421.9910	---木制圆签、圆棒、冰果棒、压舌片及类似一次性制品	1. 品名；2. 材质（木制等）；3. 种类（单一材质申报中文及拉丁学名）；4. 是否是一次性产品；5. 尺寸（长、宽、厚、直径等）			
4421.9990	---其他	1. 品名；2. 材质（木制等）；3. 种类（单一材质申报中文及拉丁学名）			

第四十五章　软木及软木制品

注释：

本章不包括：

一、第六十四章的鞋靴及其零件；

二、第六十五章的帽类及其零件；或

三、第九十五章的物品（例如，玩具、游戏品及运动用品）。

【要素释义】

一、归类要素

（一）材质：指货品的主体是用什么材料制成的。例如，税目 45.02 要填写"天然软木"，税目 45.04 要填写"压制软木"。

（二）加工程度：指货品已加工到什么阶段，要填写"未加工""简单加工"等。

（三）状态：该要素是子目 4501.9 的专有归类要素，指货品的表观特征，要填写"碎的""粒状的"或"粉状的"。

（四）加工方法：该要素是税目 45.02 的专有归类要素，指货品在申报前经过怎样的处理工艺，要填写"经除去表皮或粗切成方形等加工"。

（五）外观：该要素是税目 45.04 的专有归类要素，指货品的外观形状。要根据具体情况填写"块、板、片"等形状。

（六）规格：指货品的外形尺寸。例如，圆柱体要填写"直径×长度"。

（七）是否是废料：该要素是子目 4501.9 的专有归类要素，软木废料即刨花、废片及碎屑，通常用于制软木碎、软木粒或软木粉。

二、价格要素

等级：指按产品质量划分的等级。例如，软木瓶塞的等级，需填写"特级（Extra）"或"超级（Super）"或者 1 级、2 级、3 级等等。

税则号列	商品名称	申报要素			说明举例
		归类要素	价格要素	其他要素	
45.01	**未加工或简单加工的天然软木；软木废料；碎的、粒状的或粉状的软木：**				
4501.1000	-未加工或简单加工的天然软木	1. 品名；2. 加工程度（未加工、简单加工等）			
	-其他：	1. 品名；2. 状态（碎的、粒状的或粉状的）；3. 是否为废料			
4501.9010	---软木废料				
4501.9020	---碎的、粒状的或粉状的软木（软木碎、软木粒或软木粉）				
45.02	**天然软木，除去表皮或粗切成方形，或成长方块、正方块、板、片或条状（包括做塞子用的方块坯料）：**	1. 品名；2. 加工方法（经除去表皮或粗切成方形等加工）；3. 外观（块、板、片或条状等）			
4502.0000	天然软木，除去表皮或粗切成方形，或成长方块、正方块、板、片或条状（包括做塞子用的方块坯料）				

税则号列	商品名称	申报要素			说明举例
		归类要素	价格要素	其他要素	
45.03	**天然软木制品：**	1. 品名；2. 规格	3. 等级		
4503.1000	-塞子				
4503.9000	-其他				
45.04	**压制软木（不论是否使用黏合剂压成）及其制品：**	1. 品名；2. 外观（块、板、片等形状）			
4504.1000	-块、板、片及条；任何形状的砖、瓦；实心圆柱体，包括圆片				
4504.9000	-其他				

第四十六章　稻草、秸秆、针茅或其他编结材料制品；篮筐及柳条编结品

注释：

一、本章所称“编结材料”，是指其状态或形状适于编结、交织或类似加工的材料，包括稻草、秸秆、柳条、竹、藤、灯芯草、芦苇、木片条、其他植物材料扁条（例如，树皮条、狭叶、酒椰叶纤维或其他从阔叶获取的条）、未纺的天然纺织纤维、塑料单丝及扁条、纸带，但不包括皮革、再生皮革、毡呢或无纺织物的扁条、人发、马毛、纺织粗纱或纱线以及第五十四章的单丝和扁条。

二、本章不包括：

（一）税目 48.14 的壁纸；

（二）不论是否编结而成的线、绳、索、缆（税目 56.07）；

（三）第六十四章和第六十五章的鞋靴、帽类及其零件；

（四）编结而成的车辆或车身（第八十七章）；或

（五）第九十四章的物品（例如，家具、灯具及照明装置）。

三、税目 46.01 所称“平行连结的成片编结材料、缏条或类似的编结材料产品”，是指编结材料、缏条及类似的编结材料产品平行排列连结成片的制品，其连结材料不论是否为纺制的纺织材料。

【要素释义】

归类要素

本章所称“编结材料”，是指其状态或形状适于编结、交织或类似加工的材料，包括稻草、秸秆、柳条、竹、灯芯草、芦苇、木片条、其他植物材料扁条（例如，树皮条、狭叶、酒椰叶纤维或其他从阔叶获取的条）、未纺的天然纺织纤维、塑料单丝及扁条、纸带，但不包括皮革、再生皮革、毡呢或无纺织物的扁条、人发、马毛、纺织粗纱或纱线以及第五十四章的单丝和扁条。

材质：指货品的主体是用什么材料制成的。例如，税目 46.02 要填写“竹、藤、草、玉米皮、柳条等”中的具体品种。

税则号列	商品名称	申报要素			说明举例
		归类要素	价格要素	其他要素	
46.01	**用编结材料编成的缏条及类似产品，不论是否缝合成宽条；平行连结或编织的成片编结材料、缏条或类似的编结材料产品，不论是否制成品（例如，席子、席料、帘子）：**	1. 品名；2. 材质（竹、藤、稻草等）			
	-植物材料制的席子、席料及帘子：				
4601.2100	--竹制的				
4601.2200	--藤制的				
	--其他：				
	---草制的：				
4601.2911	----灯心草属材料制的				
4601.2919	----其他				
	---芦苇制的：				
4601.2921	----苇帘				
4601.2929	----其他				
4601.2990	---其他				
	-其他：				

税则号列	商品名称	申报要素			说明举例
		归类要素	价格要素	其他要素	
	--竹制的：				
4601.9210	---缏条及类似产品，不论是否缝合成宽条				
4601.9290	---其他				
	--藤制的：				
4601.9310	---缏条及类似产品，不论是否缝合成宽条				
4601.9390	---其他				
	--其他植物材料制的：				
	---稻草制的：				
4601.9411	----缏条（绳）				
4601.9419	----其他				
	---其他：				
4601.9491	----缏条及类似产品，不论是否缝合成宽条				
4601.9499	----其他				
	--其他：				
4601.9910	---缏条及类似产品，不论是否缝合成宽条				
4601.9990	---其他				
46.02	**用编结材料直接编成或用税目46.01所列货品制成的篮筐、柳条编结品及其他制品；丝瓜络制品：**	1. 品名；2. 材质（竹、藤、草、玉米皮、柳条等）	3. 品牌		
	-植物材料制：				
4602.1100	--竹制的				
4602.1200	--藤制的				
	--其他：				
4602.1910	---草制的				
4602.1920	---玉米皮制的				
4602.1930	---柳条制的				
4602.1990	---其他				
4602.9000	-其他				

第十类　木浆及其他纤维状纤维素浆；回收（废碎）纸或纸板；纸、纸板及其制品

第四十七章　木浆及其他纤维状纤维素浆；回收（废碎）纸或纸板

注释：

税目 47.02 所称“化学木浆，溶解级”，是指温度在 20℃时浸入含 18%氢氧化钠的苛性碱溶液内，1 小时后，按重量计含有 92%及以上的不溶级分的碱木浆或硫酸盐木浆，或者含有 88%及以上的不溶级分的亚硫酸盐木浆。对于亚硫酸盐木浆，按重量计灰分含量不得超过 0.15%。

【要素释义】

本章所称“化学木浆，溶解级”，是指温度在 20℃时浸入含 18%氢氧化钠的苛性碱溶液内，1 小时后，按重量计含有 92%及以上的不溶级分的碱木浆或硫酸盐木浆，或者含有 88%及以上的不溶级分的亚硫酸盐木浆。对于亚硫酸盐木浆，按重量计灰分含量不得超过 0.15%。

一、归类要素

（一）材质：指货品的主体是用什么木材制成的。例如，税目 47.03 要填写“针叶木”或“非针叶木”。

（二）加工方法：指货品在申报前经过怎样的处理工艺。例如，税目 47.03 要填写“漂白”“未漂白”或“半漂白”。

（三）种类：指货品属于什么类型的纸张。

（四）来源：指货品是从何种物品提取而得的。例如，子目 4706.2 要填写“从回收纸或纸板提取的”。

（五）状态：该要素是税目 47.07 的专有归类要素，指货品的表观特征，要填写“废碎”。

二、价格要素

（一）品牌：指制造商或经销商加在商品上的标志。实际只需要申报出名称即可，有外文品牌的，以申报外文品牌名称为主。

（二）签约日期：指供求双方企业合同价格签订的日期。实际只需申报具体日期即可。例如可填写“2013-07-01”。

（三）水分含量：指木浆的含水量，用“%”表示。按照实际填写即可。

（四）产地标准及标号：该要素是税目 47.07 废纸的价格要素，指废纸原产地对废纸的分类标准。例如美国废纸有“5、11、12、13、15、16、19、20、21 号”，欧洲废纸有“A4、A5、A6”。

税则号列	商品名称	申报要素			说明举例
		归类要素	价格要素	其他要素	
47.01	**机械木浆：**	1. 品名（机械木浆）	2. 品牌；3. 签约日期		
4701.0000	机械木浆				
47.02	**化学木浆，溶解级：**	1. 品名（溶解级化学木浆）	2. 品牌；3. 签约日期	4. 黏度；5. α 纤维素含量；6. 灰分	
4702.0000	化学木浆，溶解级				
47.03	**碱木浆或硫酸盐木浆，但溶解级的除外：**	1. 品名；2. 材质（针叶木、非针叶木）；3. 加工方法（漂白、未漂白、半漂白）	4. 水分含量；5. 品牌；6. 签约日期；7. 形状（卷筒或平板）		
	-未漂白：				

税则号列	商品名称	申报要素			说明举例
		归类要素	价格要素	其他要素	
4703.1100	--针叶木的				
4703.1900	--非针叶木的				
	-半漂白或漂白：				
4703.2100	--针叶木的				
4703.2900	--非针叶木的				
47.04	**亚硫酸盐木浆，但溶解级的除外：**	1. 品名；2. 材质（针叶木、非针叶木）；3. 加工方法（漂白、未漂白、半漂白）	4. 水分含量；5. 品牌		
	-未漂白：				
4704.1100	--针叶木的				
4704.1900	--非针叶木的				
	-半漂白或漂白：				
4704.2100	--针叶木的				
4704.2900	--非针叶木的				
47.05	**用机械和化学联合制浆法制得的木浆：**	1. 品名；2. 加工方法（用机械和化学联合制浆法）	3. 水分含量；4. 品牌		
4705.0000	用机械和化学联合制浆法制得的木浆				
47.06	**从回收（废碎）纸或纸板提取的纤维浆或其他纤维状纤维素浆：**				
4706.1000	-棉短绒纸浆	1. 品名；2. 种类（棉短绒）；3. 用途（造纸或生产粘胶纤维等）；4. 粘度（具体数值或范围区间，单位为dl/g）；5. α纤维素含量（不溶级分，以R18、硫酸盐法或亚硫酸盐法计）；6. 725℃时灰分（申报具体百分比数值或范围区间）			
4706.2000	-从回收（废碎）纸或纸板提取的纤维浆	1. 品名；2. 来源（从回收纸或纸板提取的）；3. 原料种类（如美废13号）			

税则号列	商品名称	申报要素			说明举例
		归类要素	价格要素	其他要素	
4706.3000	-其他，竹浆	1. 品名；2. 来源（从回收纸或纸板提取的）；3. 用途（造纸或生产粘胶纤维等）；4. 粘度（具体数值或范围区间，单位为dl/g）；5. α纤维素含量（不溶级分，以R18、硫酸盐法或亚硫酸盐法计）；6. 725℃时灰分（申报具体百分比数值或范围区间）			
	-其他：	1. 品名；2. 材质（草浆等）；3. 加工方法（机械、化学、半化学）			
4706.9100	--机械浆				
4706.9200	--化学浆				
4706.9300	--用机械和化学联合法制得的浆				
47.07	**回收（废碎）纸或纸板：**				
4707.1000	-未漂白的牛皮纸或纸板及瓦楞纸或纸板的	1. 品名；2. 种类（未漂白废牛皮纸、废瓦楞纸）；3. 状态（废碎）	4. 产地标准及标号（美废、欧废、港废等）；5. 签约日期		以未漂白的牛皮纸及瓦楞纸或纸板为主。例：美废5、11、12、13、15、16、19、20、21号；欧废A4、A5、A6
4707.2000	-主要由漂白化学木浆制成未经本体染色的其他纸和纸板的	1. 品名；2. 种类（漂白废牛皮纸、废报纸等）；3. 状态（废碎）	4. 产地标准及标号（美废、欧废、港废等）；5. 签约日期		以漂白化学木浆的纸及纸板为主。例：废无尘纸、废卫生纸、废滤纸、废标签纸；美废30、37、40、42号
4707.3000	-主要由机械浆制成的纸或纸板（例如，报纸、杂志及类似印刷品）的	1. 品名；2. 种类（未漂白废牛皮纸、废报纸等）；3. 状态（废碎）	4. 产地标准及标号（美废、欧废、港废等）；5. 签约日期		以机械浆制的纸及纸板（如报纸、杂志等）为主。例：美废2、6、7、8、9、10、23号；欧废A7、A8、A9、A10号
4707.9000	-其他，包括未分选的废碎品	1. 品名；2. 种类（未漂白废牛皮纸、废报纸等）	3. 产地标准及标号（美废、欧废、港废等）；4. 签约日期		例：美废3；欧废A2；废纸尿裤

第四十八章　纸及纸板；纸浆、纸或纸板制品

注释：

一、除条文另有规定外，本章所称“纸”包括纸板（不考虑其厚度或每平方米重量）。

二、本章不包括：

（一）第三十章的物品；

（二）税目 32.12 的压印箔；

（三）香纸及用化妆品浸渍或涂布的纸（第三十三章）；

（四）用肥皂或洗涤剂浸渍、覆盖或涂布的纸或纤维素絮纸（税目 34.01）和用光洁剂、擦光膏及类似制剂浸渍、覆盖或涂布的纸或纤维素絮纸（税目 34.05）；

（五）税目 37.01 至 37.04 的感光纸或感光纸板；

（六）用诊断或实验用试剂浸渍的纸（税目 38.22）；

（七）第三十九章的用纸强化的层压塑料板，用塑料覆盖或涂布的单层纸或纸板（塑料部分占总厚度的一半以上），以及上述材料的制品，但税目 48.14 的壁纸除外；

（八）税目 42.02 的物品（例如，旅行用品）；

（九）第四十六章的物品（编结材料制品）；

（十）纸纱线或纸纱线纺织物（第十一类）；

（十一）第六十四章或第六十五章的物品；

（十二）税目 68.05 的砂纸或税目 68.14 的用纸或纸板衬底的云母（但涂布云母粉的纸及纸板归入本章）；

（十三）用纸或纸板衬底的金属箔（通常归入第十四类或第十五类）；

（十四）税目 92.09 的制品；

（十五）第九十五章的物品（例如，玩具、游戏品及运动用品）；或

（十六）第九十六章的物品［例如，纽扣，卫生巾（护垫）及止血塞、婴儿尿布及尿布衬里］。

三、除注释七另有规定的以外，税目 48.01 至 48.05 包括经研光、高度研光、釉光或类似处理、仿水印、表面施胶的纸及纸板；同时还包括用各种方法本体着色或染成斑纹的纸、纸板、纤维素絮纸及纤维素纤维网纸。除税目 48.03 另有规定的以外，上述税目不适用于经过其他方法加工的纸、纸板、纤维素絮纸或纤维素纤维网纸。

四、本章所称“新闻纸”，是指所含用机械或化学—机械方法制得的木纤维不少于全部纤维重量的 50% 的未经涂布的报刊用纸，未施胶或微施胶，每面粗糙度［帕克印刷表面粗糙度（1 兆帕）］超过 2.5 微米，每平方米重量不小于 40 克，但不超过 65 克，并且仅适用于下列规格的纸：

（一）成条或成卷，宽度超过 28 厘米；或

（二）成张矩形（包括正方形），一边超过 28 厘米，另一边超过 15 厘米（以未折叠计）。

五、税目 48.02 所称“书写、印刷或类似用途的纸及纸板”“未打孔的穿孔卡片和穿孔纸带纸”，是指主要用漂白纸浆或用机械或化学—机械方法制得的纸浆制成的纸及纸板，并且符合下列任一标准：

每平方米重量不超过 150 克的纸或纸板：

（一）用机械或化学—机械方法制得的纤维含量在 10% 及以上，并且

1. 每平方米重量不超过 80 克；或

2. 本体着色；

（二）灰分含量在 8% 以上，并且

1. 每平方米重量不超过 80 克；或

2. 本体着色；

（三）灰分含量在 3% 以上，亮度在 60% 及以上；或

（四）灰分含量在 3% 以上，但不超过 8%，亮度低于 60%，耐破指数等于或小于 2.5 千帕斯卡 · 平方米/克；或

（五）灰分含量在 3% 及以下，亮度在 60% 及以上，耐破指数等于或小于 2.5 千帕斯卡 · 平方米/克。

每平方米重量超过 150 克的纸或纸板：

（一）本体着色；或

（二）亮度在 60% 及以上，并且

1. 厚度在 225 微米及以下；或

2. 厚度在 225 微米以上，但不超过 508 微米，灰分含量在 3% 以上；或

（三）亮度低于60%，厚度不超过254微米，灰分含量在8%以上。

税目48.02不包括滤纸及纸板（含茶袋纸）或毡纸及纸板。

六、本章所称“牛皮纸及纸板”，是指所含用硫酸盐法或烧碱法制得的纤维不少于全部纤维重量的80%的纸及纸板。

七、除税目条文另有规定的以外，符合税目48.01至48.11中两个或两个以上税目所规定的纸、纸板、纤维素絮纸及纤维素纤维网纸，应按号列顺序归入有关税目中的最末一个税目。

八、税目48.03至48.09仅适用于下列规格的纸、纸板、纤维素絮纸及纤维素纤维网纸：

（一）成条或成卷，宽度超过36厘米；或

（二）成张矩形（包括正方形），一边超过36厘米，另一边超过15厘米（以未折叠计）。

九、税目48.14所称“壁纸及类似品”，仅限于：

（一）适合作墙壁或天花板装饰用的成卷纸张，宽度不小于45厘米，但不超过160厘米：

1. 起纹、压花、染面、印有图案或经其他装饰的（例如，起绒），不论是否用透明的防护塑料涂布或覆盖；
2. 表面饰有木粒或草粒而凹凸不平的；
3. 表面用塑料涂布或覆盖并起纹、压花、染面、印有图案或经其他装饰的；或
4. 表面用不论是否平行连结或编织的编结材料覆盖的；

（二）适于装饰墙壁或天花板用的经上述加工的纸边及纸条，不论是否成卷；

（三）由几幅拼成的壁纸，成卷或成张，贴到墙上可组成印刷的风景画或图案。

既可作铺地制品，也可作壁纸的以纸或纸板为底的产品，应归入税目48.23。

十、税目48.20不包括切成一定尺寸的活页纸张或卡片，不论是否印制、压花、打孔。

十一、税目48.23主要适用于提花机或类似机器用的穿孔纸或卡片，以及纸花边。

十二、除税目48.14及48.21的货品外，印有图案、文字或图画的纸、纸板、纤维素絮纸及其制品，如果所印图案、文字或图画作为其主要用途，应归入第四十九章。

子目注释：

一、子目4804.11及4804.19所称“牛皮衬纸”，是指所含用硫酸盐法或烧碱法制得的木纤维不少于全部纤维重量的80%的成卷机器整饰或上光纸及纸板，每平方米重量超过115克，并且最低缪伦耐破度符合下表所示（其他重量的耐破度可参照下表换算）：

重量（克/平方米）	最低缪伦耐破度（千帕斯卡）
115	393
125	417
200	637
300	824
400	961

二、子目4804.21及4804.29所称“袋用牛皮纸”，是指所含用硫酸盐法或烧碱法制得的木纤维不少于全部纤维重量的80%的成卷机器上光纸，每平方米重量不少于60克，但不超过115克，并且符合下列一种规格：

（一）缪伦耐破指数不小于3.7千帕斯卡·平方米/克，并且横向伸长率大于4.5%，纵向伸长率大于2%；

（二）至少能达到下表所示的最小撕裂度和抗张强度（其他重量的可参照下表换算）：

重量（克/平方米）	最小撕裂度（毫牛顿）		最小抗张强度（千牛顿/米）	
	纵向	纵向加横向	横向	纵向加横向
60	700	1510	1.9	6
70	830	1790	2.3	7.2
80	965	2070	2.8	8.3
100	1230	2635	3.7	10.6
115	1425	3060	4.4	12.3

三、子目 4805.11 所称“半化学的瓦楞纸”，是指所含用机械和化学联合法制得的未漂白硬木纤维不少于全部纤维重量的 65%的成卷纸张，并且在温度为 23℃和相对湿度为 50%时，经过 30 分钟的瓦楞芯纸平压强度测定（CMT30），抗压强度超过 1.8 牛顿/克/平方米。

四、子目 4805.12 包括主要用机械和化学联合法制得的草浆制成的成卷纸张，每平方米重量在 130 克及以上，并且在温度为 23℃和相对湿度为 50%时，经过 30 分钟的瓦楞芯纸平压强度测定（CMT30），抗压强度超过 1.4 牛顿/克/平方米。

五、子目 4805.24 和 4805.25 包括全部或主要由回收（废碎）纸或纸板制得的纸浆制成的纸和纸板。强韧箱纸板也可以有一面用染色纸或漂白或未漂白的非再生浆制得的纸做表层。这些产品缪伦耐破指数不小于 2 千帕斯卡·平方米/克。

六、子目 4805.30 所称“亚硫酸盐包装纸”，是指所含用亚硫酸盐法制得的木纤维超过全部纤维重量的 40%的机器研光纸，灰分含量不超过 8%，并且缪伦耐破指数不小于 1.47 千帕斯卡·平方米/克。

七、子目 4810.22 所称“轻质涂布纸”，是指双面涂布纸，其每平方米总重量不超过 72 克，每面每平方米的涂层重量不超过 15 克，原纸中所含用机械方法制得的木纤维不少于全部纤维重量的 50%。

【要素释义】

一、归类要素

本章纤维种类和含量是指化学方法、机械方法或化学—机械方法制得纤维的种类和含量。例如，机械浆 50%，化学浆 50%。

（一）规格：指货品的外形尺寸。

（二）用途：指货品具体的应用方向。例如，税目 48.18 填写“家庭用”“卫生用”等；子目 4822.1 填写“纺织纱线用”等。

（三）种类：指货品属于什么类型的纸张。例如，子目 4816.2 填写“自印复写纸”“热敏转印纸”等；子目 4816.909 填写“复写纸、拷贝纸、转印纸、油印蜡纸、胶版纸等”中的具体情况。

（四）加工程度：指货品在申报前经过怎样的处理工艺。例如，子目 4802.1 要申报“未涂布、未染面”等；子目 4809.2 要申报“涂布或浸渍”。

（五）纤维种类和含量：指货品的纤维是用什么方法制得的（例如，化学法、机械法、化学—机械联合法）以及各占全部纤维重量的百分比。

（六）请注明耐破度、紧度、横向环压指数、横向耐折度：该要素包含纸张的 4 个物理性能。（1）耐破度：指纸张在单位面积上所能承受的均匀增加的最大压力。（2）紧度：指纸张单位体积的克重，表示纸张松紧的程度。（3）环压指数：也称环压强度，指将一定尺寸的试样插在试样座内形成圆环形，在上下压板之间施压，试样被压溃前所能承受的最大力。该指标表征纸板边缘承受压力的性能，对箱纸板和瓦楞原纸的整体抗压强度有重要影响。（4）耐折度：指纸张受一定力的拉伸后，再经来回折叠而使其断裂所需的折叠次数。该指标表征纸张抵抗往复折叠的能力。

（七）请注明缪伦耐破度、横向伸长率、纵向伸长率。（1）缪伦耐破度也称绝对耐破度，指纸张在缪伦式（Mullen）耐破度测定仪上直接得出的数值。（2）伸长率：指纸张受到张力至断裂时长度对原长度的百分率。

（八）横向与纵向：纸张具有一定的顺向，纤维排列大多数与造纸机运行方向相同，而且在这一方向上纸张承受着较大的牵引力，称为纵向，而与造纸机运行方向垂直的为纸张的横向。

（九）加工方法：指货品的成型方式。例如，税目 48.07 填写“黏合多层”，子目 4823.7 填写“压制”或“模制”。

（十）状态：该要素专用于税目 48.10，指货品的商业形态，填写“成卷”或“成张”。

（十一）材质：指货品用什么材料制成的。例如，税目 48.12 要填写“纸浆制”，税目 48.17 要填写“纸制”，子目 4823.61 要填写“竹浆纸制”。

（十二）外观：指货品的外观形状，例如，税目 48.12 按“块、板、片”来填写。

（十三）是否为窗用透明纸：该要素专用于子目 4814.9，按实际情况填写。

（十四）是否瓦楞纸制：该要素专用于子目 4819.1，按实际情况填写。

（十五）是否可折叠：该要素专用于子目 4819.2，可折叠是归入该子目的必要条件。

二、价格要素

（一）机械或化学—机械法制得的纤维含量：该要素是税目 48.01 的价格要素，用“%”表示。

（二）粗糙度：该要素是税目 48.01 的价格要素，是指新闻纸的表面性能。用“微米 UM”表示。例如，可填写“粗糙度 2.8 微米”。

（三）签约日期：指供求双方企业合同价格签订的日期。实际只需申报具体日期即可，例如，可填写“2013-07-01”。

（四）品牌：指制造商或经销商加在商品上的标志。实际只需要申报出名称即可，有外文品牌的以申报外文品牌名称为主。

（五）规格：该要素是子目4823.61的价格要素。分“卷筒纸”和“平板纸”的规格，其中，“卷筒纸”填写“宽度”，单位用“毫米”表示；“平板纸”规格是“长度×宽度”，单位用“毫米”表示。

税则号列	商 品 名 称	申 报 要 素			说 明 举 例
		归类要素	价格要素	其他要素	
48.01	**成卷或成张的新闻纸：**	1. 品名；2. 用途（书写、印刷等用）；3. 加工程度（未涂布、未染面等）；4. 规格（成条、成卷的宽度或成张的边长、每平方米克重）	5. 机械或化学—机械法制得的纤维含量；6. 粗糙度；7. 签约日期；8. 品牌或厂商（中文或者英文）		
4801.0010	---成卷的				
4801.0090	---其他				
48.02	**书写、印刷或类似用途的未经涂布的纸及纸板、未打孔的穿孔卡片及穿孔纸带纸，成卷或成张矩形（包括正方形），任何尺寸，但税目48.01或48.03的纸除外；手工制纸及纸板：**				
	-手工制纸及纸板：	1. 品名；2. 用途；3. 种类；4. 加工程度（未涂布、未染面等）；5. 规格（成条、成卷的宽度或成张的边长、每平方米克重）	6. 签约日期；7. 品牌或厂商（中文或者英文）		
4802.1010	---宣纸				
4802.1090	---其他手工制纸及纸板				
	-光敏、热敏、电敏纸及纸板的原纸和原纸板：	1. 品名；2. 用途；3. 种类；4. 加工程度（未涂布、未染面等）；5. 规格（成条、成卷的宽度或成张的边长、每平方米克重）	6. 签约日期；7. 品牌或厂商（中文或者英文）		
4802.2010	---照相原纸				
4802.2090	---其他				

税则号列	商品名称	申报要素			说明举例
		归类要素	价格要素	其他要素	
4802.4000	-壁纸原纸	1. 品名；2. 用途；3. 种类；4. 加工程度（未涂布、未染面等）；5. 规格（成条、成卷的宽度或成张的边长、每平方米克重）	6. 签约日期；7. 品牌或厂商（中文或者英文）		
	-其他纸及纸板，不含用机械或化学—机械方法制得的纤维或所含前述纤维不超过全部纤维重量的10%：	1. 品名；2. 用途（书写、印刷等用）；3. 种类；4. 加工程度（未涂布、未染面等）；5. 规格（成条、成卷的宽度或成张的边长、每平方米克重）；6. 纤维种类和含量	7. 签约日期；8. 品牌或厂商（中文或者英文）		
4802.5400	--每平方米重量小于40克				
4802.5500	--每平方米重量在40克及以上，但不超过150克，成卷的				
4802.5600	--每平方米重量在40克及以上，但不超过150克，成张的，以未折叠计一边不超过435毫米，另一边不超过297毫米				
4802.5700	--其他，每平方米重量在40克及以上，但不超过150克				
4802.5800	--每平方米重量超过150克				
	-其他纸及纸板，所含用机械或化学—机械方法制得的纤维超过全部纤维重量的10%：	1. 品名；2. 用途（书写、印刷等用）；3. 种类；4. 加工程度（未涂布、未染面等）；5. 规格（成条、成卷的宽度或成张的边长、每平方米克重）；6. 纤维种类和含量	7. 签约日期；8. 品牌或厂商（中文或者英文）		
4802.6100	--成卷的：				
4802.6200	--成张的，以未折叠计一边不超过435毫米，另一边不超过297毫米				
4802.6900	--其他：				
48.03	**卫生纸、面巾纸、餐巾纸以及家庭或卫生用的类似纸、纤维素絮纸和纤维素纤维网纸，不论是否起纹、压花、打孔、染面、饰面或印花，成卷或成张的：**	1. 品名；2. 种类（卫生纸、面巾纸等类似纸）；3. 规格（成条、成卷的宽度或成张的边长）	4. 签约日期；5. 品牌或厂商（中文或者英文）		

税则号列	商 品 名 称	申 报 要 素			说 明 举 例
		归类要素	价格要素	其他要素	
4803.0000	卫生纸、面巾纸、餐巾纸以及家庭或卫生用的类似纸、纤维素絮纸和纤维素纤维网纸，不论是否起纹、压花、打孔、染面、饰面或印花，成卷或成张的				
48.04	**成卷或成张的未经涂布的牛皮纸及纸板，但不包括税目48.02或48.03的货品：**				
	-牛皮挂面纸：	1. 品名；2. 种类（牛皮挂面纸）；3. 加工程度（未漂白、漂白、未涂布）；4. 规格（成条、成卷的宽度或成张的边长、每平方米克重）；5. 纤维种类和含量；6. 请注明耐破度、紧度、横向环压指数、横向耐折度	7. 品牌；8. 签约日期；9. 厂商		
4804.1100	--未漂白				
4804.1900	--其他				
	-袋用牛皮纸：	1. 品名；2. 种类（袋用牛皮纸）；3. 加工程度（未漂白、漂白、未涂布）；4. 规格（成条、成卷的宽度或成张的边长、每平方米克重）；5. 纤维种类和含量；6. 请注明缪伦耐破度、横向伸长率、纵向伸长率；7. 是否机器上光	8. 品牌；9. 签约日期		
4804.2100	--未漂白				
4804.2900	--其他				
	-其他牛皮纸及纸板，每平方米重量不超过150克：				
4804.3100	--未漂白	1. 品名；2. 种类；3. 加工程度（未漂白、漂白、未涂布）；4. 规格（成条、成卷的宽度或成张的边长、每平方米克重）；5. 纤维种类和含量；6. 请注明耐破度、紧度、横向环压指数、横向耐折度	7. 品牌；8. 签约日期		

税则号列	商品名称	申报要素			说明举例
		归类要素	价格要素	其他要素	
4804.3900	--其他	1. 品名；2. 种类（耐磨纸原纸等）；3. 加工程度（未漂白、漂白、未涂布）；4. 规格（成条、成卷的宽度或成张的边长、每平方米克重）；5. 纤维种类和含量	6. 品牌；7. 签约日期		
	-其他牛皮纸及纸板，每平方米重量超过150克，但小于225克：				
4804.4100	--未漂白	1. 品名；2. 种类；3. 加工程度（未漂白、漂白、未涂布）；4. 规格（成条、成卷的宽度或成张的边长、每平方米克重）；5. 纤维种类和含量；6. 请注明耐破度、紧度、横向环压指数、横向耐折度	7. 品牌；8. 签约日期		
4804.4200	--本体均匀漂白，所含用化学方法制得的木纤维超过全部纤维重量的95%	1. 品名；2. 种类；3. 加工程度（未漂白、漂白、水体均匀漂白、未涂布）；4. 规格（成条、成卷的宽度或成张的边长、每平方米克重）；5. 纤维种类和含量；6. 请注明耐破度、紧度、横向环压指数、横向耐折度	7. 品牌；8. 签约日期		
4804.4900	--其他	1. 品名；2. 种类；3. 加工程度（未漂白、漂白、未涂布）；4. 规格（成条、成卷的宽度或成张的边长、每平方米克重）；5. 纤维种类和含量；6. 请注明耐破度、紧度、横向环压指数、横向耐折度	7. 品牌；8. 签约日期		
	-其他牛皮纸及纸板，每平方米重量在225克及以上：				

税则号列	商品名称	申报要素			说明举例
		归类要素	价格要素	其他要素	
4804.5100	--未漂白	1. 品名；2. 种类；3. 加工程度（未漂白、漂白、未涂布）；4. 规格（成条、成卷的宽度或成张的边长、每平方米克重）；5. 纤维种类和含量；6. 请注明耐破度、紧度、横向环压指数、横向耐折度	7. 品牌；8. 签约日期		
4804.5200	--本体均匀漂白，所含用化学方法制得的木纤维超过全部纤维重量的95%	1. 品名；2. 种类；3. 加工程度（未漂白、漂白、本体均匀漂白、未涂布）；4. 规格（成条、成卷的宽度或成张的边长、每平方米克重）；5. 纤维种类和含量；6. 请注明耐破度、紧度、横向环压指数、横向耐折度	7. 品牌；8. 签约日期		
4804.5900	--其他	1. 品名；2. 种类；3. 加工程度（未漂白、漂白、未涂布）；4. 规格（成条、成卷的宽度或成张的边长、每平方米克重）；5. 纤维种类和含量；6. 请注明耐破度、紧度、横向环压指数、横向耐折度	7. 品牌；8. 签约日期		
48.05	**成卷或成张的其他未经涂布的纸及纸板，加工程度不超过本章注释三所列范围：**				
	-瓦楞原纸：	1. 品名；2. 种类；3. 加工程度（未涂布）；4. 规格（成条、成卷的宽度或成张的边长、每平方米克重）；5. 纤维种类和含量	6. 签约日期；7. 品牌或厂商（中文或者英文）		
4805.1100	--半化学的瓦楞原纸				
4805.1200	--草浆瓦楞原纸				
4805.1900	--其他				

税则号列	商品名称	申报要素			说明举例
		归类要素	价格要素	其他要素	
	-强韧箱纸板（再生挂面纸板）：	1. 品名；2. 种类；3. 加工程度（未涂布）；4. 规格（成条、成卷的宽度或成张的边长、每平方米克重）；5. 原料；6. 强度（谬论耐破指数）	7. 签约日期；8. 品牌或厂商（中文或者英文）		
4805.2400	--每平方米重量在150克及以下				
4805.2500	--每平方米重量超过150克				
4805.3000	-亚硫酸盐包装纸	1. 品名；2. 种类；3. 加工程度（未涂布）；4. 规格（成条、成卷的宽度或成张的边长，每平方米克重）；5. 灰分含量；6. 强度（谬论耐破指数）	7. 签约日期；8. 品牌或厂商（中文或者英文）		
4805.4000	-滤纸及纸板	1. 品名；2. 种类；3. 加工程度（未涂布）；4. 规格（成条、成卷的宽度或成张的边长，每平方米克重）	5. 签约日期；6. 品牌或厂商（中文或者英文）		
4805.5000	-毡纸及纸板	1. 品名；2. 种类；3. 加工程度（未涂布）；4. 规格（成条、成卷的宽度或成张的边长，每平方米克重）	5. 签约日期；6. 品牌或厂商（中文或者英文）		
	-其他：				
	--每平方米重量在150克及以下：				
4805.9110	---电解电容器原纸	1. 品名；2. 种类；3. 加工程度（未涂布）；4. 规格（成条、成卷的宽度或成张的边长，每平方米克重）	5. 签约日期；6. 型号；7. 品牌或厂商（中文或者英文）		
4805.9190	---其他	1. 品名；2. 种类；3. 加工程度（未涂布）；4. 规格（成条、成卷的宽度或成张的边长，每平方米克重）	5. 签约日期；6. 品牌或厂商（中文或者英文）		
4805.9200	--每平方米重量在150克以上，但小于225克	1. 品名；2. 种类；3. 加工程度（未涂布）；4. 规格（成条、成卷的宽度或成张的边长，每平方米克重）	5. 签约日期；6. 品牌或厂商（中文或者英文）		

税则号列	商品名称	申报要素			说明举例
		归类要素	价格要素	其他要素	
4805.9300	--每平方米重量在225克及以上	1. 品名；2. 种类；3. 加工程度（未涂布）；4. 规格（成条、成卷的宽度或成张的边长，每平方米克重）	5. 签约日期；6. 品牌或厂商（中文或者英文）		
48.06	**成卷或成张的植物羊皮纸、防油纸、描图纸、半透明纸及其他高光泽透明或半透明纸：**				
4806.1000	-植物羊皮纸	1. 品名；2. 种类；3. 规格（成条、成卷的宽度或成张的边长）	4. 签约日期；5. 品牌或厂商（中文或者英文）		
4806.2000	-防油纸	1. 品名；2. 种类；3. 规格（成条、成卷的宽度或成张的边长）	4. 签约日期；5. 品牌或厂商（中文或者英文）		
4806.3000	-描图纸	1. 品名；2. 种类；3. 规格（成条、成卷的宽度或成张的边长）	4. 签约日期；5. 品牌或厂商（中文或者英文）		
4806.4000	-高光泽透明或半透明纸	1. 品名；2. 种类；3. 规格（成卷的宽度或成张的边长）	4. 签约日期；5. 品牌或厂商（中文或者英文）		
48.07	**成卷或成张的复合纸及纸板（用黏合剂黏合各层纸或纸板制成），未经表面涂布或未浸渍，不论内层是否有加强材料：**	1. 品名；2. 加工方法（黏合多层）；3. 加工程度（未经表面涂布或未浸渍）；4. 规格（成条、成卷的宽度或成张的边长）	5. 签约日期；6. 品牌或厂商（中文或者英文）		
4807.0000	成卷或成张的复合纸及纸板（用黏合剂黏合各层纸或纸板制成），未经表面涂布或未浸渍，不论内层是否有加强材料				
48.08	**成卷或成张的瓦楞纸及纸板（不论是否与平面纸胶合）、皱纹纸及纸板、压纹纸及纸板、穿孔纸及纸板，但税目48.03的纸除外：**				
4808.1000	-瓦楞纸及纸板，不论是否穿孔	1. 品名；2. 种类（瓦楞纸、皱纹牛皮纸等）；3. 规格（成条、成卷的宽度或成张的边长）	4. 签约日期；5. 品牌或厂商（中文或者英文）		

税则号列	商品名称	申报要素			说明举例
		归类要素	价格要素	其他要素	
4808.4000	-皱纹牛皮纸，不论是否压花或穿孔	1. 品名；2. 用途；3. 种类；4. 规格（成条、成卷的宽度或成张的边长）	5. 签约日期；6. 品牌或厂商（中文或者英文）		
4808.9000	-其他	1. 品名；2. 用途；3. 种类；4. 规格（成条、成卷的宽度或成张的边长）	5. 签约日期；6. 品牌或厂商（中文或者英文）		
48.09	**复写纸、自印复写纸及其他拷贝或转印纸（包括涂布或浸渍的油印蜡纸或胶印版纸），不论是否印制，成卷或成张的：**				压印箔归入税目32.12
4809.2000	-自印复写纸	1. 品名；2. 种类（自印复写纸）；3. 加工程度（涂布或浸渍）；4. 规格（成条、成卷的宽度或成张的边长）	5. 签约日期；6. 品牌或厂商（中文或者英文）		
4809.9000	-其他	1. 品名；2. 种类（复写纸、拷贝纸等）；3. 加工程度（涂布或浸渍）；4. 规格（成条、成卷的宽度或成张的边长）	5. 签约日期；6. 品牌或厂商（中文或者英文）		
48.10	**成卷或成张矩形（包括正方形）的任何尺寸的单面或双面涂布高岭土或其他无机物质（不论是否加黏合剂）的纸及纸板，但未涂布其他涂料，不论是否染面、饰面或印花：**				用诊断或实验室试剂浸渍的纸条归入税目38.22；砂纸或纸板归入税目68.05；用纸或纸板衬底的云母（云母粉除外）归入税目68.14
	-书写、印刷或类似用途的纸及纸板，不含用机械或化学—机械方法制得的纤维或所含前述纤维不超过全部纤维重量的10%：	1. 品名；2. 用途（书写、印刷等）；3. 种类（牛皮纸、白板纸、铜版纸等）；4. 状态（成卷或张等）；5. 加工程度（单面或双面涂布无机物、漂白）；6. 规格（宽度或边长、每平方米克重）；7. 纤维种类和含量	8. 签约日期；9. 品牌或厂商（中文或者英文）		
4810.1300	--成卷的				
4810.1400	--成张的，一边不超过435毫米，另一边不超过297毫米（以未折叠计）				
4810.1900	--其他				

税则号列	商品名称	申报要素			说明举例
		归类要素	价格要素	其他要素	
	-书写、印刷或类似用途的纸及纸板，所含用机械或化学—机械方法制得的纤维超过全部纤维重量的10%：	1. 品名；2. 用途（书写、印刷等）；3. 种类（牛皮纸、白板纸、铜版纸等）；4. 状态（成卷或张等）；5. 加工程度（单面或双面涂布无机物、漂白）；6. 规格（宽度或边长、每平方米克重）；7. 纤维种类和含量	8. 签约日期；9. 品牌或厂商（中文或者英文）		
4810.2200	--轻质涂布纸				
4810.2900	--其他				
	-牛皮纸及纸板，但书写、印刷或类似用途的除外：	1. 品名；2. 用途（包装等）；3. 种类（牛皮纸、白板纸、铜版纸等）；4. 状态（成卷或张等）；5. 加工程度（单面或双面涂布无机物、漂白）；6. 规格（宽度或边长、每平方米克重）；7. 纤维种类和含量	8. 签约日期；9. 品牌或厂商（中文或者英文）		
4810.3100	--本体均匀漂白，所含用化学方法制得的木纤维超过全部纤维重量的95%，每平方米重量不超过150克				
4810.3200	--本体均匀漂白，所含用化学方法制得的木纤维超过全部纤维重量的95%，每平方米重量超过150克				
4810.3900	--其他				
	-其他纸及纸板：	1. 品名；2. 用途（书写、印刷等）；3. 种类（牛皮纸、白板纸、铜版纸等）；4. 状态（成卷或张等）；5. 加工程度（单面或双面涂布无机物、漂白）；6. 规格（宽度或边长、每平方米克重、各纤维含量）	7. 签约日期；8. 品牌或厂商（中文或者英文）		
4810.9200	--多层的				
4810.9900	--其他				

税则号列	商品名称	申报要素			说明举例
		归类要素	价格要素	其他要素	
48.11	**成卷或成张矩形（包括正方形）的任何尺寸的经涂布、浸渍、覆面、染面、饰面或印花的纸、纸板、纤维素絮纸及纤维素纤维网纸，但税目48.03、49.09或48.10的货品除外：**	1. 品名；2. 种类；3. 加工程度（涂布、浸渍、饰面、漂白等）；4. 规格（成条等、浸渍或涂布物、每平方米克重）	5. 品牌；6. 型号		用肥皂或洗涤剂浸渍、覆盖或涂布的纸及纤维素絮纸归入税目34.01；用光洁剂、擦光膏或类似制剂浸渍、覆盖或涂布的纸及纤维素絮纸归入税目34.05；石蕊试纸、极谱纸及其他用诊断或实验室试剂浸渍的纸归入税目38.22；用纸板做基并以柏油或类似材料完全包裹或双面覆盖的屋面归入税目68.07
4811.1000	-焦油纸及纸板、沥青纸及纸板				
	-胶粘纸及纸板：				
4811.4100	--自粘的				
4811.4900	--其他				
	-用塑料（不包括黏合剂）涂布、浸渍或覆盖的纸及纸板：				
	--漂白的，每平方米重量超过150克：				
4811.5110	---彩色相纸用双面涂塑纸				
	---其他：				
4811.5191	----纸塑铝复合材料				
4811.5199	----其他				
	--其他：				
4811.5910	---绝缘纸及纸板				
	---其他：				
4811.5991	----镀铝的				
4811.5999	----其他				
	-用蜡、石蜡、硬脂精、油或甘油涂布、浸渍、覆盖的纸及纸板：				
4811.6010	---绝缘纸及纸板				
4811.6090	---其他				
4811.9000	-其他纸、纸板、纤维素絮纸及纤维素纤维网纸				
48.12	**纸浆制的滤块、滤板及滤片：**	1. 品名；2. 材质（纸浆制）；3. 外观（块、板、片）	4. 品牌或厂商（中文或者英文）		仅压制成片或板状的棉短绒归入税目14.04
4812.0000	纸浆制的滤块、滤板及滤片				

税则号列	商品名称	申报要素			说明举例
		归类要素	价格要素	其他要素	
48.13	**卷烟纸，不论是否切成一定尺寸、成小本或管状：**				
4813.1000	-成小本或管状	1. 品名；2. 规格（如成小本或管状、宽度）	3. 品牌或厂商（中文或者英文）		
4813.2000	-宽度不超过5厘米成卷的	1. 品名；2. 规格（成卷、宽度）	3. 品牌或厂商（中文或者英文）		
4813.9000	-其他	1. 品名；2. 规格（宽度等）	3. 品牌或厂商（中文或者英文）		
48.14	**壁纸及类似品；窗用透明纸：**				外观近似窗用透明的转印纸（移画印花纸）归入税目49.08；纸基纺织糊墙品归入税目59.05；用纸衬背的铝箔糊墙品归入税目76.07
4814.2000	-用塑料涂面或盖面的壁纸及类似品，起纹、压花、着色、印刷图案或经其他装饰	1. 品名；2. 加工程度（用木粒或草粒、塑料、编结材料等饰面、涂面）	3. 品牌或厂商（中文或者英文）；4. 规格尺寸；5. 签约日期		
4814.9000	-其他	1. 品名；2. 加工程度（用木粒或草粒、塑料、编结材料等饰面、涂面）；3. 是否为窗用透明纸	4. 品牌或厂商（中文或者英文）；5. 规格尺寸；6. 签约日期		
48.16	**复写纸、自印复写纸及其他拷贝或转印纸（不包括税目48.09的纸）、油印蜡纸或胶印版纸，不论是否盒装：**				
4816.2000	-自印复写纸	1. 品名；2. 种类（自印复写纸、热敏转印纸等）；3. 规格（成条、成卷的宽度或成张的边长）	4. 品牌或厂商（中文或者英文）		
	-其他：				
4816.9010	---热敏转印纸	1. 品名；2. 种类（自印复写纸、热敏转印纸等）；3. 规格（成条、成卷的宽度或成张的边长）	4. 品牌或厂商（中文或者英文）		

税则号列	商品名称	申报要素			说明举例
		归类要素	价格要素	其他要素	
4816.9090	---其他	1. 品名；2. 种类（复写纸、拷贝纸、转印纸、油印蜡纸、胶版纸等）；3. 规格（成条、成卷的宽度或成张的边长）	4. 品牌或厂商（中文或者英文）		
48.17	**纸或纸板制的信封、封缄信片、素色明信片及通信卡片；纸或纸板制的盒子、袋子及夹子，内装各种纸制文具：**	1. 品名；2. 材质（纸制）			税号4817.3000的产品必须内装各种纸制文具；印有或用其他方式赋予正在流通的邮票的信封、明信片及信卡等归入税目49.07；供特殊用途的印刷信件及类似物品，例如，即期票据、搬迁通知、广告信，包括需要手工填写的上述物品归入税目49.11；印有图画的首日封及集邮大型张：未附邮票的归入税目49.11；附有邮票的归入税目97.04
4817.1000	-信封				
4817.2000	-封缄信片、素色明信片及通信卡片				
4817.3000	-纸或纸板制的盒子、袋子及夹子，内装各种纸制文具				
48.18	**卫生纸及类似纸，家庭或卫生用纤维素絮纸及纤维素纤维网纸，成卷宽度不超过36厘米或切成一定尺寸或形状的；纸浆、纸、纤维素絮纸或纤维素纤维网纸制的手帕、面巾、台布、餐巾、床单及类似的家庭、卫生或医院用品、衣服及衣着附件：**	1. 品名；2. 用途（家庭、卫生、医院用等）；3. 材质（纸制）；4. 种类（卫生纸、纸台布等）；5. 规格（成条、成卷的宽度或成张的边长）			
4818.1000	-卫生纸				
4818.2000	-纸手帕及纸面巾				
4818.3000	-纸台布及纸餐巾				
4818.5000	-衣服及衣着附件				
4818.9000	-其他				

税则号列	商品名称	申报要素			说明举例
		归类要素	价格要素	其他要素	
48.19	**纸、纸板、纤维素絮纸或纤维素纤维网纸制的箱、盒、匣、袋及其他包装容器；纸或纸板制的卷宗盒、信件盘及类似品，供办公室、商店及类似场所使用的：**				
4819.1000	-瓦楞纸或纸板制的箱、盒、匣	1. 品名；2. 材质（瓦楞纸或纸板制）；3. 规格			
4819.2000	-非瓦楞纸或纸板制的可折叠箱、盒、匣	1. 品名；2. 材质；3. 规格			
4819.3000	-底宽40厘米及以上的纸袋	1. 品名；2. 材质；3. 规格；4. 底宽长度			
4819.4000	-其他纸袋，包括锥形袋	1. 品名；2. 材质；3. 规格；4. 底宽长度			
4819.5000	-其他包装容器，包括唱片套	1. 品名；2. 材质；3. 规格			
4819.6000	-办公室、商店及类似场所使用的卷宗盒、信件盘、存储盒及类似品	1. 品名；2. 材质；3. 规格			
48.20	**纸或纸板制的登记本、账本、笔记本、订货本、收据本、信笺本、记事本、日记本及类似品、练习本、吸墨纸本、活动封面（活页及非活页）、文件夹、卷宗皮、多联商业表格纸、页间夹有复写纸的本及其他文具用品；纸或纸板制的样品簿、粘贴簿及书籍封面：**	1. 品名；2. 材质			支票簿归入税目49.07；空白的联券旅行票据归入税目49.11
4820.1000	-登记本、账本、笔记本、订货本、收据本、信笺本、记事本、日记本及类似品				
4820.2000	-练习本				
4820.3000	-活动封面（书籍封面除外）、文件夹及卷宗皮				
4820.4000	-多联商业表格纸、页间夹有复写纸的本				
4820.5000	-样品簿及粘贴簿				
4820.9000	-其他				
48.21	**纸或纸板制的各种标签，不论是否印制：**	1. 品名；2. 材质；3. 加工程度（印制、非印制）			捕蝇纸归入税目38.08；纸制太阳伞归入税目66.01；人造花、簇叶、果实及其部分品归入税目67.02

税则号列	商品名称	申报要素			说明举例
		归类要素	价格要素	其他要素	
4821.1000	-印制				
4821.9000	-其他				
48.22	纸浆、纸或纸板（不论是否穿孔或硬化）制的筒管、卷轴、纡子及类似品：				
4822.1000	-纺织纱线用	1. 品名；2. 用途（纺织纱线用等）；3. 材质（纸制）			
4822.9000	-其他	1. 品名；2. 用途；3. 材质（纸制）			
48.23	**切成一定尺寸或形状的其他纸、纸板、纤维素絮纸及纤维素纤维网纸；纸浆、纸、纸板、纤维素絮纸及纤维素纤维网纸制的其他物品：**				
4823.2000	-滤纸及纸板	1. 品名；2. 材质（纸制）；3. 规格（切成一定尺寸或形状、边长、宽度）			
4823.4000	-已印制的自动记录器用打印纸卷、纸张及纸盘	1. 品名；2. 用途（已印制的自动记录器用等）；3. 材质（纸制）；4. 规格（切成一定尺寸或形状、边长、宽度）			
	-纸或纸板制的盘、碟、盆、杯及类似品：				
4823.6100	--竹浆纸或纸板制的	1. 品名；2. 材质（竹浆纸制）；3. 种类（盘、碟、盆、杯等）	4. 规格		
	--其他：	1. 品名；2. 材质；3. 种类（盘、碟、盆、杯等）	4. 规格		
4823.6910	---非木植物浆制				
4823.6990	---其他				
4823.7000	-压制或模制纸浆制品	1. 品名；2. 加工方法（压制、模制）；3. 材质（纸浆制）；4. 规格（切成一定尺寸或形状、边长、宽度）			
	-其他：				
4823.9010	---以纸或纸板为底制成的铺地制品	1. 品名；2. 用途；3. 材质（以纸或纸板为底制成）；4. 规格			

税则号列	商品名称	申报要素			说明举例
		归类要素	价格要素	其他要素	
4823.9020	---神纸及类似用品	1. 品名；2. 材质（纸制）；3. 规格（切成一定尺寸或形状、边长、宽度）			
4823.9030	---纸扇	1. 品名；2. 材质（纸制）；3. 规格（切成一定尺寸或形状、边长、宽度）			
4823.9090	---其他	1. 品名；2. 材质（纸制）；3. 规格（切成一定尺寸或形状、边长、宽度）			

第四十九章　书籍、报纸、印刷图画及其他印刷品；手稿、打字稿及设计图纸

注释：

一、本章不包括：

（一）透明基的照相负片或正片（第三十七章）；

（二）立体地图、设计图表或地球仪、天体仪，不论是否印刷（税目 90.23）；

（三）第九十五章的扑克牌或其他物品；或

（四）雕版画、印刷画、石印画的原本（税目 97.02），税目 97.04 的邮票、印花税票、纪念封、首日封、邮政信笺及类似品，以及第九十七章的超过 100 年的古物或其他物品。

二、第四十九章所称“印刷”，也包括用胶版复印机、油印机印制，在自动数据处理设备控制下打印绘制，压印、冲印、感光复印、热敏复印或打字。

三、用纸以外材料装订成册的报纸、杂志和期刊，以及一期以上装订在同一封面里的成套报纸、杂志和期刊，应归入税目 49.01，不论是否有广告材料。

四、税目 49.01 还包括：

（一）附有说明文字，每页编有号数以便装订成一册或几册的整集印刷复制品，例如，美术作品、绘画；

（二）随同成册书籍的图画附刊；以及

（三）供装订书籍或小册子用的散页、集页或书帖形式的印刷品，已构成一部作品的全部或部分。

但没有说明文字的印刷图画或图解，不论是否散页或书帖形式，应归入税目 49.11。

五、除本章注释三另有规定的以外，税目 49.01 不包括主要做广告用的出版物（例如，小册子、散页印刷品、商业目录、同业公会出版的年鉴、旅游宣传品），这类出版物应归入税目 49.11。

六、税目 49.03 所称“儿童图画书”，是指以图画为主、文字为辅，供儿童阅览的书籍。

【要素释义】

一、归类要素

（一）种类：指货品属于什么类型的印刷品。例如，税目 49.01 要填写“字典、百科全书等”；税目 49.03 要填写“图画书、绘画或涂色书”；税目 49.04 要填写“原稿或印本等”。

（二）状态：指货品的商业形态。例如，税目 49.01 要填写“成册”或“单张”。

（三）出版周期：该要素是税目 49.02 专有归类要素，填写“日刊”“周刊”等。

（四）用途：指货品的应用对象或应用领域。例如，税目 49.03 填写“儿童用”；税目 49.11 填写“有商业价值”或“无商业价值”。

（五）加工方法：指货品在申报前经过怎样的处理工艺。例如，税目 49.08 可填写“釉转印”。

（六）材质：指货品是用什么材料制成的，例如纸质。

二、价格要素

（一）外观（新的）：该要素是子目 4907.001 和子目 4907.002 的专有价格要素。实际只需要填写“新的”“旧的”“未使用的”或“已使用过”即可。

（二）种类：该要素是子目 4907.001 的专有价格要素。

（三）印刷内容：指子目 4911.91 印刷品的具体内容，如图画、文字、数据、程序等，其中“印有自动数据处理设备用程序”需要具体说明。

税则号列	商品名称	申报要素			说明举例
		归类要素	价格要素	其他要素	
49.01	**书籍、小册子、散页印刷品及类似印刷品，不论是否单张：**	1. 品名；2. 种类（字典、百科全书等）；3. 状态（成册、单张）			载有文字或图案以供复制并按序号装订的拷贝纸及转印纸归入税目 48.16
4901.1000	-单张的，不论是否折叠				

税则号列	商品名称	申报要素			说明举例
		归类要素	价格要素	其他要素	
	-其他：				
4901.9100	--字典或百科全书及其连续出版的分册				
4901.9900	--其他				
49.02	**报纸、杂志及期刊，不论有无插图或广告材料：**	1. 品名；2. 出版周期（日刊、周刊等）			由旧报纸、旧杂志或旧期刊构成的废纸归入税目47.07
4902.1000	-每周至少出版四次				
4902.9000	-其他				
49.03	**儿童图画书、绘画或涂色书：**	1. 品名；2. 用途（儿童用）；3. 种类（图画书、绘画或涂色书）			
4903.0000	儿童图画书、绘画或涂色书				
49.04	**乐谱原稿或印本，不论是否装订或印有插图：**	1. 品名；2. 种类（原稿或印本等）			
4904.0000	乐谱原稿或印本，不论是否装订或印有插图				
49.05	**各种印刷的地图、水道图及类似图表，包括地图册、挂图、地形图及地球仪、天体仪：**				
4905.1000	-地球仪、天体仪	1. 品名			
	-其他：	1. 品名；2. 状态（成册、非成册）			浮雕地图、详图及地球仪，不论是否印制，归入税目90.23
4905.9100	--成册的				
4905.9900	--其他				
49.06	**手绘的建筑、工程、工业、商业、地形或类似用途的设计图纸原稿；手稿；用感光纸照相复印或用复写纸誊写的上述物品复制件：**	1. 品名（设计图纸原稿或手稿及其复制件）			
4906.0000	手绘的建筑、工程、工业、商业、地形或类似用途的设计图纸原稿；手稿；用感光纸照相复印或用复写纸誊写的上述物品复制件				
49.07	**在承认或将承认其面值的国家流通或新发行且未经使用的邮票、印花税票及类似票证；印有邮票或印花税票的纸品；钞票；空白支票；股票、债券及类似所有权凭证：**				

税则号列	商品名称	申报要素			说明举例
		归类要素	价格要素	其他要素	
4907.0010	---邮票	1. 品名	2. 外观（新的）；3. 种类（小型张、四方联等）		
4907.0020	---钞票	1. 品名	2. 外观（新的）		
4907.0030	---证券凭证	1. 品名；2. 种类（证券、特许权等）			
4907.0090	---其他	1. 品名；2. 种类（证券、特许权等）；3. 信息内容物种类（如软件、数据、互联网内容物或服务等）；4. 给予信息内容物使用权的种类（如存取、复制或密钥等）			
49.08	**转印贴花纸（移画印花法用图案纸）：**	1. 品名；2. 加工方法（釉转印等）			
4908.1000	-釉转印贴花纸（移画印花法用图案纸）				
4908.9000	-其他				
49.09	**印刷或有图画的明信片；印有个人问候、祝贺、通告的卡片，不论是否有图画、带信封或饰边：**	1. 品名；2. 加工方法（印刷或有图画等）			
4909.0010	---印刷或有图画的明信片				
4909.0090	---其他				
49.10	**印刷的各种日历，包括日历芯：**	1. 品名			包括日历芯；又有日历又可记日记的记事本（包括所谓约会日历本）归入税目48.20
4910.0000	印刷的各种日历，包括日历芯				

税则号列	商品名称	申报要素			说明举例
		归类要素	价格要素	其他要素	
49.11	**其他印刷品，包括印刷的图片及照片：**				照相软片或硬片的负片或正片归入税目37.05；在一面印有图画、文字的装饰性玻璃镜，不论是否镶框归入税目70.09或70.13；带磁条的印刷卡归入税目85.23或85.24；带电子集成电路的印刷卡（“智能”卡）归入税目85.42；印刷的邻近卡及牌归入税目85.43，不论这些产品是否带磁条
	-商业广告品、商税目录及类似印刷品：	1. 品名；2. 用途（有商业价值、无商业价值）			
4911.1010	---无商业价值的				
4911.1090	---其他				
	-其他：				
4911.9100	--图片、设计图样及照片	1. 品名；2. 用途（有商业价值、无商业价值等）			
	--其他：	1. 品名；2. 材质；3. 用途（有商业价值、无商业价值等）；4. 信息内容物种类（如软件、数据、互联网内容物或服务等）；5. 给予信息内容物使用权的种类（如存取、复制或密钥等）	6. 印刷内容		
4911.9910	---纸质的				
4911.9990	---其他				

第十一类　纺织原料及纺织制品

注释：

一、本类不包括：

（一）制刷用的动物鬃、毛（税目 05. 02）；马毛及废马毛（税目 05. 11）；

（二）人发及人发制品（税目 05. 01、67. 03 或 67. 04），但通常用于榨油机或类似机器的滤布除外（税目 59. 11）；

（三）第十四章的棉短绒或其他植物材料；

（四）税目 25. 24 的石棉、税目 68. 12 或 68. 13 的石棉制品或其他产品；

（五）税目 30. 05 或 30. 06 的物品；税目 33. 06 的用于清洁牙缝的纱线（牙线），单独零售包装的；

（六）税目 37. 01 至 37. 04 的感光布；

（七）截面尺寸超过 1 毫米的塑料单丝和表面宽度超过 5 毫米的塑料扁条及类似品（例如，人造草）（第三十九章），以及上述单丝或扁条的缏条、织物、篮筐或柳条编结品（第四十六章）；

（八）第三十九章的用塑料浸渍、涂布、包覆或层压的机织物、针织物或钩编织物、毡呢或无纺织物及其制品；

（九）第四十章的用橡胶浸渍、涂布、包覆或层压的机织物、针织物或钩编织物、毡呢或无纺织物及其制品；

（十）带毛皮张（第四十一章或第四十三章）、税目 43. 03 或 43. 04 的毛皮制品、人造毛皮及其制品；

（十一）税目 42. 01 或 42. 02 的用纺织材料制成的物品；

（十二）第四十八章的产品或物品（例如，纤维素絮纸）；

（十三）第六十四章的鞋靴及其零件、护腿、裹腿及类似品；

（十四）第六十五章的发网、其他帽类及其零件；

（十五）第六十七章的货品；

（十六）涂有研磨料的纺织材料（税目 68. 05）以及税目 68. 15 的碳纤维及其制品；

（十七）玻璃纤维及其制品，但可见底布的玻璃线刺绣品除外（第七十章）；

（十八）第九十四章的物品（例如，家具、寝具、灯具及照明装置）；

（十九）第九十五章的物品（例如，玩具、游戏品、运动用品及网具）；

（二十）第九十六章的物品［例如，刷子、旅行用成套缝纫用具、拉链、打字机色带、卫生巾（护垫）及止血塞、婴儿尿布及尿布衬里］；或

（二十一）第九十七章的物品。

二、（一）可归入第五十章至第五十五章及税目 58. 09 或 59. 02 的由两种或两种以上纺织材料混合制成的货品，应按其中重量最大的那种纺织材料归类。

当没有一种纺织材料重量较大时，应按可归入的有关税目中最后一个税目所列的纺织材料归类。

（二）应用上述规定时：

1. 马毛粗松螺旋花线（税目 51. 10）和含金属纱线（税目 56. 05）均应作为一种单一的纺织材料，其重量应为它们在纱线中的合计重量；在机织物的归类中，金属线应作为一种纺织材料；
2. 在选择合适的税目时，应首先确定章，然后再确定该章的有关税目，至于不归入该章的其他材料可不予考虑；
3. 当归入第五十四章及第五十五章的货品与其他章的货品进行比较时，应将这两章作为一个单一的章对待；
4. 同一章或同一税目所列各种不同的纺织材料应作为单一的纺织材料对待。

（三）上述（一）、（二）两款规定亦适用于以下注释三、四、五或六所述纱线。

三、（一）本类的纱线（单纱、多股纱线或缆线）除下列（二）款另有规定的以外，凡符合以下规格的应作为“线、绳、索、缆”：

1. 丝或绢丝纱线，细度在 20000 分特以上；
2. 化学纤维纱线（包括第五十四章的用两根及以上单丝纺成的纱线），细度在 10000 分特以上；
3. 大麻或亚麻纱线：
   （1）加光或上光的，细度在 1429 分特及以上；或
   （2）未加光或上光的，细度在 20000 分特以上；
4. 三股或三股以上的椰壳纤维纱线；

5. 其他植物纤维纱线，细度在20000分特以上；或

6. 用金属线加强的纱线。

（二）下列各项不按上述（一）款规定办理：

1. 羊毛或其他动物毛纱线及纸纱线，但用金属线加强的纱线除外；

2. 第五十五章的化学纤维长丝丝束以及第五十四章的未加捻或捻度每米少于5转的复丝纱线；

3. 税目50.06的蚕胶丝及第五十四章的单丝；

4. 税目56.05的含金属纱线；但用金属线加强的纱线按上述（一）款6项规定办理；以及

5. 税目56.06的绳绒线、粗松螺旋花线及纵行起圈纱线。

四、（一）除下列（二）款另有规定的以外，第五十章、第五十一章、第五十二章、第五十四章和第五十五章所称“供零售用”纱线，是指以下列方式包装的纱线（单纱、多股纱线或缆线）：

1. 绕于纸板、线轴、纱管或类似芯子上，其重量（含线芯）符合下列规定：

（1）丝、绢丝或化学纤维长丝纱线，不超过85克；或

（2）其他纱线，不超过125克；

2. 绕成团、绞或束，其重量符合下列规定：

（1）细度在3000分特以下的化学纤维长丝纱线，丝或绢丝纱线，不超过85克；

（2）细度在2000分特以下的任何其他纱线，不超过125克；或

（3）其他纱线，不超过500克；

3. 绕成绞或束，每绞或每束中有若干用线分开的小绞或小束，每小绞或小束的重量相等，并且符合下列规定：

（1）丝、绢丝或化学纤维长丝纱线，不超过85克；或

（2）其他纱线，不超过125克。

（二）下列各项不按上述（一）款规定办理：

1. 各种纺织材料制的单纱，但下列两种除外：

（1）未漂白的羊毛或动物细毛单纱；以及

（2）漂白、染色或印色的羊毛或动物细毛单纱，细度在5000分特以上；

2. 未漂白的多股纱线或缆线：

（1）丝或绢丝制的，不论何种包装；或

（2）除羊毛或动物细毛外其他纺织材料制，成绞或成束的；

3. 漂白、染色或印色丝或绢丝制的多股纱线或缆线，细度在133分特及以下；以及

4. 任何纺织材料制的单纱、多股纱线或缆线：

（1）交叉绕成绞或束的；或

（2）绕于纱芯上或以其他方式卷绕，明显用于纺织工业的（例如，绕于纱管、加捻管、纬纱管、锥形筒管或锭子上的或者绕成蚕茧状以供绣花机使用的纱线）。

五、税目52.04、54.01及55.08所称“缝纫线”，是指下列多股纱线或缆线：

（一）绕于芯子（例如，线轴、纱管）上，重量（包括纱芯）不超过1000克；

（二）作为缝纫线上过浆的；以及

（三）终捻为反手（Z）捻的。

六、本类所称“高强力纱”，是指断裂强度大于下列标准的纱线：

尼龙、其他聚酰胺或聚酯制的单纱60厘牛顿/特克斯；

尼龙、其他聚酰胺或聚酯制的多股纱线或缆线53厘牛顿/特克斯；

粘胶纤维制的单纱、多股纱线或缆线27厘牛顿/特克斯。

七、本类所称“制成的”，是指：

（一）裁剪成除正方形或长方形以外的其他形状的；

（二）呈制成状态，无须缝纫或其他进一步加工（或仅需剪断分隔联线）即可使用的（例如，某些抹布、毛巾、台布、方披巾、毯子）；

（三）裁剪成一定尺寸，至少有一边为带有可见的锥形或压平形的热封边，其余各边经本注释其他各项所述加工，但不包括为防止剪边脱纱而用热切法或其他简单方法处理的织物；

（四）已缝边或滚边，或者在任一边带有结制的流苏，但不包括为防止剪边脱纱而锁边或用其他简单方法处理的织物；

（五）裁剪成一定尺寸并经抽纱加工的；

（六）缝合、胶合或用其他方法拼合而成的（将两段或两段以上同样料子的织物首尾连接而成的匹头，以及由两层或两层以上的织物，不论中间有无胎料，层叠而成的匹头除外）；

（七）针织或钩编成一定形状，不论报验时是单件还是以若干件相连成幅的。

八、对于第五十章至第六十章：

（一）第五十章至第五十五章和第六十章，以及除条文另有规定以外的第五十六章至第五十九章，不适用于上述注释七所规定的制成货品；以及

（二）第五十章至第五十五章及第六十章不包括第五十六章至第五十九章的货品。

九、第五十章至第五十五章的机织物包括由若干层平行纱线以锐角或直角相互层叠，在纱线交叉点用黏合剂或以热黏合法黏合而成的织物。

十、以纺织材料和橡胶线制成的弹性产品归入本类。

十一、本类所称“浸渍”，包括“浸泡”。

十二、本类所称“聚酰胺”，包括“芳族聚酰胺”。

十三、本类及本目录所称“弹性纱线”，是指合成纤维纺织材料制成的长丝纱线（包括单丝），但变形纱线除外。这些纱线可拉伸至原长的三倍而不断裂，并可在拉伸至原长两倍后五分钟内回复到不超过原长度一倍半。

十四、除条文另有规定的以外，各种服装即使成套包装供零售用，也应按各自税目分别归类。本注释所称“纺织服装”，是指税目 61.01 至 61.14 及税目 62.01 至 62.11 所列的各种服装。

子目注释：

一、本类及本目录所用有关名词解释如下：

（一）未漂白纱线

1. 带有纤维自然色泽并且未经漂染（不论是否整体染色）或印色的纱线；或
2. 从回收纤维制得，色泽未定的纱线（本色纱）。

这种纱线可用无色浆料或易褪色染料（可轻易地用肥皂洗去）处理，如果是化学纤维纱线，则整体用消光剂（例如，二氧化钛）进行处理。

（二）漂白纱线

1. 经漂白加工、用漂白纤维制得或经染白（除条文另有规定的以外）（不论是否整体染色）及用白浆料处理的纱线；
2. 用未漂白纤维和漂白纤维混纺制得的纱线；或
3. 用未漂白纱和漂白纱纺成多股纱线或缆线。

（三）着色（染色或印色）纱线

1. 染成彩色（不论是否整体染色，但白色或易褪色除外）或印色的纱线，以及用染色或印色纤维纺制的纱线；
2. 用各色染色纤维混合纺制或用未漂白或漂白纤维与着色纤维混合制得的纱线（夹色纱或混色纱），以及用一种或几种颜色间隔印色而获得点纹印迹的纱线；
3. 用已经印色的纱条或粗纱纺制的纱线；或
4. 用未漂白纱和漂白纱与着色纱纺成的多股纱线或缆线。

上述定义在必要的地方稍作修改后，可适用于第五十四章的单丝、扁条或类似产品。

（四）未漂白机织物

用未漂白纱线织成后未经漂白、染色或印花的机织物。这类织物可用无色浆料或易褪色染料处理。

（五）漂白机织物

1. 经漂白、染白或用白浆料处理（除条文另有规定的以外）的成匹机织物；
2. 用漂白纱线织成的机织物；或
3. 用未漂白纱线和漂白纱线织成的机织物。

（六）染色机织物

1. 除条文另有规定的以外，染成白色以外的其他单一颜色或用白色以外的其他有色整理剂处理的成匹机织物；或
2. 以单一颜色的着色纱线织成的机织物。

（七）色织机织物

除印花机织物以外的下列机织物：

1. 用各种不同颜色纱线或同一颜色不同深浅（纤维的自然色彩除外）纱线织成的机织物；
2. 用未漂白或漂白纱线与着色纱线织成的机织物；或

3. 用夹色纱线或混色纱线织成的机织物。

不论何种情况，布边或布头的纱线均可忽略不计。

（八）印花机织物

成匹印花的机织物，不论是否用各色纱线织成。

用刷子或喷枪、经转印纸转印、植绒或蜡防印花等方法印成花纹图案的机织物亦可视为印花机织物。

上述各类纱线或织物如经丝光工艺处理并不影响其归类。

上述第（四）至（八）项的定义在必要的地方稍加修改后，可适用于针织或钩编织物。

（九）平纹组织

每根纬纱在并排的经纱间上下交错而过，而每根经纱也在并排的纬纱间上下交错而过的织物组织。

二、（一）含有两种或两种以上纺织材料的第五十六章至第六十三章的产品，应根据本类注释二对第五十章至第五十五章或税目 58.09 的此类纺织材料产品归类的规定来确定归类。

（二）运用本条规定时：

1. 应酌情考虑按归类总规则第三条来确定归类；

2. 对由底布和绒面或毛圈面构成的纺织品，在归类时可不考虑底布的属性；

3. 对税目 58.10 的刺绣品及其制品，归类时应只考虑底布的属性，但不见底布的刺绣品及其制品应根据绣线的属性确定归类。

第五十章　蚕丝

【要素释义】

归类要素

（一）用途：指货品的后续应用工序。例如，税目 50.01 要填写"用于缫丝"。

（二）种类：指货品属于什么类型的蚕丝。例如，子目 5002.0011 要填写"桑蚕厂丝"；子目 5002.0012 要填写"桑蚕土丝"；税目 5005 要填写"绢纺纱线"等。

（三）是否加捻：指将纤维条或纱线扭转，使其相互抱合成纱或股线的工艺过程。按实际情况填写。

（四）是否梳理：梳理是指用两个表面带有针齿的工作机件把纤维丛松解为单根状态，使纤维排列初具方向，除去杂质和疵点，并制成纤维条的工艺过程。按实际情况填写。

（五）是否供零售用：供零售用的定义详见《协调制度》第十一类类注四的规定。

（六）成分含量：指货品含有的各种成分的重量百分比。

（七）包装：在填写该要素时应描述出货品包装的种类和规格，以据此判断是否供零售用。

（八）织造方法：常见的织造方法有机织物、针织物或钩编织物等。例如，税目 50.07 要填写"机织物"。

（九）染整方法：染整是指对纺织材料（纤维、纱线和织物）进行以化学处理为主的工艺过程，包括预处理、染色、印花和整理。例如，税目 50.07 要填写"漂白、未漂白、色织"中的具体方法。

（十）幅宽：指织物最靠外的两边经纱线间与织物长度方向垂直的距离。

（十一）每平方米克重：指货品每平方米的重量，以克为单位计算。

（十二）加工方法：对纤维纱线产品仅指梳理工艺，即粗梳或精梳；对织物则指染整方法（漂白、练白）以及织造方法（机织物）。

（十三）规格型号：丝线列明细度支数；织物列明幅宽；混纺产品列明丝含量。

（十四）纱线的表示：70s/2 指由两支 70 英支的单纱捻制的股线。

税则号列	商品名称	申报要素			说明举例
		归类要素	价格要素	其他要素	
50.01	**适于缫丝的蚕茧：**	1. 品名；2. 用途（用于缫丝）；3. 种类			
5001.0010	---适于缫丝的桑蚕茧				
5001.0090	---其他				
50.02	**生丝（未加捻）：**				

税则号列	商品名称	申报要素			说明举例
		归类要素	价格要素	其他要素	
	---桑蚕丝:				
5002.0011	----厂丝	1. 品名; 2. 种类（桑蚕厂丝）; 3. 是否加捻			
5002.0012	----土丝	1. 品名; 2. 种类（桑蚕土丝）; 3. 是否加捻			
5002.0013	----双宫丝	1. 品名; 2. 种类（桑蚕双宫丝）; 3. 是否加捻			
5002.0019	----其他	1. 品名; 2. 种类; 3. 是否加捻			
5002.0020	---柞蚕丝	1. 品名; 2. 种类（柞蚕丝）; 3. 是否加捻			
5002.0090	---其他	1. 品名; 2. 种类; 3. 是否加捻			
50.03	**废丝（包括不适于缫丝的蚕茧、废纱及回收纤维）:**	1. 品名; 2. 是否梳理			本税目指不适于缫丝的废丝
	---未梳:				
5003.0011	----下茧、茧衣、长吐、滞头				
5003.0012	----回收纤维				
5003.0019	----其他				
	---其他:				
5003.0091	----绵球				
5003.0099	----其他				
50.04	**丝纱线（绢纺纱线除外），非供零售用:**	1. 品名; 2. 是否供零售用			绢纺纱线除外（归入税目50.05），不包括税目56.04的丝质仿肠线
5004.0000	丝纱线（绢纺纱线除外），非供零售用				
50.05	**绢纺纱线，非供零售用:**	1. 品名; 2. 种类（绢纺纱线等）; 3. 是否供零售用; 4. 成分含量			不包括税目56.04的丝质仿肠线
5005.0010	---紬丝纱线				
5005.0090	---其他				
50.06	**丝纱线及绢纺纱线，供零售用；蚕胶丝:**	1. 品名; 2. 种类（绢纺纱线、蚕胶丝、丝纱线、绸纱线）; 3. 包装（供零售用）; 4. 成分含量			不包括税目56.04的丝质仿肠线、税目30.06的消毒蚕胶丝
5006.0000	丝纱线及绢纺纱线、供零售用；蚕胶丝				

税则号列	商品名称	申报要素			说明举例
		归类要素	价格要素	其他要素	
50.07	丝或绢丝机织物：	1. 品名；2. 种类（䌷丝、桑蚕丝、绢丝、柞蚕丝等）；3. 织造方法（机织物）；4. 染整方法（漂白、未漂白、色织）；5. 成分含量；6. 幅宽			
	-䌷丝机织物：				
5007.1010	---未漂白（包括未练白或练白）或漂白				
5007.1090	---其他				
	-其他机织物，按重量计丝或绢丝（䌷丝除外）含量在85%及以上：				
	---桑蚕丝机织物：				
5007.2011	----未漂白（包括未练白或练白）或漂白				
5007.2019	----其他				
	---柞蚕丝机织物：				
5007.2021	----未漂白（包括未练白或练白）或漂白				
5007.2029	----其他				
	---绢丝机织物：				
5007.2031	----未漂白（包括未练白或练白）或漂白				
5007.2039	----其他				
5007.2090	---其他				
	-其他机织物：				
5007.9010	---未漂白（包括未练白或练白）或漂白				
5007.9090	---其他				

第五十一章　羊毛、动物细毛或粗毛；马毛纱线及其机织物

注释：

本目录所称：

一、“羊毛”，是指绵羊或羔羊身上长的天然纤维；

二、“动物细毛”，是指下列动物的毛：羊驼、美洲驼、驼马、骆驼（包括单峰骆驼）、牦牛、安哥拉山羊、西藏山羊、克什米尔山羊及类似山羊（普通山羊除外）、家兔（包括安哥拉兔）、野兔、海狸、河狸鼠或麝鼠；

三、“动物粗毛”，是指以上未提及的其他动物的毛，但不包括制刷用鬃、毛（税目 05.02）以及马毛（税目 05.11）。

【要素释义】

一、归类要素

（一）加工程度：指货品在申报前经过怎样的处理工艺。例如，子目 5101.11 要填写“含脂”“脱脂”“碳化”等。

（二）种类：指货品属于什么类型的动物毛。例如兔毛、克什米尔山羊毛、山羊绒、骆驼毛等。

（三）梳理方法：根据实际加工情况填写“粗梳”或“精梳”。

（四）是否供零售用：供零售用的定义详见《协调制度》第十一类注释四的规定。

（五）成分含量：指货品含有的各种成分的重量百分比。

（六）织造方法：根据实际情况填写“机织物”“针织物”或“钩编织物”等。

（七）每平方米克重：指货品每平方米的重量，以克为单位计算。

（八）幅宽：指织物最靠外的两边经纱线间与织物长度方向垂直的距离。

二、价格要素

（一）剪羊毛请注明细度（微米数）：该要素是子目 5101.11 的价格要素。剪羊毛的“细度”表示单根羊毛纤维的直径，用“微米”数来表示，例如可填写“56S”或者“80S”。

（二）剪羊毛请注明长度：该要素是子目 5101.11 的价格要素，表示剪羊毛的纤维长度，用“毫米”表示。

（三）剪羊毛请注明草杂含量：该要素是子目 5101.110 的价格要素，指羊毛杂草含量，用“%”表示。

（四）其他山羊绒请注明颜色：该要素是子目 5102.192 的价格要素。只需申报实际颜色（山羊绒按其天然颜色划分为白、青、紫绒，分别以“W、G、B”表示）。

（五）其他山羊绒请注明纤维长度：该要素是子目 5102.192 的价格要素，表示单根山羊绒纤维的长度，用“毫米表示”，需申报具体纤维长度。如果有一定的长度区间，可填写例如“26 毫米~28 毫米”。

（六）其他山羊绒请注明含绒率：该要素是子目 5102.192 的价格要素，表示山羊绒的质量，即“含绒率”，用“%”表示。

（七）是否濒危野生：该要素是子目 5103.209 的价格要素。只需申报“是”或者“否”即可。

（八）其他精梳羊毛请注明支数：该要素是子目 5105.29 的专有价格要素。行业用“S”表示，例如“66S”。

（九）其他精梳羊毛请注明细度：该要素是子目 5105.29 的专有价格要素。行业用“MIC”表示，例如“20.3MIC”。

（十）加工方法：对纤维原料指梳理工艺，即粗梳或精梳及脱脂、处理；对织物则指梳理工艺（粗梳或精梳）以及织造方法（机织物）。

（十一）用途：仅指纱线是否用于零售。

（十二）品名：应具体列出产品行业名称、种类，如剪羊毛、碳化羊毛、脱脂羊毛、兔毛、动物细毛、粗毛马毛织物等。

（十三）规格型号：丝线列明细度支数；织物列明幅宽；混纺产品列明成分含量，每平方米重量（克/平方米）。

税则号列	商品名称	申报要素			说明举例
		归类要素	价格要素	其他要素	
51.01	未梳的羊毛： -含脂羊毛，包括剪前水洗毛：				

税则号列	商品名称	申报要素			说明举例
		归类要素	价格要素	其他要素	
5101.1100	--剪羊毛	1. 品名；2. 加工程度（含脂、脱脂、碳化等）	3. 剪羊毛请注明细度（微米数）；4. 剪羊毛请注明长度；5. 剪羊毛请注明草杂含量		例：T107，7.7MIC，46 英寸的灰褪毛，草杂含量 2%
5101.1900	--其他	1. 品名；2. 加工程度（未梳、含脂、脱脂、碳化等）			
	-脱脂羊毛，未碳化：				
5101.2100	--剪羊毛	1. 品名；2. 加工程度（未梳、含脂、脱脂、碳化等）	3. 剪羊毛请注明细度（微米数）；4. 剪羊毛请注明长度；5. 剪羊毛请注明草杂含量		
5101.2900	--其他	1. 品名；2. 加工程度（未梳、含脂、脱脂、碳化等）			
5101.3000	-碳化羊毛	1. 品名；2. 加工程度（未梳、含脂、脱脂、碳化等）			
51.02	**未梳的动物细毛或粗毛：**				
	-细毛：				
5102.1100	--克什米尔山羊的	1. 品名；2. 种类（未梳理的兔毛、克什米尔山羊毛、山羊绒、骆驼毛）			
	--其他：				
5102.1910	---兔毛	1. 品名；2. 种类（未梳理的兔毛、克什米尔山羊毛、山羊绒、骆驼毛）			
5102.1920	---其他山羊绒	1. 品名；2. 种类（未梳理的兔毛、克什米尔山羊毛、山羊绒、骆驼毛）	3. 颜色；4. 纤维长度；5. 净绒率		
5102.1930	---骆驼毛、骆驼绒	1. 品名；2. 种类（未梳理的兔毛、克什米尔山羊毛、山羊绒、骆驼毛）			
5102.1990	---其他	1. 品名；2. 种类（未梳理的兔毛、克什米尔山羊毛、山羊绒、骆驼毛）			
5102.2000	-粗毛	1. 品名；2. 种类（未梳理的兔毛、克什米尔山羊毛、山羊绒、骆驼毛）			

税则号列	商 品 名 称	申 报 要 素			说 明 举 例
		归类要素	价格要素	其他要素	
51.03	**羊毛或动物细毛或粗毛的废料，包括废纱线，但不包括回收纤维：**	1. 品名；2. 种类（羊毛落毛、动物细毛或粗毛废料）			废料不包括回收纤维(税目51.04)
	-羊毛或动物细毛的落毛：				
5103.1010	---羊毛落毛				
5103.1090	---其他				
	-羊毛或动物细毛的其他废料：				
5103.2010	---羊毛废料				
5103.2090	---其他				
5103.3000	-动物粗毛废料				
51.04	**羊毛及动物细毛或粗毛的回收纤维：**	1. 品名；2. 种类（源于羊毛、动物粗、细毛等的回收纤维）			
5104.0010	---羊毛的回收纤维				
5104.0090	---其他				
51.05	**已梳的羊毛及动物细毛或粗毛(包括精梳片毛)：**				
5105.1000	-粗梳羊毛	1. 品名；2. 种类（羊毛条、羊毛片毛、兔毛、克什米尔山羊毛）；3. 梳理方法（粗梳或精梳）			
	-羊毛条及其他精梳羊毛：				
5105.2100	--精梳片毛	1. 品名；2. 种类（羊毛条、羊毛片毛、兔毛、克什米尔山羊毛）；3. 梳理方法（粗梳或精梳）			
5105.2900	--其他	1. 品名；2. 种类（羊毛条、羊毛片毛、兔毛、克什米尔山羊毛）；3. 梳理方法（粗梳或精梳）	4. 其他精梳羊毛请注明支数；5. 其他精梳羊毛请注明细度		
	-已梳动物细毛：	1. 品名；2. 种类（羊毛条、羊毛片毛、兔毛、克什米尔山羊毛）；3. 梳理方法（粗梳或精梳）			
5105.3100	--克什米尔山羊的				
	--其他：				
5105.3910	---兔毛				
	---其他山羊绒：				
5105.3921	----无毛山羊绒				
5105.3929	----其他				
5105.3990	---其他				

税则号列	商品名称	申报要素			说明举例
		归类要素	价格要素	其他要素	
5105.4000	-已梳动物粗毛	1. 品名；2. 种类（羊毛条、羊毛片毛、兔毛、克什米尔山羊毛）；3. 梳理方法（粗梳或精梳）			
51.06	**粗梳羊毛纱线，非供零售用：**	1. 品名；2. 梳理方法（粗疏）；3. 是否供零售用；4. 成分含量			
5106.1000	-按重量计羊毛含量在85%及以上				
5106.2000	-按重量计羊毛含量在85%以下				
51.07	**精梳羊毛纱线，非供零售用：**	1. 品名；2. 梳理方法（精梳羊毛纱线）；3. 是否供零售用；4. 成分含量			
5107.1000	-按重量计羊毛含量在85%及以上				
5107.2000	-按重量计羊毛含量在85%以下				
51.08	**动物细毛（粗梳或精梳）纱线，非供零售用：**	1. 品名；2. 梳理方法（精梳羊毛纱线）；3. 是否供零售用；4. 成分含量			
	-粗梳：				
	---按重量计动物细毛含量在85%及以上的：				
5108.1011	----山羊绒的				
5108.1019	----其他				
5108.1090	---其他				
	-精梳：				
	---按重量计动物细毛含量在85%及以上的：				
5108.2011	----山羊绒的				
5108.2019	----其他				
5108.2090	---其他				
51.09	**羊毛或动物细毛的纱线，供零售用：**	1. 品名；2. 种类（羊毛等）；3. 是否供零售用；4. 成分含量			
	-按重量计羊毛或动物细毛含量在85%及以上：				
	---动物细毛：				
5109.1011	----山羊绒的				
5109.1019	----其他				

税则号列	商品名称	申报要素			说明举例
		归类要素	价格要素	其他要素	
5109.1090	---其他				
	-其他：				
	---动物细毛：				
5109.9011	----山羊绒的				
5109.9019	----其他				
5109.9090	---其他				
51.10	**动物粗毛或马毛的纱线（包括马毛粗松螺旋花线），不论是否供零售用：**	1. 品名；2. 种类（马毛等粗毛纱线）；3. 成分含量			
5110.0000	动物粗毛或马毛的纱线（包括马毛粗松螺旋花线），不论是否供零售用				
51.11	**粗梳羊毛或粗梳动物细毛的机织物：**	1. 品名；2. 种类（羊毛、驼马毛、美洲驼毛等）；3. 织造方法（机织）；4. 梳理方法（粗梳）；5. 成分含量；6. 幅宽；7. 每平方米克重			
	-按重量计羊毛或动物细毛含量在 85%及以上：				
	--每平方米重量不超过 300 克：				
	---动物细毛的：				
5111.1111	----山羊绒的				
5111.1119	----其他				
5111.1190	---其他				
	--其他：				
	---动物细毛的：				
5111.1911	----山羊绒的				
5111.1919	----其他				
5111.1990	---其他				
5111.2000	-其他，主要或仅与化学纤维长丝混纺				
5111.3000	-其他，主要或仅与化学纤维短纤混纺				
5111.9000	-其他				
51.12	**精梳羊毛或精梳动物细毛的机织物：**	1. 品名；2. 种类（羊毛、驼马毛、美洲驼毛等）；3. 织造方法（机织）；4. 梳理方法（精梳）；5. 成分含量；6. 幅宽；7. 每平方米克重			

<table>
<tr><th rowspan="2">税则号列</th><th rowspan="2">商品名称</th><th colspan="3">申报要素</th><th rowspan="2">说明举例</th></tr>
<tr><th>归类要素</th><th>价格要素</th><th>其他要素</th></tr>
<tr><td></td><td>-按重量计羊毛或动物细毛含量在85%及以上：</td><td></td><td></td><td></td><td></td></tr>
<tr><td>5112.1100</td><td>--每平方米重量不超过200克</td><td></td><td></td><td></td><td></td></tr>
<tr><td>5112.1900</td><td>--其他</td><td></td><td></td><td></td><td></td></tr>
<tr><td>5112.2000</td><td>-其他，主要或仅与化学纤维长丝混纺</td><td></td><td></td><td></td><td></td></tr>
<tr><td>5112.3000</td><td>-其他，主要或仅与化学纤维短纤混纺</td><td></td><td></td><td></td><td></td></tr>
<tr><td>5112.9000</td><td>-其他</td><td></td><td></td><td></td><td></td></tr>
<tr><td>51.13</td><td>动物粗毛或马毛的机织物：</td><td>1. 品名；2. 种类（马毛等）；3. 织造方法（机织）；4. 成分含量；5. 幅宽；6. 每平方米克重</td><td></td><td></td><td></td></tr>
<tr><td>5113.0000</td><td>动物粗毛或马毛的机织物</td><td></td><td></td><td></td><td></td></tr>
</table>

第五十二章　棉花

子目注释：

子目 5209.42 及 5211.42 所称“粗斜纹布（劳动布）”，是指用不同颜色的纱线织成的三线或四线斜纹织物，包括破斜纹组织的织物，这种织物以经纱为面，经纱染成一种相同的颜色，纬纱未漂白或经漂白、染成灰色或比经纱稍浅的颜色。

【要素释义】

一、归类要素

（一）是否梳理：指货品是否经过梳理。例如，税目 52.01 要填写“未梳”，税目 52.03 要填写“已梳”。

（二）纤维长度：指货品纤维的平均长度。

（三）来源：该要素是针对税目 52.02“废棉”而设置的。此税目包括：在纺前加工、纺纱、机织、针织等生产过程中所得的废棉，以及从拉松的棉货品所得的废棉。按实际情况填写。

（四）成分含量：指货品含有的各种成分的重量百分比。

（五）废棉纱线请注明长度：指要注明废棉纱线的平均纤维长度。

（六）颜色：该要素是针对子目 5202.1“废棉纱线”而设置的，指能够反映出货品品质的具体颜色和色泽。例如，纯白、灰白等。

（七）棉种类：该要素是针对子目 5202.99“其他废棉”而设置的，指废棉的具体种类，一般用行业术语表达。例如，“精落、抄斩、车肚、统破籽、回丝等”。

（八）是否经过细纱工序：细纱工序是纺纱生产的最后一道工序，它是将粗纱纺成具有一定特数、符合质量标准或客户要求的细纱，供捻线、机织或针织等使用。

（九）是否供零售用：供零售用的定义详见《协调制度》第十一类类注四的规定。

（十）纱线细度：协调制度通常是用线密度单位“分特”来表示细度，即每千米纱线的克重，1 分特等于 0.1 特克斯。公制支数转换成分特数的公式为：10000/公支=分特。

（十一）每只重量：该要素是针对“缝纫线”而设置的，指包含绕芯（如线轴、纱管）在内的每只总重量。

（十二）是否上浆：上过浆是指经过了以聚硅氧烷、淀粉、蜡、石蜡等为基料的物质的整理处理，这项处理旨在有助于纺织纱线作为缝纫线使用。

（十三）终捻捻向：每个纤维束的加捻称为初捻，全部纤维束的加捻称为终捻。捻向分正手（S）捻和反手（Z）捻两种。

（十四）梳理方法：根据实际加工情况填写“粗梳”或“精梳”。

（十五）纱线形态：指纱线是以什么形式存在或组合的。例如，税目 52.05 要填写“单纱”“股线”或“缆线”。

（十六）织造方法：根据实际情况填写“机织物”“针织物”或“钩编织物”等。

（十七）染整方法：染整是指对纺织材料（纤维、纱线和织物）进行以化学处理为主的工艺过程，包括预处理、染色、印花和整理。

（十八）组织结构：指货品的织纹类型。例如，税目 52.08 要填写“平纹”“斜纹”等。

（十九）幅宽：指织物最靠外的两边经纱线间与织物长度方向垂直的距离。

（二十）每平方米克重：指货品每平方米的重量，以克为单位计算。

（二十一）注明与其混纺的化纤是长丝还是短纤：化学纤维有长丝与短纤的区分，根据实际情况填写。

（二十二）截面或表观宽度：截面宽度一般指圆形或类似形状单丝，表观宽度一般指扁形单丝。

二、价格要素

（一）等级：该要素是税目 52.01 未梳的棉花的价格要素，是指棉花的成熟程度、色泽特征和轧工质量，以及棉花棉纤维伸直后的长度等指标的不同区分等级。只需申报具体级别如“一级”“二级”等等。

（二）品牌：指制造商或经销商加在商品上的标志。实际只需要申报出名称即可，有外文品牌的以申报外文品牌名称为主。

（三）加工工艺：该要素是税目 52.05 棉纱线的价格要素。棉纱按“加工工艺”分为环锭纺、气流纺纱、喷气纺纱、静电纺纱等。

税则号列	商品名称	申报要素			说明举例
		归类要素	价格要素	其他要素	
52.01	**未梳的棉花：**	1. 品名；2. 是否梳理；3. 纤维长度	4. 品级		
5201.0000	未梳的棉花				
52.02	**废棉（包括废棉纱线及回收纤维）：**				
5202.1000	-废棉纱线（包括废棉线）	1. 品名；2. 来源（废棉线、回收纤维等）；3. 成分含量；4. 颜色			
	-其他：				
5202.9100	--回收纤维	1. 品名；2. 来源（废棉线、回收纤维等）；3. 成分含量			
5202.9900	--其他	1. 品名；2. 来源（废棉线、回收纤维等）；3. 成分含量；4. 棉种类（包括精落、抄斩、车肚、统破籽、回丝等）			
52.03	**已梳的棉花：**	1. 品名；2. 是否梳理；3. 纤维长度			
5203.0000	已梳的棉花				
52.04	**棉制缝纫线，不论是否供零售用：**	1. 品名；2. 是否供零售用；3. 成分含量；4. 纱线细度；5. 每只重量；6. 是否上浆；7. 终捻捻向			
	-非供零售用：				
5204.1100	--按重量计含棉量在85%及以上				
5204.1900	--其他				
5204.2000	-供零售用				
52.05	**棉纱线（缝纫线除外），按重量计含棉量在85%及以上，非供零售用：**	1. 品名；2. 梳理方法（粗梳、精梳）；3. 纱线形态（单纱、股线或缆线）；4. 是否供零售用；5. 成分含量；6. 纱线细度	7. 品牌；8. 加工工艺（环锭纺、气流纺、赛络纺等）		
	-未精梳纤维纺制的单纱：				
5205.1100	--细度在714.29分特及以上（不超过14公支）				
5205.1200	--细度在714.29分特以下，但不细于232.56分特（超过14公支，但不超过43公支）				

税则号列	商品名称	申报要素			说明举例
		归类要素	价格要素	其他要素	
5205.1300	--细度在232.56分特以下，但不细于192.31分特（超过43公支，但不超过52公支）				
5205.1400	--细度在192.31分特以下，但不细于125分特（超过52公支，但不超过80公支）				
5205.1500	--细度在125分特以下（超过80公支）				
	-精梳纤维纺制的单纱：				
5205.2100	--细度在714.29分特及以上（不超过14公支）				
5205.2200	--细度在714.29分特以下，但不细于232.56分特（超过14公支，但不超过43公支）				
5205.2300	--细度在232.56分特以下，但不细于192.31分特（超过43公支，但不超过52公支）				
5205.2400	--细度在192.31分特以下，但不细于125分特（超过52公支，但不超过80公支）				
5205.2600	--细度在125分特以下，但不细于106.38分特（超过80公支，但不超过94公支）				
5205.2700	--细度在106.38分特以下，但不细于83.33分特（超过94公支，但不超过120公支）				
5205.2800	--细度在83.33分特以下（超过120公支）				
	-未精梳纤维纺制的多股纱线或缆线：				
5205.3100	--每根单纱细度在714.29分特及以上（每根单纱不超过14公支）				
5205.3200	--每根单纱细度在714.29分特以下，但不细于232.56分特（每根单纱超过14公支，但不超过43公支）				
5205.3300	--每根单纱细度在232.56分特以下，但不细于192.31分特（每根单纱超过43公支，但不超过52公支）				

税则号列	商品名称	申报要素			说明举例
		归类要素	价格要素	其他要素	
5205.3400	--每根单纱细度在192.31分特以下，但不细于125分特（每根单纱超过52公支，但不超过80公支）				
5205.3500	--每根单纱细度在125分特以下（每根单纱超过80公支）				
	-精梳纤维纺制的多股纱线或缆线：				
5205.4100	--每根单纱细度在714.29分特及以上（每根单纱不超过14公支）				
5205.4200	--每根单纱细度在714.29分特以下，但不细于232.56分特（每根单纱超过14公支，但不超过43公支）				
5205.4300	--每根单纱细度在232.56分特以下，但不细于192.31分特（每根单纱超过43公支，但不超过52公支）				
5205.4400	--每根单纱细度在192.31分特以下，但不细于125分特（每根单纱超过52公支，但不超过80公支）				
5205.4600	--每根单纱细度在125分特以下，但不细于106.38分特（每根单纱超过80公支，但不超过94公支）				
5205.4700	--每根单纱细度在106.38分特以下，但不细于83.33分特（每根单纱超过94公支，但不超过120公支）				
5205.4800	--每根单纱细度在83.33分特以下（每根单纱超过120公支）				
52.06	**棉纱线（缝纫线除外），按重量计含棉量在85%以下，非供零售用：**	1. 品名；2. 梳理方法（粗梳、精梳）；3. 纱线形态（单纱、股线或缆线）；4. 是否供零售用；5. 成分含量；6. 纱线细度	7. 品牌或厂商名称		
	-未精梳纤维纺制的单纱：				
5206.1100	--细度在714.29分特及以上（不超过14公支）				

税则号列	商品名称	申报要素			说明举例
		归类要素	价格要素	其他要素	
5206.1200	--细度在714.29分特以下，但不细于232.56分特（超过14公支，但不超过43公支）				
5206.1300	--细度在232.56分特以下，但不细于192.31分特（超过43公支，但不超过52公支）				
5206.1400	--细度在192.31分特以下，但不细于125分特（超过52公支，但不超过80公支）				
5206.1500	--细度在125分特以下（超过80公支）				
	-精梳纤维纺制的单纱：				
5206.2100	--细度在714.29分特及以上（不超过14公支）				
5206.2200	--细度在714.29分特以下，但不细于232.56分特（超过14公支，但不超过43公支）				
5206.2300	--细度在232.56分特以下，但不细于192.31分特（超过43公支，但不超过52公支）				
5206.2400	--细度在192.31分特以下，但不细于125分特（超过52公支，但不超过80公支）				
5206.2500	--细度在125分特以下（超过80公支）				
	-未精梳纤维纺制的多股纱线或缆线：				
5206.3100	--每根单纱细度在714.29分特及以上（每根单纱不超过14公支）				
5206.3200	--每根单纱细度在714.29分特以下，但不细于232.56分特（每根单纱超过14公支，但不超过43公支）				
5206.3300	--每根单纱细度在232.56分特以下，但不细于192.31分特（每根单纱超过43公支，但不超过52公支）				
5206.3400	--每根单纱细度在192.31分特以下，但不细于125分特（每根单纱超过52公支，但不超过80公支）				
5206.3500	--每根单纱细度在125分特以下（每根单纱超过80公支）				

税则号列	商品名称	申报要素			说明举例
		归类要素	价格要素	其他要素	
	-精梳纤维纺制的多股纱线或缆线:				
5206.4100	--每根单纱细度在714.29分特及以上(每根单纱不超过14公支)				
5206.4200	--每根单纱细度在714.29分特以下,但不细于232.56分特(每根单纱超过14公支,但不超过43公支)				
5206.4300	--每根单纱细度在232.56分特以下,但不细于192.31分特(每根单纱超过43公支,但不超过52公支)				
5206.4400	--每根单纱细度在192.31分特以下,但不细于125分特(每根单纱超过52公支,但不超过80公支)				
5206.4500	--每根单纱细度在125分特以下(每根单纱超过80公支)				
52.07	**棉纱线(缝纫线除外),供零售用:**	1.品名;2.是否供零售用;3.成分含量			缝纫线除外
5207.1000	-按重量计含棉量在85%及以上				
5207.9000	-其他				
52.08	**棉机织物,按重量计含棉量在85%及以上,每平方米重量不超过200克:**	1.品名;2.织造方法(机织物);3.染整方法(漂白、未漂白、色织、染色、印花等);4.组织结构(平纹、斜纹等);5.成分含量;6.每平方米克重	7.品牌		
	-未漂白:				
5208.1100	--平纹机织物,每平方米重量不超过100克				
5208.1200	--平纹机织物,每平方米重量超过100克				
5208.1300	--三线或四线斜纹机织物,包括双面斜纹机织物				
5208.1900	--其他机织物				
	-漂白:				
5208.2100	--平纹机织物,每平方米重量不超过100克				
5208.2200	--平纹机织物,每平方米重量超过100克				

税则号列	商品名称	申报要素			说明举例
		归类要素	价格要素	其他要素	
5208.2300	--三线或四线斜纹机织物，包括双面斜纹机织物				
5208.2900	--其他机织物				
	-染色：				
5208.3100	--平纹机织物，每平方米重量不超过 100 克				
5208.3200	--平纹机织物，每平方米重量超过 100 克				
5208.3300	--三线或四线斜纹机织物，包括双面斜纹机织物				
5208.3900	--其他机织物				
	-色织：				
5208.4100	--平纹机织物，每平方米重量不超过 100 克				
5208.4200	--平纹机织物，每平方米重量超过 100 克				
5208.4300	--三线或四线斜纹机织物，包括双面斜纹机织物				
5208.4900	--其他机织物				
	-印花：				
5208.5100	--平纹机织物，每平方米重量不超过 100 克				
5208.5200	--平纹机织物，每平方米重量超过 100 克				
	--其他机织物：				
5208.5910	---三线或四线斜纹机织物，包括双面斜纹机织物				
5208.5990	---其他				
52.09	**棉机织物，按重量计含棉量在 85%及以上，每平方米重量超过 200 克：**	1. 品名；2. 织造方法（机织物）；3. 染整方法（漂白、未漂白、色织、染色、印花等）；4. 组织结构（平纹、斜纹等）；5. 成分含量；6. 幅宽；7. 每平方米克重	8. 品牌		
	-未漂白：				
5209.1100	--平纹机织物				
5209.1200	--三线或四线斜纹机织物，包括双面斜纹机织物				
5209.1900	--其他机织物				
	-漂白：				
5209.2100	--平纹机织物				

税则号列	商品名称	申报要素			说明举例
		归类要素	价格要素	其他要素	
5209.2200	--三线或四线斜纹机织物，包括双面斜纹机织物				
5209.2900	--其他机织物				
	-染色：				
5209.3100	--平纹机织物				
5209.3200	--三线或四线斜纹机织物，包括双面斜纹机织物				
5209.3900	--其他机织物				
	-色织：				
5209.4100	--平纹机织物				
5209.4200	--粗斜纹布（劳动布）				
5209.4300	--其他三线或四线斜纹机织物，包括双面斜纹机织物				
5209.4900	--其他机织物				
	-印花：				
5209.5100	--平纹机织物				
5209.5200	--三线或四线斜纹机织物，包括双面斜纹机织物				
5209.5900	--其他机织物				
52.10	**棉机织物，按重量计含棉量在85%以下，主要或仅与化学纤维混纺，每平方米重量不超过200克：**	1. 品名；2. 织造方法（机织物）；3. 染整方法（漂白、未漂白、色织、染色、印花等）；4. 组织结构（平纹、斜纹等）；5. 注明与其混纺的化纤是长丝还是短纤；6. 成分含量；7. 幅宽；8. 每平方米克重	9. 品牌		
	-未漂白：				
5210.1100	--平纹机织物				
	--其他机织物：				
5210.1910	---三线或四线斜纹机织物，包括双面斜纹机织物				
5210.1990	---其他				
	-漂白：				
5210.2100	--平纹机织物				
	--其他机织物：				
5210.2910	---三线或四线斜纹机织物，包括双面斜纹机织物				
5210.2990	---其他				
	-染色：				
5210.3100	--平纹机织物				

税则号列	商品名称	申报要素			说明举例
		归类要素	价格要素	其他要素	
5210.3200	--三线或四线斜纹机织物，包括双面斜纹机织物				
5210.3900	--其他机织物				
	-色织：				
5210.4100	--平纹机织物				
	--其他机织物：				
5210.4910	---三线或四线斜纹机织物，包括双面斜纹机织物				
5210.4990	---其他				
	-印花：				
5210.5100	--平纹机织物				
	--其他机织物：				
5210.5910	---三线或四线斜纹机织物，包括双面斜纹机织物				
5210.5990	---其他				
52.11	**棉机织物，按重量计含棉量在85%以下，每平方米重量超过200克：**	1. 品名；2. 织造方法（机织物）；3. 染整方法（漂白、未漂白、色织、染色、印花等）；4. 组织结构（平纹、斜纹等）；5. 注明与其混纺的化纤是长丝还是短纤；6. 成分含量；7. 幅宽；8. 每平方米克重	9. 品牌		
	-未漂白：				
5211.1100	--平纹机织物				
5211.1200	--三线或四线斜纹机织物，包括双面斜纹机织物				
5211.1900	--其他机织物				
5211.2000	-漂白				
	-染色：				
5211.3100	--平纹机织物				
5211.3200	--三线或四线斜纹机织物，包括双面斜纹机织物				
5211.3900	--其他机织物				
	-色织：				
5211.4100	--平纹机织物				
5211.4200	--粗斜纹布（劳动布）				
5211.4300	--其他三线或四线斜纹机织物，包括双面斜纹机织物				
5211.4900	--其他机织物				
	-印花：				
5211.5100	--平纹机织物				

税则号列	商品名称	申报要素			说明举例
		归类要素	价格要素	其他要素	
5211.5200	--三线或四线斜纹机织物，包括双面斜纹机织物				
5211.5900	--其他机织物				
52.12	**其他棉机织物：**	1. 品名；2. 织造方法（机织物）；3. 染整方法（漂白、未漂白、色织、染色、印花等）；4. 组织结构（平纹、斜纹等）；5. 成分含量；6. 幅宽；7. 每平方米克重	8. 品牌		
	-每平方米重量不超过200克：				
5212.1100	--未漂白				
5212.1200	--漂白				
5212.1300	--染色				
5212.1400	--色织				
5212.1500	--印花				
	-每平方米重量超过200克：				
5212.2100	--未漂白				
5212.2200	--漂白				
5212.2300	--染色				
5212.2400	--色织				
5212.2500	--印花				

第五十三章　其他植物纺织纤维；纸纱线及其机织物

【要素释义】

一、归类要素

（一）加工程度：指货品在申报前经过怎样的处理工艺。

（二）是否为短纤或废麻：亚麻短纤一般包括适用于纺纱的各种质量的废亚麻，主要是在打麻、栉梳（精梳）和纺纱过程中所得的短纤或破碎、打结和缠结纤维。废麻还包括从纺纱、摇纱或机织过程中所得的废纱，以及把亚麻废织物或废品撕碎所得的废纤维。这些废纤一般供再次纺纱用。

（三）种类：指货品属于什么类型的植物纺织纤维。例如，子目 5303.1 要填写“黄麻”“洋麻”“菽麻”等。

（四）纱线形态：指纱线是以什么形式存在或组合的。例如，税目 53.06 要填写“单纱”“股线”或“缆线”。

（五）成分含量：指货品含有的各种成分的重量百分比。

（六）染整方法：染整是指对纺织材料（纤维、纱线和织物）进行以化学处理为主的工艺过程，包括预处理、染色、印花和整理。例如，子目 5308.901 要填写“漂白”“未漂白”或“色织”。

（七）织造方法：根据实际情况填写“机织物”“针织物”或“钩编织物”等。

（八）幅宽：指织物最靠外的两边经纱线间与织物长度方向垂直的距离。

（九）每平方米克重：指货品每平方米的重量，以克为单位计算。

（十）韧皮纤维种类与来源：亚麻、大麻、黄麻、洋麻、菽麻、西沙尔麻、海地大麻、美洲龙舌兰纤维、椰壳纤维。

（十一）亚麻等韧皮纤维的一般加工过程：生麻—沤制麻—打成麻—棉花麻纤维—栉梳。

二、价格要素

（一）可纺支数：该要素是子目 5301.21 破开的或打成的亚麻的价格要素，是指亚麻可用于下游纺织的成品的用途的指标，用“支”表示。例如，亚麻打成栉梳的可纺支数填写“28 支”。

（二）长度：指打成亚麻的实际尺寸，用“米”或者“厘米”表示。

（三）细度：该要素是指纱线的直径粗细程度，用“分特”表示。例如亚麻单纱 140 分特。

税则号列	商品名称	申报要素			说明举例
		归类要素	价格要素	其他要素	
53.01	**亚麻，生的或经加工但未纺制的；亚麻短纤及废麻（包括废麻纱线及回收纤维）：**				
5301.1000	-生的或经沤制的亚麻	1. 品名；2. 加工程度（生的、经沤制、破开或打成栉梳、回收等）			
	-破开、打成栉梳或经其他加工但未纺制的亚麻：				
5301.2100	--破开的或打成的	1. 品名；2. 加工程度（生的、经沤制、破开或打成栉梳、回收等）	3. 可纺支数；4. 长度		
5301.2900	--其他	1. 品名；2. 加工程度（生的、经沤制、破开或打成栉梳、回收等）			

税则号列	商品名称	申报要素			说明举例
		归类要素	价格要素	其他要素	
5301.3000	-亚麻短纤及废麻	1. 品名；2. 加工程度（生的、经沤制、破开或打成栉梳、回收等）；3. 是否为短纤或废麻；4. 种类（二粗、机械短麻、落麻）			
53.02	**大麻，生的或经加工但未纺制的；大麻短纤及废麻（包括废麻纱线及回收纤维）：**				
5302.1000	-生的或经沤制的大麻	1. 品名；2. 加工程度（生的、沤制的）			
5302.9000	-其他	1. 品名；2. 加工程度（生的、沤制的）；3. 是否为短纤或废麻			
53.03	**黄麻及其他纺织用韧皮纤维（不包括亚麻、大麻及苎麻），生的或经加工但未纺制的；上述纤维的短纤及废麻（包括废纱线及回收纤维）：**				
5303.1000	-生的或经沤制的黄麻及其他纺织用韧皮纤维	1. 品名；2. 种类（黄麻、洋麻、菽麻等）；3. 加工程度（未纺制的、生的或沤制的）			
5303.9000	-其他	1. 品名；2. 种类（黄麻、洋麻、菽麻等）；3. 加工程度（未纺制的、生的或沤制的）；4. 是否为短纤或废麻			
53.05	**椰壳纤维、蕉麻（马尼拉麻）、苎麻及其他税目未列名的纺织用植物纤维，生的或经加工但未纺制的；上述纤维的短纤、落麻及废料（包括废纱线及回收纤维）：**				
	---苎麻：				
5305.0011	----生的	1. 品名；2. 种类（椰壳纤维、蕉麻、苎麻等）；3. 加工程度（生的或经加工但未纺制的）			
5305.0012	----经加工但未纺制的	1. 品名；2. 种类（椰壳纤维、蕉麻、苎麻等）；3. 加工程度（生的或经加工但未纺制的）			

税则号列	商品名称	申报要素			说明举例
		归类要素	价格要素	其他要素	
5305.0013	----短纤及废料	1. 品名；2. 种类（椰壳纤维、蕉麻、苎麻等）；3. 加工程度（生的或经加工但未纺制的）；4. 是否为短纤或废麻			
5305.0019	----其他	1. 品名；2. 种类（椰壳纤维、蕉麻、苎麻等）；3. 加工程度（生的或经加工但未纺制的）			
5305.0020	---蕉麻	1. 品名；2. 种类（椰壳纤维、蕉麻、苎麻等）；3. 加工程度（生的或经加工但未纺制的）			
	---其他：	1. 品名；2. 种类（椰壳纤维、蕉麻、苎麻等）；3. 是否为短纤或废麻；4. 等级及用途	5. 加工程度及工艺（生的或经加工但未纺制的、是否梳理、是否机卷及是否制成椰绳）		
5305.0091	----西沙尔麻及其他纺织用龙舌兰类纤维				
5305.0092	----椰壳纤维				
5305.0099	----其他				
53.06	**亚麻纱线：**	1. 品名；2. 纱线形态（单纱、股线或缆线）	3. 细度		
5306.1000	-单纱				
5306.2000	-多股纱线或缆线				
53.07	**黄麻纱线或税目 53.03 的其他纺织用韧皮纤维纱线：**	1. 品名；2. 种类（黄麻、洋麻、菽麻等）；3. 纱线形态（单纱、股线或缆线）	4. 细度		
5307.1000	-单纱				
5307.2000	-多股纱线或缆线				
53.08	**其他植物纺织纤维纱线；纸纱线：**				
5308.1000	-椰壳纤维纱线	1. 品名；2. 种类（椰壳纤维纱线、大麻纱线、苎麻纱线、纸纱线等）；3. 成分含量	4. 细度		
5308.2000	-大麻纱线	1. 品名；2. 种类（椰壳纤维纱线、大麻纱线、苎麻纱线、纸纱线等）；3. 成分含量	4. 细度		

税则号列	商品名称	申报要素			说明举例
		归类要素	价格要素	其他要素	
	-其他:				
	---苎麻纱线:	1. 品名; 2. 种类(椰壳纤维纱线、大麻纱线、苎麻纱线、纸纱线等); 3. 染整方法(漂白、未漂白、色织); 4. 成分含量	5. 细度		
5308.9011	----按重量计苎麻含量在85%及以上的未漂白或漂白纱线				
5308.9012	----按重量计苎麻含量在85%及以上的色纱线				
5308.9013	----按重量计苎麻含量在85%以下的未漂白或漂白纱线				
5308.9014	----按重量计苎麻含量在85%以下的色纱线				
	---其他:	1. 品名; 2. 种类(椰壳纤维纱线、大麻纱线、苎麻纱线、纸纱线等); 3. 成分含量	4. 细度		
5308.9091	----纸纱线				
5308.9099	----其他				
53.09	**亚麻机织物:**	1. 品名; 2. 织造方法(机织); 3. 染整方法(漂白、未漂白、色织); 4. 成分含量; 5. 幅宽; 6. 每平方米克重			
	-按重量计亚麻含量在85%及以上:				
	--未漂白或漂白:				
5309.1110	---未漂白				
5309.1120	---漂白				
5309.1900	--其他				
	-按重量计亚麻含量在85%以下:				
	--未漂白或漂白:				
5309.2110	---未漂白				
5309.2120	---漂白				
5309.2900	--其他				

税则号列	商品名称	申报要素			说明举例
		归类要素	价格要素	其他要素	
53.10	**黄麻或税目53.03的其他纺织用韧皮纤维机织物：**	1. 品名；2. 种类（黄麻、洋麻、菽麻等）；3. 织造方法（机织）；4. 染整工艺（漂白、未漂白、色织）；5. 成分含量；6. 幅宽；7. 每平方米克重			
5310.1000	-未漂白				
5310.9000	-其他				
53.11	**其他纺织用植物纤维机织物；纸纱线机织物：**	1. 品名；2. 种类（黄麻、洋麻、菽麻等）；3. 织造方法（机织）；4. 染整工艺（漂白、未漂白、色织）；5. 成分含量；6. 幅宽；7. 每平方米克重			
	---苎麻的：				
5311.0012	----按重量计苎麻含量在85%及以上的未漂白机织物				
5311.0013	----按重量计苎麻含量在85%及以上的其他机织物				
5311.0014	----按重量计苎麻含量在85%以下的未漂白机织物				
5311.0015	----按重量计苎麻含量在85%以下的其他机织物				
5311.0020	---纸纱线的				
5311.0030	---大麻的				
5311.0090	---其他				

第五十四章　化学纤维长丝；化学纤维纺织材料制扁条及类似品

注释：

一、本目录所称“化学纤维”，是指通过下列任一方法加工制得的有机聚合物的短纤或长丝：

（一）将有机单体物质加以聚合而制成的聚合物，例如，聚酰胺、聚酯、聚烯烃、聚氨基甲酸酯；或通过上述加工得到的聚合物经化学改性制得（例如，聚乙酸乙烯酯水解制得的聚乙烯醇）；或

（二）将天然有机聚合物（例如，纤维素）溶解或化学处理制成聚合物，例如，铜铵纤维或粘胶纤维；或将天然有机聚合物（例如，纤维素、酪蛋白及其他蛋白质或藻酸）经化学改性制成聚合物，例如，醋酸纤维素纤维或藻酸盐纤维。

对于化学纤维，所称“合成”，是指（一）款所述的纤维；所称“人造”，是指（二）款所述的纤维。

税目 54.04 或 54.05 的扁条及类似品不视作化学纤维。

对于纺织材料，所称“化学纤维”“合成纤维”及“人造纤维”，其含义应与上述解释相同。

二、税目 54.02 及 54.03 不适用于第五十五章的合成纤维或人造纤维的长丝丝束。

【要素释义】

一、归类要素

（一）是否供零售用：供零售用的定义详见《协调制度》第十一类类注四的规定。

（二）纤维成分：指纤维的化学成分。例如，税目 54.01 要填写“聚酯”等，税目 54.03 要填写“粘胶”等。

（三）每只重量：该要素是针对“缝纫线”而设置的，指包含绕芯（如线轴、纱管）在内的每只总重量。

（四）是否上浆：上过浆是指经过了以聚硅氧烷、淀粉、蜡、石蜡等为基料的物质的整理处理，这项处理旨在有助于纺织纱线作为缝纫线使用。

（五）终捻捻向：每个纤维束的加捻称为初捻，全部纤维束的加捻称为终捻。捻向分正手（S）捻和反手（Z）捻两种。

（六）种类：该要素有两层含义：（1）指纱线类型。例如，子目 5402.1 要申报“高强力纱或变形纱线等”。（2）指单丝类型。例如，税目 54.04 要申报“单丝”“扁条”等。

（七）纱线形态：指纱线是以什么形式存在或组合的。例如，子目 5402.1 要填写“单纱”“股线”或“缆线”。

（八）纱线细度：协调制度通常是用线密度单位“分特”来表示细度，即每千米纱线的克重，1 分特等于 0.1 特克斯。公制支数转换成分特数的公式为：10000/公支=分特。

（九）高强纱请注明用途：高强力纱主要用于 4 个方面：橡胶增强材料、塑料增强材料、绳缆及工业纺织品、石棉代用品。

（十）是否加捻：加捻是指将纤维条或纱线扭转，使其相互抱合成纱或股线的工艺过程。

（十一）断裂强度：指将纱线拉伸至断裂所需的力，单位是厘牛顿/特克斯。

（十二）纱线捻度：指纱线每单位长度内的捻回数，加捻扭转一圈为一个捻回。

（十三）高强力纱需注明断裂强度：指将纱线拉伸至断裂所需的力，单位是厘牛顿/特克斯。

（十四）股数：指每根纱线中有几根单纱在一起加捻。

（十五）单丝细度或扁条表观宽度：（1）细度：指每千米单丝的克重，单位“分特”，1 分特等于 0.1 特克斯。（2）表观宽度：指折叠、扁平、压缩或搓捻后的宽度。

（十六）包装：指是否供零售用。

（十七）织造方法：根据实际情况填写“机织物”“针织物”或“钩编织物”等。

（十八）染整方法：染整是指对纺织材料（纤维、纱线和织物）进行以化学处理为主的工艺过程，包括预处理、染色、印花和整理。例如，子目 5407.1 要填写“漂白”“未漂白”或“色织”。

（十九）组织结构：指货品的织纹类型。例如，子目 5407.2 要填写“平纹”“斜纹”“缎纹”等。

（二十）成分含量：指货品含有的各种成分的重量百分比。

（二十一）幅宽：指织物最靠外的两边经纱线间与织物长度方向垂直的距离。

（二十二）每平方米克重：指货品每平方米的重量，以克为单位计算。

（二十三）是否为高强力纱：高强力纱的定义参见第十一类类注六。

二、价格要素

品牌：指制造商或经销商加在商品上的标志。实际只需要申报出名称即可，有外文品牌的以申报外文品牌名称为主。

税则号列	商品名称	申报要素			说明举例
		归类要素	价格要素	其他要素	
54.01	**化学纤维长丝纺制的缝纫线，不论是否供零售用：**	1. 品名；2. 是否供零售用；3. 纤维成分（聚酯等）；4. 每只重量；5. 是否上浆；6. 终捻捻向			
	-合成纤维长丝纺制：				
5401.1010	---非供零售用				
5401.1020	---供零售用				
	-人造纤维长丝纺制：				
5401.2010	---非供零售用				
5401.2020	---供零售用				
54.02	**合成纤维长丝纱线（缝纫线除外），非供零售用，包括细度在67分特以下的合成纤维单丝：**				
	-尼龙或其他聚酰胺纺制的高强力纱，不论是否经变形加工：	1. 品名；2. 种类（高强力纱或变形纱线等）；3. 纱线形态（单纱、股线或缆线）；4. 是否供零售用；5. 纤维成分（聚酰胺等）；6. 纱线细度			
	--芳香族聚酰胺纺制：				
5402.1110	---聚间苯二甲酰间苯二胺纺制				
5402.1120	---聚对苯二甲酰对苯二胺纺制				
5402.1190	---其他				
	--其他：				
5402.1910	---聚酰胺-6（尼龙-6）纺制的				
5402.1920	---聚酰胺-6,6（尼龙-6,6）纺制的				
5402.1990	---其他				
5402.2000	-聚酯高强力纱，不论是否经变形加工	1. 品名；2. 种类（高强力纱或变形纱线等）；3. 纱线形态（单纱、股线或缆线）；4. 是否供零售用；5. 纤维成分（聚酯等）；6. 纱线细度			
	-变形纱线：	1. 品名；2. 种类（高强力纱或变形纱线等）；3. 纱线形态（单纱、股线或缆线）；4. 是否供零售用；5. 纤维成分（聚酯等）；6. 纱线细度			

税则号列	商品名称	申报要素			说明举例
		归类要素	价格要素	其他要素	
	--尼龙或其他聚酰胺纺制，每根单纱细度不超过50特：				
	---弹力丝：				
5402.3111	----聚酰胺-6（尼龙-6）纺制				
5402.3112	----聚酰胺-6,6（尼龙-6,6）纺制				
5402.3113	----芳香族聚酰胺纺制				
5402.3119	----其他				
5402.3190	---其他				
	--尼龙或其他聚酰胺纺制，每根单纱细度超过50特：				
	---弹力丝：				
5402.3211	----聚酰胺-6（尼龙-6）纺制				
5402.3212	----聚酰胺-6,6（尼龙-6,6）纺制				
5402.3213	----芳香族聚酰胺纺制				
5402.3219	----其他				
5402.3290	---其他				
	--聚酯纺制：				
5402.3310	---弹力丝				
5402.3390	---其他				
5402.3400	--聚丙烯纺制				
5402.3900	--其他				
	-其他单纱，未加捻或捻度每米不超过50转：				
	--弹性纱线：	1. 品名；2. 种类（高强力纱或变形纱线等）；3. 纱线形态（单纱、股线或缆线）；4. 高强纱请注明用途；5. 是否供零售用；6. 纤维成分（聚酯等）；7. 纱线细度；8. 是否加捻（如加捻请注明捻度）			
5402.4410	---氨纶纱线				
5402.4490	---其他				

税则号列	商 品 名 称	申报要素			说明举例
		归类要素	价格要素	其他要素	
	--其他，尼龙或其他聚酰胺纱线：	1. 品名；2. 种类（高强力纱或变形纱线等）；3. 纱线形态（单纱、股线或缆线）；4. 高强纱请注明用途；5. 是否供零售用；6. 纤维成分（聚酰胺等）；7. 纱线细度；8. 是否加捻（如加捻请注明捻度）			
5402.4510	---聚酰胺-6（尼龙-6）纺制的				
5402.4520	---聚酰胺-6,6（尼龙-6,6）纺制的				
5402.4530	---芳香族聚酰胺纺制的				
5402.4590	---其他				
5402.4600	--其他，部分定向聚酯纱线	1. 品名；2. 种类（高强力纱或变形纱线等）；3. 纱线形态（单纱、股线或缆线）；4. 高强纱请注明用途；5. 是否供零售用；6. 纤维成分（聚酯等）；7. 纱线细度；8. 是否加捻（如加捻请注明捻度）			
5402.4700	--其他，聚酯纱线	1. 品名；2. 种类（高强力纱或变形纱线等）；3. 纱线形态（单纱、股线或缆线）；4. 高强纱请注明用途；5. 是否供零售用；6. 纤维成分（聚酯等）；7. 纱线细度；8. 是否加捻（如加捻请注明捻度）			
5402.4800	--其他，聚丙烯纱线	1. 品名；2. 种类（高强力纱或变形纱线等）；3. 纱线形态（单纱、股线或缆线）；4. 高强纱请注明用途；5. 是否供零售用；6. 纤维成分（聚丙烯）；7. 纱线细度；8. 是否加捻（如加捻请注明捻度）			
	--其他：				

税则号列	商品名称	申报要素			说明举例
		归类要素	价格要素	其他要素	
5402.4910	---断裂强度大于等于22cN/dtex，且初始模量大于等于750cN/dtex的聚乙烯纱线	1. 品名；2. 种类（高强力纱或变形纱线等）；3. 纱线形态（单纱、股线或缆线）；4. 高强纱请注明用途；5. 是否供零售用；6. 纤维成分（聚酯等）；7. 纱线细度；8. 是否加捻（如加捻请注明捻度）；9. 断裂强度			
5402.4990	---其他	1. 品名；2. 种类（高强力纱或变形纱线等）；3. 纱线形态（单纱、股线或缆线）；4. 高强纱请注明用途；5. 是否供零售用；6. 纤维成分（聚酯等）；7. 纱线细度；8. 是否加捻（如加捻请注明捻度）			
	-其他单纱，捻度每米超过50转：				
	--尼龙或其他聚酰胺纱线：	1. 品名；2. 种类（高强力纱或变形纱线等）；3. 纱线形态（单纱、股线或缆线）；4. 是否供零售用；5. 纤维成分（聚酰胺等）；6. 纱线细度；7. 是否加捻（如加捻请注明捻度）			
5402.5110	---聚酰胺-6（尼龙-6）纺制				
5402.5120	---聚酰胺-6,6（尼龙-6,6）纺制				
5402.5130	---芳香族聚酰胺纺制				
5402.5190	---其他				
5402.5200	--聚酯纱线	1. 品名；2. 种类（高强力纱或变形纱线等）；3. 纱线形态（单纱、股线或缆线）；4. 是否供零售用；5. 纤维成分（聚酯等）；6. 纱线细度；7. 是否加捻（如加捻请注明捻度）			

税则号列	商品名称	申报要素			说明举例
		归类要素	价格要素	其他要素	
5402.5300	--聚丙烯纱线	1. 品名；2. 种类（高强力纱或变形纱线等）；3. 纱线形态（单纱、股线或缆线）；4. 是否供零售用；5. 纤维成分（聚丙烯）；6. 纱线细度；7. 是否加捻（如加捻请注明捻度）			
	--其他：				
5402.5920	---断裂强度大于等于22cN/dtex，且初始模量大于等于750cN/dtex的聚乙烯纱线	1. 品名；2. 种类（高强力纱或变形纱线等）；3. 纱线形态（单纱、股线或缆线）；4. 是否供零售用；5. 纤维成分（聚乙烯）；6. 纱线细度；7. 是否加捻（如加捻请注明捻度）；8. 断裂强度			
5402.5990	---其他	1. 品名；2. 种类（高强力纱或变形纱线等）；3. 纱线形态（单纱、股线或缆线）；4. 是否供零售用；5. 纤维成分（聚酯等）；6. 纱线细度；7. 是否加捻（如加捻请注明捻度）			
	-其他纱线（多股纱线或缆线）：	1. 品名；2. 种类（高强力纱或变形纱线等）；3. 纱线形态（单纱、股线或缆线）；4. 是否供零售用；5. 纤维成分（聚酯等）6. 纱线细度			
	--尼龙或其他聚酰胺纺制：				
5402.6110	---聚酰胺-6（尼龙-6）纺制				
5402.6120	---聚酰胺-6,6（尼龙-6,6）纺制				
5402.6130	---芳香族聚酰胺纺制				
5402.6190	---其他				
5402.6200	--聚酯纺制				
5402.6300	--聚丙烯纺制				
	--其他：				
5402.6920	---氨纶纱线				
5402.6990	---其他				

税则号列	商品名称	申报要素			说明举例
		归类要素	价格要素	其他要素	
54.03	**人造纤维长丝纱线（缝纫线除外），非供零售用，包括细度在67分特以下的人造纤维单丝：**	1. 品名；2. 种类（高强力纱或变形纱线等）；3. 纱线形态（单纱、股线或缆线）；4. 是否供零售用；5. 纤维成分（如粘胶等）；6. 纱线细度；7. 纱线捻度；8. 高强力纱需注明断裂强度（单位：厘牛顿/特克斯）；9. 股数			
5403.1000	-粘胶纤维纺制的高强力纱				
	-其他单纱：				
	--粘胶纤维纺制，未加捻或捻度每米不超过120转：				
5403.3110	---竹制				
5403.3190	---其他				
	--粘胶纤维纺制，捻度每米超过120转：				
5403.3210	---竹制				
5403.3290	---其他				
	--醋酸纤维纺制：				
5403.3310	---二醋酸纤维纺制				
5403.3390	---其他				
5403.3900	--其他				
	-其他纱线（多股纱线或缆线）：				
5403.4100	--粘胶纤维纺制				
5403.4200	--醋酸纤维纺制				
5403.4900	--其他				
54.04	**截面尺寸不超过1毫米，细度在67分特及以上的合成纤维单丝；表观宽度不超过5毫米的合成纤维纺织材料制扁条及类似品（例如，人造草）：**	1. 品名；2. 种类（单丝、扁条等）；3. 纤维成分；4. 单丝细度或扁条表观宽度			
	-单丝：				
5404.1100	--弹性单丝				
5404.1200	--其他，聚丙烯单丝				
5404.1900	--其他				
5404.9000	-其他				

税则号列	商品名称	申报要素			说明举例
		归类要素	价格要素	其他要素	
54.05	**截面尺寸不超过 1 毫米，细度在 67 分特及以上的人造纤维单丝；表观宽度不超过 5 毫米的人造纤维纺织材料制扁条及类似品（例如，人造草）：**	1. 品名；2. 种类（单丝、扁条等）；3. 纤维成分；4. 单丝细度或扁条表观宽度			
5405.0000	截面尺寸不超过 1 毫米，细度在 67 分特及以上的人造纤维单丝；表观宽度不超过 5 毫米的人造纤维纺织材料制扁条及类似品（例如，人造草）				
54.06	**化学纤维长丝纱线（缝纫线除外），供零售用：**	1. 品名；2. 包装（供零售用）；3. 纤维成分			
5406.0010	---合成纤维长丝纱线				
5406.0020	---人造纤维长丝纱线				
54.07	**合成纤维长丝纱线的机织物，包括税目 54.04 所列材料的机织物：**				
	-尼龙或其他聚酰胺高强力纱、聚酯高强力纱纺制的机织物：	1. 品名；2. 织造方法（机织、平行纱层叠黏合）；3. 染整方法（漂白、色织、染色等）；4. 组织结构（平纹、斜纹、缎纹等）；5. 成分含量；6. 幅宽；7. 每平方米克重；8. 是否为高强力纱	9. 品牌		
5407.1010	---尼龙或其他聚酰胺高强力纱纺制				
5407.1020	---聚酯高强力纱纺制				
5407.2000	-扁条及类似品的机织物	1. 品名；2. 织造方法（机织、平行纱层叠黏合）；3. 染整方法（漂白、色织、染色等）；4. 组织结构（平纹、斜纹、缎纹等）；5. 成分含量；6. 幅宽；7. 每平方米克重	8. 品牌		
5407.3000	-第十一类注释九所列的机织物	1. 品名；2. 织造方法（机织、平行纱层叠黏合）；3. 染整方法（漂白、色织、染色等）；4. 组织结构（平纹、斜纹、缎纹等）；5. 成分含量；6. 幅宽；7. 每平方米克重	8. 品牌		

税则号列	商品名称	申报要素			说明举例
		归类要素	价格要素	其他要素	
	-其他机织物，按重量计尼龙或其他聚酰胺长丝含量在85%及以上：	1. 品名；2. 织造方法（机织、平行纱层叠黏合）；3. 染整方法（漂白、色织、染色等）；4. 组织结构（平纹、斜纹、缎纹等）；5. 成分含量；6. 幅宽；7. 每平方米克重	8. 品牌		
5407.4100	--未漂白或漂白				
5407.4200	--染色				
5407.4300	--色织				
5407.4400	--印花				
	-其他机织物，按重量计聚酯变形长丝含量在85%及以上：	1. 品名；2. 织造方法（机织、平行纱层叠黏合）；3. 染整方法（漂白、色织、染色等）；4. 组织结构（平纹、斜纹、缎纹等）；5. 成分含量（聚酯变形长丝等成分及含量）；6. 幅宽；7. 每平方米克重	8. 品牌		
5407.5100	--未漂白或漂白				
5407.5200	--染色				
5407.5300	--色织				
5407.5400	--印花				
	-其他机织物，按重量计聚酯长丝含量在85%及以上：	1. 品名；2. 织造方法（机织、平行纱层叠黏合）；3. 染整方法（漂白、色织、染色等）；4. 组织结构（平纹、斜纹、缎纹等）；5. 成分含量（聚酯非变形长丝等成分及含量）；6. 幅宽；7. 每平方米克重	8. 品牌		
5407.6100	--按重量计聚酯非变形长丝含量在85%及以上				
5407.6900	--其他				

税则号列	商品名称	申报要素			说明举例
		归类要素	价格要素	其他要素	
	-其他机织物，按重量计其他合成纤维长丝含量在85%及以上：	1. 品名；2. 织造方法（机织、平行纱层叠黏合）；3. 染整方法（漂白、色织、染色等）；4. 组织结构（平纹、斜纹、缎纹等）；5. 合成纤维种类（长丝、短纤）；6 成分含量；7. 幅宽；8. 每平方米克重	9. 品牌		
5407. 7100	--未漂白或漂白				
5407. 7200	--染色				
5407. 7300	--色织				
5407. 7400	--印花				
	-其他机织物，按重量计其他合成纤维长丝含量在85%以下，主要或仅与棉混纺：	1. 品名；2. 织造方法（机织、平行纱层叠黏合）；3. 染整方法（漂白、色织、染色等）；4. 组织结构（平纹、斜纹、缎纹等）；5. 成分含量；6. 幅宽；7. 每平方米克重	8. 品牌		
5407. 8100	--未漂白或漂白				
5407. 8200	--染色				
5407. 8300	--色织				
5407. 8400	--印花				
	-其他机织物：	1. 品名；2. 织造方法（机织、平行纱层叠黏合）；3. 染整方法（漂白、色织、染色等）；4. 组织结构（平纹、斜纹、缎纹等）；5. 成分含量；6. 幅宽；7. 每平方米克重	8. 品牌		
5407. 9100	--未漂白或漂白				
5407. 9200	--染色				
5407. 9300	--色织				
5407. 9400	--印花				

税则号列	商品名称	申报要素			说明举例
		归类要素	价格要素	其他要素	
54.08	**人造纤维长丝纱线的机织物，包括税目54.05所列材料的机织物：**	1. 品名；2. 织造方法（机织、平行纱层叠黏合）；3. 染整方法（漂白、色织、染色等）；4. 组织结构（平纹、斜纹、缎纹等）；5. 成分含量；6. 幅宽；7. 每平方米克重	8. 品牌		
5408.1000	-粘胶纤维高强力纱的机织物				
	-其他机织物，按重量计人造纤维长丝、扁条或类似品含量在85%及以上：				
	--未漂白或漂白：				
5408.2110	---粘胶纤维制				
5408.2120	---醋纤纤维制				
5408.2190	---其他				
	--染色：				
5408.2210	---粘胶纤维制				
5408.2220	---醋纤纤维制				
5408.2290	---其他				
	--色织：				
5408.2310	---粘胶纤维制				
5408.2320	---醋纤纤维制				
5408.2390	---其他				
	--印花：				
5408.2410	---粘胶纤维制				
5408.2420	---醋纤纤维制				
5408.2490	---其他				
	-其他机织物：				
5408.3100	--未漂白或漂白				
5408.3200	--染色				
5408.3300	--色织				
5408.3400	--印花				

第五十五章　化学纤维短纤

注释：

税目 55.01 和 55.02 仅适用于每根与丝束长度相等的平行化学纤维长丝丝束。前述丝束应同时符合下列规格：

一、丝束长度超过 2 米；

二、捻度每米少于 5 转；

三、每根长丝细度在 67 分特以下；

四、合成纤维长丝丝束，须经拉伸处理，即本身不能被拉伸至超过本身长度的一倍；

五、丝束总细度大于 20000 分特。

丝束长度不超过 2 米的归入税目 55.03 或 55.04。

【要素释义】

一、归类要素

（一）纤维成分：指纤维的化学成分。例如，子目 5501.4 要填写“聚丙烯制”。

（二）单丝细度：指每千米单丝的克重，单位“分特”，1 分特等于 0.1 特克斯。

（三）丝束长度：指丝束的平均长度。丝束是由相当多的单根长丝集合而成的同向纤维。

（四）丝束捻度：指丝束每单位长度内的捻回数，加捻扭转一圈为一个捻回。丝束是由相当多的单根长丝集合而成的同向纤维。

（五）丝束总细度：指每千米丝束的克重，单位“分特”，1 分特等于 0.1 特克斯。丝束是由相当多的单根长丝集合而成的同向纤维。

（六）加工程度：指货品在申报前经过怎样的处理工艺。例如，税目 55.03 要填写“未梳、未经纺前加工”，税目 55.06 要填写“已梳、经纺前加工”。

（七）长度：指丝束的平均长度。

（八）细度：指每根单丝的细度。

（九）人造纤维种类：指货品属于什么类型的人造纤维。

（十）来源：该要素是针对税目 55.05“化学纤维废料”而设置的。此税目包括：在长丝成形和加工过程中所得的废纤维，从粗梳、精梳及其他对短纤纺前加工中收集的废纱线，以及由废碎化纤布或纱线回收得到的原状纤维。

（十一）颜色：指能够反映出货品品质的具体颜色和色泽。例如白色、杂色等。

（十二）成分含量：指货品含有的各种成分的重量百分比。

（十三）纱线细度：协调制度通常是用线密度单位“分特”来表示细度，即每千米纱线的克重，1 分特等于 0.1 特克斯。公制支数转换成分特数的公式为：10000/公支 = 分特。

（十四）每只重量：该要素是针对“缝纫线”而设置的，指包含绕芯（如线轴、纱管）在内的每只总重量。

（十五）是否上浆：上过浆是指经过了以聚硅氧烷、淀粉、蜡、石蜡等为基料的物质的整理处理，这项处理旨在有助于纺织纱线作为缝纫线使用。

（十六）终捻捻向：每个纤维束的加捻称为初捻，全部纤维束的加捻称为终捻。捻向分正手（S）捻和反手（Z）捻两种。

（十七）是否供零售用：供零售用的定义详见《协调制度》第十一类注释四的规定。

（十八）种类：指纱线是以什么形式存在或组合的。例如，税目 55.09 要填写“单纱”“股线”或“缆线”。

（十九）股线注明股数：股数是指每根纱线中有几根单纱在一起加捻。

（二十）织造方法：根据实际情况填写“机织物”“针织物”或“钩编织物”等。

（二十一）染整方法：染整是指对纺织材料（纤维、纱线和织物）进行以化学处理为主的工艺过程，包括预处理、染色、印花和整理。例如，税目 55.12 要填写“漂白”“未漂白”或“色织等”。

（二十二）组织结构：指货品的织纹类型。例如，税目 55.12 要填写“平纹”“斜纹”“缎纹”等。

（二十三）幅宽：指织物最靠外的两边经纱线间与织物长度方向垂直的距离。

（二十四）每平方米克重：指货品每平方米的重量，以克为单位计算。

混纺纱线织物的归类原理：

（二十五）按制成该物品的纤维品种、性质先归入相对应的章。

（二十六）按该物品所属的加工程度归入该章的前、中或后的商品编码中。

（二十七）由两种或两种以上的纺织材料混合制成的物品，应按重量比例最大的那种材料归类，当没有一种纺织材料的重量比例较大时，应按可归入有关商品编码中最后一个商品编码所列的纺织材料归类。

二、价格要素

品牌：指制造商或经销商加在商品上的标志。实际只需要申报出名称即可，有外文品牌的以申报外文品牌名称为主。

税则号列	商品名称	申报要素			说明举例
		归类要素	价格要素	其他要素	
55.01	**合成纤维长丝丝束：**	1. 品名；2. 纤维成分；3. 单丝细度；4. 丝束长度；5. 是否加捻（如加捻请注明捻度）；6. 丝束总细度			
5501.1000	-尼龙或其他聚酰胺制				
5501.2000	-聚酯制				
5501.3000	-聚丙烯腈或变性聚丙烯腈制				
5501.4000	-聚丙烯制				
5501.9000	-其他				
55.02	**人造纤维长丝丝束：**	1. 品名；2. 纤维成分；3. 单丝细度；4. 丝束长度；5. 是否加捻（如加捻请注明捻度）；6. 丝束总细度			
	-醋酸纤维丝束：				
5502.1010	---二醋酸纤维丝束				
5502.1090	---其他				
5502.9000	-其他				
55.03	**合成纤维短纤，未梳或未经其他纺前加工：**	1. 品名；2. 加工程度（未梳、未经纺前加工）；3. 纤维成分；4. 长度；5. 细度			
	-尼龙或其他聚酰胺制：				
	--芳族聚酰胺纺制：				
5503.1110	---聚间苯二甲酰间苯二胺纺制				
5503.1120	---聚对苯二甲酰对苯二胺纺制				
5503.1190	---其他				
5503.1900	--其他				
5503.2000	-聚酯制				
5503.3000	-聚丙烯腈或变性聚丙烯腈制				
5503.4000	-聚丙烯制				
	-其他：				
5503.9010	---聚苯硫醚制				
5503.9090	---其他				

税则号列	商 品 名 称	申报要素			说 明 举 例
		归类要素	价格要素	其他要素	
55.04	**人造纤维短纤，未梳或未经其他纺前加工：**	1. 品名；2. 加工程度(未梳、未经纺前加工)；3. 人造纤维种类；4. 细度；5. 长度			
	-粘胶纤维制：				
5504.1010	---竹制				
	---木制：				
5504.1021	----阻燃的				
5504.1029	----其他				
5504.1090	---其他				
5504.9000	-其他				
55.05	**化学纤维废料（包括落绵、废纱及回收纤维）：**	1. 品名；2. 来源（落绵、废纱、回收纤维）；3. 纤维成分；4. 颜色(白色、杂色等)			
5505.1000	-合成纤维的				
5505.2000	-人造纤维的				
55.06	**合成纤维短纤，已梳或经其他纺前加工：**	1. 品名；2. 加工程度(已梳、经纺前加工)；3. 纤维成分			
	-尼龙或其他聚酰胺制：				
	---芳族聚酰胺纺制：				
5506.1011	----聚间苯二甲酰间苯二胺纺制				
5506.1012	----聚对苯二甲酰对苯二胺纺制				
5506.1019	----其他				
5506.1090	---其他				
5506.2000	-聚酯制				
5506.3000	-聚丙烯腈或变性聚丙烯腈制				
5506.4000	-聚丙烯制				
	-其他：				
5506.9010	---聚苯硫醚制				
5506.9090	---其他				
55.07	**人造纤维短纤，已梳或经其他纺前加工：**	1. 品名；2. 加工程度(已梳、经纺前加工)；3. 纤维成分			
5507.0000	人造纤维短纤，已梳或经其他纺前加工				
55.08	**化学纤维短纤纺制的缝纫线，不论是否供零售用：**	1. 品名；2. 成分含量；3. 纱线细度；4. 每只重量；5. 是否上浆；6. 终捻捻向；7. 是否供零售用			
5508.1000	-合成纤维短纤纺制				

税则号列	商品名称	申报要素			说明举例
		归类要素	价格要素	其他要素	
5508.2000	-人造纤维短纤纺制				
55.09	**合成纤维短纤纺制的纱线（缝纫线除外），非供零售用：**	1. 品名；2. 种类（单纱、股线、缆线）；3. 是否供零售用；4. 成分含量；5. 纱线细度；6. 股线注明股数			
	-按重量计尼龙或其他聚酰胺短纤含量在85%及以上：				
5509.1100	--单纱				
5509.1200	--多股纱线或缆线				
	-按重量计聚酯短纤含量在85%及以上：				
5509.2100	--单纱				
5509.2200	--多股纱线或缆线				
	-按重量计聚丙烯腈或变性聚丙烯腈短纤含量在85%及以上：				
5509.3100	--单纱				
5509.3200	--多股纱线或缆线				
	-其他纱线，按重量计合成纤维短纤含量在85%及以上：				
5509.4100	--单纱				
5509.4200	--多股纱线或缆线				
	-其他聚酯短纤纺制的纱线：				
5509.5100	--主要或仅与人造纤维短纤混纺				
5509.5200	--主要或仅与羊毛或动物细毛混纺				
5509.5300	--主要或仅与棉混纺				
5509.5900	--其他				
	-其他聚丙烯腈或变性聚丙烯腈短纤纺制的纱线：				
5509.6100	--主要或仅与羊毛或动物细毛混纺				
5509.6200	--主要或仅与棉混纺				
5509.6900	--其他				
	-其他纱线：				
5509.9100	--主要或仅与羊毛或动物细毛混纺				
5509.9200	--主要或仅与棉混纺				
5509.9900	--其他				

税则号列	商品名称	申报要素			说明举例
		归类要素	价格要素	其他要素	
55.10	**人造纤维短纤纺制的纱线（缝纫线除外），非供零售用：**	1. 品名；2. 种类（单纱、股线、缆线）；3. 是否供零售用；4. 成分含量；5. 纱线细度；6. 股线注明股数			
	-按重量计人造纤维短纤含量在85%及以上：				
5510.1100	--单纱				
5510.1200	--多股纱线或缆线				
5510.2000	-其他纱线，主要或仅与羊毛或动物细毛混纺				
5510.3000	-其他纱线，主要或仅与棉混纺				
5510.9000	-其他				
55.11	**化学纤维短纤纺制的纱线（缝纫线除外），供零售用：**	1. 品名；2. 种类（单纱、股线、缆线）；3. 是否供零售用；4. 成分含量；5. 纱线细度			
5511.1000	-按重量计合成纤维短纤含量在85%及以上				
5511.2000	-按重量计合成纤维短纤含量在85%以下				
5511.3000	-人造纤维短纤纺制				
55.12	**合成纤维短纤纺制的机织物，按重量计合成纤维短纤含量在85%及以上：**	1. 品名；2. 织造方法（机织）；3. 染整方法（漂白、未漂白、色织、染色等）；4. 组织结构（平纹、斜纹、缎纹等）；5. 合成纤维种类（长丝、短纤）；6. 成分含量；7. 幅宽；8. 每平方米克重	9. 品牌		
	-按重量计聚酯短纤含量在85%及以上：				
5512.1100	--未漂白或漂白				
5512.1900	--其他				
	-按重量计聚丙烯腈或变性聚丙烯腈短纤含量在85%及以上：				
5512.2100	--未漂白或漂白				
5512.2900	--其他				
	-其他：				
5512.9100	--未漂白或漂白				
5512.9900	--其他				

税则号列	商品名称	申报要素			说明举例
		归类要素	价格要素	其他要素	
55.13	**合成纤维短纤纺制的机织物，按重量计合成纤维短纤含量在85%以下，主要或仅与棉混纺，每平方米重量不超过170克：**	1. 品名；2. 种类（单纱、股线、缆线）；3. 织造方法（机织）；4. 染整方法（漂白、未漂白、色织、染色等）；5. 组织结构（平纹、斜纹、缎纹等）；6. 成分含量；7. 幅宽；8. 每平方米克重	9. 品牌		
	-未漂白或漂白：				
	--聚酯短纤纺制的平纹机织物：				
5513.1110	---未漂白				
5513.1120	---漂白				
	--聚酯短纤纺制的三线或四线斜纹机织物，包括双面斜纹机织物：				
5513.1210	---未漂白				
5513.1220	---漂白				
	--其他聚酯短纤纺制的机织物：				
5513.1310	---未漂白				
5513.1320	---漂白				
5513.1900	--其他机织物				
	-染色：				
5513.2100	--聚酯短纤纺制的平纹机织物				
	--其他聚酯短纤纺制的机织物：				
5513.2310	---聚酯短纤纺制的三线或四线斜纹机织物，包括双面斜纹机织物				
5513.2390	---其他				
5513.2900	--其他机织物				
	-色织：				
5513.3100	--聚酯短纤纺制的平纹机织物				
	--其他机织物：				
5513.3910	---聚酯短纤纺制的三线或四线斜纹机织物，包括双面斜纹机织物				
5513.3920	---其他聚酯短纤纺制的机织物				
5513.3990	---其他				
	-印花：				
5513.4100	--聚酯短纤纺制的平纹机织物				
	--其他机织物：				

税则号列	商品名称	申报要素			说明举例
		归类要素	价格要素	其他要素	
5513.4910	---聚酯短纤纺制的三线或四线斜纹机织物，包括双面斜纹机织物				
5513.4920	---其他聚酯短纤纺制的机织物				
5513.4990	---其他				
55.14	**合成纤维短纤纺制的机织物，按重量计合成纤维短纤含量在85%以下，主要或仅与棉混纺，每平方米重量超过170克：**	1. 品名；2. 织造方法（机织）；3. 染整方法（漂白、未漂白、色织、染色等）；4. 组织结构（平纹、斜纹、缎纹等）；5. 成分含量；6. 幅宽；7. 每平方米克重	8. 品牌		
	-未漂白或漂白：				
	--聚酯短纤纺制的平纹机织物：				
5514.1110	---未漂白				
5514.1120	---漂白				
	--聚酯短纤纺制的三线或四线斜纹机织物，包括双面斜纹机织物：				
5514.1210	---未漂白				
5514.1220	---漂白				
	--其他机织物：				
	---聚酯短纤纺制的机织物：				
5514.1911	----未漂白				
5514.1912	----漂白				
5514.1990	---其他				
	-染色：				
5514.2100	--聚酯短纤纺制的平纹机织物				
5514.2200	--聚酯短纤纺制的三线或四线斜纹机织物，包括双面斜纹机织物				
5514.2300	--其他聚酯短纤纺制的机织物				
5514.2900	--其他机织物				
	-色织：				
5514.3010	---聚酯短纤纺制的平纹机织物				
5514.3020	---聚酯短纤纺制的三线或四线斜纹机织物，包括双面斜纹机织物				
5514.3030	---其他聚酯短纤纺制的机织物				
5514.3090	---其他机织物				
	-印花：				
5514.4100	--聚酯短纤纺制的平纹机织物				

税则号列	商品名称	申报要素			说明举例
		归类要素	价格要素	其他要素	
5514.4200	--聚酯短纤纺制的三线或四线斜纹机织物，包括双面斜纹机织物				
5514.4300	--其他聚酯短纤纺制的机织物				
5514.4900	--其他机织物				
55.15	**合成纤维短纤纺制的其他机织物：**	1. 品名；2. 织造方法（机织）；3. 染整方法（漂白、未漂白、色织、染色等）；4. 组织结构（平纹、斜纹、缎纹等）；5. 成分含量；6. 幅宽；7. 每平方米克重	8. 品牌		
	-聚酯短纤纺制：				
5515.1100	--主要或仅与粘胶纤维短纤混纺				
5515.1200	--主要或仅与化学纤维长丝混纺				
5515.1300	--主要或仅与羊毛或动物细毛混纺				
5515.1900	--其他				
	-聚丙烯腈或变性聚丙烯腈短纤纺制：				
5515.2100	--主要或仅与化学纤维长丝混纺				
5515.2200	--主要或仅与羊毛或动物细毛混纺				
5515.2900	--其他				
	-其他机织物：				
5515.9100	--主要或仅与化学纤维长丝混纺				
5515.9900	--其他				
55.16	**人造纤维短纤纺制的机织物：**	1. 品名；2. 织造方法（机织）；3. 染整方法（漂白、未漂白、色织、染色等）；4. 组织结构（平纹、斜纹、缎纹等）；5. 成分含量；6. 幅宽；7. 每平方米克重	8. 品牌		
	-按重量计人造纤维短纤含量在85%及以上：				
5516.1100	--未漂白或漂白				
5516.1200	--染色				
5516.1300	--色织				

税则号列	商品名称	申报要素			说明举例
		归类要素	价格要素	其他要素	
5516.1400	--印花				
	-按重量计人造纤维短纤含量在85%以下，主要或仅与化学纤维长丝混纺：				
5516.2100	--未漂白或漂白				
5516.2200	--染色				
5516.2300	--色织				
5516.2400	--印花				
	-按重量计人造纤维短纤含量在85%以下，主要或仅与羊毛或动物细毛混纺：				
5516.3100	--未漂白或漂白				
5516.3200	--染色				
5516.3300	--色织				
5516.3400	--印花				
	-按重量计人造纤维短纤含量在85%以下，主要或仅与棉混纺：				
5516.4100	--未漂白或漂白				
5516.4200	--染色				
5516.4300	--色织				
5516.4400	--印花				
	-其他：				
5516.9100	--未漂白或漂白				
5516.9200	--染色				
5516.9300	--色织				
5516.9400	--印花				

第五十六章　絮胎、毡呢及无纺织物；特种纱线；线、绳、索、缆及其制品

注释：

一、本章不包括：

（一）用各种物质或制剂（例如，第三十三章的香水或化妆品、税目 34.01 的肥皂或洗涤剂、税目 34.05 的光洁剂及类似制剂、税目 38.09 的织物柔软剂）浸渍、涂布、包覆的絮胎、毡呢或无纺织物，其中的纺织材料仅作为承载介质；

（二）税目 58.11 的纺织产品；

（三）以毡呢或无纺织物为底的砂布及类似品（税目 68.05）；

（四）以毡呢或无纺织物为底的黏聚或复制云母（税目 68.14）；

（五）以毡呢或无纺织物为底的金属箔（通常归入第十四类或第十五类）；或

（六）税目 96.19 的卫生巾（护垫）及止血塞、婴儿尿布及尿布衬里和类似品。

二、所称“毡呢”，包括针刺机制毡呢以及纤维本身通过缝编工序增强了抱合力的纺织纤维网状织物。

三、税目 56.02 及 56.03 分别包括用各种性质（紧密结构或泡沫状）的塑料或橡胶浸渍、涂布、包覆或层压的毡呢及无纺织物。

税目 56.03 还包括用塑料或橡胶做黏合材料的无纺织物。

但税目 56.02 及 56.03 不包括：

（一）用塑料或橡胶浸渍、涂布、包覆或层压，按重量计纺织材料含量在 50%及以下的毡呢或者完全嵌入塑料或橡胶之内的毡呢（第三十九章或第四十章）；

（二）完全嵌入塑料或橡胶之内的无纺织物，以及用肉眼可辨别出两面都用塑料或橡胶涂布、包覆的无纺织物，涂布或包覆所引起的颜色变化可不予考虑（第三十九章或第四十章）；或

（三）与毡呢或无纺织物混制的泡沫塑料或海绵橡胶板、片或扁条，纺织材料仅在其中起增强作用（第三十九章或第四十章）。

四、税目 56.04 不包括用肉眼无法辨别出是否经过浸渍、涂布或包覆的纺织纱线或税目 54.04 或 54.05 的扁条及类似品（通常归入第五十章至第五十五章）；运用本条规定，可不考虑浸渍、涂布或包覆所引起的颜色变化。

【要素释义】

一、归类要素

（一）纤维成分：指货品含有何种纤维成分。例如，税目 56.01 可填写“棉制”。

（二）状态：指货品的外观形状。例如，子目 5601.3 填写“纤维屑”“球结”。

（三）加工方法：指货品在申报前经过怎样的处理工艺。例如，税目 56.02 根据具体情况填写“针刺缝编、涂布、浸渍、层压、包覆等”。

（四）纤维成分含量：指货品含有何种纤维成分及其所占百分比。

（五）是否化学纤维长丝制：在化纤制造过程中，纺丝流体连续从喷丝孔挤出，经冷凝成为连续不断的丝条，称为化学纤维长丝。将长丝切短的称为短纤。根据实际情况填写。

（六）每平方米克重：指货品每平方米的重量，以克为单位计算。

（七）成分含量：指货品含有的各种成分的重量百分比。

（八）化学纤维长丝制应注明：在化纤制造过程中，纺丝流体连续从喷丝孔挤出，经冷凝成为连续不断的丝条，称为化学纤维长丝。根据实际情况填写。

（九）内层材质：该要素是针对税目 56.04“经浸渍、涂布、包覆”而设置的，指内层材料是什么材质。

（十）外层材质：该要素是针对税目 56.04“经浸渍、涂布、包覆”而设置的，指外层材料是什么材质。

（十一）含金属纱线：含金属纱线包括由混有金属线或扁条的任何纺织材料纺成的纱线，用金属以任何工艺包覆的各种纺织材料纱线，用上述纱线制成的多股纱线或缆线，以金属箔（一般是铝箔）为芯制成的产品。

（十二）种类：该要素是针对税目 56.06 货品而设置的，填写“绳绒线”“粗松螺旋花线”或“纵行起圈纱线”。

（十三）用途：指货品具体的应用方向。例如，子目 5607.21 要填写“包扎用”，子目 5608.11 要填写“渔网”或“购物网”等。

（十四）成网方式：指网是用什么方式形成的。例如，子目 5608.11 要填写“结制”。

（十五）无纺织物与普通絮胎的主要区别：无纺织物一般按照整张网或薄片的厚度和宽度将纤维或长丝黏合起来。

（十六）无纺织物与纸、纸板的主要区别：无纺织物的纤维一般在生产过程中未被融化掉。

二、价格要素

用途：指商品的实际用途。例如，子目5603.111的无纺布的用途填写“用于无尘纸衬底”。

税则号列	商品名称	申报要素			说明举例
		归类要素	价格要素	其他要素	
56.01	**纺织材料絮胎及其制品；长度不超过5毫米的纺织纤维（纤维屑）、纤维粉末及球结：**				
	-纺织材料制的絮胎及其制品：	1. 品名；2. 纤维成分（如棉制）			
5601.2100	--棉制				
	--化学纤维制：				
5601.2210	---卷烟滤嘴				
5601.2290	---其他				
5601.2900	--其他				
5601.3000	-纤维屑、纤维粉末及球结	1. 品名；2. 状态（纤维屑、球结）			
56.02	**毡呢，不论是否浸渍、涂布、包覆或层压：**	1. 品名；2. 加工方法（针刺缝编、涂布、浸渍、层压、包覆等）；3. 纤维成分含量			
5602.1000	-针刺机制毡呢及纤维缝编织物				
	-其他毡呢，未浸渍、涂布、包覆或层压：				
5602.2100	--羊毛或动物细毛制				
5602.2900	--其他纺织材料制				
5602.9000	-其他				
56.03	**无纺织物，不论是否浸渍、涂布、包覆或层压：**				
	-化学纤维长丝制：				
	--每平方米重量不超过25克：	1. 品名；2. 加工方法（涂布、浸渍、层压、包覆等）；3. 是否化学纤维长丝制；4. 每平方米克重；5. 成分含量	6. 用途		
5603.1110	---经浸渍、涂布、包覆或层压				
5603.1190	---其他				
	--每平方米重量超过25克，但不超过70克：	1. 品名；2. 加工方法（涂布、浸渍、层压、包覆等）；3. 是否化学纤维长丝制；4. 每平方米克重；5. 成分含量	6. 用途		
5603.1210	---经浸渍、涂布、包覆或层压				
5603.1290	---其他				

税则号列	商品名称	申报要素			说明举例
		归类要素	价格要素	其他要素	
	--每平方米重量超过70克，但不超过150克：	1. 品名；2. 加工方法（涂布、浸渍、层压、包覆等）；3. 是否化学纤维长丝制；4. 每平方米克重；5. 成分含量	6. 用途		
5603.1310	---经浸渍、涂布、包覆或层压				
5603.1390	---其他				
	--每平方米重量超过150克：				
5603.1410	---经浸渍、涂布、包覆或层压	1. 品名；2. 加工方法（涂布、浸渍、层压、包覆等）；3. 是否化学纤维长丝制；4. 每平方米克重；5. 成分含量	6. 用途		
5603.1490	---其他	1. 品名；2. 加工方法；3. 化学纤维长丝制应注明；4. 每平方米克重；5. 成分含量	6. 用途		
	-其他：				
	--每平方米重量不超过25克：				
5603.9110	---经浸渍、涂布、包覆或层压	1. 品名；2. 加工方法（涂布、浸渍、层压、包覆等）；3. 每平方米克重；4. 成分含量	5. 用途		
5603.9190	---其他	1. 品名；2. 加工方法；3. 每平方米克重；4. 成分含量	5. 用途		
	--每平方米重量超过25克，但不超过70克：				
5603.9210	---经浸渍、涂布、包覆或层压	1. 品名；2. 加工方法（涂布、浸渍、层压、包覆等）；3. 每平方米克重；4. 成分含量	5. 用途		
5603.9290	---其他	1. 品名；2. 加工方法；3. 每平方米克重；4. 成分含量	5. 用途		
	--每平方米重量超过70克，但不超过150克：				
5603.9310	---经浸渍、涂布、包覆或层压	1. 品名；2. 加工方法（涂布、浸渍、层压、包覆等）；3. 每平方米克重；4. 成分含量	5. 用途		
5603.9390	---其他	1. 品名；2. 加工方法；3. 每平方米克重；4. 成分含量	5. 用途		

税则号列	商品名称	申报要素			说明举例
		归类要素	价格要素	其他要素	
	--每平方米重量超过150克：				
5603.9410	---经浸渍、涂布、包覆或层压	1. 品名；2. 加工方法（涂布、浸渍、层压、包覆等）；3. 每平方米克重；4. 成分含量	5. 用途		
5603.9490	---其他	1. 品名；2. 加工方法；3. 每平方米克重；4. 成分含量	5. 用途		
56.04	**用纺织材料包覆的橡胶线及绳；用橡胶或塑料浸渍、涂布、包覆或套裹的纺织纱线及税目54.04或54.05的扁条及类似品：**	1. 品名；2. 加工方法（浸渍、涂布或包覆等）；3. 内层材质；4. 外层材质			
5604.1000	-用纺织材料包覆的橡胶线及绳				
5604.9000	-其他				
56.05	**含金属纱线，不论是否螺旋花线，由纺织纱线或税目54.04或54.05的扁条及类似品与金属线、扁条或粉末混合制得或用金属包覆制得：**	1. 品名；2. 含金属纱线；3. 成分含量			
5605.0000	含金属纱线，不论是否螺旋花线，由纺织纱线或税目54.04或54.05的扁条及类似品与金属线、扁条或粉末混合制得或用金属包覆制得				
56.06	**粗松螺旋花线，税目54.04或54.05的扁条及类似品制的螺旋花线（税目56.05的货品及马毛粗松螺旋花线除外）；绳绒线（包括植绒绳绒线）；纵行起圈纱线：**	1. 品名；2. 种类（绳绒及粗松花线、纵行起圈纱线等）			
5606.0000	粗松螺旋花线，税目54.04或54.05的扁条及类似品制的螺旋花线（税目56.05的货品及马毛粗松螺旋花线除外）；绳绒线（包括植绒绳绒线）；纵行起圈纱线				
56.07	**线、绳、索、缆，不论是否编织或编结而成，也不论是否用橡胶或塑料浸渍、涂布、包覆或套裹：**				
	-西沙尔麻或其他纺织用龙舌兰类纤维纺制：				

税则号列	商品名称	申报要素			说明举例
		归类要素	价格要素	其他要素	
5607.2100	--包扎用绳	1. 品名; 2. 用途(包扎用等); 3. 纤维成分			
5607.2900	--其他	1. 品名; 2. 纤维成分			
	-聚乙烯或聚丙烯纺制:				
5607.4100	--包扎用绳	1. 品名; 2. 用途(包扎用等); 3. 纤维成分			
5607.4900	--其他	1. 品名; 2. 纤维成分			
5607.5000	-其他合成纤维纺制	1. 品名; 2. 纤维成分; 3. 是否编织			
	-其他:	1. 品名; 2. 纤维成分			
5607.9010	---蕉麻(马尼拉麻)或其他硬质(叶)纤维纺制				
5607.9090	---其他				
56.08	**线、绳或索结制的网料;纺织材料制成的渔网及其他网:**				
	-化学纤维材料制:				
5608.1100	--制成的渔网	1. 品名; 2. 用途(渔网、购物网等); 3. 纤维成分; 4. 成网方式(结制)			
5608.1900	--其他	1. 品名; 2. 用途(渔网、购物网等); 3. 纤维成分			
5608.9000	-其他	1. 品名; 2. 用途(渔网、购物网等); 3. 纤维成分			
56.09	**用纱线、税目54.04或54.05的扁条及类似品或线、绳、索、缆制成的其他税目未列名物品:**	1. 品名; 2. 用途; 3. 纤维成分			
5609.0000	用纱线、税目54.04或54.05的扁条及类似品或线、绳、索、缆制成的其他税目未列名物品				

第五十七章　地毯及纺织材料的其他铺地制品

注释：

一、本章所称"地毯及纺织材料的其他铺地制品"，是指使用时以纺织材料作面的铺地制品，也包括具有纺织材料铺地制品特征但作其他用途的物品。

二、本章不包括铺地制品衬垫。

【要素释义】

归类要素

（一）织造方法：指地毯的成型方式。例如，税目 57.01 可填写"栽绒"等，子目 5702.1 可填写"机织"等，税目 57.03 可填写"簇绒"，税目 57.04 可填写"毡呢"。

（二）是否为铺地制品：常见的铺地制品包括地毯、门垫、浴室垫等。

（三）纤维成分：指货品含有何种纤维成分。例如，棉制、羊毛制、椰壳纤维制、化学纤维制。

（四）规格尺寸：指货品（铺地制品）完全摊开后的尺寸。税目 57.04 要填写"最大表面面积"。

（五）是否含有膨润土：膨润土是由火山灰形成的黏土，可以用作纺织品的脱脂剂。根据实际情况填写。

税则号列	商品名称	申报要素			说明举例
		归类要素	价格要素	其他要素	
57.01	**结织栽绒地毯及纺织材料的其他结织栽绒铺地制品，不论是否制成的：**	1. 品名；2. 织造方法（栽绒、手织等）；3. 纤维成分	4. 规格尺寸		
5701.1000	-羊毛或动物细毛制				
	-其他纺织材料制：				
5701.9010	---化学纤维制				
5701.9020	---丝制				
5701.9090	---其他				
57.02	**机织地毯及纺织材料的其他机织铺地制品，未簇绒或未植绒，不论是否制成的，包括"开来姆""苏麦克""卡拉马尼"及类似的手织地毯：**				
5702.1000	-"开来姆""苏麦克""卡拉马尼"及类似的手织地毯	1. 品名；2. 织造方法（机织、手织等）；3. 纤维成分	4. 规格尺寸		
5702.2000	-椰壳纤维制的铺地制品	1. 品名；2. 织造方法（栽绒、手织等）；3. 纤维成分	4. 规格尺寸		
	-其他起绒结构的铺地制品，未制成的：	1. 品名；2. 织造方法（栽绒、手织等）；3. 纤维成分	4. 规格尺寸		
5702.3100	--羊毛或动物细毛制				
5702.3200	--化学纤维制				
5702.3900	--其他纺织材料制				
	-其他起绒结构的铺地制品，制成的：	1. 品名；2. 织造方法（栽绒、手织等）；3. 纤维成分	4. 规格尺寸		

税则号列	商品名称	申报要素			说明举例
		归类要素	价格要素	其他要素	
5702.4100	--羊毛或动物细毛制				
5702.4200	--化学纤维制				
5702.4900	--其他纺织材料制				
	-其他非起绒结构的铺地制品，未制成的：	1. 品名；2. 织造方法（栽绒、手织等）；3. 纤维成分	4. 规格尺寸		
5702.5010	---羊毛或动物细毛制				
5702.5020	---化学纤维制				
5702.5090	---其他纺织材料制				
	-其他非起绒结构的铺地制品，制成的：	1. 品名；2. 织造方法（栽绒、手织等）；3. 纤维成分	4. 规格尺寸		
5702.9100	--羊毛或动物细毛制				
5702.9200	--化学纤维制				
5702.9900	--其他纺织材料制				
57.03	**簇绒地毯及纺织材料的其他簇绒铺地制品，不论是否制成的：**	1. 品名；2. 织造方法（簇绒）；3. 纤维成分	4. 规格尺寸		
5703.1000	-羊毛或动物细毛制				
5703.2000	-尼龙或其他聚酰胺制				
5703.3000	-其他化学纤维制				
5703.9000	-其他纺织材料制				
57.04	**毡呢地毯及纺织材料的其他毡呢铺地制品，未簇绒或未植绒，不论是否制成的：**	1. 品名；2. 织造方法（毡呢）；3. 是否为铺地制品；4. 纤维成分；5. 规格尺寸（最大表面面积）			
5704.1000	-最大表面面积不超过0.3平方米				
5704.2000	-最大表面面积超过0.3平方米但不超过1平方米				
5704.9000	-其他				
57.05	**其他地毯及纺织材料的其他铺地制品，不论是否制成的：**	1. 品名；2. 是否为铺地制品；3. 纤维成分；4. 是否含有膨润土；5. 规格尺寸			
5705.0010	---羊毛或动物细毛制				
5705.0020	---化学纤维制				
5705.0090	---其他纺织材料制				

第五十八章　特种机织物；簇绒织物；花边；装饰毯；装饰带；刺绣品

注释：

一、本章不适用于经浸渍、涂布、包覆或层压的第五十九章注释一所述的纺织物或第五十九章的其他货品。

二、税目 58.01 也包括因未将浮纱割断而使表面无竖绒的纬起绒织物。

三、税目 58.03 所称“纱罗”，是指经线全部或部分由地经纱和绞经纱构成的织物，其中绞经纱绕地经纱半圈、一圈或几圈而形成圈状，纬纱从圈中穿过。

四、税目 58.04 不适用于税目 56.08 的线、绳、索结制的网状织物。

五、税目 58.06 所称“狭幅机织物”，是指：

（一）幅宽不超过 30 厘米的机织物，不论是否织成或从宽幅料剪成，但两侧必须有织成的、胶粘的或用其他方法制成的布边；

（二）压平宽度不超过 30 厘米的圆筒机织物；以及

（三）折边的斜裁滚条布，其未折边时的宽度不超过 30 厘米。

流苏状的狭幅机织物归入税目 58.08。

六、税目 58.10 所称“刺绣品”，除了一般纺织材料绣线绣制的刺绣品外，还包括在可见底布上用金属线或玻璃线刺绣的刺绣品，也包括用珠片、饰珠、纺织材料或其他材料制的装饰用花纹图案所缝绣的贴花织物。该税目不包括手工针绣嵌花装饰毯（税目 58.05）。

七、除税目 58.09 的产品外，本章还包括金属线制的用于衣着、装饰及类似用途的物品。

【要素释义】

“被褥状纺织制品”一般指一层胎料缝合一层织物或两层织物夹一层胎料，但缝合主要起绗缝的特征，图案不构成刺绣品的特征。

归类要素

（一）织造方法：指织物的成型方式。例如，税目 58.04 填写“机制、手工制”，税目 58.09 填写“金属线或含金属纱线机织”，税目 58.10 填写“刺绣”。

（二）幅宽：指织物最靠外的两边经纱线间与织物长度方向垂直的距离。

（三）纤维成分：指货品含有何种纤维成分。例如，棉制、羊毛制、椰壳纤维制、化学纤维制。

（四）起绒方式：起绒是指通过某种工艺使织物表面具有绒层或毛茸外观。例如，子目 5801.21 要填写“经起绒”“纬起绒”或“绳绒”，子目 5806.1 要填写“毛巾”“绳绒”等。

（五）割绒请注明：割绒是将毛圈进行剪割处理，使织物表面布满平整的绒毛的工艺过程。

（六）是否为割绒：割绒是将毛圈进行剪割处理，使织物表面布满平整的绒毛的工艺过程。

（七）是否漂白：漂白是使用化学溶剂将织物漂染成为白色的过程。

（八）组织结构：该要素专用于税目 58.03，其目的是确认货品属于“纱罗”。

（九）种类：指货品属于什么类型的织物。例如，税目 58.04 要填写“网眼、花边”，税目 58.05 要填写“手工针绣嵌花装饰毯”等。

（十）用途：指货品具体的应用方向。例如，税目 58.09 要填写“衣着”“装饰”等。

（十一）成分含量：指货品含有的各种成分的重量百分比。

（十二）刺绣请注明：刺绣是用绣线在原有底布（网眼薄纱、网眼织物、丝绒、带子、针织物或钩编织物、花边或机织物、毡呢或无纺织物等）上进行穿刺，以缝迹构成花纹图案的装饰织物。

（十三）规格：指货品的商业规格，例如，税目 58.08 要填写“成匹”。

（十四）是否见底布：该要素是针对刺绣品而设置的，指刺绣品的底布是否可见。底布是指绣线穿刺的载体。

税则号列	商品名称	申报要素			说明举例
		归类要素	价格要素	其他要素	
58.01	**起绒机织物及绳绒织物，但税目58.02或58.06的织物除外：**				
5801.1000	-羊毛或动物细毛制	1. 品名；2. 织造方法（机织）；3. 幅宽；4. 纤维成分			
	-棉制：				
5801.2100	--不割绒的纬起绒织物	1. 品名；2. 织造方法（机织）；3. 起绒方式（经起绒、纬起绒或绳绒）；4. 幅宽；5. 纤维成分			
5801.2200	--割绒的灯芯绒	1. 品名；2. 织造方法（机织）；3. 割绒请注明；4. 幅宽；5. 纤维成分			
5801.2300	--其他纬起绒织物	1. 品名；2. 织造方法（机织）；3. 起绒方式（经起绒、纬起绒或绳绒）；4. 幅宽；5. 纤维成分			
5801.2600	--绳绒织物	1. 品名；2. 织造方法（机织）；3. 起绒方式（经起绒、纬起绒或绳绒）；4. 幅宽；5. 纤维成分			
	--经起绒织物：				
5801.2710	---不割绒的（棱纹绸）	1. 品名；2. 织造方法（机织）；3. 起绒方式（经起绒、纬起绒或绳绒）；4. 幅宽；5. 纤维成分			
5801.2720	---割绒的	1. 品名；2. 织造方法（机织）；3. 起绒方式（经起绒、纬起绒或绳绒）；4. 是否为割绒；5. 幅宽；6. 纤维成分			
	-化学纤维制：				
5801.3100	--不割绒的纬起绒织物	1. 品名；2. 织造方法（机织）；3. 起绒方式（经起绒、纬起绒或绳绒）；4. 幅宽；5. 纤维成分			

税则号列	商品名称	申报要素			说明举例
		归类要素	价格要素	其他要素	
5801.3200	--割绒的灯芯绒	1. 品名；2. 织造方法(机织)；3. 起绒方式(经起绒、纬起绒或绳绒)；4. 是否为割绒；5. 幅宽；6. 纤维成分			
5801.3300	--其他纬起绒织物	1. 品名；2. 织造方法(机织)；3. 起绒方式(经起绒、纬起绒或绳绒)；4. 幅宽；5. 纤维成分			
5801.3600	--绳绒织物	1. 品名；2. 织造方法(机织)；3. 起绒方式(经起绒、纬起绒或绳绒)；4. 幅宽；5. 纤维成分			
	--经起绒织物：				
5801.3710	---不割绒的（棱纹绸）	1. 品名；2. 织造方法(机织)；3. 起绒方式(经起绒、纬起绒或绳绒)；4. 幅宽；5. 纤维成分			
5801.3720	---割绒的	1. 品名；2. 织造方法(机织)；3. 起绒方式(经起绒、纬起绒或绳绒)；4. 是否为割绒；5. 幅宽；6. 纤维成分			
	-其他纺织材料制：				
5801.9010	---丝及绢丝制	1. 品名；2. 织造方法(机织)；3. 幅宽；4. 纤维成分			
5801.9090	---其他	1. 品名；2. 织造方法(机织)；3. 起绒方式(经起绒、纬起绒或绳绒)；4. 幅宽；5. 纤维成分			
58.02	**毛巾织物及类似的毛圈机织物，但税目58.06的狭幅织物除外；簇绒织物，但税目57.03的产品除外：**				
	-棉制毛巾织物及类似的毛圈机织物：				

税则号列	商品名称	申报要素			说明举例
		归类要素	价格要素	其他要素	
5802.1100	--未漂白	1. 品名; 2. 织造方法(机织); 3. 起绒方式(簇绒或毛圈); 4. 是否漂白; 5. 幅宽; 6. 纤维成分			
5802.1900	--其他	1. 品名; 2. 织造方法(机织); 3. 起绒方式(簇绒或毛圈); 4. 幅宽; 5. 纤维成分			
	-其他纺织材料制的毛巾织物及类似的毛圈机织物:	1. 品名; 2. 织造方法(机织); 3. 起绒方式(簇绒或毛圈); 4. 幅宽; 5. 纤维成分			
5802.2010	---丝及绢丝制				
5802.2020	---羊毛或动物细毛制				
5802.2030	---化学纤维制				
5802.2090	---其他				
	-簇绒织物:	1. 品名; 2. 织造方法(机织); 3. 起绒方式(簇绒或毛圈); 4. 幅宽; 5. 纤维成分			
5802.3010	---丝及绢丝制				
5802.3020	---羊毛或动物细毛制				
5802.3030	---棉或麻制				
5802.3040	---化学纤维制				
5802.3090	---其他纺织材料制				
58.03	**纱罗,但税目58.06的狭幅织物除外:**	1. 品名; 2. 组织结构(纱罗); 3. 幅宽; 4. 纤维成分			
5803.0010	---棉制				
5803.0020	---丝及绢丝制				
5803.0030	---化学纤维制				
5803.0090	---其他纺织材料制				
58.04	**网眼薄纱及其他网眼织物,但不包括机织物、针织物或钩编织物;成卷、成条或成小块图案的花边,但税目60.02至60.06的织物除外:**	1. 品名; 2. 种类(网眼、花边); 3. 织造方法(机制、手工制); 4. 幅宽; 5. 纤维成分			
	-网眼薄纱及其他网眼织物:				
5804.1010	---丝及绢丝制				
5804.1020	---棉制				
5804.1030	---化学纤维制				
5804.1090	---其他纺织材料制				

税则号列	商品名称	申报要素			说明举例
		归类要素	价格要素	其他要素	
	-机制花边：				
5804.2100	--化学纤维制				
	--其他纺织材料制：				
5804.2910	---丝及绢丝制				
5804.2920	---棉制				
5804.2990	---其他				
5804.3000	-手工制花边				
58.05	**“哥白林”“弗朗德”“奥步生”“波威”及类似式样的手织装饰毯，以及手工针绣嵌花装饰毯（例如，小针脚或十字绣），不论是否制成的：**	1. 品名；2. 用途（装饰用）；3. 种类（手工针绣嵌花装饰毯等）；4. 幅宽；5. 纤维成分			
5805.0010	---手工针绣嵌花装饰毯				
5805.0090	---其他				
58.06	**狭幅机织物，但税目 58.07 的货品除外；用黏合剂黏合制成的有经纱而无纬纱的狭幅织物（包扎匹头用带）：**				
	-起绒机织物（包括毛巾织物及类似的毛圈织物）及绳绒织物：	1. 品名；2. 织造方法（机织）；3. 起绒方式（毛巾、绳绒等）；4. 成分含量；5. 幅宽			
5806.1010	---棉或麻制				
5806.1090	---其他纺织材料制				
5806.2000	-按重量计弹性纱线或橡胶线含量在 5%及以上的其他机织物	1. 品名；2. 织造方法（机织）；3. 成分含量；4. 幅宽			
	-其他机织物：	1. 品名；2. 织造方法（机织）；3. 成分含量；4. 幅宽			
5806.3100	--棉制				
5806.3200	--化学纤维制				
	--其他纺织材料制：				
5806.3910	---丝及绢丝制				
5806.3920	---羊毛或动物细毛制				
5806.3990	---其他				
	-用黏合剂黏合制成的有经纱而无纬纱的织物（包扎匹头用带）：	1. 品名；2. 织造方法（机织）；3. 成分含量；4. 幅宽			
5806.4010	---棉或麻制				
5806.4090	---其他纺织材料制				

税则号列	商品名称	申报要素			说明举例
		归类要素	价格要素	其他要素	
58.07	**非绣制的纺织材料制标签、徽章及类似品，成匹、成条或裁成一定形状或尺寸：**	1. 品名；2. 织造方法（机织、针织等）；3. 成分含量；4. 幅宽；5. 刺绣请注明			包括除刺绣以外的各种纺织材料制的标签
5807.1000	-机织				
5807.9000	-其他				
58.08	**成匹的编带；非绣制的成匹装饰带，但针织或钩编的除外；流苏、绒球及类似品：**	1. 品名；2. 规格（成匹）；3. 幅宽；4. 成分含量			针织和钩编除外
5808.1000	-成匹的编带				
5808.9000	-其他				
58.09	**其他税目未列名的金属线机织物及税目 56.05 所列含金属纱线的机织物，用于衣着、装饰及类似用途：**	1. 品名；2. 用途（衣着、装饰等）；3. 织造方法（金属线或含金属纱线机织）；4. 幅宽；5. 成分含量			
5809.0010	---与棉混制				
5809.0020	---与化学纤维混制				
5809.0090	---其他				
58.10	**成匹、成条或成小块图案的刺绣品：**	1. 品名；2. 织造方法（刺绣）；3. 是否见底布；4. 成分含量			刺绣品归入税目58.10
5810.1000	-不见底布的刺绣品				
	-其他刺绣品：				
5810.9100	--棉制				
5810.9200	--化学纤维制				
5810.9900	--其他纺织材料制				
58.11	**用一层或几层纺织材料与胎料经绗缝或其他方法组合制成的被褥状纺织品，但税目 58.10 的刺绣品除外：**	1. 品名；2. 表面成分含量；3. 胎料材质			
5811.0010	---丝及绢丝制				
5811.0020	---羊毛或动物细毛制				
5811.0030	---棉制				
5811.0040	---化学纤维制				
5811.0090	---其他纺织材料制				

第五十九章　浸渍、涂布、包覆或层压的纺织物；工业用纺织制品

注释：

一、除条文另有规定的以外，本章所称“纺织物”，仅适用于第五十章至第五十五章、税目 58.03 及 58.06 的机织物、税目 58.08 的成匹编带和装饰带及税目 60.02 至 60.06 的针织物或钩编织物。

二、税目 59.03 适用于：

（一）用塑料浸渍、涂布、包覆或层压的纺织物，不论每平方米重量多少以及塑料的性质如何（紧密结构或泡沫状的），但下列各项除外：

1. 用肉眼无法辨别出是否经过浸渍、涂布、包覆或层压的织物（通常归入第五十章至第五十五章、第五十八章或第六十章），但由于浸渍、涂布、包覆或层压所引起的颜色变化可不予考虑；
2. 温度在 15℃~30℃时，用手工将其绕于直径 7 毫米的圆柱体上会发生断裂的产品（通常归入第三十九章）；
3. 纺织物完全嵌入塑料内或在其两面均用塑料完全包覆或涂布，而这种包覆或涂布用肉眼是能够辨别出的产品（但由于包覆或涂布所引起的颜色变化可不予考虑）（第三十九章）；
4. 用塑料部分涂布或包覆并由此而形成图案的织物（通常归入第五十章至第五十五章、第五十八章或第六十章）；
5. 与纺织物混制而其中纺织物仅起增强作用的泡沫塑料板、片或带（第三十九章）；或
6. 税目 58.11 的纺织品。

（二）由税目 56.04 的用塑料浸渍、涂布、包覆或套裹的纱线、扁条或类似品制成的织物。

三、税目 59.05 所称“糊墙织物”，是指以纺织材料作面，固定在一衬背上或在背面进行处理（浸渍或涂布以便于裱糊），适于装饰墙壁或天花板，且宽度不小于 45 厘米的成卷产品。

但本税目不适用于以纺织纤维屑或粉末直接粘于纸上（税目 48.14）或布底上（通常归入税目 59.07）的糊墙物品。

四、税目 59.06 所称“用橡胶处理的纺织物”是指：

（一）用橡胶浸渍、涂布、包覆或层压的纺织物：

1. 每平方米重量不超过 1500 克；或
2. 每平方米重量超过 1500 克，按重量计纺织材料含量在 50% 以上。

（二）由税目 56.04 的用橡胶浸渍、涂布、包覆或套裹的纱线、扁条或类似品制成的织物。

（三）平行纺织纱线经橡胶黏合的织物，不论每平方米重量多少。

但本税目不包括与纺织物混制而其中纺织物仅起增强作用的海绵橡胶板、片或带（第四十章），也不包括税目 58.11 的纺织品。

五、税目 59.07 不适用于：

（一）用肉眼无法辨别出是否经过浸渍、涂布或包覆的织物（通常归入第五十章至第五十五章、第五十八章或第六十章），但由于浸渍、涂布或包覆所引起的颜色变化可不予考虑；

（二）绘有图画的织物（作为舞台、摄影布景或类似品的已绘制的画布除外）；

（三）用短绒、粉末、软木粉或类似品部分覆面并由此而形成图案的织物，但仿绒织物仍归入本税目；

（四）以淀粉或类似物质为基本成分的普通浆料上浆整理的织物；

（五）以纺织物为底的木饰面板（税目 44.08）；

（六）以纺织物为底的砂布及类似品（税目 68.05）；

（七）以纺织物为底的黏聚或复制云母片（税目 68.14）；或

（八）以纺织物为底的金属箔（通常归入第十四类或第十五类）。

六、税目 59.10 不适用于：

（一）厚度小于 3 毫米的纺织材料制传动带料或输送带料；或

（二）用橡胶浸渍、涂布、包覆或层压的织物制成的或用橡胶浸渍、涂布、包覆或套裹的纱线或绳制成的传动带料及输送带料（税目 40.10）。

七、税目 59.11 适用于下列不能归入第十一类其他税目的货品：

（一）下列成匹的、裁成一定长度或仅裁成矩形（包括正方形）的纺织产品（具有税目 59.08 至 59.10 所列产品特征的产品除外）：

1. 用橡胶、皮革或其他材料涂布、包覆或层压的作针布用的纺织物、毡呢及毡呢衬里机织物，以及其他

专门技术用途的类似织物，包括用橡胶浸渍的用于包覆纺锤（织轴）的狭幅丝绒织物；

2. 筛布；

3. 用于榨油机器或类似机器的纺织材料制或人发制滤布；

4. 用多股经纱或纬纱平织而成的纺织物，不论是否毡化、浸渍或涂布，通常用于机械或其他专门技术用途；

5. 专门技术用途的增强纺织物；

6. 工业上用作填塞或润滑材料的线绳、编带及类似品，不论是否涂布、浸渍或用金属加强。

（二）专门技术用途的纺织制品（税目59.08至59.10的货品除外），例如，造纸机器或类似机器（如制浆机或制石棉水泥的机器）用的环状或装有连接装置的纺织物或毡呢、密封垫、垫圈、抛光盘及其他机器零件。

【要素释义】

归类要素

（一）用途：指货品具体的应用方向。例如，用作书籍封面，用作舞台、摄影布景。

（二）处理工艺及材质：该要素专用于税目59.01。处理工艺指涂布、浸渍、层压等工艺。材质指涂层材料，包括胶或淀粉。

（三）成分含量：指货品含有的各种成分的重量百分比。

（四）是否高强力纱制：高强力纱的定义参见第十一类注释六。

（五）处理方法：指涂布、浸渍、层压等工艺方法。

（六）塑料种类：该要素专用于税目59.03，指用什么种类的塑料作为涂层。

（七）是否糊墙用：该要素专用于税目59.05，糊墙用是指适用于装饰墙壁或天花板。

（八）是否为纸衬背：该要素专用于税目59.05，纸衬背是指以纸作为纺织材料（面层）的衬背。

（九）幅宽：指织物最靠外的两边经纱线间与织物长度方向垂直的距离。

（十）表面层纤维成分含量：该要素专用于税目59.05，指糊墙织物的表面层所含的纤维种类及其重量百分比。

（十一）织造方法：常见的织造方法有机织物、针织物或钩编织物等。例如，子目5906.1要填写“机织、针织、钩编等”。

（十二）处理材料：该要素专用于税目59.06，指用橡胶作为处理材料。

（十三）是否是胶黏带、绝缘带：这里的胶黏带、绝缘带是指以纺织物作底布的橡胶黏带，包括电气绝缘带及橡胶黏胶布。

（十四）是否为已绘制画布：已绘制画布是指画有室内或室外景色或具有装饰效果的油画布及类似的纺织材料。

（十五）纤维成分：指货品含有何种纤维成分。

（十六）厚度：该要素专用于税目59.10，指纺织材料制的带料的厚度。

（十七）纤维成分含量：指货品含有何种纤维成分及其所占百分比。

（十八）是否为环状或有联接装置的纺织物或毡呢：环状或有联接装置的纺织物或毡呢一般用于造纸机器或类似机器（例如，制浆机或制石棉水泥的机器）。

（十九）每平方米克重：指货品每平方米的重量，以克为单位计算。

税则号列	商品名称	申报要素			说明举例
		归类要素	价格要素	其他要素	
59.01	**用胶或淀粉物质涂布的纺织物，作书籍封面及类似用途的；描图布；制成的油画布；作帽里的硬衬布及类似硬挺纺织物：** -用胶或淀粉物质涂布的纺织物，作书籍封面及类似用途的：	1. 品名；2. 用途；3. 处理材质；4. 成分含量；5. 处理工艺（涂布、浸渍、层压）			
5901.1010	---棉或麻制				

税则号列	商品名称	申报要素			说明举例
		归类要素	价格要素	其他要素	
5901.1020	---化学纤维制				
5901.1090	---其他				
	-其他:				
5901.9010	---制成的油画布				
	---其他:				
5901.9091	----棉或麻制				
5901.9092	----化学纤维制				
5901.9099	----其他				
59.02	**尼龙或其他聚酰胺、聚酯或黏胶纤维高强力纱制的帘子布:**	1. 品名; 2. 成分含量; 3. 是否高强力纱制			
	-尼龙或其他聚酰胺制:				
5902.1010	---聚酰胺-6(尼龙-6)制				
5902.1020	---聚酰胺-6,6(尼龙-6,6)制				
5902.1090	---其他				
5902.2000	-聚酯制				
5902.9000	-其他				
59.03	**用塑料浸渍、涂布、包覆或层压的纺织物,但税目59.02的货品除外:**	1. 品名; 2. 处理材质; 3. 成分含量; 4. 处理工艺(涂布、浸渍、层压); 5. 是否双面涂层或包覆			
	-用聚氯乙烯浸渍、涂布、包覆或层压的:				
5903.1010	---绝缘布或带				
5903.1020	---人造革				
5903.1090	---其他				
	-用聚氨基甲酸酯浸渍、涂布、包覆或层压的:				
5903.2010	---绝缘布或带				
5903.2020	---人造革				
5903.2090	---其他				
	-其他:				
5903.9010	---绝缘布或带				
5903.9020	---人造革				
5903.9090	---其他				
59.04	**列诺伦(亚麻油地毡),不论是否剪切成形;以织物为底布经涂布或覆面的铺地制品,不论是否剪切成形:**	1. 品名			
5904.1000	-列诺伦(亚麻油地毡)				
5904.9000	-其他				

税则号列	商 品 名 称	申报要素			说 明 举 例
		归类要素	价格要素	其他要素	
59.05	**糊墙织物：**	1. 品名；2. 是否糊墙用；3. 是否为纸衬背；4. 表面层纤维成分含量	5. 幅宽		
5905.0000	糊墙织物				
59.06	**用橡胶处理的纺织物，但税目59.02的货品除外：**				
	-宽度不超过20厘米的胶粘带：	1. 品名；2. 织造方法（机织、针织、钩编等）；3. 处理材料（橡胶）；4. 是否是胶粘带、绝缘带；5. 幅宽			
5906.1010	---绝缘带				
5906.1090	---其他				
	-其他：				
5906.9100	--针织或钩编的	1. 品名；2. 织造方法（机织、针织、钩编等）；3. 处理材料（橡胶）；4. 幅宽			
	--其他：				
5906.9910	---绝缘布或带	1. 品名；2. 织造方法（机织、针织、钩编等）；3. 处理材料（橡胶）；4. 是否是胶粘带、绝缘带；5. 幅宽			
5906.9990	---其他	1. 品名；2. 织造方法（机织、针织、钩编等）；3. 处理材料（橡胶）；4. 幅宽			
59.07	**用其他材料浸渍、涂布或包覆的纺织物；作舞台、摄影布景或类似用途的已绘制画布：**				
5907.0010	---绝缘布或带	1. 品名；2. 处理材料；3. 是否为绝缘带			
5907.0020	---已绘制画布	1. 品名；2. 是否为已绘制画布；3. 处理材料			
5907.0090	---其他	1. 品名；2. 处理材料			
59.08	**用纺织材料机织、编结或针织而成的灯芯、炉芯、打火机芯、烛芯或类似品；煤气灯纱筒及纱罩，不论是否浸渍：**	1. 品名；2. 用途			
5908.0000	用纺织材料机织、编结或针织而成的灯芯、炉芯、打火机芯、烛芯或类似品；煤气灯纱筒及纱罩，不论是否浸渍				

税则号列	商品名称	申报要素			说明举例
		归类要素	价格要素	其他要素	
59.09	**纺织材料制的水龙软管及类似的管子，不论有无其他材料作衬里、护套或附件：**	1. 品名；2. 纤维成分			
5909.0000	纺织材料制的水龙软管及类似的管子，不论有无其他材料作衬里、护套或附件				
59.10	**纺织材料制的传动带或输送带及带料，不论是否用塑料浸渍、涂布、包覆或层压，也不论是否用金属或其他材料加强：**	1. 品名；2. 纤维成分；3. 厚度			
5910.0000	纺织材料制的传动带或输送带及带料，不论是否用塑料浸渍、涂布、包覆或层压，也不论是否用金属或其他材料加强				
59.11	**本章注释七所规定的作专门技术用途的纺织产品及制品：**				
	-用橡胶、皮革或其他材料涂布、包覆或层压的作针布用的纺织物、毡呢及毡呢衬里机织物，以及作专门技术用途的类似织物，包括用橡胶浸渍的、用于包覆纺锤（织轴）的狭幅丝绒织物：	1. 品名；2. 用途			
5911.1010	---用橡胶浸渍的、用于包覆纺锤（织轴）的狭幅丝绒织物				
5911.1090	---其他				
5911.2000	-筛布，不论是否制成的	1. 品名；2. 纤维成分含量			
	-环状或装有连接装置的纺织物及毡呢，用于造纸机器或类似机器（例如，制浆机或制石棉水泥的机器）：	1. 品名；2. 用途；3. 是否为环状或有连接装置的纺织物或毡呢；4. 每平方米克重			
5911.3100	--每平方米重量在650克以下				
5911.3200	--每平方米重量在650克及以上				
5911.4000	-用于榨油机器或类似机器的滤布，包括人发制滤布	1. 品名；2. 用途			
5911.9000	-其他	1. 品名；2. 用途（如半导体晶圆制造用等）；3. 若为半导体晶圆制造用需注明是否为自粘式和是否为圆形			

第六十章　针织物及钩编织物

注释：

一、本章不包括：

（一）税目 58.04 的钩编花边；

（二）税目 58.07 的针织或钩编的标签、徽章及类似品；或

（三）第五十九章的经浸渍、涂布、包覆或层压的针织物及钩编织物，但经浸渍、涂布、包覆或层压的起绒针织物及起绒钩编织物仍归入税目 60.01。

二、本章还包括用金属线制的用于衣着、装饰或类似用途的织物。

三、本目录所称“针织物”，包括由纺织纱线用链式针法构成的缝编织物。

子目注释：

子目 6005.35 包括由聚乙烯单丝或涤纶复丝制成的织物，重量不小于 30 克/平方米，但不超过 55 克/平方米，网眼尺寸不小于 20 孔/平方厘米，但不超过 100 孔/平方厘米，并且用 α-氯氰菊酯（ISO）、虫螨腈（ISO）、溴氰菊酯（INN，ISO）、高效氯氟氰菊酯（ISO）、除虫菊酯（ISO）或甲基嘧啶磷（ISO）浸渍或涂层。

【要素释义】

归类要素

（一）织造方法：根据实际情况填写“机织物”“针织物”或“钩编织物”等。

（二）起绒方法：起绒是指通过某种工艺使织物表面具有绒层或毛茸外观。例如，子目 6001.1 要填写“毛圈或长毛绒”。

（三）幅宽：指织物最靠外的两边经纱线间与织物长度方向垂直的距离。

（四）纤维成分含量：指货品含有何种纤维成分及其所占百分比。

（五）成分含量：指货品含有的各种成分的重量百分比。

（六）染整方法：染整是指对纺织材料（纤维、纱线和织物）进行以化学处理为主的工艺过程，包括预处理、染色、印花和整理。例如，税目 60.05 要填写“色织”“染色”“漂白”等。

税则号列	商品名称	申报要素			说明举例
		归类要素	价格要素	其他要素	
60.01	**针织或钩编的起绒织物，包括“长毛绒”织物及毛圈织物：**				
6001.1000	-“长毛绒”织物	1. 品名；2. 织造方法（针织或钩编）；3. 起绒方法（毛圈或长毛绒）；4. 幅宽；5. 纤维成分含量			
	-毛圈绒头织物：	1. 品名；2. 织造方法（针织或钩编）；3. 起绒方法（毛圈或长毛绒）；4. 幅宽；5. 纤维成分含量			
6001.2100	--棉制				
6001.2200	--化学纤维制				
6001.2900	--其他纺织材料制				
	-其他：	1. 品名；2. 织造方法（针织或钩编）；3. 幅宽；4. 纤维成分含量			

税则号列	商品名称	申报要素			说明举例
		归类要素	价格要素	其他要素	
6001.9100	--棉制				
6001.9200	--化学纤维制				
6001.9900	--其他纺织材料制				
60.02	**宽度不超过30厘米，按重量计弹性纱线或橡胶线含量在5%及以上的针织物或钩编织物，但税目60.01的货品除外：**	1. 品名；2. 织造方法（针织或钩编）；3. 是否含橡胶线；4. 成分含量；5. 幅宽			
	-按重量计弹性纱线含量在5%及以上，但不含橡胶线：				
6002.4010	---棉制				
6002.4020	---丝及绢丝制				
6002.4030	---合成纤维制				
6002.4040	---人造纤维制				
6002.4090	---其他				
	-其他：				
6002.9010	---棉制				
6002.9020	---丝及绢丝制				
6002.9030	---合成纤维制				
6002.9040	---人造纤维制				
6002.9090	---其他				
60.03	**宽度不超过30厘米的针织或钩编织物，但税目60.01或60.02的货品除外：**	1. 品名；2. 织造方法（针织或钩编）；3. 成分含量；4. 幅宽			
6003.1000	-羊毛或动物细毛制				
6003.2000	-棉制				
6003.3000	-合成纤维制				
6003.4000	-人造纤维制				
6003.9000	-其他				
60.04	**宽度超过30厘米，按重量计弹性纱线或橡胶线含量在5%及以上的针织物或钩编织物，但税目60.01的货品除外：**	1. 品名；2. 织造方法（针织或钩编）；3. 是否含橡胶线；4. 成分含量；5. 幅宽			
	-按重量计弹性纱线含量在5%及以上，但不含橡胶线：				
6004.1010	---棉制				
6004.1020	---丝及绢丝制				
6004.1030	---合成纤维制				
6004.1040	---人造纤维制				
6004.1090	---其他				
	-其他：				
6004.9010	---棉制				

税则号列	商品名称	申报要素			说明举例
		归类要素	价格要素	其他要素	
6004.9020	---丝及绢丝制				
6004.9030	---合成纤维制				
6004.9040	---人造纤维制				
6004.9090	---其他				
60.05	**经编针织物（包括由镶边针织机织成的），但税目60.01至60.04的货品除外：**	1. 品名；2. 织造方法（针织、经编）；3. 染整方法（色织、染色、漂白等）；4. 成分含量；5. 幅宽			
	-棉制：				
6005.2100	--未漂白或漂白				
6005.2200	--染色				
6005.2300	--色织				
6005.2400	--印花				
	-合成纤维制：				
6005.3500	--本章子目注释一所列织物				
6005.3600	--其他，未漂白或漂白				
6005.3700	--其他，染色				
6005.3800	--其他，色织				
6005.3900	--其他，印花				
	-人造纤维制：				
6005.4100	--未漂白或漂白				
6005.4200	--染色				
6005.4300	--色织				
6005.4400	--印花				
	-其他：				
6005.9010	---羊毛或动物细毛制				
6005.9090	---其他				
60.06	**其他针织或钩编织物：**	1. 品名；2. 织造方法（针织或钩编）；3. 染整方法（色织、染色、漂白等）；4. 成分含量；5. 幅宽			
6006.1000	-羊毛或动物细毛制				
	-棉制：				
6006.2100	--未漂白或漂白				
6006.2200	--染色				
6006.2300	--色织				
6006.2400	--印花				
	-合成纤维制：				
6006.3100	--未漂白或漂白				
6006.3200	--染色				

税则号列	商品名称	申报要素			说明举例
		归类要素	价格要素	其他要素	
6006.3300	--色织				
6006.3400	--印花				
	-人造纤维制：				
6006.4100	--未漂白或漂白				
6006.4200	--染色				
6006.4300	--色织				
6006.4400	--印花				
6006.9000	-其他				

第六十一章　针织或钩编的服装及衣着附件

注释：

一、本章仅适用于制成的针织品或钩编织品。

二、本章不包括：

（一）税目 62.12 的货品；

（二）税目 63.09 的旧衣着或其他旧物品；或

（三）矫形器具、外科手术带、疝气带及类似品（税目 90.21）。

三、税目 61.03 及 61.04 所称：

（一）“西服套装”，是指面料用相同的织物制成的两件套或三件套的下列成套服装：

一件人体上半身穿着的外套或短上衣，除袖子外，其面料应由四片或四片以上组成；也可附带一件马甲（西服背心），这件马甲（西服背心）的前片面料应与套装其他各件的面料相同，后片面料则应与外套或短上衣的衬里料相同；以及

一件人体下半身穿着的服装，即不带背带或护胸的长裤、马裤、短裤（游泳裤除外）、裙子或裙裤。

西服套装各件面料质地、颜色及构成必须相同，其款式也必须相同，尺寸大小还须相互般配，但可以用不同织物滚边（在缝口上缝入长条织物）。

如果数件人体下半身穿着的服装同时报验（例如，两条长裤、长裤与短裤、裙子或裙裤与长裤），构成西服套装下装的应是一条长裤，而对于女式西服套装，应是裙子或裙裤，其他服装应分别归类。

所称“西服套装”，包括不论是否完全符合上述条件的下列配套服装：

常礼服，由一件后襟下垂并下端开圆弧形叉的素色短上衣和一条条纹长裤组成；

晚礼服（燕尾服），一般用黑色织物制成，上衣前襟较短且不闭合，背后有燕尾；

无燕尾套装夜礼服，其中上衣款式与普通上衣相似（可以更为显露衬衣前胸），但有光滑丝质或仿丝质的翻领。

（二）“便服套装”，是指面料相同并作零售包装的下列成套服装（西服套装及税目 61.07、61.08 或 61.09 的物品除外）：

一件人体上半身穿着的服装，但套头衫及背心除外，因为套头衫可在两件套服装中作为内衣，背心也可作为内衣；以及

一件或两件不同的人体下半身穿着的服装，即长裤、护胸背带工装裤、马裤、短裤（游泳裤除外）、裙子或裙裤。

便服套装各件面料质地、款式、颜色及构成必须相同，尺寸大小也须相互般配。所称“便服套装”，不包括税目 61.12 的运动服及滑雪服。

四、税目 61.05 及 61.06 不包括在腰围以下有口袋的服装、带有罗纹腰带及以其他方式收紧下摆的服装或其织物至少在 10 厘米×10 厘米的面积内沿各方向的直线长度上平均每厘米少于 10 针的服装。税目 61.05 不包括无袖服装。

五、税目 61.09 不包括带有束带、罗纹腰带或其他方式收紧下摆的服装。

六、对于税目 61.11：

（一）所称“婴儿服装及衣着附件”，是指用于身高不超过 86 厘米幼儿的服装；

（二）既可归入税目 61.11，也可归入本章其他税目的物品，应归入税目 61.11。

七、税目 61.12 所称“滑雪服”，是指从整个外观和织物质地来看，主要在滑雪（速度滑雪或高山滑雪）时穿着的下列服装或成套服装：

（一）“滑雪连身服”，即上下身连在一起的单件服装；除袖子和领子外，滑雪连身服可有口袋或脚带；或

（二）“滑雪套装”，即由两件或三件构成一套并作零售包装的下列服装：

一件用一条拉链扣合的带风帽的厚夹克、防风衣、防风短上衣或类似的服装，可以附带一件背心（滑雪背心）；以及

一条不论是否过腰的长裤、一条马裤或一条护胸背带工装裤。

“滑雪套装”也可由一件类似以上（一）款所述的连身服和一件可套在连身服外面的有胎料背心组成。

“滑雪套装”各件颜色可以不同，但面料质地、款式及构成必须相同；尺寸大小也须相互般配。

八、既可归入税目 61.13，也可归入本章其他税目的服装，除税目 61.11 所列的仍归入该税目外，其余的应一律归入税目 61.13。

九、本章的服装，凡门襟为左压右的，应视为男式；右压左的，应视为女式。但本规定不适用于其式样已明显为男式或女式的服装。

无法区别是男式还是女式的服装，应按女式服装归入有关税目。

十、本章物品可用金属线制成。

【要素释义】

一、归类要素

（一）织造方法：根据实际情况填写“机织物”“针织物”或“钩编织物”等。

（二）种类：指货品属于什么类型的服装。例如，税目 61.01 要填写“防风大衣、短大衣、斗篷等”中的具体品种；税目 61.04 要填写“西服、便服套装、上衣、长裤、马裤、工装裤等”中的具体品种；税目 61.05 要填写“衬衫”。

（三）类别：指货品的式样（适合什么人群）。例如，税目 61.14 要填写“男式”“女式”“儿童”。

（四）成分含量：指货品含有何种纺织材料及其重量百分比。

（五）尺寸：指货品的外观尺寸，主要指服装的长度。

（六）处理材料：指服装面料的涂层是什么材料。例如，税目 61.13 填写“塑料”“橡胶”。

（七）用途：指货品的具体应用方向。

（八）单丝细度：指每千米单丝的克重，单位为“分特”，一分特等于 0.1 特克斯。

（九）是否为女士统袜：女士统袜是指长度为从脚趾穿到腿部的袜子。

二、价格要素

品牌：指制造商或经销商加在商品上的标志。实际只需要申报出名称即可，有外文品牌的以申报外文品牌名称为主。例如，税目 61.01 的服装可填写“GUCCI”牌。

税则号列	商品名称	申报要素			说明举例
		归类要素	价格要素	其他要素	
61.01	**针织或钩编的男式大衣、短大衣、斗篷、短斗篷、带风帽的防寒短上衣（包括滑雪短上衣）、防风衣、防风短上衣及类似品，但税目 61.03 的货品除外：**	1. 品名；2. 织造方法（针织或钩编）；3. 种类（防风大衣、短大衣、斗篷等）；4. 类别（男式）；5. 成分含量	6. 品牌（中文及外文名称）；7. 货号		
6101.2000	-棉制				
6101.3000	-化学纤维制				
	-其他纺织材料制：				
6101.9010	---羊毛或动物细毛制				
6101.9090	---其他纺织材料制				
61.02	**针织或钩编的女式大衣、短大衣、斗篷、短斗篷、带风帽的防寒短上衣（包括滑雪短上衣）、防风衣、防风短上衣及类似品，但税目 61.04 的货品除外：**	1. 品名；2. 织造方法（针织或钩编）；3. 种类（防风大衣、短大衣、斗篷等）；4. 类别（女式）；5. 成分含量	6. 品牌（中文及外文名称）；7. 货号		
6102.1000	-羊毛或动物细毛制				
6102.2000	-棉制				
6102.3000	-化学纤维制				
6102.9000	-其他纺织材料制				

税则号列	商 品 名 称	申 报 要 素			说 明 举 例
		归类要素	价格要素	其他要素	
61.03	**针织或钩编的男式西服套装、便服套装、上衣、长裤、护胸背带工装裤、马裤及短裤（游泳裤除外）：**				游泳裤除外（税目61.12）
	-西服套装：	1. 品名；2. 织造方法（针织或钩编）；3. 种类（西服套装、便服套装、上衣、长裤、马裤、工装裤等）；4. 类别（男式）；5. 成分含量	6. 品牌（中文及外文名称）；7. 货号		
6103.1010	---羊毛或动物细毛制				
6103.1020	---合成纤维制				
6103.1090	---其他纺织材料制				
	便服套装：	1. 品名；2. 织造方法（针织或钩编）；3. 种类（西服、便服套装、上衣、长裤、马裤、工装裤等）；4. 类别（男式）；5. 成分含量；	6. 品牌（中文及外文名称）；7. 货号		
6103.2200	--棉制				
6103.2300	--合成纤维制				
	--其他纺织材料制：				
6103.2910	---羊毛或动物细毛制				
6103.2990	---其他				
	-上衣：	1. 品名；2. 织造方法（针织或钩编）；3. 种类（西服、便服套装、上衣、长裤、马裤、工装裤等）；4. 类别（男式）；5. 成分含量；6. 是否开襟；7. 是否有扣；8. 是否有拉链	9. 品牌（中文及外文名称）；10. 货号		
6103.3100	--羊毛或动物细毛制				
6103.3200	--棉制				
6103.3300	--合成纤维制				
6103.3900	--其他纺织材料制				
	-长裤、护胸背带工装裤、马裤及短裤：	1. 品名；2. 织造方法（针织或钩编）；3. 种类（西服、便服套装、上衣、长裤、马裤、工装裤等）；4. 类别（男式）；5. 成分含量	6. 品牌（中文及外文名称）；7. 货号		
6103.4100	--羊毛或动物细毛制				
6103.4200	--棉制				

税则号列	商　品　名　称	申　报　要　素			说　明　举　例
		归类要素	价格要素	其他要素	
6103.4300	--合成纤维制				
6103.4900	--其他纺织材料制				
61.04	**针织或钩编的女式西服套装、便服套装、上衣、连衣裙、裙子、裙裤、长裤、护胸背带工装裤、马裤及短裤（游泳服除外）：**				游泳服除外（税目 61.12）
	-西服套装：	1. 品名；2. 织造方法（针织或钩编）；3. 种类（西服、便服套装、上衣、长裤、马裤、工装裤等）；4. 类别（女式）；5. 成分含量	6. 品牌（中文及外文名称）；7. 货号		
6104.1300	--合成纤维制				
	--其他纺织材料制：				
6104.1910	---羊毛或动物细毛制				
6104.1920	---棉制				
6104.1990	---其他				
	-便服套装：	1. 品名；2. 织造方法（针织或钩编）；3. 种类（西服、便服套装、上衣、长裤、马裤、工装裤等）；4. 类别（女式）；5. 成分含量	6. 品牌（中文及外文名称）；7. 货号		
6104.2200	--棉制				
6104.2300	--合成纤维制				
	--其他纺织材料制：				
6104.2910	---羊毛或动物细毛制				
6104.2990	---其他				
	-上衣：	1. 品名；2. 织造方法（针织或钩编）；3. 种类（西服、便服套装、上衣、长裤、马裤、工装裤等）；4. 类别（女式）；5. 成分含量；6. 是否开襟；7. 是否有扣；8. 是否有拉链	9. 品牌（中文及外文名称）；10. 货号		
6104.3100	--羊毛或动物细毛制				
6104.3200	--棉制				
6104.3300	--合成纤维制				
6104.3900	--其他纺织材料制				

税则号列	商品名称	申报要素			说明举例
		归类要素	价格要素	其他要素	
	-连衣裙:	1. 品名; 2. 织造方法(针织或钩编); 3. 种类(西服、便服套装、上衣、长裤、马裤、工装裤等); 4. 类别(女式); 5. 成分含量	6. 品牌(中文及外文名称); 7. 货号		
6104.4100	--羊毛或动物细毛制				
6104.4200	--棉制				
6104.4300	--合成纤维制				
6104.4400	--人造纤维制				
6104.4900	--其他纺织材料制				
	-裙子及裙裤:	1. 品名; 2. 织造方法(针织或钩编); 3. 种类(西服、便服套装、上衣、长裤、马裤、工装裤等); 4. 类别(女式); 5. 成分含量	6. 品牌(中文及外文名称); 7. 货号		
6104.5100	--羊毛或动物细毛制				
6104.5200	--棉制				
6104.5300	--合成纤维制				
6104.5900	--其他纺织材料制				
	-长裤、护胸背带工装裤、马裤及短裤:	1. 品名; 2. 织造方法(针织或钩编); 3. 种类(西服、便服套装、上衣、长裤、马裤、工装裤等); 4. 类别(女式); 5. 成分含量	6. 品牌(中文及外文名称); 7. 货号		
6104.6100	--羊毛或动物细毛制				
6104.6200	--棉制				
6104.6300	--合成纤维制				
6104.6900	--其他纺织材料制				
61.05	**针织或钩编的男衬衫:**	1. 品名; 2. 织造方法(针织或钩编); 3. 种类(衬衫、POLO衫等); 4. 类别(男式); 5. 成分含量	6. 品牌(中文及外文名称); 7. 货号		包括男童游戏套装衬衫
6105.1000	-棉制				
6105.2000	-化学纤维制				
6105.9000	-其他纺织材料制				

税则号列	商品名称	申报要素			说明举例
		归类要素	价格要素	其他要素	
61.06	**针织或钩编的女衬衫：**	1. 品名；2. 织造方法（针织或钩编）；3. 种类（衬衫、POLO 衫等）；4. 类别（女式）；5. 成分含量	6. 品牌（中文及外文名称）；7. 货号		包括女童游戏套装衬衫
6106.1000	-棉制				
6106.2000	-化学纤维制				
6106.9000	-其他纺织材料制				
61.07	**针织或钩编的男式内裤、三角裤、长睡衣、睡衣裤、浴衣、晨衣及类似品：**	1. 品名；2. 织造方法（针织或钩编）；3. 种类（内衣、内裤等）；4. 类别（男式）；5. 成分含量	6. 品牌（中文及外文名称）；7. 货号		
	-内裤及三角裤：				
6107.1100	--棉制				
6107.1200	--化学纤维制				
	--其他纺织材料制：				
6107.1910	---丝及绢丝制				
6107.1990	---其他				
	-长睡衣及睡衣裤：				
6107.2100	--棉制				
6107.2200	--化学纤维制				
	--其他纺织材料制：				
6107.2910	---丝及绢丝制				
6107.2990	---其他				
	-其他：				
6107.9100	--棉制				
	--其他纺织材料制：				
6107.9910	---化学纤维制				
6107.9990	---其他				
61.08	**针织或钩编的女式长衬裙、衬裙、三角裤、短衬裤、睡衣、睡衣裤、浴衣、晨衣及类似品：**	1. 品名；2. 织造方法（针织或钩编）；3. 种类（内衣、内裤等）；4. 类别（女式）；5. 成分含量	6. 品牌（中文及外文名称）；7. 货号		
	-长衬裙及衬裙：				
6108.1100	--化学纤维制				
	--其他纺织材料制：				
6108.1910	---棉制				
6108.1920	---丝及绢丝制				
6108.1990	---其他				
	-三角裤及短衬裤：				

税则号列	商品名称	申报要素			说明举例
		归类要素	价格要素	其他要素	
6108.2100	--棉制				
6108.2200	--化学纤维制				
	--其他纺织材料制:				
6108.2910	---丝及绢丝制				
6108.2990	---其他				
	-睡衣及睡衣裤:				
6108.3100	--棉制				
6108.3200	--化学纤维制				
	--其他纺织材料制:				
6108.3910	---丝及绢丝制				
6108.3990	---其他				
	-其他:				
6108.9100	--棉制				
6108.9200	--化学纤维制				
6108.9900	--其他纺织材料制				
61.09	**针织或钩编的T恤衫、汗衫及其他内衣背心:**	1. 品名; 2. 织造方法(针织或钩编); 3. 种类(T恤衫、汗衫等); 4. 如为T恤衫, 请申报是否有领、是否有扣、是否有拉链; 5. 成分含量	6. 品牌(中文及外文名称); 7. 货号		
6109.1000	-棉制				
	-其他纺织材料制:				
6109.9010	---丝及绢丝制				
6109.9090	---其他				
61.10	**针织或钩编的套头衫、开襟衫、背心及类似品:**	1. 品名; 2. 织造方法(针织、钩编, 是否为起绒); 3. 种类(套头衫、开襟衫、背心等); 4. 成分含量	5. 品牌(中文及外文名称); 6. 货号		包括"儿童游戏套装"
	-羊毛或动物细毛制:				
6110.1100	--羊毛制				
6110.1200	--克什米尔山羊细毛制				
	--其他:				
6110.1910	---其他山羊细毛制				
6110.1920	---兔毛制				
6110.1990	---其他				
6110.2000	-棉制				
6110.3000	-化学纤维制				
	-其他纺织材料制:				
6110.9010	---丝及绢丝制				

税则号列	商品名称	申报要素			说明举例
		归类要素	价格要素	其他要素	
6110.9090	---其他				
61.11	**针织或钩编的婴儿服装及衣着附件：**	1. 品名；2. 织造方法（针织或钩编）；3. 种类（外衣、雨衣等）；4. 类别（婴儿）；5. 成分含量；6. 尺寸（衣长及裤长）	7. 品牌（中文及外文名称）；8. 货号		婴儿身长不超过 86 厘米
6111.2000	-棉制				
6111.3000	-合成纤维制				
	-其他纺织材料制：				
6111.9010	---羊毛或动物细毛制				
6111.9090	---其他				
61.12	**针织或钩编的运动服、滑雪服及游泳服：**	1. 品名；2. 织造方法（针织或钩编）；3. 种类（运动套装、运动装、滑雪服、游泳服）；4. 类别（男式、女式）；5. 成分含量	6. 品牌（中文及外文名称）；7. 货号		
	-运动服：				
6112.1100	--棉制				
6112.1200	--合成纤维制				
6112.1900	--其他纺织材料制				
	-滑雪服：				
6112.2010	---棉制				
6112.2090	---其他				
	-男式游泳服：				
6112.3100	--合成纤维制				
6112.3900	--其他纺织材料制				
	-女式游泳服：				
6112.4100	--合成纤维制				
6112.4900	--其他纺织材料制				
61.13	**用税目 59.03、59.06 或 59.07 的针织物或钩编织物制成的服装：**	1. 品名；2. 织造方法（针织或钩编）；3. 处理材料（塑料、橡胶）	4. 品牌（中文及外文名称）；5. 货号		
6113.0000	用税目 59.03、59.06 或 59.07 的针织物或钩编织物制成的服装				
61.14	**针织或钩编的其他服装：**	1. 品名；2. 织造方法（针织或钩编）；3. 种类（连身衣、夏服、水洗服、无袖罩衫等）；4. 类别（男式、女式、儿童）；5. 成分含量	6. 品牌（中文及外文名称）；7. 货号		

税则号列	商品名称	申报要素			说明举例
		归类要素	价格要素	其他要素	
6114.2000	-棉制				
6114.3000	-化学纤维制				
	-其他纺织材料制：				
6114.9010	---羊毛或动物细毛制				
6114.9090	---其他				
61.15	**针织或钩编的连裤袜、紧身裤袜、长统袜、短袜及其他袜类，包括用以治疗静脉曲张的长统袜和无外绱鞋底的鞋类：**				
6115.1000	-渐紧压袜类（例如，用以治疗静脉曲张的长统袜）	1. 品名；2. 织造方法（针织或钩编）；3. 用途	4. 品牌（中文及外文名称）；5. 货号		
	-其他连裤袜及紧身裤袜：				
6115.2100	--每根单丝细度在67分特以下的合成纤维制	1. 品名；2. 织造方法（针织或钩编）；3. 种类（连裤袜、统袜、矫正袜）；4. 成分含量；5. 单丝细度	6. 品牌（中文及外文名称）；7. 货号		
6115.2200	--每根单丝细度在67分特及以上的合成纤维制	1. 品名；2. 织造方法（针织或钩编）；3. 种类（连裤袜、统袜、矫正袜）；4. 成分含量；5. 单丝细度	6. 品牌（中文及外文名称）；7. 货号		
	--其他纺织材料制：	1. 品名；2. 织造方法（针织或钩编）；3. 种类（连裤袜、统袜、矫正袜）；4. 成分含量	5. 品牌（中文及外文名称）；6. 货号		
6115.2910	---棉制				
6115.2990	---其他				
6115.3000	-女式长统袜及中统袜，每根单丝细度在67分特以下	1. 品名；2. 织造方法（针织或钩编）；3. 种类（连裤袜、统袜、矫正袜）；4. 类别（女式）；5. 是否为女士统袜；6. 成分含量；7. 单丝细度	8. 品牌（中文及外文名称）；9. 货号		
	-其他：				
6115.9400	--羊毛或动物细毛制	1. 品名；2. 织造方法（针织或钩编）；3. 种类（连裤袜、统袜、矫正袜）；4. 成分含量；5. 单丝细度	6. 品牌（中文及外文名称）；7. 货号		

税则号列	商品名称	申报要素			说明举例
		归类要素	价格要素	其他要素	
6115.9500	--棉制	1. 品名；2. 织造方法（针织或钩编）；3. 种类（连裤袜、统袜、矫正袜）；4. 成分含量；5. 单丝细度	6. 品牌（中文及外文名称）；7. 货号		
6115.9600	--合成纤维制	1. 品名；2. 织造方法（针织或钩编）；3. 种类（连裤袜、统袜、矫正袜）；4. 类别（男式、女式）；5. 是否为女士统袜；6. 成分含量；7. 单丝细度	8. 品牌（中文及外文名称）；9. 货号		
6115.9900	--其他纺织材料制	1. 品名；2. 织造方法（针织或钩编）；3. 种类（连裤袜、统袜、矫正袜）；4. 类别（男式、女式）；5. 是否为女士统袜；6. 成分含量；7. 单丝细度	8. 品牌（中文及外文名称）；9. 货号		
61.16	**针织或钩编的分指手套、连指手套及露指手套：**				
6116.1000	-用塑料或橡胶浸渍、涂布或包覆的	1. 品名；2. 织造方法（针织或钩编）；3. 处理材料（塑料、橡胶）；4. 成分含量	5. 品牌（中文及外文名称）；6. 货号		
	-其他：	1. 品名；2. 织造方法（针织或钩编）；3. 成分含量	4. 品牌（中文及外文名称）；5. 货号		
6116.9100	--羊毛或动物细毛制				
6116.9200	--棉制				
6116.9300	--合成纤维制				
6116.9900	--其他纺织材料制				
61.17	**其他制成的针织或钩编的衣着附件；服装或衣着附件的针织或钩编的零件：**				
	-披巾、头巾、围巾、披纱、面纱及类似品：	1. 品名；2. 织造方法（针织或钩编）；3. 成分含量	4. 品牌（中文及外文名称）；5. 货号		
	---动物细毛制：				
6117.1011	----山羊绒制				
6117.1019	----其他				
6117.1020	---羊毛制				
6117.1090	---其他				

税则号列	商 品 名 称	申报要素			说 明 举 例
		归类要素	价格要素	其他要素	
	-其他附件：	1. 品名；2. 织造方法（针织或钩编）；3. 成分含量	4. 品牌（中文及外文名称）		
6117.8010	---领带及领结				
6117.8090	---其他				
6117.9000	-零件	1. 品名；2. 织造方法（针织或钩编）；3. 成分含量			

第六十二章　非针织或非钩编的服装及衣着附件

注释：

一、本章仅适用于除絮胎以外任何纺织物的制成品，但不适用于针织品或钩编织品（税目 62.12 的除外）。

二、本章不包括：

（一）税目 63.09 的旧衣着或其他旧物品；或

（二）矫形器具、外科手术带、疝气带及类似品（税目 90.21）。

三、税目 62.03 及 62.04 所称：

（一）“西服套装”，是指面料用完全相同的织物制成的两件套或三件套的下列成套服装：

一件人体上半身穿着的外套或短上衣，除袖子外，应由四片或四片以上面料组成；也可附带一件马甲（西服背心），这件马甲（西服背心）的前片面料应与套装其他各件的面料相同，后片面料则应与外套或短上衣的衬里料相同；以及

一件人体下半身穿着的服装，即不带背带或护胸的长裤、马裤、短裤（游泳裤除外）、裙子或裙裤。

西服套装各件面料质地、颜色及构成必须完全相同，其款式、尺寸大小也须相互般配。但套装的各件可以有不同织物的滚边（缝入夹缝中的成条织物）。

如果数件人体下半身穿着的服装同时报验（例如，两条长裤、长裤与短裤、裙子或裙裤与长裤），构成西服套装下装的应是一条长裤，而对于女式西服套装，应是裙子或裙裤，其他服装应分别归类。

所称“西服套装”，包括不论是否完全符合上述条件的下列配套服装：

常礼服，由一件后襟下垂并下端开圆弧形叉的素色短上衣和一条条纹长裤组成；

晚礼服（燕尾服），一般用黑色织物制成，上衣前襟较短且不闭合，背后有燕尾；

无燕尾套装夜礼服，其中上衣款式与普通上衣相似（可以更为显露衬衣前胸），但有光滑丝质或仿丝质的翻领。

（二）“便服套装”，是指面料相同并作零售包装的下列成套服装（西服套装及税目 62.07 或 62.08 的物品除外）：

一件人体上半身穿着的服装，但背心除外，因为背心可作为内衣；以及

一件或两件不同的人体下半身穿着的服装，即长裤、护胸背带工装裤、马裤、短裤（游泳裤除外）、裙子或裙裤。

便服套装各件面料质地、款式、颜色及构成必须相同；尺寸大小也须相互般配。所称“便服套装”，不包括税目 62.11 的运动服及滑雪服。

四、对于税目 62.09：

（一）所称“婴儿服装及衣着附件”，是指用于身高不超过 86 厘米幼儿的服装；

（二）既可归入税目 62.09，也可归入本章其他税目的物品，应归入税目 62.09。

五、既可归入税目 62.10，也可归入本章其他税目的服装，除税目 62.09 所列的仍归入该税目外，其余的应一律归入税目 62.10。

六、税目 62.11 所称“滑雪服”，是指从整个外观和织物质地来看，主要在滑雪（速度滑雪和高山滑雪）时穿着的下列服装或成套服装：

（一）“滑雪连身服”，即上下身连在一起的单件服装；除袖子和领子外，滑雪连身服可有口袋或脚带；或

（二）“滑雪套装”，即由两件或三件构成一套并作零售包装的下列服装：

一件用一条拉链扣合的带风帽的厚夹克、防风衣、防风短上衣或类似的服装，可以附带一件背心（滑雪背心）；以及

一条不论是否过腰的长裤、一条马裤或一条护胸背带工装裤。

“滑雪套装”也可由一件类似以上（一）款所述的连身服和一件可套在连身服外面的有胎料背心组成。

“滑雪套装”各件颜色可以不同，但面料质地、款式及构成必须相同；尺寸大小也须相互般配。

七、正方形或近似正方形的围巾及围巾式样的物品，如果每边均不超过 60 厘米，应作为手帕归类（税目 62.13）。任何一边超过 60 厘米的手帕，应归入税目 62.14。

八、本章的服装，凡门襟为左压右的，应视为男式；右压左的，应视为女式。但本规定不适用于其式样已明显为男式或女式的服装。

无法区别是男式还是女式的服装，应按女式服装归入有关税目。

九、本章物品可用金属线制成。

【要素释义】

本章基本上为非针织非钩编织物，如机织、无纺等，但税目62.12与62.17除外。

本章“衬衣及仿男式女衬衣”指人体上身穿着并从领口处全开襟或半开襟的长袖或短袖衣服；“罩衫”也是上半身穿的，但可以无袖，领口处也可以不开襟。

一、归类要素

（一）织造方法：根据实际情况填写“机织物”“针织物”或“钩编织物”等。

（二）种类：指货品属于什么类型的服装。例如，税目62.01要填写“防风大衣、短大衣、斗篷等”中的具体品种；税目62.04要填写“西服、便服套装、上衣、长裤、马裤、工装裤等”中的具体品种；税目62.05要填写“衬衫”。

（三）类别：指货品的式样（适合什么人群）。例如，税目62.11要填写“男式”“女式”“儿童”。

（四）成分含量：指货品含有何种纺织材料及其重量百分比。

（五）尺寸：指货品的外观尺寸，主要指服装的长度。

（六）处理材料：指服装面料的涂层是什么材料。例如，子目6210.2要填写“塑料”“橡胶”。

（七）是否浸渍：该要素专用于税目62.16，指手套是否用塑料或橡胶浸渍、涂布或包覆。

（八）是否为运动手套：运动手套是指供专业体育运动使用的手套，例如，户外登山手套、自行车手套、马术手套、高尔夫手套、保龄球手套等。

二、价格要素

品牌：指制造商或经销商加在商品上的标志，实际只需要申报出名称即可。有外文品牌的以申报外文品牌名称为主。例如，税目62.01的服装可填写“GUCCI”牌。

税则号列	商品名称	申报要素			说明举例
		归类要素	价格要素	其他要素	
62.01	**男式大衣、短大衣、斗篷、短斗篷、带风帽的防寒短上衣（包括滑雪短上衣）、防风衣、防风短上衣及类似品，但税目62.03的货品除外：**				
	-大衣、雨衣、短大衣、斗篷、短斗篷及类似品：	1. 品名；2. 织造方法（机织等）；3. 种类（大衣、雨衣、短大衣、斗篷、短斗篷及类似品）；4. 类别（男式）；5. 面料成分含量；6. 填充物成分含量	6. 品牌（中文及外文名称）；7. 货号		
6201.1100	--羊毛或动物细毛制				
	--棉制：				
6201.1210	---羽绒服				
6201.1290	---其他				
	--化学纤维制：				
6201.1310	---羽绒服				
6201.1390	---其他				
6201.1900	--其他纺织材料制				

税则号列	商品名称	申报要素			说明举例
		归类要素	价格要素	其他要素	
	-其他：	1. 品名；2. 织造方法（机织等）；3. 种类（带风帽的防寒短上衣（包括滑雪短上衣）、防风衣、防风短上衣及类似品）；4. 类别（男式）；5. 面料成分含量；6. 填充物成分含量	6. 品牌（中文及外文名称）；7. 货号		
6201.9100	--羊毛或动物细毛制				
	--棉制：				
6201.9210	---羽绒服				
6201.9290	---其他				
	--化学纤维制：				
6201.9310	---羽绒服				
6201.9390	---其他				
6201.9900	--其他纺织材料制				
62.02	**女式大衣、短大衣、斗篷、短斗篷、带风帽的防寒短上衣（包括滑雪短上衣）、防风衣、防风短上衣及类似品，但税目62.04的货品除外：**				
	-大衣、雨衣、短大衣、斗篷、短斗篷及类似品：	1. 品名；2. 织造方法（机织等）；3. 种类（大衣、雨衣、短大衣、斗篷、短斗篷及类似品）；4. 类别（女式）；5. 面料成分含量；6. 填充物成分含量	6. 品牌（中文及外文名称）；7. 货号		
6202.1100	--羊毛或动物细毛制				
	--棉制：				
6202.1210	---羽绒服				
6202.1290	---其他				
	--化学纤维制：				
6202.1310	---羽绒服				
6202.1390	---其他				
6202.1900	--其他纺织材料制				
	-其他：	1. 品名；2. 织造方法（机织等）；3. 种类（带风帽的防寒短上衣（包括滑雪短上衣）、防风衣、防风短上衣及类似品）；4. 类别（女式）；5. 面料成分含量；6. 填充物成分含量	6. 品牌（中文及外文名称）；7. 货号		

税则号列	商品名称	申报要素			说明举例
		归类要素	价格要素	其他要素	
6202.9100	--羊毛或动物细毛制				
	--棉制：				
6202.9210	---羽绒服				
6202.9290	---其他				
	--化学纤维制：				
6202.9310	---羽绒服				
6202.9390	---其他				
6202.9900	--其他纺织材料制				
62.03	**男式西服套装、便服套装、上衣、长裤、护胸背带工装裤、马裤及短裤（游泳裤除外）：**				游泳裤除外（税目62.11）
	-西服套装：	1. 品名；2. 织造方法（机织等）；3. 种类（西服、便服套装、上衣、长裤、马裤、工装裤等）；4. 类别（男式）；5. 成分含量	6. 品牌（中文及外文名称）；7. 货号		
6203.1100	--羊毛或动物细毛制				
6203.1200	--合成纤维制				
	--其他纺织材料制：				
6203.1910	---丝及绢丝制				
6203.1990	---其他				
	-便服套装：	1. 品名；2. 织造方法（机织等）；3. 种类（西服、便服套装、上衣、长裤、马裤、工装裤等）；4. 类别（男式）；5. 成分含量	6. 品牌（中文及外文名称）；7. 货号		
6203.2200	--棉制				
6203.2300	--合成纤维制				
	--其他纺织材料制：				
6203.2910	---丝及绢丝制				
6203.2920	---羊毛或动物细毛制				
6203.2990	---其他				
	-上衣：	1. 品名；2. 织造方法（机织等）；3. 种类（西服、便服套装、上衣、长裤、马裤、工装裤等）；4. 类别（男式）；5. 成分含量；6. 是否开襟；7. 是否有扣；8. 是否有拉链	9. 品牌（中文及外文名称）；10. 货号		
6203.3100	--羊毛或动物细毛制				

税则号列	商品名称	申报要素			说明举例
		归类要素	价格要素	其他要素	
6203.3200	--棉制				
6203.3300	--合成纤维制				
	--其他纺织材料制：				
6203.3910	---丝及绢丝制				
6203.3990	---其他				
	-长裤、护胸背带工装裤、马裤及短裤：	1. 品名；2. 织造方法（机织等）；3. 种类（西服、便服套装、上衣、长裤、马裤、工装裤等）；4. 类别（男式）；5. 成分含量	6. 品牌（中文及外文名称）；7. 货号		
6203.4100	--羊毛或动物细毛制				
	--棉制：				
6203.4210	---阿拉伯裤				
6203.4290	---其他				
	--合成纤维制：				
6203.4310	---阿拉伯裤				
6203.4390	---其他				
	--其他纺织材料制：				
6203.4910	---阿拉伯裤				
6203.4990	---其他				
62.04	**女式西服套装、便服套装、上衣、连衣裙、裙子、裙裤、长裤、护胸背带工装裤、马裤及短裤（游泳服除外）：**				游泳服除外（税目 62.11）
	-西服套装：	1. 品名；2. 织造方法（机织等）；3. 种类（西服、便服套装、上衣、长裤、马裤、工装裤等）；4. 类别（女式）；5. 成分含量	6. 品牌（中文及外文名称）；7. 货号		
6204.1100	--羊毛或动物细毛制				
6204.1200	--棉制				
6204.1300	--合成纤维制				
	--其他纺织材料制：				
6204.1910	---丝及绢丝制				
6204.1990	---其他				
	-便服套装：	1. 品名；2. 织造方法（机织等）；3. 种类（西服、便服套装、上衣、长裤、马裤、工装裤等）；4. 类别（女式）；5. 成分含量	6. 品牌（中文及外文名称）；7. 货号		

税则号列	商品名称	申报要素			说明举例
		归类要素	价格要素	其他要素	
6204.2100	--羊毛或动物细毛制				
6204.2200	--棉制				
6204.2300	--合成纤维制				
	--其他纺织材料制：				
6204.2910	---丝及绢丝制				
6204.2990	---其他				
	-上衣：	1. 品名；2. 织造方法（机织等）；3. 种类（西服、便服套装、上衣、长裤、马裤、工装裤等）；4. 类别（男式）；5. 成分含量；6. 是否开襟；7. 是否有扣；8. 是否有拉链	9. 品牌（中文及外文名称）；10. 货号		
6204.3100	--羊毛或动物细毛制				
6204.3200	--棉制				
6204.3300	--合成纤维制				
	--其他纺织材料制：				
6204.3910	---丝及绢丝制				
6204.3990	---其他				
	-连衣裙：	1. 品名；2. 织造方法（机织等）；3. 种类（西服、便服套装、上衣、长裤、马裤、工装裤等）；4. 类别（女式）；5. 成分含量	6. 品牌（中文及外文名称）；7. 货号		
6204.4100	--羊毛或动物细毛制				
6204.4200	--棉制				
6204.4300	--合成纤维制				
6204.4400	--人造纤维制				
	--其他纺织材料制：				
6204.4910	---丝及绢丝制				
6204.4990	---其他				
	-裙子及裙裤：	1. 品名；2. 织造方法（机织等）；3. 种类（西服、便服套装、上衣、长裤、马裤、工装裤等）；4. 类别（女式）；5. 成分含量	6. 品牌（中文及外文名称）；7. 货号		
6204.5100	--羊毛或动物细毛制				
6204.5200	--棉制				
6204.5300	--合成纤维制				
	--其他纺织材料制：				

税则号列	商品名称	申报要素			说明举例
		归类要素	价格要素	其他要素	
6204.5910	---丝及绢丝制				
6204.5990	---其他				
	-长裤、护胸背带工装裤、马裤及短裤：	1. 品名；2. 织造方法（机织等）；3. 种类（西服、便服套装、上衣、长裤、马裤、工装裤等）；4. 类别（女式）；5. 成分含量	6. 品牌（中文及外文名称）；7. 货号		
6204.6100	--羊毛或动物细毛制				
6204.6200	--棉制				
6204.6300	--合成纤维制				
6204.6900	--其他纺织材料制				
62.05	**男衬衫：**	1. 品名；2. 织造方法（机织等）；3. 种类（衬衫、POLO衫等）；4. 类别（男式）；5. 成分含量；6. 如为T恤衫，请申报是否有领、是否有扣、是否有拉链	7. 品牌（中文及外文名称）；8. 货号		包括男童游戏套装衬衫
6205.2000	-棉制				
6205.3000	-化学纤维制				
	-其他纺织材料制：				
6205.9010	---丝及绢丝制				
6205.9020	---羊毛或动物细毛制				
6205.9090	---其他				
62.06	**女衬衫：**	1. 品名；2. 织造方法（机织等）；3. 种类（衬衫、POLO衫等）；4. 类别（女式）；5. 成分含量；6. 如为T恤衫，请申报是否有领、是否有扣、是否有拉链	7. 品牌（中文及外文名称）；8. 货号		包括女童游戏套装衬衫
6206.1000	-丝或绢丝制				
6206.2000	-羊毛或动物细毛制				
6206.3000	-棉制				
6206.4000	-化学纤维制				
6206.9000	-其他纺织材料制				
62.07	**男式背心及其他内衣、内裤、三角裤、长睡衣、睡衣裤、浴衣、晨衣及类似品：**	1. 品名；2. 织造方法（机织等）；3. 种类（内衣、内裤等）；4. 类别（男式）；5. 成分含量	6. 品牌（中文及外文名称）；7. 货号		
	-内裤及三角裤：				
6207.1100	--棉制				

税则号列	商品名称	申报要素			说明举例
		归类要素	价格要素	其他要素	
	--其他纺织材料制：				
6207.1910	---丝及绢丝制				
6207.1920	---化学纤维制				
6207.1990	---其他				
	-长睡衣及睡衣裤：				
6207.2100	--棉制				
6207.2200	--化学纤维制				
	--其他纺织材料制：				
6207.2910	---丝及绢丝制				
6207.2990	---其他				
	-其他：				
6207.9100	--棉制				
	--其他纺织材料制：				
6207.9910	---丝及绢丝制				
6207.9920	---化学纤维制				
6207.9990	---其他				
62.08	**女式背心及其他内衣、长衬裙、衬裙、三角裤、短衬裤、睡衣、睡衣裤、浴衣、晨衣及类似品：**	1. 品名；2. 织造方法（机织等）；3. 种类（内衣、内裤等）；4. 类别（女式）；5. 成分含量	6. 品牌（中文及外文名称）；7. 货号		
	-长衬裙及衬裙：				
6208.1100	--化学纤维制				
	--其他纺织材料制：				
6208.1910	---丝及绢丝制				
6208.1920	---棉制				
6208.1990	---其他				
	-睡衣及睡衣裤：				
6208.2100	--棉制				
6208.2200	--化学纤维制				
	--其他纺织材料制：				
6208.2910	---丝及绢丝制				
6208.2990	---其他				
	-其他：				
6208.9100	--棉制				
6208.9200	--化学纤维制				
	--其他纺织材料制：				
6208.9910	---丝及绢丝制				
6208.9990	---其他				

税则号列	商品名称	申报要素			说明举例
		归类要素	价格要素	其他要素	
62.09	**婴儿服装及衣着附件：**	1. 品名；2. 织造方法（机织等）；3. 种类（外衣、雨衣等）；4. 类别（婴儿）；5. 成分含量；6. 尺寸（衣长及裤长）	7. 品牌（中文及外文名称）；8. 货号		婴儿身长不超过86厘米
6209.2000	-棉制				
6209.3000	-合成纤维制				
	-其他纺织材料制：				
6209.9010	---羊毛或动物细毛制				
6209.9090	---其他				
62.10	**用税目56.02、56.03、59.03、59.06或59.07的织物制成的服装：**				
	-用税目56.02或56.03的织物制成的服装：	1. 品名；2. 织造方法（机织等）；3. 种类（上衣、长裤、短裤等）；4. 类别（男式、女式）；5. 成分含量	6. 品牌（中文及外文名称）；7. 货号		
6210.1010	---羊毛或动物细毛制				
6210.1020	---棉或麻制				
6210.1030	---化学纤维制				
6210.1090	---其他纺织材料制				
6210.2000	-子目6201.11至6201.19所列类型的其他服装	1. 品名；2. 织造方法（机织等）；3. 种类（上衣、长裤、短裤等）；4. 类别（男式、女式）；5. 处理材料（塑料、橡胶）；6. 成分含量	7. 品牌（中文及外文名称）；8. 货号		
6210.3000	-子目6202.11至6202.19所列类型的其他服装	1. 品名；2. 织造方法（机织等）；3. 种类（上衣、长裤、短裤等）；4. 类别（男式、女式）；5. 处理材料（塑料、橡胶）；6. 成分含量	7. 品牌（中文及外文名称）；8. 货号		
6210.4000	-其他男式服装	1. 品名；2. 织造方法（机织等）；3. 种类（上衣、长裤、短裤等）；4. 类别（男式）；5. 处理材料（塑料、橡胶）；6. 成分含量	7. 品牌（中文及外文名称）；8. 货号		

税则号列	商品名称	申报要素			说明举例
		归类要素	价格要素	其他要素	
6210.5000	-其他女式服装	1. 品名；2. 织造方法（机织等）；3. 种类（上衣、长裤、短裤等）；4. 类别（女式）；5. 处理材料（塑料、橡胶）；6. 成分含量	7. 品牌（中文及外文名称）；8. 货号		
62.11	**运动服、滑雪服及游泳服；其他服装：**	1. 品名；2. 织造方法（机织等）；3. 种类（连身衣、夏服、水洗服、无袖罩衫等）；4. 类别（男式、女式、儿童）；5. 成分含量	6. 品牌（中文及外文名称）；7. 货号		
	-游泳服：				
6211.1100	--男式				
6211.1200	--女式				
	-滑雪服：				
6211.2010	---棉制				
6211.2090	---其他纺织材料制				
	-其他男式服装：				
	--棉制：				
6211.3210	---阿拉伯袍				
6211.3220	---运动服				
6211.3290	---其他				
	--化学纤维制：				
6211.3310	---阿拉伯袍				
6211.3320	---运动服				
6211.3390	---其他				
	--其他纺织材料制：				
6211.3910	---丝及绢丝制				
6211.3920	---羊毛或动物细毛制				
6211.3990	---其他				
	-其他女式服装：				
	--棉制：				
6211.4210	---运动服				
6211.4290	---其他				
	--化学纤维制：				
6211.4310	---运动服				
6211.4390	---其他				
	--其他纺织材料制：				
6211.4910	---丝及绢丝制				
6211.4990	---其他				

税则号列	商品名称	申报要素			说明举例
		归类要素	价格要素	其他要素	
62.12	**胸罩、束腰带、紧身胸衣、吊裤带、吊袜带、束袜带和类似品及其零件，不论是否针织或钩编的：**	1. 品名；2. 种类（胸罩、腹带、束腰胸衣、吊袜带、吊裤带等）；3. 成分含量	4. 品牌（中文及外文名称）；5. 货号		不论针织或钩编
	-胸罩：				
6212.1010	---化学纤维制				
6212.1090	---其他纺织材料制				
	-束腰带及腹带：				
6212.2010	---化学纤维制				
6212.2090	---其他纺织材料制				
	-束腰胸衣：				
6212.3010	---化学纤维制				
6212.3090	---其他纺织材料制				
	-其他：				
6212.9010	---化学纤维制				
6212.9090	---其他纺织材料制				
62.13	**手帕：**	1. 品名；2. 织造方法（机织、刺绣、非刺绣）；3. 成分含量；4. 尺寸	5. 品牌（中文及外文名称）；6. 货号		
	-棉制：				
6213.2010	---刺绣的				
6213.2090	---其他				
	-其他纺织材料制：				
6213.9020	---刺绣的				
6213.9090	---其他				
62.14	**披巾、领巾、围巾、披纱、面纱及类似品：**	1. 品名；2. 织造方法（机织等）；3. 成分含量	4. 品牌（中文及外文名称）；5. 货号		
6214.1000	-丝或绢丝制				
	-羊毛或动物细毛制：				
6214.2010	---羊毛制				
6214.2020	---山羊绒制				
6214.2090	---其他				
6214.3000	-合成纤维制				
6214.4000	-人造纤维制				
6214.9000	-其他纺织材料制				
62.15	**领带及领结：**	1. 品名；2. 织造方法（机织等）；3. 成分含量	4. 品牌（中文及外文名称）；5. 货号		
6215.1000	-丝或绢丝制				
6215.2000	-化学纤维制				
6215.9000	-其他纺织材料制				

税则号列	商品名称	申报要素			说明举例
		归类要素	价格要素	其他要素	
62.16	**分指手套、连指手套及露指手套：**	1. 品名；2. 织造方法（机织等）；3. 是否浸渍（塑料或橡胶）；4. 是否为运动手套；5. 成分含量	6. 品牌（中文及外文名称）；7. 货号		
6216.0000	分指手套、连指手套及露指手套				
62.17	**其他制成的衣着附件；服装或衣着附件的零件，但税目62.12的货品除外：**	1. 品名；2. 成分含量；3. 织造方法	4. 品牌（中文及外文名称）；5. 货号		包括非裁切成形的标签、徽章、纹章、军衔、符号等（裁切制成的归入税目58.07，小块图案刺绣品归入税目58.10）
	-附件：				
6217.1010	---袜子及袜套				
6217.1020	---和服腰带				
6217.1090	---其他				
6217.9000	-零件				

第六十三章　其他纺织制成品；成套物品；旧衣着及旧纺织品；碎织物

注释：

一、第一分章仅适用于各种纺织物制成的物品。

二、第一分章不包括：

（一）第五十六章至第六十二章的货品；或

（二）税目 63.09 的旧衣着或其他旧物品。

三、税目 63.09 仅适用于下列货品：

（一）纺织材料制品：

1. 衣着和衣着附件及其零件；
2. 毯子及旅行毯；
3. 床上、餐桌、盥洗及厨房用的织物制品；
4. 装饰用织物制品，但税目 57.01 至 57.05 的地毯及税目 58.05 的装饰毯除外。

（二）用石棉以外其他任何材料制成的鞋帽类。

上述物品只有同时符合下列两个条件才能归入本税目：

1. 必须明显看得出穿用过；以及
2. 必须以散装、捆装、袋装或类似的大包装形式报验。

子目注释：

子目 6304.20 包括用 α-氯氰菊酯（ISO）、虫螨腈（ISO）、溴氰菊酯（INN，ISO）、高效氯氟氰菊酯（ISO）、除虫菊酯（ISO）或甲基嘧啶磷（ISO）浸渍或涂层的经编针织物制品。

【要素释义】

税目 63.07 其他制成品，例如，经某些加工（如缝边、挖领口等）的针织物片，准备用于制衣，但还未加工成服装。税目 63.07 还包括服装裁剪样，一般用硬帆布（纸制服装裁样与纸制服装）。此外还包括：服装袋（轻便衣橱）、旗帜（含三角旗及横幅）、卫生巾（税目 56.01 的物品除外）以及其他符合第十一类注释七“制成品”定义，但又不归入第十一类其他税目的成段织物制品，例如，门窗用的织物制挡风帘。

归类要素

（一）种类：指货品属于什么类型的纺织品。例如，税目 63.01 要填写“毯子”“旅行毯”或“电暖毯”。

（二）成分含量：指货品含有何种纺织材料及其重量百分比。

（三）用途：指货品具体的应用方向。例如，税目 63.02 要填写“床上用品、餐桌用品、盥洗用品、厨房用品”中的具体情况。

（四）织造方法：指纺织制品的成型方式。例如，税目 63.02 要根据实际情况填写“针织、钩编、机织、手工、刺绣、毛圈等”中的具体织造方法。

（五）是否装饰用：装饰用指货品明显具有装饰用途特征，装饰用纺织品包括壁布、仪式典礼用纺织饰物、垫子套、家具套、装饰性台布、挂布等。

（六）是否为零售包装：零售包装指为将商品销售给个人消费者或家庭使用而设计的包装，这类包装上通常会印有品牌、产地、生产商及经销商的名称、地址等信息。

（七）是否为旧：该要素专用于税目 63.09。旧的指已使用过的。

（八）是否经分拣：该要素专用于税目 63.10。经分拣的产品指已根据某些标准进行分类的产品，或已按不同种类的纺织产品（例如，同一性质、同一颜色、同一纺织材料）分类的产品。

税则号列	商品名称	申报要素			说明举例
		归类要素	价格要素	其他要素	
	第一分章　其他纺织制成品				
63.01	毯子及旅行毯：	1. 品名；2. 种类（毯子、旅行毯、电暖毯）；3. 成分含量			

税则号列	商品名称	申报要素			说明举例
		归类要素	价格要素	其他要素	
6301.1000	-电暖毯				
6301.2000	-羊毛或动物细毛制的毯子（电暖毯除外）及旅行毯				
6301.3000	-棉制的毯子（电暖毯除外）及旅行毯				
6301.4000	-合成纤维制的毯子（电暖毯除外）及旅行毯				
6301.9000	-其他毯子及旅行毯				
63.02	**床上、餐桌、盥洗及厨房用的织物制品：**	1. 品名；2. 用途（床上用品、餐桌用品、盥洗用品、厨房用品）；3. 织造方法（针织、钩编、机织，是否印花、刺绣、毛圈等，针织或钩编需说明是否手工制）；4. 成分含量			
	-针织或钩编的床上用织物制品：				
6302.1010	---棉制				
6302.1090	---其他纺织材料制				
	-其他印花的床上用织物制品：				
	--棉制：				
6302.2110	---床单				
6302.2190	---其他				
	--化学纤维制：				
6302.2210	---床单				
6302.2290	---其他				
	--其他纺织材料制：				
6302.2910	---丝及绢丝制				
6302.2920	---麻制				
6302.2990	---其他				
	-其他床上用织物制品：				
	--棉制：				
6302.3110	---刺绣的				
	---其他：				
6302.3191	----床单				
6302.3192	----毛巾被				
6302.3199	----其他				
	--化学纤维制：				
6302.3210	---刺绣的				
6302.3290	---其他				
	--其他纺织材料制：				

税则号列	商品名称	申报要素			说明举例
		归类要素	价格要素	其他要素	
6302.3910	---丝及绢丝制				
	---麻制：				
6302.3921	----刺绣的				
6302.3929	----其他				
	---其他：				
6302.3991	----刺绣的				
6302.3999	----其他				
	-针织或钩编的餐桌用织物制品：				
6302.4010	---手工制				
6302.4090	---其他				
	-其他餐桌用织物制品：				
	--棉制：				
6302.5110	---刺绣的				
6302.5190	---其他				
	--化学纤维制：				
6302.5310	---刺绣的				
6302.5390	---其他				
	--其他纺织材料制：				
	---亚麻制：				
6302.5911	----刺绣的				
6302.5919	----其他				
6302.5990	---其他				
	-盥洗及厨房用棉制毛巾织物或类似的毛圈织物的制品：				
6302.6010	---浴巾				
6302.6090	---其他				
	-其他：				
6302.9100	--棉制				
6302.9300	--化学纤维制				
	--其他纺织材料制：				
6302.9910	---亚麻制				
6302.9990	---其他				
63.03	**窗帘（包括帷帘）及帐幔；帘帷或床帷：**	1. 品名；2. 种类（窗帘、帘帷、帐幔、床帷）；3. 织造方法（针织、钩编、机织等）；4. 成分含量			
	-针织或钩编的：				
	--合成纤维制：				
6303.1210	---针织的				
6303.1220	---钩编的				

税则号列	商品名称	申报要素			说明举例
		归类要素	价格要素	其他要素	
	--其他纺织材料制：				
	---棉制：				
6303.1931	----针织的				
6303.1932	----钩编的				
	---其他：				
6303.1991	----针织的				
6303.1992	----钩编的				
	-其他：				
6303.9100	--棉制				
6303.9200	--合成纤维制				
6303.9900	--其他纺织材料制				
63.04	**其他装饰用织物制品，但税目94.04的货品除外：**				包括蚊帐
	-床罩：	1. 品名；2. 织造方法（针织、钩编、机织、手工、刺绣等）；3. 成分含量			
	--针织或钩编的：				
	---针织的：				
6304.1121	----手工制				
6304.1129	----其他				
	---钩编的：				
6304.1131	----手工制				
6304.1139	----其他				
	--其他：				
6304.1910	---丝及绢丝制				
	---棉或麻制：				
6304.1921	----刺绣的				
6304.1929	----其他				
	---化学纤维制：				
6304.1931	----刺绣的				
6304.1939	----其他				
	---其他纺织材料制：				
6304.1991	----刺绣的				
6304.1999	----其他				
	-本章子目注释一所列的蚊帐：	1. 品名；2. 是否装饰用；3. 织造方法（针织、钩编、机织、手工、刺绣等）；4. 成分含量			
6304.2010	---手工制				
6304.2090	---其他				

税则号列	商品名称	申报要素			说明举例
		归类要素	价格要素	其他要素	
	-其他：	1. 品名；2. 是否装饰用；3. 织造方法（针织、钩编、机织、手工、刺绣等）；4. 成分含量			
	--针织或钩编的：				
	---针织的：				
6304.9121	----手工制				
6304.9129	----其他				
	---钩编的：				
6304.9131	----手工制				
6304.9139	----其他				
	--非针织或非钩编的，棉制：				
6304.9210	---刺绣的				
6304.9290	---其他				
	--非针织或非钩编的，合成纤维制：				
6304.9310	---刺绣的				
6304.9390	---其他				
	--非针织或非钩编的，其他纺织材料制：				
6304.9910	---丝及绢丝制				
	---麻制：				
6304.9921	----刺绣的				
6304.9929	----其他				
6304.9990	---其他				
63.05	**货物包装用袋：**	1. 品名；2. 种类（包装袋）；3. 成分含量			
6305.1000	-黄麻或税目53.03的其他韧皮纺织纤维制				
6305.2000	-棉制				
	-化学纤维材料制：				
6305.3200	--散装货物储运软袋				
6305.3300	--其他，聚乙烯、聚丙烯扁条或类似材料制				
6305.3900	--其他				
6305.9000	-其他纺织材料制				
63.06	**油苫布、天篷及遮阳篷；帐篷；风帆；野营用品：**	1. 品名；2. 种类（油苫布、天篷、遮阳篷、风帆、野营用品）；3. 成分含量			
	-油苫布、天篷及遮阳篷：				
6306.1200	--合成纤维制				

税则号列	商品名称	申报要素			说明举例
		归类要素	价格要素	其他要素	
	--其他纺织材料制：				
6306.1910	---麻制				
6306.1920	---棉制				
6306.1990	---其他				
	-帐篷：				
6306.2200	--合成纤维制				
	--其他纺织材料制：				
6306.2910	---棉制				
6306.2990	---其他				
	-风帆：				
6306.3010	---合成纤维制				
6306.3090	---其他纺织材料制				
	-充气褥垫：				
6306.4010	---棉制				
6306.4020	---化学纤维制				
6306.4090	---其他纺织材料制				
	-其他：				
6306.9010	---棉制				
6306.9020	---麻制				
6306.9030	---化学纤维制				
6306.9090	---其他				
63.07	**其他制成品，包括服装裁剪样：**	1. 品名；2. 成分含量			
6307.1000	-擦地布、擦碗布、抹布及类似擦拭用布				
6307.2000	-救生衣及安全带				
6307.9000	-其他				
	第二分章　成套物品				
63.08	**由机织物及纱线构成的零售包装成套物品，不论是否带附件，用以制作小地毯、装饰毯、绣花台布、餐巾或类似的纺织物品：**	1. 品名；2. 是否为零售包装			仅指机织物和纱线制
6308.0000	由机织物及纱线构成的零售包装成套物品，不论是否带附件，用以制作小地毯、装饰毯、绣花台布、餐巾或类似的纺织物品				
	第三分章　旧衣着及旧纺织品；碎织物				
63.09	**旧衣物：**	1. 品名；2. 是否为旧			
6309.0000	旧衣物				

税则号列	商品名称	申报要素			说明举例
		归类要素	价格要素	其他要素	
63.10	**纺织材料的新的或旧的碎织物及废线、绳、索、缆及其制品：**	1. 品名；2. 是否经分拣；3. 成分含量	4. 颜色（如白色或杂色）		
6310.1000	-经分拣的				
6310.9000	-其他				

第十二类　鞋、帽、伞、杖、鞭及其零件；已加工的羽毛及其制品；人造花；人发制品

第六十四章　鞋靴、护腿和类似品及其零件

注释：

一、本章不包括：

（一）易损材料（例如，纸、塑料薄膜）制的无外绱鞋底的一次性鞋靴罩或套。这些产品应按其构成材料归类；

（二）纺织材料制的鞋靴，没有用粘、缝或其他方法将外底固定或安装在鞋面上的（第十一类）；

（三）税目 63.09 的旧鞋靴；

（四）石棉制品（税目 68.12）；

（五）矫形鞋靴或其他矫形器具及其零件（税目 90.21）；或

（六）玩具鞋及装有冰刀或轮子的滑冰鞋；护胫或类似的运动防护服装（第九十五章）。

二、税目 64.06 所称"零件"，不包括鞋钉、护鞋铁掌、鞋眼、鞋钩、鞋扣、饰物、编带、鞋带、绒球或其他装饰带（应分别归入相应税目）及税目 96.06 的纽扣或其他货品。

三、本章所称：

（一）"橡胶"及"塑料"，包括能用肉眼辨出其外表有一层橡胶或塑料的机织物或其他纺织产品；运用本款时，橡胶或塑料仅引起颜色变化的不计在内；以及

（二）"皮革"，是指税目 41.07 及 41.12 至 41.14 的货品。

四、除本章注释三另有规定的以外：

（一）鞋面的材料应以占表面面积最大的那种材料为准，计算表面面积可不考虑附件及加固件，例如，护踝、裹边、饰物、扣子、拉襻、鞋眼或类似附属件；

（二）外底的主要材料应以与地面接触最广的那种材料为准，计算接触面时可不考虑鞋底钉、铁掌或类似附属件。

子目注释：

子目 6402.12、6402.19、6403.12、6403.19 及 6404.11 所称"运动鞋靴"，仅适用于：

一、带有或可装鞋底钉、止滑柱、夹钳、马蹄掌或类似品的体育专用鞋靴；

二、滑冰靴、滑雪靴及越野滑雪用鞋靴、滑雪板靴、角力靴、拳击靴及赛车鞋。

【要素释义】

一、归类要素

（一）款式：指鞋靴是什么式样类型的。例如，子目 6401.1 要填写"高统、装金属护头等"，子目 6403.5 要按"是否过踝或过小腿"来填写。

（二）鞋面材料：鞋面是指鞋靴底部之上的部分。如果某些鞋靴外底与鞋面之间的界线难以区分，则鞋面应包括鞋子覆盖脚侧及脚背的那部分。如果鞋面是由两种及两种以上材料构成的，应按占表面面积最大的那种材料归类。

（三）鞋底材料：鞋的外底是指鞋靴穿着时与地面接触的部分（附加后跟除外）。在确定鞋底材料时应以与地面接触最广的那种外底材料为准，且不考虑部分鞋靴底部所附的配件或加固件。

（四）内底长度：鞋的内底是指鞋底的内侧部分，与外底相对应。

（五）材质：该要素专用于税目 64.06，指货品是用什么材料制成的。

（六）加工程度：该要素专用于税目 64.06，指是否已成型。

二、价格要素

品牌：指制造商或经销商加在商品上的标志。实际只需要申报出名称即可，有外文品牌的以申报外文品牌名称为主，如"Nike 牌"。

税则号列	商品名称	申报要素			说明举例
		归类要素	价格要素	其他要素	
64.01	**橡胶或塑料制外底及鞋面的防水鞋靴，其鞋面不是用缝、铆、钉、旋、塞或类似方法固定在鞋底上的：**				
	-装有金属防护鞋头的鞋靴：	1. 品名；2. 款式（高统、装金属护头等）；3. 鞋面材料；4. 鞋底材料	5. 品牌（中文及外文名称）；6. 货号		
6401.1010	---橡胶制鞋面的				
6401.1090	---塑料制鞋面的				
	-其他鞋靴：	1. 品名；2. 款式（未过踝、过膝、过踝但未到膝）；3. 鞋面材料；4. 鞋底材料	5. 品牌（中文及外文名称）；6. 货号		
	--中、短统靴（过踝但未到膝）：				
6401.9210	---橡胶制鞋面的				
6401.9290	---塑料制鞋面的				
6401.9900	--其他				
64.02	**橡胶或塑料制外底及鞋面的其他鞋靴：**	1. 品名；2. 款式（是否过踝）；3. 鞋面材料；4. 鞋底材料；5. 请注明是否栓塞制	6. 品牌（中文及外文名称）；7. 货号		
	-运动鞋靴：				
6402.1200	--滑雪靴、越野滑雪鞋靴及滑雪板靴				
6402.1900	--其他				
6402.2000	-用栓塞方法将鞋面条带装配在鞋底上的鞋				
	-其他鞋靴：				
6402.9100	--短统靴（过踝）				
	--其他：				
6402.9910	---橡胶制鞋面的				
	---塑料制鞋面的：				
6402.9921	----以机织物或其他纺织材料作衬底的				
6402.9929	----其他				
64.03	**橡胶、塑料、皮革或再生皮革制外底，皮革制鞋面的鞋靴：**				
	-运动鞋靴：	1. 品名；2. 款式（高统等）；3. 鞋面材料；4. 鞋底材料	5. 品牌（中文及外文名称）；6. 货号		
6403.1200	--滑雪靴、越野滑雪鞋靴及滑雪板靴				

税则号列	商品名称	申报要素			说明举例
		归类要素	价格要素	其他要素	
6403.1900	--其他				
6403.2000	-皮革制外底，由交叉于脚背并绕大脚趾的皮革条带构成鞋面的鞋	1. 品名；2. 款式（高统、装金属护头等）；3. 鞋面材料；4. 鞋底材料	5. 品牌（中文及外文名称）；6. 货号		
6403.4000	-装有金属防护鞋头的其他鞋靴	1. 品名；2. 款式（高统、装金属护头等）；3. 鞋面材料；4. 鞋底材料	5. 品牌（中文及外文名称）；6. 货号		
	-皮革制外底的其他鞋靴：	1. 品名；2. 款式（是否过踝或过小腿）；3. 鞋面材料；4. 鞋底材料；5. 内底长度	6. 品牌（中文及外文名称）；7. 货号		
	--短统靴（过踝）：				
	---过脚踝但低于小腿的短统靴，按内底长度分类：				
6403.5111	----小于24厘米的				
6403.5119	----其他				
	---其他，按内底长度分类：				
6403.5191	----小于24厘米的				
6403.5199	----其他				
6403.5900	--其他				
	-其他鞋靴：	1. 品名；2. 款式（是否过踝或过小腿）；3. 鞋面材料；4. 鞋底材料；5. 内底长度	6. 品牌（中文及外文名称）；7. 货号		
	--短统靴（过踝）：				
	---过脚踝但低于小腿的短统靴，按内底长度分类：				
6403.9111	----小于24厘米的				
6403.9119	----其他				
	---其他，按内底长度分类：				
6403.9191	----小于24厘米的				
6403.9199	----其他				
6403.9900	--其他				
64.04	**橡胶、塑料、皮革或再生皮革制外底，用纺织材料制鞋面的鞋靴：**	1. 品名；2. 款式（高统等）；3. 鞋面材料；4. 鞋底材料	5. 品牌（中文及外文名称）；6. 货号		
	-橡胶或塑料制外底的鞋靴：				
6404.1100	--运动鞋靴；网球鞋、篮球鞋、体操鞋、训练鞋及类似鞋				
	--其他：				
6404.1910	---拖鞋				

税则号列	商品名称	申报要素			说明举例
		归类要素	价格要素	其他要素	
6404.1990	---其他				
	-皮革或再生皮革制外底的鞋靴：				
6404.2010	---拖鞋				
6404.2090	---其他				
64.05	**其他鞋靴：**	1. 品名；2. 款式；3. 鞋面材料；4. 鞋底材料	5. 品牌（中文及外文名称）；6. 货号		
	-皮革或再生皮革制鞋面的：				
6405.1010	---橡胶、塑料、皮革及再生皮革制外底的				
6405.1090	---其他材料制外底的				
6405.2000	-纺织材料制鞋面的				
	-其他：				
6405.9010	---橡胶、塑料、皮革及再生皮革制外底的				
6405.9090	---其他材料制外底的				
64.06	**鞋靴零件（包括鞋面，不论是否带有除外底以外的其他鞋底）；活动式鞋内底、跟垫及类似品；护腿、裹腿和类似品及其零件：**	1. 品名；2. 材质；3. 加工程度（是否已成型）			
6406.1000	-鞋面及其零件，但硬衬除外				
	-橡胶或塑料制的外底及鞋跟：				
6406.2010	---橡胶制的				
6406.2020	---塑料制的				
	-其他：				
6406.9010	---木制				
	---其他材料制：				
6406.9091	----活动式鞋内底、跟垫及类似品				
6406.9092	----护腿、裹腿和类似品及其零件				
6406.9099	----其他				

第六十五章　帽类及其零件

注释：

一、本章不包括：

（一）税目 63.09 的旧帽类；

（二）石棉制帽类（税目 68.12）；或

（三）第九十五章的玩偶帽、其他玩具帽或狂欢节用品。

二、税目 65.02 不包括缝制的帽坯，但仅将条带缝成螺旋形的除外。

【要素释义】

一、归类要素

（一）材质：指货品是用什么材料制成的。例如，税目 65.01 要填写“毡呢”。

（二）制作工艺：指货品是采用什么工艺手段制作而得的。例如，税目 65.02 要填写“编结、拼制”，子目 6505.002 要按“针织、钩编、手工等”来填写。

（三）成分含量：指货品含有的各种材料成分的重量百分比。

二、价格要素

品牌：指制造商或经销商加在商品上的标志。实际只需要申报出名称即可，有外文品牌的以申报外文品牌名称为主。

税则号列	商品名称	申报要素			说明举例
		归类要素	价格要素	其他要素	
65.01	**毡呢制的帽坯、帽身及帽兜，未楦制成形，也未加帽边；毡呢制的圆帽片及制帽用的毡呢筒（包括裁开的毡呢筒）：**	1. 品名；2. 材质（毡呢）	3. 品牌（中文及外文名称）		
6501.0000	毡呢制的帽坯、帽身及帽兜，未楦制成形，也未加帽边；毡呢制的圆帽片及制帽用的毡呢筒（包括裁开的毡呢筒）				
65.02	**编结的帽坯或用任何材料的条带拼制而成的帽坯，未楦制成形，也未加帽边、衬里或装饰物：**	1. 品名；2. 材质；3. 制作工艺（编结、拼制）	4. 品牌（中文及外文名称）		
6502.0000	编结的帽坯或用任何材料的条带拼制而成的帽坯，未楦制成形，也未加帽边、衬里或装饰物				
65.04	**编结帽或用任何材料的条带拼制而成的帽类，不论有无衬里或装饰物：**	1. 品名；2. 制作工艺（编结、拼制）	3. 品牌（中文及外文名称）		
6504.0000	编结帽或用任何材料的条带拼制而成的帽类，不论有无衬里或装饰物				

税则号列	商品名称	申报要素			说明举例
		归类要素	价格要素	其他要素	
65.05	**针织或钩编的帽类，用成匹的花边、毡呢或其他纺织物（条带除外）制成的帽类，不论有无衬里或装饰物；任何材料制的发网，不论有无衬里或装饰物：**				
6505.0010	---发网	1. 品名	2. 品牌（中文及外文名称）		
6505.0020	---钩编的帽类	1. 品名；2. 制作工艺（针织、钩编、手工等）	3. 品牌（中文及外文名称）		
	---其他：				
6505.0091	----用税目65.01的帽身、帽兜或圆帽片制成的毡呢帽类，无论有无衬里或装饰物	1. 品名；2. 材质（毡呢）	3. 品牌（中文及外文名称）		
6505.0099	----其他	1. 品名；2. 制作工艺（针织、钩编、手工等）	3. 品牌（中文及外文名称）		
65.06	**其他帽类，不论有无衬里或装饰物：**	1. 品名；2. 材质	3. 品牌（中文及外文名称）		
6506.1000	-安全帽				
	-其他：				
6506.9100	--橡胶或塑料制				
	--其他材料制：				
6506.9910	---皮革制				
6506.9920	---毛皮制				
6506.9990	---其他				
65.07	**帽圈、帽衬、帽套、帽帮、帽骨架、帽舌及帽颏带：**	1. 品名；2. 材质			
6507.0000	帽圈、帽衬、帽套、帽帮、帽骨架、帽舌及帽颏带				

第六十六章　雨伞、阳伞、手杖、鞭子、马鞭及其零件

注释：

一、本章不包括：

（一）丈量用杖及类似品（税目 90.17）；

（二）火器手杖、刀剑手杖、灌铅手杖及类似品（第九十三章）；或

（三）第九十五章的货品（例如，玩具雨伞、玩具阳伞）。

二、税目 66.03 不包括纺织材料制的零件、附件及装饰品或者任何材料制的罩套、流苏、鞭梢、伞套及类似品。此类货品即使与税目 66.01 或 66.02 的物品一同报验，只要未装配在一起，则不应视为上述税目所列物品的组成零件，而应分别归入各有关税目。

【要素释义】

一、归类要素

（一）款式：指货品是什么式样类型的。

（二）材质：指货品是用什么材料制成的。

二、价格要素

品牌：指制造商或经销商加在商品上的标志。实际只需要申报出名称即可，有外文品牌的以申报外文品牌名称为主。

税则号列	商品名称	申报要素			说明举例
		归类要素	价格要素	其他要素	
66.01	**雨伞及阳伞（包括手杖伞、庭园用伞及类似伞）：**				
6601.1000	-庭园用伞及类似伞	1. 品名；2. 种类或用途			
	-其他：	1. 品名；2. 种类或用途	3. 品牌（中文及外文名称）		
6601.9100	--折叠伞				
6601.9900	--其他				
66.02	**手杖、带座手杖、鞭子、马鞭及类似品：**	1. 品名；2. 材质			
6602.0000	手杖、带座手杖、鞭子、马鞭及类似品				
66.03	**税目 66.01 或 66.02 所列物品的零件及装饰品：**	1. 品名；2. 材质			
6603.2000	-伞骨，包括装在伞柄上的伞骨				
6603.9000	-其他				

第六十七章　已加工羽毛、羽绒及其制品；人造花；人发制品

注释：

一、本章不包括：

（一）人发制滤布（税目 59.11）；

（二）花边、刺绣品或其他纺织物制成的花卉图案（第十一类）；

（三）鞋靴（第六十四章）；

（四）帽类及发网（第六十五章）；

（五）玩具、运动用品或狂欢节用品（第九十五章）；或

（六）羽毛掸帚、粉扑及人发制的筛子（第九十六章）。

二、税目 67.01 不包括：

（一）羽毛或羽绒仅在其中作为填充料的物品（例如，税目 94.04 的寝具）；

（二）羽毛或羽绒仅作为饰物或填充料的衣服或衣着附件；或

（三）税目 67.02 的人造花、叶及其部分品，以及它们的制成品。

三、税目 67.02 不包括：

（一）玻璃制品（第七十章）；或

（二）用陶器、石料、金属、木料或其他材料经模铸、锻造、雕刻、冲压或其他方法整件制成形的人造花、叶或果实；用捆扎、胶粘及类似方法以外的其他方法将部分品组合而成的上述制品。

【要素释义】

归类要素

（一）加工程度：指货品在申报前经过怎样的处理工艺。例如，税目 67.03 填写“经梳理、脱色”等。

（二）制作材料：指货品是用什么材料制作的。例如，税目 67.02 填写“塑料丝”等。

税则号列	商品名称	申报要素			说明举例
		归类要素	价格要素	其他要素	
67.01	**带羽毛或羽绒的鸟皮及鸟体其他部分、羽毛、部分羽毛、羽绒及其制品（税目 05.05 的货品和经加工的羽管及羽轴除外）：**	1. 品名；2. 是否濒危物种			
6701.0000	带羽毛或羽绒的鸟皮及鸟体其他部分、羽毛、部分羽毛、羽绒及其制品（税目 05.05 的货品和经加工的羽管及羽轴除外）				
67.02	**人造花、叶、果实及其零件；用人造花、叶或果实制成的物品：**	1. 品名；2. 制作材料（塑料丝等）			
6702.1000	-塑料制				
	-其他材料制：				
6702.9010	---羽毛制				
6702.9020	---丝及绢丝制				
6702.9030	---化学纤维制				
6702.9090	---其他				

税则号列	商品名称	申报要素			说明举例
		归类要素	价格要素	其他要素	
67.03	**经梳理、稀疏、脱色或其他方法加工的人发；做假发及类似品用的羊毛、其他动物毛或其他纺织材料：**	1. 品名；2. 加工程度（经梳理、脱色等）；3. 制作材料	4. 长度（英寸）		
6703.0000	经梳理、稀疏、脱色或其他方法加工的人发；做假发及类似品用的羊毛、其他动物毛或其他纺织材料				
67.04	**人发、动物毛或纺织材料制的假发、假胡须、假眉毛、假睫毛及类似品；其他税目未列名的人发制品：**	1. 品名；2. 制作材料			
	-合成纤维纺织材料制：				
6704.1100	--整头假发				
6704.1900	--其他				
6704.2000	-人发制				
6704.9000	-其他材料制				

第十三类　石料、石膏、水泥、石棉、云母及类似材料的制品；陶瓷产品；玻璃及其制品

第六十八章　石料、石膏、水泥、石棉、云母及类似材料的制品

注释：

一、本章不包括：

（一）第二十五章的货品；

（二）税目 48.10 或 48.11 的经涂布、浸渍或覆盖的纸及纸板（例如，用云母粉或石墨涂布的纸及纸板、沥青纸及纸板）；

（三）第五十六章或第五十九章的经涂布、浸渍或包覆的纺织物（例如，用云母粉、沥青涂布或包覆的织物）；

（四）第七十一章的物品；

（五）第八十二章的工具及其零件；

（六）税目 84.42 的印刷用石板；

（七）绝缘子（税目 85.46）或绝缘材料制的零件（税目 85.47）；

（八）牙科用磨锉（税目 90.18）；

（九）第九十一章的物品（例如，钟及钟壳）；

（十）第九十四章的物品（例如，家具、灯具及照明装置、活动房屋）；

（十一）第九十五章的物品（例如，玩具、游戏品及运动用品）；

（十二）用第九十六章注释二（二）所述材料制成的税目 96.02 的物品或税目 96.06 的物品（例如，纽扣）、税目 96.09 的物品（例如，石笔）、税目 96.10 的物品（例如，绘画石板）或税目 96.20 的物品（独脚架、双脚架、三脚架及类似品）；或

（十三）第九十七章的物品（例如，艺术品）。

二、税目 68.02 所称“已加工的碑石或建筑用石”，不仅适用于已加工的税目 25.15、25.16 的各种石料，也适用于所有经类似加工的其他天然石料（例如，石英岩、燧石、白云石及冻石），但不适用于板岩。

【要素释义】

一、归类要素

（一）种类：指天然石材的种类。例如，税目 68.01 货品填写“长方砌石、扁平石、路缘石”中的具体种类。

（二）材质：指具体的石料或矿材名称。例如，税目 68.01 货品填写“花岗岩”等；税目 68.02 货品填写“大理石”“花岗岩”等。

（三）用途：指商品应用的方面、范围。例如，税目 68.02 货品可填写“内墙贴面用”；子目 6815.1 货品填写“过滤器用”等。

（四）加工程度：指物品在加工过程中经过的具体加工工艺。例如，税目 68.02 货品填写“切”“锯”“抛光”等。

（五）尺寸（最大表面积的最大边长）：该要素为税目 68.04 的专有要素，指一个多面体石材的最大表面积的最大边长。例如，一个规则长方体石块，尺寸为 300 厘米（长）×100 厘米（宽）×100 厘米（高），该要素应填写 300 厘米。

（六）是否装支架：该要素为税目 68.04 的专有要素，按照货品实际报验状态填写“装支架”或“未装支架”即可。

（七）是否手用磨：该要素为税号 6804.309 的专有要素，按照货品实际报验状态填写“是”或“不是”即可。

（八）是否有涂层（如有，请申报材质）：该要素为税目 68.05 的专有要素，按照货品实际情况填写。例如，“无涂层”或“有涂层，改性苯丙乳液”即可。

（九）形状：指物体外观或表现形态。例如，税目 68.14 货品可按“板、片、带”等来填写。

（十）含有石棉纤维的要注明其含量：该要素为子目 6806.9 的专有要素，按照货品实际报验状态填写。例如，“不含石棉纤维”或“含有石棉纤维，含量 25%”。

（十一）黏料：该要素为税目 68.08 的专有要素。例如，可填写“水泥”“石膏”等。

（十二）成分含量：该要素为税目 68.09 的专有要素，指含有的物质种类及重量百分比含量。例如，石膏 85%、

短麻屑末9%、胶水6%。

（十三）是否黏聚或复制的：该要素为税目68.14的专有要素，按照货品实际报验状态填写“非黏聚、复制”或“黏聚”。

（十四）碳纤维纱线请注明碳含量、比模量和比极限抗拉强度：该要素为税目68.15的专有要素，按照货品实际报验状态填写，例如，碳含量95%、比模量1.5×10^6米、比抗拉强度2.5×10^4米。

二、价格要素

（一）品牌：指制造商或经销商加在商品上的标志。实际只需要申报名称即可，有外文品牌的以申报外文品牌名称为主。

（二）型号：该要素为税目68.05的专有要素，指区分砂布、砂纸磨粒粗细不同规格的代号。例如，可填写“120号”。

（三）尺寸：该要素为税目68.05的专有要素，指砂布、砂纸的规格。例如，可填写“40厘米×30厘米”。

税则号列	商品名称	申报要素			说明举例
		归类要素	价格要素	其他要素	
68.01	**天然石料（不包括板岩）制的长方砌石、路缘石、扁平石：**	1. 品名；2. 种类（长方砌石、扁平石、路缘石）；3. 材质			
6801.0000	天然石料（不包括板岩）制的长方砌石、路缘石、扁平石				
68.02	**已加工的碑石或建筑用石（不包括板岩）及其制品，但税目68.01的货品除外；天然石料（包括板岩）制的镶嵌石（马赛克）及类似品，不论是否有衬背；天然石料（包括板岩）制的人工染色石粒、石片及石粉：**	1. 品名；2. 用途（用于建筑，可直接使用）；3. 材质（大理石、花岗岩）；4. 加工程度（切、锯、抛光及是否石刻等）；5. 尺寸（最大表面积的最大边长）	6. 花色品种的中英文名称		
	-砖、瓦、方块及类似品，不论是否为矩形（包括正方形），其最大表面积以可置入边长小于7厘米的方格为限；人工染色的石粒、石片及石粉：				
6802.1010	---大理石				
6802.1090	---其他				
	-简单切削或锯开并具有一个平面的其他碑石或建筑用石及其制品：				
	--大理石、石灰华及蜡石：				
6802.2110	---大理石				
6802.2120	---石灰华				
6802.2190	---其他				
6802.2300	--花岗岩				
	--其他石：				
6802.2910	---其他石灰石				
6802.2990	---其他				
	-其他：				

税则号列	商品名称	申报要素			说明举例
		归类要素	价格要素	其他要素	
	--大理石、石灰华及蜡石：				
6802.9110	---石刻				
6802.9190	---其他				
	--其他石灰石：				
6802.9210	---石刻				
6802.9290	---其他				
	--花岗岩：				
	---石刻：				
6802.9311	----墓碑石				
6802.9319	----其他				
6802.9390	---其他				
	--其他石：				
6802.9910	---石刻				
6802.9990	---其他				
68.03	**已加工的板岩及板岩或黏聚板岩的制品：**	1. 品名；2. 加工程度；3. 材质			
6803.0010	---板岩制				
6803.0090	---其他				
68.04	**未装支架的石磨、石碾、砂轮和类似品及其零件，用于研磨、磨刃、抛光、整形或切割，以及手用磨石、抛光石及其零件，用天然石料、黏聚的天然磨料、人造磨料或陶瓷制成，不论是否装有由其他材料制成的零件：**				
6804.1000	-碾磨或磨浆用石磨、石碾	1. 品名；2. 用途（碾磨或磨浆、磨光用等）；3. 材质（石料、黏聚合成料等）；4. 是否装支架			
	-其他石磨、石碾、砂轮及类似品：	1. 品名；2. 用途（碾磨或磨浆、磨光用等）；3. 材质（石料、黏聚合成料等）；4. 是否装支架	5. 品牌		
	--黏聚合成或天然金刚石制：				
6804.2110	---砂轮				
6804.2190	---其他				
	--其他黏聚磨料制或陶瓷制：				
6804.2210	---砂轮				
6804.2290	---其他				
	--天然石料制：				
6804.2310	---砂轮				
6804.2390	---其他				

税则号列	商品名称	申报要素			说明举例
		归类要素	价格要素	其他要素	
	-手用磨石及抛光石：				
6804.3010	---琢磨油石	1. 品名；2. 用途（碾磨或磨浆、磨光用等）；3. 材质（石料、黏聚合成料等）；4. 是否装支架			
6804.3090	---其他	1. 品名；2. 用途（碾磨或磨浆、磨光用等）；3. 材质（石料、黏聚合成料等）；4. 是否装支架			
68.05	**砂布、砂纸及以其他材料为底的类似品，不论是否裁切、缝合或用其他方法加工成形：**	1. 品名；2. 基底材料；3. 砂粒材质；4. 是否有涂层（如有，请申报材质）	5. 品牌；6. 型号；7. 尺寸		包括裁剪、缝合加工而成的
6805.1000	-砂布				
6805.2000	-砂纸				
6805.3000	-其他				
68.06	**矿渣棉、岩石棉及类似的矿质棉；页状蛭石、膨胀黏土、泡沫矿渣及类似的膨胀矿物材料；具有隔热、隔音或吸音性能的矿物材料的混合物及制品，但税目68.11、68.12或第六十九章的货品除外：**				不包括粒状矿渣（税目26.18）
	-矿渣棉、岩石棉及类似的矿质棉（包括其相互混合物），块状、成片或成卷：	1. 品名；2. 材质（矿物纤维等）；3. 形状；4. 含有石棉纤维的要注明其含量			
6806.1010	---硅酸铝纤维及其制品				
6806.1090	---其他				
6806.2000	-页状蛭石、膨胀黏土、泡沫矿渣及类似的膨胀矿物材料（包括其相互混合物）	1. 品名；2. 材质（页状蛭石、膨胀黏土、泡沫矿渣等）；3. 形状；4. 含有石棉纤维的要注明其含量			
6806.9000	-其他	1. 品名；2. 材质；3. 形状；4. 含有石棉纤维的要注明其含量			
68.07	**沥青或类似原料（例如，石油沥青或煤焦油沥青）的制品：**	1. 品名；2. 形状			不包括用焦油、沥青等涂布、浸渍或覆盖的纸（税目48.11）和纺织物（第五十六章或五十九章）、石棉加沥青制品（税目68.11）等

税则号列	商品名称	申报要素			说明举例
		归类要素	价格要素	其他要素	
6807.1000	-成卷				
6807.9000	-其他				
68.08	**镶板、平板、瓦、砖及类似品，用水泥、石膏及其他矿物黏合材料黏合植物纤维、稻草、刨花、木片屑、木粉、锯末或木废料制成：**	1. 品名；2. 种类（镶板、平板瓦、砖等）；3. 原料（稻草、刨花等）；4. 粘料（水泥、石膏等矿物性黏合材料）			
6808.0000	镶板、平板、瓦、砖及类似品，用水泥、石膏及其他矿物黏合材料黏合植物纤维、稻草、刨花、木片屑、木粉、锯末或木废料制成				
68.09	**石膏制品及以石膏为基本成分的混合材料制品：**	1. 品名；2. 加工方法（是否装饰、经贴面或加强等）；3. 是否未经装饰，仅用纸或纸板贴面或加强的；4. 成分含量			不包括石膏骨折绷带（税目30.05）和夹板（税目90.21）；专供示范用的模型（税目90.23）；裁缝用人体模型（税目96.18）等
	-未经装饰的板、片、砖、瓦及类似品：				
6809.1100	--仅用纸、纸板贴面或加强的				
6809.1900	--其他				
6809.9000	-其他制品				
68.10	**水泥、混凝土或人造石制品，不论是否加强：**	1. 品名；2. 用途（铁道用等）；3. 种类（砖、瓦、管及建筑构件钢筋混凝土板等）；4. 材料（水泥、混凝土、人造石）			不包括破碎混凝土块
	-砖、瓦、扁平石及类似品：				
6810.1100	--建筑用砖及石砌块				
	--其他：				
6810.1910	---人造石制				
6810.1990	---其他				
	-其他制品：				
	--建筑或土木工程用的预制结构件：				
6810.9110	---钢筋混凝土和预应力混凝土管、杆、板、桩等				
6810.9190	---其他				
	--其他：				
6810.9910	---铁道用水泥枕				

税则号列	商品名称	申报要素			说明举例
		归类要素	价格要素	其他要素	
6810.9990	---其他				
68.11	**石棉水泥、纤维素水泥或类似材料的制品：**	1. 品名；2. 种类（砖、瓦、管、板等）；3. 材料（石棉水泥、纤维素水泥等）			
	-含石棉的：				
6811.4010	---瓦楞板				
6811.4020	---其他片、板、砖、瓦及类似制品				
6811.4030	---管子及管子附件				
6811.4090	---其他制品				
	-不含石棉的：				
6811.8100	--瓦楞板				
6811.8200	--其他片、板、瓦及类似制品				
	--其他制品：				
6811.8910	---管子及管子附件				
6811.8990	---其他				
68.12	**已加工的石棉纤维；以石棉为基本成分或以石棉和碳酸镁为基本成分的混合物；上述混合物或石棉的制品（例如，纱线、机织物、服装、帽类、鞋靴、衬垫），不论是否加强，但税目68.11或68.13的货品除外：**	1. 品名；2. 种类（纱线、机织物、服装、鞋帽、衬垫等）；3. 材料（青石棉、其他石棉、石棉纤维）			
6812.8000	-青石棉的				
	-其他：				
6812.9100	--服装、衣着附件、鞋靴及帽类				
6812.9200	--纸、麻丝板及毡子				
6812.9300	--成片或成卷的压缩石棉纤维接合材料				
6812.9900	--其他				
68.13	**以石棉、其他矿物质或纤维素为基本成分的未装配摩擦材料及其制品（例如，片、卷、带、盘、圈、垫及扇形），适于作制动器、离合器及类似品，不论是否与织物或其他材料结合而成：**	1. 品名；2. 材质；3. 种类（片、卷、带、闸衬、闸垫、扇形等）			指未装配的摩擦材料及制品
	-含石棉的：				
6813.2010	---闸衬、闸垫				
6813.2090	---其他				

税则号列	商品名称	申报要素			说明举例
		归类要素	价格要素	其他要素	
	-不含石棉的：				
6813. 8100	--闸衬、闸垫				
6813. 8900	--其他				
68. 14	**已加工的云母及其制品，包括黏聚或复制的云母，不论是否附于纸、纸板或其他材料上：**	1. 品名；2. 材质（云母）；3. 形状（板、片、带等）；4. 是否黏聚或复制的			仅指已加工的云母及制品
6814. 1000	-黏聚或复制云母制的板、片、带，不论是否附于其他材料上				
6814. 9000	-其他				
68. 15	**其他税目未列名的石制品及其他矿物制品（包括碳纤维及其制品和泥煤制品）：**				石墨、碳精制品仅指非电器用，电器用应归入税目 85. 45
6815. 1000	-非电器用的石墨或其他碳精制品	1. 品名；2. 材质；3. 用途			
6815. 2000	-泥煤制品	1. 品名；2. 材质			
	-其他制品：				
6815. 9100	--含有菱镁矿、白云石或铬铁矿的	1. 品名；2. 材质			
	--其他：				
6815. 9920	---碳纤维	1. 品名；2. 材质			
	---碳纤维制品：				
6815. 9931	----碳布	1. 品名；2. 材质			
6815. 9932	----碳纤维预浸料	1. 品名；2. 材质			
6815. 9939	----其他	1. 品名；2. 材质；3. 碳纤维纱线请注明碳含量、比模量和比极限抗拉强度			
6815. 9940	---玄武岩纤维及其制品	1. 品名；2. 材质			
6815. 9990	---其他	1. 品名；2. 材质			

第六十九章　陶瓷产品

注释：

一、本章仅适用于成形后经过烧制的陶瓷产品。税目 69.04 至 69.14 仅适用于不能归入税目 69.01 至 69.03 的产品。

二、本章不包括：

（一）税目 28.44 的产品；

（二）税目 68.04 的物品；

（三）第七十一章的物品（例如，仿首饰）；

（四）税目 81.13 的金属陶瓷；

（五）第八十二章的物品；

（六）绝缘子（税目 85.46）或绝缘材料制的零件（税目 85.47）；

（七）假牙（税目 90.21）；

（八）第九十一章的物品（例如，钟及钟壳）；

（九）第九十四章的物品（例如，家具、灯具及照明装置、活动房屋）；

（十）第九十五章的物品（例如，玩具、游戏品及运动用品）；

（十一）税目 96.06 的物品（例如，纽扣）或税目 96.14 的物品（例如，烟斗）；或

（十二）第九十七章的物品（例如，艺术品）。

【要素释义】

一、归类要素

（一）材质：指商品组成材料。例如，税目 69.11 货品填写“瓷制”或“陶制”。

（二）种类：指陶瓷产品所属类别。例如，税目 69.01 货品填写“砖”“瓦”等；税目 69.07 填写“贴面砖”“铺面砖”“马赛克”等；税目 69.11 与 69.12 货品填写“餐具”“厨房器具”等。

（三）成分含量：该要素为税目 69.03 的专有归类要素，指含有的物质种类及重量百分比含量。例如某耐火陶瓷制品填写“三氧化二铝 75%，二氧化硅 25%”。

（四）尺寸（最大表面积的最大边长）：指一个多面体材料的最大表面积的最大边长。例如，一块陶瓷贴面砖，尺寸为 30 厘米（长）×30 厘米（宽）×1.2 厘米（厚），该要素应填写 30 厘米。

（五）用途：指商品应用的方面、范围。例如，税目 69.09 货品按“实验室用，化学、农业用等”填写；税目 69.13 货品填写“装饰用”等；税目 69.14 货品填写“园艺用”等。

（六）莫氏硬度：该要素为税目 69.09 的专有要素，按照货品实际报验状态填写。例如可填写“莫氏硬度：9”。

二、价格要素

（一）耐火温度：该要素是税目 69.02~69.03 项下的价格要素。耐火砖和其他陶瓷耐火制品耐火温度不同，温度范围为 1580℃~1770℃。

（二）品牌：指制造商或经销商加在商品上的标志。实际只需要申报出名称即可，有外文品牌的以申报外文品牌名称为主。

（三）规格型号：该要素是税目 69.10 陶瓷洗涤槽、脸盆、脸盆座、浴缸、坐浴盆、抽水马桶、水箱、小便池及类似的固定卫生设备的价格要素，是区分不同用途、外观、材质等指标的代码。

税则号列	商品名称	申报要素			说明举例
		归类要素	价格要素	其他要素	
	第一分章　硅化石粉或类似硅土及耐火材料制品				
69.01	**硅质化石粉（例如各种硅藻土）或类似硅土制的砖、块、瓦及其他陶瓷制品：**	1. 品名；2. 材质（硅质化石粉、硅藻土或类似硅土等）；3. 种类（砖、瓦等）			

税则号列	商品名称	申报要素			说明举例
		归类要素	价格要素	其他要素	
6901.0000	硅质化石粉（例如各种硅藻土）或类似硅土制的砖、块、瓦及其他陶瓷制品				
69.02	**耐火砖、块、瓦及类似耐火陶瓷建材制品，但硅质化石粉及类似硅土制的除外：**	1. 品名；2. 种类（耐火砖、瓦、块等）；3. 成分含量	4. 耐火温度		本税目指耐火陶瓷建材制品，不包括硅质化石粉或类似硅土制
6902.1000	-单独或同时含有按重量计超过50%的镁、钙或铬（分别以氧化镁、氧化钙或三氧化二铬的含量计）				
6902.2000	-含有按重量计超过50%的三氧化二铝、二氧化硅或其混合物或化合物				
6902.9000	-其他				
69.03	**其他耐火陶瓷制品（例如，甑、坩埚、马弗罩、喷管、栓塞、支架、烤钵、管子、护套及棒条），但硅质化石粉及类似硅土制的除外：**	1. 品名；2. 种类（坩埚、支架、马弗罩等）；3. 成分含量	4. 耐火温度		不包括耐火陶瓷建筑材料制品、硅质化石粉或类似硅土制
6903.1000	-含有按重量计超过50%的石墨、其他碳或其混合物				
6903.2000	-含有按重量计超过50%的三氧化二铝或三氧化二铝和二氧化硅的混合物或化合物				
6903.9000	-其他				
	第二分章 其他陶瓷产品				
69.04	**陶瓷制建筑用砖、铺地砖、支撑或填充用砖及类似品：**	1. 品名；2. 种类（建筑用砖、地面砖等）	3. 品牌		本税目指非耐火陶瓷
6904.1000	-建筑用砖				
6904.9000	-其他				
69.05	**屋顶瓦、烟囱罩、通风帽、烟囱衬壁、建筑装饰物及其他建筑用陶瓷制品：**	1. 品名；2. 种类（屋顶瓦、烟囱罩等）			
6905.1000	-屋顶瓦				
6905.9000	-其他				
69.06	**陶瓷套管、导管、槽管及管子附件：**	1. 品名；2. 种类（套管、导管、槽管等）			
6906.0000	陶瓷套管、导管、槽管及管子附件				
69.07	**陶瓷贴面砖、铺面砖，包括炉面砖及墙面砖；陶瓷镶嵌砖（马赛克）及其类似品，不论是否有衬背；饰面陶瓷：**	1. 品名；2. 种类（贴面砖、铺面砖、马赛克等）；3. 尺寸（最大表面积的最大边长）；4. 按重量计吸水率	5. 品牌；6. 颜色		

税则号列	商品名称	申报要素			说明举例
		归类要素	价格要素	其他要素	
	-贴面砖、铺面砖，包括炉面砖及墙面砖，但子目6907.30和6907.40所列商品除外：				
	--按重量计吸水率不超过0.5%：				
6907.2110	---不论是否矩形，其最大表面积以可置入边长小于7厘米的方格为限				
6907.2190	---其他				
	--按重量计吸水率超过0.5%，但不超过10%：				
6907.2210	---不论是否矩形，其最大表面积以可置入边长小于7厘米的方格为限				
6907.2290	---其他				
	--按重量计吸水率超过10%：				
6907.2310	---不论是否矩形，其最大表面积以可置入边长小于7厘米的方格为限				
6907.2390	---其他				
	-镶嵌砖（马赛克）及其类似品，但子目6907.40的货品除外：				
6907.3010	---不论是否矩形，其最大表面积以可置入边长小于7厘米的方格为限				
6907.3090	---其他				
	-饰面陶瓷：				
6907.4010	---不论是否矩形，其最大表面积以可置入边长小于7厘米的方格为限				
6907.4090	---其他				
69.09	**实验室、化学或其他专门技术用途的陶瓷器；农业用陶瓷槽、缸及类似容器；通常供运输及盛装货物用的陶瓷罐、坛及类似品：**	1. 品名；2. 用途（实验室用、化学用、农业用等）；3. 种类（瓷制、陶制）；4. 莫氏硬度			
	-实验室、化学或其他专门技术用途的陶瓷器：				
6909.1100	--瓷制				
6909.1200	--莫氏硬度为9或以上的物品				
6909.1900	--其他				
6909.9000	-其他				

税则号列	商品名称	申报要素			说明举例
		归类要素	价格要素	其他要素	
69.10	**陶瓷洗涤槽、脸盆、脸盆座、浴缸、坐浴盆、抽水马桶、水箱、小便池及类似的固定卫生设备：**	1. 品名；2. 材质（瓷制、陶制）	3. 品牌；4. 规格型号		
6910.1000	-瓷制				
6910.9000	-其他				
69.11	**瓷餐具、厨房器具及其他家用或盥洗用瓷器：**				
	-餐具及厨房器具：				
	---餐具：	1. 品名；2. 材质（瓷制、陶制）；3. 种类（餐具、厨房器具等）；4. 是否为骨瓷	5. 品牌		
6911.1011	----骨瓷				
6911.1019	----其他				
	---厨房器具：	1. 品名；2. 材质（瓷制、陶制）；3. 种类（餐具、厨房器具等）	4. 品牌		
6911.1021	----刀具				
6911.1029	----其他				
6911.9000	-其他	1. 品名；2. 材质（瓷制、陶制）；3. 种类（餐具、厨房器具等）	4. 品牌		
69.12	**陶餐具、厨房器具及其他家用或盥洗用陶器：**	1. 品名；2. 材质（瓷制、陶制）；3. 种类（餐具、厨房器具等）	4. 品牌		
6912.0010	---餐具				
6912.0090	---其他				
69.13	**塑像及其他装饰用陶瓷制品：**	1. 品名；2. 材质（瓷制、陶制）；3. 用途			
6913.1000	-瓷制				
6913.9000	-其他				
69.14	**其他陶瓷制品：**	1. 品名；2. 材质（瓷制、陶制）；3. 用途			
6914.1000	-瓷制				
6914.9000	-其他				

第七十章　玻璃及其制品

注释：

一、本章不包括：

（一）税目 32.07 的货品（例如，珐琅和釉料、搪瓷玻璃料及其他玻璃粉、粒或粉片）；

（二）第七十一章的物品（例如，仿首饰）；

（三）税目 85.44 的光缆、税目 85.46 的绝缘子或税目 85.47 所列绝缘材料制的零件；

（四）光导纤维、经光学加工的光学元件、注射用针管、假眼、温度计、气压计、液体比重计或第九十章的其他物品；

（五）有永久固定电光源的灯具及照明装置、灯箱标志或铭牌和类似品及其零件（税目 94.05）；

（六）玩具、游戏品、运动用品、圣诞树装饰品及第九十五章的其他物品（供玩偶或第九十五章其他物品用的无机械装置的玻璃假眼除外）；或

（七）纽扣、保温瓶、香水喷雾器和类似的喷雾器及第九十六章的其他物品。

二、对于税目 70.03、70.04 及 70.05：

（一）玻璃在退火前的各种处理都不视为“已加工”；

（二）玻璃切割成一定形状并不影响其作为板片归类；

（三）所称“吸收、反射或非反射层”，是指极薄的金属或化合物（例如，金属氧化物）镀层，该镀层可以吸收红外线等光线或可以提高玻璃的反射性能，同时仍然使玻璃具有一定程度的透明性或半透明性；或者该镀层可以防止光线在玻璃表面的反射。

三、税目 70.06 所述产品，不论是否具有制成品的特性仍归入该税目。

四、税目 70.19 所称“玻璃棉”，是指：

（一）按重量计二氧化硅的含量在 60%及以上的矿质棉；

（二）按重量计二氧化硅的含量在 60%以下，但碱性氧化物（氧化钾或氧化钠）的含量在 5%以上或氧化硼的含量在 2%以上的矿质棉。

不符合上述规定的矿质棉归入税目 68.06。

五、本目录所称“玻璃”，包括熔融石英及其他熔融硅石。

子目注释：

子目 7013.22、7013.33、7013.41 及 7013.91 所称“铅晶质玻璃”，仅指按重量计氧化铅含量不低于 24%的玻璃。

【要素释义】

一、归类要素

（一）品名：指货品的具体商业名称。

（二）用途：指商品应用的方面、范围。例如，税目 70.17 货品填写“实验室用”“卫生用”“配药用”等。

（三）状态：指商品呈现出的表观。例如，税目 70.03 与 70.05 货品填写“是否夹丝”等；税目 70.04 货品填写“是否经过表面加工”等；税目 70.06 货品填写“未用其他材料镶框或装配”等。

（四）材质：指商品组成材料。例如，税目 70.13 货品填写“玻璃陶瓷”“铅晶质玻璃”等。

（五）加工方法：指商品在加工过程中经过的具体加工方式。例如，子目 7005.1 货品填写“具有吸收、反射或非反射层”等；税目 70.06 货品按“经弯曲、磨边、镂刻、钻孔、涂珐琅”等来填写；税目 70.07 货品填写“钢化”“层压”等。

（六）工艺：指利用生产工具对各种原材料、半成品进行增值加工或处理，最终使之成为制成品的方法与过程。例如，税目 7003 货品填写“铸制”或“轧制”等；税目 70.04 货品填写“拉制”或“吹制”等。

（七）形状：指物体的形态、状貌。例如，税目 70.03 与 70.06 货品按“板、片、型材、异型材”等来填写。

（八）直径：该要素为子目 7002.1 的专有要素，例如，可填写“直径：50 厘米”。

（九）线膨胀系数：该要素为子目 7002.3 的专有要素，有时也称为线弹性系数。固体物质的温度每改变 1℃时，其长度的变化和它在 0℃时长度之比，单位为 1/开。例如可填写“线膨胀系数：0.5×10^{-6}/开尔文”。

（十）种类：指玻璃产品所属类别。例如，税目 70.08 货品填写“中空、真空”等；税目 70.16 货品按“马赛克，花饰铅条窗玻璃，铺面砖、块、片”等来填写。

二、价格要素

（一）光导纤维预制棒请注明规格型号：该要素是子目 7002.201 光导纤维预制棒的价格要素，是指不同用途的代码。例如，日本产的“SUMITOMO”牌，型号为“6HF2-13101A”，规格为“140 毫米直径”光导纤维

预制棒。

（二）品牌：指制造商或经销商加在商品上的标志。实际只需要申报出名称即可，有外文品牌的以申报外文品牌名称为主。

（三）外径：该要素是税目70.02玻璃管的价格要素，是区分玻璃管的大小的标志，用“毫米”或者“厘米”表示。

（四）级别（波导级）：该要素是子目7002.32“温度在0℃至300℃时线膨胀系数不超过5×10^{-6}/开尔文的其他玻璃制”项下的玻璃制产品的价格要素，此类商品的级别实指用途，因此，申报具体级别，也是申报具体的用途。例如，“波导级”等。

（五）型号：指此类商品的款式，有的用“货号”表示。该要素是税目70.18“玻璃珠、仿珍珠、仿宝石或仿半宝石和类似小件玻璃品及其制品”项下的价格要素。

（六）标称厚度：该要素是子目7019.52“宽度超过30厘米的长丝平纹织物”的价格要素，用“毫米”或者“厘米”表示。例如，美国产用于维修飞机用玻璃长丝平纹布可填写“标称厚度：1厘米”。

（七）导电层材质、电阻值：该要素是子目7020.0011导电玻璃的专用价格要素。其中，电阻值用“欧”表示。例如，美国产的用于冷柜上玻璃门安装的导电玻璃可填写“导电层材质：氧化锡；电阻值：398欧”。

税则号列	商品名称	申报要素			说明举例
		归类要素	价格要素	其他要素	
70.01	**碎玻璃及废玻璃；玻璃块料：**	1. 品名；2. 用途；3. 状态（废、碎、块料）			
7001.0000	碎玻璃及废玻璃；玻璃块料				
70.02	**未加工的玻璃球、棒及管（税目70.18的微型玻璃球除外）：**				
7002.1000	-玻璃球	1. 品名；2. 用途；3. 直径			
	-玻璃棒：				
7002.2010	---光导纤维预制棒	1. 品名；2. 用途（光导纤维预制棒等）	3. 直径；4. 品牌；5. 进口状态（芯棒或成品预制棒）；6. 种类（单模、多模、特种预制棒等）		
7002.2090	---其他	1. 品名；2. 用途			
	-玻璃管：				
	--熔融石英或其他熔融硅石制：	1. 品名；2. 用途（光导纤维用、光通信用等）；3. 材质（熔融石英、熔融硅石等）；4. 级别（波导级）	5. 外径		
7002.3110	---光导纤维用波导级石英玻璃管				
7002.3190	---其他				

税则号列	商品名称	申报要素			说明举例
		归类要素	价格要素	其他要素	
7002.3200	--温度在0℃至300℃时线膨胀系数不超过 5×10^{-6}/开尔文的其他玻璃制	1. 品名；2. 用途（光导纤维用、光通信用等）；3. 材质（熔融石英、熔融硅石等）；4. 线膨胀系数	5. 级别（波导级）；6. 外径		
7002.3900	--其他	1. 品名；2. 用途（光导纤维用、光通信用等）；3. 材质（熔融石英、熔融硅石等）；4. 线膨胀系数	5. 级别（波导级）；6. 外径		
70.03	**铸制或轧制玻璃板、片或型材及异型材，不论是否有吸收、反射或非反射层，但未经其他加工：**				
	-非夹丝玻璃板、片：				
7003.1200	--整块着色、不透明、镶色或具有吸收、反射或非反射层的	1. 品名；2. 用途；3. 加工方法（整块着色、具有吸收层等）；4. 状态（是否夹丝）；5. 形状（板、片、型材、异型材）；6. 工艺（铸制或轧制）	7. 品牌（生产厂家）；8. 型号；9. 规格尺寸（长×宽×厚）		
7003.1900	--其他	1. 品名；2. 用途；3. 状态（是否夹丝）；4. 形状（板、片、型材、异型材）；5. 工艺（铸制或轧制）	6. 品牌（生产厂家）；7. 型号；8. 规格尺寸（长×宽×厚）		
7003.2000	-夹丝玻璃板、片	1. 品名；2. 用途；3. 状态（是否夹丝）；4. 形状（板、片、型材、异型材）；5. 工艺（铸制或轧制）	6. 品牌（生产厂家）；7. 型号；8. 规格尺寸（长×宽×厚）		
7003.3000	-型材及异型材	1. 品名；2. 用途；3. 状态（是否夹丝）；4. 形状（板、片、型材、异型材）；5. 工艺（铸制或轧制）	6. 品牌（生产厂家）；7. 型号；8. 规格尺寸（长×宽×厚）		
70.04	**拉制或吹制玻璃板、片，不论是否有吸收、反射或非反射层，但未经其他加工：**				

税则号列	商品名称	申报要素			说明举例
		归类要素	价格要素	其他要素	
7004.2000	-整块着色、不透明、镶色或具有吸收、反射或非反射层的	1. 品名；2. 用途；3. 加工方法（整块着色、具有吸收层等）；4. 状态（是否经过表面加工）；5. 形状（板、片）；6. 工艺（拉制或吹制）			
7004.9000	-其他玻璃	1. 品名；2. 用途；3. 状态（是否经过表面加工）；4. 形状（板、片）；5. 工艺（拉制或吹制）			
70.05	**浮法玻璃板、片及表面研磨或抛光玻璃板、片，不论是否有吸收、反射或非反射层，但未经其他加工：**				
7005.1000	-具有吸收、反射或非反射层的非夹丝玻璃	1. 品名；2. 用途；3. 加工方法（具有吸收、反射或非反射层的）；4. 状态（是否夹丝）；5. 形状（板、片）；6. 工艺（浮法、表面研磨、抛光）			
	-其他非夹丝玻璃：				
7005.2100	--整块着色、不透明、镶色或仅表面研磨的	1. 品名；2. 用途；3. 加工方法（整块着色、不透明、镶色等）；4. 状态（是否夹丝）；5. 形状（板、片）；6. 工艺（浮法、表面研磨、抛光）			
7005.2900	--其他	1. 品名；2. 用途；3. 状态（是否夹丝）；4. 形状（板、片）；5. 工艺（浮法、表面研磨、抛光）			
7005.3000	-夹丝玻璃	1. 品名；2. 用途；3. 状态（是否夹丝）；4. 形状（板、片）；5. 工艺（浮法、表面研磨、抛光）			

税则号列	商品名称	申报要素			说明举例
		归类要素	价格要素	其他要素	
70.06	**经弯曲、磨边、镂刻、钻孔、涂珐琅或其他加工的税目70.03、70.04或70.05的玻璃，但未用其他材料镶框或装配：**	1. 品名；2. 用途；3. 加工方法（经弯曲、磨边、镂刻、钻孔、涂珐琅等）；4. 状态（未用其他材料镶框或装配）；5. 形状（板、片、型材、异型材）；6. 如为液晶玻璃基板，需申报第几代；7. 规格尺寸（长×宽	1. 品牌（生产厂家）；2. 型号；3. 规格尺寸（长×宽×厚）		
7006.0000	经弯曲、磨边、镂刻、钻孔、涂珐琅或其他加工的税目70.03、70.04或70.05的玻璃，但未用其他材料镶框或装配				
70.07	**钢化或层压玻璃制的安全玻璃：**	1. 品名；2. 用途（车辆、航空器、航天器、船舶）；3. 加工方法（钢化、层压）	4. 品牌		
	-钢化安全玻璃：				
	--规格及形状适于安装在车辆、航空器、航天器及船舶上：				
7007.1110	---航空器、航天器及船舶用				
7007.1190	---其他				
7007.1900	--其他				
	-层压安全玻璃：				
	--规格及形状适于安装在车辆、航空器、航天器及船舶上：				
7007.2110	---航空器、航天器及船舶用				
7007.2190	---其他				
7007.2900	--其他				
70.08	**多层隔温、隔音玻璃组件：**	1. 品名；2. 用途（隔温、隔音）；3. 类型（中空、真空等）；4. 层数	5. 品牌		
7008.0010	---中空或真空隔温、隔音玻璃				
7008.0090	---其他				
70.09	**玻璃镜（包括后视镜），不论是否镶框：**				
7009.1000	-车辆后视镜	1. 品名；2. 用途（车辆后视用等）；3. 加工方法（未经光学加工）			

税则号列	商品名称	申报要素			说明举例
		归类要素	价格要素	其他要素	
	-其他：	1. 品名；2. 用途（车辆后视用等）；3. 加工方法（未经光学加工）；4. 是否镶框			
7009.9100	--未镶框				
7009.9200	--已镶框				
70.10	**玻璃制的坛、瓶、缸、罐、安瓿及其他容器，用于运输或盛装货物；玻璃制保藏罐；玻璃塞、盖及类似的封口器：**				
7010.1000	-安瓿	1. 品名；2. 用途（用于运输或盛装货物）；3. 容积			
7010.2000	-塞、盖及类似的封口器	1. 品名；2. 用途（用于运输或盛装货物）			
	-其他：	1. 品名；2. 用途（用于运输或盛装货物）；3. 容积			
7010.9010	---超过1升				
7010.9020	---超过0.33升，但不超过1升				
7010.9030	---超过0.15升，但不超过0.33升				
7010.9090	---不超过0.15升				
70.11	**制灯泡、阴极射线管及类似品用的未封口玻璃外壳（包括玻璃泡及管）及其玻璃零件，但未装有配件：**	1. 品名；2. 用途（制灯泡、阴极射线管等）；3. 加工方法（用荧光物质衬里、未封口、无配件等）			
7011.1000	-电灯用				
	-阴极射线管用：				
7011.2010	---显像管玻壳及其零件				
7011.2090	---其他				
	-其他：				
7011.9010	---电子管用（阴极射线管用的除外）				
7011.9090	---其他				
70.13	**玻璃器，供餐桌、厨房、盥洗室、办公室、室内装饰或类似用途（税目70.10或70.18的货品除外）：**				

税则号列	商品名称	申报要素			说明举例
		归类要素	价格要素	其他要素	
7013.1000	-玻璃陶瓷制	1. 品名；2. 用途（供餐桌、厨房、盥洗室、办公室、室内装饰用）；3. 材质（是否玻璃陶瓷制）；4. 器皿种类（杯等）	5. 工艺流程（手工、机械、半手工）		
	-杯子，但玻璃陶瓷制的除外：	1. 品名；2. 用途（供餐桌、厨房、盥洗室、办公室、室内装饰用）；3. 是否铅晶质玻璃；4. 器皿种类（杯等）；5. 平脚还是高脚杯；6. 规格	7. 型号；8. 品牌；9. 工艺流程（手工、机械、半手工）		
7013.2200	--铅晶质玻璃制				
7013.2800	--其他				
	-其他杯子，但玻璃陶瓷制的除外：	1. 品名；2. 用途（供餐桌、厨房、盥洗室、办公室、室内装饰用）；3. 是否铅晶质玻璃；4. 器皿种类（杯等）；5. 平脚还是高脚杯；6. 规格	7. 型号；8. 品牌；9. 工艺流程（手工、机械、半手工）		
7013.3300	--铅晶质玻璃制				
7013.3700	--其他				
	-餐桌或厨房用玻璃器皿（不包括杯子），但玻璃陶瓷制的除外：	1. 品名；2. 用途（供餐桌、厨房、盥洗室、办公室、室内装饰用）；3. 是否铅晶质玻璃；4. 器皿种类（杯等）；5. 线膨胀系数	6. 工艺流程（手工、机械、半手工）		
7013.4100	--铅晶质玻璃制				
7013.4200	--温度在0℃至300℃时线膨胀系数不超过5×10^{-6}/开尔文的其他玻璃制				
7013.4900	--其他				
	-其他玻璃器：	1. 品名；2. 用途（供餐桌、厨房、盥洗室、办公室、室内装饰用）；3. 是否铅晶质玻璃；4. 器皿种类（杯等）	5. 工艺流程（手工、机械、半手工）		
7013.9100	--铅晶质玻璃制				
7013.9900	--其他				

税则号列	商品名称	申报要素			说明举例
		归类要素	价格要素	其他要素	
70. 14	**未经光学加工的信号玻璃器及玻璃制光学元件（税目 70. 15 的货品除外）：**				
7014. 0010	---光学仪器用光学元件毛坯	1. 品名；2. 用途（具体列明用于光学仪器名称）；3. 形状、尺寸及外观；4. 是否经光学加工			例：凸透镜玻璃毛胚，用于制作相机镜头的凸透镜，圆形表面为双球面，直径 52 毫米，外观为半透明，未经过光学加工
7014. 0090	---其他	1. 品名；2. 用途（是否用于光学仪器）；3. 形状、尺寸及外观；4. 是否经光学加工			
70. 15	**钟表玻璃及类似玻璃、视力矫正或非视力矫正眼镜用玻璃，呈弧面、弯曲、凹形或类似形状但未经光学加工的；制造上述玻璃用的凹面圆形及扇形玻璃：**				
	-视力矫正眼镜用玻璃：				
7015. 1010	---变色镜片坯件	1. 品名；2. 用途（用于制造眼镜等）；3. 加工方法（未经光学加工）；4. 形状（弧面、弯曲、凹形、扇形等）；5. 元件种类（视力矫正玻璃毛坯等）；6. 特殊功能(变色等)			
7015. 1090	---其他	1. 品名；2. 用途（用于制造眼镜等）；3. 加工方法（未经光学加工）；4. 形状（弧面、弯曲、凹形、扇形等）；5. 元件种类（视力矫正玻璃毛坯等）			
	-其他：				
7015. 9010	---钟表玻璃	1. 品名；2. 用途（用于制造钟表等）；3. 加工方法（未经光学加工）；4. 形状（弧面、弯曲、凹形、扇形等）；5. 元件种类（视力矫正玻璃毛坯等）			

税则号列	商品名称	申报要素			说明举例
		归类要素	价格要素	其他要素	
7015.9020	---平光变色镜片坯件	1. 品名；2. 用途（用于制造眼镜等）；3. 加工方法（未经光学加工）；4. 形状（弧面、弯曲、凹形、扇形等）；5. 元件种类（视力矫正玻璃毛坯等）；6. 特殊功能（变色等）			
7015.9090	---其他	1. 品名；2. 用途（用于制造眼镜等）；3. 加工方法（未经光学加工）；4. 形状（弧面、弯曲、凹形、扇形等）；5. 元件种类（视力矫正玻璃毛坯等）			
70.16	**建筑用压制或模制的铺面用玻璃块、砖、片、瓦及其他制品，不论是否夹丝；供镶嵌或类似装饰用的玻璃马赛克及其他小件玻璃品，不论是否有衬背；花饰铅条窗玻璃及类似品；多孔或泡沫玻璃块、板、片及类似品：**	1. 品名；2. 用途（建筑铺面用）；3. 加工方法（压制、模制等）；4. 制品种类（马赛克，花饰铅条窗玻璃，铺面砖、块、片等）			
7016.1000	-供镶嵌或类似装饰用的玻璃马赛克及其他小件玻璃品，不论是否有衬背				
	-其他：				
7016.9010	---花饰铅条窗玻璃及类似品				
7016.9090	---其他				
70.17	**实验室、卫生及配药用的玻璃器，不论有无刻度或标量：**	1. 品名；2. 用途（实验室、卫生、配药用）；3. 材质（熔融石英、熔融硅石）；4. 器皿种类（量筒等）；5. 线膨胀系数			
7017.1000	-熔融石英或其他熔融硅石制				
7017.2000	-温度在0℃～300℃时线膨胀系数不超过5×10^{-6}/开尔文的其他玻璃制				
7017.9000	-其他				

税则号列	商品名称	申报要素			说明举例
		归类要素	价格要素	其他要素	
70.18	**玻璃珠、仿珍珠、仿宝石或仿半宝石和类似小件玻璃品及其制品，但仿首饰除外；玻璃假眼，但医用假眼除外；灯工方法制作的玻璃塑像及其他玻璃装饰品，但仿首饰除外；直径不超过1毫米的微型玻璃球：**	1. 品名；2. 用途（装饰用等）；3. 加工方法（灯工方法等）；4. 玻璃球的直径；5. 材质（钙钠玻璃、铅晶玻璃等）	6. 品牌；7. 型号		
7018.1000	-玻璃珠、仿珍珠、仿宝石或仿半宝石及类似小件玻璃品				
7018.2000	-直径不超过1毫米的微型玻璃球				
7018.9000	-其他				
70.19	**玻璃纤维（包括玻璃棉）及其制品（例如，玻璃纤维纱线及其织物）：**				
	-梳条、粗纱、纱线及短切纤维：	1. 品名；2. 材质（玻璃纤维制）；3. 种类（梳条、粗纱、纱线、短纤）；4. 长度			
7019.1100	--长度不超过50毫米的短切纤维				
7019.1200	--粗纱				
7019.1900	--其他				
	-薄片（巴厘纱）、纤维网、席、垫、板及类似无纺产品：	1. 品名；2. 材质（玻璃纤维制）；3. 种类（席、薄片、纤维网、垫、板等）			
7019.3100	--席				
7019.3200	--薄片（巴厘纱）				
	--其他：				
7019.3910	---垫				
7019.3990	---其他				
7019.4000	-粗纱机织物	1. 品名；2. 材质（玻璃纤维制）；3. 织造方法（机织）；4. 纱线类型（粗纱）			
	-其他机织物：				
7019.5100	--宽度不超过30厘米的	1. 品名；2. 材质（玻璃纤维制）；3. 织造方法（机织）；4. 纱线类型（细纱等）；5. 幅宽			

税则号列	商品名称	申报要素			说明举例
		归类要素	价格要素	其他要素	
7019.5200	--宽度超过30厘米的长丝平纹织物，每平方米重量不超过250克，单根纱线细度不超过136特克斯	1. 品名；2. 材质（玻璃纤维制）；3. 织造方法（机织）；4. 纱线类型（细纱等）；5. 幅宽；6. 每平方米克重；7. 单纱细度	8. 标称厚度		
7019.5900	--其他	1. 品名；2. 材质（玻璃纤维制）；3. 织造方法（机织）；4. 纱线类型（细纱等）；5. 幅宽；6. 每平方米克重；7. 单纱细度			
	-其他：				
7019.9010	---玻璃棉及其制品	1. 品名；2. 用途；3. 材质（玻璃棉制）			
	---玻璃纤维布浸胶制品：	1. 品名；2. 用途；3. 材质（玻璃纤维布浸胶）；4. 每平方米重量			
7019.9021	----每平方米重量小于450克				
7019.9029	----其他				
7019.9090	---其他	1. 品名；2. 用途；3. 材质（玻璃纤维制）			
70.20	**其他玻璃制品：**				
	---工业用：				
7020.0011	----导电玻璃	1. 品名；2. 用途；3. 材质（玻璃制）	4. 导电层材质、电阻值		
7020.0012	----绝缘子用玻璃伞盘	1. 品名；2. 用途；3. 材质（玻璃制）			
7020.0013	----熔融石英或其他熔融硅石制	1. 品名；2. 用途；3. 材质（熔融石英或其他熔融硅石制）			
7020.0019	----其他	1. 品名；2. 用途；3. 材质（玻璃制）			
	---其他：	1. 品名；2. 用途；3. 材质（玻璃制）			
7020.0091	----保温瓶或其他保温容器用的玻璃胆				
7020.0099	----其他				

第十四类　天然或养殖珍珠、宝石或半宝石、贵金属、包贵金属及其制品；仿首饰；硬币

第七十一章　天然或养殖珍珠、宝石或半宝石、贵金属、包贵金属及其制品；仿首饰；硬币

注释：

一、除第六类注释一（一）及下列各款另有规定的以外，凡制品的全部或部分由下列物品构成，均应归入本章：

（一）天然或养殖珍珠、宝石或半宝石（天然、合成或再造）；或

（二）贵金属或包贵金属。

二、（一）税目 71.13、71.14 及 71.15 不包括带有贵金属或包贵金属制的小零件或小装饰品（例如，交织字母、套、圈、套环）的制品，上述注释一（二）也不适用于这类制品；

（二）税目 71.16 不包括含有贵金属或包贵金属（仅作为小零件或小装饰品的除外）的制品。

三、本章不包括：

（一）贵金属汞齐及胶态贵金属（税目 28.43）；

（二）第三十章的外科用无菌缝合材料、牙科填料或其他货品；

（三）第三十二章的货品（例如，光瓷釉）；

（四）载体催化剂（税目 38.15）；

（五）第四十二章注释三（二）所述的税目 42.02 或 42.03 的物品；

（六）税目 43.03 或 43.04 的物品；

（七）第十一类的货品（纺织原料及纺织制品）；

（八）第六十四章或第六十五章的鞋靴、帽类及其他物品；

（九）第六十六章的伞、手杖及其他物品；

（十）税目 68.04 或 68.05 及第八十二章含有宝石或半宝石（天然或合成）粉末的研磨材料制品；第八十二章装有宝石或半宝石（天然、合成或再造）工作部件的器具；第十六类的机器、机械器具、电气设备及其零件。然而，完全以宝石或半宝石（天然、合成或再造）制成的物品及其零件，除未安装的唱针用已加工蓝宝石或钻石外（税目 85.22），其余仍应归入本章；

（十一）第九十章、第九十一章或第九十二章的物品（科学仪器、钟表及乐器）；

（十二）武器及其零件（第九十三章）；

（十三）第九十五章注释二所述物品；

（十四）根据第九十六章注释四应归入该章的物品；或

（十五）雕塑品原件（税目 97.03）、收藏品（税目 97.05）或超过 100 年的古物（税目 97.06），但天然或养殖珍珠、宝石及半宝石除外。

四、（一）所称“贵金属”，是指银、金及铂；

（二）所称“铂”，是指铂、铱、锇、钯、铑及钌；

（三）所称“宝石或半宝石”，不包括第九十六章注释二（二）所述任何物质。

五、含有贵金属的合金（包括烧结及化合的），只要其中任何一种贵金属的含量达到合金重量的 2%，即应视为本章的贵金属合金。贵金属合金应按下列规则归类：

（一）按重量计含铂量在 2%及以上的合金，应视为铂合金；

（二）按重量计含金量在 2%及以上，但不含铂或按重量计含铂量在 2%以下的合金，应视为金合金；

（三）按重量计含银量在 2%及以上的其他合金，应视为银合金。

六、除条文另有规定的以外，本目录所称贵金属应包括上述注释五所规定的贵金属合金，但不包括包贵金属或表面镀以贵金属的贱金属及非金属。

七、本目录所称“包贵金属”，是指以贱金属为底料，在其一面或多面用焊接、熔接、热轧或类似机械方法覆盖一层贵金属的材料。除条文另有规定的以外，也包括镶嵌贵金属的贱金属。

八、除第六类注释一（一）另有规定的以外，凡符合税目 71.12 规定的货品，应归入该税目而不归入本目录的其他税目。

九、税目71.13所称“首饰”，是指：

（一）个人用小饰物（例如，戒指、手镯、项圈、饰针、耳环、表链、表链饰物、垂饰、领带别针、袖扣、饰扣、宗教性或其他勋章及徽章）；以及

（二）通常放置在衣袋、手提包或佩带在身上的个人用品（例如，雪茄盒或烟盒、鼻烟盒、口香糖盒或药丸盒、粉盒、链袋、念珠）。

这些物品可以和下列物品组合或镶嵌：例如，天然或养殖珍珠、宝石或半宝石、合成或再造的宝石或半宝石、玳瑁壳、珍珠母、兽牙、天然或再生琥珀、黑玉或珊瑚。

十、税目71.14所称“金银器”，包括装饰品、餐具、梳妆用具、吸烟用具及类似的家庭、办公室或宗教用的其他物品。

十一、税目71.17所称“仿首饰”，是指不含天然或养殖珍珠、宝石或半宝石（天然、合成或再造）及贵金属或包贵金属（仅作为镀层或小零件、小装饰品的除外）的上述注释九（一）所述的首饰（不包括税目96.06的纽扣及其他物品或税目96.15的梳子、发夹及类似品）。

子目注释：

一、子目7106.10、7108.11、7110.11、7110.21、7110.31及7110.41所称“粉末”，是指按重量计90%及以上可从网眼孔径为0.5毫米的筛子通过的产品。

二、子目7110.11及7110.19所称“铂”，可不受本章注释四（二）的规定约束，不包括铱、锇、钯、铑及钌。

三、对于税目71.10项下的子目所列合金的归类，按其所含铂、钯、铑、铱、锇或钌中重量最大的一种金属归类。

【要素释义】

一、归类要素

（一）“品名”是指货品的具体商业名称。

（二）“加工方法”是指货品在出入境前的加工工艺或制造方法。

（三）种类：指商品所属类别。例如，税目71.03货品按“红宝石、蓝宝石、绿宝石、翡翠”等来填写。

（四）材质：指商品的组成材料。例如，子目7106.9货品按“纯银、银合金、镀金、镀铂”等来填写；税目71.16货品按“养殖珍珠、天然珍珠、宝石、半宝石”等来填写。

（五）加工程度：指物品在加工过程中经过的具体加工工艺。例如，税目71.01货品填写“打孔”“未加工”等；税目71.06与71.08货品填写“未锻造”“半制成”等。

（六）用途：指商品应用的方面、范围。例如，税目71.15货品填写“工业用”“实验室用”等；税目71.18货品填写“法定货币”“非法定货币”。

（七）来源：指商品的出处。例如，税目71.01货品填写“天然”“养殖”，税目71.04与税目71.05货品填写“合成”“再造”等。

（八）形状：指物体的形态、状貌。例如，税目71.06与税目71.08、71.10货品填写“粉末”等；税目71.15货品填写“格栅形状”等。

（九）纯度：指主要贵金属含量。例如，税目71.06的“银”可填写“纯度：99.99%”等。

二、价格要素

（一）矿物学名：该要素是子目7103.1未加工或经简单锯开或粗制成形的宝石（钻石除外）或半宝石的价格要素。例如，子目7103.1“红宝石”的矿物学名应申报为“刚玉宝石”；“粉红色的宝石”的矿物学名为“粉红色蓝宝石”。

（二）规格：指商品的直径大小，用“厘米”表示。

（三）化学成分：该要素是子目7103.1未加工或经简单锯开或粗制成形的宝石（钻石除外）或半宝石的价格要素，是指各种成分名称。例如，“红宝石”的化学成分应申报“氧化铝（Al_2O_3）、红色来自铬（Cr^{3+}）”。

（四）品牌：指制造商或经销商加在商品上的标志。实际只需要申报出名称即可，有外文品牌的以申报外文品牌名称为主。例如可填写首饰的品牌“周大福”。

（五）缅甸公盘成交需申报玉石编号、件数、重量：该要素是子目7103.1未加工或经简单锯开或粗制成形的宝石（钻石除外）或半宝石的价格要素。例如，编号“4421”，件数“12件”，重量“1245千克”等。

税则号列	商品名称	申报要素			说明举例
		归类要素	价格要素	其他要素	
	第一分章 天然或养殖珍珠、宝石或半宝石				
71.01	**天然或养殖珍珠，不论是否加工或分级，但未成串或镶嵌；天然或养殖珍珠，为便于运输而暂穿成串：**	1. 品名；2. 种类（黑珍珠等）；3. 加工程度（打孔、未加工等）；4. 状态（未成串、未镶嵌等）；5. 来源（天然、养殖）；6. 等级			
	-天然珍珠：				
	---未分级：				
7101.1011	----黑珍珠				
7101.1019	----其他				
	---其他：				
7101.1091	----黑珍珠				
7101.1099	----其他				
	-养殖珍珠：				
	--未加工：				
7101.2110	---未分级				
7101.2190	---其他				
	--已加工：				
7101.2210	---未分级				
7101.2290	---其他				
71.02	**钻石，不论是否加工，但未镶嵌：**	1. 品名；2. 用途；3. 加工程度（未加工，经简单锯开、劈开、粗磨等）；4. 来源（天然）			
7102.1000	-未分级				
	-工业用：				
7102.2100	--未加工或经简单锯开、劈开或粗磨				
7102.2900	--其他				
	-非工业用：				
7102.3100	--未加工或经简单锯开、劈开或粗磨				
7102.3900	--其他				
71.03	**宝石（钻石除外）或半宝石，不论是否加工或分级，但未成串或镶嵌；未分级的宝石（钻石除外）或半宝石，为便于运输而暂穿成串：**				

税则号列	商品名称	申报要素			说明举例
		归类要素	价格要素	其他要素	
7103.1000	-未加工或经简单锯开或粗制成形	1. 品名；2. 种类（红宝石、蓝宝石、祖母绿、翡翠等）；3. 加工程度（未加工，经简单锯开、粗制成形）；4. 状态（未成串、未镶嵌等）；5. 来源（天然）；6. 等级	7. 矿物学名及英文名称；8. 规格；9. 化学成分；10. 缅甸公盘成交需申报玉石编号、件数、重量；11. 颜色		
	-经其他加工：				
7103.9100	--红宝石、蓝宝石、祖母绿	1. 品名；2. 种类（水晶/紫晶、软玉/和田玉等）；3. 加工程度（未加工，经简单锯开、粗制成形、钻孔、打磨、热处理、充填等）；4. 状态（未成串、未镶嵌等）；5. 来源（天然）；6. 等级	7. 矿物学名；8. 规格；9. 化学成分；10. 颜色		
	--其他：				
7103.9910	---翡翠	1. 品名；2. 种类（水晶/紫晶、软玉/和田玉等）；3. 加工程度（未加工，经简单锯开、粗制成形、钻孔、打磨、热处理、充填等）；4. 状态（未成串、未镶嵌等）；5. 来源（天然）；6. 等级	7. 矿物学名；8. 规格；9. 化学成分；10. 颜色		
7103.9920	---水晶	1. 品名；2. 种类（水晶/紫晶、软玉/和田玉等）；3. 加工程度（未加工，经简单锯开、粗制成形、钻孔、打磨、热处理、充填等）；4. 状态（未成串、未镶嵌等）；5. 来源（天然）；6. 等级	7. 矿物学名；8. 规格；9. 化学成分；10. 颜色		

税则号列	商品名称	申报要素			说明举例
		归类要素	价格要素	其他要素	
7103.9930	---碧玺	1. 品名；2. 种类（水晶/紫晶、软玉/和田玉等）；3. 加工程度（未加工，经简单锯开、粗制成形、钻孔、打磨、热处理、充填等）；4. 状态（未成串、未镶嵌等）；5. 来源（天然）；6. 等级	7. 矿物学名；8. 规格；9. 化学成分；10. 颜色		
7103.9940	---软玉	1. 品名；2. 种类（水晶/紫晶、软玉/和田玉等）；3. 加工程度（未加工，经简单锯开、粗制成形、钻孔、打磨、热处理、充填等）；4. 状态（未成串、未镶嵌等）；5. 来源（天然）；6. 等级	7. 矿物学名；8. 规格；9. 化学成分；10. 颜色		
7103.9990	---其他	1. 品名；2. 种类（红宝石、蓝宝石、祖母绿、翡翠等）；3. 加工程度（未加工，经简单锯开、粗制成形）；4. 状态（未成串、未镶嵌等）；5. 来源（天然）；6. 等级	7. 矿物学名；8. 规格；9. 化学成分；10. 颜色		
71.04	**合成或再造的宝石或半宝石，不论是否加工或分级，但未成串或镶嵌的；未分级的合成或再造的宝石或半宝石，为便于运输而暂穿成串：**	1. 品名；2. 用途；3. 种类（压电石英等）；4. 加工程度（经简单锯开、粗制成形）；5. 状态（未成串、未镶嵌等）；6. 来源（合成、再造）			
7104.1000	-压电石英				
	-其他，未加工或经简单锯开或粗制成形：				
7104.2010	---钻石				
7104.2090	---其他				
	-其他：				
	---工业用：				
7104.9011	----钻石				
7104.9012	----蓝宝石				
7104.9019	----其他				
	---其他：				
7104.9091	----钻石				

税则号列	商品名称	申报要素			说明举例
		归类要素	价格要素	其他要素	
7104.9099	----其他				
71.05	**天然或合成的宝石或半宝石的粉末：**	1. 品名；2. 种类（压电石英等）；3. 加工程度（经简单锯开、粗制成形）；4. 状态（未成串、未镶嵌等）；5. 来源（合成、再造）			
	-钻石的：				
7105.1010	---天然的				
7105.1020	---人工合成的				
7105.9000	-其他				
	第二分章　贵金属及包贵金属				
71.06	**银（包括镀金、镀铂的银），未锻造、半制成或粉末状：**				
	-银粉：	1. 品名；2. 形状（粉末）；3. 材质（纯银、银合金、镀金、镀铂）；4. 加工程度（未锻造、半制成）；5. 纯度；6. 平均粒径			
	---非片状粉末：				
7106.1011	----平均粒径小于3微米				
7106.1019	----其他				
	---片状粉末：				
7106.1021	----平均粒径小于10微米				
7106.1029	----其他				
	-其他：	1. 品名；2. 形状（粉末）；3. 材质（纯银、银合金、镀金、镀铂）；4. 加工程度（未锻造、半制成）；5. 纯度			
	--未锻造：				
7106.9110	---纯度达99.99%及以上				
7106.9190	---其他				
	--半制成：				
7106.9210	---纯度达99.99%及以上				
7106.9290	---其他				
71.07	**以贱金属为底的包银材料：**	1. 品名；2. 基底材质（铜等）			
7107.0000	以贱金属为底的包银材料				

税则号列	商品名称	申报要素			说明举例
		归类要素	价格要素	其他要素	
71.08	**金（包括镀铂的金），未锻造、半制成或粉末状：**	1. 品名；2. 形状（粉末）；3. 材质（纯金、金合金、镀铂）；4. 纯度；5. 加工程度（未锻造、半制成）；6. 货币用请注明用途			
	-非货币用：				
7108.1100	--金粉				
7108.1200	--其他未锻造形状				
7108.1300	--其他半制成形状				
7108.2000	-货币用				
71.09	**以贱金属或银为底的包金材料：**	1. 品名；2. 基底材质（铜、银等）			
7109.0000	以贱金属或银为底的包金材料				
71.10	**铂，未锻造、半制成或粉末状：**	1. 品名；2. 形状（粉末）；3. 材质（铂、钯、铑、铱、锇、钌）；4. 加工程度（未锻造，板、片等）	5. 贵金属成分含量		
	-铂：				
7110.1100	--未锻造或粉末状				
	--其他：				
7110.1910	---板、片				
7110.1990	---其他				
	-钯：				
7110.2100	--未锻造或粉末状				
	--其他：				
7110.2910	---板、片				
7110.2990	---其他				
	-铑：				
7110.3100	--未锻造或粉末状				
	--其他：				
7110.3910	---板、片				
7110.3990	---其他				
	-铱、锇及钌：				
7110.4100	--未锻造或粉末状				
	--其他：				
7110.4910	---板、片				
7110.4990	---其他				
71.11	**以贱金属、银或金为底的包铂材料：**	1. 品名；2. 基底材质（铜、银、金等）			

税则号列	商品名称	申报要素			说明举例
		归类要素	价格要素	其他要素	
7111.0000	以贱金属、银或金为底的包铂材料				
71.12	**贵金属或包贵金属的废碎料；含有贵金属或贵金属化合物的其他废碎料，主要用于回收贵金属：**	1. 品名；2. 状态（废碎料、灰）；3. 来源（由破碎含有贵金属的电路板而得等）；4. 贵金属的成分含量			
	-含有贵金属或贵金属化合物的灰：				
7112.3010	---含有银或银化合物的				
7112.3090	---其他				
	-其他：				
	--金及包金的废碎料，但含有其他贵金属的除外：				
7112.9110	---金及包金的废碎料				
7112.9120	---含有金及金化合物的废碎料				
	--铂及包铂的废碎料，但含有其他贵金属的地脚除外：				
7112.9210	---铂及包铂的废碎料				
7112.9220	---含有铂或铂化合物的废碎料				
	--其他：				
7112.9910	---含有银或银化合物的废碎料				
7112.9920	---含其他贵金属或贵金属化合物的废碎料				
7112.9990	---其他				
	第三分章 珠宝首饰、金银器及其他制品				
71.13	**贵金属或包贵金属制的首饰及其零件：**	1. 品名；2. 材质（铂、金、银等）；3. 加工方法（镶嵌宝石、包金、包银等）；4. 首饰种类（戒指等）	5. 贵金属成分含量		
	-贵金属制，不论是否包、镀贵金属：				
	--银制，不论是否包、镀其他贵金属：				
7113.1110	---镶嵌钻石的				
7113.1190	---其他				
	--其他贵金属制，不论是否包、镀贵金属：				
	---黄金制：				
7113.1911	----镶嵌钻石的				
7113.1919	----其他				

税则号列	商品名称	申报要素			说明举例
		归类要素	价格要素	其他要素	
	---铂制：				
7113.1921	----镶嵌钻石的				
7113.1929	----其他				
	---其他：				
7113.1991	----镶嵌钻石的				
7113.1999	----其他				
	-以贱金属为底的包贵金属制：				
7113.2010	---镶嵌钻石的				
7113.2090	---其他				
71.14	**贵金属或包贵金属制的金银器及其零件：**	1. 品名；2. 种类（餐具等）；3. 材质（铂、金、银等）；4. 加工方法（包金、镀金等）	5. 贵金属成分含量		
	-贵金属制，不论是否包、镀贵金属：				
7114.1100	--银制，不论是否包、镀其他贵金属				
7114.1900	--其他贵金属制，不论是否包、镀贵金属				
7114.2000	-以贱金属为底的包贵金属制				
71.15	**贵金属或包贵金属的其他制品：**	1. 品名；2. 用途（工业用、实验室用等）；3. 种类（坩埚等）；4. 形状（格栅形状等）；5. 材质（铂等）	6. 贵金属成分含量		
7115.1000	-金属丝布或格栅形状的铂催化剂				
	-其他：				
7115.9010	---工业或实验室用				
7115.9090	---其他				
71.16	**用天然或养殖珍珠、宝石或半宝石（天然、合成或再造）制成的物品：**	1. 品名；2. 种类（手镯等）；3. 材质（养殖珍珠、天然珍珠、宝石、半宝石）			
7116.1000	-天然或养殖珍珠制				
7116.2000	-宝石或半宝石（天然、合成或再造）制				
71.17	**仿首饰：**	1. 品名；2. 种类（袖扣、饰扣、手镯等）；3. 材质	4. 是否镀贵金属；5. 品牌		
	-贱金属制，不论是否镀贵金属：				
7117.1100	--袖扣、饰扣				

税则号列	商品名称	申报要素			说明举例
		归类要素	价格要素	其他要素	
7117.1900	--其他				
7117.9000	-其他				
71.18	**硬币：**	1. 品名；2. 用途（法定货币、非法定货币）；3. 材质（铜制等）	4. 成分含量		
7118.1000	-非法定货币的硬币（金币除外）				
7118.9000	-其他				

第十五类　贱金属及其制品

注释:

一、本类不包括:

（一）以金属粉末为基本成分的调制油漆、油墨或其他产品（税目 32.07 至 32.10、32.12、32.13 或 32.15）；

（二）铈铁或其他引火合金（税目 36.06）；

（三）税目 65.06 或 65.07 的帽类及其零件；

（四）税目 66.03 的伞骨及其他物品；

（五）第七十一章的货品（例如，贵金属合金、以贱金属为底的包贵金属、仿首饰）；

（六）第十六类的物品（机器、机械器具及电气设备）；

（七）已装配的铁道或电车道轨道（税目 86.08）或第十七类的其他物品（车辆、船舶、航空器）；

（八）第十八类的仪器及器具，包括钟表发条；

（九）做弹药用的铅弹（税目 93.06）或第十九类的其他物品（武器、弹药）；

（十）第九十四章的物品（例如，家具、弹簧床垫，灯具及照明装置、发光标志、活动房屋）；

（十一）第九十五章的物品（例如，玩具、游戏品及运动用品）；

（十二）手用筛子、纽扣、钢笔、铅笔套、钢笔尖、独脚架、双脚架、三脚架及类似品或第九十六章的其他物品（杂项制品）；或

（十三）第九十七章的物品（例如，艺术品）。

二、本目录所称“通用零件”，是指:

（一）税目 73.07、73.12、73.15、73.17 或 73.18 的物品及其他贱金属制的类似品；

（二）贱金属制的弹簧及弹簧片，但钟表发条（税目 91.14）除外；以及

（三）税目 83.01、83.02、83.08、83.10 的物品及税目 83.06 的贱金属制的框架及镜子。

第七十三章至第七十六章（税目 73.15 除外）及第七十八章至第八十二章所列货品的零件，不包括上述的通用零件。

除上段及第八十三章注释一另有规定的以外，第七十二章至第七十六章及第七十八章至第八十一章不包括第八十二章、第八十三章的物品。

三、本目录所称“贱金属”是指：铁及钢、铜、镍、铝、铅、锌、锡、钨、钼、钽、镁、钴、铋、镉、钛、锆、锑、锰、铍、铬、锗、钒、镓、铪、铟、铌（钶）、铼及铊。

四、本目录所称“金属陶瓷”，是指金属与陶瓷成分以极细微粒不均匀结合而成的产品。“金属陶瓷”包括硬质合金（金属碳化物与金属烧结而成）。

五、合金的归类规则（第七十二章、第七十四章所规定的铁合金及母合金除外）:

（一）贱金属的合金按其所含重量最大的金属归类；

（二）由本类的贱金属和非本类的元素构成的合金，如果所含贱金属的总重量等于或超过所含其他元素的总重量，应作为本类贱金属合金归类；

（三）本类所称“合金”，包括金属粉末的烧结混合物、熔化而得的不均匀紧密混合物（金属陶瓷除外）及金属间化合物。

六、除条文另有规定的以外，本目录所称的贱金属包括贱金属合金，这类合金应按上述注释五的规则进行归类。

七、复合材料制品的归类规则:

除各税目另有规定的以外，贱金属制品（包括根据“归类总规则”作为贱金属制品的混合材料制品）如果含有两种或两种以上贱金属的，按其所含重量最大的贱金属的制品归类。

为此:

（一）钢、铁或不同种类的钢铁，均视为一种金属；

（二）按照注释五的规定作为某一种金属归类的合金，应视为一种金属；以及

（三）税目 81.13 的金属陶瓷，应视为一种贱金属。

八、本类所用有关名词解释如下:

（一）废碎料

在金属生产或机械加工中产生的废料及碎屑，以及因破裂、切断、磨损及其他原因而明显不能作为原物

使用的金属货品。

（二）粉末

按重量计90%及以上可从网眼孔径为1毫米的筛子通过的产品。

第七十二章　钢铁

注释：

一、本章所述有关名词解释如下［本条注释（四）、（五）、（六）适用于本目录其他各章］：

（一）生铁

无实用可锻性的铁碳合金，按重量计含碳量在2%以上并可含有一种或几种下列含量范围的其他元素：

铬不超过10%；

锰不超过6%；

磷不超过3%；

硅不超过8%；

其他元素合计不超过10%。

（二）镜铁

按重量计含锰量在6%以上，但不超过30%的铁碳合金，其他方面符合上述（一）款所列标准。

（三）铁合金

锭、块、团或类似初级形状、连续铸造而形成的各种形状及颗粒、粉末状的合金，不论是否烧结，通常用于其他合金生产过程中的添加剂或在黑色金属冶炼中作除氧剂、脱硫剂及类似用途，一般无实用可锻性，按重量计铁元素含量在4%及以上并含有下列一种或几种元素：

铬超过10%；

锰超过30%；

磷超过3%；

硅超过8%；

除碳以外的其他元素，合计超过10%，但最高含铜量不得超过10%。

（四）钢

除税目72.03以外的黑色金属材料（某些铸造而成的种类除外），具有实用可锻性，按重量计含碳量在2%及以下，但铬钢可具有较高的含碳量。

（五）不锈钢

按重量计含碳量在1.2%及以下，含铬量在10.5%及以上的合金钢，不论是否含有其他元素。

（六）其他合金钢

不符合以上不锈钢定义的钢，含有一种或几种按重量计符合下列含量比例的元素：

铝0.3%及以上；

硼0.0008%及以上；

铬0.3%及以上；

钴0.3%及以上；

铜0.4%及以上；

铅0.4%及以上；

锰1.65%及以上；

钼0.08%及以上；

镍0.3%及以上；

铌0.06%及以上；

硅0.6%及以上；

钛0.05%及以上；

钨0.3%及以上；

钒0.1%及以上；

锆0.05%及以上；

其他元素（硫、磷、碳及氮除外）单项含量在0.1%及以上。

（七）供再熔的碎料钢铁锭

粗铸成形无缩孔或冒口的锭块产品，表面有明显瑕疵，化学成分不同于生铁、镜铁及铁合金。

（八）颗粒

按重量计不到90%可从网眼孔径为1毫米的筛子通过，而90%及以上可从网眼孔径为5毫米的筛子通过的产品。

（九）半制成品

连续铸造的实心产品，不论是否初步热轧；其他实心产品，除经初步热轧或锻造粗制成形以外未经进一步加工，包括角材、型材及异型材的坯件。

本类产品不包括成卷的产品。

（十）平板轧材

截面为矩形（正方形除外）并且不符合以上第（九）款所述定义的下列形状实心轧制产品：

1. 层叠的卷材；或

2. 平直形状，其厚度如果在4.75毫米以下，则宽度至少是厚度的十倍；其厚度如果在4.75毫米及以上，其宽度应超过150毫米，并且至少应为厚度的两倍。

平板轧材包括直接轧制而成并有凸起式样（例如，凹槽、肋条形、格槽、珠粒、菱形）的产品以及穿孔、抛光或制成瓦楞形的产品，但不具有其他税目所列制品或产品的特征。

各种规格的平板轧材（矩形或正方形除外），但不具有其他税目所列制品或产品的特征，都应作为宽度为600毫米及以上的产品归类。

（十一）不规则盘绕的热轧条、杆

经热轧不规则盘绕的实心产品，其截面为圆形、扇形、椭圆形、矩形（包括正方形）、三角形或其他外凸多边形（包括“扁圆形”及“变形矩形”，即相对两边为弧拱形，另外两边为等长平行直线形）。这类产品可带有在轧制过程中产生的凹痕、凸缘、槽沟或其他变形（钢筋）。

（十二）其他条、杆

不符合上述（九）、（十）、（十一）款或“丝”定义的实心产品，其全长截面均为圆形、扇形、椭圆形、矩形（包括正方形）、三角形或其他外凸多边形（包括“扁圆形”及“变形矩形”，即相对两边为弧拱形，另外两边为等长平行直线形）。这些产品可以：

1. 带有在轧制过程中产生的凹痕、凸缘、槽沟或其他变形（钢筋）；

2. 轧制后扭曲的。

（十三）角材、型材及异型材

不符合上述（九）、（十）、（十一）、（十二）款或“丝”定义，但其全长截面均为同样形状的实心产品。

第七十二章不包括税目73.01或73.02的产品。

（十四）丝

不符合平板轧材定义但全长截面均为同样形状的盘卷冷成形实心产品。

（十五）空心钻钢

适合钻探用的各种截面的空心条、杆，其最大外形尺寸超过15毫米但不超过52毫米，最大内孔尺寸不超过最大外形尺寸的1/2。不符合本定义的钢铁空心条、杆应归入税目73.04。

二、用一种黑色金属包覆不同种类的黑色金属，应按其中重量最大的材料归类。

三、用电解沉积法、压铸法或烧结法所得的钢铁产品，应按其形状、成分及外观归入本章类似热轧产品的相应税目。

子目注释：

一、本章所用有关名词解释如下：

（一）合金生铁

按重量计含有一种或几种下列比例的元素的生铁：

铬0.2%以上；

铜0.3%以上；

镍0.3%以上；

0.1%以上的任何下列元素：铝、钼、钛、钨、钒。

（二）非合金易切削钢

按重量计含有一种或几种下列比例的元素的非合金钢：

硫0.08%及以上；

铅0.1%及以上；

硒0.05%以上；

碲0.01%以上；

铋0.05%以上。

（三）硅电钢

按重量计含硅量至少为0.6%但不超过6%，含碳量不超过0.08%的合金钢。这类钢还可含有按重量计不超过1%的铝，但所含其他元素的比例并不使其具有其他合金钢的特性。

（四）高速钢

不论是否含有其他元素，但至少含有按重量计合计含量在7%及以上的钼、钨、钒中两种元素的合金钢，按重量计其含碳量在0.6%及以上，含铬量在3%~6%。

（五）硅锰钢

按重量计同时含有下列元素的合金钢：

碳不超过0.7%；

锰0.5%及以上，但不超过1.9%；以及

硅0.6%及以上，但不超过2.3%。但所含其他元素的比例并不使其具有其他合金钢的特性。

二、税目72.02项下的子目所列铁合金，应按照下列规则归类：

对于只有一种元素超出本章注释一（三）规定的最低百分比的铁合金，应作为二元合金归入相应的子目。以此类推，如果有两种或三种合金元素超出了最低百分比的，则可分别作为三元或四元合金。

在运用本规定时，本章注释一（三）所述的未列名的“其他元素”，按重量计单项含量必须超过10%。

【要素释义】

一、归类要素

（一）“品名”是指货品的具体商业名称。

（二）形状：指物体外观或表现形态。例如，税目72.01货品填写“锭”“块”等；税目72.08与72.09、72.10、72.11、72.12货品填写“平板”“卷板”等。

（三）材质：指商品组成材料。例如，税目72.02货品按“锰铁、硅铁、铬铁、镍铁”等来填写；税目72.27与72.28、72.29货品填写“高速钢”“硅锰钢”等。

（四）成分含量：指含有的物质种类及重量百分比含量。例如，税目72.01货品填写“铁、碳、铬、锰、磷、硅等的含量”；税目72.02货品填写“铁含量及合金元素的含量”等。

（五）加工方法：指物品在加工过程中经过的具体加工工艺。例如，税目72.07货品填写“初轧”“粗锻”等；税目72.08货品填写“热轧”等；税目72.09与72.13货品填写“冷轧”等。

（六）状态：指商品呈现出的表观。例如，税目72.03货品填写“不规则盘卷，带有凹痕、凸缘”等；子目7214.2货品填写“带有轧制产生的变形或轧制后的扭曲”等；税目72.21与72.27货品填写“不规则盘卷”等。

（七）来源：指商品的出处。例如，税目72.03填写“直接从铁矿还原所得”或“海锦铁产品”。

（八）用途：指商品应用的方面、范围。例如，税目72.04货品填写“供再熔炼钢用”等。

二、价格要素

（一）钢号：行业中也称牌号，指代表钢材产品的性能和用途等的代码。例如，子目7210.9不锈钢板日本奥氏体-铁素体型不锈钢钢号“SUS329J1”。

（二）直径：指钢条、钢杆和钢丝的直径，用“毫米”表示。例如，税目72.23的钢丝可填写“直径：0.5毫米”。

三、其他要素

稀土元素的重量百分比，以［A］表示：相关商品需填写货品中稀土元素的重量百分比，填写时以“［A］”表示，A代表所含稀土元素，若含有多种稀土元素，应填写重量之和百分比。例如可填写“［钕、镝］：5%”。

税则号列	商品名称	申报要素			说明举例
		归类要素	价格要素	其他要素	
	第一分章 原料；粒状及粉状产品				
72.01	**生铁及镜铁，锭、块或其他初级形状：**	1. 品名；2. 形状（锭、块等）；3. 材质（生铁、镜铁）；4. 成分含量（铁、碳、铬、锰、磷、硅的含量）			
7201.1000	-非合金生铁，按重量计含磷量在0.5%及以下				
7201.2000	-非合金生铁，按重量计含磷量在0.5%以上				
7201.5000	-合金生铁；镜铁				
72.02	**铁合金：**				
	-锰铁：	1. 品名；2. 材质（锰铁、硅铁、铬铁、镍铁等）；3. 成分含量（铁含量及合金元素的含量）；4. 碳含量			
7202.1100	--按重量计含碳量在2%以上				
7202.1900	--其他				
	-硅铁：	1. 品名；2. 材质（锰铁、硅铁、铬铁、镍铁等）；3. 成分含量（铁含量及合金元素的含量）			
7202.2100	--按重量计含硅量在55%以上				
7202.2900	--其他				
7202.3000	-硅锰铁	1. 品名；2. 材质（锰铁、硅铁、铬铁、镍铁等）；3. 成分含量（铁含量及合金元素的含量）			
	-铬铁：	1. 品名；2. 材质（锰铁、硅铁、铬铁、镍铁等）；3. 成分含量（铁含量及合金元素的含量）			
7202.4100	--按重量计含碳量在4%以上				
7202.4900	--其他				
7202.5000	-硅铬铁	1. 品名；2. 材质（锰铁、硅铁、铬铁、镍铁等）；3. 成分含量（铁含量及合金元素的含量）			
7202.6000	-镍铁	1. 品名；2. 材质（锰铁、硅铁、铬铁、镍铁等）；3. 成分含量（铁含量及合金元素的含量）			

税则号列	商品名称	申报要素			说明举例
		归类要素	价格要素	其他要素	
7202.7000	-钼铁	1. 品名；2. 材质（锰铁、硅铁、铬铁、镍铁等）；3. 成分含量（铁含量及合金元素的含量）			
	-钨铁及硅钨铁：	1. 品名；2. 材质（锰铁、硅铁、铬铁、镍铁等）；3. 成分含量（铁含量及合金元素的含量）			
7202.8010	---钨铁				
7202.8020	---硅钨铁				
	-其他：				
7202.9100	--钛铁及硅钛铁	1. 品名；2. 材质（锰铁、硅铁、铬铁、镍铁等）；3. 成分含量（铁含量及合金元素的含量）			
	--钒铁：	1. 品名；2. 材质（锰铁、硅铁、铬铁、镍铁等）；3. 成分含量（铁含量及合金元素的含量）			
7202.9210	---按重量计含钒量在75%及以上				
7202.9290	---其他				
7202.9300	--铌铁	1. 品名；2. 材质（锰铁、硅铁、铬铁、镍铁等）；3. 成分含量（铁含量及合金元素的含量）			
	--其他：	1. 品名；2. 材质（锰铁、硅铁、铬铁、镍铁等）；3. 成分含量（铁含量及合金元素的含量）		4. 稀土元素的重量百分比，以[A]表示	
	---钕铁硼合金：				
7202.9911	----速凝永磁片				
7202.9912	----磁粉				
7202.9919	----其他				
	---其他：				
7202.9991	----按重量计稀土元素总含量在10%以上的				
7202.9999	----其他				

税则号列	商品名称	申报要素			说明举例
		归类要素	价格要素	其他要素	
72.03	**直接从铁矿还原所得的铁产品及其他海绵铁产品，块、团、团粒及类似形状；按重量计纯度在 99.94% 及以上的铁，块、团、团粒及类似形状：**	1. 品名；2. 形状（块、团、团粒等）；3. 来源（是直接从铁矿还原所得还是海绵铁产品）；4. 成分含量（铁、碳、合金元素、非合金元素的含量）			
7203.1000	-直接从铁矿还原所得的铁产品				
7203.9000	-其他				
72.04	**钢铁废碎料；供再熔的碎料钢铁锭：**				
7204.1000	-铸铁废碎料	1. 品名；2. 用途（供再熔炼钢用）；3. 形状（废碎、切割、压缩成包或板、条状等）；4. 材质（铸铁、合金钢、不锈钢等）；5. 来源（机械加工产生、由破碎何种钢铁制品而得）；6. 是否汽车压件、废五金电器		7. 成分含量（所含金属总含量和各种金属名称及含量）	
	-合金钢废碎料：				
7204.2100	--不锈钢废碎料	1. 品名；2. 用途（供再熔炼钢用）；3. 形状（废碎、切割、压缩成包或板、条状等）；4. 材质（铸铁、合金钢、不锈钢等）；5. 来源（机械加工产生、由破碎何种钢铁制品而得）；6. 是否汽车压件、废五金电器	7. 钢号	8. 成分含量（所含金属总含量和各种金属名称及含量）	
7204.2900	--其他	1. 品名；2. 用途（供再熔炼钢用）；3. 形状（废碎、切割、压缩成包或板、条状等）；4. 材质（铸铁、合金钢、不锈钢等）；5. 来源（机械加工产生、由破碎何种钢铁制品而得）；6. 是否汽车压件、废五金电器		7. 成分含量（所含金属总含量和各种金属名称及含量）	

税则号列	商品名称	申报要素			说明举例
		归类要素	价格要素	其他要素	
7204.3000	-镀锡钢铁废碎料	1. 品名；2. 用途（供再熔炼钢用）；3. 形状（废碎、切割、压缩成包或板、条状等）；4. 材质（铸铁、合金钢、不锈钢等）；5. 来源（机械加工产生、由破碎何种钢铁制品而得）；6. 是否汽车压件、废五金电器		7. 成分含量（所含金属总含量和各种金属名称及含量）	
	-其他废碎料：				
7204.4100	--车、刨、铣、磨、锯、锉、剪、冲加工过程中产生的废料，不论是否成捆	1. 品名；2. 用途（供再熔炼钢用）；3. 形状（废碎、切割、压缩成包或板、条状等）；4. 材质（铸铁、合金钢、不锈钢等）；5. 来源（机械加工产生、由破碎何种钢铁制品而得）；6. 是否汽车压件、废五金电器		7. 成分含量（所含金属总含量和各种金属名称及含量）	
7204.4900	--其他	1. 品名；2. 用途（供再熔炼钢用）；3. 形状（废碎、切割、压缩成包或板、条状等）；4. 材质（铸铁、合金钢、不锈钢等）；5. 来源（机械加工产生、由破碎何种钢铁制品而得）；6. 是否汽车压件、废五金电器		7. 稀土元素的重量百分比，以［A］表示；8. 成分含量（所含金属总含量和各种金属名称及含量）	
7204.5000	-供再熔的碎料钢铁锭	1. 品名；2. 用途（供再熔炼钢用）；3. 形状（废碎、切割、压缩成包或板、条状等）；4. 材质（铸铁、合金钢、不锈钢等）；5. 来源（机械加工产生、由破碎何种钢铁制品而得）；6. 是否汽车压件、废五金电器		7. 成分含量（所含金属总含量和各种金属名称及含量）	
72.05	**生铁、镜铁及钢铁的颗粒和粉末：**				

税则号列	商品名称	申报要素			说明举例
		归类要素	价格要素	其他要素	
7205.1000	-颗粒	1. 品名；2. 形状（颗粒、粉末）；3. 材质（生铁、镜铁、合金钢等）；4. 成分含量（铁、碳、合金元素、非合金元素的含量）；5. 粒度		6. 稀土元素的重量百分比，以［A］表示	
	-粉末：				
7205.2100	--合金钢的	1. 品名；2. 形状（颗粒、粉末）；3. 材质（生铁、镜铁、合金钢等）；4. 成分含量（铁、碳、合金元素、非合金元素的含量）；5. 粒度		6. 稀土元素的重量百分比，以［A］表示	
7205.2900	--其他	1. 品名；2. 形状（颗粒、粉末）；3. 材质（生铁、镜铁、合金钢等）；4. 成分含量（铁、碳、合金元素、非合金元素的含量）；5. 粒度			
	第二分章 铁及非合金钢				
72.06	**铁及非合金钢，锭状或其他初级形状（税目72.03的铁除外）：**	1. 品名；2. 形状（方锭、其他初级形状等）；3. 材质（铁、非合金钢）；4. 成分含量（铁、碳、合金元素、非合金元素的含量）			
7206.1000	-锭状				
7206.9000	-其他				
72.07	**铁及非合金钢的半制成品：**				
	-按重量计含碳量在0.25%以下：				
7207.1100	--矩形（包括正方形）截面，宽度小于厚度的两倍	1. 品名；2. 形状（大方坯、小方坯等）；3. 材质（铁、非合金钢）；4. 加工方法（初轧、粗锻等）；5. 成分含量（铁、碳、合金元素、非合金元素的含量）；6. 截面形状（正方形等）；7. 截面尺寸			

<table>
<tr><th rowspan="2">税则号列</th><th rowspan="2">商 品 名 称</th><th colspan="3">申 报 要 素</th><th rowspan="2">说 明 举 例</th></tr>
<tr><th>归类要素</th><th>价格要素</th><th>其他要素</th></tr>
<tr><td>7207.1200</td><td>--其他矩形（正方形除外）截面的</td><td>1. 品名；2. 形状（大方坯、小方坯等）；3. 材质（铁、非合金钢）；4. 加工方法（初轧、粗锻等）；5. 成分含量（铁、碳、合金元素、非合金元素的含量）；6. 截面形状（正方形等）；7. 截面尺寸</td><td></td><td></td><td></td></tr>
<tr><td>7207.1900</td><td>--其他</td><td>1. 品名；2. 形状（大方坯、小方坯等）；3. 材质（铁、非合金钢）；4. 加工方法（初轧、粗锻等）；5. 成分含量（铁、碳、合金元素、非合金元素的含量）；6. 截面形状（正方形等）</td><td></td><td></td><td></td></tr>
<tr><td>7207.2000</td><td>-按重量计含碳量在0.25%及以上</td><td>1. 品名；2. 形状（大方坯、小方坯等）；3. 材质（铁、非合金钢）；4. 加工方法（初轧、粗锻等）；5. 成分含量（铁、碳、合金元素、非合金元素的含量）；6. 截面形状（正方形等）</td><td></td><td></td><td></td></tr>
<tr><td>72.08</td><td>宽度在600毫米及以上的铁或非合金钢平板轧材，经热轧，但未经包覆、镀层或涂层：</td><td>1. 品名；2. 形状（平板、卷板）；3. 材质（铁、非合金钢）；4. 加工方法（热轧等）；5. 加工程度（是否酸洗、是否轧有花纹、是否包覆及镀层、涂层等）；6. 成分含量（铁、碳、合金元素、非合金元素的含量）；7. 规格（板材的厚度、宽度）；8. 技术参数（屈服强度）</td><td>9. 钢号</td><td></td><td></td></tr>
<tr><td>7208.1000</td><td>-除热轧外未经进一步加工的基材，已轧压花纹</td><td></td><td></td><td></td><td></td></tr>
<tr><td></td><td>-其他经酸洗的卷材，除热轧外未经进一步加工：</td><td></td><td></td><td></td><td></td></tr>
<tr><td>7208.2500</td><td>--厚度在4.75毫米及以上</td><td></td><td></td><td></td><td></td></tr>
<tr><td></td><td>--厚度在3毫米及以上，但小于4.75毫米：</td><td></td><td></td><td></td><td></td></tr>
</table>

税则号列	商品名称	申报要素			说明举例
		归类要素	价格要素	其他要素	
7208.2610	---屈服强度大于 355 牛顿/平方毫米				
7208.2690	---其他				
	--厚度小于 3 毫米：				
7208.2710	---厚度小于 1.5 毫米				
7208.2790	---其他				
	-其他卷材，除热轧外未经进一步加工：				
7208.3600	--厚度超过 10 毫米				
7208.3700	--厚度在 4.75 毫米及以上，但不超过 10 毫米				
	--厚度在 3 毫米及以上，但小于 4.75 毫米：				
7208.3810	---屈服强度大于 355 牛顿/平方毫米				
7208.3890	---其他				
	--厚度小于 3 毫米：				
7208.3910	---厚度小于 1.5 毫米				
7208.3990	---其他				
7208.4000	-已轧压花纹的非卷材，除热轧外未经进一步加工				
	-其他非卷材，除热轧外未经进一步加工：				
	--厚度超过 10 毫米：				
7208.5110	---厚度超过 50 毫米				
7208.5120	---厚度在 20 毫米以上，但不超过 50 毫米				
7208.5190	---其他				
7208.5200	--厚度在 4.75 毫米及以上，但不超过 10 毫米				
	--厚度在 3 毫米及以上，但小于 4.75 毫米：				
7208.5310	---屈服强度大于 355 牛顿/平方毫米				
7208.5390	---其他				
	--厚度小于 3 毫米：				
7208.5410	---厚度小于 1.5 毫米				
7208.5490	---其他				
7208.9000	-其他				

税则号列	商品名称	申报要素			说明举例
		归类要素	价格要素	其他要素	
72.09	**宽度在600毫米及以上的铁或非合金钢平板轧材，经冷轧，但未经包覆、镀层或涂层：**	1. 品名；2. 形状（平板、卷板）；3. 材质（铁、非合金钢）；4. 加工方法（冷轧）；5. 加工程度（未包覆、未镀层、未涂层等）；6. 成分含量（铁、碳、合金元素、非合金元素的含量）；7. 规格（板材的厚度、宽度）；8. 技术参数（屈服强度）	9. 钢号		
	-卷材，除冷轧外未经进一步加工：				
	--厚度在3毫米及以上：				
7209.1510	---屈服强度大于355牛顿/平方毫米				
7209.1590	---其他				
	--厚度超过1毫米，但小于3毫米：				
7209.1610	---屈服强度大于275牛顿/平方毫米				
7209.1690	---其他				
	--厚度在0.5毫米及以上，但不超过1毫米：				
7209.1710	---屈服强度大于275牛顿/平方毫米				
7209.1790	---其他				
	--厚度小于0.5毫米：				
7209.1810	---厚度小于0.3毫米				
7209.1890	---其他				
	-非卷材，除冷轧外未经进一步加工：				
7209.2500	--厚度在3毫米及以上				
7209.2600	--厚度超过1毫米，但小于3毫米				
7209.2700	--厚度在0.5毫米及以上，但不超过1毫米				
7209.2800	--厚度小于0.5毫米				
7209.9000	-其他				

税则号列	商品名称	申报要素			说明举例
		归类要素	价格要素	其他要素	
72.10	**宽度在600毫米及以上的铁或非合金钢平板轧材，经包覆、镀层或涂层：**	1. 品名；2. 形状（平板、卷板）；3. 材质（铁、非合金钢）；4. 加工方法（经包覆、经镀层、经涂层）；5. 成分含量（铁、碳、合金元素、非合金元素的含量）；6. 规格（板材的厚度、宽度）；7. 涂层种类（锡、铅、电镀锌、涂锌等）	8. 钢号		
	-镀或涂锡的：				
7210.1100	--厚度在0.5毫米及以上				
7210.1200	--厚度小于0.5毫米				
7210.2000	-镀或涂铅的，包括镀铅锡钢板				
7210.3000	-电镀锌的				
	-用其他方法镀或涂锌的：				
7210.4100	--瓦楞形				
7210.4900	--其他				
7210.5000	-镀或涂氧化铬或铬及氧化铬的				
	-镀或涂铝的：				
7210.6100	--镀或涂铝锌合金的				
7210.6900	--其他				
	-涂漆或涂塑的：				
7210.7010	---厚度小于1.5毫米				
7210.7090	---其他				
7210.9000	-其他				
72.11	**宽度小于600毫米的铁或非合金钢平板轧材，但未经包覆、镀层或涂层：**	1. 品名；2. 形状（平板、卷板）；3. 材质（铁、非合金钢）；4. 加工方法（热轧、冷轧、未包覆、未镀层、未涂层等）；5. 成分含量（铁、碳、合金元素、非合金元素的含量）；6. 规格（板材的厚度、宽度）	7. 钢号		
	-除热轧外未经进一步加工：				
7211.1300	--经四面轧制或在闭合匣内轧制的非卷材，宽度超过150毫米，厚度不小于4毫米，未轧压花纹				
7211.1400	--其他，厚度在4.75毫米及以上				

税则号列	商品名称	申报要素			说明举例
		归类要素	价格要素	其他要素	
7211.1900	--其他				
	-除冷轧外未经进一步加工：				
7211.2300	--按重量计含碳量低于0.25%				
7211.2900	--其他				
7211.9000	-其他				
72.12	**宽度小于600毫米的铁或非合金钢平板轧材，经包覆、镀层或涂层：**	1. 品名；2. 形状（平板、卷板）；3. 材质（铁、非合金钢）；4. 加工方法（热轧、冷轧、经包覆、经镀层、经涂层）；5. 成分含量（铁、碳、合金元素、非合金元素的含量）；6. 规格（板材的厚度、宽度）；7. 涂层种类（锡、铅、电镀锌、涂锌等）			
7212.1000	-镀或涂锡的				
7212.2000	-电镀锌的				
7212.3000	-用其他方法镀或涂锌的				
7212.4000	-涂漆或涂塑的				
7212.5000	-镀或涂其他材料的				
7212.6000	-经包覆的				
72.13	**不规则盘卷的铁及非合金钢的热轧条、杆：**				
7213.1000	-带有轧制过程中产生的凹痕、凸缘、槽沟及其他变形的	1. 品名；2. 形状（条、杆）；3. 材质（铁、非合金钢）；4. 加工方法（热轧）；5. 状态（不规则盘卷，带有凹痕、凸缘等）；6. 成分含量（合金元素、非合金元素的含量）；7. 规格（条、杆的直径）			
7213.2000	-其他，易切削钢制	1. 品名；2. 形状（条、杆）；3. 材质（易切削钢）；4. 加工方法（热轧）；5. 状态（不规则盘卷、不带有凹痕、凸缘等）；6. 成分含量（合金元素、非合金元素的含量）；7. 规格（条、杆的直径）			

税则号列	商 品 名 称	申 报 要 素			说 明 举 例
		归类要素	价格要素	其他要素	
	-其他:	1. 品名; 2. 形状(条、杆); 3. 材质(铁、非合金钢); 4. 加工方法(热轧); 5. 状态(不规则盘卷); 6. 成分含量(合金元素、非合金元素的含量); 7. 截面形状; 8. 规格(圆形截面需报条、杆的直径)			
7213.9100	--直径小于 14 毫米的圆形截面的				
7213.9900	--其他				
72.14	**铁或非合金钢的其他条、杆,除锻造、热轧、热拉拔或热挤压外未经进一步加工,包括轧制后扭曲的:**				
7214.1000	-锻造的	1. 品名; 2. 形状(条、杆); 3. 材质(铁、非合金钢); 4. 加工方法(锻造); 5. 成分含量(合金元素、非合金元素的含量); 6. 规格(条、杆的直径)			
7214.2000	-带有轧制过程中产生的凹痕、凸缘、槽沟或其他变形及轧制后扭曲的	1. 品名; 2. 形状(条、杆); 3. 材质(铁、非合金钢); 4. 加工方法(热轧、热拉拔、热挤压); 5. 状态(带有轧制产生的变形或轧制后的扭曲); 6. 成分含量(合金元素、非合金元素的含量); 7. 规格(条、杆的直径)	8. 钢号		
7214.3000	-其他,易切削钢制	1. 品名; 2. 形状(条、杆); 3. 材质(易切削钢); 4. 加工方法(热轧、热拉拔、热挤压); 5. 成分含量(合金元素、非合金元素的含量); 6. 状态(不带有轧制产生的变形或轧制后的扭曲); 7. 规格(条、杆的直径)			

税则号列	商品名称	申报要素			说明举例
		归类要素	价格要素	其他要素	
	-其他:	1. 品名; 2. 形状(条、杆); 3. 材质(铁、非合金钢); 4. 加工方法(热轧、热拉拔、热挤压); 5. 成分含量(合金元素、非合金元素的含量); 6. 状态(不带有轧制产生的变形或轧制后的扭曲); 7. 规格(条、杆的直径); 8. 截面形状(正方形等)			
7214.9100	--矩形(正方形除外)截面的				
7214.9900	--其他				
72.15	**铁及非合金钢的其他条、杆:**	1. 品名; 2. 形状(条、杆); 3. 材质(铁、非合金钢); 4. 加工方法(热加工、冷加工); 5. 加工程度; 6. 成分含量(铁、碳、合金元素、非合金元素的含量); 7. 规格(条、杆的直径); 8. 易切削钢请注明			
7215.1000	-易切削钢制,除冷成形或冷加工外未经进一步加工				
7215.5000	-其他,除冷成形或冷加工外未经进一步加工				
7215.9000	-其他				
72.16	**铁或非合金钢的角材、型材及异型材:**	1. 品名; 2. 形状(槽钢、角钢、工字钢、H型钢等); 3. 材质(铁、非合金钢); 4. 加工方法(热轧、热拉拔、热挤压、冷加工、冷成形等); 5. 加工程度(例如,打孔、冲孔、扭绞、涂层等); 6. 成分含量(合金元素、非合金元素的含量); 7. 规格(型材的截面高度)			
	-槽钢、工字钢及H型钢,除热轧、热拉拔或热挤压外未经进一步加工,截面高度低于80毫米:				
7216.1010	---H型钢				
7216.1020	---工字钢				

税则号列	商品名称	申报要素			说明举例
		归类要素	价格要素	其他要素	
7216.1090	---其他				
	-角钢及丁字钢，除热轧、热拉拔或热挤压外未经进一步加工，截面高度低于80毫米：				
7216.2100	--角钢				
7216.2200	--丁字钢				
	-槽钢、工字钢及H型钢，除热轧、热拉拔或热挤压外未经进一步加工，截面高度在80毫米及以上：				
7216.3100	--槽钢				
	--工字钢：				
7216.3210	---截面高度在200毫米以上				
7216.3290	---其他				
	--H型钢：				
	---截面高度在200毫米以上：				
7216.3311	----截面高度在800毫米以上				
7216.3319	----其他				
7216.3390	---其他				
	-角钢及丁字钢，除热轧、热拉拔或热挤压外未经进一步加工，截面高度在80毫米及以上：				
7216.4010	---角钢				
7216.4020	---丁字钢				
	-其他角材、型材及异型材，除热轧、热拉拔或热挤压外未经进一步加工：				
7216.5010	---乙字钢				
7216.5020	---球扁钢				
7216.5090	---其他				
	-角材、型材及异型材，除冷成形或冷加工外未经进一步加工：				
7216.6100	--平板轧材制的				
7216.6900	--其他				
	-其他：				
7216.9100	--平板轧材经冷成形或冷加工制的				
7216.9900	--其他				

税则号列	商品名称	申报要素			说明举例
		归类要素	价格要素	其他要素	
72.17	**铁丝或非合金钢丝：**	1. 品名；2. 形状（丝）；3. 材质（铁、非合金钢）；4. 加工方法（镀层、涂层）；5. 成分含量（铁、碳、合金元素、非合金元素的含量）；6. 涂层种类（锌、铜等）；7. 直径；8. 状态（盘、卷等）			
7217.1000	-未经镀或涂层，不论是否抛光				
7217.2000	-镀或涂锌的				
	-镀或涂其他贱金属的：				
7217.3010	---镀或涂铜的				
7217.3090	---其他				
7217.9000	-其他				
	第三分章　不锈钢				
72.18	**不锈钢，锭状或其他初级形状；不锈钢半制成品：**	1. 品名；2. 形状（方锭等）；3. 材质（不锈钢）；4. 截面形状（正方形等）	5. 钢号		
7218.1000	-锭状或其他初级形状				
	-其他：				
7218.9100	--矩形（正方形除外）截面的				
7218.9900	--其他				
72.19	**不锈钢平板轧材，宽度在600毫米及以上：**				
	-除热轧外未经进一步加工的卷材：	1. 品名；2. 形状（卷板、平板等）；3. 材质（不锈钢）；4. 加工方法（热轧、冷轧）；5. 加工程度（是否经酸洗）；6. 成分含量；7. 规格（板材的厚度、宽度）	8. 钢号		
7219.1100	--厚度超过10毫米				
7219.1200	--厚度在4.75毫米及以上，但不超过10毫米				
	--厚度在3毫米及以上，但小于4.75毫米：				
	---未经酸洗的：				
7219.1312	----按重量计含锰量在5.5%及以上的铬锰系不锈钢				
7219.1319	----其他				
	---经酸洗的：				

税则号列	商品名称	申报要素			说明举例
		归类要素	价格要素	其他要素	
7219.1322	----按重量计含锰量在 5.5%及以上的铬锰系不锈钢				
7219.1329	----其他				
	--厚度小于 3 毫米：				
	---未经酸洗的：				
7219.1412	----按重量计含锰量在 5.5%及以上的铬锰系不锈钢				
7219.1419	----其他				
	---经酸洗的：				
7219.1422	----按重量计含锰量在 5.5%及以上的铬锰系不锈钢				
7219.1429	----其他				
	-除热轧外未经进一步加工的非卷材：	1. 品名；2. 形状（卷板、平板等）；3. 材质（不锈钢）；4. 加工方法（热轧、冷轧）；5. 加工程度；6. 成分含量；7. 规格（板材的厚度、宽度）	8. 钢号		
7219.2100	--厚度超过 10 毫米				
7219.2200	--厚度在 4.75 毫米及以上，但不超过 10 毫米				
7219.2300	--厚度在 3 毫米及以上，但小于 4.75 毫米				
	--厚度小于 3 毫米：				
7219.2410	---厚度超过 1 毫米但小于 3 毫米				
7219.2420	---厚度在 0.5 毫米及以上，但不超过 1 毫米				
7219.2430	---厚度小于 0.5 毫米				
	-除冷轧外未经进一步加工：	1. 品名；2. 形状（卷板、平板等）；3. 材质（不锈钢）；4. 加工方法（热轧、冷轧）；5. 加工程度；6. 成分含量；7. 规格（板材的厚度、宽度）	8. 钢号		
7219.3100	--厚度在 4.75 毫米及以上				
7219.3200	--厚度在 3 毫米及以上，但小于 4.75 毫米				
	--厚度超过 1 毫米，但小于 3 毫米：				

税则号列	商品名称	申报要素			说明举例
		归类要素	价格要素	其他要素	
7219.3310	---按重量计含锰量在5.5%及以上的铬锰系不锈钢				
7219.3390	---其他				
7219.3400	--厚度在0.5毫米及以上，但不超过1毫米				
7219.3500	--厚度小于0.5毫米				
7219.9000	-其他	1. 品名；2. 形状（卷板、平板等）；3. 材质（不锈钢）；4. 加工方法（热轧、冷轧）；5. 加工程度；6. 成分含量；7. 规格（板材的厚度、宽度）	8. 钢号		
72.20	**不锈钢平板轧材，宽度小于600毫米：**	1. 品名；2. 形状（卷板、平板等）；3. 材质（不锈钢）；4. 加工方法（热轧、冷轧）；5. 加工程度；6. 成分含量（铁、碳、铬及合金元素、非合金元素的含量）；7. 规格（板材的厚度、宽度）	8. 钢号		
	-除热轧外未经进一步加工：				
7220.1100	--厚度在4.75毫米及以上				
7220.1200	--厚度小于4.75毫米				
	-除冷轧外未经进一步加工：				
7220.2020	---厚度在0.35毫米及以下				
7220.2030	---厚度在0.35毫米以上但小于3毫米				
7220.2040	---厚度在3毫米及以上				
7220.9000	-其他				
72.21	**不规则盘卷的不锈钢热轧条、杆：**	1. 品名；2. 形状（条、杆）；3. 材质（不锈钢）；4. 加工方法（热轧）；5. 状态（不规则盘卷）；6. 成分含量（铁、碳、铬及合金元素、非合金元素的含量）	7. 钢号；8. 直径		
7221.0000	不规则盘卷的不锈钢热轧条、杆				

税则号列	商品名称	申报要素			说明举例
		归类要素	价格要素	其他要素	
72.22	**不锈钢其他条、杆；不锈钢角材、型材及异型材：**	1. 品名；2. 形状（条、杆、角材、型材、异型材）；3. 材质（不锈钢）；4. 加工方法（热轧、热拉拔、热挤压、冷成形、冷加工）；5. 成分含量（铁、碳、铬及合金元素、非合金元素的含量）；6. 截面形状（圆形、方形等）	7. 钢号		
	-条、杆，除热轧、热拉拔或热挤压外未经进一步加工：				
7222.1100	--圆形截面的				
7222.1900	--其他				
7222.2000	-条、杆，除冷成形或冷加工外未经进一步加工				
7222.3000	-其他条、杆				
7222.4000	-角材、型材及异型材				
72.23	**不锈钢丝：**	1. 品名；2. 形状（丝）；3. 材质（不锈钢）；4. 加工方法（镀层、涂层）；5. 成分含量（铁、碳、铬及合金元素、非合金元素的含量）	6. 截面尺寸（圆形填直径，矩形填宽度厚度）；7. 钢号		
7223.0000	不锈钢丝				
	第四分章 其他合金钢；合金钢或非合金钢制的空心钻钢				
72.24	**其他合金钢，锭状或其他初级形状；其他合金钢制的半制成品：**				
7224.1000	-锭状及其他初级形状	1. 品名；2. 形状（方锭等）；3. 材质（硅锰钢等）；4. 成分含量（铁、碳及合金元素、非合金元素的含量）	5. 钢号		
	-其他：	1. 品名；2. 形状（方锭等）；3. 材质（硅锰钢等）；4. 成分含量（铁、碳及合金元素、非合金元素的含量）；5. 粗铸锻件坯请注明单件重量	6. 钢号		
7224.9010	---单件重量在10吨及以上的粗铸锻件坯				
7224.9090	---其他				

税则号列	商品名称	申报要素			说明举例
		归类要素	价格要素	其他要素	
72.25	**其他合金钢平板轧材，宽度在600毫米及以上：**				
	-硅电钢制：	1. 品名；2. 形状（平板、卷材）；3. 材质（硅电钢、高速钢等，取向性硅电钢请注明）；4. 加工方法（热轧、冷轧、镀层、涂层种类）；5. 成分含量（铁、碳、合金元素、非合金元素的含量）；6. 规格（板材的厚度、宽度）	7. 牌号；8. 厂家名称		
7225.1100	--取向性硅电钢				
7225.1900	--其他				
7225.3000	-其他卷材，除热轧外未经进一步加工	1. 品名；2. 形状（平板、卷材）；3. 材质（硅电钢、高速钢等，取向性硅电钢请注明）；4. 加工方法（冷轧或热轧、是否镀层及涂层）；5. 成分含量（铁、碳、合金元素、非合金元素的含量）；6. 规格（板材的厚度、宽度）	7. 钢号		
	-其他非卷材，除热轧外未经进一步加工：	1. 品名；2. 形状（平板、卷材）；3. 材质（硅电钢、高速钢等，取向性硅电钢请注明）；4. 加工方法（冷轧或热轧、是否镀层及涂层）；5. 成分含量（铁、碳、合金元素、非合金元素的含量）；6. 规格（板材的厚度、宽度）	7. 钢号		
7225.4010	---工具钢				
	---其他：				
7225.4091	----含硼合金钢				
7225.4099	----其他				

税则号列	商品名称	申报要素			说明举例
		归类要素	价格要素	其他要素	
7225.5000	-其他，除冷轧外未经进一步加工	1. 品名；2. 形状（平板、卷材）；3. 材质（硅电钢、高速钢等，取向性硅电钢请注明）；4. 加工方法（冷轧或热轧、是否镀层及涂层）；5. 成分含量（铁、碳、合金元素、非合金元素的含量）；6. 规格（板材的厚度、宽度）	7. 钢号		
	-其他：	1. 品名；2. 形状（平板、卷材）；3. 材质（硅电钢、高速钢等，取向性硅电钢请注明）；4. 加工方法（冷轧或热轧、是否镀层及涂层）；5. 成分含量（铁、碳、合金元素、非合金元素的含量）；6. 规格（板材的厚度、宽度）	7. 钢号		
7225.9100	--电镀或涂锌的				
7225.9200	--用其他方法镀或涂锌的				
	--其他：				
7225.9910	---高速钢制				
7225.9990	---其他				
72.26	**其他合金钢平板轧材，宽度小于600毫米：**				
	-硅电钢制：	1. 品名；2. 形状（平板、卷材）；3. 材质（硅电钢、高速钢等，取向性硅电钢请注明）；4. 加工方法（热轧、冷轧、镀层、涂层种类）；5. 成分含量（铁、碳、合金元素、非合金元素的含量）；6. 规格（板材的厚度、宽度）	7. 牌号；8. 厂家名称		
7226.1100	--取向性硅电钢				
7226.1900	--其他				

税则号列	商品名称	申报要素			说明举例
		归类要素	价格要素	其他要素	
7226.2000	-高速钢制	1. 品名；2. 形状（平板、卷材）；3. 材质（硅电钢、高速钢等，取向性硅电钢请注明）；4. 加工方法（热轧、冷轧、镀层、涂层）；5. 成分含量（铁、碳、合金元素、非合金元素的含量）；6. 规格（板材的厚度、宽度）	7. 钢号		
	-其他：	1. 品名；2. 形状（平板、卷材）；3. 材质（硅电钢、高速钢等，取向性硅电钢请注明）；4. 加工方法（热轧、冷轧、镀层、涂层）；5. 成分含量（铁、碳、合金元素、非合金元素的含量）；6. 规格（板材的厚度、宽度）；7. 涂层种类（电镀锌、涂锌等）	8. 钢号		
	--除热轧外未经进一步加工：				
7226.9110	---工具钢				
	---其他：				
7226.9191	----含硼合金钢				
7226.9199	----其他				
7226.9200	--除冷轧外未经进一步加工				
	--其他：				
7226.9910	---电镀锌的				
7226.9920	---用其他方法镀或涂锌的				
7226.9990	---其他				
72.27	**不规则盘卷的其他合金钢热轧条、杆：**	1. 品名；2. 形状（条、杆）；3. 材质（高速钢、硅锰钢等）；4. 加工方法（热轧）；5. 状态（不规则盘卷）；6. 成分含量（铁、碳、合金元素、非合金元素的含量）	7. 钢号		
7227.1000	-高速钢制				
7227.2000	-硅锰钢制				
	-其他：				
7227.9010	---含硼合金钢制				
7227.9090	---其他				

税则号列	商品名称	申报要素			说明举例
		归类要素	价格要素	其他要素	
72.28	**其他合金钢条、杆；其他合金钢角材、型材及异型材；合金钢或非合金钢制的空心钻钢：**				
7228.1000	-高速钢条、杆	1. 品名；2. 用途（适用场所或下游产品）；3. 形状（条、杆、角材、型材、异型材）；4. 材质（高速钢、硅锰钢等）；5. 加工方法（热轧、热拉拔、热挤压、冷成形、冷加工）；6. 成分含量（铁、碳、合金元素、非合金元素的含量）	7. 钢号		
7228.2000	-硅锰钢条、杆	1. 品名；2. 用途（适用场所或下游产品）；3. 形状（条、杆、角材、型材、异型材）；4. 材质（高速钢、硅锰钢等）；5. 加工方法（热轧、热拉拔、热挤压、冷成形、冷加工）；6. 成分含量（铁、碳、合金元素、非合金元素的含量）	7. 钢号		
	-其他条、杆，除热轧、热拉拔或热挤压外未经进一步加工：	1. 品名；2. 用途（适用场所或下游产品）；3. 形状（条、杆、角材、型材、异型材）；4. 材质（高速钢、硅锰钢等）；5. 加工方法（热轧、热拉拔、热挤压、冷成形、冷加工）；6. 成分含量（铁、碳、合金元素、非合金元素的含量）	7. 钢号		
7228.3010	---含硼合金钢制				
7228.3090	---其他				
7228.4000	-其他条、杆，除锻造外未经进一步加工	1. 品名；2. 用途（适用场所或下游产品）；3. 形状（条、杆、角材、型材、异型材）；4. 材质（高速钢、硅锰钢等）；5. 加工方法（热轧、热拉拔、热挤压、冷成形、冷加工）；6. 成分含量（铁、碳、合金元素、非合金元素的含量）	7. 钢号		

税则号列	商品名称	申报要素			说明举例
		归类要素	价格要素	其他要素	
7228.5000	-其他条、杆，除冷成形或冷加工外未经进一步加工	1. 品名；2. 用途（适用场所或下游产品）；3. 形状（条、杆、角材、型材、异型材）；4. 材质（高速钢、硅锰钢等）；5. 加工方法（热轧、热拉拔、热挤压、冷成形、冷加工）；6. 成分含量（铁、碳、合金元素、非合金元素的含量）	7. 钢号		
7228.6000	-其他条、杆	1. 品名；2. 用途（适用场所或下游产品）；3. 形状（条、杆、角材、型材、异型材）；4. 材质（高速钢、硅锰钢等）；5. 加工方法（热轧、热拉拔、热挤压、冷成形、冷加工）；6. 成分含量（铁、碳、合金元素、非合金元素的含量）	7. 钢号		
	-角材、型材及异型材：				
7228.7010	---履带板型钢	1. 品名；2. 用途（适用场所或下游产品）；3. 形状（条、杆、角材、型材、异型材）；4. 材质（高速钢、硅锰钢等）；5. 加工方法（热轧、热拉拔、热挤压、冷成形、冷加工）；6. 成分含量（铁、碳、合金元素、非合金元素的含量）；7. 空心钻钢需额外申报最大外形尺寸和最大内孔尺寸	8. 钢号		
7228.7090	---其他	1. 品名；2. 用途（适用场所或下游产品）；3. 形状（条、杆、角材、型材、异型材）；4. 材质（高速钢、硅锰钢等）；5. 加工方法（热轧、热拉拔、热挤压、冷成形、冷加工）；6. 成分含量（铁、碳、合金元素、非合金元素的含量）	7. 钢号		

税则号列	商品名称	申报要素			说明举例
		归类要素	价格要素	其他要素	
7228.8000	-空心钻钢	1. 品名；2. 用途（适用场所或下游产品）；3. 形状（条、杆、角材、型材、异型材）；4. 材质（高速钢、硅锰钢等）；5. 加工方法（热轧、热拉拔、热挤压、冷成形、冷加工）；6. 成分含量（铁、碳、合金元素、非合金元素的含量）；7. 空心钻钢需额外申报最大外形尺寸和最大内孔尺寸	8. 钢号		
72.29	**其他合金钢丝：**	1. 品名；2. 形状（丝）；3. 材质（高速钢、硅锰钢等）；4. 加工方法（镀层、涂层）；5. 成分含量（铁、碳、合金元素、非合金元素的含量）；6. 用途	7. 钢号		
7229.2000	-硅锰钢制				
	-其他：				
7229.9010	---高速钢制				
7229.9090	---其他				

第七十三章　钢铁制品

注释：

一、本章所称“铸铁”，适用于经铸造而得的产品，按重量计其铁元素含量超过其他元素单项含量并与第七十二章注释一（四）所述的钢的化学成分不同。

二、本章所称“丝”，是指热或冷成形的任何截面形状的产品，但其截面尺寸均不超过16毫米。

【要素释义】

一、归类要素

（一）“品名”是指货品的具体商业名称。

（二）形状：指物体的外观或表现形态。例如，税目73.03货品填写“圆形截面管”“空心异型材”等。

（三）材质：指商品的组成材料。例如，税目73.01与73.02、73.04、73.05、73.06、73.07、73.14、73.23、73.24货品填写“铁、非合金钢、不锈钢、合金钢”中的具体材质。

（四）种类：指钢铁制品所属类别。例如，税目73.04货品填写“无缝管”等；税目73.05与73.06货品填写“焊接管”等。

（五）用途：指商品应用的方面、范围。例如，税目73.02货品填写“铁道及电车道铺轨用”等；税目73.26货品填写“工业用”或“非工业用”。

（六）加工方法：指物品在加工过程中经过的具体加工工艺。例如，税目73.04货品填写“冷拔”“冷轧”或“热轧”；税目73.23与73.24货品填写“已搪瓷”或“未搪瓷”。

二、价格要素

（一）加工方法（冷轧、热轧等）：该要素是税目73.01钢铁板桩的专有价格要素。只需填写“冷轧”或者“热轧”即可。

（二）规格（截面尺寸）：该要素是税目73.01钢铁板桩的价格要素，指钢铁板桩的长、宽、高的截面尺寸大小。不仅需填写“规格”，还需填写“截面尺寸”。其中，“规格”需申报“宽、高、厚”，例如“400毫米×125毫米×13毫米”；“截面尺寸”需申报“每桩”和“每米墙身”的“截面尺寸”，例如“每桩”的“截面尺寸”76.4平方厘米；“每米墙身”的“截面尺寸”191平方厘米。

（三）品牌：指制造商或经销商加在商品上的标志。实际只需要申报出名称即可，有外文品牌的以申报外文品牌名称为主。

（四）规格型号：该要素是子目7318.159其他钢铁制品的价格要素，是指不同生产厂家钢铁产品的性能和用途的代码。

税则号列	商品名称	申报要素			说明举例
		归类要素	价格要素	其他要素	
73.01	**钢铁板桩，不论是否钻孔、打眼或组装；焊接的钢铁角材、型材及异型材：**	1. 品名；2. 形状（板桩，焊接的角材、型材、异型材）；3. 材质（铁、非合金钢、不锈钢、合金钢）	4. 加工方法（冷轧、热轧等）；5. 规格（截面尺寸）		
7301.1000	-钢铁板桩				
7301.2000	-角材、型材及异型材				
73.02	**铁道及电车道铺轨用钢铁材料（钢轨、护轨、齿轨、道岔尖轨、辙叉、尖轨拉杆及其他岔道段体、轨枕、鱼尾板、轨座、轨座楔、钢轨垫板、钢轨夹、底板、固定板及其他专门用于连接或加固路轨的材料）：**	1. 品名；2. 用途（铁道及电车道铺轨用等）；3. 材质（铁、非合金钢、不锈钢、合金钢）；4. 制品种类（钢轨、轨枕、岔道段体等）			

税则号列	商品名称	申报要素			说明举例
		归类要素	价格要素	其他要素	
7302.1000	-钢轨				
7302.3000	-道岔尖轨、辙叉、尖轨拉杆及其他岔道段体				
7302.4000	-鱼尾板及钢轨垫板				
	-其他：				
7302.9010	---轨枕				
7302.9090	---其他				
73.03	**铸铁管及空心异型材：**	1. 品名；2. 规格（管的内径）；3. 形状（圆形截面管、空心异型材）；4. 材质（铸铁）			
7303.0010	---内径在500毫米及以上的圆型截面管				
7303.0090	---其他				
73.04	**无缝钢铁管及空心异型材（铸铁的除外）：**				
	-石油或天然气管道管：	1. 品名；2. 规格（管的外径）；3. 用途（锅炉用、石油或天然气钻探用等）；4. 形状（管、空心异型材）；5. 材质（铁、非合金钢、不锈钢、合金钢）；6. 加工方法（冷拔、冷轧、热轧等）；7. 种类（无缝管）			
	--不锈钢制：				
7304.1110	---外径大于等于215.9毫米，但不超过406.4毫米				
7304.1120	---外径超过114.3毫米，但小于215.9毫米				
7304.1130	---外径不超过114.3毫米				
7304.1190	---其他				
	--其他：				
7304.1910	---外径大于等于215.9毫米，但不超过406.4毫米				
7304.1920	---外径超过114.3毫米，但小于215.9毫米				
7304.1930	---外径不超过114.3毫米				
7304.1990	---其他				
	-钻探石油或天然气用的套管、导管及钻管：				

税则号列	商品名称	申报要素			说明举例
		归类要素	价格要素	其他要素	
	--不锈钢钻管：	1. 品名；2. 规格（管的外径）；3. 用途（锅炉用、石油或天然气钻探用等）；4. 形状（管、空心异型材）；5. 材质（铁、非合金钢、不锈钢、合金钢）；6. 加工方法（冷拔、冷轧、热轧等）；7. 种类（无缝管）			
7304.2210	---外径不超过168.3毫米				
7304.2290	---其他				
	--其他钻管：	1. 品名；2. 规格（管的外径）；3. 用途（锅炉用、石油或天然气钻探用等）；4. 形状（管、空心异型材）；5. 材质（铁、非合金钢、不锈钢、合金钢）；6. 加工方法（冷拔、冷轧、热轧等）；7. 种类（无缝管）			
7304.2310	---外径不超过168.3毫米				
7304.2390	---其他				
7304.2400	--其他不锈钢管	1. 品名；2. 规格（管的外径）；3. 用途（锅炉用、石油或天然气钻探用等）；4. 形状（管、空心异型材）；5. 材质（铁、非合金钢、不锈钢、合金钢）；6. 加工方法（冷拔、冷轧、热轧等）；7. 种类（无缝管）			
	--其他：	1. 品名；2. 规格（管的外径）；3. 用途（锅炉用、石油或天然气钻探用等）；4. 形状（管、空心异型材）；5. 材质（铁、非合金钢、不锈钢、合金钢）；6. 加工方法（冷拔、冷轧、热轧等）；7. 种类（无缝管）；8. 屈服强度			
7304.2910	---屈服强度小于552兆帕的				
7304.2920	---屈服强度大于等于552兆帕，但小于758兆帕的				

税则号列	商品名称	申报要素			说明举例
		归类要素	价格要素	其他要素	
7304.2930	---屈服强度大于等于758兆帕的				
	-铁或非合金钢的其他圆形截面管：	1. 品名；2. 规格（管的外径）；3. 用途（锅炉用、石油或天然气钻探用等）；4. 形状（管、空心异型材）；5. 材质（铁、非合金钢、不锈钢、合金钢）；6. 加工方法（冷拔、冷轧、热轧等）；7. 种类（无缝管）			
	--冷拔或冷轧的：				
7304.3110	---锅炉管				
7304.3120	---地质钻管、套管				
7304.3190	---其他				
	--其他：				
7304.3910	---锅炉管				
7304.3920	---地质钻管、套管				
7304.3990	---其他				
	-不锈钢的其他圆形截面管：	1. 品名；2. 规格（管的外径）；3. 用途（锅炉用、石油或天然气钻探用等）；4. 形状（管、空心异型材）；5. 材质（铁、非合金钢、不锈钢、合金钢）；6. 加工方法（冷拔、冷轧、热轧等）；7. 种类（无缝管）			
	--冷拔或冷轧的：				
7304.4110	---锅炉管				
7304.4190	---其他				
	--其他：				
7304.4910	---锅炉管				
7304.4990	---其他				
	-其他合金钢的其他圆形截面管：	1. 品名；2. 规格（管的外径）；3. 用途（锅炉用、石油或天然气钻探用等）；4. 形状（管、空心异型材）；5. 材质（铁、非合金钢、不锈钢、合金钢）；6. 加工方法（冷拔、冷轧、热轧等）；7. 种类（无缝管）			
	--冷拔或冷轧的：				

<table>
<tr><th rowspan="2">税则号列</th><th rowspan="2">商品名称</th><th colspan="3">申报要素</th><th rowspan="2">说明举例</th></tr>
<tr><th>归类要素</th><th>价格要素</th><th>其他要素</th></tr>
<tr><td>7304.5110</td><td>---锅炉管</td><td></td><td></td><td></td><td></td></tr>
<tr><td>7304.5120</td><td>---地质钻管、套管</td><td></td><td></td><td></td><td></td></tr>
<tr><td>7304.5190</td><td>---其他</td><td></td><td></td><td></td><td></td></tr>
<tr><td></td><td>--其他：</td><td></td><td></td><td></td><td></td></tr>
<tr><td>7304.5910</td><td>---锅炉管</td><td></td><td></td><td></td><td></td></tr>
<tr><td>7304.5920</td><td>---地质钻管、套管</td><td></td><td></td><td></td><td></td></tr>
<tr><td>7304.5990</td><td>---其他</td><td></td><td></td><td></td><td></td></tr>
<tr><td>7304.9000</td><td>-其他</td><td>1. 品名；2. 规格（管的外径）；3. 用途（锅炉用、石油或天然气钻探用等）；4. 形状（管、空心异型材）；5. 材质（铁、非合金钢、不锈钢、合金钢）；6. 加工方法（冷拔、冷轧、热轧等）；7. 种类（无缝管）</td><td></td><td></td><td></td></tr>
<tr><td>73.05</td><td>其他圆形截面钢铁管（例如，焊、铆及用类似方法接合的管），外径超过406.4毫米：</td><td>1. 品名；2. 规格（管的外径）；3. 用途（石油或天然气管道用等）；4. 材质（铁、非合金钢、不锈钢、合金钢）；5. 种类（焊接管）；6. 加工方法（铆、纵向焊、埋弧焊）；7. 截面形状（圆形）</td><td></td><td></td><td></td></tr>
<tr><td></td><td>-石油或天然气管道管：</td><td></td><td></td><td></td><td></td></tr>
<tr><td>7305.1100</td><td>--纵向埋弧焊接的</td><td></td><td></td><td></td><td></td></tr>
<tr><td>7305.1200</td><td>--其他纵向焊接的</td><td></td><td></td><td></td><td></td></tr>
<tr><td>7305.1900</td><td>--其他</td><td></td><td></td><td></td><td></td></tr>
<tr><td>7305.2000</td><td>-钻探石油或天然气用套管</td><td></td><td></td><td></td><td></td></tr>
<tr><td></td><td>-其他焊接的：</td><td></td><td></td><td></td><td></td></tr>
<tr><td>7305.3100</td><td>--纵向焊接的</td><td></td><td></td><td></td><td></td></tr>
<tr><td>7305.3900</td><td>--其他</td><td></td><td></td><td></td><td></td></tr>
<tr><td>7305.9000</td><td>-其他</td><td></td><td></td><td></td><td></td></tr>
<tr><td>73.06</td><td>其他钢铁管及空心异型材（例如，辊缝、焊、铆及类似方法接合的）：</td><td>1. 品名；2. 规格（圆管的外径、壁厚）；3. 用途（石油或天然气管道用等）；4. 材质（铁、非合金钢、不锈钢、合金钢）；5. 种类（焊接管）；6. 加工方法（铆、纵向焊、埋弧焊）；7. 截面形状（圆形、方形或椭圆形等）</td><td></td><td></td><td></td></tr>
</table>

税则号列	商品名称	申报要素			说明举例
		归类要素	价格要素	其他要素	
	-石油及天然气管道管：				
7306.1100	--不锈钢焊缝管				
7306.1900	--其他				
	-钻探石油及天然气用的套管及导管：				
7306.2100	--不锈钢焊缝管				
7306.2900	--其他				
	-铁或非合金钢制的其他圆形截面焊缝管：				
	---外径不超过10毫米的：				
7306.3011	----壁厚在0.7毫米及以下				
7306.3019	----其他				
7306.3090	---其他				
7306.4000	-不锈钢制的其他圆形截面焊缝管				
7306.5000	-其他合金钢的圆形截面焊缝管				
	-非圆形截面的其他焊缝管：				
7306.6100	--矩形或正方形截面的				
7306.6900	--其他非圆形截面的				
7306.9000	-其他				
73.07	**钢铁管子附件（例如，接头、肘管、管套）：**	1.品名；2.用途（用于管子之间连通）；3.材质（无可锻性铸铁、不锈钢、其他钢铁）；4.种类（法兰、管套、十字接头、对焊件等）；5.加工方法（铸造、锻造等）			
	-铸件：				
7307.1100	--无可锻性铸铁制				
7307.1900	--其他				
	-其他，不锈钢制：				
7307.2100	--法兰				
7307.2200	--螺纹肘管、弯管及管套				
7307.2300	--对焊件				
7307.2900	--其他				
	-其他：				
7307.9100	--法兰				
7307.9200	--螺纹肘管、弯管及管套				
7307.9300	--对焊件				
7307.9900	--其他				

税则号列	商品名称	申报要素			说明举例
		归类要素	价格要素	其他要素	
73.08	**钢铁结构体（税目94.06的活动房屋除外）及其部件（例如，桥梁及桥梁体段、闸门、塔楼、格构杆、屋顶、屋顶框架、门窗及其框架、门槛、百叶窗、栏杆、支柱及立柱）；上述结构体用的已加工钢铁板、杆、角材、型材、异型材、管子及类似品：**	1. 品名；2. 用途（支撑用等）；3. 材质（钢铁）；4. 种类（门窗、立柱、塔楼、脚手架、桥梁体段等）			
7308.1000	-桥梁及桥梁体段				
7308.2000	-塔楼及格构杆				
7308.3000	-门窗及其框架、门槛				
7308.4000	-脚手架、模板或坑道支撑用的支柱及类似设备				
7308.9000	-其他				
73.09	**盛装物料用的钢铁囤、柜、罐、桶及类似容器（装压缩气体或液化气体的除外），容积超过300升，不论是否衬里或隔热，但无机械或热力装置：**	1. 品名；2. 用途（盛装液体用等）；3. 材质（钢铁）；4. 种类（罐、桶等）；5. 规格（容积）；6. 是否装有机械或热力装置			
7309.0000	盛装物料用的钢铁囤、柜、罐、桶及类似容器（装压缩气体或液化气体的除外），容积超过300升，不论是否衬里或隔热，但无机械或热力装置				
73.10	**盛装物料用的钢铁柜、桶、罐、听、盒及类似容器（装压缩气体或液化气体的除外），容积不超过300升，不论是否衬里或隔热，但无机械或热力装置：**	1. 品名；2. 用途（盛装液体用等）；3. 材质（钢铁）；4. 种类（罐、桶等）；5. 加工方法（焊边接合、卷边接合等）；6. 规格（容积）；7. 是否装有机械或热力装置			
7310.1000	-容积在50升及以上				
	-容积在50升以下：				
	--焊边或卷边接合的罐：				
7310.2110	---易拉罐及罐体				
7310.2190	---其他				
	--其他：				
7310.2910	---易拉罐及罐体				
7310.2990	---其他				

税则号列	商品名称	申报要素			说明举例
		归类要素	价格要素	其他要素	
73.11	**装压缩气体或液化气体用的钢铁容器：**	1. 品名；2. 用途（压缩气体或液化气体用、零售包装用等）；3. 材质（钢铁）；4. 种类（罐、桶等）			
7311.0010	---零售包装用				
7311.0090	---其他				
73.12	**非绝缘的钢铁绞股线、绳、缆、编带、吊索及类似品：**	1. 品名；2. 材质（钢铁）；3. 制品种类（绞股线、吊索、绳等）；4. 注明“非绝缘”			
7312.1000	-绞股线、绳、缆				
7312.9000	-其他				
73.13	**带刺钢铁丝；围篱用的钢铁绞带或单股扁丝（不论是否带刺）及松绞的双股丝：**	1. 品名；2. 用途（围篱用）；3. 材质（钢铁）；4. 种类（带刺钢铁丝、绞带、单股扁丝、松绞的双股丝）；5. 截面尺寸			
7313.0000	带刺钢铁丝；围篱用的钢铁绞带或单股扁丝（不论是否带刺）及松绞的双股丝				
73.14	**钢铁丝制的布（包括环形带）、网、篱、格栅；网眼钢铁板：**	1. 品名；2. 用途（工业用等）；3. 材质（铁、非合金钢、不锈钢、合金钢）；4. 种类（网、篱、格栅等）；5. 加工方法（镀锌、涂锌、涂塑等）；6. 规格（网眼尺寸、丝的截面尺寸）			
	-机织品：				
7314.1200	--不锈钢制的机器用环形带				
7314.1400	--不锈钢制的其他机织品				
7314.1900	--其他				
7314.2000	-交点焊接的网、篱及格栅，其丝的最大截面尺寸在 3 毫米及以上，网眼尺寸在 100 平方厘米及以上				
	-其他交点焊接的网、篱及格栅：				
7314.3100	--镀或涂锌的				
7314.3900	--其他				
	-其他网、篱及格栅：				
7314.4100	--镀或涂锌的				
7314.4200	--涂塑的				

税则号列	商 品 名 称	申 报 要 素			说 明 举 例
		归类要素	价格要素	其他要素	
7314.4900	--其他				
7314.5000	-网眼钢铁板				
73.15	**钢铁链及其零件：**	1. 品名；2. 用途（自行车用、摩托车用等）；3. 材质（钢铁）；4. 种类（铰接链、滚子链、日字环节链等）			
	-铰接链及其零件：				
	--滚子链：				
7315.1110	---自行车用				
7315.1120	---摩托车用				
7315.1190	---其他				
7315.1200	--其他链				
7315.1900	--零件				
7315.2000	-防滑链				
	-其他链：				
7315.8100	--日字环节链				
7315.8200	--其他焊接链				
7315.8900	--其他				
7315.9000	-其他零件				
73.16	**钢铁锚、多爪锚及其零件：**	1. 品名；2. 材质（钢铁）；3. 种类（钢铁锚、多爪锚等）			
7316.0000	钢铁锚、多爪锚及其零件				
73.17	**钢铁制的钉、平头钉、图钉、波纹钉、U形钉（税目83.05的货品除外）及类似品，不论钉头是否用其他材料制成，但不包括铜头钉：**	1. 品名；2. 材质（钢铁）；3. 种类（图钉、U形钉、平头钉、波纹钉等）			铜头的钉归入税目74.15
7317.0000	钢铁制的钉、平头钉、图钉、波纹钉、U形钉（税目83.05的货品除外）及类似品，不论钉头是否用其他材料制成，但不包括铜头钉				
73.18	**钢铁制的螺钉、螺栓、螺母、方头螺钉、钩头螺钉、铆钉、销、开尾销、垫圈（包括弹簧垫圈）及类似品：**				
	-螺纹制品：				
7318.1100	--方头螺钉	1. 品名；2. 材质；3. 螺钉种类（方头）	4. 品牌；5. 型号		
7318.1200	--其他木螺钉	1. 品名；2. 材质	3. 品牌；4. 型号		

税则号列	商品名称	申报要素			说明举例
		归类要素	价格要素	其他要素	
7318.1300	--钩头螺钉及环头螺钉	1. 品名；2. 材质	3. 品牌；4. 型号		
7318.1400	--自攻螺钉	1. 品名；2. 材质	3. 品牌；4. 型号		
	--其他螺钉及螺栓，不论是否带有螺母或垫圈：				
7318.1510	---抗拉强度在800兆帕及以上的	1. 品名；2. 材质；3. 抗拉强度	4. 品牌；5. 规格型号		
7318.1590	---其他	1. 品名；2. 材质；3. 种类（螺钉、螺母、垫圈、铆钉、销等）；4. 抗拉强度	5. 品牌；6. 规格型号		
7318.1600	--螺母	1. 品名；2. 材质	3. 品牌；4. 型号		
7318.1900	--其他	1. 品名；2. 材质；3. 种类（螺钉、螺母、垫圈、铆钉、销等）；4. 螺钉请注明种类（方头、钩头、环头等）	5. 品牌；6. 型号		
	-无螺纹制品：	1. 品名；2. 材质	3. 品牌；4. 型号		
7318.2100	--弹簧垫圈及其他防松垫圈				
7318.2200	--其他垫圈				
7318.2300	--铆钉				
7318.2400	--销及开尾销				
7318.2900	--其他				
73.19	**钢铁制手工缝针、编织针、引针、钩针、刺绣穿孔锥及类似制品；其他税目未列名的钢铁制安全别针及其他别针：**	1. 品名；2. 材质（钢铁）；3. 种类（缝针、织补针、刺绣针、别针等）			
	-安全别针及其他别针：				
7319.4010	---安全别针				
7319.4090	---其他				
7319.9000	-其他				
73.20	**钢铁制弹簧及弹簧片：**	1. 品名；2. 用途（汽车用、铁道车辆用等）；3. 材质（钢铁）；4. 种类（片簧、螺旋弹簧等）			
	-片簧及簧片：				
7320.1010	---铁道车辆用				
7320.1020	---汽车用				
7320.1090	---其他				
	-螺旋弹簧：				

税则号列	商品名称	申报要素			说明举例
		归类要素	价格要素	其他要素	
7320.2010	---铁道车辆用				
7320.2090	---其他				
	-其他：				
7320.9010	---铁道车辆用				
7320.9090	---其他				
73.21	**非电热的钢铁制家用炉、灶(包括附有集中供暖用的热水锅的炉)、烤肉架、烤炉、煤气灶、加热板和类似非电热的家用器具及其零件：**	1. 品名；2. 材质（钢铁）；3. 种类（煤油炉、煤气灶、烤肉架、烤炉等）；4. 原理（非电热）；5. 燃料种类（液体、固体、气体燃料）	6. 品牌；7. 型号		
	-炊事器具及加热板：				
7321.1100	--使用气体燃料或可使用气体燃料及其他燃料的				
	--使用液体燃料的：				
7321.1210	---煤油炉				
7321.1290	---其他				
7321.1900	--其他，包括使用固体燃料的器具				
	-其他器具：				
7321.8100	--使用气体燃料或可使用气体燃料及其他燃料的				
7321.8200	--使用液体燃料的				
7321.8900	--其他，包括使用固体燃料的器具				
7321.9000	-零件				
73.22	**非电热的钢铁制集中供暖用散热器及其零件；非电热的钢铁制空气加热器、暖气分布器(包括可分布新鲜空气或调节空气的)及其零件，装有电动风扇或鼓风机：**	1. 品名；2. 用途（集中供暖用等）；3. 材质（钢铁）；4. 种类（散热器、空气加热器、暖气分布器等）；5. 原理（非电热）；6. 是否装有电动风扇或鼓风机			
	-散热器及其零件：				
7322.1100	--铸铁制				
7322.1900	--其他				
7322.9000	-其他				

税则号列	商品名称	申报要素			说明举例
		归类要素	价格要素	其他要素	
73.23	**餐桌、厨房或其他家用钢铁器具及其零件；钢铁丝绒；钢铁制擦锅器、洗刷擦光用的块垫、手套及类似品：**	1. 品名；2. 用途（厨房用、餐桌用等）；3. 材质（铁、非合金钢、不锈钢、合金钢）；4. 种类（水壶、煎锅等）；5. 加工方法（已搪瓷、未搪瓷）	6. 品牌		
7323.1000	-钢铁丝绒；擦锅器及洗刷擦光用的块垫、手套及类似品				
	-其他：				
7323.9100	--铸铁制，未搪瓷				
7323.9200	--铸铁制，已搪瓷				
7323.9300	--不锈钢制				
	--钢铁（铸铁除外）制，已搪瓷：				
7323.9410	---面盆				
7323.9420	---烤锅				
7323.9490	---其他				
7323.9900	--其他				
73.24	**钢铁制卫生器具及其零件：**	1. 品名；2. 用途（卫生间用等）；3. 材质（铁、非合金钢、不锈钢、合金钢）；4. 种类（脸盆、浴缸等）；5. 加工方法（已搪瓷、未搪瓷）	6. 品牌		
7324.1000	-不锈钢制洗涤槽及脸盆				
	-浴缸：				
7324.2100	--铸铁制，不论是否搪瓷				
7324.2900	--其他				
7324.9000	-其他，包括零件				
73.25	**其他钢铁铸造制品：**	1. 品名；2. 用途（工业用、非工业用、研磨机用等）；3. 材质（无可锻性铸铁等）；4. 种类（井盖、研磨球等）			
	-无可锻性铸铁制：				
7325.1010	---工业用				
7325.1090	---其他				
	-其他：				
7325.9100	--研磨机用的研磨球及类似品				
	--其他：				
7325.9910	---工业用				
7325.9990	---其他				

税则号列	商品名称	申报要素			说明举例
		归类要素	价格要素	其他要素	
73.26	**其他钢铁制品：**	1. 品名；2. 用途（工业用、非工业用）；3. 材质（钢铁）；4. 种类（捕鼠器、香烟盒等）；5. 加工方法（锻造、冲压等，是否经进一步加工）			
	-经锻造或冲压，但未经进一步加工：				
7326.1100	--研磨机用的研磨球及类似品				
	--其他：				
7326.1910	---工业用				
7326.1990	---其他				
	-钢铁丝制品：				
7326.2010	---工业用				
7326.2090	---其他				
	-其他：				
	---工业用：				
7326.9011	----钢铁纤维及其制品				
7326.9019	----其他				
7326.9090	---其他				

第七十四章　铜及其制品

注释：

本章所用有关名词解释如下：

一、精炼铜

按重量计含铜量至少为99.85%的金属；或

按重量计含铜量至少为97.5%，但其他各种元素的含量不超过下表中规定的限量的金属：

其他元素表

元素		所含重量百分比
Ag	银	0.25
As	砷	0.5
Cd	镉	1.3
Cr	铬	1.4
Mg	镁	0.8
Pb	铅	1.5
S	硫	0.7
Sn	锡	0.8
Te	碲	0.8
Zn	锌	1
Zr	锆	0.3
其他元素*	每种	0.3

*其他元素，例如，铝、铍、钴、铁、锰、镍、硅。

二、铜合金

除未精炼铜以外的金属物质，按重量计含铜量大于其他元素单项含量，但：

1. 按重量计至少有一种其他元素的含量超过上表中规定的限量；或
2. 按重量计其他元素的总含量超过2.5%。

三、铜母合金

含有其他元素，但按重量计含铜量超过10%的合金，该合金无实用可锻性，通常用作生产其他合金的添加剂或用作冶炼有色金属的脱氧剂、脱硫剂及类似用途。但按重量计含磷量超过15%的磷化铜（磷铜）归入税目28.53。

四、条、杆

轧、挤、拔或锻制的实心产品，非成卷的，其全长截面均为圆形、椭圆形、矩形（包括正方形）、等边三角形或规则外凸多边形（包括相对两边为弧拱形，另外两边为等长平行直线的“扁圆形”及“变形矩形”）。对于矩形（包括正方形）、三角形或多边形截面的产品，其全长边角可经磨圆。矩形（包括“变形矩形”）截面的产品，其厚度应大于宽度的1/10。所述条、杆也包括同样形状及尺寸的铸造或烧结产品。该产品在铸造或烧结后再经加工（简单剪修或去氧化皮的除外），但不具有其他税目所列制品或产品的特征。

线锭及坯段，已具锥形尾端或经其他简单加工以便送入机器制成盘条或管子等的，仍应作为未锻轧铜归入税目74.03。

五、型材及异型材

轧、挤、拔、锻制的产品或其他成型产品，不论是否成卷，其全长截面相同，但与条、杆、丝、板、片、带、箔、管的定义不相符合。同时也包括同样形状的铸造或烧结产品。该产品在铸造或烧结后再经加工（简单剪修或去氧化皮的除外），但不具有其他税目所列制品或产品的特征。

六、丝

盘卷的轧、挤或拔制实心产品，其全长截面均为圆形、椭圆形、矩形（包括正方形）、等边三角形或规则外凸多边形（包括相对两边为弧拱形，另外两边为等长平行直线的“扁圆形”及“变形矩形”）。对于矩形（包括正方形）、三角形或多边形截面的产品，其全长边角可经磨圆。矩形（包括“变形矩形”）截面的产品，其厚度应大于宽度的1/10。

七、板、片、带、箔

成卷或非成卷的平面产品（税目74.03的未锻轧产品除外），截面均为厚度相同的实心矩形（不包括正方形），不论边角是否磨圆（包括相对两边为弧拱形，另外两边为等长平行直线的“变形矩形”），并且符合以下规格：

（一）矩形（包括正方形）的，厚度不超过宽度的1/10；

（二）矩形或正方形以外形状的，任何尺寸，但不具有其他税目所列制品或产品的特征。

税目74.09及74.10还适用于具有花样（例如，凹槽、肋条形、格槽、珠粒及菱形）的板、片、带、箔，以及穿孔、抛光、涂层或制成瓦楞形的这类产品，但不具有其他税目所列制品或产品的特征。

八、管

全长截面及管壁厚度相同并只有一个闭合空间的空心产品，成卷或非成卷的，其截面为圆形、椭圆形、矩形（包括正方形）、等边三角形或规则外凸多边形。对于截面为矩形（包括正方形）、等边三角形或规则外凸多边形的产品，不论全长边角是否磨圆，只要其内外截面为同一圆心并为同样形状及同一轴向，也可视为管子。上述截面的管子可经抛光、涂层、弯曲、攻丝、钻孔、缩腰、胀口、成锥形或装法兰、颈圈或套环。

子目注释：

本章所用有关名词解释如下：

一、铜锌合金（黄铜）

铜与锌的合金，不论是否含有其他元素。含有其他元素时：

——按重量计含锌量应大于其他各种元素的单项含量；

——按重量计含镍量应低于5%［参见铜镍锌合金（德银）］；以及

——按重量计含锡量应低于3%［参见铜锡合金（青铜）］。

二、铜锡合金（青铜）

铜与锡的合金，不论是否含有其他元素。含有其他元素时，按重量计含锡量应大于其他各种元素的单项含量。当按重量计含锡量在3%及以上时，锌的含量可大于锡的含量，但必须小于10%。

三、铜镍锌合金（德银）

铜、镍、锌的合金，不论是否含有其他元素，按重量计含镍量在5%及以上［参见铜锌合金（黄铜）］。

四、铜镍合金

铜与镍的合金，不论是否含有其他元素，但按重量计含锌量不得大于1%。含有其他元素时，按重量计含镍量应大于其他各种元素的单项含量。

【要素释义】

一、归类要素

（一）“品名”是指货品的具体商业名称。

（二）“形状”是指货品按《税则》中的形状定义描述所确定的外观形状。

（三）材质：指商品的组成材料。例如，税目74.01货品填写“铜锍”或“沉积铜”；税目74.02货品填写“未精炼铜”。

（四）成分含量：指含有的物质种类及重量百分比含量。例如，税目74.02货品填写“铜的含量及黄金含量”；税目74.06至税目74.12货品填写“铜及合金元素的含量”。

（五）形状：指物体的外观或表现形态。例如，税目74.07货品按“条、杆、型材、异型材”来填写。

（六）加工方法：指物品在加工过程中经过的具体加工工艺。例如，税目74.03货品填写“未锻轧”；税目74.19货品填写“锻造”“冲压”等。

（七）用途：指商品应用的方面、范围。例如，税目74.02货品填写“电解精炼用”；税目74.19货品填写“工业用”或“非工业用”。

（八）状态：指商品呈现出的表观。例如，税目74.09货品填写“盘卷”“平板”等。

二、价格要素

（一）定价日期：也称“选价期”，或者“作价期”，即双方确定价格时间，与合同签约日期不同。该要素是子目7403.1111“按重量计铜含量超过99.9935%的精炼铜”的价格要素。例如“LME A级铜三月价格”，或者“2013-07-01现货结算价”。

（二）签约日期：该要素是指供求双方企业合同签订的日期，只需申报具体日期即可。例如可填写“2013-07-01”。

（三）定价方式：该要素是子目7403.1111按重量计铜含量超过99.9935%的精炼铜的价格要素，需申报具体定价方式。例如，“公式定价”“点价”“现货价”“期货价格”“LME月均价”等。

（四）包装形式：该要素是税目 74.04 铜废碎料的价格要素。需填写“散装”或者“集装箱”即可。

（五）品牌（中英文）：指制造商或经销商加在商品上的标志。实际只需要申报出名称即可，有外文品牌的以申报外文品牌名称为主。

（六）用途：该要素是税目 74.11 铜管的价格要素，需申报铜管的实际应用。例如，“空调冰箱用”或者“电缆管用”。

（七）生产厂商：该要素是税目 74.10 铜箔的价格要素，是指铜箔的生产厂家名称，需申报具体厂家。

（八）介电常数（DK）：该要素是子目 7410.211 覆铜板的价格要素。从介电常数可分析是否属于高端产品。

（九）牌号：该要素是税目 74.10 铜箔的价格要素，是不同厂家生产铜箔的性能、用途、材质等的代码，行业中也称为型号。

（十）种类（压延铜箔、电解铜箔，刚性覆铜板、柔性覆铜板）：该要素是税目 74.10 铜箔产品的价格要素。根据铜箔生产工艺的不同，分为压延铜箔与电解铜箔，两者用途不同价差较大。覆铜板按机械刚性可分为刚性覆铜板和柔性覆铜板。按实际情况填写。

（十一）覆铜板的铜箔层数：该要素是子目 7410.211 覆铜板的价格要素。对于覆铜板而言，其产品中实际铜箔应用情况有所不同，即存在单面/双面、一层/二层/N 层铜箔之分，从而导致产品中实际铜含量不同。因此，应明晰申报所覆每层铜箔的厚度，总共覆铜箔的层数，以及总厚度情况。

（十二）基材材质（纸基、玻璃布基、复合基、环保型基等）：该要素是税目 74.10 铜箔的价格要素，指制作覆铜板的基材材料。包括纸基、玻璃布基、复合基、环保型等，覆铜板因基材材质不同而价值不同。

税则号列	商品名称	申报要素			说明举例
		归类要素	价格要素	其他要素	
74.01	**铜锍；沉积铜（泥铜）：**	1. 品名；2. 材质（铜锍、沉积铜）；3. 成分含量（铜化合物的含量）			例：铜锍颗粒（熔炼硫化铜矿而得），含硫化铜 40%、硫化铁 30%
7401.0000	铜锍；沉积铜（泥铜）				
74.02	**未精炼铜；电解精炼用的铜阳极：**	1. 品名；2. 成分含量（铜的含量及黄金含量）；3. 形状（块状、粉末等）；4. 材质（未精炼铜）；5. 用途（电解精炼用等）			
7402.0000	未精炼铜；电解精炼用的铜阳极				
74.03	**未锻轧的精炼铜及铜合金：**				例：未锻轧精炼铜锭，含铜 99.9%
	-精炼铜：				
	--阴极及阴极型材：	1. 品名；2. 形状（型材、线锭、坯段等）；3. 材质（精炼铜、黄铜、青铜、白铜等）；4. 加工方法（未锻轧等）；5. 成分含量（铜及合金元素的含量）	6. 定价日期；7. 签约日期；8. 定价方式		
	---阴极：				
7403.1111	----按重量计铜含量超过 99.9935%的				
7403.1119	----其他				

税则号列	商品名称	申报要素			说明举例
		归类要素	价格要素	其他要素	
7403.1190	---阴极型材				
7403.1200	--线锭	1. 品名；2. 形状（型材、线锭、坯段等）；3. 材质（精炼铜、黄铜、青铜、白铜等）；4. 加工方法（未锻轧等）；5. 成分含量（铜及合金元素的含量）			
7403.1300	--坯段	1. 品名；2. 形状（型材、线锭、坯段等）；3. 材质（精炼铜、黄铜、青铜、白铜等）；4. 加工方法（未锻轧等）；5. 成分含量（铜及合金元素的含量）			
7403.1900	--其他	1. 品名；2. 形状（型材、线锭、坯段等）；3. 材质（精炼铜、黄铜、青铜、白铜等）；4. 加工方法（未锻轧等）；5. 成分含量（铜及合金元素的含量）			
	-铜合金：	1. 品名；2. 形状（型材、线锭、坯段等）；3. 材质（精炼铜、黄铜、青铜、白铜等）；4. 加工方法（未锻轧等）；5. 成分含量（铜及合金元素的含量）			
7403.2100	--铜锌合金（黄铜）				
7403.2200	--铜锡合金（青铜）				
7403.2900	--其他铜合金（税目74.05的铜母合金除外）				
74.04	**铜废碎料：**	1. 品名；2. 用途（供回收铜用）；3. 材质（铜）；4. 状态（废、碎、管、板、线、棒、边角料等）；5. 来源（废的电机、电线、电缆、五金等）；6. 成分含量（回收金属的含量）			
7404.0000	铜废碎料				
74.05	**铜母合金：**	1. 品名；2. 用途（用作炼铜的添加剂）；3. 成分含量（铜、磷的含量）			例：铬铜粉（用作炼铜的添加剂），含铜40%，不含磷

税则号列	商 品 名 称	申报要素			说 明 举 例
		归类要素	价格要素	其他要素	
7405.0000	铜母合金				
74.06	**铜粉及片状粉末：**	1. 品名；2. 用途（用作电镀基底、金属颜料等）；3. 形状（片状粉末、非片状粉末）；4. 材质（精炼铜、黄铜、青铜、白铜等）；5. 成分含量（铜及合金元素的含量）；6. 粒度	7. 牌号或型号		例：非片状精炼铜粉（用作电镀基料），含铜 99.9%
	-非片状粉末：				
7406.1010	---精炼铜制				
7406.1020	---铜镍合金（白铜）或铜镍锌合金（德银）制				
7406.1030	---铜锌合金（黄铜）制				
7406.1040	---铜锡合金（青铜）制				
7406.1090	---其他铜合金制				
	-片状粉末：				
7406.2010	---精炼铜制				
7406.2020	---铜镍合金（白铜）或铜镍锌合金（德银）制				
7406.2090	---其他铜合金制				
74.07	**铜条、杆、型材及异型材：**				例：精炼铜杆，含铜 99.9%
	-精炼铜制：	1. 品名；2. 形状（条、杆、型材、异型材）；3. 材质（精炼铜、黄铜、青铜、白铜等）；4. 成分含量（铜及合金元素的含量）			
7407.1010	---铬锆铜制				
7407.1090	---其他				
	-铜合金制：				
	--铜锌合金（黄铜）：				
	---铜条、杆：				
7407.2111	----直线度不大于 0.5 毫米/米	1. 品名；2. 形状（条、杆、型材、异型材）；3. 材质（精炼铜、黄铜、青铜、白铜等）；4. 成分含量（铜及合金元素的含量）；5. 直线度			

税则号列	商品名称	申报要素			说明举例
		归类要素	价格要素	其他要素	
7407.2119	----其他	1. 品名；2. 形状（条、杆、型材、异型材）；3. 材质（精炼铜、黄铜、青铜、白铜等）；4. 成分含量（铜及合金元素的含量）			
7407.2190	---其他	1. 品名；2. 形状（条、杆、型材、异型材）；3. 材质（精炼铜、黄铜、青铜、白铜等）；4. 成分含量（铜及合金元素的含量）			
7407.2900	--其他	1. 品名；2. 形状（条、杆、型材、异型材）；3. 材质（精炼铜、黄铜、青铜、白铜等）；4. 成分含量（铜及合金元素的含量）			
74.08	**铜丝：**	1. 品名；2. 形状（丝）；3. 材质（精炼铜、黄铜、青铜、白铜等）；4. 成分含量（铜及合金元素的含量）；5. 规格（丝的最大截面尺寸）	6. 牌号或型号		例：精炼铜丝，含铜99.9%，直径4毫米
	-精炼铜制：				
7408.1100	--最大截面尺寸超过6毫米				
7408.1900	--其他				
	-铜合金制：				
7408.2100	--铜锌合金（黄铜）				
	--铜镍合金（白铜）或铜镍锌合金（德银）：				
7408.2210	---铜镍锌铅合金（加铅德银）				
7408.2290	---其他				
7408.2900	--其他				
74.09	**铜板、片及带，厚度超过0.15毫米：**	1. 品名；2. 形状（板、片、带）；3. 材质（精炼铜、黄铜、青铜、白铜等）；4. 状态（盘卷、平板等）；5. 成分含量（铜及合金元素的含量）；6. 规格（长×宽×厚）	7. 品牌或厂商名称；8. 牌号或型号		
	-精炼铜制：				
	--盘卷的：				
7409.1110	---含氧量不超过10PPM的				

税则号列	商品名称	申报要素			说明举例
		归类要素	价格要素	其他要素	
7409.1190	---其他				
7409.1900	--其他				
	-铜锌合金（黄铜）制：				
7409.2100	--盘卷的				
7409.2900	--其他				
	-铜锡合金（青铜）制：				
7409.3100	--盘卷的				
7409.3900	--其他				
7409.4000	-铜镍合金（白铜）或铜镍锌合金（德银）制				
7409.9000	-其他铜合金制				
74.10	**铜箔（不论是否印花或用纸、纸板、塑料或类似材料衬背），厚度（衬背除外）不超过0.15毫米：**	1. 品名；2. 形状（箔）；3. 材质（精炼铜、黄铜、青铜、白铜等）；4. 状态（有无衬背）；5. 成分含量（铜及合金元素的各自含量）；6. 规格（整体厚度、铜箔厚度、长度、宽度）；7. 用途	8. 品牌；9. 牌号；10. 种类（压延铜箔、电解铜箔，刚性覆铜板、柔性覆铜板）；11. 覆铜板的铜箔层数；12. 基材材质（纸基、玻璃布基、复合基、环保型基等）；13. 生产厂商；14. 覆铜板需申报介电常数	15. 覆铜板报单面还是双面；16. 覆铜板基板材质	
	-无衬背：				
7410.1100	--精炼铜制				
	--铜合金制：				
7410.1210	---铜镍合金（白铜）或铜镍锌合金（德银）				
7410.1290	---其他				
	-有衬背：				
	--精炼铜制：				
7410.2110	---印制电路用覆铜板				
7410.2190	---其他				
	--铜合金制：				
7410.2210	---铜镍合金（白铜）或铜镍锌合金（德银）				
7410.2290	---其他				

税则号列	商品名称	申报要素			说明举例
		归类要素	价格要素	其他要素	
74.11	**铜管:**	1. 品名; 2. 材质（精炼铜、黄铜、青铜、白铜等）; 3. 成分含量（铜及合金元素的含量）; 4. 外径; 5. 有无螺纹或翅片	6. 用途; 7. 品牌; 8. 型号或牌号		
	-精炼铜制:				
	---外径不超过25毫米的:				
7411.1011	----带有螺纹或翅片的				
7411.1019	----其他				
7411.1020	---外径超过70毫米的				
7411.1090	---其他				
	-铜合金制:				
	--铜锌合金（黄铜）:				
7411.2110	---盘卷的				
7411.2190	---其他				
7411.2200	--铜镍合金（白铜）或铜镍锌合金（德银）				
7411.2900	--其他				
74.12	**铜制管子附件（例如，接头、肘管、管套）:**	1. 品名; 2. 用途（用于管子之间连通）; 3. 材质（精炼铜、黄铜、青铜、白铜等）; 4. 种类（接头、肘管、管套）; 5. 成分含量（铜及合金元素的含量）	6. 品牌; 7. 型号或牌号		例：精炼铜制管接头，含铜99.9%
7412.1000	-精炼铜制				
	-铜合金制:				
7412.2010	---铜镍合金（白铜）或铜镍锌合金（德银）				
7412.2090	---其他				
74.13	**非绝缘的铜丝绞股线、缆、编带及类似品:**	1. 品名; 2. 材质（铜）; 3. 种类（绞股线、缆、编带等）; 4. 注明“非绝缘”	5. 品牌; 6. 型号或牌号		例：非绝缘的铜丝绞股线
7413.0000	非绝缘的铜丝绞股线、缆、编带及类似品				

税则号列	商 品 名 称	申 报 要 素			说 明 举 例
		归类要素	价格要素	其他要素	
74.15	**铜制或钢铁制带铜头的钉、平头钉、图钉、U 形钉（税目 83.05 的货品除外）及类似品；铜制螺钉、螺栓、螺母、钩头螺钉、铆钉、销、开尾销、垫圈（包括弹簧垫圈）及类似品：**	1. 品名；2. 材质（铜）；3. 种类（图钉、U 形钉、螺钉、螺母、垫圈、铆钉等）	4. 型号或品牌		例：铜制螺母
7415.1000	-钉、平头钉、图钉、U 形钉及类似品				
	-其他无螺纹制品：				
7415.2100	--垫圈（包括弹簧垫圈）				
7415.2900	--其他				
	-其他螺纹制品：				
	--螺钉；螺栓及螺母：				
7415.3310	---木螺钉				
7415.3390	---其他				
7415.3900	--其他				
74.18	**餐桌、厨房或其他家用铜制器具及其零件；铜制刷锅器、洗刷擦光用的块垫、手套及类似品；铜制卫生器具及其零件：**				例：铜制水壶（厨房用）
	-餐桌、厨房或其他家用器具及其零件；刷锅器及洗刷擦光用的块垫、手套及类似品：				
7418.1010	---擦锅器及洗刷、擦光用的块垫、手套及类似品	1. 品名；2. 用途（厨房用、餐桌用、卫生用等）；3. 材质（铜）；4. 种类（水壶、煎锅等）	5. 品牌；6. 型号		
7418.1020	---非电热的铜制家用烹饪器具及其零件	1. 品名；2. 材质（铜）；3. 种类（煤油炉、煤气灶等）；4. 原理（非电热）	5. 品牌；6. 型号		
7418.1090	---其他	1. 品名；2. 用途（厨房用、餐桌用、卫生用等）；3. 材质（铜）；4. 种类（水壶、煎锅等）	5. 品牌；6. 型号		
7418.2000	-卫生器具及其零件	1. 品名；2. 用途（厨房用、餐桌用、卫生用等）；3. 材质（铜）；4. 种类（水壶、煎锅等）	5. 品牌；6. 型号		
74.19	**其他铜制品：**				

税则号列	商品名称	申报要素			说明举例
		归类要素	价格要素	其他要素	
7419.1000	-链条及其零件	1. 品名；2. 用途（工业用、非工业用）；3. 材质（铜）；4. 种类（链条、容器等）；5. 加工方法（锻造、冲压等）；6. 型号			
	-其他：				
	--铸造、模压、冲压或锻造，但未经进一步加工的：	1. 品名；2. 用途（工业用、非工业用）；3. 材质（铜）；4. 种类（链条、容器等）；5. 加工方法（锻造、冲压等）；6. 型号			
7419.9110	---工业用				
7419.9190	---其他				
	--其他：				
7419.9920	---铜弹簧	1. 品名；2. 材质（铜）	3. 品牌；4. 型号；5. 用途		
7419.9930	---铜丝制的布（包括环形带）	1. 品名；2. 材质（铜）；3. 种类	4. 品牌；5. 型号；6. 用途		
7419.9940	---铜丝制的网、格栅、网眼铜板	1. 品名；2. 材质（铜）；3. 种类（网、格栅、网眼铜板等）	4. 品牌；5. 型号；6. 用途		
7419.9950	---非电热的铜制家用供暖器具及其零件	1. 品名；2. 材质（铜）；3. 种类；4. 原理（非电热）	5. 品牌；6. 型号；7. 用途		
	---其他：	1. 品名；2. 用途（工业用、非工业用）；3. 材质（铜）；4. 种类（链条、容器等）；5. 加工方法（锻造、冲压等）			
7419.9991	----工业用				
7419.9999	----其他				

第七十五章　镍及其制品

注释：

本章所用有关名词解释如下：

一、条、杆

轧、挤、拔或锻制的实心产品，非成卷的，其全长截面均为圆形、椭圆形、矩形（包括正方形）、等边三角形或规则外凸多边形（包括相对两边为弧拱形，另外两边为等长平行直线的“扁圆形”及“变形矩形”）。对于矩形（包括正方形）、三角形或多边形截面的产品，其全长边角可经磨圆。矩形（包括“变形矩形”）截面的产品，其厚度应大于宽度的1/10。所述条、杆也包括同样形状及尺寸的铸造或烧结产品。该产品在铸造或烧结后再经加工（简单剪修或去氧化皮的除外），但不具有其他税目所列制品或产品的特征。

二、型材及异型材

轧、挤、拔、锻制的产品或其他成型产品，不论是否成卷，其全长截面相同，但与条、杆、丝、板、片、带、箔、管的定义不相符合。同时也包括同样形状的铸造或烧结产品。该产品在铸造或烧结后再经加工（简单剪修或去氧化皮的除外），但不具有其他税目所列制品或产品的特征。

三、丝

盘卷的轧、挤或拔制实心产品，其全长截面均为圆形、椭圆形、矩形（包括正方形）、等边三角形或规则外凸多边形（包括相对两边为弧拱形，另外两边为等长平行直线的“扁圆形”及“变形矩形”）。对于矩形（包括正方形）、三角形或多边形截面的产品，其全长边角可经磨圆。矩形（包括“变形矩形”）截面的产品，其厚度应大于宽度的1/10。

四、板、片、带、箔

成卷或非成卷的平面产品（税目75.02的未锻轧产品除外），截面均为厚度相同的实心矩形（不包括正方形），不论边角是否磨圆（包括相对两边为弧拱形，另外两边为等长平行直线的“变形矩形”），并且符合以下规格：

（一）矩形（包括正方形）的，厚度不超过宽度的1/10；

（二）矩形或正方形以外形状的，任何尺寸，但不具有其他税目所列制品或产品的特征。

税目75.06还适用于具有花样（例如，凹槽、肋条形、格槽、珠粒及菱形）的板、片、带、箔，以及穿孔、抛光、涂层或制成瓦楞形的这类产品，但不具有其他税目所列制品或产品的特征。

五、管

全长截面及管壁厚度相同并只有一个闭合空间的空心产品，成卷或非成卷的，其截面为圆形、椭圆形、矩形（包括正方形）、等边三角形或规则外凸多边形。对于截面为矩形（包括正方形）、等边三角形或规则外凸多边形的产品，不论全长边角是否磨圆，只要其内外截面为同一圆心并为同样形状及同一轴向，也可视为管子。上述截面的管子可经抛光、涂层、弯曲、攻丝、钻孔、缩腰、胀口、成锥形或装法兰、颈圈或套环。

子目注释：

一、本章所用有关名词解释如下：

（一）非合金镍

按重量计镍及钴的含量至少为99%的金属，但：

1. 按重量计含钴量不超过1.5%；以及

2. 按重量计其他各种元素的含量不超过下表中规定的限量：

其他元素表

元　素		所含重量百分比
Fe	铁	0.5
O	氧	0.4
其他元素	每种	0.3

（二）镍合金

按重量计含镍量大于其他元素单项含量的金属物质，但：

1. 按重量计含钴量超过1.5%；

2. 按重量计至少有一种其他元素的含量超过上表中规定的限量；或

3. 除镍及钴以外，按重量计其他元素的总含量超过1%。

二、子目7508.10所称“丝”，不受本章注释三的限制，仅适用于截面尺寸不超过6毫米的任何截面形状的产品，不论是否盘卷。

【要素释义】

一、归类要素

（一）“品名”是指货品的具体商业名称。

（二）材质：指商品的组成材料。例如，税目75.02、75.04至税目75.08货品填写“非合金镍”或“镍合金”。

（三）成分含量：指含有的物质种类及重量百分比含量。例如，税目75.02至75.07货品填写“镍及合金元素的含量”等。

（四）形状：指物体的外观或表现形态。例如，税目75.05货品按“条、杆、型材、异型材、丝”来填写。

（五）加工方法：指物品在加工过程中经过的具体加工工艺。例如，税目75.02货品填写“未锻轧”。

（六）用途：指商品应用的方面、范围。例如，税目75.03货品填写“供回收镍用”；税目75.08货品填写“电镀用”“工业用”或“非工业用”。

（七）状态：指商品呈现出的表观。

（八）来源：指商品的出处。例如，税目75.01货品可填写“冶炼镍”。

二、价格要素

规格（长×宽×厚）：该要素是税目75.06镍板材的价格要素，单位用“毫米”或者“厘米”表示。例如，子目7506.1的非合金镍板的规格可填写“600毫米×400毫米×0.3毫米”。

税则号列	商品名称	申报要素			说明举例
		归类要素	价格要素	其他要素	
75.01	**镍锍、氧化镍烧结物及镍冶炼的其他中间产品：**	1. 品名；2. 材质（镍锍、氧化镍烧结物等）；3. 来源；4. 成分含量（镍化合物的含量）			例：镍锍颗粒（熔炼硫化镍矿而得），含硫化镍40%
7501.1000	-镍锍				
	-氧化镍烧结物及镍冶炼的其他中间产品：				
7501.2010	---镍湿法冶炼中间品				
7501.2090	---其他				
75.02	**未锻轧镍：**	1. 品名；2. 形状（锭、块等）；3. 材质（非合金镍、镍合金）；4. 加工方法（未锻轧）；5. 成分含量（镍及合金元素的含量）			例：未锻轧非合金镍锭，含镍99.9%
	-非合金镍：				
7502.1010	---按重量计镍、钴总量在99.99%及以上的，但钴含量不超过0.005%				
7502.1090	---其他				
7502.2000	-镍合金				

税则号列	商品名称	申报要素			说明举例
		归类要素	价格要素	其他要素	
75.03	**镍废碎料：**	1. 品名；2. 用途（供回收镍用）；3. 状态（废、碎）；4. 来源（非合金镍、镍合金的废碎料）；5. 成分含量（镍及合金元素的含量）			例：镍废碎料（供回收镍用），含镍80%
7503.0000	镍废碎料				
75.04	**镍粉及片状粉末：**	1. 品名；2. 形状（片状粉末、非片状粉末）；3. 材质（非合金镍、镍合金）；4. 成分含量（镍及合金元素的含量）；5. 粒度			例：非片状非合金镍粉（用作硬质合金的黏合剂），含镍99.9%，颗粒直径600微米
7504.0010	---非合金镍粉及片状粉末				
7504.0020	---合金镍粉及片状粉末				
75.05	**镍条、杆、型材及异型材或丝：**				例：非合金镍杆，含镍99.9%
	-条、杆、型材及异型材：	1. 品名；2. 形状（条、杆、型材、异型材、丝）；3. 材质（非合金镍、镍合金）；4. 成分含量（镍及合金元素的含量）			
7505.1100	--非合金镍制				
7505.1200	--镍合金制				
	-丝：	1. 品名；2. 形状（条、杆、型材、异型材、丝）；3. 材质（非合金镍、镍合金）；4. 成分含量（镍及合金元素的含量）；5. 丝的直径			
7505.2100	--非合金镍制				
7505.2200	--镍合金制				
75.06	**镍板、片、带、箔：**	1. 品名；2. 形状（板、片、带、箔）；3. 材质（非合金镍、镍合金）；4. 成分含量（镍及合金元素的含量）	5. 规格（长×宽×厚）		
7506.1000	-非合金镍制				
7506.2000	-镍合金制				

税则号列	商品名称	申报要素			说明举例
		归类要素	价格要素	其他要素	
75.07	**镍管及管子附件（例如，接头、肘管、管套）：**	1. 品名；2. 材质（非合金镍、镍合金）；3. 种类（管、接头、肘管、管套等）；4. 成分含量（镍及合金元素的含量）			例：非合金镍制管接头，含镍99.9%
	-镍管：				
7507.1100	--非合金镍制				
7507.1200	--镍合金制				
7507.2000	-管子附件				
75.08	**其他镍制品：**	1. 品名；2. 用途（电镀用、工业用、非工业用）；3. 材质（非合金镍、镍合金）；4. 种类（网、篱、格栅等）	5. 品牌；6. 型号		
	-镍丝制的布、网及格栅：				
7508.1010	---镍丝布				
7508.1080	---其他工业用镍制品				
7508.1090	---其他				
	-其他：				
7508.9010	---电镀用镍阳极				
7508.9080	---其他工业用镍制品				
7508.9090	---其他				

第七十六章　铝及其制品

注释：

本章所用有关名词解释如下：

一、条、杆

轧、挤、拔或锻制的实心产品，非成卷的，其全长截面均为圆形、椭圆形、矩形（包括正方形）、等边三角形或规则外凸多边形（包括相对两边为弧拱形，另外两边为等长平行直线的“扁圆形”及“变形矩形”）。对于矩形（包括正方形）、三角形或多边形截面的产品，其全长边角可经磨圆。矩形（包括“变形矩形”）截面的产品，其厚度应大于宽度的1/10。所述条、杆也包括同样形状及尺寸的铸造或烧结产品。该产品在铸造或烧结后再经加工（简单剪修或去氧化皮的除外），但不具有其他税目所列制品或产品的特征。

二、型材及异型材

轧、挤、拔、锻制的产品或其他成型产品，不论是否成卷，其全长截面相同，但与条、杆、丝、板、片、带、箔、管的定义不相符合。同时也包括同样形状的铸造或烧结产品。该产品在铸造或烧结后再经加工（简单剪修或去氧化皮的除外），但不具有其他税目所列制品或产品的特征。

三、丝

盘卷的轧、挤或拔制实心产品，其全长截面均为圆形、椭圆形、矩形（包括正方形）、等边三角形或规则外凸多边形（包括相对两边为弧拱形，另外两边为等长平行直线的“扁圆形”及“变形矩形”）。对于矩形（包括正方形）、三角形或多边形截面的产品，其全长边角可经磨圆。矩形（包括“变形矩形）截面的产品，其厚度应大于宽度的1/10。

四、板、片、带、箔

成卷或非成卷的平面产品（税目76.01的未锻轧产品除外），截面均为厚度相同的实心矩形（不包括正方形），不论边角是否磨圆（包括相对两边为弧拱形，另外两边为等长平行直线的“变形矩形”），并且符合以下规格：

（一）矩形（包括正方形）的，厚度不超过宽度的1/10；

（二）矩形或正方形以外形状的，任何尺寸，但不具有其他税目所列制品或产品的特征。

税目76.06和76.07还适用于具有花样（例如，凹槽、肋条形、格槽、珠粒及菱形）的板、片、带、箔，以及穿孔、抛光、涂层或制成瓦楞形的这类产品，但不具有其他税目所列制品或产品的特征。

五、管

全长截面及管壁厚度相同并只有一个闭合空间的空心产品，成卷或非成卷的，其截面为圆形、椭圆形、矩形（包括正方形）、等边三角形或规则外凸多边形。对于截面为矩形（包括正方形）、等边三角形或规则外凸多边形的产品，不论全长边角是否磨圆，只要其内外截面为同一圆心并为同样形状及同一轴向，也可视为管子。上述截面的管子可经抛光、涂层、弯曲、攻丝、钻孔、缩腰、胀口、成锥形或装法兰、颈圈或套环。

子目注释：

一、本章所用有关名词解释如下：

（一）非合金铝

按重量计含铝量至少为99%的金属，但其他各种元素的含量不超过下表中规定的限量：

其他元素表

元　素	所含重量百分比
Fe+Si（铁+硅）	1
其他元素（1），每种	0.1（2）

（1）其他元素，例如，铬、铜、镁、锰、镍、锌。

（2）含铜成分可大于0.1%，但不得大于0.2%，且铬和锰的含量均不得超过0.05%。

（二）铝合金

按重量计含铝量大于其他元素单项含量的金属物质，但：

1. 按重量计至少有一种其他元素或铁加硅的含量大于上表中规定的限量；或

2. 按重量计其他元素的总含量超过1%。

二、子目7616.91所称“丝”，不受本章注释三的限制，仅适用于截面尺寸不超过6毫米的任何截面形状的产品，不论是否盘卷。

【要素释义】

一、归类要素

（一）“品名”是指货品的具体商业名称。

（二）材质：指商品的组成材料。例如，税目76.01、税目76.03至税目76.06、税目76.08、税目76.09货品填写“非合金铝”或“铝合金”。

（三）成分含量：指含有的物质种类及重量百分比含量。例如，税目76.01、76.04、76.05、76.06、76.08货品填写“铝及合金元素的含量”。

（四）形状：指物体的外观或表现形态。例如，税目76.04货品按“条、杆、型材、异型材”来填写。

（五）加工方法：指物品在加工过程中经过的具体加工工艺。例如，税目76.07货品填写“轧制”等；税目76.10货品按“铆接、拴接、钻孔、弯曲等”来填写。

（六）用途：指商品应用的方面、范围。例如，税目76.02货品可填写“供回收铝用”；税目76.16货品填写“工业用”或“非工业用”。

（七）状态：指商品呈现出的表观。例如，税目76.07货品填写“有无衬背以及衬背材料”。

（八）来源：指商品的出处。

（九）种类：指铝产品所属类别。例如，税目76.09货品填写“接头”“肘管”“管套”。

二、价格要素

（一）包装形式：该要素是税目76.02铝废碎料的价格要素。需填写“散装”或者“集装箱”。

（二）牌号：指铝材产品的各种合金含量和用途的代码。

（三）品牌（中英文）：指制造商或经销商加在商品上的标志。实际只需要申报出名称即可，有外文品牌的以申报外文品牌名称为主。

（四）用途：该要素是税目76.06铝板、片及带的价格要素。不同牌号的铝板、片及带有不同的用途，申报的用途应该与牌号相匹配。

税则号列	商品名称	申报要素			说明举例
		归类要素	价格要素	其他要素	
76.01	**未锻轧铝：**	1. 品名；2. 形状（锭、块）；3. 材质（非合金铝、铝合金）；4. 加工方法（未锻轧或铸造、烧结等）；5. 成分含量（铝及合金元素的含量）			
	-非合金铝：				
7601.1010	---按重量计含铝量在99.95%及以上				
7601.1090	---其他				
7601.2000	-铝合金				
76.02	**铝废碎料：**	1. 品名；2. 用途（供回收铝用）；3. 状态（废、碎、板、管、线、边角料等）；4. 来源（废电线、废电缆、废五金电器等）；5. 成分含量（回收金属的含量）	6. 包装形式		例：废铝管（供回收铝用），含铝80%
7602.0000	铝废碎料				

税则号列	商品名称	申报要素			说明举例
		归类要素	价格要素	其他要素	
76.03	**铝粉及片状粉末：**	1. 品名；2. 形状（片状粉末、非片状粉末）；3. 材质（非合金铝、铝合金）；4. 成分含量（铝的含量）；5. 粒度；6. 用途			
7603.1000	-非片状粉末				
7603.2000	-片状粉末				
76.04	**铝条、杆、型材及异型材：**	1. 品名；2. 形状（条、杆、型材、异型材）；3. 材质（非合金铝、铝合金）；4. 成分含量（铝及合金元素的含量）；5. 型材、异型材请注明是否空心；6. 铝合金条、杆请注明截面周长；7. 柱形实心体铝合金请注明20℃时的极限抗拉强度	8. 牌号		
	-非合金铝制：				
7604.1010	---铝条、杆				
7604.1090	---其他				
	-铝合金制：				
7604.2100	--空心异型材				
	--其他：				
7604.2910	---铝合金条、杆				
7604.2990	---其他				
76.05	**铝丝：**	1. 品名；2. 形状（丝）；3. 材质（非合金铝、铝合金）；4. 成分含量（铝及合金元素的含量）；5. 规格（丝的最大截面尺寸）			例：非合金铝丝，含铝99.9%，直径4毫米
	-非合金铝制：				
7605.1100	--最大截面尺寸超过7毫米				
7605.1900	--其他				
	-铝合金制：				
7605.2100	--最大截面尺寸超过7毫米				
7605.2900	--其他				

税则号列	商品名称	申报要素			说明举例
		归类要素	价格要素	其他要素	
76.06	**铝板、片及带，厚度超过0.2毫米：**	1. 品名；2. 形状（矩形等）；3. 材质（非合金铝、铝合金）；4. 状态（板、片、带）；5. 成分含量（铝及合金元素的含量）；6. 规格（长×宽×厚）	7. 品牌（中英文）；8. 用途；9. 牌号		
	-矩形（包括正方形）：				
	--非合金铝制：				
	---厚度在0.30毫米及以上，但不超过0.36毫米：				
7606.1121	----铝塑复合的				
7606.1129	----其他				
	---其他：				
7606.1191	----铝塑复合的				
7606.1199	----其他				
	--铝合金制：				
7606.1220	---厚度小于0.28毫米				
7606.1230	---厚度在0.28毫米及以上，但不超过0.35毫米				
	---厚度在0.35毫米以上，但不超过4毫米：				
7606.1251	----铝塑复合的				
7606.1259	----其他				
7606.1290	---其他				
	-其他：				
7606.9100	--非合金铝制				
7606.9200	--铝合金制				
76.07	**铝箔（不论是否印花或用纸、纸板、塑料或类似材料衬背），厚度（衬背除外）不超过0.2毫米：**	1. 品名；2. 形状（箔）；3. 材质（铝）；4. 状态（有无衬背、衬背材料）；5. 规格（长×宽×厚）；6. 加工方法（轧制等）；7. 加工程度（是否进一步加工）			
	-无衬背：				
	--轧制后未经进一步加工的：				
7607.1110	---厚度不超过0.007毫米				
7607.1120	---厚度大于0.007毫米，但不超过0.01毫米				
7607.1190	---其他				
7607.1900	--其他				
7607.2000	-有衬背				

税则号列	商品名称	申报要素			说明举例
		归类要素	价格要素	其他要素	
76.08	**铝管：**	1. 品名；2. 材质（非合金铝、铝合金）；3. 种类（管）；4. 成分含量（铝及合金元素的含量）；5. 管壁厚度、管壁外径、孔眼直径、管材长度			例：非合金铝管，含铝 99.9%
7608.1000	-非合金铝制				
	-铝合金制：				
7608.2010	---外径不超过 10 厘米的				
	---其他：				
7608.2091	----壁厚不超过 25 毫米				
7608.2099	----其他				
76.09	**铝制管子附件（例如，接头、肘管、管套）：**	1. 品名；2. 用途；3. 材质（非合金铝、铝合金）；4. 种类（接头、肘管、管套）			例：铝制管接头（用于管子之间连通）
7609.0000	铝制管子附件（例如，接头、肘管、管套）				
76.10	**铝制结构体（税目 94.06 的活动房屋除外）及其部件（例如，桥梁及桥梁体段、塔、格构杆、屋顶、屋顶框架、门窗及其框架、门槛、栏杆、支柱及立柱）；上述结构体用的已加工铝板、杆、型材、异型材、管子及类似品：**	1. 品名；2. 材质（铝）；3. 种类（门窗、门槛、塔楼、桥梁体段等）；4. 加工方法（铆接、栓接、钻孔、弯曲等）			例：铝合金制窗框（经钻孔）
7610.1000	-门窗及其框架、门槛				
7610.9000	-其他				
76.11	**盛装物料用的铝制囤、柜、罐、桶及类似容器（装压缩气体或液化气体的除外），容积超过 300 升，不论是否衬里或隔热，但无机械或热力装置：**	1. 品名；2. 用途（盛装液体用等）；3. 材质（铝）；4. 种类（罐、桶等）；5. 规格（容积）	6. 品牌		本税目不包括装有机械或热力装置的。例：铝桶（盛装液体用），容积 400 升
7611.0000	盛装物料用的铝制囤、柜、罐、桶及类似容器（装压缩气体或液化气体的除外），容积超过 300 升，不论是否衬里或隔热，但无机械或热力装置				
76.12	**盛装物料用的铝制桶、罐、听、盒及类似容器，包括软管容器及硬管容器（装压缩气体或液化气体的除外），容积不超过 300 升，不论是否衬里或隔热，但无机械或热力装置：**	1. 品名；2. 用途（盛装液体用等）；3. 材质（铝）；4. 种类（罐、桶等）；5. 规格（容积）	6. 品牌		本税目不包括装有机械或热力装置的。例：铝制易拉罐（盛装液体用），容积 100 升

税则号列	商品名称	申报要素			说明举例
		归类要素	价格要素	其他要素	
7612.1000	-软管容器				
	-其他：				
7612.9010	---易拉罐及罐体				
7612.9090	---其他				
76.13	**装压缩气体或液化气体用的铝制容器：**	1. 品名；2. 用途（盛装液体用等）；3. 材质（铝）；4. 种类（罐、桶等）；5. 规格（容积）	6. 品牌		例：铝桶（盛装压缩气体用，且零售包装用，无机械或热力装置）
7613.0010	---零售包装用				
7613.0090	---其他				
76.14	**非绝缘的铝制绞股线、缆、编带及类似品：**	1. 品名；2. 材质（铝）；3. 种类（绞股线、缆、编带等）；4. 状态（非绝缘）；5. 带钢芯请注明			例：非绝缘的铝丝绞股线（带钢芯）
7614.1000	-带钢芯的				
7614.9000	-其他				
76.15	**餐桌、厨房或其他家用铝制器具及其零件；铝制擦锅器、洗刷擦光用的块垫，手套及类似品；铝制卫生器具及其零件：**	1. 品名；2. 用途（厨房用、餐桌用、卫生用等）；3. 材质（铝）；4. 种类（水壶、煎锅等）			例：铝制水壶（厨房用）
	-餐桌、厨房或其他家用器具及其零件；擦锅器及洗刷擦光用的块垫、手套及类似品：				
7615.1010	---擦锅器、洗刷、擦光用的块垫、手套及类似品				
7615.1090	---其他				
7615.2000	-卫生器具及其零件				
76.16	**其他铝制品：**	1. 品名；2. 用途（工业用、非工业用）；3. 材质（铝）；4. 种类（图钉、螺钉、布、网、篱等）			例：铝制螺母（工业用）
7616.1000	-钉、平头钉、U形钉（税目83.05的货品除外）、螺钉、螺栓、螺母、钩头螺钉、铆钉、销、开尾销、垫圈及类似品				
	-其他：				
7616.9100	--铝丝制的布、网、篱及格栅				
	--其他：				
7616.9910	---工业用				
7616.9990	---其他				

第七十八章　铅及其制品

注释：

本章所用有关名词解释如下：

一、条、杆

轧、挤、拔或锻制的实心产品，非成卷的，其全长截面均为圆形、椭圆形、矩形（包括正方形）、等边三角形或规则外凸多边形（包括相对两边为弧拱形，另外两边为等长平行直线的“扁圆形”及“变形矩形”）。对于矩形（包括正方形）、三角形或多边形截面的产品，其全长边角可经磨圆。矩形（包括“变形矩形”）截面的产品，其厚度应大于宽度的1/10。所述条、杆也包括同样形状及尺寸的铸造或烧结产品。该产品在铸造或烧结后再经加工（简单剪修或去氧化皮的除外），但不具有其他税目所列制品或产品的特征。

二、型材及异型材

轧、挤、拔、锻制的产品或其他成型产品，不论是否成卷，其全长截面相同，但与条、杆、丝、板、片、带、箔、管的定义不相符合。同时也包括同样形状的铸造或烧结产品。该产品在铸造或烧结后再经加工（简单剪修或去氧化皮的除外），但不具有其他税目所列制品或产品的特征。

三、丝

盘卷的轧、挤或拔制实心产品，其全长截面均为圆形、椭圆形、矩形（包括正方形）、等边三角形或规则外凸多边形（包括相对两边为弧拱形，另外两边为等长平行直线的“扁圆形”及“变形矩形”）。对于矩形（包括正方形）、三角形或多边形截面的产品，其全长边角可经磨圆。矩形（包括“变形矩形”）截面的产品，其厚度应大于宽度的1/10。

四、板、片、带、箔

成卷或非成卷的平面产品（税目78.01的未锻轧产品除外），截面均为厚度相同的实心矩形（不包括正方形），不论边角是否磨圆（包括相对两边为弧拱形，另外两边为等长平行直线的“变形矩形”），并且符合以下规格：

（一）矩形（包括正方形）的，厚度不超过宽度的1/10；

（二）矩形或正方形以外形状的，任何尺寸，但不具有其他税目所列制品或产品的特征。

税目78.04还适用于具有花样（例如，凹槽、肋条形、格槽、珠粒及菱形）的板、片、带、箔，以及穿孔、抛光、涂层或制成瓦楞形的这类产品，但不具有其他税目所列制品或产品的特征。

五、管

全长截面及管壁厚度相同并只有一个闭合空间的实心产品，成卷或非成卷的，其截面为圆形、椭圆形、矩形（包括正方形）、等边三角形或规则外凸多边形。对于截面为矩形（包括正方形）、等边三角形或规则外凸多边形的产品，不论全长边角是否磨圆，只要其内外截面为同一圆心并为同样形状及同一轴向，也可视为管子。上述截面的管子可经抛光、涂层、弯曲、攻丝、钻孔、缩腰、胀口、成锥形或装法兰、颈圈或套环。

子目注释：

本章所称“精炼铅”，是指：

按重量计含铅量至少为99.9%的金属，但其他各种元素的含量不超过下表中规定的限量：

其他元素表

元素		所含重量百分比	元素		所含重量百分比
Ag	银	0.02	Fe	铁	0.002
As	砷	0.005	S	硫	0.002
Bi	铋	0.05	Sb	锑	0.005
Ca	钙	0.002	Sn	锡	0.005
Cd	镉	0.002	Zn	锌	0.002
Cu	铜	0.08	其他（例如碲）	每种	0.001

【要素释义】

归类要素

（一）“品名”是指货品的具体商业名称。

（二）材质：指商品的组成材料。例如，税目78.01货品填写“精炼铅”或“铅合金”。

（三）成分含量：指含有的物质种类及重量百分比含量。例如，税目78.01货品填写“铅及合金元素的含量”；税目78.02货品填写“铅的含量”。

（四）形状：指物体的外观或表现形态。例如，子目7806.001货品按“条、杆、型材、异型材、丝”来填写。

（五）加工方法：指物品在加工过程中经过的具体加工工艺。例如，税目78.01货品可填写“未锻轧”等。

（六）用途：指商品应用的方面、范围。例如，子目7806.009货品填写“工业用”或“非工业用”。

（七）状态：指商品呈现出的表观。

（八）来源：指商品的出处。例如，税目78.02货品填写“精炼铅”“铅合金的废碎料”等。

（九）种类：指铅制品所属类别。例如，子目7806.009货品填写“容器”“铅坠”等。

税则号列	商品名称	申报要素			说明举例
		归类要素	价格要素	其他要素	
78.01	**未锻轧铅：**	1.品名；2.形状（锭、块）；3.材质（精炼铅、铅合金）；4.加工方法（未锻轧）；5.成分含量（铅及合金元素的含量）			例：未锻轧精炼铅锭，含铅99.9%
7801.1000	-精炼铅				
	-其他：				
7801.9100	--按重量计所含其他元素是以锑为主的				
7801.9900	--其他				
78.02	**铅废碎料：**	1.品名；2.用途（供回收铅用）；3.材质（铅）；4.状态（废、碎）；5.来源（精炼铅、铅合金的废碎料）；6.成分含量（铅的含量）			例：铅废碎料（供回收铅用），含铅80%
7802.0000	铅废碎料				
78.04	**铅板、片、带、箔；铅粉及片状粉末：**	1.品名；2.形状（板、片、带、箔、粉末及片状粉末）；3.材质（铅）；4.规格（板、箔的厚度）；5.粒度			例：铅板，厚度1毫米
	-板、片、带、箔：				
7804.1100	--片、带及厚度（衬背除外）不超过0.2毫米的箔				
7804.1900	--其他				
7804.2000	-粉末及片状粉末				
78.06	**其他铅制品：**				
7806.0010	---铅条、杆、型材及异型材或丝	1.品名；2.形状（条、杆、型材、异型材、丝）；3.材质（铅）			

税则号列	商品名称	申报要素			说明举例
		归类要素	价格要素	其他要素	
7806.0090	---其他	1. 品名；2. 用途（工业用、非工业用）；3. 材质（铅）；4. 种类（容器、铅坠等）			

第七十九章　锌及其制品

注释：

本章所用名词解释如下：

一、条、杆

轧、挤、拔或锻制的实心产品，非成卷的，其全长截面均为圆形、椭圆形、矩形（包括正方形）、等边三角形或规则外凸多边形（包括相对两边弧拱形，另外两边为等长平行直线的“扁圆形”及“变形矩形”）。对于矩形（包括正方形）、三角形或多边形截面的产品，其全长边角可经磨圆。矩形（包括“变形矩形”）截面的产品，其厚度应大于宽度的 1/10。所述条、杆也包括同样形状及尺寸的铸造或烧结产品。该产品在铸造或烧结后再经加工（简单剪修或去氧化皮的除外），但不具有其他税目所列制品或产品的特征。

二、型材及异型材

轧、挤、拔、锻制的产品或其他成型产品，不论是否成卷，其全长截面相同，但与条、杆、丝、板、片、带、箔、管的定义不相符合。同时也包括同样形状的铸造或烧结产品。该产品在铸造或烧结后再经加工（简单剪修或去氧化皮的除外），但不具有其他税目所列制品或产品的特征。

三、丝

盘卷的轧、挤或拔制实心产品，其全长截面均为圆形、椭圆形、矩形（包括正方形）、等边三角形或规则外凸多边形（包括相对两边为弧拱形，另外两边为等长平行直线的“扁圆形”及“变形矩形”）。对于矩形（包括正方形）、三角形或多边形截面的产品，其全长边角可经磨圆。矩形（包括“变形矩形”）截面的产品，其厚度应大于宽度的 1/10。

四、板、片、带、箔

成卷或非成卷的平面产品（税目 79.01 的未锻轧产品除外），截面均为厚度相同的实心矩形（不包括正方形），不论边角是否磨圆（包括相对两边为弧拱形，另外两边为等长平行直线的“变形矩形”），并且符合以下规格：

（一）矩形（包括正方形）的，厚度不超过宽度的 1/10；

（二）矩形或正方形以外形状的，任何尺寸，但不具有其他税目所列制品或产品的特征。

税目 79.05 还适用于具有花样（例如，凹槽、肋条形、格槽、珠粒及菱形）的板、片、带、箔，以及穿孔、抛光、涂层或制成瓦楞形的这类产品，但不具有其他税目所列制品或产品的特征。

五、管

全长截面及管壁厚度相同并只有一个闭合空间的空心产品，成卷或非成卷的，其截面为圆形、椭圆形、矩形（包括正方形）、等边三角形或规则外凸多边形。对于截面为矩形（包括正方形）、等边三角形或规则外凸多边形的产品，不论全长边角是否磨圆，只要其内外截面为同一圆心并为同样形状及同一轴向，也可视为管子。上述截面的管子可经抛光、涂层、弯曲、攻丝、钻孔、缩腰、胀口、成锥形或装法兰、颈圈或套环。

子目注释：

本章所用有关名词解释如下：

一、非合金锌

按重量计含锌量至少为 97.5%的金属。

二、锌合金

按重量计含锌量大于其他元素单项含量的金属物质，但按重量计其他元素的总含量超过 2.5%。

三、锌末

冷凝锌雾所得的锌末。该产品由球形微粒组成，比锌粉更为精细，按重量计至少 80%的微粒可以通过孔径为 63 微米的筛子，而且必须含有按重量计至少为 85%的金属锌。

【要素释义】

一、归类要素

（一）“品名”是指货品的具体商业名称。

（二）材质：指商品的组成材料。例如，税目 79.01 货品填写“非合金锌”或“锌合金”。

（三）成分含量：指含有的物质种类及重量百分比含量。例如，税目 79.01 与 79.05 货品填写“锌及合金元素的含量”。

（四）形状：指物体的外观或表现形态。例如，税目 79.04 货品按“条、杆、型材、异型材、丝”来填写。

（五）加工方法：指物品在加工过程中经过的具体加工工艺。例如，税目 79.01 货品可填写“未锻轧”。

（六）用途：指商品应用的方面、范围。例如，税目79.02货品填写"供回收锌用"。

（七）来源：指商品的出处。例如，税目79.02货品填写"精炼锌、锌合金的废碎料"。

（八）种类：指锌制品所属类别。例如，税目79.07货品按"管、接头、肘管、管套"来填写。

二、价格要素

（一）品牌（中英文）：指制造商或经销商加在商品上的标志。实际只需要申报出名称即可，有外文品牌的以申报外文品牌名称为主。

（二）用途：该要素是税目79.05的价格要素，是指锌板、片、带、箔的实际用途。

（三）加工程度（经表面处理剂处理方法和所用材料）：该要素是税目79.05的价格要素，是指锌板、片、带、箔的表面经表面处理剂处理方法和所用材料的名称。例如，税目79.05用于屋面建筑材料的锌板的加工程度可填写"锌板表面用硝酸预钝化"。

税则号列	商品名称	申报要素			说明举例
		归类要素	价格要素	其他要素	
79.01	**未锻轧锌：**	1. 品名；2. 形状（锭、块）；3. 材质（非合金锌、锌合金）；4. 加工方法（未锻轧）；5. 成分含量（锌及合金元素的含量）			例：未锻轧非合金锌锭，含锌99.9%
	-非合金锌：				
	--按重量计含锌量在99.99%及以上：				
7901.1110	---按重量计含锌量在99.995%及以上				
7901.1190	---其他				
7901.1200	--按重量计含锌量低于99.99%				
7901.2000	-锌合金				
79.02	**锌废碎料：**	1. 品名；2. 用途（供回收锌用）；3. 状态（废、碎）；4. 来源（精炼锌、锌合金的废碎料）；5. 成分含量（锌的含量）			例：锌废碎料（供回收锌用），含锌80%
7902.0000	锌废碎料				
79.03	**锌末、锌粉及片状粉末：**	1. 品名；2. 用途（用作硬质合金的黏合剂）；3. 形状（片状粉末、非片状粉末）；4. 材质（锌）；5. 成分含量（锌的含量）；6. 粒度			例：非片状锌粉（用作硬质合金的黏合剂），含锌99.9%，颗粒直径600微米
7903.1000	-锌末				
7903.9000	-其他				
79.04	**锌条、杆、型材及异型材或丝：**	1. 品名；2. 形状（条、杆、型材、异型材、丝）；3. 材质（锌）			例：锌杆
7904.0000	锌条、杆、型材及异型材或丝				

税则号列	商品名称	申报要素			说明举例
		归类要素	价格要素	其他要素	
79.05	**锌板、片、带、箔：**	1. 品名；2. 形状（矩形等）；3. 材质（锌等）；4. 状态（板、片、带）；5. 成分含量（锌及合金元素的含量）；6. 规格（长×宽×厚）	7. 品牌（中英文）；8. 用途；9. 加工程度（是否经表面处理剂处理方法和所用材料）		
7905.0000	锌板、片、带、箔				
79.07	**其他锌制品：**	1. 品名；2. 用途；3. 材质（锌）；4. 种类（管、接头、肘管、管套等）			例：锌制容器（非工业用）
7907.0020	---锌管及锌制管子附件（例如，接头、肘管、管套）				
7907.0030	---电池壳体坯料（锌饼）				
7907.0090	---其他				

第八十章　锡及其制品

注释：

本章所用有关名词解释如下：

一、条、杆

轧、挤、拔或锻制的实心产品，非成卷的，其全长截面均为圆形、椭圆形、矩形（包括正方形）、等边三角形或规则外凸多边形（包括相对两边为弧拱形，另外两边为等长平行直线的“扁圆形”及“变形矩形”）。对于矩形（包括正方形）、三角形或多边形截面的产品，其全长边角可经磨圆。矩形（包括“变形矩形”）截面的产品，其厚度应大于宽度的1/10。所述条、杆也包括同样形状及尺寸的铸造或烧结产品。该产品在铸造或烧结后再经加工（简单剪修或去氧化皮的除外），但不具有其他税目所列制品或产品的特征。

二、型材及异型材

轧、挤、拔、锻制的产品或其他成型产品，不论是否成卷，其全长截面相同，但与条、杆、丝、板、片、带、箔、管的定义不相符合。同时也包括同样形状的铸造或烧结产品。该产品在铸造或烧结后再经加工（简单剪修或去氧化皮的除外），但不具有其他税目所列制品或产品的特征。

三、丝

盘卷的轧、挤或拔制实心产品，其全长截面均为圆形、椭圆形、矩形（包括正方形）、等边三角形或规则外凸多边形（包括相对两边为弧拱形，另外两边为等长平行直线的“扁圆形”及“变形矩形”）。对于矩形（包括正方形）、三角形或多边形截面的产品，其全长边角可经磨圆。矩形（包括“变形矩形”）截面的产品，其厚度应大于宽度的1/10。

四、板、片、带、箔

成卷或非成卷的平面产品（税目80.01的未锻轧产品除外），截面均为厚度相同的实心矩形（不包括正方形），不论边角是否磨圆（包括相对两边为弧拱形，另外两边为等长平行直线的“变形矩形”），并且符合以下规格：

（一）矩形（包括正方形）的，厚度不超过宽度的1/10；

（二）矩形或正方形以外形状的，任何尺寸，但不具有其他税目所列制品或产品的特征。

五、管

全长截面及管壁厚度相同并只有一个闭合空间的空心产品，成卷或非成卷的，其截面为圆形、椭圆形、矩形（包括正方形）、等边三角形或规则外凸多边形。对于截面为矩形（包括正方形）、等边三角形或规则外凸多边形的产品，不论全长边角是否磨圆，只要其内外截面为同一圆心并为同样形状及同一轴向，也可视为管子。上述截面的管子可经抛光、涂层、弯曲、攻丝、钻孔、缩腰、胀口、成锥形或装法兰、颈圈或套环。

子目注释：

本章所用有关名词解释如下：

一、非合金锡

按重量计含锡量至少为99%的金属，但含铋量或含铜量不超过下表中规定的限量：

其他元素表

元　　素	所含重量百分比
Bi　　铋	0.1
Cu　　铜	0.4

二、锡合金

按重量计含锡量大于其他元素单项含量的金属物质，但：

（一）按重量计其他元素的总含量超过1%；或

（二）按重量计含铋量或含铜量应等于或大于上表中规定的限量。

【要素释义】

归类要素

（一）材质：指商品的组成材料。例如，税目80.01货品填写“非合金锡”或“锡合金”。

（二）成分含量：指含有的物质种类及重量百分比含量。

（三）形状：指物体的外观或表现形态。例如，税目80.03货品按“条、杆、型材、异型材、丝”来填写。

（四）加工方法：指物品在加工过程中经过的具体加工工艺。例如，税目80.01货品填写“未锻轧”。

（五）用途：指商品应用的方面、范围。例如，税目80.02货品可填写“供回收锡用”。

（六）来源：指商品的出处。

（七）种类：指锡制品所属类别。例如，子目8007.004货品填写“接头”“肘管”“管套”等。

税则号列	商品名称	申报要素			说明举例
		归类要素	价格要素	其他要素	
80.01	**未锻轧锡：**	1. 品名；2. 形状（锭、块、粒）；3. 材质（非合金锡、锡合金）；4. 加工方法（未锻轧）；5. 成分含量（锡及合金元素的含量）			例：未锻轧非合金锡锭，含锡99.9%
8001.1000	-非合金锡				
	-锡合金：				
8001.2010	---锡基巴毕脱合金				
	---焊锡：				
8001.2021	----按重量计含铅量在0.1%以下的				
8001.2029	----其他				
8001.2090	---其他				
80.02	**锡废碎料：**	1. 品名；2. 用途（供回收锡用）；3. 状态（废、碎）；4. 来源（非合金锡、锡合金的废碎料）；5. 成分含量（锡的含量）			例：锡废碎料（供回收锡用），含锡80%
8002.0000	锡废碎料				
80.03	**锡条、杆、型材及异型材或丝：**	1. 品名；2. 形状（条、杆、型材、异型材、丝）；3. 材质（锡）；4. 状态（是否带焊剂）			例：锡杆
8003.0000	锡条、杆、型材及异型材或丝				
80.07	**其他锡制品：**				
8007.0020	---锡板、片及带，厚度超过0.2毫米	1. 品名；2. 形状（板、片、带）；3. 规格（长、宽、厚）；4. 材质（锡）；5. 状态（有无衬背、衬背材料）			例：锡制牙膏软管（非工业用）
8007.0030	---锡箔（不论是否印花或用纸、纸板、塑料或类似材料衬背），厚度（衬背除外）不超过0.2毫米；锡粉及片状粉末	1. 品名；2. 形状（箔、粉末）；3. 材质（锡）；4. 状态（有无衬背、衬背材料）；5. 规格（锡箔长×宽×厚、粉末粒度）			

税则号列	商品名称	申报要素			说明举例
		归类要素	价格要素	其他要素	
8007.0040	---锡管及管子附件（例如，接头、肘管、管套）	1. 品名；2. 材质（锡）；3. 种类（接头、肘管、管套等）			
8007.0090	---其他	1. 品名；2. 材质（锡）；3. 种类			

第八十一章　其他贱金属、金属陶瓷及其制品

子目注释：

第七十四章注释中有关“条、杆”“型材及异型材”“丝”及“板、片、带、箔”的规定也适用于本章。

【要素释义】

一、归类要素

（一）“品名”是指货品的具体商业名称。

（二）材质：指商品的组成材料。例如，税目 81.01 货品填写“钨”；税目 81.02 货品填写“钼”；税目 81.03 货品填写“钽”；税目 81.04 货品填写“镁”。

（三）成分含量：指含有的物质种类及重量百分比含量。例如，税目 81.01 货品填写“钨的含量”。

（四）形状：指物体的外观或表现形态。例如，税目 81.01 货品按“粉末、条、杆、丝”来填写。

（五）加工方法：指物品在加工过程中经过的具体加工工艺。例如，子目 8101.94 货品可填写“未锻轧”；子目 8101.99 货品可填写“锻轧”。

（六）用途：指商品应用的方面、范围。例如，子目 8101.97 货品可填写“供回收钨用”。

（七）来源：指商品的出处。例如，子目 8102.97 货品可填写“冶炼废碎料”。

二、价格要素

（一）每个重量：该要素是子目 8101.991 钨的条、杆的价格要素，指每个条或者杆的重量，用“千克”表示。

（二）圆柱形请注明是否空心、内径：该要素是子目 8101.991 钨的条、杆的价格要素，指空心圆柱形的条或杆，需注明内径大小，用“厘米”或者“毫米”表示。

税则号列	商品名称	申报要素			说明举例
		归类要素	价格要素	其他要素	
81.01	**钨及其制品，包括废碎料：**				例：未锻轧钨锭，含钨 99.9%
8101.1000	-粉末	1. 品名；2. 形状（粉末）；3. 材质（钨）；4. 成分含量（钨的含量）；5. 粒度；6. 粉末请注明细度			
	-其他：				
8101.9400	--未锻轧钨，包括简单烧结而成的条、杆	1. 品名；2. 形状（条、杆等）；3. 材质（钨）；4. 加工方法（未锻轧、简单烧结等）			
8101.9600	--丝	1. 品名；2. 形状（丝）；3. 材质（钨）			
8101.9700	--废碎料	1. 品名；2. 用途（供回收钨用）；3. 材质（钨）；4. 状态（废、碎）；5. 来源			
	--其他：	1. 品名；2. 形状（条、杆、型材、异型材、板、片、带、箔）；3. 材质（钨、钨合金）；4. 加工方法（锻轧）；5. 用途；6. 成分含量	7. 每个重量；8. 圆柱形请注明是否空心、内径		

税则号列	商品名称	申报要素			说明举例
		归类要素	价格要素	其他要素	
8101.9910	---条、杆，但简单烧结而成的除外；型材及异型材，板、片、带、箔				
8101.9990	---其他				
81.02	**钼及其制品，包括废碎料：**				例：未锻轧钼锭，含钼99.9%
8102.1000	-粉末	1. 品名；2. 形状（粉末）；3. 材质（钼）；4. 粉末请注明细度			
	-其他：				
8102.9400	--未锻轧钼，包括简单烧结而成的条、杆	1. 品名；2. 形状（条、杆）；3. 材质（钼）；4. 加工方法（未锻轧、简单烧结等）			
8102.9500	--条、杆，但简单烧结而成的除外；型材及异型材，板、片、带、箔	1. 品名；2. 形状（条、杆、型材、异型材、板、片、带、箔）；3. 材质（钼、钼合金）；4. 加工方法（锻轧）			
8102.9600	--丝	1. 品名；2. 形状（丝）；3. 材质（钼）			
8102.9700	--废碎料	1. 品名；2. 用途（供回收钼用）；3. 材质（钼）；4. 来源			
8102.9900	--其他	1. 品名；2. 材质（钼）；3. 种类			
81.03	**钽及其制品，包括废碎料：**				
	-未锻轧钽，包括简单烧结而成的条、杆；粉末：	1. 品名；2. 形状（粉末、条、杆、型材、异型材、板、片、带、箔）；3. 材质（钽、钽合金）；4. 加工方法（锻轧、未锻轧、简单烧结等）；5. 状态（废、碎）；6. 成分含量（钽的含量）；7. 粉末需申报松装密度			
	---钽粉：				
8103.2011	----松装密度小于2.2克/立方厘米的				
8103.2019	----其他				
8103.2090	---其他				

税则号列	商品名称	申报要素			说明举例
		归类要素	价格要素	其他要素	
8103.3000	-废碎料	1. 品名；2. 形状（粉末、条、杆、型材、异型材、板、片、带、箔）；3. 材质（钽、钽合金）；4. 加工方法（锻轧、未锻轧、简单烧结等）；5. 状态（废、碎）；6. 成分含量（钽的含量）			
	-其他：	1. 品名；2. 形状（粉末、条、杆、型材、异型材、板、片、带、箔）；3. 材质（钽、钽合金）；4. 加工方法（锻轧、未锻轧、简单烧结等）；5. 状态（废、碎）；6. 成分含量（钽的含量）；7. 丝需申报直径			
	---钽丝：				
8103.9011	----直径小于0.5毫米				
8103.9019	----其他				
8103.9090	---其他				
81.04	**镁及其制品，包括废碎料：**				
	-未锻轧镁：	1. 品名；2. 材质（镁）；3. 加工方法（未锻轧）；4. 成分含量（镁的含量）；5. 粉末粒度			例：未锻轧镁锭，含镁99.9%
8104.1100	--按重量计含镁量至少为99.8%				
8104.1900	--其他				
8104.2000	-废碎料	1. 品名；2. 用途（供回收镁用）；3. 状态（废、碎）；4. 来源			
8104.3000	-锉屑、车屑及颗粒，已按规格分级的；粉末	1. 品名；2. 形状（粉末等）；3. 材质（镁）；4. 来源（锉屑、车屑等）；5. 成分含量（镁的含量）；6. 粒度			
	-其他：	1. 品名；2. 材质（镁）；3. 加工方法（锻轧等）			
8104.9010	---锻轧镁				
8104.9020	---镁制品				

税则号列	商品名称	申报要素			说明举例
		归类要素	价格要素	其他要素	
81.05	**钴锍及其他冶炼钴时所得的中间产品；钴及其制品，包括废碎料：**	1. 品名；2. 形状（粉末、条、杆、型材、异型材、板、片、带、箔）；3. 材质（钴、钴合金、钴锍）；4. 加工方法（锻轧、未锻轧）；5. 状态（废、碎）；6. 成分含量（以干基钴为标准）；7. 粉末粒度			例：未锻轧钴锭，含钴99.9%
	-钴锍及其他冶炼钴时所得中间产品；未锻轧钴；粉末：				
8105.2010	---钴湿法冶炼中间品				
8105.2020	---未锻轧钴				
8105.2090	---其他				
8105.3000	-废碎料				
8105.9000	-其他				
81.06	**铋及其制品，包括废碎料：**	1. 品名；2. 形状（粉末、条、杆、型材、异型材、板、片、带、箔）；3. 材质（铋、铋合金）；4. 加工方法（锻轧、未锻轧）；5. 状态（废、碎）；6. 成分含量（铋的含量）			例：未锻轧铋锭，含铋99.9%
8106.0010	---未锻轧铋；废碎料；粉末				
8106.0090	---其他				
81.07	**镉及其制品，包括废碎料：**	1. 品名；2. 形状（粉末、条、杆、型材、异型材、板、片、带、箔）；3. 材质（镉、镉合金）；4. 加工方法（锻轧、未锻轧）；5. 状态（废、碎）			例：未锻轧镉锭，含镉99.9%
8107.2000	-未锻轧镉；粉末				
8107.3000	-废碎料				
8107.9000	-其他				
81.08	**钛及其制品，包括废碎料：**				
	-未锻轧钛；粉末：	1. 品名；2. 形状（粉末、杆等）；3. 材质（钛）；4. 加工方法（未锻轧）；5. 成分含量（钛的含量）；6. 粉末粒度			例：未锻轧钛锭，含钛99.9%
	---未锻轧钛：				

税则号列	商品名称	申报要素			说明举例
		归类要素	价格要素	其他要素	
8108.2021	----海绵钛				
8108.2029	----其他				
8108.2030	---粉末				
8108.3000	-废碎料	1. 品名；2. 用途（供回收钛用）；3. 状态（废、碎）；4. 来源			
	-其他：	1. 品名；2. 形状（条、杆、型材、异型材、板、片、带、箔等）；3. 材质（钛）；4. 种类；5. 加工方法（未锻轧）；6. 板、片、带、箔的厚度			
8108.9010	---条、杆、型材及异型材				
8108.9020	---丝				
	---板、片、带、箔：				
8108.9031	----厚度不超过0.8毫米				
8108.9032	----厚度超过0.8毫米				
8108.9040	---管				
8108.9090	---其他				
81.09	**锆及其制品，包括废碎料：**	1. 品名；2. 形状（粉末、条、杆、型材、异型材、板、片、带、箔）；3. 材质（锆、锆合金）；4. 加工方法（未锻轧等）；5. 状态（废、碎）；6. 成分含量（锆的含量）；7. 粉末粒度			粉末须申报细度。例：未锻轧锆锭，含锆99.9%
8109.2000	-未锻轧锆；粉末				
8109.3000	-废碎料				
8109.9000	-其他				
81.10	**锑及其制品，包括废碎料：**	1. 品名；2. 形状（粉末、条、杆、型材、异型材、板、片、带、箔）；3. 材质（锑、锑合金）；4. 加工方法（未锻轧等）；5. 状态（废、碎）；6. 成分含量（锑的含量）；7. 粉末粒度			例：未锻轧锑锭，含锑99.9%
	-未锻轧锑；粉末：				
8110.1010	---未锻轧锑				
8110.1020	---粉末				

税则号列	商品名称	申报要素			说明举例
		归类要素	价格要素	其他要素	
8110.2000	-废碎料				
8110.9000	-其他				
81.11	**锰及其制品，包括废碎料：**	1. 品名；2. 形状（粉末、条、杆、型材、异型材、板、片、带、箔）；3. 材质（锰、锰合金）；4. 加工方法（未锻轧、锻压、模压等）；5. 状态（废、碎）；6. 成分含量（锰的含量）；7. 粉末粒度			
8111.0010	---未锻轧锰；废碎料；粉末				
8111.0090	---其他				
81.12	**铍、铬、锗、钒、镓、铪、铟、铼、铌、铊及其制品，包括废碎料：**	1. 品名；2. 形状（粉末、条、杆、型材、异型材、板、片、带、箔）；3. 材质（铍、铬等贱金属及其合金）；4. 加工方法（未锻轧等）；5. 状态（废、碎）；6. 成分含量；7. 粉末粒度			
	-铍：				
8112.1200	--未锻轧铍；粉末				
8112.1300	--废碎料				
8112.1900	--其他				
	-铬：				
8112.2100	--未锻轧铬；粉末				
8112.2200	--废碎料				
8112.2900	--其他				
	-铊：				
8112.5100	--未锻轧铊；粉末				
8112.5200	--废碎料				
8112.5900	--其他				
	-其他：				
	--未锻轧；废碎料；粉末：				
8112.9210	---锗				
8112.9220	---钒				
8112.9230	---铟				
8112.9240	---铌				
8112.9290	---其他				
	--其他：				
8112.9910	---锗				

税则号列	商 品 名 称	申报要素			说 明 举 例
		归类要素	价格要素	其他要素	
8112.9920	---钒				
8112.9930	---铟				
8112.9940	---铌				
8112.9990	---其他				
81.13	**金属陶瓷及其制品，包括废碎料：**	1. 品名；2. 材质（金属陶瓷）；3. 状态（废、碎）			例：金属陶瓷制防热套
8113.0010	---颗粒；粉末				
8113.0090	---其他				

第八十二章 贱金属工具、器具、利口器、餐匙、餐叉及其零件

注释：

一、除喷灯、轻便锻炉、带支架的砂轮、修指甲和修脚用器具及税目 82.09 的货品外，本章仅包括带有用下列材料制成的刀片、工作刃、工作面或其他工作部件的物品：

（一）贱金属；

（二）硬质合金或金属陶瓷；

（三）装于贱金属、硬质合金或金属陶瓷底座上的宝石或半宝石（天然、合成或再造）；或

（四）附于贱金属底座上的磨料，当附上磨料后，所具有的切齿、沟、槽或类似结构仍保持其特性及功能。

二、本章所列物品的贱金属零件，应与该制品归入同一税目，但具体列名的零件及手工工具的工具夹具（税目 84.66）除外。第十五类注释二所述的通用零件，均不归入本章。

电动剃须刀及电动毛发推剪的刀头、刀片应归入税目 85.10。

三、由税目 82.11 的一把或多把刀具与税目 82.15 至少数量相同的物品构成的成套货品应归入税目 82.15。

【要素释义】

一、归类要素

（一）“品名”是指货品的具体商业名称。

（二）“加工方法”是指货品在出入境前的加工工艺或制造方法。

（三）“形状”是指货品按《税则》中的形状定义描述所确定的外观形状。

（四）用途：指商品应用的方面、范围。例如，税目 82.02 货品可填写“加工金属用”；税目 82.10 货品可填写“加工食品用”；税目 82.15 货品可填写“餐桌用”“厨房用”等。

（五）材质：指商品的组成材料。例如，税目 82.09 货品可填写“金属陶瓷制”。

（六）种类：指贱金属制品所属类别。例如税目 82.02 项下的货品填写“手工锯”“带锯片”“圆锯片”“直锯片”等。

二、价格要素

品牌：指制造商或经销商加在商品上的标志。实际只需要申报出名称即可，有外文品牌的以申报外文品牌名称为主。

税则号列	商品名称	申报要素			说明举例
		归类要素	价格要素	其他要素	
82.01	**锹、铲、镐、锄、叉及耙；斧子、钩刀及类似砍伐工具；各种修枝用剪刀；镰刀、秣刀、树篱剪、伐木楔子及其他农业、园艺或林业用手工工具：**	1. 品名；2. 用途（砍伐用、修枝用等）；3. 材质（合金钢制等）；4. 种类（锹、铲、剪等）；5. 式样（单手操作等）	6. 品牌		
8201.1000	-锹及铲				
8201.3000	-镐、锄及耙				
8201.4000	-斧子、钩刀及类似砍伐工具				
8201.5000	-修枝剪及类似的单手操作剪刀（包括家禽剪）				
8201.6000	-树篱剪、双手修枝剪及类似的双手操作剪刀				
	-用于农业、园艺或林业的其他手工工具：				
8201.9010	---叉				
8201.9090	---其他				

税则号列	商品名称	申报要素			说明举例
		归类要素	价格要素	其他要素	
82.02	**手工锯；各种锯的锯片（包括切条、切槽或无齿锯片）：**	1. 品名；2. 用途（加工金属用等）；3. 材质（合金钢制等）；4. 种类（手工锯、带锯片、圆锯片、直锯片等）；5. 圆锯片带有钢制、金刚石制、氮化硼制工作部件请注明	6. 品牌		
8202.1000	-手工锯				
	-带锯片：				
8202.2010	---双金属带锯条				
8202.2090	---其他				
	-圆锯片（包括切条或切槽锯片）：				
8202.3100	--带有钢制工作部件				
	--其他，包括部件：				
8202.3910	---带有天然或合成金刚石、立方氮化硼制的工作部件：				
8202.3990	---其他				
8202.4000	-链锯片				
	-其他锯片：				
	--直锯片，加工金属用：				
8202.9110	---机械锯用				
8202.9190	---其他				
	--其他：				
8202.9910	---机械锯用				
8202.9990	---其他				
82.03	**钢锉、木锉、钳子（包括剪钳）、镊子、白铁剪、切管器、螺栓切头器、打孔冲子及类似手工工具：**	1. 品名；2. 用途（锉木材用等）；3. 材质（合金钢制等）；4. 种类（锉、钳子、镊子等）	5. 品牌		
8203.1000	-钢锉、木锉及类似工具				
8203.2000	-钳子（包括剪钳）、镊子及类似工具				
8203.3000	-白铁剪及类似工具				
8203.4000	-切管器、螺栓切头器、打孔冲子及类似工具				
82.04	**手动扳手及扳钳（包括转矩扳手，但不包括丝锥扳手）；可互换的扳手套筒，不论是否带手柄：**				

税则号列	商 品 名 称	申报要素			说 明 举 例
		归类要素	价格要素	其他要素	
	-手动扳手及扳钳：	1. 品名；2. 材质（合金钢制等）；3. 种类（扳手、扳钳、扳手套筒等）；4. 式样（固定的、可调的）	5. 品牌		
8204.1100	--固定的				
8204.1200	--可调的				
8204.2000	-可互换的扳手套筒，不论是否带手柄	1. 品名；2. 材质（合金钢制等）；3. 种类（扳手、扳钳、扳手套筒等）	4. 品牌		
82.05	**其他税号未列名的手工工具（包括玻璃刀）；喷灯；台钳、夹钳及类似品，但作为机床或水射流切割机附件或零件的除外；砧；轻便锻炉；带支架的手摇或脚踏砂轮：**	1. 品名；2. 用途（家用等）；3. 材质（合金钢制等）；4. 种类（锤子、螺丝刀等）；5. 是否成套	6. 品牌		
8205.1000	-钻孔或攻丝工具				
8205.2000	-锤子				
8205.3000	-木工用刨子、凿子及类似切削工具				
8205.4000	-螺丝刀				
	-其他手工工具（包括玻璃刀）：				
8205.5100	--家用工具				
8205.5900	--其他				
8205.6000	-喷灯				
8205.7000	-台钳、夹钳及类似品				
8205.9000	-其他，包括由本税目项下两个或多个子目所列物品组成的成套货品				
82.06	**由税目 82.02 至 82.05 中两个或多个税目所列工具组成的零售包装成套货品：**	1. 品名；2. 材质（合金钢制等）；3. 包含的种类（扳手、钳子、螺丝刀等）；4. 是否零售包装成套	5. 品牌		
8206.0000	由税目 82.02 至 82.05 中两个或多个税目所列工具组成的零售包装成套货品				

税则号列	商品名称	申报要素			说明举例
		归类要素	价格要素	其他要素	
82.07	**手工工具（不论是否有动力装置）及机床（例如，锻压、冲压、攻丝、钻孔、镗孔、铰孔及铣削、车削或上螺丝用的机器）的可互换工具，包括金属拉拔或挤压用模及凿岩或钻探工具：**	1. 品名；2. 用途（钻探、铣削、锻压、镗孔用等）；3. 材质（合金钢制等）；4. 种类（锻模、铣刀等）；5. 是否带工作部件，若带有请注明材质（金属陶瓷、金刚石等）	6. 品牌；7. 型号		
	-凿岩或钻探工具：				
8207.1300	--带有金属陶瓷制的工作部件				
	--其他，包括部件：				
8207.1910	---带有天然或合成金刚石、立方氮化硼制的工作部件				
8207.1990	---其他				
	-金属拉拔或挤压用模：				
8207.2010	---带有天然或合成金刚石、立方氮化硼制的工作部件				
8207.2090	---其他				
8207.3000	-锻压或冲压工具				
8207.4000	-攻丝工具				
	-钻孔工具，但凿岩及钻探用的除外：				
8207.5010	---带有天然或合成金刚石、立方氮化硼制的工作部件				
8207.5090	---其他				
	-镗孔或铰孔工具：				
8207.6010	---带有天然或合成金刚石、立方氮化硼制的工作部件				
8207.6090	---其他				
	-铣削工具：				
8207.7010	---带有天然或合成金刚石、立方氮化硼制的工作部件				
8207.7090	---其他				
	-车削工具：				
8207.8010	---带有天然或合成金刚石、立方氮化硼制的工作部件				
8207.8090	---其他				
	-其他可互换工具：				
8207.9010	---带有天然或合成金刚石、立方氮化硼制的工作部件				
8207.9090	---其他				

税则号列	商品名称	申报要素			说明举例
		归类要素	价格要素	其他要素	
82.08	**机器或机械器具的刀及刀片：**	1. 品名；2. 用途（金属加工用、木器加工用等）；3. 材质（不锈钢制等）；4. 种类（机器用刀片等）；5. 金属加工用的需要申报是否经镀层或涂层	6. 品牌		
	-金属加工用：				
	---硬质合金制的：				
8208.1011	----经镀或涂层的				
8208.1019	----其他				
8208.1090	---其他				
8208.2000	-木器加工用				
8208.3000	-厨房器具或食品工业机器用				
8208.4000	-农业、园艺或林业机器用				
8208.9000	-其他				
82.09	**未装配的工具用金属陶瓷板、杆、刀头及类似品：**				
8209.0010	---板	1. 品名；2. 用途（工具用）；3. 材质（金属陶瓷制）；4. 种类（板、杆、刀头等）；5. 是否装配	6. 品牌		
	---条、杆：				
8209.0021	----晶粒度小于 0.8 微米的	1. 品名；2. 用途（工具用）；3. 材质（金属陶瓷制）；4. 种类（板、杆、刀头等）；5. 是否装配；6. 晶粒度	7. 品牌		
8209.0029	----其他	1. 品名；2. 用途（工具用）；3. 材质（金属陶瓷制）；4. 种类（板、杆、刀头等）；5. 是否装配	6. 品牌		
8209.0030	---刀头	1. 品名；2. 用途（工具用）；3. 材质（金属陶瓷制）；4. 种类（板、杆、刀头等）；5. 是否装配	6. 品牌		
8209.0090	---其他	1. 品名；2. 用途（工具用）；3. 材质（金属陶瓷制）；4. 种类（板、杆、刀头等）；5. 是否装配	6. 品牌		

税则号列	商品名称	申报要素			说明举例
		归类要素	价格要素	其他要素	
82.10	**用于加工或调制食品或饮料的手动机械器具，重量不超过10千克：**	1. 品名；2. 用途（加工食品用等）；3. 材质（不锈钢制等）；4. 种类（绞肉机、榨汁机等）；5. 原理（手动）；6. 单件重量	7. 品牌		
8210.0000	用于加工或调制食品或饮料的手动机械器具，重量不超过10千克				
82.11	**有刃口的刀及其刀片，不论是否有锯齿（包括整枝刀），但税目82.08的刀除外：**	1. 品名；2. 材质（不锈钢制等）；3. 种类（餐刀、折叠刀等）；4. 式样（刃面固定、可换刃面）；5. 是否成套	6. 品牌		
8211.1000	-成套货品				
	-其他：				
8211.9100	--刃面固定的餐刀				
8211.9200	--刃面固定的其他刀				
8211.9300	--可换刃面的刀				
8211.9400	--刀片				
8211.9500	--贱金属制的刀柄				
82.12	**剃刀及其刀片（包括未分开的刀片条）：**	1. 品名；2. 材质（不锈钢制等）；3. 种类（剃刀、安全刀片等）	4. 品牌		
8212.1000	-剃刀				
8212.2000	-安全刀片，包括未分开的刀片条				
8212.9000	-其他零件				
82.13	**剪刀、裁缝剪刀及类似品、剪刀片：**	1. 品名；2. 用途（裁缝用等）；3. 材质（不锈钢制等）；4. 种类（剪刀、剪刀片等）	5. 品牌		
8213.0000	剪刀、裁缝剪刀及类似品、剪刀片				
82.14	**其他利口器（例如，理发推剪、屠刀、砍骨刀、切肉刀、切菜刀、裁纸刀）；修指甲及修脚用具（包括指甲锉）：**	1. 品名；2. 材质（不锈钢制等）；3. 种类（裁纸刀、指甲锉、手动理发推剪、切菜刀等）	4. 品牌		
8214.1000	-裁纸刀、开信刀、改错刀、铅笔刀及其刀片				
8214.2000	-修指甲及修脚用具（包括指甲锉）				
8214.9000	-其他				

税则号列	商品名称	申报要素			说明举例
		归类要素	价格要素	其他要素	
82.15	**餐匙、餐叉、长柄勺、漏勺、糕点夹、鱼刀、黄油刀、糖块夹及类似的厨房或餐桌用具：**	1. 品名；2. 用途（餐桌、厨房用）；3. 材质（不锈钢制等）；4. 种类（餐叉、漏勺等）；5. 是否镀贵金属；6. 是否成套	7. 品牌		
8215.1000	-成套货品，至少其中一件物品是镀贵金属的				
8215.2000	-其他成套货品				
	-其他：				
8215.9100	--镀贵金属的				
8215.9900	--其他				

第八十三章　贱金属杂项制品

注释：

一、在本章，贱金属零件应与制品一同归类。但税目73.12、73.15、73.17、73.18及73.20的钢铁制品或其他贱金属（第七十四章至第七十六章及第七十八章至第八十一章）制的类似物品不应视为本章制品的零件。

二、税目83.02所称“脚轮”，是指直径（对于有胎的，连胎计算在内，下同）不超过75毫米的或直径虽超过75毫米，但所装轮或胎的宽度必须小于30毫米的脚轮。

【要素释义】

一、归类要素

（一）“用途”是指货品在出入境后的应用场合或下游产品。

（二）“加工方法”是指货品在出入境前的加工工艺或制造方法。

（三）“形状”是指货品按《税则》中的形状定义描述所确定的外观形状。

（四）用途：指商品应用的方面、范围。例如，税目83.01货品填写“机动车用”“家具用”等。

（五）材质：指商品的组成材料。例如，税目83.01至税目83.06、税目83.08、税目83.09货品可填写“不锈钢制”等。

（六）种类：指贱金属制品所属类别。例如，税目83.01货品可填写“钥匙锁”“数码锁”“电动锁”“钥匙”等。

二、价格要素

品牌：指制造商或经销商加在商品上的标志。实际只需要申报出名称即可，有外文品牌的以申报外文品牌名称为主。

税则号列	商品名称	申报要素			说明举例
		归类要素	价格要素	其他要素	
83.01	**贱金属制的锁（钥匙锁、数码锁及电动锁）；贱金属制带锁的扣环及扣环框架；上述锁的贱金属制钥匙：**	1. 品名；2. 用途（机动车用、家具用等）；3. 材质（不锈钢制等）；4. 种类（钥匙锁、数码锁、电动锁、钥匙等）	5. 品牌		
8301.1000	-挂锁				
	-机动车用锁：				
8301.2010	---中央控制门锁				
8301.2090	---其他				
8301.3000	-家具用锁				
8301.4000	-其他锁				
8301.5000	-带锁的扣环及扣环框架				
8301.6000	-零件				
8301.7000	-钥匙				
83.02	**用于家具、门窗、楼梯、百叶窗、车厢、鞍具、衣箱、盒子及类似品的贱金属附件及架座；贱金属制帽架、帽钩、托架及类似品；用贱金属做支架的小脚轮；贱金属制的自动闭门器：**				

税则号列	商品名称	申报要素			说明举例
		归类要素	价格要素	其他要素	
8302.1000	-铰链（折叶）	1. 品名；2. 用途（机动车用、家具用等）；3. 材质（不锈钢制等）	4. 品牌		
8302.2000	-小脚轮	1. 品名；2. 用途（机动车用、家具用等）；3. 材质（不锈钢制等）；4. 直径；5. 所装轮或胎的宽度	6. 品牌		
8302.3000	-机动车辆用的其他附件及架座	1. 品名；2. 用途（机动车用、家具用等）；3. 材质（不锈钢制等）	4. 品牌		
	-其他附件及架座：	1. 品名；2. 用途（机动车用、家具用等）；3. 材质（不锈钢制等）	4. 品牌		
8302.4100	--建筑用				
8302.4200	--其他，家具用				
8302.4900	--其他				
8302.5000	-帽架、帽钩、托架及类似品	1. 品名；2. 用途（机动车用、家具用等）；3. 材质（不锈钢制等）	4. 品牌		
8302.6000	-自动闭门器	1. 品名；2. 用途（机动车用、家具用等）；3. 材质（不锈钢制等）	4. 品牌		
83.03	**装甲或加强的贱金属制保险箱、保险柜及保险库的门和带锁保险储存橱、钱箱、契约箱及类似品：**	1. 品名；2. 材质（不锈钢制等）；3. 种类（保险箱、保险柜、保险库的门等）	4. 品牌		
8303.0000	装甲或加强的贱金属制保险箱、保险柜及保险库的门和带锁保险储存橱、钱箱、契约箱及类似品				
83.04	**贱金属制的档案柜、卡片索引柜、文件盘、文件篮、笔盘、公章架及类似的办公用具，但税目 94.03 的办公室家具除外：**	1. 品名；2. 用途（办公室用）；3. 材质（不锈钢制等）；4. 种类（档案柜、卡片索引柜、文件盘等）；5. 式样（非落地）	6. 品牌		
8304.0000	贱金属制的档案柜、卡片索引柜、文件盘、文件篮、笔盘、公章架及类似的办公用具，但税目 94.03 的办公室家具除外				

税则号列	商品名称	申报要素			说明举例
		归类要素	价格要素	其他要素	
83.05	**活页夹、卷宗夹的贱金属附件，贱金属制的信夹、信角、文件夹、索引标签及类似的办公用品；贱金属制的成条订书钉（例如，供办公室、室内装饰或包装用）：**	1. 品名；2. 用途（办公室用、室内装饰或包装用）；3. 材质（不锈钢制等）；4. 种类（活页夹、宗卷夹、成条订书钉等）	5. 品牌		
8305.1000	-活页夹或卷宗夹的附件				
8305.2000	-成条订书钉				
8305.9000	-其他，包括零件				
83.06	**非电动的贱金属铃、钟、锣及类似品；贱金属雕塑像及其他装饰品；贱金属相框或画框及类似框架；贱金属镜子：**	1. 品名；2. 材质（不锈钢制等）；3. 种类（铃、钟、锣、雕塑像、相框、画框等）；4. 是否镀贵金属；5. 铃、钟、锣请注明非电动	6. 品牌		
8306.1000	-铃、钟、锣及类似品				
	-雕塑像及其他装饰品：				
8306.2100	--镀贵金属的				
	--其他：				
8306.2910	---景泰蓝的				
8306.2990	---其他				
8306.3000	-相框、画框及类似框架；镜子				
83.07	**贱金属软管，不论是否有附件：**	1. 品名；2. 材质（钢铁制、其他贱金属制）；3. 种类（软管）	4. 品牌		
8307.1000	-钢铁制				
8307.9000	-其他贱金属制				
83.08	**贱金属制的扣、钩、环、眼及类似品，用于衣着或衣着附件、鞋靴、珠宝首饰、手表、书籍、天篷、皮革制品、旅行用品或马具或其他制成品；贱金属制的管形铆钉及开口铆钉；贱金属制的珠子及亮晶片：**	1. 品名；2. 用途（用于衣服、提包上等）；3. 材质（不锈钢制等）；4. 种类（扣、钩、环、铆钉等）	5. 品牌		
8308.1000	-钩、环及眼				
8308.2000	-管形铆钉及开口铆钉				
8308.9000	-其他，包括零件				
83.09	**贱金属制的塞子、盖子（包括冠形瓶塞、螺口盖及倒水塞）、瓶帽、螺口塞、塞子帽、封志及其他包装用附件：**	1. 品名；2. 形状（冠形、圆形等）；3. 材质（不锈钢制等）；4. 种类（塞子、盖子等）	5. 品牌		
8309.1000	-冠形瓶塞				

税则号列	商品名称	申报要素			说明举例
		归类要素	价格要素	其他要素	
8309.9000	-其他				
83.10	**贱金属制的标志牌、铭牌、地名牌及类似品，号码、字母及类似标志，但税目94.05的货品除外：**	1.品名；2.用途（汽车用等）；3.材质（不锈钢制、贱金属种类等）；4.种类（标志、铭牌等）	5.品牌		
8310.0000	贱金属制的标志牌、铭牌、地名牌及类似品，号码、字母及类似标志，但税目94.05的货品除外				
83.11	**贱金属或硬质合金制的丝、条、管、板、电极及类似品，以焊剂涂面或以焊剂为芯，用于焊接或沉积金属、硬质合金；贱金属粉黏聚而成的丝或条，供金属喷镀用：**	1.品名；2.用途（电弧焊用、气焊用、钎焊用等）；3.材质（贱金属、硬质合金制）；4.种类（电极、焊条、焊丝等）；5.状态（以焊剂涂面、以焊剂为芯）	6.品牌		
8311.1000	-以焊剂涂面的贱金属制电极，电弧焊用				
8311.2000	-以焊剂为芯的贱金属制焊丝，电弧焊用				
8311.3000	-以焊剂涂面或以焊剂为芯的贱金属条或丝，钎焊或气焊用				
8311.9000	-其他				

第十六类　机器、机械器具、电气设备及其零件；录音机及放声机、电视图像、声音的录制和重放设备及其零件、附件

注释：

一、本类不包括：

（一）第三十九章的塑料或税目 40.10 的硫化橡胶制的传动带、输送带；除硬质橡胶以外的硫化橡胶制的机器、机械器具、电气器具或其他专门技术用途的物品（税目 40.16）；

（二）机器、机械器具或其他专门技术用途的皮革、再生皮革（税目 42.05）或毛皮（税目 43.03）的制品；

（三）各种材料（例如，第三十九章、第四十章、第四十四章、第四十八章及第十五类的材料）制的筒管、卷轴、纡子、锥形筒管、芯子、线轴及类似品；

（四）提花机及类似机器用的穿孔卡片（例如，归入第三十九章、第四十八章或第十五类的）；

（五）纺织材料制的传动带、输送带及其带料（税目 59.10）或专门技术用途的其他纺织材料制品（税目 59.11）；

（六）税目 71.02 至 71.04 的宝石或半宝石（天然、合成或再造）或税目 71.16 的完全以宝石或半宝石制成的物品，但已加工未装配的唱针用蓝宝石和钻石除外（税目 85.22）；

（七）第十五类注释二所规定的贱金属制通用零件（第十五类）及塑料制的类似品（第三十九章）；

（八）钻管（税目 73.04）；

（九）金属丝、带制的环形带（第十五类）；

（十）第八十二章或第八十三章的物品；

（十一）第十七类的物品；

（十二）第九十章的物品；

（十三）第九十一章的钟、表及其他物品；

（十四）税目 82.07 的可互换工具及作为机器零件的刷子（税目 96.03）；类似的可互换工具应按其构成工作部件的材料归类（例如，归入第四十章、第四十二章、第四十三章、第四十五章、第五十九章或税目 68.04、69.09）；

（十五）第九十五章的物品；或

（十六）打字机色带或类似色带，不论是否带轴或装盒（应按其材料属性归类；如已上油或经其他方法处理能着色的，应归入税号 96.12），或税号 96.20 的独脚架、双脚架、三脚架及类似品。

二、除本类注释一、第八十四章注释一及第八十五章注释一另有规定的以外，机器零件（不属于税目 84.84、85.44、85.45、85.46 或 85.47 所列物品的零件）应按下列规定归类：

（一）凡在第八十四章、第八十五章的税目（税目 84.09、84.31、84.48、84.66、84.73、84.87、85.03、85.22、85.29、85.38 及 85.48 除外）列名的货品，均应归入该两章的相应税目；

（二）专用于或主要用于某一种机器或同一税目的多种机器（包括税目 84.79 或 85.43 的机器）的其他零件，应与该种机器一并归类，或酌情归入税目 84.09、84.31、84.48、84.66、84.73、85.03、85.22、85.29 或 85.38，但能同时主要用于税目 85.17 和 85.25 至 85.28 所列机器的零件，应归入税目 85.17；

（三）所有其他零件应酌情归入税目 84.09、84.31、84.48、84.66、84.73、85.03、85.22、85.29 或 85.38，如不能归入上述税目，则应归入税目 84.87 或 85.48。

三、由两部及两部以上机器装配在一起形成的组合式机器，或具有两种及两种以上互补或交替功能的机器，除条文另有规定的以外，应按具有主要功能的机器归类。

四、由不同独立部件（不论是否分开或由管道、传动装置、电缆或其他装置连接）组成的机器（包括机组），如果组合后明显具有一种第八十四章或第八十五章某个税目所列功能，则全部机器应按其功能归入有关税目。

五、上述各注释所称“机器”，是指第八十四章或第八十五章各税目所列的各种机器、设备、装置及器具。

第八十四章　核反应堆、锅炉、机器、机械器具及其零件

注释：

一、本章不包括：

（一）第六十八章的石磨、石碾及其他物品；

（二）陶瓷材料制的机器或器具（例如，泵）及供任何材料制的机器或器具用的陶瓷零件（第六十九章）；

（三）实验室用玻璃器（税目70.17）；玻璃制的机器、器具或其他专门技术用途的物品及其零件（税目70.19或70.20）；

（四）税目73.21或73.22的物品或其他贱金属制的类似物品（第七十四章至第七十六章或第七十八章至第八十一章）；

（五）税目85.08的真空吸尘器；

（六）税号85.09的家用电动器具；税号85.25的数字照相机；

（七）第十七类物品用的散热器；或

（八）非机动的手工操作地板清扫器（税目96.03）。

二、除第十六类注释三及本章注释九另有规定以外，如果某种机器或器具既符合税目84.01至84.24中一个或几个税目的规定，或符合税目84.86的规定，又符合税目84.25至84.80中一个或几个税目的规定，则应酌情归入税目84.01至84.24中的相应税目或税目84.86，而不归入税目84.25至84.80中的有关税目。

但税目84.19不包括：

（一）催芽装置、孵卵器或育雏器（税目84.36）；

（二）谷物调湿机（税目84.37）；

（三）萃取糖汁的浸提装置（税目84.38）；

（四）纱线、织物及纺织制品的热处理机器（税目84.51）；或

（五）温度变化（即使必不可少）仅作为辅助功能的机器、设备或实验室设备。

税目84.22不包括：

（一）缝合袋子或类似品用的缝纫机（税目84.52）；或

（二）税目84.72的办公室用机器。

税目84.24不包括：

（一）喷墨印刷（打印）机器（税目84.43）；或

（二）水射流切割机（税目84.56）。

三、如果用于加工各种材料的某种机床既符合税目84.56的规定，又符合税目84.57、84.58、84.59、84.60、84.61、84.64或84.65的规定，则应归入税目84.56。

四、税目84.57仅适用于可以完成下列不同形式机械操作的金属加工机床，但车床（包括车削中心）除外：

（一）按照机械加工程序从刀具库中自动更换刀具（加工中心）；

（二）同时或顺序地自动使用不同的动力头对固定不动的工件进行加工（单工位组合机床）；或

（三）自动将工件送向不同的动力头（多工位组合机床）。

五、（一）税目84.71所称“自动数据处理设备”，是指具有以下功能的机器：

1. 存储处理程序及执行程序直接需要的起码的数据；

2. 按照用户的要求随意编辑程序；

3. 按照用户指令进行算术计算；以及

4. 在运行过程中，可不需人为干预而通过逻辑判断，执行一个处理程序，这个处理程序可改变计算机指令的执行。

（二）自动数据处理设备可以是一套由若干单独部件所组成的系统。

（三）除本条注释（四）及（五）另有规定的以外，一个部件如果符合下列所有规定，即可视为自动数据处理系统的一部分：

1. 专用于或主要用于自动数据处理系统；

2. 可以直接或通过一个或几个其他部件同中央处理器相连接；以及

3. 能够以本系统所使用的方式（代码或信号）接收或传送数据。

自动数据处理设备的部件如果单独报验，应归入税目84.71。

但是，键盘、X-Y坐标输入装置及盘（片）式存储部件，只要符合上述注释（三）2及（三）3所列的

规定，应一律作为税目84.71的部件归类。

（四）税目84.71不包括单独报验的下述设备，即使它们符合上述注释五（三）的所有规定：

1. 打印机、复印机、传真机，不论是否组合式；
2. 发送或接收声音、图像或其他数据的设备，包括有线或无线网络（例如，局域网或广域网）通信设备；
3. 扬声器及传声器（麦克风）；
4. 电视摄像机、数字照相机及视频摄录一体机；
5. 监视器及投影机，未装有电视接收装置。

（五）装有自动数据处理设备或与自动数据处理设备连接使用，但却从事数据处理以外的某项专门功能的机器，应按其功能归入相应的税目，对于无法按功能归类的，应归入未列名税目。

六、税目84.82还包括最大直径及最小直径与标称直径相差均不超过1%或0.05毫米（以相差数值较小的为准）的抛光钢珠，其他钢珠归入税目73.26。

七、具有一种以上用途的机器在归类时，其主要用途可作为唯一的用途对待。

除本章注释二、第十六类注释三另有规定的以外，凡任何税目都未列明其主要用途的机器，以及没有哪一种用途是主要用途的机器，均应归入税目84.79。税目84.79还包括将金属丝、纺织纱线或其他各种材料以及它们的混合材料制成绳、缆的机器（例如，捻股机、绞扭机、制缆机）。

八、税目84.70所称“袖珍式”，仅适用于外形尺寸不超过170毫米×100毫米×45毫米的机器。

九、（一）第八十五章注释九（一）及（二）也同样适用于本条注释及税目84.86中所称的“半导体器件”及“集成电路”。但本条注释及税目84.86所称“半导体器件”，也包括光敏半导体器件及发光二极管（LED）。

（二）本条注释及税目84.86所称“平板显示器的制造”，包括将各层基片制造成一层平板，但不包括玻璃的制造或将印刷电路板或其他电子元件装配在平板上。所称“平板显示”不包括阴极射线管技术。

（三）税目84.86也包括专用于或主要用于下列用途的机器及装置：

1. 制造或修补掩膜版及刻线；
2. 组装半导体器件或集成电路；
3. 升降、搬运、装卸单晶柱、圆片、半导体器件、集成电路及平板显示器。

（四）除第十六类注释一及第八十四章注释一另有规定的以外，符合税目84.86规定的设备及装置，应归入该税目而不归入本目录的其他税目。

子目注释：

一、子目8465.20所称“加工中心”，仅适用于加工木材、软木、骨、硬质橡胶、硬质塑料或类似硬质材料的加工机床。这些设备可根据机械加工程序，从刀具库或类似装置中自动更换刀具，以完成不同形式的机械加工。

二、子目8471.49所称“系统”，是指各部件符合第八十四章注释五（三）所列条件，并且至少由一个中央处理部件、一个输入部件（例如，键盘或扫描器）及一个输出部件（例如，视频显示器或打印机）组成的自动数据处理设备。

三、子目8481.20所称“油压或气压传动阀”，是指在液压或气压系统中专用于传递“流体动力”的阀门，其能源以加压流体（液体或气体）的形式供给。这些阀门可以具有各种形式（例如，减压阀、止回阀）。子目8481.20优先于税目84.81的所有其他子目。

四、子目8482.40仅包括滚柱直径相同，最大不超过5毫米，且长度至少是直径3倍的圆滚柱轴承，滚柱的两端可以磨圆。

【要素释义】

一、归类要素

（一）用途：指该税目商品应用的方面、范围。例如，税目84.02货品填写“集中供暖用”等；税目84.08货品填写“机车用”等；税目84.86货品填写“制造半导体用”“制造平板显示器用”等。

需要注意的是，零件的用途一般为“用途（适用机型）”。为了满足零件归类要求，应首先确定专用该零件的机器（设备）的归类。因此在填写零件的“用途（适用机型）”要素时，应包含其专用机器（设备）所属税号的归类要素。例如，子目8466.9200所列货品为税目84.65所列机器用零件，在申报子目8466.9200的货品时，其“用途（适用机型）”应申报出税目84.65所列归类要素，以确定申报商品可确定归入子目8466.9200。

（二）构造方式：该要素为税目84.02的专有要素，指火管锅炉、水锅炉管、混合锅炉。

（三）蒸发量：该要素为税目84.02的专有要素，指蒸汽锅炉在规定的出口压力、温度和效率下，单位时间内连续生产的蒸汽量，一般以“吨/时”表示。

（四）温度：该要素为税目84.02和税目84.03的专有要素，指热水锅炉或过热水锅炉的出水温度。

（五）输出功率：指机器在正常工作的前提下，能够长时间工作输出功率的最大值。常用功率单位有瓦、千瓦、兆瓦、马力等。

（六）发动机安装位置（舷外或舷内）：该要素为税目84.07的专有要素，指船舶发动机的具体安装位置，如舷内和舷外。

（七）排气量：该要素为税目84.07的专有要素，指在发动机的某一循环运作中，能将全部空气及混合气送入所有气缸的能力，即该发动机所有气缸工作容积之和，用单位“毫升”表示。例如，排气量2000毫升。

（八）成套散件或毛坯请注明：该要素为税目84.07的专有要素，在填写时不论是否是成套散件或毛坯件，都应注明。例如，可填写“成套散件非毛坯件”。

（九）燃料类型：指机器、器具使用燃料的种类。例如，汽油、柴油、煤、天然气等。

（十）适用何种用途发动机（如飞机用、船舶用等）：该要素为税目84.09的专有要素，指发动机的实际用途。例如，汽车用发动机、内燃机车用发动机、船舶用发动机、飞机用发动机等。

（十一）适用发动机的类型（点燃式/压燃式）：该要素为税目84.09的专有要素，指该零件所应用的发动机的具体类型，分为点燃式发动机和压燃式发动机。

（十二）功率：指物体在单位时间内所做的功，即功率是描述做功快慢的物理量。功率的公式为：功率＝功/时间。例如，某水轮机可填写“功率5000千瓦”。

（十三）工作方式：该要素为税目84.10的专有要素，指水轮机的具体工作方式，如冲击式、贯流式等。

（十四）原理：指商品具有的普遍、基本的规律，通常又称工作原理。

（十五）功能：指商品本身所具有的作用、能力和功效。例如，功能为加热、冷却、提供动力等。

（十六）推力：该要素为税目84.11的专有要素，指涡轮喷气发动机能够产生的推动力。

（十七）是否装有或可装计量装置：该要素为税目84.13的专有要素，指各种类型装有或可装液体排出量容积测控装置的泵，不论其计量（测控）装置是否与泵同时报验。应填写“装有计量装置”“可装有计量装置”“不可装有计量装置”。

（十八）是否手动：该要素为税目84.13和税目84.52的专有要素，指液体泵或缝纫机的驱动方式是否为手动驱动。

（十九）适用发动机的输出功率：该要素为税目84.13的专有要素，指燃油泵适用的活塞式内燃发动机的输出功率。

（二十）驱动方式：指进行动力推动、发动、带动时所采取的方法和形式，如手动、电动、气动、液动等。

（二十一）转速：该要素为税目84.13的专有要素，指离心泵的转速，单位为“转/分”。

（二十二）是否手动或脚踏：该要素为税目84.14的专有要素，指空气泵的驱动方式是否为手动或脚踏驱动。

（二十三）额定功率：在正常运行工作状态下，动力设备的输出功率或消耗能量的设备的输入功率，常以“千瓦”为单位。

（二十四）安装方式（如吊扇、落地扇、壁扇等）：该要素为税目84.14的专有要素，指风机或风扇安装的形式，例如，台扇、落地扇、壁扇、换气扇、吊扇等。

（二十五）罩的平面最大边长：该要素为税目84.14的专有要素，指罩的平面最大边的长度，通常以单位“厘米”表示。例如，可填写“罩的表面最大边长100厘米”。

（二十六）是否窗式或壁式安装：该要素为税目84.15的专有要素，指空调的具体安装方式，例如，窗式、壁式、落地式等。

（二十七）是否为独立式或分体式：该要素为税目84.15的专有要素，指空调的结构形式，主要分为独立式和分体式两种。

（二十八）制冷量：该要素为税目84.15的专有要素，指空调进行制冷运行时，单位时间内从密闭空间、房间或区域内去除的热量总和。填写时制冷量应以单位“大卡/时”表示，若为其他单位，例如，“匹”，应换算成“大卡/时”（换算公式：1大卡/时＝1.163瓦，1匹＝2500瓦）。

（二十九）是否装有制冷装置：该要素为税目84.15的专有要素，指空调在进出口报验状态时是否装有制冷装置。

（三　十）是否装有冷热换向阀：该要素为税目84.15的专有要素，指空调在进出口报验状态时是否装有冷热换向阀。

（三十一）适用机型制冷量（以“大卡/时”计）：该要素为税目84.15的专有要素，指空调的零件所适用的空调的制冷量。

（三十二）加热方式：指各种加热方法，例如，煤、煤气、油蒸汽、电力、太阳能等。

（三十三）结构［冷藏—冷冻组合机（各自装有单独外门的）］：该要素为税目84.18的专有要素，指制冷设备本身的结构，即是否为各自装有单独外门的冷藏—冷冻组合机。

（三十四）容积：指容器（箱子、仓库、油桶等）的内部体积。该要素为税目84.18的专有要素，指制冷设备的容积，例如，冰箱可填写“容积220升”。

（三十五）最低制冷温度：该要素为税目84.18的专有要素，指制冷设备在正常工作的前提下所能达到的最低的制冷温度。

（三十六）是否柜式：该要素为税目84.18的专有要素，指冷冻箱的结构形式是否为柜式（冷冻箱一般分立式和柜式）。

（三十七）结构（是否为立式）：该要素为税目84.18的专有要素，指冷冻箱的结构形式是否为立式（冷冻箱一般分立式和柜式）。

（三十八）适用机型的制冷温度和容积：该要素为税目84.18的专有要素，指制冷设备零件所适用设备的制冷温度和容积。

（三十九）干燥材质：该要素为税目84.19的专有要素，指干燥器可以干燥的材质种类，如农产品、纸张、木材等。需要注意的是，如果该干燥器可以干燥多种材质的商品，应把所有能够干燥的商品材质全部申报出。

（四　十）制氧量：该要素为税目84.19的专有要素，指制氧机的制氧速度，以单位“立方米/小时”表示。

（四十一）干衣量：指干衣机或带有干衣功能的洗衣机一次干衣的最大重量。

（四十二）最大称量：该要素为税目84.23的专有要素，指衡器一次能够称量物品的最大重量。

（四十三）喷射材料：该要素为税目84.24的专有要素，指喷射机器喷射出的材料种类。例如，蒸汽、压缩空气、水、油漆、砂等。

（四十四）结构类型：指商品内各组成要素之间的相互联系、相互作用的方式。例如，税目84.26的起重机结构类型指高架移动式起重机、桁架桥式起重机、龙门起重机、桥式起重机等类型；税目84.61的机床指牛头式、龙门式等。

（四十五）推进方式：该要素为税目84.27的专有要素，指某种设备赖以推进的方法。例如，电动机推进的叉车。

（四十六）运送方式：该要素为税目84.28的专有要素，指升降顶或输送机的运送方式为连续运送或非连续运送。

（四十七）工作构件类型（斗式、带式等）：该要素为税目84.28的专有要素，指升降机或输送机的工作部件的结构类型，如斗式、带式等。

（四十八）行走装置类型（轮胎式、履带式等）：该要素为税目84.29的专有要素，指自推进机器为轮胎式或履带式。

（四十九）发动机输出功率：该要素为税目84.29的专有要素，指本税目项下的机器的发动机输出功率，通常以单位“千瓦”或“马力”表示。

（五　十）是否自推进：指某些机器的推进方式是否依靠机器本身的动力进行推进的。

（五十一）斗容量：该要素为税目84.29的专有要素，指铲运机、挖掘机等每一斗所能盛装的容量。

（五十二）机重：该要素为税目84.29的专有要素，指机器设备自身的重量。

（五十三）是否上部结构可旋转360度：该要素为税目84.29的专有要素，指机器设备上部结构是否可旋转360度。有些设备上部为固定结构，如大部分推土机；有些设备上部为旋转结构并可360度旋转，如大部分挖掘机。

（五十四）钻探深度：该要素为税目84.30的专有要素，指钻探或凿井机械可钻探的最大深度，通常以单位“米”表示。

（五十五）牙轮直径：该要素为税目84.30的专有要素，指采矿钻机牙轮的直径，通常以单位“毫米”表示。例如，牙轮直径30毫米。

（五十六）钻筒直径：该要素为税目84.30的专有要素，指工程钻机钻筒的直径，通常以单位“米”表示。例如，钻筒直径2米。

（五十七）切割装置的旋转类型：该要素为税目84.33的专有要素，指割草机的切割装置是否在同一水平面上旋转。

（五十八）进料方式：该要素为税目84.43的专有要素，指印刷机、打印机等进料的方法和形式，如卷取进料等。

（五十九）片尺寸：该要素为税目84.43的专有要素，指片取进料式胶印机所用片的尺寸（两边长应分别报出）。例如，片尺寸为20厘米×30厘米。

（六　十）用途（是否专用于税目84.71所列设备）：该要素为税目84.43的专有要素，指印刷（打印）机、复印机及传真机是否专用于税目84.71所列设备。

（六十一）织物宽度：该要素为税目84.46的专有要素，指织机所能织造的织物的宽度。例如，织物宽度80厘米。

（六十二）圆筒直径：该要素为税目84.47的专有要素，指圆形针织机的圆筒直径。

（六十三）是否全自动：该要素为税目84.50的专有要素，指洗衣机的自动化程度，例如，全自动、半自动等。

（六十四）加工方式：指为改变原材料、毛坯或半成品的形状、性质或表面状态，使之达到规定要求所采取的方法和形式。对于税目84.55的商品，主要指冷轧、热轧等；对于税目84.56的商品，主要指激光、光子束、超声波、放电、电化学法、电子束、离子束等。

（六十五）控制方式：指机床为“数控”还是“非数控”。

（六十六）功能（例如，金属钻、镗、铣等）：该要素为税目84.57的专有要素，指加工中心、单工位组合机床、多工位组合机床所具有的机械加工种类，如钻削、铣削、镗削等。

（六十七）可加装刀库注明刀库容量及选配件：该要素为税目84.57的专有要素，应填写加工中心的刀库容量和随附配件。

（六十八）是否可自动换刀：该要素为税目84.57的专有要素，指加工中心是否可自动换刀。

（六十九）加工工位数：该要素为税目84.57的专有要素，指机床的工位个数。

（七　十）动力头个数：该要素为税目84.57的专有要素，指机床的动力头的个数。动力头装在机器上，用以夹紧、引导或操纵（转位、走刀或回刀）可互换刀具。

（七十一）主轴方向（垂直或水平）：该要素为税目84.58的专有要素，指车床或车削中心的主轴是垂直或水平的。

（七十二）动力头移动方式：该要素为税目84.59的专有要素，指动力头移动方式是否是直线移动的。

（七十三）是否为升降台式：该要素为税目84.59的专有要素，指铣床的结构形式是否为升降台式。

（七十四）是否为龙门式：该要素为税目84.59的专有要素，指铣床的结构形式是否为龙门式。

（七十五）坐标定位精度：该要素为税目84.60的专有要素，指在每一坐标（例如，X轴、Y轴、Z轴）的定位精度。

（七十六）结构类型（内圆、外圆等）：该要素为税目84.60的专有要素，指磨床的结构类型，例如，平面磨床、内圆磨床、外圆磨床等。

（七十七）加工方式（弯曲、折叠、卷曲等）：该要素为税目84.62的专有要素，指加工金属的机床的具体加工方式，例如，弯曲、折叠、卷曲、矫直等。

（七十八）加工材料：指所加工的材料属性。例如，石料、陶瓷、混凝土、玻璃、石棉水泥、木材、软木、骨、硬质橡胶、硬质塑料等。

（七十九）是否为手提式：指机器设备工作时是否是手提操作的。

（八　十）是否需外接电源：该要素为税目84.70的专有要素，指电子计算器及具有计算功能的袖珍式数据记录、重现及显示机器在工作时是否需要外接电源。

（八十一）是否有打印装置：该要素为税目84.70的专有要素，指电子计算器本身是否装有打印装置。

（八十二）机型：该要素为税目84.71的专有要素，指自动数据处理设备的类型，例如，巨型机、大型机、中型机、小型机、微型机。

（八十三）配置（系统组成部件）：该要素为税目84.71的专有要素，指自动数据处理设备装配成（或组成）系统的各个装置（或部件）。填写时应详细报出所有组成部件。

（八十四）是否以系统形式报验：该要素为税目84.71的专有要素，指自动数据处理设备是否由多个分离的部件互相连接而成，这些部件至少包括一个中央处理部件、一个输入部件及一个输出部件，从而形成一个“系统”，可以通过有线或无线方式互相连接。

（八十五）用途（存款、取款、存取款一体机等）：该要素为税目84.72的专有要素，指自动柜员机的具体用途，例如，存款、取款、存取款一体机等。

（八十六）供应商品种类：该要素为税目84.76的专有要素，指自动售货机可供应商品的种类，如饮料、烟、药品、报纸等。若能供应多种商品，应将所有商品一一列出。

（八十七）是否装有加热或制冷装置：该要素为税目84.76的专有要素，指自动售货机自身是否装有加热或制冷装置，如加热牛奶、咖啡，冷却果汁等。

（八十八）适用材料：该要素为税目84.80的专有要素，指型箱、型模底板、阳模、型模所适用的材料种类，如金属、塑料、玻璃等。

(八十九) 是否电磁式：该要素为税目84.81的专有要素，指阀门是否利用电磁力使阀瓣启闭的。

(九　十) 直径（包括最大、最小及标称直径）：该要素是税目84.82的专有要素，需填写最大、最小及标称直径3个要素，用“毫米”或“厘米”表示。

(九十一) 如为轴承座需注明是否带有滚珠或滚子轴承：该要素是税目84.83的专有要素，指商品若为轴承座，需注明其在报验状态时是否带有滚珠或滚子轴承。

(九十二) 组成材料：该要素为税目84.84的专有要素，指密封垫或类似接合衬垫的所有组成材料，填写时应将所有材料种类一一列出。

(九十三) 各自构成材料：该要素为税目84.84的专有要素，指成套或各种不同材料的密封垫或类似接合衬垫在报验状态下，所有材料的种类。

(九十四) 是否成套包装：该要素为税目84.84的专有要素，指成套或各种不同材料的密封垫或类似接合衬垫的包装形式，是单独包装还是成套包装。

二、价格要素

(一) 用途：该要素是子目8401.1核反应堆的价格要素，按实际用途填写。

(二) 品牌：指制造商或经销商加在商品上的标志。实际只需要申报出名称即可，有外文品牌的以申报外文品牌名称为主。

(三) 型号：指产品的用途或者性能的代码。

(四) 是否装有循环装置：该要素是子目8403.101家用型集中供暖用的热水锅炉的价格要素。只需申报“装有循环装置”或“无装循环装置”即可。

(五) 功率：该要素是子目8403.101家用型集中供暖用的热水锅炉的价格要素，是指设备的功能大小，即为额定功能，用“千瓦”表示。例如，壁挂锅炉的功率在18千瓦~35千瓦之间，可填写“35千瓦”。

(六) 温度：该要素是子目8403.101家用型集中供暖用的热水锅炉的价格要素，用“℃”表示，指热水锅炉供水的最高温度。例如，“100℃”。

(七) 输出功率：该要素是子目8406.1船舶动力用汽轮机的价格要素，用“千瓦”表示。

(八) 燃料类型：该要素是税目84.07项下航空器和海运船舶发动机的价格要素，指燃料种类，例如，“天然气”“汽油”等。

(九) 是否提供主动力：该要素是子目8407.29其他船舶发动机的价格要素。只需填写“提供主动力”或“不提供主动力”即可。

(十) 零部件完整编号并在前加注“S/”“W/”或“WF/”之一（生产件填写“S/”，品牌和适用的整车厂牌一致的维修件填写“W/”，品牌和适用的整车厂牌不一致的维修件的填写“WF/”）：该要素是税目84.07、84.08项下汽车发动机的价格要素。

1. 例如，“三菱”牌发动机，生产件，用于“三菱”越野车，填写“S/M11A96C602-26K”；
2. 例如，“宝马”牌发动机，维修件，用于“宝马”轿车（品牌和适用的整车厂牌一致的维修件），填写W/11002218262；
3. 例如，“大发”牌1.5L汽油发动机，维修件，用于“森雅”牌客车（品牌和适用的整车厂牌不一致的维修件），填写“WF/16000-B1450”。

(十一) 转速：指发动机曲轴每分钟的回转数，用n表示，单位为r/min。发动机在怠速时转速一般可以达到700r/min，正常运行时候可以达到3000r/min。填写具体转速即可。

(十二) 零件号：该要素是税目84.09项下发动机的零件的价格要素，指适用型号发动机的零件的厂家编号。例如，用于卡特彼勒型号4N-3070的大于133千瓦挖掘机发动机用油管路的零件号“K22486D00001”。

(十三) 原理：该要素是子目8410.901调节器和子目8413.7099其他泵及液体提升机的价格要素。其中，子目8410.901调节器的原理可填写“单调”或者“双调”“机械调速”“电气调速”“微机调速”“离心飞摆”等；子目8413.7099其他泵及液体提升机的原理可填写“柱塞式”“齿轮式”或“螺杆式”等。

(十四) 性能（抽气能力）：该要素是子目8414.1真空泵的价格要素，指真空泵的抽气速率和抽气量。其中，抽气速率指在一定的压强和温度下，单位时间内由泵进气口处抽走的气体，简称抽速，用单位“m^3/s或l/s”表示；抽气量单位用“Pam^3/s或Pal/s表示，是指泵入口的气体流量。

(十五) 压力比：该要素是子目8414.803发动机用增压器的价格要素，是指每平方厘米的压力大小，用“BAR”表示。

(十六) 材质：该要素是税目84.14的零件的价格要素。需填写具体零件的材质，不管是金属或者非金属。例如，子目8414.9011项下的某种排气阀的材质可填写“黄铜”。

（十七）结构：该要素是子目 8415.83 未装有制冷装置的空调的价格要素，指独立式还是内置式等。

（十八）容积：该要素是子目 8418.5 装有冷藏或冷冻装置的其他设备的价格要素，指设备的内部体积大小，用“升或 L”表示。

（十九）最低制冷温度：该要素是子目 8418.5 装有冷藏或冷冻装置的其他设备的价格要素，指设备的制冷功能，用“℃”表示。

（二十）单位时间水处理量：该要素是子目 8421.211 液体的过滤、净化机器及装置的价格要素，指设备单位实际水处理的体积或者重量，用“升/分钟”表示。例如，用于净化家庭用水的飞利浦牌、型号 WP3811 的家用型净水器可填写“水处理量 2 升/分钟”。

（二十一）喷射材料：该要素是税目 84.24 项下其他液体或粉末的喷射、散布或喷雾的机械器具的价格要素，指喷射材料的名称，例如，水、农药等。

（二十二）最大提升高度（距离）：该要素是税目 84.27 的价格要素。例如，子目 8427.109 电动托盘叉车“最大提升高度”2.8 米。

（二十三）最大提升重量：该要素是税目 84.27 的价格要素。例如，子目 8427.1090 项下的电动托盘叉车“最大提升重量”3 吨。

（二十四）提升速度：该要素是子目 8428.101 载客电梯的专用价格要素，指载客电梯的最高提升速度，用“米/秒（m/s）”表示，例如，“奥的斯”超高速电梯载客的最高提升速度为“15 米/秒”。

（二十五）停层数：该要素是子目 8428.101 载客电梯的专用价格要素，指具体型号载客电梯设计所停楼层数量。例如，可填写“32 层”。

（二十六）载重量：该要素是子目 8428.101 载客电梯的专用价格要素，指载客电梯的最大载重量，用“千克”表示。

（二十七）机械重量：该要素是税目 84.29 的价格要素，指工作重量。例如，子目 8429.111 的履带式推土机可填写“机械重量（工作重量）7720 千克”。

（二十八）行走装置类型（轮胎式、履带式等）：该要素是子目 8429.51 前铲装载机的价格要素。可填写“轮胎式”或“履带式”。

（二十九）斗容量：该要素是税目 85.29 项下挖掘机的价格要素，指挖掘机铲斗容量，用“立方米”表示。

（三　十）机重：该要素是税目 85.29 项下挖掘机的价格要素，指挖掘机的机身重量，用“千克”或者“吨”表示。

（三十一）是否自推进：该要素是子目 8430.2 扫雪机及吹雪机的专用价格要素，只需填写“自推进”或者“不是自推进”即可。

（三十二）机身号：该要素是子目 8430.41 钻探深度在 6000 米以下的履带式自推进钻机的价格要素，代表此类设备的型号，每台履带式自推进钻机的机身号是唯一的，相当于出厂身份。

（三十三）钻头直径：该要素是子目 8430.4122 钻探深度在 6000 米以下的履带式自推进钻机的价格要素，指提供配套的钻头的直径，不止一个的需逐个填写，或者填写范围，用“厘米”“毫米”或者“英寸”表示。

（三十四）机身重量：该要素是子目 8430.4122 钻探深度在 6000 米以下的履带式自推进钻机的价格要素，用“千克”或“吨”表示。

（三十五）打印幅宽：该要素是税目 84.43 专用于税目 84.71 所列设备的打印机的价格要素，是打印机功能的一种指标，用“毫米”或者“厘米”表示。

（三十六）打印速度：该要素是税目 84.43 专用于税目 84.71 所列设备的打印机的价格要素，是打印机功能的一种指标，用“字/秒”或者“字/分”表示。

（三十七）幅宽：该要素是税目 84.47 平型针织机的价格要素，是此类设备功能的指标之一，用“毫米”或者“厘米”表示。

（三十八）衣容量（千克）：该要素是子目 8451.1 干衣机的价格要素，表示干衣机的最大干衣重量，用“千克”表示。

（三十九）规格（轧辊长度、辊身直径、辊颈直径）：该要素是子目 8455.3 轧机用轧辊的专有价格要素，指轧机用轧辊的轧辊长度、辊身直径、辊颈直径等 3 个要素，均需申报，用“毫米”或者“厘米”表示。

（四　十）控制方式：该要素是子目 8459.7 其他攻丝机床的价格要素，指该类商品实现功能的控制模式，例如，“人工控制”“数字控制”“自动控制”“电动控制”。

（四十一）可加装刀库注明刀库容量及选配件：该要素是子目 8459.1 直线移动式动力头机床的价格要素，指直线移动式动力头机床的配置，刀库容量用“个”表示，选配件申报选配件的名称。

（四十二）操作系统：该要素是税目84.71自动数据处理设备及其部件的价格要素，指此类设备电脑操作系统版本名称，如“WINDOWS系统”。

（四十三）机型：该要素是税目84.71键盘、鼠标器等的价格要素，指商品所适用的计算机的机型。例如，“服务器键盘”。

（四十四）连接方式（有线、无线）：该要素是税目84.71键盘、鼠标器等的价格要素，指键盘、鼠标器与计算机的连接方式。例如，“无线”。

（四十五）硬盘容量及缓存容量：该要素是子目8471.701硬盘驱动器的价格要素，指硬盘的容量大小，用“GB”或者“G”表示。例如，可填写“硬盘容量500G”。

（四十六）转速：该要素是子目8471.701硬盘驱动器的价格要素，指硬盘驱动器的运行速度，用“转/分”表示。

（四十七）配置：该要素是子目8472.901自动柜员机的价格要素，自动柜员机配备多少个装钱的箱子，需填写具体配置数量。

（四十八）安装方式（穿墙式等）：该要素是子目8472.901自动柜员机的价格要素，指自动柜员机摆放方式。例如，“大堂式”“穿墙式”。

（四十九）合模力：该要素是税目84.77注射机的价格要素。“合模力”也称锁模力，指合模机构锁模后，熔料注入模腔时，模板对模具形成的最终（最大）锁紧力。例如，子目8477.101注塑机的合模力“500千牛顿”，表示0.5吨以下的微型注塑机。

税则号列	商品名称	申报要素			说明举例
		归类要素	价格要素	其他要素	
84.01	**核反应堆；核反应堆的未辐照燃料元件（释热元件）；同位素分离机器及装置：**				
8401.1000	-核反应堆	1. 品名	2. 用途；3. 品牌；4. 型号		
8401.2000	-同位素分离机器、装置及其零件	1. 品名；2. 用途	3. 品牌；4. 型号		
	-未辐照燃料元件（释热元件）：	1. 品名	2. 用途；3. 品牌；4. 型号		
8401.3010	---未辐照燃料元件				
8401.3090	---未辐照燃料元件的零件				
	-核反应堆零件：	1. 品名；2. 用途（适用机型）	3. 品牌；4. 型号		
8401.4010	---未辐照相关组件				
8401.4020	---堆内构件				
8401.4090	---其他				
84.02	**蒸汽锅炉（能产生低压水蒸气的集中供暖用的热水锅炉除外）；过热水锅炉：**				
	-蒸汽锅炉：	1. 品名；2. 用途；3. 构造方式；4. 蒸发量	5. 品牌；6. 型号		
	--蒸发量超过45吨/时的水管锅炉：				
8402.1110	---蒸发量在900吨/时及以上的发电用锅炉				

税则号列	商品名称	申报要素			说明举例
		归类要素	价格要素	其他要素	
8402.1190	---其他				
8402.1200	--蒸发量不超过45吨/时的水管锅炉				
8402.1900	--其他蒸汽锅炉，包括混合式锅炉				
8402.2000	-过热水锅炉	1. 品名；2. 用途；3. 温度	4. 品牌；5. 型号		
8402.9000	-零件	1. 品名；2. 用途	3. 品牌；4. 型号		
84.03	**集中供暖用的热水锅炉，但税目84.02的货品除外：**				
	-锅炉：				
8403.1010	---家用型	1. 品名；2. 用途	3. 品牌；4. 型号；5. 是否装有循环装置；6. 功率；7. 温度		
8403.1090	---其他	1. 品名；2. 用途	3. 品牌；4. 型号；5. 温度		
8403.9000	-零件	1. 品名；2. 用途（适用机型）	3. 品牌；4. 型号		
84.04	**税目84.02或84.03所列锅炉的辅助设备（例如，节热器、过热器、除灰器、气体回收器）；水蒸气或其他蒸汽动力装置的冷凝器：**				
	-税目84.02或84.03所列锅炉的辅助设备：	1. 品名；2. 用途	3. 品牌		
8404.1010	---税目84.02所列锅炉的辅助设备				
8404.1020	---税目84.03所列锅炉的辅助设备				
8404.2000	-水蒸气或其他蒸汽动力装置的冷凝器	1. 品名；2. 用途	3. 品牌		
	-零件：	1. 品名；2. 用途（适用机型）	3. 品牌；4. 型号		
8404.9010	---税号8404.1020所列设备的零件				
8404.9090	---其他				
84.05	**煤气发生器，不论有无净化器；乙炔发生器及类似的水解气体发生器，不论有无净化器：**				

税则号列	商品名称	申报要素			说明举例
		归类要素	价格要素	其他要素	
8405.1000	-煤气发生器，不论有无净化器；乙炔发生器及类似的水解气体发生器，不论有无净化器	1. 品名	2. 品牌；3. 型号		
8405.9000	-零件	1. 品名；2. 用途（适用机型）	3. 品牌；4. 型号		
84.06	**汽轮机：**				
8406.1000	-船舶动力用汽轮机	1. 品名；2. 用途	3. 品牌；4. 型号；5. 输出功率		
	-其他汽轮机：	1. 品名；2. 用途；3. 输出功率	4. 品牌；5. 型号		
	--输出功率超过40兆瓦的：				
8406.8110	---输出功率不超过100兆瓦的				
8406.8120	---输出功率超过100兆瓦，但不超过350兆瓦的				
8406.8130	---输出功率超过350兆瓦的				
8406.8200	--输出功率不超过40兆瓦的				
8406.9000	-零件	1. 品名；2. 用途（适用机型）	3. 品牌；4. 型号		
84.07	**点燃往复式或旋转式活塞内燃发动机：**				
	-航空器发动机：	1. 品名；2. 用途；3. 输出功率	4. 品牌；5. 型号；6. 燃料类型		
8407.1010	---输出功率不超过298千瓦				
8407.1020	---输出功率超过298千瓦				
	-船舶发动机：				
8407.2100	--舷外发动机	1. 品名；2. 用途；3. 发动机安装位置（舷外或舷内）	4. 品牌；5. 型号；6. 燃料类型；7. 功率		
8407.2900	--其他	1. 品名；2. 用涂；3. 发动机安装位置（舷外或舷内）	4. 品牌；5. 型号；6. 燃料类型；7. 是否提供主动力；8. 功率		

税则号列	商品名称	申报要素			说明举例
		归类要素	价格要素	其他要素	
	-用于第八十七章所列车辆的往复式活塞发动机：	1. 品名；2. 用途；3. 排气量；4. 成套散件或毛坯请注明；5. 燃料类型；6. 状态（成品、半成品、成套散件）；7. 生产件的通用零件编号后加注"/TY"；8. 成套散件装配后完整品的零部件的编号	9. 品牌；10 型号；11. 零部件完整编号并在前加注"S/""W/"或"WF/"之一（生产件填报"S/"，品牌和适用的整车厂牌一致的维修件填报"W/"，品牌和适用的整车厂牌不一致的维修件的填报"WF/"）		
8407.3100	--气缸容量（排气量）不超过50毫升				
8407.3200	--气缸容量（排气量）超过50毫升，但不超过250毫升				
8407.3300	--气缸容量（排气量）超过250毫升，但不超过1000毫升				
	--气缸容量（排气量）超过1000毫升：				
8407.3410	---气缸容量（排气量）超过1000毫升，但不超过3000毫升				
8407.3420	---气缸容量（排气量）超过3000毫升				
	-其他发动机：	1. 品名；2. 用途；3. 燃料类型	4. 品牌；5. 型号；6. 转速		
8407.9010	---沼气发动机				
8407.9090	---其他				
84.08	**压燃式活塞内燃发动机（柴油或半柴油发动机）：**				
8408.1000	-船舶发动机	1. 品名；2. 用途	3. 品牌；4. 型号；5. 输出功率		

税则号列	商品名称	申报要素			说明举例
		归类要素	价格要素	其他要素	
	-用于第八十七章所列车辆的发动机：	1. 品名；2. 用途；3. 输出功率；4. 成套散件或毛坯请注明；5. 生产件的通用零件编号后加注“/TY”；6. 成套散件装配后完整品的零部件的编号	7. 品牌；8. 型号；9. 零部件完整编号并在前加注“S/” “W/”或“WF/”之一（生产件填报“S/”，品牌和适用的整车厂牌一致的维修件填报“W/”，品牌和适用的整车厂牌不一致的维修件的填报“WF/”）		
8408. 2010	---输出功率在 132. 39 千瓦（180马力）及以上				
8408. 2090	---其他				
	-其他发动机：	1. 品名；2. 用途；3. 输出功率	4. 品牌；5. 型号；6. 转速		
8408. 9010	---机车发动机				
	---其他：				
8408. 9091	----输出功率不超过 14 千瓦				
8408. 9092	----输出功率超过 14 千瓦，但小于 132. 39 千瓦（180 马力）				
8408. 9093	----输出功率在 132. 39 千瓦（180马力）及以上				
84. 09	**专用于或主要用于税目 84. 07 或 84. 08 所列发动机的零件：**				
8409. 1000	-航空器发动机用	1. 品名；2. 适用何种用途发动机（如飞机用、船舶用等）；3. 适用发动机的类型（点燃式/压燃式）	4. 品牌；5. 零件号		
	-其他：				
	--专用于或主要用于点燃式活塞内燃发动机的：	1. 品名；2. 适用何种用途发动机（如飞机用、船舶用等）；3. 适用发动机的类型（点燃式/压燃式）	4. 品牌；5. 零件号		
8409. 9110	---船舶发动机用				
	---其他：				
8409. 9191	----电控燃油喷射装置				
8409. 9199	----其他				

税则号列	商品名称	申报要素			说明举例
		归类要素	价格要素	其他要素	
	--其他:				
8409.9910	---船舶发动机用	1. 品名; 2. 适用何种用途发动机(如飞机用、船舶用等); 3. 适用发动机的类型(点燃式/压燃式); 4. 发动机输出功率	5. 品牌; 6. 零件号		
8409.9920	---机车发动机用	1. 品名; 2. 适用何种用途发动机(如飞机用、船舶用等); 3. 适用发动机的类型(点燃式/压燃式); 4. 发动机输出功率	5. 品牌; 6. 零件号		
	---其他:	1. 品名; 2. 适用何种用途发动机(如飞机用、船舶用等); 3. 适用发动机的类型(点燃式/压燃式); 4. 发动机输出功率	5. 品牌; 6. 零件号		
8409.9991	----输出功率在132.39千瓦(180马力)及以上的发动机用				
8409.9999	----其他				
84.10	**水轮机、水轮及其调节器:**				
	-水轮机及水轮:				
8410.1100	--功率不超过1000千瓦	1. 品名; 2. 功率	3. 品牌; 4. 型号		
8410.1200	--功率超过1000千瓦,但不超过10000千瓦	1. 品名; 2. 功率	3. 品牌; 4. 型号		
	--功率超过10000千瓦:	1. 品名; 2. 功率; 3. 工作方式	4. 品牌; 5. 型号		
8410.1310	---功率超过30000千瓦的冲击式水轮机及水轮				
8410.1320	---功率超过35000千瓦的贯流式水轮机及水轮				
8410.1330	---功率超过200000千瓦的水泵水轮机及水轮				
8410.1390	---其他				
	-零件,包括调节器:				
8410.9010	---调节器	1. 品名	2. 品牌; 3. 原理; 4. 型号		
8410.9090	---其他	1. 品名	2. 品牌; 3. 型号		
84.11	**涡轮喷气发动机、涡轮螺桨发动机及其他燃气轮机:**				
	-涡轮喷气发动机:	1. 品名; 2. 原理; 3. 推力	4. 品牌; 5. 型号		

税则号列	商品名称	申报要素			说明举例
		归类要素	价格要素	其他要素	
	--推力不超过25千牛顿：				
8411.1110	---涡轮风扇发动机				
8411.1190	---其他				
	--推力超过25千牛顿：				
8411.1210	---涡轮风扇发动机				
8411.1290	---其他				
	-涡轮螺桨发动机：	1. 品名；2. 原理；3. 功率	4. 品牌；5. 型号		
8411.2100	--功率不超过1100千瓦				
	--功率超过1100千瓦：				
8411.2210	---功率超过1100千瓦，但不超过2238千瓦				
8411.2220	---功率超过2238千瓦，但不超过3730千瓦				
8411.2230	---功率超过3730千瓦				
	-其他燃气轮机：	1. 品名；2. 原理；3. 功率	4. 品牌；5. 型号		
8411.8100	--功率不超过5000千瓦				
8411.8200	--功率超过5000千瓦				
	-零件：	1. 品名；2. 用途（适用机型）	3. 品牌；4. 型号		
8411.9100	--涡轮喷气发动机或涡轮螺桨发动机用				
	--其他：				
8411.9910	---涡轮轴发动机用				
8411.9990	---其他				
84.12	**其他发动机及动力装置：**				
	-喷气发动机，但涡轮喷气发动机除外：	1. 品名；2. 用途；3. 原理	4. 品牌；5. 型号		
8412.1010	---航空器及航天器用				
8412.1090	---其他				
	-液压动力装置：	1. 品名；2. 原理	3. 用途；4. 品牌；5. 型号		
8412.2100	--直线作用（液压缸）的				
	--其他：				
8412.2910	---液压马达				
8412.2990	---其他				
	-气压动力装置：	1. 品名；2. 原理	3. 用途；4. 品牌；5. 型号		
8412.3100	--直线作用（气压缸）的				
8412.3900	--其他				

税则号列	商品名称	申报要素			说明举例
		归类要素	价格要素	其他要素	
8412.8000	-其他	1. 品名；2. 原理	3. 用途；4. 品牌；5. 型号		
	-零件：	1. 品名；2. 用途	3. 品牌；4. 型号		
8412.9010	---税号 8412.1010 所列机器的零件				
8412.9090	---其他				
84.13	**液体泵，不论是否装有计量装置；液体提升机：**				
	-装有或可装计量装置的泵：	1. 品名；2. 用途；3. 是否装有或可装计量装置	4. 品牌；5. 型号		
8413.1100	--分装燃料或润滑油的泵，用于加油站或车库				
8413.1900	--其他				
8413.2000	-手泵，但子目 8413.11 或 8413.19 的货品除外	1. 品名；2. 是否手动	3. 品牌；4. 型号		
	-活塞式内燃发动机用的燃油泵、润滑油泵或冷却剂泵：	1. 品名；2. 用途（是否为活塞式内燃发动机用）；3. 适用发动机的输出功率	4. 品牌；5. 型号		例：活塞式内燃发动机用燃油泵，发动机输出功率 180 千瓦，品牌 MXS，型号X-1
	---燃油泵：				
8413.3021	----输出功率在 132.39 千瓦（180马力）及以上的发动机用燃油泵				
8413.3029	----其他				
8413.3030	---润滑油泵				
8413.3090	---其他				
8413.4000	-混凝土泵	1. 品名；2. 用途	3. 品牌；4. 型号		
	-其他往复式排液泵：	1. 品名；2. 驱动方式（气动、电动、液压等）；3. 原理（往复式、回转式、离心式等）	4. 用途；5. 品牌；6. 型号		
8413.5010	---气动式				
8413.5020	---电动式				
	---液压式：				
8413.5031	----柱塞泵				
8413.5039	----其他				
8413.5090	---其他				

税则号列	商　品　名　称	申　报　要　素			说　明　举　例
		归类要素	价格要素	其他要素	
	-其他回转式排液泵：	1. 品名；2. 驱动方式（气动、电动、液压等）；3. 原理（往复式、回转式、离心式等）	4. 用途；5. 品牌；6. 型号		
	---齿轮泵：				
8413. 6021	----电动式				
8413. 6022	----液压式				
8413. 6029	----其他				
	---叶片泵：				
8413. 6031	----电动式				
8413. 6032	----液压式				
8413. 6039	----其他				
8413. 6040	---螺杆泵				
8413. 6050	---径向柱塞泵				
8413. 6060	---轴向柱塞泵				
8413. 6090	---其他				
	-其他离心泵：	1. 品名；2. 驱动方式（气动、电动、液压等）；3. 原理（往复式、回转式、离心式等）；4. 转速	5. 用途；6. 品牌；7. 型号		
8413. 7010	---转速在10000转/分及以上				
	---其他：				
8413. 7091	----电动潜油泵及潜水电泵				
8413. 7099	----其他				
	-其他泵；液体提升机：	1. 品名	2. 用途；3. 品牌；4. 型号；5. 原理（柱塞式、齿轮式、螺杆式等）		
8413. 8100	--泵				
8413. 8200	--液体提升机				
	-零件：	1. 品名；2. 用途（适用机型）	3. 品牌；4. 型号		例：燃油泵用泵体，无品牌、型号
8413. 9100	--泵用				
8413. 9200	--液体提升机用				
84. 14	**空气泵或真空泵、空气及其他气体压缩机、风机、风扇；装有风扇的通风罩或循环气罩，不论是否装有过滤器：**				
8414. 1000	-真空泵	1. 品名；2. 用途（如半导体晶圆或平板显示屏制造用等）	3. 品牌；4. 型号；5. 性能（抽气能力）		

税则号列	商品名称	申报要素			说明举例
		归类要素	价格要素	其他要素	
8414.2000	-手动或脚踏式空气泵	1. 品名；2. 是否手动或脚踏	3. 品牌；4. 型号		
	-用于制冷设备的压缩机：	1. 品名；2. 用途；3. 驱动方式；4. 额定功率	5. 品牌；6. 型号		
	---电动机驱动的压缩机：				
8414.3011	----冷藏箱或冷冻箱用，电动机额定功率不超过 0.4 千瓦				
8414.3012	----冷藏箱或冷冻箱用，电动机额定功率超过 0.4 千瓦，但不超过 5 千瓦				
8414.3013	----空气调节器用，电动机额定功率超过 0.4 千瓦，但不超过 5 千瓦				
8414.3014	----空气调节器用，电动机额定功率超过 5 千瓦				
8414.3015	----冷冻或冷藏设备用，电动机额定功率超过 5 千瓦				
8414.3019	----其他				
8414.3090	---非电动机驱动的压缩机				
8414.4000	-装在拖车底盘上的空气压缩机	1. 品名；2. 用途	3. 品牌；4. 型号		
	-风机、风扇：				
	--台扇、落地扇、壁扇、换气扇或吊扇，包括风机，本身装有一个输出功率不超过 125 瓦的电动机：	1. 品名；2. 类型（如吊扇、落地扇、壁扇等）；3. 输出功率	4. 品牌；5. 型号		
8414.5110	---吊扇				
8414.5120	---换气扇				
8414.5130	---具有旋转导风轮的风扇				
	---其他：				
8414.5191	----台扇				
8414.5192	----落地扇				
8414.5193	----壁扇				
8414.5199	----其他				
	--其他：				
8414.5910	---吊扇	1. 品名；2. 类型（如吊扇、落地扇、壁扇等）；3. 输出功率	5. 品牌；6. 型号		
8414.5920	---换气扇	1. 品名；2. 类型（如吊扇、落地扇、壁扇等）；3. 输出功率	5. 品牌；6. 型号		

税则号列	商品名称	申报要素			说明举例
		归类要素	价格要素	其他要素	
8414.5930	---离心通风机	1. 品名；2. 类型（如吊扇、落地扇、壁扇等）；3. 输出功率	5. 品牌；6. 型号		
8414.5990	---其他	1. 品名；2. 用途（如微处理器、电信设备、自动数据处理设备或装置用等）；3. 类型（如吊扇、落地扇、壁扇等）；4. 输出功率	5. 品牌；6. 型号		
	-罩的平面最大边长不超过120厘米的通风罩或循环气罩：	1. 品名；2. 罩的平面最大边长	3. 品牌；4. 型号		
8414.6010	---抽油烟机				
8414.6090	---其他				
	-其他：				
8414.8010	---燃气轮机用的自由活塞式发生器	1. 品名；2. 用途	3. 品牌；4. 型号		
8414.8020	---二氧化碳压缩机	1. 品名；2. 用途	3. 品牌；4. 型号		
8414.8030	---发动机用增压器	1. 品名；2. 用途	3. 品牌；4. 型号；5. 压力比		
8414.8040	---空气及其他气体压缩机	1. 品名；2. 用途	3. 品牌；4. 型号		
8414.8090	---其他	1. 品名；2. 用途	3. 品牌；4. 型号		
	-零件：	1. 品名；2. 用途（适用机型）	3. 品牌；4. 型号；5. 材质		例：窗式空调器用压缩机外壳，塑料制，无品牌、型号
	---税号8414.3011至8414.3014及8414.3090所列机器的零件：				
8414.9011	----压缩机进、排气阀片				
8414.9019	----其他				
8414.9020	---税号8414.5110至8414.5199及8414.6000所列机器的零件				
8414.9090	---其他				
84.15	**空气调节器，装有电扇及调温、调湿装置，包括不能单独调湿的空调器：**				
	-窗式、壁式、置于天花板或地板上的，独立的或分体的：				
8415.1010	---独立式	1. 品名；2. 是否窗式或壁式安装；3. 是否为独立式或分体式	4. 品牌；5. 型号		

税则号列	商 品 名 称	申报要素			说 明 举 例
		归类要素	价格要素	其他要素	
	---分体式:	1. 品名; 2. 是否窗式或壁式安装; 3. 是否为独立式或分体式; 4. 制冷量	5. 品牌; 6. 型号		例: 空调器 (分体壁式), 品牌为格力, 制冷量 2000 大卡, 型号 RS0232
8415. 1021	----制冷量不超过 4000 大卡/时				
8415. 1022	----制冷量超过 4000 大卡/时				
8415. 2000	-机动车辆上供人使用的	1. 品名; 2. 用途	3. 品牌; 4. 型号		
	-其他:				
	--装有一个制冷装置及冷热循环换向阀 (可逆式热泵) 的:	1. 品名; 2. 是否装有制冷装置; 3. 是否装有冷热换向阀; 4. 制冷量	5. 品牌; 6. 型号		
8415. 8110	---制冷量不超过 4000 大卡/时				
8415. 8120	---制冷量超过 4000 大卡/时				
	--其他, 装有制冷装置的:	1. 品名; 2. 是否装有制冷装置; 3. 是否装有冷热换向阀; 4. 制冷量	5. 品牌; 6. 型号		
8415. 8210	---制冷量不超过 4000 大卡/时				
8415. 8220	---制冷量超过 4000 大卡/时				
8415. 8300	--未装有制冷装置的	1. 品名	2. 品牌; 3. 结构; 4. 型号		
	-零件:	1. 品名; 2. 用途 (适用机型); 3. 若为多元件集成电路需注明结构组成; 4. 适用机型制冷量 (以"大卡/时"计)	5. 品牌; 6. 型号		
8415. 9010	---税号 8415. 1010、8415. 1021、8415. 8110 及 8415. 8210 所列设备的零件				
8415. 9090	---其他				
84. 16	**使用液体燃料、粉状固体燃料或气体燃料的炉用燃烧器; 机械加煤机, 包括其机械炉算、机械出灰器及类似装置:**				
8416. 1000	-使用液体燃料的炉用燃烧器	1. 品名; 2. 用途; 3. 燃料类型	4. 品牌; 5. 型号		
	-其他炉用燃烧器, 包括复式燃烧器:	1. 品名; 2. 用途; 3. 燃料类型	4. 品牌; 5. 型号		
	---气体的:				
8416. 2011	----使用天然气的				
8416. 2019	----其他				
8416. 2090	---其他				

税则号列	商品名称	申报要素			说明举例
		归类要素	价格要素	其他要素	
8416.3000	-机械加煤机，包括其机械炉箅、机械出灰器及类似装置	1. 品名；2. 用途	3. 品牌		
8416.9000	-零件	1. 品名；2. 用途（适用机型）	3. 品牌；4. 型号		
84.17	**非电热的工业或实验室用炉及烘箱，包括焚烧炉：**				
8417.1000	-矿砂、黄铁矿或金属的焙烧、熔化或其他热处理用炉及烘箱	1. 品名；2. 用途；3. 加热方式	4. 品牌；5. 型号		
8417.2000	-面包房用烤炉及烘箱，包括做饼干用的	1. 品名；2. 用途；3. 加热方式	4. 品牌；5. 型号		
	-其他：	1. 品名；2. 用途；3. 加热方式	4. 品牌；5. 型号		
8417.8010	---炼焦炉				
8417.8020	---放射性废物焚烧炉				
8417.8030	---水泥回转窑				
8417.8040	---石灰石分解炉				
8417.8050	---垃圾焚烧炉				
8417.8090	---其他				
	-零件：	1. 品名；2. 用途（适用机型）	3. 品牌；4. 型号		
8417.9010	---海绵铁回转窑用				
8417.9020	---炼焦炉用				
8417.9090	---其他				
84.18	**电气或非电气的冷藏箱、冷冻箱及其他制冷设备；热泵，但税目84.15的空气调节器除外：**				
	-冷藏—冷冻组合机，各自装有单独外门的：	1. 品名；2. 结构［冷藏—冷冻组合机（各自装有单独外门的）］；3. 容积	4. 品牌；5. 型号		
8418.1010	---容积超过500升				
8418.1020	---容积超过200升，但不超过500升				
8418.1030	---容积不超过200升				
	-家用型冷藏箱：	1. 品名；2. 用途（是否家用）；3. 原理；4. 容积	5. 品牌；6. 型号		
	--压缩式：				
8418.2110	---容积超过150升				
8418.2120	---容积超过50升，但不超过150升				
8418.2130	---容积不超过50升				

税则号列	商品名称	申报要素			说明举例
		归类要素	价格要素	其他要素	
	--其他：				
8418.2910	---半导体制冷式				
8418.2920	---电气吸收式				
8418.2990	---其他				
	-柜式冷冻箱，容积不超过800升：	1. 品名；2. 容积；3. 最低制冷温度；4. 是否柜式	5. 品牌；6. 型号		
8418.3010	---制冷温度在-40℃及以下				
	---制冷温度在-40℃以上：				
8418.3021	----容积超过500升				
8418.3029	----其他				
	-立式冷冻箱，容积不超过900升：	1. 品名；2. 结构（是否为立式）；3. 容积；4. 最低制冷温度	5. 品牌；6. 型号		
8418.4010	---制冷温度在-40℃及以下				
	---制冷温度在-40℃以上：				
8418.4021	----容积超过500升				
8418.4029	----其他				
8418.5000	-装有冷藏或冷冻装置的其他设备（柜、箱、展示台、陈列箱及类似品），用于存储及展示	1. 品名；2. 用途	3. 品牌；4. 型号；5. 容积；6. 最低制冷温度		
	-其他制冷设备；热泵：	1. 品名；2. 原理（是否为压缩式）	3. 品牌；4. 型号		
	--热泵，税目84.15的空气调节器除外：				
8418.6120	---压缩式				
8418.6190	---其他				
	--其他：				
8418.6920	---制冷机组				
8418.6990	---其他				
	-零件：	1. 品名；2. 用途（适用机型）；3. 适用机型的制冷温度和容积	4. 品牌；5. 型号		例：立式冷冻箱箱门，无品牌、型号，制冷温度-30℃，容积460升
8418.9100	--冷藏或冷冻设备专用的特制家具				
	--其他：				
8418.9910	---制冷机组及热泵用				
	---其他：				
8418.9991	----制冷温度在-40℃及以下的冷冻设备用				

税则号列	商　品　名　称	申报要素			说　明　举　例
		归类要素	价格要素	其他要素	
8418.9992	----制冷温度在-40℃以上，但容积超过500升的冷藏或冷冻设备用				
8418.9999	----其他				
84.19	**利用温度变化处理材料的机器、装置及类似的实验室设备，例如，加热、烹煮、烘炒、蒸馏、精馏、消毒、灭菌、汽蒸、干燥、蒸发、气化、冷凝、冷却的机器设备，不论是否电热的（不包括税目85.14的炉、烘箱及其他设备），但家用的除外；非电热的快速热水器或贮备式热水器：**				
	-非电热的快速热水器或贮备式热水器：	1. 品名；2. 原理；3. 加热方式	4. 用途；5. 品牌；6. 型号		
8419.1100	--燃气快速热水器				
	--其他：				
8419.1910	---太阳能热水器				
8419.1990	---其他				
8419.2000	-医用或实验室用消毒器具	1. 品名；2. 用途	3. 品牌；4. 型号		
	-干燥器：	1. 品名；2. 用途；3. 干燥材质	4. 品牌；5. 型号		
8419.3100	--农产品干燥用				
8419.3200	--木材、纸浆、纸或纸板干燥用				
	--其他：				
8419.3910	---微空气流动陶瓷坯件干燥器				
8419.3990	---其他				
	-蒸馏或精馏设备：	1. 品名；2. 用途	3. 品牌；4. 型号；5. 原理		
8419.4010	---提净塔				
8419.4020	---精馏塔				
8419.4090	---其他				
8419.5000	-热交换装置	1. 品名；2. 若为用氟聚合物制造的需注明；3. 若为用氟聚合物制造的需注明入口管和出口管内径尺寸	4. 用途；5. 品牌；6. 型号		
	-液化空气或其他气体的机器：				

税则号列	商品名称	申报要素			说明举例
		归类要素	价格要素	其他要素	
	---制氧机：	1. 品名；2. 用途；3. 制氧量	4. 品牌；5. 型号		
8419.6011	----制氧量在15000立方米/小时及以上				
8419.6019	----其他				
8419.6090	---其他	1. 品名；2. 用途	3. 品牌；4. 型号		
	-其他机器设备：	1. 品名；2. 用途	3. 品牌；4. 型号		
8419.8100	--加工热饮料或烹调、加热食品用				
	--其他：				
8419.8910	---加氢反应器				
8419.8990	---其他				
	-零件：	1. 品名；2. 用途（适用机型）	3. 品牌；4. 型号		
8419.9010	---热水器用				
8419.9090	---其他				
84.20	**研光机或其他滚压机器及其滚筒，但加工金属或玻璃用的除外：**				
8420.1000	-研光机或其他滚压机器	1. 品名；2. 用途（如印刷电路板基板或印刷电路制造用等）	3. 品牌；4. 型号		
	-零件：	1. 品名；2. 用途（适用机型）	3. 品牌；4. 型号		
8420.9100	--滚筒				
8420.9900	--其他				
84.21	**离心机，包括离心干燥机；液体或气体的过滤、净化机器及装置：**				
	-离心机，包括离心干燥机：				
8421.1100	--奶油分离器	1. 品名；2. 用途；3. 原理	4. 品牌；5. 型号		
	--干衣机：	1. 品名；2. 用途；3. 原理；4. 干衣量	5. 品牌；6. 型号		
8421.1210	---干衣量不超过10千克				
8421.1290	---其他				
	--其他：	1. 品名；2. 用途；3. 原理	4. 品牌；5. 型号		
8421.1910	---脱水机				
8421.1920	---固液分离机				
8421.1990	---其他				

税则号列	商品名称	申报要素			说明举例
		归类要素	价格要素	其他要素	
	-液体的过滤、净化机器及装置：				
	--过滤或净化水用：	1. 品名；2. 用途	3. 品牌；4. 型号；5. 原理；6. 单位时间水处理量		
8421.2110	---家用型				
	---其他：				
8421.2191	----船舶压载水处理设备				
8421.2199	----其他				
8421.2200	--过滤或净化饮料（水除外）用	1. 品名；2. 用途；3. 原理	4. 品牌；5. 型号		
8421.2300	--内燃发动机的滤油器	1. 品名；2. 用途；3. 原理	4. 品牌；5. 型号		
	--其他：	1. 品名；2. 用途；3. 原理；4. 若为用氟聚合物制造的需注明；5. 氟聚合物制的需报过滤或净化介质的外观（膜等）及厚度	6. 品牌；7. 型号		
8421.2910	---压滤机				
8421.2990	---其他				
	-气体的过滤、净化机器及装置：				
8421.3100	--内燃发动机的进气过滤器	1. 品名；2. 用途；3. 原理	4. 品牌；5. 型号		
	--其他：				
8421.3910	---家用型	1. 品名；2. 用途；3. 原理	4. 品牌；5. 型号；6. 额定功率（非电动的不需注明额定功率）		
	---工业用除尘器：	1. 品名；2. 用途；3. 若为装备不锈钢外壳需注明；4. 若为装备不锈钢外壳需注明入口管和出口管内径尺寸；5. 原理	6. 品牌；7. 型号；8. 额定功率（非电动的不需注明额定功率）		
8421.3921	----静电除尘器				
8421.3922	----袋式除尘器				
8421.3923	----旋风式除尘器				
8421.3924	----电袋复合除尘器				
8421.3929	----其他				

税则号列	商品名称	申报要素			说明举例
		归类要素	价格要素	其他要素	
8421.3930	---内燃发动机排气过滤及净化装置	1. 品名；2. 用途；3. 若为装备不锈钢外壳需注明；4. 若为装备不锈钢外壳需注明入口管和出口管内径尺寸；5. 原理	6. 品牌；7. 型号；8. 额定功率（非电动的不需注明额定功率）		
8421.3940	---烟气脱硫装置	1. 品名；2. 用途；3. 若为装备不锈钢外壳需注明；4. 若为装备不锈钢外壳需注明入口管和出口管内径尺寸；5. 原理	6. 品牌；7. 型号；8. 额定功率（非电动的不需注明额定功率）		
8421.3950	---烟气脱硝装置	1. 品名；2. 用途；3. 若为装备不锈钢外壳需注明；4. 若为装备不锈钢外壳需注明入口管和出口管内径尺寸；5. 原理	6. 品牌；7. 型号；8. 额定功率（非电动的不需注明额定功率）		
8421.3990	---其他	1. 品名；2. 用途；3. 若为装备不锈钢外壳需注明；4. 若为装备不锈钢外壳需注明入口管和出口管内径尺寸；5. 原理	6. 品牌；7. 型号；8. 额定功率（非电动的不需注明额定功率）		
	-零件：				
	--离心机用，包括离心干燥机用：	1. 品名；2. 用途（适用机型）	3. 品牌；4. 型号		
8421.9110	---干衣量不超过10千克的干衣机用				
8421.9190	---其他				
	--其他：				
8421.9910	---家用型过滤、净化装置用	1. 品名；2. 用途（适用机型）	3. 品牌；4. 型号		
8421.9990	---其他	1. 品名；2. 用途（适用机型）；3. 氟聚合物制的液体过滤或净化用需报介质外观及厚度；4. 装备不锈钢外壳的气体过滤净化用需报入、出口管内径尺寸	5. 品牌；6. 型号		
84.22	**洗碟机；瓶子及其他容器的洗涤或干燥机器；瓶、罐、箱、袋或其他容器装填、封口、密封、贴标签的机器；瓶、罐、管、筒或类似容器的包封机器；其他包装或打包机器（包括热缩包装机器）；饮料充气机：**				

税则号列	商品名称	申报要素			说明举例
		归类要素	价格要素	其他要素	
	-洗碟机：	1. 品名	2. 品牌；3. 型号		例：飞利浦家用洗碟机，型号 TX098
8422.1100	--家用型				
8422.1900	--其他				
8422.2000	-瓶子或其他容器的洗涤或干燥机器	1. 品名；2. 用途	3. 品牌；4. 型号		
	-瓶、罐、箱、袋或其他容器的装填、封口、密封、贴标签的机器；瓶、罐、管、筒或类似容器的包封机器；饮料充气机：	1. 品名；2. 用途	3. 品牌；4. 型号		
8422.3010	---饮料及液体食品灌装设备				
	---水泥包装机：				
8422.3021	----全自动灌包机				
8422.3029	----其他				
8422.3030	---其他包装机				
8422.3090	---其他				
8422.4000	-其他包装或打包机器（包括热缩包装机器）	1. 品名；2. 用途	3. 品牌；4. 型号		
	-零件：	1. 品名；2. 用途（适用机型）	3. 品牌；4. 型号		例：家用洗碟机碟架，无品牌、型号
8422.9010	---洗碟机用				
8422.9020	---饮料及液体食品灌装设备用				
8422.9090	---其他				
84.23	**衡器（感量为50毫克或更精密的天平除外），包括计数或检验用的衡器；衡器用的各种砝码、秤砣：**				
8423.1000	-体重计，包括婴儿秤；家用秤	1. 品名；2. 用途	3. 品牌；4. 型号		
	-输送带上连续称货的秤：	1. 品名；2. 用途；3. 原理	4. 品牌；5. 型号		
8423.2010	---电子皮带秤				
8423.2090	---其他				
	-恒定秤、物料定量装袋或装容器用的秤，包括库秤：				
8423.3010	---定量包装秤	1. 品名；2. 用途；3. 原理（如电子式称重等）	4. 品牌；5. 型号		
8423.3020	---定量分选秤	1. 品名；2. 用途	3. 品牌；4. 型号		
8423.3030	---配料秤	1. 品名；2. 用途；3. 原理（如电子式称重等）	4. 品牌；5. 型号		

税则号列	商品名称	申报要素			说明举例
		归类要素	价格要素	其他要素	
8423.3090	---其他	1. 品名；2. 用途；3. 原理（如电子式称重等）	4. 品牌；5. 型号		
	-其他衡器：				
	--最大称量不超过30千克：				
8423.8110	---计价秤	1. 品名；2. 用途；3. 原理；4. 最大称量	5. 品牌；6. 型号		
8423.8120	---弹簧秤	1. 品名；2. 用途；3. 原理；4. 最大称量	5. 品牌；6. 型号		
8423.8190	---其他	1. 品名；2. 用途；3. 原理（如电子式称重等）；4. 最大称量	5. 品牌；6. 型号		
	--最大称量超过30千克，但不超过5000千克：	1. 品名；2. 用途；3. 原理（如电子式称重等）；4. 最大称量	5. 品牌；6. 型号		
8423.8210	---地中衡				
8423.8290	---其他				
	--其他：	1. 品名；2. 用途；3. 原理（如电子式称重等）；4. 最大称量	5. 品牌；6. 型号		
8423.8910	---地中衡				
8423.8920	---轨道衡				
8423.8930	---吊秤				
8423.8990	---其他				
8423.9000	-衡器用的各种砝码、秤砣；衡器的零件	1. 品名；2. 用途（适用机型，如电子式称重衡器用等）	3. 品牌；4. 型号		
84.24	**液体或粉末的喷射、散布或喷雾的机械器具（不论是否手工操作）；灭火器，不论是否装药；喷枪及类似器具；喷气机、喷砂机及类似的喷射机器：**				
8424.1000	-灭火器，不论是否装药	1. 品名；2. 用途	3. 品牌；4. 型号		
8424.2000	-喷枪及类似器具	1. 品名	2. 用途；3. 品牌；4. 喷射材料；5. 型号		
8424.3000	-喷气机、喷砂机及类似的喷射机器	1. 品名；2. 喷射材料	3. 用途；4. 品牌；5. 型号		
	-农业或园艺用喷雾器：	1. 品名；2. 用途	3. 品牌；4. 喷射材料；5. 型号		
8424.4100	--便携式喷雾器				

税则号列	商品名称	申报要素			说明举例
		归类要素	价格要素	其他要素	
8424.4900	--其他				
	-其他器具:	1. 品名; 2. 用途	3. 品牌; 4. 喷射材料; 5. 型号		
8424.8200	--农业或园艺用				
	--其他:				
8424.8910	---家用型				
8424.8920	---喷涂机器人				
	---其他:				
8424.8991	----船用洗舱机				
8424.8999	----其他				
	-零件:	1. 品名; 2. 用途(适用机型)	3. 品牌; 4. 型号		
8424.9010	---税号8424.1000所列器具的零件				
8424.9020	---税号8424.8910所列器具的零件				
8424.9090	---其他				
84.25	**滑车及提升机,但倒卸式提升机除外;卷扬机及绞盘;千斤顶:**	1. 品名; 2. 用途; 3. 驱动方式	4. 品牌; 5. 型号; 6. 最大提升高度(距离); 7. 最大提升重量		
	-滑车及提升机,但倒卸式提升机及提升车辆用的提升机除外:				
8425.1100	--电动的				
8425.1900	--其他				
	-其他卷扬机;绞盘:				
	--电动的:				
8425.3110	---矿井口卷扬装置;专为井下使用设计的卷扬机				
8425.3190	---其他				
	--其他:				
8425.3910	---矿井口卷扬装置;专为井下使用设计的卷扬机				
8425.3990	---其他				
	-千斤顶;提升车辆用的提升机:				
8425.4100	--车库中使用的固定千斤顶系统				
	--其他液压千斤顶及提升机:				
8425.4210	---液压千斤顶				

税则号列	商品名称	申报要素			说明举例
		归类要素	价格要素	其他要素	
8425.4290	---其他				
	--其他：				
8425.4910	---其他千斤顶				
8425.4990	---其他				
84.26	**船用桅杆式起重机；起重机，包括缆式起重机；移动式吊运架、跨运车及装有起重机的工作车：**	1. 品名；2. 用途；3. 结构类型	4. 品牌；5. 型号		
	-高架移动式起重机、桁架桥式起重机、龙门起重机、桥式起重机、移动式吊运架及跨运车：				
	--固定支架的高架移动式起重机：				
8426.1120	---通用桥式起重机				
8426.1190	---其他				
8426.1200	--带胶轮的移动式吊运架及跨运车				
	--其他：				
8426.1910	---装船机				
	---卸船机：				
8426.1921	----抓斗式				
8426.1929	----其他				
8426.1930	---龙门式起重机				
	---装卸桥：				
8426.1941	----门式装卸桥				
8426.1942	----集装箱装卸桥				
8426.1943	----其他动臂式装卸桥				
8426.1949	----其他				
8426.1990	---其他				
8426.2000	-塔式起重机				
8426.3000	-门座式起重机及座式旋臂起重机				
	-其他自推进机械：				
	--带胶轮的：				
8426.4110	---轮胎式起重机				
8426.4190	---其他				
	--其他：				
8426.4910	---履带式起重机				
8426.4990	---其他				
	-其他机械：				
8426.9100	--供装于公路车辆的				

税则号列	商品名称	申报要素			说明举例
		归类要素	价格要素	其他要素	
8426.9900	--其他				
84.27	**叉车；其他装有升降或搬运装置的工作车：**	1. 品名；2. 用途；3. 推进方式	4. 品牌；5. 型号；6. 最大提升高度（距离）；7. 最大提升重量		
	-电动机推进的机动车：				
8427.1010	---有轨巷道堆垛机				
8427.1020	---无轨巷道堆垛机				
8427.1090	---其他				
	-其他机动车：				
8427.2010	---集装箱叉车				
8427.2090	---其他				
8427.9000	-其他车				
84.28	**其他升降、搬运、装卸机械（例如，升降机、自动梯、输送机、缆车）：**				
	-升降机及倒卸式起重机：				
8428.1010	---载客电梯	1. 品名；2. 用途	3. 品牌；4. 型号；5. 提升速度；6. 停层数；7. 载重量		
8428.1090	---其他	1. 品名；2. 用途	3. 品牌；4. 型号		
8428.2000	-气压升降机及输送机	1. 品名；2. 驱动方式	3. 品牌；4. 型号		
	-其他用于连续运送货物或材料的升降机及输送机：	1. 品名；2. 用途；3. 运送方式；4. 工作构件类型（斗式、带式等）	5. 品牌；6. 型号		
8428.3100	--地下专用的				
8428.3200	--其他，斗式				
8428.3300	--其他，带式				
	--其他：				
8428.3910	---链式				
8428.3920	---辊式				
8428.3990	---其他				
8428.4000	-自动梯及自动人行道	1. 品名	2. 品牌；3. 型号		
	-缆车、座式升降机、滑雪拉索、索道用牵引装置：	1. 品名；2. 用途；3. 原理；4. 结构类型	5. 品牌；6. 型号		
8428.6010	---货运架空索道				
	---客运架空索道：				
8428.6021	----单线循环式				

税则号列	商品名称	申报要素			说明举例
		归类要素	价格要素	其他要素	
8428.6029	----其他				
8428.6090	---其他				
	-其他机械：	1. 品名；2. 用途	3. 品牌；4. 型号		
8428.9010	---矿车推动机、铁道机车或货车的转车台、货车倾卸装置及类似的铁道货车搬运装置				
8428.9020	---机械式停车设备				
	---其他装卸机械：				
8428.9031	----堆取料机械				
8428.9039	----其他				
8428.9040	---搬运机器人				
8428.9090	---其他				
84.29	**机动推土机、侧铲推土机、筑路机、平地机、铲运机、机械铲、挖掘机、机铲装载机、捣固机械及压路机：**				
	-推土机及侧铲推土机：	1. 品名；2. 行走装置类型（轮胎式、履带式等）；3. 发动机输出功率	4. 品牌；5. 是否自推进；6. 型号；7. 机械重量		
	--履带式：				
8429.1110	---发动机输出功率超过 235.36 千瓦（320 马力）的				
8429.1190	---其他				
	--其他：				
8429.1910	---发动机输出功率超过 235.36 千瓦（320 马力）的				
8429.1990	---其他				
	-筑路机及平地机：	1. 品名；2. 是否自推进；3. 发动机输出功率	4. 品牌；5. 型号		
8429.2010	---发动机输出功率超过 235.36 千瓦（320 马力）的				
8429.2090	---其他				
	-铲运机：	1. 品名；2. 是否自推进；3. 斗容量	4. 品牌；5. 型号		
8429.3010	---斗容量超过 10 立方米的				
8429.3090	---其他				
	-捣固机械及压路机：	1. 品名；2. 原理；3. 是否自推进；4. 机重	5. 品牌；6. 型号		
	---机动压路机：				
8429.4011	----机重 18 吨及以上的振动式压路机				

税则号列	商品名称	申报要素			说明举例
		归类要素	价格要素	其他要素	
8429.4019	----其他				
8429.4090	---其他				
	-机械铲、挖掘机及机铲装载机：				
8429.5100	--前铲装载机	1. 品名；2. 是否自推进	3. 品牌；4. 行走装置类型（轮胎式、履带式等）；5. 型号		
	--上部结构可旋转360度的机械：				
	---挖掘机：	1. 品名；2. 行走装置类型（轮胎式、履带式等）；3. 是否自推进；4. 是否上部结构可旋转360度	5. 品牌；6. 型号；7. 斗容量；8. 功率；9. 机重		
8429.5211	----轮胎式				
8429.5212	----履带式				
8429.5219	----其他				
8429.5290	---其他	1. 品名；2. 是否自推进；3. 是否上部结构可旋转360度	4. 品牌；5. 行走装置类型（轮胎式、履带式等）；6. 型号		
8429.5900	--其他	1. 品名；2. 是否自推进	3. 品牌；4. 行走装置类型（轮胎式、履带式等）；5. 型号；6. 斗容量；7. 功率；8. 机重		
84.30	**泥土、矿物或矿石的运送、平整、铲运、挖掘、捣固、压实、开采或钻探机械；打桩机及拔桩机；扫雪机及吹雪机：**				
8430.1000	-打桩机及拔桩机	1. 品名	2. 品牌；3. 型号		
8430.2000	-扫雪机及吹雪机	1. 品名	2. 品牌；3. 型号；4. 是否自推进		
	-采（截）煤机、凿岩机及隧道掘进机：	1. 品名；2. 是否自推进	3. 品牌；4. 型号		例：三菱牌自推进隧道掘进机，型号WD6532
	--自推进的：				
8430.3110	---采（截）煤机				
8430.3120	---凿岩机				

税则号列	商 品 名 称	申报要素			说 明 举 例
		归类要素	价格要素	其他要素	
8430.3130	---隧道掘进机				
8430.3900	--其他				
	-其他钻探或凿井机械:				
	--自推进的:				
	---石油及天然气钻探机:	1. 品名; 2. 用途; 3. 是否自推进; 4. 钻探深度	5. 品牌; 6. 型号		
8430.4111	----钻探深度在6000米及以上的				
8430.4119	----其他				
	---其他钻探机:				
8430.4121	----钻探深度在6000米及以上的	1. 品名; 2. 用途; 3. 是否自推进; 4. 钻探深度	5. 品牌; 6. 型号		
8430.4122	----钻探深度在6000米以下的履带式自推进钻机	1. 品名; 2. 用途; 3. 是否自推进; 4. 钻探深度	5. 品牌; 6. 型号; 7. 机身号; 8. 钻头直径; 9. 机身重量		
8430.4129	----钻探深度在6000米以下的其他钻探机	1. 品名; 2. 用途; 3. 是否自推进; 4. 钻探深度	5. 品牌; 6. 型号		
8430.4190	---其他	1. 品名; 2. 用途; 3. 是否自推进; 4. 钻探深度	5. 品牌; 6. 型号		
8430.4900	--其他	1. 品名; 2. 用途; 3. 是否自推进; 4. 钻探深度	5. 品牌; 6. 型号		
	-其他自推进机械:	1. 品名; 2. 用途; 3. 是否自推进; 4. 牙轮直径	5. 品牌; 6. 型号		
8430.5010	---其他采油机械				
8430.5020	---矿用电铲				
	---采矿钻机:				
8430.5031	----牙轮直径380毫米及以上				
8430.5039	----其他				
8430.5090	---其他				
	-其他非自推进机械:	1. 品名; 2. 用途; 3. 是否自推进; 4. 钻筒直径	5. 品牌; 6. 型号		
8430.6100	--捣固或压实机械				
	--其他:				
	---工程钻机:				
8430.6911	----钻筒直径在3米及以上				
8430.6919	----其他				
8430.6920	---铲运机				
8430.6990	---其他				
84.31	**专用于或主要用于税目84.25至84.30所列机械的零件:**	1. 品名; 2. 用途(适用机型); 3. 如为破碎锤注明是否带有钎杆	4. 品牌; 5. 型号		例: 挖掘机用挖斗, 无品牌、型号

税则号列	商品名称	申报要素			说明举例
		归类要素	价格要素	其他要素	
8431.1000	-税目84.25所列机械的零件				
	-税目84.27所列机械的零件:				
8431.2010	---装有差速器的驱动桥及其零件，不论是否装有其他传动部件				
8431.2090	---其他				
	-税目84.28所列机械的零件:				
8431.3100	--升降机、倒卸式起重机或自动梯的零件				
8431.3900	--其他				
	-税目84.26、84.29或84.30所列机械的零件:				
8431.4100	--戽斗、铲斗、抓斗及夹斗				
8431.4200	--推土机或侧铲推土机用铲				
	--子目8430.41或8430.49所列钻探或凿井机械的零件:				
8431.4310	---石油或天然气钻探机用				
8431.4320	---其他钻探机用				
8431.4390	---其他				
	--其他:				
8431.4920	---装有差速器的驱动桥及其零件，不论是否装有其他传动部件				
	---其他:				
8431.4991	----矿用电铲用				
8431.4999	----其他				
84.32	**农业、园艺及林业用整地或耕作机械；草坪及运动场地滚压机:**				
8432.1000	-犁	1. 品名	2. 用途；3. 品牌；4. 型号		
	-耙、松土机、中耕机、除草机及耕耘机:	1. 品名；2. 用途	3. 品牌；4. 型号		
8432.2100	--圆盘耙				
8432.2900	--其他				
	-播种机、种植机及移植机:	1. 品名；2. 用途	3. 品牌；4. 型号		
	--免耕直接播种机、种植机及移植机:				
	---免耕直接播种机:				
8432.3111	----谷物播种机				
8432.3119	----其他				

税则号列	商品名称	申报要素			说明举例
		归类要素	价格要素	其他要素	
	---免耕直接种植机：				
8432.3121	----马铃薯种植机				
8432.3129	----其他				
	---免耕直接移植机（栽植机）：				
8432.3131	----水稻插秧机				
8432.3139	----其他				
	--其他：				
	---播种机：				
8432.3911	----谷物播种机				
8432.3919	----其他				
	---种植机：				
8432.3921	----马铃薯种植机				
8432.3929	----其他				
	---移植机（栽植机）：				
8432.3931	----水稻插秧机				
8432.3939	----其他				
	-施肥机：	1. 品名；2. 用途	3. 品牌；4. 型号		
8432.4100	--粪肥施肥机				
8432.4200	--化肥施肥机				
	-其他机械：	1. 品名；2. 用途	3. 品牌；4. 型号		
8432.8010	---草坪及运动场地滚压机				
8432.8090	---其他				
8432.9000	-零件	1. 品名；2. 用途（适用机型）	3. 品牌；4. 型号		
84.33	**收割机、脱粒机，包括草料打包机；割草机；蛋类、水果或其他农产品的清洁、分选、分级机器，但税目84.37的机器除外：**				
	-草坪、公园或运动场地用的割草机：	1. 品名；2. 用途；3. 驱动方式；4. 切割装置的旋转类型	5. 品牌；6. 型号		
8433.1100	--机动的，切割装置在同一水平面上旋转的				
8433.1900	--其他				
8433.2000	-其他割草机，包括牵引装置用的刀具杆	1. 品名；2. 用途	3. 品牌；4. 型号		
8433.3000	-其他干草切割、翻晒机器	1. 品名	2. 品牌；3. 型号		

税则号列	商品名称	申报要素			说明举例
		归类要素	价格要素	其他要素	
8433.4000	-草料打包机，包括收集打包机	1. 品名	2. 品牌；3. 型号		
	-其他收割机；脱粒机：				
8433.5100	--联合收割机	1. 品名；2. 用途	3. 品牌；4. 型号；5. 功率		
8433.5200	--其他脱粒机	1. 品名；2. 用途	3. 品牌；4. 型号		
8433.5300	--根茎或块茎收获机	1. 品名；2. 用途	3. 品牌；4. 型号；5. 功率		
	--其他：	1. 品名；2. 用途	3. 品牌；4. 型号；5. 功率		
8433.5910	---甘蔗收获机				
8433.5920	---棉花采摘机				
8433.5990	---其他				
	-蛋类、水果或其他农产品的清洁、分选、分级机器：	1. 品名；2. 用途	3. 品牌；4. 型号		
8433.6010	---蛋类清洁、分选、分级机器				
8433.6090	---其他				
	-零件：	1. 品名；2. 用途（适用机型）	3. 品牌；4. 型号		
8433.9010	---联合收割机用				
8433.9090	---其他				
84.34	**挤奶机及乳品加工机器：**				
8434.1000	-挤奶机	1. 品名；2. 用途	3. 品牌；4. 型号		
8434.2000	-乳品加工机器	1. 品名；2. 用途	3. 品牌；4. 型号		
8434.9000	-零件	1. 品名；2. 用途（适用机型）	3. 品牌；4. 型号		
84.35	**制酒、制果汁或制类似饮料用的压榨机、轧碎机及类似机器：**				
8435.1000	-机器	1. 品名；2. 用途	3. 品牌；4. 型号		
8435.9000	-零件	1. 品名；2. 用途（适用机型）	3. 品牌；4. 型号		
84.36	**农业、园艺、林业、家禽饲养业或养蜂业用的其他机器，包括装有机械或热力装置的催芽设备；家禽孵卵器及育雏器：**				
8436.1000	-动物饲料配制机	1. 品名；2. 用途	3. 品牌；4. 型号		

税则号列	商品名称	申报要素			说明举例
		归类要素	价格要素	其他要素	
	-家禽饲养用的机器；家禽孵卵器及育雏器：	1. 品名；2. 用途	3. 品牌；4. 型号		
8436.2100	--家禽孵卵器及育雏器				
8436.2900	--其他				
8436.8000	-其他机器	1. 品名；2. 用途	3. 品牌；4. 型号		
	-零件：	1. 品名；2. 用途（适用机型）	3. 品牌；4. 型号		
8436.9100	--家禽饲养用机器的零件或家禽孵卵器及育雏器的零件				
8436.9900	--其他				
84.37	**种子、谷物或干豆的清洁、分选或分级机器；谷物磨粉业加工机器或谷物、干豆加工机器，但农业用机器除外：**				
	-种子、谷物或干豆的清洁、分选或分级机器：	1. 品名；2. 用途	3. 品牌；4. 型号		
8437.1010	---光学色差颗粒选别机（色选机）				
8437.1090	---其他				
8437.8000	-其他机器	1. 品名；2. 用途	3. 品牌；4. 型号		
8437.9000	-零件	1. 品名；2. 用途（适用机型）	3. 品牌；4. 型号		
84.38	**本章其他税目未列名的食品、饮料工业用的生产或加工机器，但提取、加工动物油脂或植物固定油脂的机器除外：**				
8438.1000	-糕点加工机器及生产通心粉、面条或类似产品的机器	1. 品名；2. 用途	3. 品牌；4. 型号		
8438.2000	-生产糖果、可可粉、巧克力的机器	1. 品名；2. 用途	3. 品牌；4. 型号		
8438.3000	-制糖机器	1. 品名；2. 用途	3. 品牌；4. 型号		
8438.4000	-酿酒机器	1. 品名；2. 用途	3. 品牌；4. 型号		
8438.5000	-肉类或家禽加工机器	1. 品名；2. 用途	3. 品牌；4. 型号		
8438.6000	-水果、坚果或蔬菜加工机器	1. 品名；2. 用途	3. 品牌；4. 型号		
8438.8000	-其他机器	1. 品名；2. 用途	3. 品牌；4. 型号		

税则号列	商品名称	申报要素			说明举例
		归类要素	价格要素	其他要素	
8438.9000	-零件	1. 品名；2. 用途（适用机型）	3. 品牌；4. 型号		
84.39	**纤维素纸浆、纸及纸板的制造或整理机器：**				
8439.1000	-制造纤维素纸浆的机器	1. 品名；2. 用途	3. 品牌；4. 型号		
8439.2000	-纸或纸板的抄造机器	1. 品名；2. 用途	3. 品牌；4. 型号		
8439.3000	-纸或纸板的整理机器	1. 品名；2. 用途	3. 品牌；4. 型号		
	-零件：	1. 品名；2. 用途（适用机型）	3. 品牌；4. 型号		
8439.9100	--制造纤维素纸浆的机器用				
8439.9900	--其他				
84.40	**书本装订机器，包括锁线订书机：**				
	-机器：	1. 品名；2. 用途	3. 品牌；4. 型号		
8440.1010	---锁线装订机				
8440.1020	---胶订机				
8440.1090	---其他				
8440.9000	-零件	1. 品名；2. 用途（适用机型）	3. 品牌；4. 型号		
84.41	**其他制造纸浆制品、纸制品或纸板制品的机器，包括各种切纸机：**				
8441.1000	-切纸机	1. 品名；2. 用途	3. 品牌；4. 型号		
8441.2000	-制造包、袋或信封的机器	1. 品名；2. 用途	3. 品牌；4. 型号		
	-制造箱、盒、管、桶或类似容器的机器，但模制成型机器除外：	1. 品名；2. 用途	3. 品牌；4. 型号		
8441.3010	---制造纸塑铝复合罐的生产设备				
8441.3090	---其他				
8441.4000	-纸浆、纸或纸板制品模制成型机器	1. 品名；2. 用途	3. 品牌；4. 型号		
	-其他机器：	1. 品名；2. 用途	3. 品牌；4. 型号		
8441.8010	---制造纸塑铝软包装的生产设备				
8441.8090	---其他				

税则号列	商品名称	申报要素			说明举例
		归类要素	价格要素	其他要素	
	-零件：	1. 品名；2. 用途（适用机型）	3. 品牌；4. 型号		
8441.9010	---切纸机用				
8441.9090	---其他				
84.42	**制印刷版（片）、滚筒及其他印刷部件用的机器、器具及设备（税目84.56至84.65的机器除外）；印刷用版（片）、滚筒及其他印刷部件；制成供印刷用（例如，刨平、压纹或抛光）的板（片）、滚筒及石板：**				
	-机器、器具及设备：	1. 品名；2. 用途；3. 原理	4. 品牌；5. 型号		
8442.3010	---铸字机				
	---制版机器、器具及设备：				
8442.3021	----计算机直接制版设备				
8442.3029	----其他				
8442.3090	---其他				
8442.4000	-上述机器、器具及设备的零件	1. 品名；2. 用途（适用机型）	3. 品牌；4. 型号		
8442.5000	-印刷用版（片）、滚筒及其他印刷部件；制成供印刷用（例如，刨平、压纹或抛光）的板（片）、滚筒及石板	1. 品名；2. 用途；3. 原理	4. 品牌；5. 型号		
84.43	**用税目84.42的印刷用版（片）、滚筒及其他印刷部件进行印刷的机器；其他打印机、复印机及传真机，不论是否组合式；上述机器的零件及附件：**				
	-用税目84.42的印刷用版（片）、滚筒及其他印刷部件进行印刷的机器：				
8443.1100	--卷取进料式胶印机	1. 品名；2. 用途；3. 原理；4. 进料方式；5. 片尺寸	6. 品牌；7. 型号		
8443.1200	--办公室用片取进料式胶印机（以未折叠计，片尺寸一边长不超过22厘米，另一边长不超过36厘米）	1. 品名；2. 用途；3. 原理；4. 进料方式；5. 片尺寸	6. 品牌；7. 型号		
	--其他胶印机：	1. 品名；2. 用途；3. 原理；4. 进料方式；5. 片尺寸	6. 品牌；7. 型号；8. 印刷速度；9. 印刷方式		

税则号列	商品名称	申报要素			说明举例
		归类要素	价格要素	其他要素	
	---平张纸进料式：				
8443.1311	----单色机				
8443.1312	----双色机				
8443.1313	----四色机				
8443.1319	----其他				
8443.1390	---其他				
8443.1400	--卷取进料式凸版印刷机，但不包括苯胺印刷机	1. 品名；2. 用途；3. 原理；4. 进料方式；5. 片尺寸	6. 品牌；7. 型号		
8443.1500	--除卷取进料式以外的凸版印刷机，但不包括苯胺印刷机	1. 品名；2. 用途；3. 原理；4. 进料方式；5. 片尺寸	6. 品牌；7. 型号		
8443.1600	--苯胺印刷机	1. 品名；2. 用途；3. 原理；4. 进料方式；5. 片尺寸	6. 品牌；7. 型号；8. 线速度；9. 幅宽		
8443.1700	--凹版印刷机	1. 品名；2. 用途；3. 原理；4. 进料方式；5. 片尺寸；6. 印刷速度	7. 品牌；8. 型号		
	--其他：	1. 品名；2. 用途；3. 原理；4. 进料方式；5. 片尺寸	6. 品牌；7. 型号		
	---网式印刷机：				
8443.1921	----圆网印刷机				
8443.1922	----平网印刷机				
8443.1929	----其他				
8443.1980	---其他				
	-其他印刷（打印）机、复印机及传真机，不论是否组合式：				
	--具有印刷（打印）、复印或传真中两种及以上功能的机器，可与自动数据处理设备或网络连接：	1. 品名；2. 原理；3. 功能	4. 品牌；5. 型号		
8443.3110	---静电感光式				
8443.3190	---其他				
	--其他，可与自动数据处理设备或网络连接：				
	---专用于税目84.71所列设备的打印机：	1. 品名；2. 用途（是否专用于税目84.71所列设备）；3. 原理	4. 品牌；5. 型号；6. 打印幅宽；7. 打印速度		
8443.3211	----针式打印机				
8443.3212	----激光打印机				

税则号列	商品名称	申报要素			说明举例
		归类要素	价格要素	其他要素	
8443.3213	----喷墨打印机				
8443.3214	----热敏打印机				
8443.3219	----其他				
	---数字式印刷设备：	1. 品名；2. 用途；3. 原理	4. 品牌；5. 型号		
8443.3221	----喷墨印刷机				
8443.3222	----静电照相印刷机（激光印刷机）				
8443.3229	----其他				
8443.3290	---其他	1. 品名；2. 用途；3. 原理	4. 品牌；5. 型号		
	--其他：	1. 品名；2. 用途（是否专用于税目84.71所列设备）；3. 原理	4. 品牌；5. 型号		
	---静电感光复印设备：				
8443.3911	----将原件直接复印的（直接法）				
8443.3912	----将原件通过中间体转印的（间接法）				
	---其他感光复印设备：				
8443.3921	----带有光学系统的				
8443.3922	----接触式的				
8443.3923	----热敏复印设备				
8443.3924	----热升华复印设备				
	---数字式印刷设备：				
8443.3931	----喷墨印刷机				
8443.3932	----静电照相印刷机（激光印刷机）				
8443.3939	----其他				
8443.3990	---其他				
	-零件及附件：	1. 品名；2. 用途（适用机型）	3. 品牌；4. 型号		
	--用税目84.42的印刷用版（片）、滚筒及其他印刷部件进行印刷的机器的零件及附件：				
	---印刷用辅助机器：				
8443.9111	----卷筒料给料机				
8443.9119	----其他				
8443.9190	---其他				
	--其他：				
8443.9910	---数字印刷设备用辅助机器				

税则号列	商品名称	申报要素			说明举例
		归类要素	价格要素	其他要素	
	---数字印刷设备的零件：				
8443.9921	----热敏打印头				
8443.9929	----其他				
8443.9990	---其他				
84.44	**化学纺织纤维挤压、拉伸、变形或切割机器：**	1. 品名；2. 用途	3. 品牌；4. 型号		
8444.0010	---合成纤维长丝纺丝机				
8444.0020	---合成纤维短丝纺丝机				
8444.0030	---人造纤维纺丝机				
8444.0040	---化学纤维变形机				
8444.0050	---化学纤维切断机				
8444.0090	---其他				
84.45	**纺织纤维的预处理机器；纺纱机，并线机、加捻机及其他生产纺织纱线的机器；摇纱机、络纱机（包括卷纬机）及处理税目84.46或84.47所列机器用的纺织纱线的机器：**	1. 品名；2. 用途；3. 原理	4. 品牌；5. 型号		
	-纺织纤维的预处理机器：				
	--梳理机：				
	---棉纤维型：				
8445.1111	----清梳联合机				
8445.1112	----自动抓棉机				
8445.1113	----梳棉机				
8445.1119	----其他				
8445.1120	---毛纤维型				
8445.1190	---其他				
	--精梳机：				
8445.1210	---棉精梳机				
8445.1220	---毛精梳机				
8445.1290	---其他				
	--拉伸机或粗纱机：				
8445.1310	---拉伸机				
	---粗纱机：				
8445.1321	----棉纺粗纱机				
8445.1322	----毛纺粗纱机				
8445.1329	----其他				
8445.1900	--其他				
	-纺纱机：				
	---自由端纺纱机：				
8445.2031	----转杯纺纱机				
8445.2032	----喷气纺纱机				

税则号列	商品名称	申报要素			说明举例
		归类要素	价格要素	其他要素	
8445.2039	----其他				
	---环锭细纱机:				
8445.2041	----棉细纱机				
8445.2042	----毛细纱机				
8445.2049	----其他				
8445.2090	---其他				
8445.3000	-并线机或加捻机				
	-络纱机(包括卷纬机)或摇纱机:				
8445.4010	---自动络筒机				
8445.4090	---其他				
	-其他:				
8445.9010	---整经机				
8445.9020	---浆纱机				
8445.9090	---其他				
84.46	**织机:**	1. 品名; 2. 用途; 3. 原理; 4. 织物宽度	5. 品牌; 6. 型号		
8446.1000	-所织织物宽度不超过30厘米的织机				
	-所织织物宽度超过30厘米的梭织机:				
	--动力织机:				
8446.2110	---地毯织机				
8446.2190	---其他				
8446.2900	--其他				
	-所织织物宽度超过30厘米的无梭织机:				
8446.3020	---剑杆织机				
8446.3030	---片梭织机				
8446.3040	---喷水织机				
8446.3050	---喷气织机				
8446.3090	---其他				
84.47	**针织机、缝编机及制粗松螺旋花线、网眼薄纱、花边、刺绣品、装饰带、编织带或网的机器及簇绒机:**				
	-圆型针织机:	1. 品名; 2. 圆筒直径	3. 品牌; 4. 型号		
8447.1100	--圆筒直径不超过165毫米				
8447.1200	--圆筒直径超过165毫米				
	-平型针织机; 缝编机:	1. 品名; 2. 原理	3. 品牌; 4. 型号; 5. 幅宽		

税则号列	商品名称	申报要素			说明举例
		归类要素	价格要素	其他要素	
	---经编机:				
8447.2011	----特里科经编机				
8447.2012	----拉舍尔经编机				
8447.2019	----其他				
8447.2020	---平型纬编机				
8447.2030	---缝编机				
	-其他:	1. 品名; 2. 原理	3. 品牌; 4. 型号		
	---簇绒机:				
8447.9011	----地毯织机				
8447.9019	----其他				
8447.9020	---绣花机				
8447.9090	---其他				
84.48	**税目84.44、84.45、84.46或84.47所列机器的辅助机器(例如,多臂机、提花机、自停装置及换梭装置);专用于或主要用于税目84.44、84.45、84.46或84.47所列机器的零件、附件(例如,锭子、锭壳、钢丝针布、梳、喷丝头、梭子、综丝、综框、针织机用针):**	1. 品名; 2. 用途(适用机型)	3. 品牌; 4. 型号		例:织机用综框,无品牌、型号
	-税目84.44、84.45、84.46或84.47所列机器的辅助机器:				
8448.1100	--多臂机或提花机及其所用的卡片缩小、复制、穿孔或汇编机器				
8448.1900	--其他				
	-税目84.44所列机器及其辅助机器的零件、附件:				
8448.2020	---喷丝头或喷丝板				
8448.2090	---其他				
	-税目84.45所列机器及其辅助机器的零件、附件:				
8448.3100	--钢丝针布				
8448.3200	--纺织纤维预处理机器的零件、附件,但钢丝针布除外				
	--锭子、锭壳、纺丝环、钢丝圈:				
8448.3310	---络筒锭				
8448.3390	---其他				
	--其他:				

税则号列	商品名称	申报要素			说明举例
		归类要素	价格要素	其他要素	
8448.3910	---气流杯				
8448.3920	---电子清纱器				
8448.3930	---空气捻接器				
8448.3940	---环锭细纱机紧密纺装置				
8448.3990	---其他				
	-织机及其辅助机器的零件、附件：				
8448.4200	--织机用筘、综丝及综框				
	--其他：				
8448.4910	---接、投梭箱				
8448.4920	---引纬、送经装置				
8448.4930	---梭子				
8448.4990	---其他				
	-税目84.47所列机器及其辅助机器的零件、附件：				
	--沉降片、织针及其他成圈机件：				
8448.5120	---针织机用28号以下的弹簧针、钩针及复合针				
8448.5190	---其他				
8448.5900	--其他				
84.49	**成匹、成形的毡呢或无纺织物制造或整理机器，包括制毡呢帽机器；帽模：**	1. 品名；2. 原理	3. 品牌；4. 型号		
8449.0010	---针刺机				
8449.0020	---水刺设备				
8449.0090	---其他				
84.50	**家用型或洗衣房用洗衣机，包括洗涤干燥两用机：**				
	-干衣量不超过10千克的洗衣机：	1. 品名；2. 原理；3. 是否全自动；4. 干衣量	5. 品牌；6. 型号		
	--全自动的：				
8450.1110	---波轮式				
8450.1120	---滚筒式				
8450.1190	---其他				
8450.1200	--其他机器，装有离心甩干机				
8450.1900	--其他				
	-干衣量超过10千克的洗衣机：	1. 品名；2. 原理；3. 是否全自动；4. 干衣量	5. 品牌；6. 型号		
	---全自动的：				
8450.2011	----波轮式				
8450.2012	----滚筒式				

税则号列	商品名称	申报要素			说明举例
		归类要素	价格要素	其他要素	
8450.2019	----其他				
8450.2090	---其他				
	-零件:	1. 品名; 2. 用途(适用机型)	3. 品牌; 4. 型号		
8450.9010	---干衣量不超过10千克的洗衣机用				
8450.9090	---其他				
84.51	**纱线、织物及纺织制品的洗涤、清洁、绞拧、干燥、熨烫、挤压(包括熔压)、漂白、染色、上浆、整理、涂布或浸渍机器(税目84.50的机器除外);列诺伦(亚麻油地毡)及类似铺地制品的布基或其他底布的浆料涂布机器;纺织物的卷绕、退绕、折叠、剪切或剪齿边机器:**				
8451.1000	-干洗机	1. 品名; 2. 用途	3. 品牌; 4. 型号; 5. 衣容量(千克)		
	-干燥机:	1. 品名; 2. 用途; 3. 干衣量	4. 品牌; 5. 型号		
8451.2100	--干衣量不超过10千克				
8451.2900	--其他				
8451.3000	-熨烫机及挤压机(包括熔压机)	1. 品名; 2. 用途	3. 品牌; 4. 型号		
8451.4000	-洗涤、漂白或染色机器	1. 品名; 2. 用途	3. 品牌; 4. 型号		
8451.5000	-纺织物的卷绕、退绕、折叠、剪切或剪齿边机器	1. 品名; 2. 用途	3. 品牌; 4. 型号		
8451.8000	-其他机器	1. 品名; 2. 用途	3. 品牌; 4. 型号		
8451.9000	-零件	1. 品名; 2. 用途(适用机型)	3. 品牌; 4. 型号		
84.52	**缝纫机,但税目84.40的锁线订书机除外;缝纫机专用的特制家具、底座及罩盖;缝纫机针:**				
	-家用型缝纫机:	1. 品名; 2. 用途; 3. 是否手动	4. 品牌; 5. 型号		
8452.1010	---多功能家用缝纫机				
	---其他:				
8452.1091	----手动式				

税则号列	商品名称	申报要素			说明举例
		归类要素	价格要素	其他要素	
8452.1099	----其他				
	-其他缝纫机：	1. 品名；2. 用途；3. 是否自动	4. 品牌；5. 型号		
	--自动的：				
8452.2110	---平缝机				
8452.2120	---包缝机				
8452.2130	---绷缝机				
8452.2190	---其他				
8452.2900	--其他				
8452.3000	-缝纫机针	1. 品名；2. 用途	3. 品牌；4. 型号		
	-缝纫机专用的特制家具、底座和罩盖及其零件；缝纫机的其他零件：	1. 品名；2. 用途（适用机型）	3. 品牌；4. 型号		
	---家用型缝纫机用：				
8452.9011	----旋梭				
8452.9019	----其他				
	---其他：				
8452.9091	----旋梭				
8452.9092	----缝纫机专用的特制家具、底座和罩盖及其零件				
8452.9099	----其他				
84.53	**生皮、皮革的处理、鞣制或加工机器，鞋靴、毛皮及其他皮革制品的制作或修理机器，但缝纫机除外：**				
8453.1000	-生皮、皮革的处理、鞣制或加工机器	1. 品名；2. 用途	3. 品牌；4. 型号		
8453.2000	-鞋靴制作或修理机器	1. 品名；2. 用途	3. 品牌；4. 型号		
8453.8000	-其他机器	1. 品名；2. 用途	3. 品牌；4. 型号		
8453.9000	-零件	1. 品名；2. 用途（适用机型）	3. 品牌；4. 型号		
84.54	**金属冶炼及铸造用的转炉、浇包、锭模及铸造机：**				
8454.1000	-转炉	1. 品名；2. 用途	3. 品牌；4. 型号		
	-锭模及浇包：	1. 品名；2. 用途	3. 品牌；4. 型号		
8454.2010	---炉外精炼设备				
8454.2090	---其他				

税则号列	商品名称	申报要素			说明举例
		归类要素	价格要素	其他要素	
	-铸造机：	1. 品名；2. 用途	3. 品牌；4. 型号		
8454. 3010	---冷室压铸机				
	---钢坯连铸机：				
8454. 3021	----方坯连铸机				
8454. 3022	----板坯连铸机				
8454. 3029	----其他				
8454. 3090	---其他				
	-零件：	1. 品名；2. 用途（适用机型）	3. 品牌；4. 型号		
8454. 9010	---炉外精炼设备用				
	---钢坯连铸机用：				
8454. 9021	----结晶器				
8454. 9022	----振动装置				
8454. 9029	----其他				
8454. 9090	---其他				
84. 55	**金属轧机及其轧辊：**				
	-轧管机：	1. 品名；2. 用途；3. 加工方式	4. 品牌；5. 型号		
8455. 1010	---热轧管机				
8455. 1020	---冷轧管机				
8455. 1030	---定减径轧管机				
8455. 1090	---其他				
	-其他轧机：	1. 品名；2. 用途；3. 加工方式	4. 品牌；5. 型号		
	--热轧机或冷热联合轧机：				
8455. 2110	---板材热轧机				
8455. 2120	---型钢轧机				
8455. 2130	---线材轧机				
8455. 2190	---其他				
	--冷轧机：				
8455. 2210	---板材冷轧机				
8455. 2290	---其他				
8455. 3000	-轧机用轧辊	1. 品名；2. 用途（适用机型）	3. 品牌；4. 型号；5. 规格（轧辊长度、辊身直径、辊颈直径）		
8455. 9000	-其他零件	1. 品名；2. 用途（适用机型）	3. 品牌；4. 型号		

税则号列	商品名称	申报要素			说明举例
		归类要素	价格要素	其他要素	
84.56	**用激光、其他光、光子束、超声波、放电、电化学法、电子束、离子束或等离子弧处理各种材料的加工机床；水射流切割机：**				
	-用激光、其他光或光子束处理的：	1. 品名；2. 功能；3. 加工方式	4. 品牌；5. 型号		
8456.1100	--用激光处理的				
8456.1200	--用其他光或光子束处理的				
8456.2000	-用超声波处理的	1. 品名；2. 功能；3. 加工方式	4. 品牌；5. 型号		
	-用放电处理的：				
8456.3010	---数控的	1. 品名；2. 控制方式；3. 功能；4. 加工方式	5. 品牌；6. 型号；7. 功率；8. 加工精度		
8456.3090	---其他	1. 品名；2. 控制方式；3. 功能；4. 加工方式	5. 品牌；6. 型号；7. 功率		
	-用等离子弧处理的：	1. 品名；2. 功能；3. 加工方式	4. 品牌；5. 型号		
8456.4010	---等离子切割机				
8456.4090	---其他				
8456.5000	-水射流切割机	1. 品名；2. 功能；3. 加工方式	4. 品牌；5. 型号		
8456.9000	-其他	1. 品名；2. 功能；3. 加工方式	4. 品牌；5. 型号		
84.57	**加工金属的加工中心、单工位组合机床及多工位组合机床：**				
	-加工中心：	1. 品名；2. 用途；3. 功能（如金属钻、镗、铣等）；4. 可加装刀库注明刀库容量及选配件；5. 是否可自动换刀	6. 品牌；7. 型号	8. 中韩自贸协定项下进口数控机床请注明所用数控装置品牌、型号及原产地	例：立式加工中心，金属钻、铣，带刀库（12 件），可自动换刀，永进牌，型号 YCM-MV66A
8457.1010	---立式				
8457.1020	---卧式				
8457.1030	---龙门式				
	---其他：				
8457.1091	----铣车复合				
8457.1099	----其他				

税则号列	商品名称	申报要素			说明举例
		归类要素	价格要素	其他要素	
8457.2000	-单工位组合机床	1. 品名；2. 用途；3. 功能（如金属钻、镗、铣等）；4. 加工工位数；5. 动力头个数	6. 品牌；7. 型号	8. 中韩自贸协定项下进口数控机床请注明所用数控装置品牌、型号及原产地	
8457.3000	-多工位组合机床	1. 品名；2. 用途；3. 功能（如金属钻、镗、铣等）；4. 加工工位数；5. 动力头个数	6. 品牌；7. 型号	8. 中韩自贸协定项下进口数控机床请注明所用数控装置品牌、型号及原产地	
84.58	**切削金属的车床（包括车削中心）：**	1. 品名；2. 用途；3. 控制方式；4. 主轴方向（垂直或水平）	5. 品牌；6. 型号	7. ECFA和中韩自贸协定项下进口数控机床请注明所用数控装置品牌、型号及原产地	
	-卧式车床：				
8458.1100	--数控的				
8458.1900	--其他				
	-其他车床：				
	--数控的：				
8458.9110	---立式				
8458.9120	---其他				
8458.9900	--其他				
84.59	**切削金属的钻床、镗床、铣床、攻丝机床（包括直线移动式动力头机床），但税目84.58的车床（包括车削中心）除外：**				

税则号列	商品名称	申报要素			说明举例
		归类要素	价格要素	其他要素	
8459.1000	-直线移动式动力头机床	1. 品名；2. 用途；3. 功能；4. 动力头移动方式	5. 品牌；6. 控制方式；7. 型号；8. 可加装刀库注明刀库容量及选配件		
	-其他钻床：	1. 品名；2. 用途；3. 功能；4. 控制方式	5. 品牌；6. 型号	7. ECFA 和中韩自贸协定项下进口数控机床请注明所用数控装置品牌、型号及原产地	
8459.2100	--数控的				
8459.2900	--其他				
	-其他镗铣机床：	1. 品名；2. 用途；3. 功能；4. 控制方式	5. 品牌；6. 型号	7. 中韩自贸协定项下进口数控机床请注明所用数控装置品牌、型号及原产地	
8459.3100	--数控的				
8459.3900	--其他				
	-其他镗床：	1. 品名；2. 用途；3. 功能；4. 控制方式	5. 品牌；6. 型号	7. 中韩自贸协定项下进口数控机床请注明所用数控装置品牌、型号及原产地	
8459.4100	--数控的				
8459.4900	--其他				

税则号列	商品名称	申报要素			说明举例
		归类要素	价格要素	其他要素	
	-升降台式铣床：	1. 品名；2. 用途；3. 功能；4. 控制方式；5. 是否为升降台式	6. 品牌；7. 型号	8. 中韩自贸协定项下进口数控机床请注明所用数控装置品牌、型号及原产地	
8459.5100	--数控的				
8459.5900	--其他				
	-其他铣床：	1. 品名；2. 用途；3. 功能；4. 控制方式；5. 是否为龙门式	6. 品牌；7. 型号	8. 中韩自贸协定项下进口数控机床请注明所用数控装置品牌、型号及原产地	
	--数控的：				
8459.6110	---龙门铣床				
8459.6190	---其他				
	--其他：				
8459.6910	---龙门铣床				
8459.6990	---其他				
8459.7000	-其他攻丝机床	1. 品名；2. 用途；3. 功能	4. 品牌；5. 控制方式；6. 型号	7. 中韩自贸协定项下进口数控机床请注明所用数控装置品牌、型号及原产地	
84.60	**用磨石、磨料或抛光材料对金属或金属陶瓷进行去毛刺、刃磨、磨削、珩磨、研磨、抛光或其他精加工的机床，但税目84.61的切齿机、齿轮磨床或齿轮精加工机床除外：**				

税则号列	商品名称	申报要素			说明举例
		归类要素	价格要素	其他要素	
	-平面磨床：	1. 品名；2. 用途；3. 控制方式；4. 坐标定位精度	5. 品牌；6. 型号	7. ECFA和中韩自贸协定项下进口数控机床请注明所用数控装置品牌、型号及原产地	
	--数控的：				
8460.1210	---在任一坐标的定位精度至少是0.01毫米				
8460.1290	---其他				
	--其他：				
8460.1910	---在任一坐标的定位精度至少是0.01毫米				
8460.1990	---其他				
	-其他磨床：	1. 品名；2. 用途；3. 控制方式；4. 坐标定位精度；5. 结构类型（内圆、外圆等）	6. 品牌；7. 型号	8. 中韩自贸协定项下进口数控机床请注明所用数控装置品牌、型号及原产地	
	--数控无心磨床：				
8460.2210	---在任一坐标的定位精度至少是0.01毫米				
8460.2290	---其他				
	--数控外圆磨床：				
	---在任一坐标的定位精度至少是0.01毫米：				
8460.2311	**----曲轴磨床**				
8460.2319	**----其他**				
8460.2390	---其他				
	--其他，数控的：				
	---在任一坐标的定位精度至少是0.01毫米：				
8460.2411	**----内圆磨床**				
8460.2419	**----其他**				
8460.2490	---其他				
	--其他：				

税则号列	商 品 名 称	申报要素			说 明 举 例
		归类要素	价格要素	其他要素	
	---在任一坐标的定位精度至少是0.01毫米：				
8460.2911	**----外圆磨床**				
8460.2912	**----内圆磨床**				
8460.2913	**----轧辊磨床**				
8460.2919	**----其他**				
8460.2990	---其他				
	-刃磨（工具或刀具）机床：	1. 品名；2. 用途；3. 控制方式	4. 品牌；5. 型号	6. 中韩自贸协定项下进口数控机床请注明所用数控装置品牌、型号及原产地	
8460.3100	--数控的				
8460.3900	--其他				
	-珩磨或研磨机床：	1. 品名；2. 用途	3. 品牌；4. 型号	5. ECFA和中韩自贸协定项下进口数控机床请注明所用数控装置品牌、型号及原产地	
8460.4010	---珩磨				
8460.4020	---研磨				
	-其他：	1. 品名；2. 用途	3. 品牌；4. 型号		
8460.9010	---砂轮机				
8460.9020	---抛光机床				
8460.9090	---其他				
84.61	**切削金属或金属陶瓷的刨床、牛头刨床、插床、拉床、切齿机、齿轮磨床或齿轮精加工机床、锯床、切断机及其他税目未列名的切削机床：**				
	-牛头刨床或插床：	1. 品名；2. 用途；3. 功能；4. 结构类型	5. 品牌；6. 型号		
8461.2010	---牛头刨床				
8461.2020	---插床				

税则号列	商品名称	申报要素			说明举例
		归类要素	价格要素	其他要素	
8461.3000	-拉床	1. 品名；2. 用途；3. 功能；4. 结构类型	5. 品牌；6. 型号		
	-切齿机、齿轮磨床或齿轮精加工机床：	1. 品名；2. 用途；3. 控制方式；4. 功能	5. 品牌；6. 型号	7. 中韩自贸协定项下进口数控机床请注明所用数控装置品牌、型号及原产地	
	---数控的：				
8461.4011	----齿轮磨床				
8461.4019	----其他				
8461.4090	---其他				
8461.5000	-锯床或切断机	1. 品名；2. 用途；3. 功能	4. 品牌；5. 型号	6. ECFA和中韩自贸协定项下进口数控机床请注明所用数控装置品牌、型号及原产地	
	-其他：	1. 品名；2. 用途；3. 功能；4. 结构类型	5. 品牌；6. 型号		
	---刨床：				
8461.9011	----龙门刨床				
8461.9019	----其他				
8461.9090	---其他				
84.62	**加工金属的锻造（包括模锻）或冲压机床；加工金属的弯曲、折叠、矫直、矫平、剪切、冲孔或开槽机床；其他加工金属或硬质合金的压力机：**				
	-锻造（包括模锻）或冲压机床及锻锤：	1. 品名；2. 用途；3. 功能；4. 控制方式	5. 品牌；6. 型号	7. ECFA和中韩自贸协定项下进口数控机床请注明所用数控装置品牌、型号及原产地	

税则号列	商品名称	申报要素			说明举例
		归类要素	价格要素	其他要素	
8462.1010	---数控的				
8462.1090	---其他				
	-弯曲、折叠、矫直或矫平机床：	1. 品名；2. 用途；3. 功能；4. 控制方式	5. 品牌；6. 型号	7. 中韩自贸协定项下进口数控机床请注明所用数控装置品牌、型号及原产地	
	--数控的：				
8462.2110	---矫直机				
8462.2190	---其他				
	--其他：				
8462.2910	---矫直机				
8462.2990	---其他				
	-剪切机床，但冲剪两用机除外：	1. 品名；2. 用途；3. 功能；4. 控制方式	5. 品牌；6. 型号	7. 中韩自贸协定项下进口数控机床请注明所用数控装置品牌、型号及原产地	
	--数控的：				
8462.3110	---板带纵剪机				
8462.3120	---板带横剪机				
8462.3190	---其他				
	--其他：				
8462.3910	---板带纵剪机				
8462.3920	---板带横剪机				
8462.3990	---其他				
	-冲孔或开槽机床，包括冲剪两用机：	1. 品名；2. 用途；3. 功能；4. 控制方式	5. 品牌；6. 型号	7. 中韩自贸协定项下进口数控机床请注明所用数控装置品牌、型号及原产地	
	--数控的：				

税则号列	商 品 名 称	申 报 要 素			说 明 举 例
		归类要素	价格要素	其他要素	
	---冲床:				
8462. 4111	----自动模式数控步冲压力机				
8462. 4119	----其他				
8462. 4190	---其他				
8462. 4900	--其他				
	-其他:				
	--液压压力机:	1. 品名; 2. 用途; 3. 功能	4. 品牌; 5. 型号	6. 中韩自贸协定项下进口数控机床请注明所用数控装置品牌、型号及原产地	
8462. 9110	---金属型材挤压机				
8462. 9190	---其他				
	--其他:	1. 品名; 2. 用途; 3. 功能	4. 品牌; 5. 型号	6. ECFA 和中韩自贸协定项下进口数控机床请注明所用数控装置品牌、型号及原产地	
8462. 9910	---机械压力机				
8462. 9990	---其他				
84. 63	**金属或金属陶瓷的其他非切削加工机床:**	1. 品名; 2. 用途; 3. 功能	4. 品牌; 5. 型号		
	-杆、管、型材、异型材、丝及类似品的拉拔机:				
	---冷拔管机:				
8463. 1011	----拉拔力为300吨及以下				
8463. 1019	----其他				
8463. 1020	---拔丝机				
8463. 1090	---其他				
8463. 2000	-螺纹滚轧机				
8463. 3000	-金属丝加工机				
8463. 9000	-其他				
84. 64	**石料、陶瓷、混凝土、石棉水泥或类似矿物材料的加工机床、玻璃冷加工机床:**	1. 品名; 2. 用途; 3. 功能; 4. 加工材料	5. 品牌; 6. 型号		

税则号列	商品名称	申报要素			说明举例
		归类要素	价格要素	其他要素	
	-锯床:				
8464.1010	---圆盘锯				
8464.1020	---钢丝锯				
8464.1090	---其他				
	-研磨或抛光机床:				
8464.2010	---玻璃研磨或抛光机床				
8464.2090	---其他				
	-其他:				
	---玻璃的其他冷加工机床:				
8464.9011	----切割机				
8464.9012	----刻花机				
8464.9019	----其他				
8464.9090	---其他				
84.65	**木材、软木、骨、硬质橡胶、硬质塑料或类似硬质材料的加工机床（包括用打钉或打U形钉、胶粘或其他方法组合前述材料的机器）：**	1. 品名；2. 用途；3. 功能；4. 加工材料	5. 品牌；6. 型号		
8465.1000	-不需更换工具即可进行不同机械加工的机器				
8465.2000	-加工中心：				
	-其他：				
8465.9100	--锯床				
8465.9200	--刨、铣或切削成形机器				
8465.9300	--研磨、砂磨或抛光机器				
8465.9400	--弯曲或装配机器				
8465.9500	--钻孔或凿榫机器				
8465.9600	--剖开、切片或刮削机器				
8465.9900	--其他				
84.66	**专用于或主要用于税目84.56至84.65所列机器的零件、附件，包括工件或工具的夹具、自启板牙切头、分度头及其他专用于机器的附件；各种手提工具的工具夹具：**	1. 品名；2. 用途（适用机型）	3. 品牌；4. 型号		
8466.1000	-工具夹具及自启板牙切头				
8466.2000	-工件夹具				
8466.3000	-分度头及其他专用于机器的附件				
	-其他：				
8466.9100	--税目84.64所列机器用				
8466.9200	--税目84.65所列机器用				

税则号列	商 品 名 称	申 报 要 素			说 明 举 例
		归类要素	价格要素	其他要素	
	--税目 84.56 至 84.61 所列机器用：				
8466.9310	---刀库及自动换刀装置				
8466.9390	---其他				
8466.9400	--税目 84.62 或 84.63 所列机器用				
84.67	**手提式风动或液压工具及本身装有电动或非电动动力装置的手提式工具：**				
	-风动的：	1. 品名；2. 驱动方式；3. 是否为手提式	4. 品牌；5. 型号		
8467.1100	--旋转式（包括旋转冲击式的）				
8467.1900	--其他				
	-本身装有电动动力装置的：	1. 品名；2. 驱动方式；3. 是否为手提式	4. 品牌；5. 型号		
8467.2100	--各种钻				
	--锯：				
8467.2210	---链锯				
8467.2290	---其他				
	--其他：				
8467.2910	---砂磨工具（包括磨光机、砂光机、砂轮机等）				
8467.2920	---电刨				
8467.2990	---其他				
	-其他工具：	1. 品名；2. 驱动方式；3. 是否为手提式	4. 品牌；5. 型号		
8467.8100	--链锯				
8467.8900	--其他				
	-零件：	1. 品名；2. 用途（适用机型）	3. 品牌；4. 型号		
	--链锯用：				
8467.9110	---电动的				
8467.9190	---其他				
8467.9200	--风动工具用				
	--其他：				
8467.9910	---电动工具用				
8467.9990	---其他				
84.68	**焊接机器及装置，不论是否兼有切割功能，但税目 85.15 的货品除外；气体加温表面回火机器及装置：**				

税则号列	商 品 名 称	申报要素			说 明 举 例
		归类要素	价格要素	其他要素	
8468.1000	-手提喷焊器	1. 品名；2. 原理；3. 是否为手提式	4. 品牌；5. 型号		
8468.2000	-其他气体焊接或表面回火机器及装置	1. 品名；2. 原理；3. 是否为手提式	4. 品牌；5. 型号		
8468.8000	-其他机器及装置	1. 品名；2. 原理；3. 是否为手提式	4. 品牌；5. 型号		
8468.9000	-零件	1. 品名；2. 用途（适用机型）	3. 品牌；4. 型号		
84.70	**计算机器及具有计算功能的袖珍式数据记录、重现及显示机器；装有计算装置的会计计算机、邮资盖戳机、售票机及类似机器；现金出纳机：**				
8470.1000	-不需外接电源的电子计算器及具有计算功能的袖珍式数据记录、重现及显示机器	1. 品名；2. 是否需外接电源	3. 品牌；4. 型号		例：东芝电子计算器（不需外接电源的），型号 WQX-9
	-其他电子计算器：	1. 品名；2. 是否有打印装置	3. 品牌；4. 型号		
8470.2100	--装有打印装置的				
8470.2900	--其他				
8470.3000	-其他计算机器	1. 品名	2. 品牌；3. 型号		
	-现金出纳机：	1. 品名；2. 用途	3. 品牌；4. 型号		
8470.5010	---销售点终端出纳机				
8470.5090	---其他				
8470.9000	-其他	1. 品名；2. 用途	3. 品牌；4. 型号		
84.71	**自动数据处理设备及其部件；其他税目未列名的磁性或光学阅读机、将数据以代码形式转录到数据记录媒体的机器及处理这些数据的机器：**				
	-重量不超过10千克的便携数字式自动数据处理设备，至少由一个中央处理部件、一个键盘及一个显示器组成：	1. 品名；2. 机型；3. 配置（系统组成部件）	4. 品牌；5. 型号		
8471.3010	---平板电脑				
8471.3090	---其他				
	-其他自动数据处理设备：				
	--同一机壳内至少有一个中央处理部件及一个输入和输出部件，不论是否组合式：	1. 品名；2. 机型；3. 配置（系统组成部件）	4. 品牌；5. 型号；6. 操作系统		

税则号列	商品名称	申报要素			说明举例
		归类要素	价格要素	其他要素	
8471.4110	---巨型机、大型机及中型机				
8471.4120	---小型机				
8471.4140	---微型机				
8471.4190	---其他				
	--其他，以系统形式进口或出口的：	1. 品名；2. 机型；3. 配置（系统组成部件）；4. 是否以系统形式报验	5. 品牌；6. 型号；7. 操作系统		
8471.4910	---巨型机、大型机及中型机				
8471.4920	---小型机				
8471.4940	---微型机				
	---其他：				
8471.4991	----分散型工业过程控制设备				
8471.4999	----其他				
	-子目8471.41或8471.49所列以外的处理部件，不论是否在同一机壳内有一个或两个下列部件存储部件、输入部件、输出部件：	1. 品名；2. 机型；3. 配置（系统组成部件）	4. 品牌；5. 型号；6. 操作系统；7. 用途		
8471.5010	---巨型机、大型机及中型机的				
8471.5020	---小型机的				
8471.5040	---微型机的				
8471.5090	---其他				
	-输入或输出部件，不论是否在同一机壳内有存储部件：				
8471.6040	---巨型机、大型机、中型机及小型机用终端	1. 品名	2. 品牌；3. 型号		
8471.6050	---扫描仪	1. 品名	2. 品牌；3. 型号		
8471.6060	---数字化仪	1. 品名	2. 品牌；3. 型号		
	---键盘、鼠标器：				
8471.6071	----键盘	1. 品名	2. 品牌；3. 型号；4. 连接方式（有线、无线）		
8471.6072	----鼠标器	1. 品名	2. 品牌；3. 型号；4. 连接方式（有线、无线）5. DPI（分辨率）；6. CPI（鼠标精度）		
8471.6090	---其他	1. 品名	2. 品牌；3. 型号		

税则号列	商品名称	申报要素			说明举例
		归类要素	价格要素	其他要素	
	-存储部件:				
8471.7010	---硬盘驱动器	1. 品名	2. 品牌;3. 型号;4. 硬盘容量及缓存容量;5. 转速		
8471.7020	---软盘驱动器	1. 品名	2. 品牌;3. 型号		
8471.7030	---光盘驱动器	1. 品名	2. 品牌;3. 型号;4. 是否带有刻录功能;5. 刻录速度		例:HP牌光盘驱动器,型号SOHC-4832K,CD-ROM,48X
8471.7090	---其他	1. 品名	2. 品牌;3. 型号		
8471.8000	-自动数据处理设备的其他部件	1. 品名	2. 品牌;3. 型号		
8471.9000	-其他	1. 品名	2. 品牌;3. 型号		
84.72	**其他办公室用机器(例如,胶版复印机、油印机、地址印写机、自动付钞机、硬币分类、计数及包装机、削铅笔机、打洞机或订书机):**				
8472.1000	-胶版复印机、油印机	1. 品名;2. 用途	3. 品牌;4. 型号		
	-信件分类或折叠机或信件装封机、信件开封或闭封机、粘贴或盖销邮票机:	1. 品名;2. 用途	3. 品牌;4. 型号		
8472.3010	---邮政信件分拣及封装设备				
8472.3090	---其他				
	-其他:				
8472.9010	---自动柜员机	1. 品名;2. 用途(存款、取款、存取款一体机等)	3. 品牌;4. 型号;5. 配置;6. 安装方式(穿墙式等)		
	---装订用机器:	1. 品名;2. 用途	3. 品牌;4. 型号		
8472.9021	**----打洞机**				
8472.9022	**----订书机**				
8472.9029	**----其他**				
8472.9030	---碎纸机	1. 品名;2. 用途	3. 品牌;4. 型号		
8472.9040	---地址印写机及地址铭牌压印机	1. 品名;2. 用途	3. 品牌;4. 型号		

税则号列	商品名称	申报要素			说明举例
		归类要素	价格要素	其他要素	
8472.9050	---文字处理机	1. 品名；2. 用途	3. 品牌；4. 型号		
8472.9060	---打字机，但税目84.43的打印机除外	1. 品名；2. 用途	3. 品牌；4. 型号		
8472.9090	---其他	1. 品名；2. 用途	3. 品牌；4. 型号		
84.73	**专用于或主要用于税目84.70至84.72所列机器的零件、附件（罩套、提箱及类似品除外）：**				
	-税目84.70所列机器的零件、附件：	1. 品名；2. 用途（适用机型）	3. 品牌；4. 型号		
8473.2100	--子目8470.10、8470.21或8470.29所列电子计算器的零件、附件				
8473.2900	--其他				
	-税目84.71所列机器的零件、附件：				
8473.3010	---税号8471.4110、8471.4120、8471.4910、8471.4920、8471.5010、8471.5020、8471.6090、8471.7010、8471.7020、8471.7030及8471.7090所列机器及装置的零件、附件	1. 品名；2. 用途（适用机型）	3. 品牌；4. 型号		
8473.3090	---其他	1. 品名；2. 用途（适用机型）	3. 品牌；4. 型号；5. 如为内存条需申报容量		
	-税号84.72所列机器的零件、附件：	1. 品名；2. 用途（适用机型）	3. 品牌；4. 型号		
8473.4010	---自动柜员机用出钞器和循环出钞器				
8473.4020	---税目8472.9050、8472.9060所列机器的零件、附件				
8473.4090	---其他				
8473.5000	-同样适用于税目84.70至84.72中两个或两个以上税目所列机器的零件、附件	1. 品名；2. 用途（适用机型）	3. 品牌；4. 型号		

税则号列	商品名称	申报要素			说明举例
		归类要素	价格要素	其他要素	
84.74	**泥土、石料、矿石或其他固体（包括粉状、浆状）矿物质的分类、筛选、分离、洗涤、破碎、磨粉、混合或搅拌机器；固体矿物燃料、陶瓷坯泥、未硬化水泥、石膏材料或其他粉状、浆状矿产品的黏聚或成形机器；铸造用砂模的成形机器：**				
8474.1000	-分类、筛选、分离或洗涤机器	1. 品名；2. 用途	3. 品牌；4. 型号		
	-破碎或磨粉机器：	1. 品名；2. 用途；3. 原理	4. 品牌；5. 型号		
8474.2010	---齿辊式				
8474.2020	---球磨式				
8474.2090	---其他				
	-混合或搅拌机器：	1. 品名；2. 用途	3. 品牌；4. 型号		
8474.3100	--混凝土或砂浆混合机器				
8474.3200	--矿物与沥青的混合机器				
8474.3900	--其他				
	-其他机器：	1. 品名；2. 用途；3. 原理	4. 品牌；5. 型号		
8474.8010	---辊压成型机				
8474.8020	---模压成型机				
8474.8090	---其他				
8474.9000	-零件	1. 品名；2. 用途（适用机型）	3. 品牌；4. 型号		
84.75	**白炽灯泡、灯管、放电灯管、电子管、闪光灯泡及类似品的封装机器；玻璃或玻璃制品的制造或热加工机器：**				
8475.1000	-白炽灯泡、灯管、放电灯管、电子管、闪光灯泡及类似品的封装机器	1. 品名；2. 用途	3. 品牌；4. 型号		
	-玻璃或玻璃制品的制造或热加工机器：	1. 品名；2. 用途	3. 品牌；4. 型号		
8475.2100	--制造光导纤维及其预制棒的机器				
	--其他：				
	---玻璃的热加工设备：				
8475.2911	----连续式玻璃热弯炉				

税则号列	商品名称	申报要素			说明举例
		归类要素	价格要素	其他要素	
8475.2912	----玻璃纤维拉丝机（光纤拉丝机除外）				
8475.2919	----其他				
8475.2990	---其他				
8475.9000	-零件	1. 品名；2. 用途（适用机型）	3. 品牌；4. 型号		
84.76	**自动售货机（例如，出售邮票、香烟、食品或饮料的机器），包括钱币兑换机：**				
	-饮料自动销售机：	1. 品名；2. 供应商品种类；3. 是否装有加热或制冷装置	4. 品牌；5. 型号		
8476.2100	--装有加热或制冷装置的				
8476.2900	--其他				
	-其他机器：	1. 品名；2. 供应商品种类；3. 是否装有加热或制冷装置	4. 品牌；5. 型号		
8476.8100	--装有加热或制冷装置的				
8476.8900	--其他				
8476.9000	-零件	1. 品名；2. 用途（适用机型）	3. 品牌；4. 型号		
84.77	**本章其他税目未列名的橡胶或塑料及其产品的加工机器：**				
	-注射机：				
8477.1010	---注塑机	1. 品名；2. 用途；3. 功能	4. 品牌；5. 型号；6. 合模力；7. 螺杆直径；8. 注射容量；9. 射出速度		
8477.1090	---其他	1. 品名；2. 用途；3. 功能	4. 品牌；5. 型号；6. 合模力		
	-挤出机：	1. 品名；2. 用途；3. 功能	4. 品牌；5. 型号		
8477.2010	---塑料造粒机				
8477.2090	---其他				
	-吹塑机：	1. 品名；2. 用途；3. 功能	4. 品牌；5. 型号		
8477.3010	---挤出吹塑机				
8477.3020	---注射吹塑机				
8477.3090	---其他				
	-真空模塑机器及其他热成型机器：	1. 品名；2. 用途；3. 功能	4. 品牌；5. 型号		
8477.4010	---塑料中空成型机				

税则号列	商品名称	申报要素			说明举例
		归类要素	价格要素	其他要素	
8477.4020	---塑料压延成型机				
8477.4090	---其他				
	-其他模塑或成型机器：	1. 品名；2. 用途；3. 功能	4. 品牌；5. 型号		
8477.5100	--用于充气轮胎模塑或翻新的机器及内胎模塑或用其他方法成型的机器				
	--其他：				
8477.5910	---三维打印机（3D打印机）				
8477.5990	---其他				
8477.8000	-其他机器	1. 品名；2. 用途	3. 品牌；4. 型号		
8477.9000	-零件	1. 品名；2. 用途（适用机型）	3. 品牌；4. 型号		
84.78	**本章其他税目未列名的烟草加工及制作机器：**				
8478.1000	-机器	1. 品名；2. 用途	3. 品牌；4. 型号		
8478.9000	-零件	1. 品名；2. 用途（适用机型）	3. 品牌；4. 型号		
84.79	**本章其他税目未列名的具有独立功能的机器及机械器具：**				
	-公共工程用机器：	1. 品名；2. 用途；3. 功能	4. 品牌；5. 型号		
	---摊铺机：				
8479.1021	----沥青混凝土摊铺机				
8479.1022	----稳定土摊铺机				
8479.1029	----其他				
8479.1090	---其他				
8479.2000	-提取、加工动物油脂或植物固定油脂的机器	1. 品名；2. 用途；3. 功能	4. 品牌；5. 型号		
8479.3000	-木碎料板或木纤维板的挤压机及其他木材或软木处理机	1. 品名；2. 用途；3. 功能	4. 品牌；5. 型号		
8479.4000	-绳或缆的制造机器	1. 品名；2. 用途	3. 品牌；4. 型号		
	-未列名工业用机器人：	1. 品名；2. 用途；3. 功能	4. 品牌；5. 型号		
8479.5010	---多功能工业机器人				
8479.5090	---其他				
8479.6000	-蒸发式空气冷却器	1. 品名；2. 用途；3. 功能	4. 品牌；5. 型号		
	-旅客登机（船）桥：	1. 品名；2. 用途	3. 品牌；4. 型号		

税则号列	商品名称	申报要素			说明举例
		归类要素	价格要素	其他要素	
8479.7100	--用于机场的				
8479.7900	--其他				
	-其他机器及机械器具：	1. 品名；2. 用途；3. 功能	4. 品牌；5. 型号		
	--处理金属的机械，包括线圈绕线机：				
8479.8110	---绕线机				
8479.8190	---其他				
8479.8200	--混合、搅拌、轧碎、研磨、筛选、均化或乳化机器				
	--其他：				
8479.8910	---船舶用舵机及陀螺稳定器				
8479.8920	---空气增湿器及减湿器				
8479.8940	---邮政用包裹、印刷品分拣设备				
8479.8950	---放射性废物压实机				
	---在印刷电路板上装配元器件的机器：				
8479.8961	----自动插件机				
8479.8962	----自动贴片机				
8479.8969	----其他				
	---其他：				
8479.8992	----自动化立体仓储设备				
8479.8999	----其他				
	-零件：	1. 品名；2. 用途（适用机型）	3. 品牌；4. 型号		
8479.9010	---船舶用舵机及陀螺稳定器用				
8479.9020	---空气增湿器及减湿器用				
8479.9090	---其他				
84.80	**金属铸造用型箱；型模底板；阳模；金属用型模（锭模除外）、硬质合金、玻璃、矿物材料、橡胶或塑料用型模：**				
8480.1000	-金属铸造用型箱	1. 品名；2. 用途；3. 适用材料	4. 品牌；5. 型号		
8480.2000	-型模底板	1. 品名；2. 用途；3. 适用材料	4. 品牌；5. 型号		
8480.3000	-阳模	1. 品名；2. 用途；3. 适用材料	4. 品牌；5. 型号		
	-金属、硬质合金用型模：	1. 品名；2. 用途；3. 适用材料	4. 品牌；5. 型号；6. 原理		
	--注模或压模：				

税则号列	商品名称	申报要素			说明举例
		归类要素	价格要素	其他要素	
8480.4110	---压铸模				
8480.4120	---粉末冶金用压模				
8480.4190	---其他				
8480.4900	--其他				
8480.5000	-玻璃用型模	1. 品名；2. 用途；3. 适用材料	4. 品牌；5. 型号		
8480.6000	-矿物材料用型模	1. 品名；2. 用途；3. 适用材料	4. 品牌；5. 型号		
	-塑料或橡胶用型模：	1. 品名；2. 用途；3. 适用材料	4. 品牌；5. 型号；6. 原理		
	--注模或压模：				
8480.7110	---硫化轮胎用囊式型模				
8480.7190	---其他				
8480.7900	--其他				
84.81	**用于管道、锅炉、罐、桶或类似品的龙头，旋塞、阀门及类似装置，包括减压阀及恒温控制阀：**				
8481.1000	-减压阀	1. 品名；2. 用途	3. 品牌；4. 型号		
	-油压或气压传动阀：	1. 品名；2. 用途	3. 品牌；4. 型号		
8481.2010	---油压的				
8481.2020	---气压的				
8481.3000	-止回阀	1. 品名；2. 用途	3. 品牌；4. 型号		
8481.4000	-安全阀或溢流阀	1. 品名；2. 用途	3. 品牌；4. 型号		
	-其他器具：				
	---换向阀：	1. 品名；2. 用途；3. 是否电磁式	4. 品牌；5. 型号		
8481.8021	----电磁式				
8481.8029	----其他				
	---流量阀：	1. 品名；2. 用途	3. 品牌；4. 型号		
8481.8031	----电子膨胀阀				
8481.8039	----其他				
8481.8040	---其他阀门	1. 品名；2. 用途	3. 品牌；4. 型号		
8481.8090	---其他	1. 品名；2. 用途	3. 品牌；4. 型号		
	-零件：	1. 品名；2. 用途（适用机型）	2. 品牌；3. 型号		

税则号列	商品名称	申报要素			说明举例
		归类要素	价格要素	其他要素	
8481.9010	---阀门用				
8481.9090	---其他				
84.82	**滚动轴承：**				
	-滚珠轴承：	1. 品名；2. 结构类型	3. 品牌；4. 型号		
8482.1010	---调心球轴承				
8482.1020	---深沟球轴承				
8482.1030	---角接触轴承				
8482.1040	---推力球轴承				
8482.1090	---其他				
8482.2000	-锥形滚子轴承，包括锥形滚子组件	1. 品名；2. 结构类型	3. 品牌；4. 型号		
8482.3000	-鼓形滚子轴承	1. 品名；2. 结构类型	3. 品牌；4. 型号		
8482.4000	-滚针轴承	1. 品名；2. 结构类型；3. 滚柱直径、长度	4. 品牌；5. 型号		
8482.5000	-其他圆柱形滚子轴承	1. 品名；2. 结构类型	3. 品牌；4. 型号		
8482.8000	-其他，包括球、柱混合轴承	1. 品名；2. 结构类型	3. 品牌；4. 型号		
	-零件：				
8482.9100	--滚珠、滚针及滚柱	1. 品名；2. 用途（适用机型）；3. 如是滚珠请申报最大、最小及标称直径	4. 品牌；5. 型号		
8482.9900	--其他	1. 品名；2. 用途（适用机型）	3. 品牌；4. 型号		
84.83	**传动轴（包括凸轮轴及曲柄轴）及曲柄；轴承座及滑动轴承；齿轮及齿轮传动装置；滚珠或滚子螺杆传动装置；齿轮箱及其他变速装置，包括扭矩变换器；飞轮及滑轮，包括滑轮组；离合器及联轴器（包括万向节）：**				
	-传动轴（包括凸轮轴及曲柄轴）及曲柄：	1. 品名；2. 用途	3. 品牌；4. 型号		
	---船舶用传动轴：				
8483.1011	----柴油机曲轴				
8483.1019	----其他				
8483.1090	---其他				

税则号列	商品名称	申报要素			说明举例
		归类要素	价格要素	其他要素	
8483.2000	-装有滚珠或滚子轴承的轴承座	1. 品名；2. 注明是否装有滚珠或滚子轴承；3. 用途	4. 品牌；5. 型号		
8483.3000	-未装有滚珠或滚子轴承的轴承座；滑动轴承	1. 品名；2. 如为轴承座需注明是否带有滚珠或滚子轴承；3. 用途	4. 品牌；5. 型号		
	-齿轮及齿轮传动装置，但单独报验的带齿的轮、链轮及其他传动元件除外；滚珠或滚子螺杆传动装置；齿轮箱及其他变速装置，包括扭矩变换器：	1. 品名；2. 原理；3. 用途	4. 品牌；5. 型号		
8483.4010	---滚子螺杆传动装置				
8483.4020	---行星齿轮减速器				
8483.4090	---其他				
8483.5000	-飞轮及滑轮，包括滑轮组	1. 品名；2. 用途	3. 品牌；4. 型号		
8483.6000	-离合器及联轴器（包括万向节）	1. 品名；2. 用途	3. 品牌；4. 型号		
8483.9000	-单独报验的带齿的轮、链轮及其他传动元件；零件	1. 品名；2. 用途	3. 品牌；4. 型号		
84.84	**密封垫或类似接合衬垫，用金属片与其他材料制成或用双层或多层金属片制成；成套或各种不同材料的密封垫或类似接合衬垫，装于袋、套或类似包装内；机械密封件：**				
8484.1000	-密封垫或类似接合衬垫，用金属片与其他材料制成或用双层或多层金属片制成	1. 品名；2. 组成材料	3. 品牌；4. 型号		
8484.2000	-机械密封件	1. 品名；2. 结构	3. 品牌；4. 型号		
8484.9000	-其他	1. 品名；2. 各自构成材料；3. 是否成套包装	4. 品牌；5. 型号		
84.86	**专用于或主要用于制造半导体单晶柱或圆片、半导体器件、集成电路或平板显示器的机器及装置；本章注释九（三）规定的机器及装置；零件及附件：**				
	-制造单晶柱或圆片用的机器及装置：	1. 品名；2. 用途；3. 功能	4. 品牌；5. 型号		
8486.1010	---利用温度变化处理单晶硅的机器及装置				
8486.1020	---研磨设备				

税则号列	商品名称	申报要素			说明举例
		归类要素	价格要素	其他要素	
8486.1030	---切割设备				
8486.1040	---化学机械抛光设备（CMP）				
8486.1090	---其他				
	-制造半导体器件或集成电路用的机器及装置：	1. 品名；2. 用途；3. 功能	4. 品牌；5. 型号		
8486.2010	---氧化、扩散、退火及其他热处理设备				
	---薄膜沉积设备：				
8486.2021	----化学气相沉积装置（CVD）				
8486.2022	----物理气相沉积装置（PVD）				
8486.2029	----其他				
	---将电路图投影或绘制到感光半导体材料上的装置：				
8486.2031	----分步重复光刻机（步进光刻机）				
8486.2039	----其他				
	---刻蚀及剥离设备：				
8486.2041	----等离子体干法刻蚀机				
8486.2049	----其他				
8486.2050	---离子注入机				
8486.2090	---其他				
	-制造平板显示器用的机器及装置：	1. 品名；2. 用途；3. 功能	4. 品牌；5. 型号		
8486.3010	---扩散、氧化、退火及其他热处理设备				
	---薄膜沉积设备：				
8486.3021	----化学气相沉积设备（CVD）				
8486.3022	----物理气相沉积设备（PVD）				
8486.3029	----其他				
	---将电路图投影或绘制到感光半导体材料上的装置：				
8486.3031	----分布重复光刻机				
8486.3039	----其他				
	---湿法蚀刻、显影、剥离、清洗装置：				
8486.3041	----超声波清洗装置				
8486.3049	----其他				
8486.3090	---其他				
	-本章注释九（三）规定的机器及装置：	1. 品名；2. 用途；3. 功能	4. 品牌；5. 型号		

税则号列	商 品 名 称	申 报 要 素			说 明 举 例
		归类要素	价格要素	其他要素	
8486.4010	---主要用于或专用于制作和修复掩膜版（mask）或投影掩膜版（reticle）的装置				
	---主要用于或专用于装配与封装半导体器件或集成电路的设备：				
8486.4021	----塑封机				
8486.4022	----引线键合装置				
8486.4029	----其他				
	---主要用于或专用于升降、装卸、搬运单晶柱、晶圆、半导体器件、集成电路或平板显示器的装置：				
8486.4031	----集成电路工厂专用的自动搬运机器人				
8486.4039	----其他				
	-零件及附件：	1. 品名；2. 用途（适用机型）	3. 品牌；4. 型号		
8486.9010	---升降、搬运、装卸机器用（自动搬运设备用除外）				
8486.9020	---引线键合装置用				
	---其他：				
8486.9091	----带背板的溅射靶材组件				
8486.9099	----其他				
84.87	**本章其他税号未列名的机器零件，不具有电气接插件、绝缘体、线圈、触点或其他电气器材特征的：**	1. 品名；2. 用途（适用机型）	3. 品牌；4. 型号		
8487.1000	-船用推进器及桨叶				
8487.9000	-其他				

第八十五章　电机、电气设备及其零件；录音机及放声机、电视图像、声音的录制和重放设备及其零件、附件

注释：

一、本章不包括：

（一）电暖的毯子、褥子、足套及类似品，电暖的衣服、靴、鞋、耳套或其他供人穿戴的电暖物品；

（二）税目70.11的玻璃制品；

（三）税目84.86的机器及装置；

（四）用于医疗、外科、牙科或兽医的真空设备（税目90.18）；或

（五）第九十四章的电热家具。

二、税目85.01至85.04不适用于税目85.11、85.12、85.40、85.41或85.42的货品。但金属槽汞弧整流器仍归入税目85.04。

三、税目85.07所称“蓄电池”，包括与其一同报验的辅助元件，这些辅助元件具有储电、供电功能，或保护蓄电池免遭损坏。例如，电路连接器、温控装置（例如，热敏电阻）及电路保护装置，也可包括蓄电池的部分保护外壳。

四、税目85.09仅包括通常供家用的下列电动器具：

（一）任何重量的地板打蜡机、食品研磨机及食品搅拌器，水果或蔬菜的榨汁器；

（二）重量不超过20千克的其他机器。

但该税目不适用于风机、风扇或装有风扇的通风罩及循环气罩（不论是否装有过滤器）（税目84.14）、离心干衣机（税目84.21）、洗碟机（税目84.22）、家用洗衣机（税目84.50）、滚筒式或其他形式的熨烫机器（税目84.20或84.51）、缝纫机（税目84.52）、电剪子（税目84.67）或电热器具（税目85.16）。

五、税目85.23所称：

（一）“固态、非易失性存储器件”（例如，“闪存卡”或“电子闪存卡”）是指带有接口的存储器件，其在同一壳体内包含一个或多个闪存（FLASH E^2 PROM），以集成电路的形式装配在一块印刷电路板上。它们可以包括一个集成电路形式的控制器及多个分立无源元件，例如，电容器及电阻器。

（二）“智能卡”，是指装有一个或多个集成电路［微处理器、随机存取存储器（RAM）或只读存储器（ROM）］芯片的卡。这些卡可带有触点、磁条或嵌入式天线，但不包含任何其他有源或无源电路元件。

六、税目85.34所称“印刷电路”，是指采用各种印制方法（例如，压印、覆镀、腐蚀）或采用“膜电路”工艺，将导线、接点或其他印制元件（例如，电感器、电阻器、电容器）按预定的图形单独或互相连接地印制在绝缘基片上的电路，但能够产生、整流、调制或放大电信号的元件（例如，半导体元件）除外。

税目85.34所称“印刷电路”，不包括装有非印制元件的电路，也不包括单个的分立式电阻器、电容器及电感器。但印刷电路可配有非经印刷的连接元件。

用同样工艺制得的无源元件及有源元件组成的薄膜电路或厚膜电路应归入税目85.42。

七、税目85.36所称“光导纤维、光导纤维束或光缆用连接器”，是指在有线数字通讯设备中，简单机械地把光纤端部相连成一线的连接器。它们不具备诸如对信号进行放大、再生或修正等其他功能。

八、税目85.37不包括电视接收机或其他电气设备用的无绳红外遥控器（税目85.43）。

九、税目85.41及85.42所称：

（一）“二极管、晶体管及类似的半导体器件”，是指那些依靠外加电场引起电阻率的变化而进行工作的半导体器件。

（二）“集成电路”，是指：

1. 单片集成电路，即电路元件（二极管、晶体管、电阻器、电容器、电感器等）主要整体制作在一片半导体材料或化合物半导体材料（例如，掺杂硅、砷化镓、硅锗或磷化铟）基片的表面，并不可分割地连接在一起的电路；
2. 混合集成电路，即通过薄膜或厚膜工艺制得的无源元件（电阻器、电容器、电感器等）和通过半导体工艺制得的有源元件（二极管、晶体管、单片集成电路等）用互连或连接线实际上不可分割地组合在同一绝缘基片（玻璃、陶瓷等）上的电路，这种电路也可包括分立元件；
3. 多芯片集成电路是由两个或多个单片集成电路实际上不可分割地组合在一片或多片绝缘基片上构成的电路，不论是否带有引线框架，但不带有其他有源或无源的电路元件；
4. 多元件集成电路（MCOs）：由一个或多个单片、混合或多芯片集成电路以及下列至少一个元件组成：硅基

传感器、执行器、振荡器、谐振器或其组件所构成的组合体，或者具有税目85.32、85.33、85.41所列商品功能的元件，或税目85.04的电感器。其像集成电路一样实际上不可分割地组合成一体，作为一种元件，通过引脚、引线、焊球、底面触点、凸点或导电压点进行连接，组装到印刷电路板（PCB）或其他载体上。

在本定义中：

(1)“元件”可以是分立的，独立制造后组装到多元件（MCO）的其余部分上，或者集成到其他元件内。

(2)“硅基”是指在硅基片上制造，或由硅材料制造而成，或者制造在集成电路裸片上。

(3) ①硅基传感器是由在半导体材料内部或表面制作的微电子或机械结构组成，具有探测物理量和化学量并将其转换成电信号（因电特性变化或机械结构位移而产生）的功能。“物理量或化学量”与现实世界的现象相关，例如，压力、声波、加速度、振动、运动、方向、张力、磁场强度、电场强度、光、放射性、湿度、流量和化学浓度等。

②硅基执行器是由在半导体材料内部或表面制作的微电子或机械结构组成，具有将电信号转换成物理运动的功能。

③硅基谐振器是由在半导体材料内部或表面制作的微电子或机械结构组成，具有按预先设定的频率产生机械或电振荡的功能，频率取决于响应外部输入的结构的物理参数。

④硅基振荡器是有缘器件，由在半导体材料内部或表面制作的微电子或机械结构组成，具有按预先设定的频率产生机械或电振荡的功能，频率取决于这些结构的物理参数。

本注释所述物品在归类时，即使本目录其他税目涉及上述物品，尤其是物品的功能，仍应优先考虑归入税目85.41及85.42，但涉及税目85.23的情况除外。

十、税目85.48所称“废原电池、废原电池组及废蓄电池”，是指因破损、拆解、耗尽或其他原因而不能再使用，也不能再充电的电池。

子目注释：

子目8527.12仅包括有内置放大器但无内置扬声器的盒式磁带放声机，它不需外接电源即能工作，且外形尺寸不超过170毫米×100毫米×45毫米。

【要素释义】

一、归类要素

（一）用途：指该税目商品应用的方面、范围。例如，税目85.01填写“玩具用”等。

（二）输出功率：指机器（电器）在正常工作的前提下，能够长时间工作输出功率的最大值。常用功率单位有瓦、千瓦、兆瓦、马力等。

（三）机座尺寸：该要素为税目85.01的专有要素，指电动机机座较长一边的长度。例如，机座尺寸20毫米。

（四）是否为交直流两用：该要素为税目85.01的专有要素，指电动机是否既可以使用交流电，又可以使用直流电。

（五）是否为直流：该要素为税目85.01的专有要素，指电动机是否使用直流电及发电机是否生产直流电。

（六）是否为单相交流：该要素为税目85.01的专有要素，指电动机是否使用单相交流电。

（七）是否为多相电动机：该要素为税目85.01的专有要素，指电动机是否使用多相交流电。

（八）是否为交流：该要素为税目85.01的专有要素，指发电机是否生产交流电。

（九）组成原动机类型：该要素为税目85.02的专有要素，指发电机组原动机部分的具体类型，如柴油机、风力机、水轮机等。

（十）用途（适用机型）：为了满足零件的归类要求，应首先确定专用该零件的机器（设备）的归类。因此在填写零件的“用途（适用机型）”要素时，应包含其专用机器（设备）所属税号的归类要素。

（十一）额定容量：又称额定视在功率。该要素为税目85.04的专有要素，指变压器连续输出这一视在功率时，由各种损耗转变成的热不至于升温到使绝缘受损或缩短寿命的极限值。其一般刻于变压器的铭牌上，是“铭牌值”的一部分。

（十二）是否为液体介质：该要素为税目85.04的专有要素，指变压器中的介质是否为液体。变压器按其中介质种类主要分为油浸式变压器、充气式变压器、干式变压器、串激式变压器、绝缘筒式变压器等。

（十三）类型（交流稳压电源或直流稳压电源）：该要素为税目85.04的专有要素，指稳压电源的具体类型是直流稳压电源还是交流稳压电源。

（十四）功率：指物体在单位时间内所做的功，功率=功/时间。例如，可填写“稳压电源功率1000瓦”。

（十五）精度：该要素为税目85.04的专有要素，指稳压电源输出电压高低变化范围的大小。

（十六）是否封装：该要素为税目85.04的专有要素，半导体封装是指将通过测试的晶圆按照产品型号及功能需求加工得到独立芯片的过程。

（十七）材质：指组成某种商品的材料种类。若为复合材质（一种以上材料构成），应一一填写所有材质。

（十八）原理：指商品具有的普遍、基本的规律，通常又称工作原理。

（十九）形状：该要素为税目 85.06 的专有要素，指电池的外形特征，如纽扣电池、圆柱形电池等。

（二十）驱动方式：该要素为税目 85.08 的专有要素，指进行动力推动、发动、带动时所采取的方法和形式，如手动、电动、气动、液动等。

（二十一）集尘器容积：该要素为税目 85.08 的专有要素，指真空吸尘器本身带有的集尘袋或其他集尘容器的容积。

（二十二）机重：该要素为税目 85.09 的专有要素，指机器设备自身的重量。

（二十三）功能：指商品本身所具有的作用、能力和功效。例如，照明、点火、产生电能等。

（二十四）生产件的通用零件编号后加注“/TY”：该要素为税目 85.11 和 85.12 的专有要素，“TY”即“通用”。

（二十五）成套散件装配后完整品的零部件的编号：该要素为税目 85.11 和 85.12 的专有要素，指报验状态为成套散件的商品，应申报其装配后组成的完整品的零部件编号。

（二十六）适用发动机的输出功率：该要素为税目 85.11 的专有要素，指启动电机及两用启动发电机所适用的发动机的输出功率。“输出功率”指机器在正常工作的前提下，能够长时间工作输出功率的最大值。

（二十七）是否手提式：该要素为税目 85.13 的专有要素，指自供能源电灯的结构形式是否为手提式。

（二十八）加热原理：该要素为税目 85.14 和税目 85.16 的专有要素，指产生热量的原理。例如，电阻加热、感应加热、介质损耗加热等。

（二十九）是否为全自动或半自动：该要素为税目 85.15 的专有要素，指电焊机的自动化程度，如全自动、半自动等。

（三 十）适用网络种类（蜂窝网络、无线网络、有线网络、以太网等）：该要素为税目 85.17 的专有要素，指电话机适用何种网络，如蜂窝网络、无线网络、有线网络、以太网等。

（三十一）控制方式：该要素为税目 85.17 的专有要素，指电话或电报交换机是否为程控式。“程控”是程序控制的简称，即通过事先编制的固定程序实现的自动控制。

（三十二）处理信号的类型：该要素为税目 85.17 的专有要素，指程控电话或电报交换机处理何种信号，例如，数字信号、模拟信号。

（三十三）通讯方式：该要素为税目 85.17 的专有要素，指电讯设备传送消息或音讯的方法和形式。例如，光通讯及其他有线通信。

（三十四）结构类型（是否有箱体）：该要素为税目 85.18 的专有要素，用于区分音箱和其他扬声器。

（三十五）额定功率：指在正常运行工作状况下，机器、电气设备的输出功率，常以“瓦”为单位。

（三十六）组成部件：该要素为税目 85.17 和 85.18 的专有要素，指申报商品在报验状态时的所有组成部件。填写时应将所有具体部件一一列出。

（三十七）支付方式：该要素为税目 85.19 的专有要素，指需要支付的声音录制或重放设备的具体支付手段，如用硬币、钞票、银行卡等。

（三十八）使用媒介：指使用记录或重放媒体的类型，例如，磁带、光盘、半导体等。

（三十九）类型：指商品的种类。例如，税目 85.40 的商品类型指热电子管、冷阴极管或光阴极管等；税目 85.41 的商品类型指二极管、晶体管、发光二极管等。

（四 十）是否录制：该要素为税目 85.23 的专有要素，指磁性媒体、光学媒体、半导体媒体及其他各种媒体在报验状态时是空白的还是已有录制内容。

（四十一）录制内容类型：该要素为税目 85.23 的专有要素，指磁性媒体、光学媒体、半导体媒体及其他各种媒体中录制内容的种类，如声音信息、图像信息等。

（四十二）结构组成：指商品的结构特点和构成完整商品的部件种类。例如，税目 85.25 的商品指是否为装有接收装置的发送设备；税目 85.27 的商品指是否为收录（放）音组合机。

（四十三）使用媒介（是否为盒式磁带）：该要素为税目 85.27 的专有要素，指使用记录或重放媒体的类型是否为盒式磁带。

（四十四）是否需外接电源：该要素为税目 85.27 的专有要素，指无线电收音机在工作时是否需要外接电源。

（四十五）显示原理：指显示装置的具体原理，如阴极射线管、液晶、等离子等。

（四十六）显示屏幕尺寸：该要素为税目 85.28 的专有要素，指监视器和带有显示屏的电视接收装置的屏幕尺寸，一般以对角线长度“英寸”表示。

（四十七）接口类型（包括接口电路）：该要素为税目 85.28 的专有要素，指两个不同系统的交接部分的形式。

例如，RS-232C 接口、DIN 接口等。

（四十八）构成（是否带标记板、解码板或高频头板等信号处理板）：该要素为税目 85.28 的专有要素，指监视器的构成是否带有标记板、解码板或高频头板等信号处理板。

（四十九）是否带显示屏：该要素为税目 85.28 的专有要素，指电视接收装置在报验时是否带有显示屏。

（五　十）是否带有数字信号处理电路：该要素为税目 85.29 的专有要素，指取像模块是否带有数字信号处理电路。

（五十一）额定无功功率：该要素为税目 85.32 的专有要素，功率从能量源传递到负载并能反映功率交换情况的功率就是无功功率。它是由感性负载、容性负载，以及电压和电流的失真产生的，这种功率可导致额外的电能损失。

（五十二）适用频率：该要素为税目 85.32 的专有要素，指固定电容器适用电路的频率，用单位“赫兹”表示。

（五十三）结构类型（单层、多层等）：该要素为税目 85.32 的专有要素，指固定电容器的结构为单层还是多层。

（五十四）介质类型：该要素为税目 85.32 的专有要素，指固定电容器所用介质的具体种类，例如，空气、纸、云母、油、树脂、橡胶及塑料、陶瓷或玻璃等。

（五十五）是否可变、可调：该要素为税目 85.32 的专有要素，指电容器的电容值是否可变、可调。

（五十六）结构类型：指商品内各组成要素之间的相互联系、相互作用的方式。该要素为税目 85.33 的专有要素，指电阻器的类型，如合成或薄膜式等。

（五十七）介质：该要素为税目 85.33 的专有要素，指电阻器的制成材料。

（五十八）电路层数：该要素为税目 85.34 的专有要素，指印刷电路的具体层数，如 4 层印刷电路、6 层印刷电路等。

（五十九）电压：指电路中两点间的电位差，代表电场力对单位正电荷由场中一点移动到另一点所做的功，用单位“伏特”表示。

（六　十）是否彩色：该要素为税目 85.40 的专有要素，指数据/图形显示管是否是彩色的。

（六十一）荧光点距：该要素为税目 85.40 的专有要素，指数据/图形显示管上相邻两个同色像素单元之间的距离，即两个红色（或绿、蓝）像素单元之间的距离。

（六十二）是否单色：该要素为税目 85.40 的专有要素，指数据/图形显示管是否是单一颜色的。

（六十三）耗散功率：有功输入总功率与有功输出总功率的差值。其测量方法为：把特定的工作电压施加到晶体管上，并测量其连续处理功率，当晶体管外壳的温度为 25℃时，即可测量出晶体管的耗散功率。例如，如果一个晶体管给定操作电压为 5 伏特，晶体管外壳的温度保持在 25℃时，可连续处理 0.2 安培的负载，那么，该晶体管的耗散功率即为 1 瓦特（安培数×伏特数=瓦数）。带有热耗散器件（例如，突片、金属壳）的晶体管，以其底部或壳子的温度作为参照温度（25℃）；而其他晶体管（例如，配有简单的塑料外壳）则以室温作为参照温度。

（六十四）是否由多个半导体元件构成：该要素为税目 85.41 的专有要素，指半导体器件是否由多个半导体元件（如二极管、晶体管、半导体开关元件、场效应器件、冈恩效应器件等）构成。

（六十五）是否已装配：该要素为税目 85.41 的专有要素，指压电晶体在报验状态时是否已装配。压电晶体一般为板、棒、圆片、环等形状，必须装有电极或电接头等（即装配）才能归入本税目。

（六十六）输出信号频率范围：该要素为税目 85.43 的专有要素，指信号发生器对外输出信号的频率范围，常用单位“兆赫”表示。例如，输出频率 1000 兆赫~1300 兆赫。

（六十七）结构类型（同轴、有接头等）：该要素为税目 85.44 的专有要素，指电缆的具体结构和种类，例如，同轴电缆等。

（六十八）结构类型（有接头等）：该要素为税目 85.44 的专有要素，指电缆是否带有接头。

（六十九）是否每根光纤被覆：该要素为税目 85.44 的专有要素，指光缆的具体结构是否为每根光纤被覆。

二、价格要素

（一）品牌：指制造商或经销商加在商品上的标志。实际只需要申报出名称即可，有外文品牌的以申报外文品牌名称为主。例如，子目 8525.8022 单反数码相机的品牌可填写“PENTAX（宾得）”等。

（二）型号：指商品的性能、功能、用途等指标的代码。例如，子目 8525.8022 某种“PENTAX（宾得）”牌单反数码相机的型号可填写“K10D/BODY”。

（三）容量：该要素是税目 85.06 和 85.07 电池的专有价格要素。电池的容量以“毫安”为计量单位，例如，子目 8506.5 数码相机用的锂离子电池可填写“容量 1120 毫安”；蓄电池的容量以“安时 Ah”或“毫安时 mAh”为计量单位，例如，可填写“容量 700mAh”。

（四）是否含汞：只需填写“含汞”或“不含汞”即可。

（五）额定电压：该要素是税目 85.07 蓄电池的专有价格要素，指电池正负极材料因化学反应而造成的电位差，由此产生的电压值。例如，子目 8507.6 锂离子蓄电池的额定电压可填写“3.7 伏”。

（六）功率：该要素是税目 85.08 电动的真空吸尘器的专有价格要素，指真空吸尘器的额定功率，单位“瓦（W）”或“千瓦（kW）”。

（七）零部件完整编号并在前加注“S/”“W/”或“WF/”之一（生产件填写“S/”，品牌和适用的整车厂牌一致的维修件填写“W/”，品牌和适用的整车厂牌不一致的维修件填写“WF/”）：该要素是归入税目 85.11、85.12 的汽车零部件的价格要素。

1. 例如，“博世”品牌的“汽车用点火线圈”，生产件，用于“奔驰”V212，应填写“S/A3126882987”（这里的零件编号为假设）；
2. 例如，“奔驰”品牌的“火花塞”，维修件，用于“奔驰”小车（即品牌和适用的整车厂牌一致的维修件），应填写“W/A4303288513”（这里的零件编号为假设）；
3. 例如，“JL”品牌的“汽车刮水器”，维修件，用于“奔驰”C 级小车（即品牌和适用的整车厂牌不一致的维修件），应填写“WF/S722304”（这里的零件编号为假设）。

（八）是否加密：该要素是税目 85.17 通讯设备的专有价格要素，指厂家在通讯设备生产过程中多了“密码”的工序，用户使用时需要输入密码才能使用。只需申报“加密”或者“不加密”即可。

（九）喇叭数量和尺寸：该要素是子目 8518.22 多喇叭音箱的专有价格要素。行业中有双喇叭、三喇叭等多喇叭音箱。其中，喇叭数量需填写单个音箱中喇叭的个数，如“3 个喇叭”。喇叭的尺寸表示喇叭的直径，用“英寸”来表示，音箱的喇叭尺寸=纸盆尺寸+音圈尺寸。如三喇叭音箱可填写“2.5 英寸喇叭 1 个、3 英寸喇叭 1 个、4 英寸喇叭 1 个”。

（十）录制内容类型：该要素是税目 85.23 录制声音或其他信息用的储存器的价格要素。录制内容类型需填写“数据”或“程序”或者“××电影”或者“图像”等。

（十一）存储容量：该要素是税目 85.23 光学媒体的储存器的价格要素。需填写实际储存容量如“500G”等。

（十二）读取速度：该要素是子目 8523.4 光学媒体的专有价格要素。根据实际情况填写读取速度。

（十三）像素：该要素是子目 8525.8029 非特种用途的数字照相机的价格要素。数字照相机的“像素”指相机的分辨率，就是拍一张底片总长能分辨多少条线。例如，可填写“像素 500 万”。

（十四）控制距离：该要素是子目 8526.92 无线电遥控设备的专有价格要素。需填写设备的最大控制距离，一般以“米”为单位，大型的可以以“千米”为单位。

（十五）外形尺寸：该要素是税目 85.27 无线电收音机的专有价格要素。例如，子目 8527.130 松下牌型号 RQ-SX97F 的超薄收录放三用磁带机的“外形尺寸”可填写“108.8 毫米×79.4 毫米×23 毫米”。

（十六）最高分辨率：该要素是子目 8528.591 彩色监视和投影设备的价格要素。例如，松下牌某彩色投影机的最高分辨率可填写“1024×768”。

（十七）亮度：该要素是税目 85.28 投影机的专有价格要素。投影机的“亮度”也指“光通度（light out）”，描述单位时间内光源辐射产生视觉响应强弱的能力，以“ANSI 流明”为国际标准单位。目前的“亮度”为 500~3000“ANSI 流明”。例如，教室用的投影机的亮度可填写“3000ANSI 流明”。

（十八）工作原理：该要素为子目 8531.1 防盗或防火报警器及类似装置的价格要素。可填写具体的工作原理如“红外线”等。

（十九）转换效率：该要素是子目 8541.402 太阳能电池的价格要素，用“%”表示。例如，菲律宾产“SUN-POWER”牌型号 C50BB135UM D3 的光电池可填写“转换效率 20%~21%”。

（二十）等级：该要素是子目 8541.402 太阳能电池的价格要素，是指太阳能电池产品质量的级别。可填写“A 级”“B 级”“C 级”等。

（二十一）额定电压：该要素是子目 8542.4 的价格要素，指能承受的最高电压。例如，子目 8544.4211 的 10 千伏高压电缆，额定电压填写“8.7/10 千伏”，其中，“8.7”代表导体对地或者金属屏蔽层间的额定工频电压，“10”代表导体间的额定工频电压。

三、其他要素

稀土元素的重量百分比以［A］表示：该要素为税目 85.05 的专有要素，指商品总的稀土元素重量百分比含量。A 代表所含稀土元素，若含有多种稀土元素，应填写重量之和百分比。例如，可填写“［钕、镝］：5%”。

税则号列	商品名称	申报要素			说明举例
		归类要素	价格要素	其他要素	
85.01	电动机及发电机（不包括发电机组）： -输出功率不超过37.5瓦的电动机：				
8501.1010	---玩具用	1. 品名；2. 用途；3. 输出功率	4. 品牌；5. 型号		
	---其他：	1. 品名；2. 用途；3. 输出功率；4. 机座尺寸	5. 品牌；6. 型号		
8501.1091	----微电机，机座尺寸在20毫米及以上，但不超过39毫米				
8501.1099	----其他				
8501.2000	-交直流两用电动机，输出功率超过37.5瓦	1. 品名；2. 用途；3. 是否为交直流两用；4. 输出功率	5. 品牌；6. 型号		
	-其他直流电动机；直流发电机：	1. 品名；2. 是否为直流；3. 输出功率	4. 品牌；5. 型号		
8501.3100	--输出功率不超过750瓦				
8501.3200	--输出功率超过750瓦，但不超过75千瓦				
8501.3300	--输出功率超过75千瓦，但不超过375千瓦				
8501.3400	--输出功率超过375千瓦				
8501.4000	-其他单相交流电动机	1. 品名；2. 是否为单相交流；3. 输出功率	4. 品牌；5. 型号		
	-其他多相交流电动机：	1. 品名；2. 输出功率	3. 品牌；4. 型号		
8501.5100	--输出功率不超过750瓦				
8501.5200	--输出功率超过750瓦，但不超过75千瓦				
8501.5300	--输出功率超过75千瓦				
	-交流发电机：	1. 品名；2. 用途；3. 是否为交流；4. 输出功率	5. 品牌；6. 型号		
8501.6100	--输出功率不超过75千伏安				
8501.6200	--输出功率超过75千伏安，但不超过375千伏安				
8501.6300	--输出功率超过375千伏安，但不超过750千伏安				
	--输出功率超过750千伏安：				
8501.6410	---输出功率超过750千伏安，但不超过350兆伏安				
8501.6420	---输出功率超过350兆伏安，但不超过665兆伏安				

税则号列	商品名称	申报要素			说明举例
		归类要素	价格要素	其他要素	
8501.6430	---输出功率超过665兆伏安				
85.02	**发电机组及旋转式变流机：**	1.品名；2.组成原动机类型；3.输出功率	4.品牌；5.型号		
	-装有压燃式活塞内燃发动机（柴油或半柴油发动机）的发电机组：				
8502.1100	--输出功率不超过75千伏安				
8502.1200	--输出功率超过75千伏安，但不超过375千伏安				
	--输出功率超过375千伏安：				
8502.1310	---输出功率超过375千伏安，但不超过2兆伏安				
8502.1320	---输出功率超过2兆伏安				
8502.2000	-装有点燃式活塞内燃发动机的发电机组				
	-其他发电机组：				
8502.3100	--风力驱动的				
8502.3900	--其他				
8502.4000	-旋转式变流机				
85.03	**专用于或主要用于税目85.01或85.02所列机器的零件：**				
8503.0010	---税号8501.1010及8501.1091所列电动机用	1.品名；2.用途（适用机型）	3.品牌；4.型号		
8503.0020	---税号8501.6420及8501.6430所列发电机用	1.品名；2.用途（所适用整机的类型及输出功率）	3.品牌；4.型号		
8503.0030	---税号8502.3100所列发电机组用	1.品名；2.用途（适用机型）	3.品牌；4.型号		
8503.0090	---其他	1.品名；2.用途（所适用整机的类型及输出功率）	3.品牌；4.型号		
85.04	**变压器、静止式变流器（例如，整流器）及电感器：**				
	-放电灯或放电管用镇流器：	1.品名；2.用途	3.品牌；4.型号		
8504.1010	---电子镇流器				
8504.1090	---其他				
	-液体介质变压器：	1.品名；2.额定容量；3.是否为液体介质	4.品牌；5.型号		
8504.2100	--额定容量不超过650千伏安				
8504.2200	--额定容量超过650千伏安，但不超过10兆伏安				
	--额定容量超过10兆伏安：				

税则号列	商品名称	申报要素			说明举例
		归类要素	价格要素	其他要素	
	---额定容量超过10兆伏安，但小于400兆伏安：				
8504.2311	----额定容量超过10兆伏安，但小于220兆伏安				
8504.2312	----额定容量大于等于220兆伏安，但小于330兆伏安				
8504.2313	----额定容量大于等于330兆伏安，但小于400兆伏安				
	---额定容量在400兆伏安及以上：				
8504.2321	----额定容量在400兆伏安及以上，但小于500兆伏安				
8504.2329	----其他				
	-其他变压器：	1. 品名；2. 额定容量；3. 是否为液体介质	4. 品牌；5. 型号		
	--额定容量不超过1千伏安：				
8504.3110	---互感器				
8504.3190	---其他				
	--额定容量超过1千伏安，但不超过16千伏安：				
8504.3210	---互感器				
8504.3290	---其他				
	--额定容量超过16千伏安，但不超过500千伏安：				
8504.3310	---互感器				
8504.3390	---其他				
	--额定容量超过500千伏安：				
8504.3410	---互感器				
8504.3490	---其他				
	-静止式变流器：				
	---稳压电源：	1. 品名；2. 用途；3. 类型（交流稳压电源或直流稳压电源）；4. 额定输出功率；5. 精度	6. 品牌；7. 型号		
8504.4013	----税目84.71所列机器用				
8504.4014	----其他直流稳压电源，功率小于1千瓦，精度低于万分之一				
8504.4015	----其他交流稳压电源，功率小于10千瓦，精度低于千分之一				
8504.4019	----其他				

税则号列	商品名称	申报要素			说明举例
		归类要素	价格要素	其他要素	
8504.4020	---不间断供电电源	1. 品名；2. 功率	3. 品牌；4. 型号		
8504.4030	---逆变器	1. 品名；2. 功率	3. 品牌；4. 型号		
	---其他：				
8504.4091	----具有变流功能的半导体模块	1. 品名；2. 用途；3. 是否封装	4. 品牌；5. 型号		
8504.4099	----其他	1. 品名；2. 用途；3. 功率	4. 品牌；5. 型号		
8504.5000	-其他电感器	1. 品名；2. 用途	3. 品牌；4. 型号		
	-零件：	1. 品名；2. 用途（适用机型）	3. 品牌；4. 型号		
	---变压器用：				
8504.9011	----税号 8504.2321，8504.2329 所列变压器用				
8504.9019	----其他				
8504.9020	---稳压电源及不间断供电电源用				
8504.9090	---其他				
85.05	**电磁铁；永磁铁及磁化后准备制永磁铁的物品；电磁铁或永磁铁卡盘、夹具及类似的工件夹具；电磁联轴节、离合器及制动器；电磁起重吸盘：**				
	-永磁铁及磁化后准备制永磁铁的物品：				
	--金属的：				
8505.1110	---稀土的	1. 品名；2. 用途；3. 材质	4. 品牌；5. 型号	6. 稀土元素的重量百分比，以［A］表示	
8505.1190	---其他	1. 品名；2. 用途；3. 材质	4. 品牌；5. 型号		
8505.1900	--其他	1. 品名；2. 用途；3. 材质	4. 品牌；5. 型号		
8505.2000	-电磁联轴节、离合器及制动器	1. 品名；2. 用途	3. 品牌；4. 型号		
	-其他，包括零件：				
8505.9010	---电磁起重吸盘	1. 品名；2. 用途；3. 原理	4. 品牌；5. 型号		

税则号列	商品名称	申报要素			说明举例
		归类要素	价格要素	其他要素	
8505.9090	---其他	1. 品名；2. 用途（如核磁共振成像装置用等）；3. 原理	4. 品牌；5. 型号		
85.06	**原电池及原电池组：**				
	-二氧化锰的：				
	---碱性锌锰的：				
8506.1011	----扣式	1. 品名；2. 用途；3. 材质；4. 形状	5. 品牌；6. 型号；7. 容量；8. 是否含汞		
8506.1012	----圆柱形	1. 品名；2. 用途；3. 材质；4. 形状	5. 品牌；6. 型号；7. 容量；8. 是否含汞		
8506.1019	----其他	1. 品名；2. 用途；3. 材质	4. 品牌；5. 型号；6. 容量；7. 是否含汞		
8506.1090	---其他	1. 品名；2. 用途；3. 材质	4. 品牌；5. 型号；6. 容量；7. 是否含汞		
8506.3000	-氧化汞的	1. 品名；2. 用途；3. 材质	4. 品牌；5. 型号；6. 容量；7. 是否含汞		
8506.4000	-氧化银的	1. 品名；2. 用途；3. 材质	4. 品牌；5. 型号；6. 容量；7. 是否含汞		
8506.5000	-锂的	1. 品名；2. 用途；3. 材质	4. 品牌；5. 型号；6. 容量；7. 是否含汞		
8506.6000	-锌空气的	1. 品名；2. 用途；3. 材质	4. 品牌；5. 型号；6. 容量；7. 是否含汞		
8506.8000	-其他原电池及原电池组	1. 品名；2. 用途；3. 材质	4. 品牌；5. 型号；6. 容量；7. 是否含汞		
	-零件：	1. 品名；2. 用途（适用原电池或原电池组类型）	3. 品牌；4. 型号		
8506.9010	---税号8506.1000所列电池用				
8506.9090	---其他				
85.07	**蓄电池，包括隔板，不论是否矩形（包括正方形）：**				
8507.1000	-铅酸蓄电池，用于启动活塞式发动机	1. 品名；2. 用途；3. 材质	4. 品牌；5. 型号；6. 容量；7. 是否含汞；8. 额定电压		

税则号列	商品名称	申报要素			说明举例
		归类要素	价格要素	其他要素	
8507.2000	-其他铅酸蓄电池	1. 品名；2. 用途；3. 材质	4. 品牌；5. 型号；6. 容量；7. 是否含汞；8. 额定电压		
8507.3000	-镍镉蓄电池	1. 品名；2. 用途；3. 材质	4. 品牌；5. 型号；6. 容量；7. 是否含汞；8. 额定电压		
8507.4000	-镍铁蓄电池	1. 品名；2. 用途；3. 材质	4. 品牌；5. 型号；6. 容量；7. 是否含汞；8. 额定电压		
8507.5000	-镍氢蓄电池	1. 品名；2. 用途；3. 材质	4. 品牌；5. 型号；6. 容量；7. 是否含汞；8. 额定电压		
8507.6000	-锂离子蓄电池	1. 品名；2. 用途；3. 材质	4. 品牌；5. 型号；6. 容量；7. 是否含汞；8. 额定电压		
	-其他蓄电池：	1. 品名；2. 用途；3. 材质	4. 品牌；5. 型号；6. 容量；7. 是否含汞；8. 额定电压		
8507.8030	---全钒液流电池				
8507.8090	---其他				
	-零件：	1. 品名；2. 用途（适用机型）	3. 品牌；4. 型号		
8507.9010	---铅酸蓄电池用				
8507.9090	---其他				
85.08	**真空吸尘器：**				
	-电动的：	1. 品名；2. 驱动方式；3. 集尘器容积	4. 品牌；5. 型号；6. 功率		
8508.1100	--功率不超过1500瓦，且带有容积不超过20升的集尘袋或其他集尘容器				
8508.1900	--其他				
8508.6000	-其他真空吸尘器	1. 品名；2. 驱动方式	3. 品牌；4. 型号		
	-零件：	1. 品名；2. 用途（适用机型）	3. 品牌；4. 型号		
8508.7010	---税号8508.1100所列吸尘器用				
8508.7090	---其他				

税则号列	商品名称	申报要素			说明举例
		归类要素	价格要素	其他要素	
85.09	**家用电动器具，税目85.08的真空吸尘器除外：**				
	-食品研磨机及搅拌器；水果或蔬菜的榨汁机：	1. 品名；2. 用途；3. 机重；4. 功率	5. 品牌；6. 型号		
8509.4010	---水果或蔬菜的榨汁机				
8509.4090	---其他				
	-其他器具：	1. 品名；2. 用途；3. 机重；4. 功率	5. 品牌；6. 型号		
8509.8010	---地板打蜡机				
8509.8020	---厨房废物处理器				
8509.8090	---其他				
8509.9000	-零件	1. 品名；2. 用途（适用机型）	3. 品牌；4. 型号		
85.10	**电动剃须刀、电动毛发推剪及电动脱毛器：**				
8510.1000	-剃须刀	1. 品名	2. 品牌；3. 型号		
8510.2000	-毛发推剪	1. 品名	2. 品牌；3. 型号		
8510.3000	-脱毛器	1. 品名	2. 品牌；3. 型号		
8510.9000	-零件	1. 品名；2. 用途（适用机型）	3. 品牌；4. 型号		
85.11	**点燃式或压燃式内燃发动机用的电点火及电启动装置（例如，点火磁电机、永磁直流发电机、点火线圈、火花塞、电热塞及启动电机）；附属于上述内燃发动机的发电机（例如，直流发电机、交流发电机）及断流器：**				

税则号列	商品名称	申报要素			说明举例
		归类要素	价格要素	其他要素	
8511.1000	-火花塞	1. 品名；2. 用途；3. 功能；4. 生产件的通用零件编号后加注"/TY"；5. 成套散件装配后完整品的零部件的编号	6. 品牌；7. 型号；8. 零部件完整编号并在前加注"S/""W/"或"WF/"之一（生产件填报"S/"，品牌和适用的整车厂牌一致的维修件填报"W/"，品牌和适用的整车厂牌不一致的维修件的填报"WF/"）		
	-点火磁电机；永磁直流发电机；磁飞轮：	1. 品名；2. 用途；3. 功能	4. 品牌；5. 型号		
8511.2010	---机车、航空器及船舶用				
8511.2090	---其他				
	-分电器；点火线圈：	1. 品名；2. 用途；3. 功能	4. 品牌；5. 型号		
8511.3010	---机车、航空器及船舶用				
8511.3090	---其他				
	-启动电机及两用启动发电机：				
8511.4010	---机车、航空器及船舶用	1. 品名；2. 用途；3. 功能	4. 品牌；5. 型号		
	---其他：	1. 品名；2. 用途；3. 功能；4. 适用发动机的输出功率	5. 品牌；6. 型号		
8511.4091	----输出功率在132.39千瓦（180马力）及以上的发动机用启动电机				
8511.4099	----其他				
	-其他发电机：	1. 品名；2. 用途；3. 功能	4. 品牌；5. 型号		
8511.5010	---机车、航空器及船舶用				
8511.5090	---其他				
8511.8000	-其他装置	1. 品名；2. 用途；3. 功能	4. 品牌；5. 型号		
	-零件：	1. 品名；2. 用途（适用机型）	3. 品牌；4. 型号		
8511.9010	---本税目所列供机车、航空器及船舶用各种装置的零件				
8511.9090	---其他				

税则号列	商品名称	申报要素			说明举例
		归类要素	价格要素	其他要素	
85.12	**自行车或机动车辆用的电气照明或信号装置（税目85.39的物品除外）、风挡刮水器、除霜器及去雾器：**				
8512.1000	-自行车用照明或视觉信号装置	1. 品名；2. 用途；3. 功能	4. 品牌；5. 型号		
	-其他照明或视觉信号装置：				
8512.2010	---机动车辆用照明装置	1. 品名；2. 用途；3. 功能；4. 生产件的通用零件编号后加注"/TY"；5. 成套散件装配后完整品的零部件的编号	6. 品牌；7. 型号；8. 零部件完整编号并在前加注"S/""W/"或"WF/"之一（生产件填报"S/"，品牌和适用的整车厂牌一致的维修件填报"W/"，品牌和适用的整车厂牌不一致的维修件的填报"WF/"）		
8512.2090	---其他	1. 品名；2. 用途；3. 功能；4. 生产件的通用零件编号后加注"/TY"；5. 成套散件装配后完整品的零部件的编号	6. 品牌；7. 型号；8. 零部件完整编号并在前加注"S/""W/"或"WF/"之一（生产件填报"S/"，品牌和适用的整车厂牌一致的维修件填报"W/"，品牌和适用的整车厂牌不一致的维修件的填报"WF/"）		

税则号列	商品名称	申报要素			说明举例
		归类要素	价格要素	其他要素	
	-音响信号装置：	1. 品名；2. 用途；3. 功能；4. 生产件的通用零件编号后加注“/TY”；5. 成套散件装配后完整品的零部件的编号	6. 品牌；7. 型号；8. 零部件完整编号并在前加注“S/”“W/”或“WF/”之一（生产件填报“S/”，品牌和适用的整车厂牌一致的维修件填报“W/”，品牌和适用的整车厂牌不一致的维修件的填报“WF/”）		
	---机动车辆用：				
8512.3011	----喇叭、蜂鸣器				
8512.3012	----防盗报警器				
8512.3019	----其他				
8512.3090	---其他				
8512.4000	-风挡刮水器、除霜器及去雾器	1. 品名；2. 用途；3. 功能；4. 生产件的通用零件编号后加注“/TY”；5. 成套散件装配后完整品的零部件的编号	6. 品牌；7. 型号；8. 零部件完整编号并在前加注“S/”“W/”或“WF/”之一（生产件填报“S/”，品牌和适用的整车厂牌一致的维修件填报“W/”，品牌和适用的整车厂牌不一致的维修件的填报“WF/”）		

税则号列	商品名称	申报要素			说明举例
		归类要素	价格要素	其他要素	
8512.9000	-零件	1. 品名；2. 用途（适用机型）；3. 功能；4. 生产件的通用零件编号后加注“/TY”；5. 成套散件装配后完整品的零部件的编号	6. 品牌；7. 型号；8. 零部件完整编号并在前加注“S/”“W/”或“WF/”之一（生产件填报“S/”，品牌和适用的整车厂牌一致的维修件填报“W/”，品牌和适用的整车厂牌不一致的维修件的填报“WF/”）		
85.13	**自供能源（例如，使用干电池、蓄电池、永磁发电机）的手提式电灯，但税目85.12的照明装置除外：**				
	-灯：	1. 品名；2. 是否手提式	3. 品牌；4. 型号		
8513.1010	---手电筒				
8513.1090	---其他				
	-零件：	1. 品名；2. 用途（适用机型）	3. 品牌；4. 型号		
8513.9010	---手电筒用				
8513.9090	---其他				
85.14	**工业或实验室用电炉及电烘箱（包括通过感应或介质损耗工作的）；工业或实验室用其他通过感应或介质损耗对材料进行热处理的设备：**				
	-电阻加热的炉及烘箱：	1. 品名；2. 用途（工业用，实验室用）；3. 加热原理	4. 品牌；5. 型号		
8514.1010	---可控气氛热处理炉				
8514.1090	---其他				
8514.2000	-通过感应或介质损耗工作的炉及烘箱	1. 品名；2. 用途（工业用，实验室用）；3. 加热原理	4. 品牌；5. 型号		
8514.3000	-其他炉及烘箱	1. 品名；2. 用途（工业用，实验室用）；3. 加热原理	4. 品牌；5. 型号		

税则号列	商品名称	申报要素			说明举例
		归类要素	价格要素	其他要素	
8514.4000	-其他通过感应或介质损耗对材料进行热处理的设备	1. 品名；2. 用途（工业用，实验室用）；3. 加热原理	4. 品牌；5. 型号		
	-零件：	1. 品名；2. 用途（适用机型）	3. 品牌；4. 型号		
8514.9010	---炼钢电炉用				
8514.9090	---其他				
85.15	**电气（包括电热气体）、激光、其他光、光子束、超声波、电子束、磁脉冲或等离子弧焊接机器及装置，不论是否兼有切割功能；用于热喷金属或金属陶瓷的电气机器及装置：**				
	-钎焊机器及装置：				
8515.1100	--烙铁及焊枪	1. 品名；2. 原理；3. 焊接过程中是否使用钎料	4. 品牌；5. 型号		
8515.1900	--其他	1. 品名；2. 原理；3. 若为印刷电路组件制造用需注明；4. 焊接过程中是否使用钎料	5. 品牌；6. 型号		
	-电阻焊接机器及装置：	1. 品名；2. 原理；3. 是否为全自动或半自动	4. 品牌；5. 型号		
	--全自动或半自动的：				
8515.2120	---机器人				
	---其他：				
8515.2191	----直缝焊管机				
8515.2199	----其他				
8515.2900	--其他				
	-电弧（包括等离子弧）焊接机器及装置：	1. 品名；2. 原理；3. 是否为全自动或半自动	4. 品牌；5. 型号		
	--全自动或半自动的：				
8515.3120	---机器人				
	---其他：				
8515.3191	----螺旋焊管机				
8515.3199	----其他				
8515.3900	--其他				
	-其他机器及装置：	1. 品名；2. 原理	3. 品牌；4. 型号		
8515.8010	---激光焊接机器人				
8515.8090	---其他				
8515.9000	-零件	1. 品名；2. 用途（适用机型）；3. 若为印刷电路组件制造用需注明	4. 品牌；5. 型号		

税则号列	商品名称	申报要素			说明举例
		归类要素	价格要素	其他要素	
85.16	**电热的快速热水器、储存式热水器、浸入式液体加热器；电气空间加热器及土壤加热器；电热的理发器具（例如，电吹风机、电卷发器、电热发钳）及干手器；电熨斗；其他家用电热器具；加热电阻器，但税目85.45的货品除外：**				
	-电热的快速热水器、储存式热水器、浸入式液体加热器：				
8516.1010	---储存式电热水器	1. 品名；2. 工作方式（储存式、即热式、浸入式等）；3. 加热原理	4. 品牌；5. 型号；6. 容量		
8516.1020	---即热式电热水器	1. 品名；2. 工作方式（储存式、即热式、浸入式等）；3. 加热原理	4. 品牌；5. 型号		
8516.1090	---其他	1. 品名；2. 工作方式（储存式、即热式、浸入式等）；3. 加热原理	4. 品牌；5. 型号		
	-电气空间加热器及土壤加热器：	1. 品名；2. 用途；3. 工作方式（储存式、辐射式、对流式等）	4. 品牌；5. 型号		
8516.2100	--储存式散热器				
	--其他：				
8516.2910	---土壤加热器				
8516.2920	---辐射式空间加热器				
	---对流式空间加热器：				
8516.2931	----风扇式				
8516.2932	----充液式				
8516.2939	----其他				
8516.2990	---其他				
	-电热的理发器具及干手器：	1. 品名；2. 用途；3. 加热原理	4. 品牌；5. 型号		
8516.3100	--吹风机				
8516.3200	--其他理发器具				
8516.3300	--干手器				
8516.4000	-电熨斗	1. 品名；2. 用途；3. 加热原理	4. 品牌；5. 型号		
8516.5000	-微波炉	1. 品名；2. 用途；3. 加热原理	4. 品牌；5. 型号		
	-其他炉；电锅、电热板、加热环、烧烤炉及烘烤器：	1. 品名；2. 用途；3. 加热原理	4. 品牌；5. 型号		
8516.6010	---电磁炉				

税则号列	商品名称	申报要素			说明举例
		归类要素	价格要素	其他要素	
8516.6030	---电饭锅				
8516.6040	---电炒锅				
8516.6050	---电烤箱				
8516.6090	---其他				
	-其他电热器具：	1. 品名；2. 用途；3. 加热原理	4. 品牌；5. 型号		
	--咖啡壶或茶壶：				
8516.7110	---滴液式咖啡机				
8516.7120	---蒸馏渗滤式咖啡机				
8516.7130	---泵压式咖啡机				
8516.7190	---其他				
	--烤面包器：				
8516.7210	---家用自动面包机				
8516.7220	---片式烤面包机（多士炉）				
8516.7290	---其他				
	--其他：				
8516.7910	---电热饮水机				
8516.7990	---其他				
8516.8000	-加热电阻器	1. 品名；2. 用途	3. 品牌；4. 型号		
	-零件：	1. 品名；2. 用途（适用机型）	3. 品牌；4. 型号		
8516.9010	---土壤加热器及加热电阻器用				
8516.9090	---其他				
85.17	**电话机，包括用于蜂窝网络或其他无线网络的电话机；其他发送或接收声音、图像或其他数据用的设备，包括有线或无线网络（例如，局域网或广域网）的通信设备，但税目84.43、85.25、85.27或85.28的发送或接收设备除外：**				
	-电话机，包括蜂窝网络或其他无线网络的电话机：	1. 品名；2. 用途；3. 适用网络种类（蜂窝网络、无线网络、有线网络、以太网等）	4. 品牌；5. 型号；6. 是否加密		
8517.1100	--无绳电话机				
	--用于蜂窝网络或其他无线网络的电话机：				
8517.1210	---手持（包括车载）式无线电话机				
8517.1220	---对讲机				
8517.1290	---其他				

税则号列	商品名称	申报要素			说明举例
		归类要素	价格要素	其他要素	
8517.1800	--其他				
	-其他发送或接收声音、图像或其他数据用的设备，包括有线或无线网络（例如，局域网或广域网）的通信设备：				
	--基站：	1. 品名；2. 用途	3. 品牌；4. 型号；5. 是否加密		
8517.6110	---移动通信基站				
8517.6190	---其他				
	--接收、转换并且发送或再生声音、图像或其他数据用的设备，包括交换及路由设备：				
	---数字式程控电话或电报交换机：	1. 品名；2. 用途；3. 控制方式；4. 处理信号的类型	5. 型号		
8517.6211	----局用电话交换机；长途电话交换机；电报交换机				
8517.6212	----移动通信交换机				
8517.6219	----其他电话交换机				
	---光通讯设备：	1. 品名；2. 用途；3. 通讯方式	4. 品牌；5. 型号；6. 是否加密		
8517.6221	----光端机及脉冲编码调制设备（PCM）				
8517.6222	----波分复用光传输设备				
8517.6229	----其他				
	---其他有线数字通信设备：	1. 品名；2. 用途；3. 通讯方式；4. 适用网络种类（蜂窝网络、有线网络、以太网等）	5. 品牌；6. 型号		
8517.6231	----通信网络时钟同步设备				
8517.6232	----以太网络交换机				
8517.6233	----IP 电话信号转换设备				
8517.6234	----调制解调器				
8517.6235	----集线器				
8517.6236	----路由器				
8517.6237	----有线网络接口卡				
8517.6239	----其他				
	---其他：	1. 品名；2. 用途；3. 功能；4. 适用网络种类（蜂窝网络、有线网络、以太网等）	5. 品牌；6. 型号		

税则号列	商品名称	申报要素			说明举例
		归类要素	价格要素	其他要素	
8517.6292	----无线网络接口卡				
8517.6293	----无限接入固定台				
8517.6294	----无线耳机				
8517.6299	----其他				
	--其他:	1. 品名; 2. 用途	3. 品牌; 4. 型号		
8517.6910	---其他无线设备				
8517.6990	---其他有线设备				
	-零件:				
8517.7010	---数字式程控电话或电报交换机用	1. 品名; 2. 用途（适用机型）	3. 品牌; 4. 型号		
8517.7020	---光端机及脉冲编码调制设备（PCM）用	1. 品名; 2. 用途（适用机型）	3. 品牌; 4. 型号		
8517.7030	---手持式无线电话机用（天线除外）	1. 品名; 2. 用途（适用机型）; 3. 显示屏或显示模块请申报尺寸（英寸）; 4. 显示屏或显示模块请申报种类（如LED、OLED等）; 5. 显示屏或显示模块请申报是否需要二次加工	6. 品牌; 7. 型号		
8517.7040	---对讲机用（天线除外）	1. 品名; 2. 用途（适用机型）	3. 品牌; 4. 型号		
8517.7060	---光通信设备的激光收发模块	1. 品名; 2. 用途（适用机型）	3. 品牌; 4. 型号		
8517.7070	---税目85.17所列设备用天线及其零件	1. 品名; 2. 用途（适用机型）	3. 品牌; 4. 型号		
8517.7090	---其他	1. 品名; 2. 用途（适用机型）	3. 品牌; 4. 型号		
85.18	**传声器（麦克风）及其座架；扬声器，不论是否装成音箱；耳机及耳塞机，不论是否装有传声器，以及由传声器及一个或多个扬声器组成的组合机；音频扩大器；电气扩音机组：**				
8518.1000	-传声器（麦克风）及其座架	1. 品名	2. 品牌; 3. 型号		
	-扬声器，不论是否装成音箱:				
8518.2100	--单喇叭音箱	1. 品名; 2. 结构类型（是否有箱体）; 3. 用途	4. 品牌; 5. 型号		
8518.2200	--多喇叭音箱	1. 品名; 2. 结构类型（是否有箱体）; 3. 用途	4. 品牌; 5. 型号; 6. 喇叭数量和尺寸		

税则号列	商品名称	申报要素			说明举例
		归类要素	价格要素	其他要素	
8518.2900	--其他	1. 品名；2. 结构类型（是否有箱体）；3. 用途	4. 品牌；5. 型号；6. 喇叭尺寸		
8518.3000	-耳机及耳塞机，不论是否装有传声器，以及由传声器及一个或多个扬声器组成的组合机	1. 品名	2. 品牌；3. 型号		
8518.4000	-音频扩大器	1. 品名	2. 品牌；3. 型号		
8518.5000	-电气扩音机组	1. 品名；2. 组成部件	3. 品牌；4. 型号		
8518.9000	-零件	1. 品名；2. 用途（适用机型）	3. 品牌；4. 型号		
85.19	**声音录制或重放设备：**				
8519.2000	-用硬币、钞票、银行卡、代币或其他支付方式使其工作的设备	1. 品名；2. 支付方式	3. 品牌；4. 型号		
8519.3000	-唱机转盘（唱机唱盘）	1. 品名	2. 品牌；3. 型号		
8519.5000	-电话应答机	1. 品名	2. 品牌；3. 型号		
	-其他设备：	1. 品名；2. 使用媒介	3. 品牌；4. 型号		
	--使用磁性、光学或半导体媒体的：				
	---使用磁性媒体的：				
8519.8111	----未装有声音录制装置的盒式磁带型声音重放装置，编辑节目用放声机除外				
8519.8112	----装有声音重放装置的盒式磁带型录音机				
8519.8119	----其他				
	---使用光学媒体的：				
8519.8121	----激光唱机，未装有声音录制装置				
8519.8129	----其他				
	---使用半导体媒体的：				
8519.8131	----装有声音重放装置的闪速存储器型声音录制设备				
8519.8139	----其他				
	--其他：				
8519.8910	---不带录制装置的其他唱机，不论是否带有扬声器				
8519.8990	---其他声音录制或重放设备				

税则号列	商品名称	申报要素			说明举例
		归类要素	价格要素	其他要素	
85.21	**视频信号录制或重放设备，不论是否装有高频调谐器：**				
	-磁带型：	1. 品名；2. 用途；3. 使用媒介	4. 品牌；5. 型号		
	---录像机：				
8521.1011	----广播级				
8521.1019	----其他				
8521.1020	---放像机				
	-其他：	1. 品名；2. 使用媒介；3. 类型	4. 品牌；5. 型号		
	---激光视盘机：				
8521.9011	----视频高密光盘（VCD）播放机				
8521.9012	----数字化视频光盘（DVD）播放机				例：松下 DVD 播放机，型号 S98
8521.9019	----其他				
8521.9090	---其他				
85.22	**专用于或主要用于税目85.19或85.21所列设备的零件、附件：**	1. 品名；2. 用途（适用机型）	3. 品牌；4. 型号		
8522.1000	-拾音头				
	-其他：				
8522.9010	---转盘或唱机用				
	---盒式磁带录音机或放声机用：				
8522.9021	----走带机构（机芯），不论是否装有磁头				
8522.9022	----磁头				
8522.9023	----磁头零件				
8522.9029	----其他				
	---视频信号录制或重放设备用：				
8522.9031	----激光视盘机的机芯				
8522.9039	----其他				
	---其他：				
8522.9091	----车载音频转播器或发射器				
8522.9099	----其他				
85.23	**录制声音或其他信息用的圆盘、磁带、固态非易失性数据存储器件、“智能卡”及其他媒体，不论是否已录制，包括供复制圆盘用的母片及母带，但不包括第三十七章的产品：**				

税则号列	商品名称	申报要素			说明举例
		归类要素	价格要素	其他要素	
	-磁性媒体：				
	--磁条卡：	1. 品名；2. 用途；3. 是否录制	4. 品牌；5. 型号；6. 录制内容类型		
8523.2110	---未录制				
8523.2120	---已录制				
	--其他：				
	---磁盘：	1. 品名；2. 用途；3. 是否录制	4. 品牌；5. 型号；6. 录制内容类型		
8523.2911	----未录制				
8523.2919	----其他				
	---磁带：	1. 品名；2. 用途；3. 是否录制；4. 磁带宽度	5. 品牌；6. 型号；7. 录制内容类型		
8523.2921	----未录制的宽度不超过4毫米的磁带				
8523.2922	----未录制的宽度超过4毫米，但不超过6.5毫米的磁带				
8523.2923	----未录制的宽度超过6.5毫米的磁带				
8523.2928	----重放声音或图像信息的磁带				
8523.2929	----已录制的其他磁带				
8523.2990	---其他	1. 品名；2. 用途；3. 是否录制	4. 品牌；5. 型号；6. 录制内容类型		
	-光学媒体：	1. 品名；2. 用途；3. 是否录制；4. 录制内容类型	5. 品牌；6. 型号；7. 存储容量；8. 读取速度		
8523.4100	--未录制				
	--其他：				
8523.4910	---仅用于重放声音信息的				
8523.4920	---用于重放声音、图像以外信息的，税目84.71所列机器用				
8523.4990	---其他				
	-半导体媒体：				
	--固态非易失性存储器件（闪速存储器）：	1. 品名；2. 用途；3. 是否录制	4. 品牌；5. 型号；6. 容量		
8523.5110	---未录制				
8523.5120	---已录制				

税则号列	商品名称	申报要素			说明举例
		归类要素	价格要素	其他要素	
	--“智能卡”:	1. 品名；2. 用途；3. 是否录制	4. 品牌；5. 型号；6. 是否加密；7. 存储容量		
8523.5210	---未录制				
8523.5290	---其他				
	--其他:	1. 品名；2. 用途；3. 是否录制	4. 品牌；5. 型号		
8523.5910	---未录制				
8523.5920	---已录制				
	-其他:	1. 品名；2. 用途；3. 是否录制	4. 品牌；5. 型号		
	---唱片:				
8523.8011	----已录制唱片				
8523.8019	----其他				
	---税目84.71所列机器用:				
8523.8021	----未录制				
8523.8029	----其他				
	---其他:				
8523.8091	----未录制				
8523.8099	----其他				
85.25	**无线电广播、电视发送设备，不论是否装有接收装置或声音的录制、重放装置；电视摄像机、数字照相机及视频摄录一体机:**				
8525.5000	-发送设备	1. 品名；2. 用途	3. 品牌；4. 型号		
	-装有接收装置的发送设备:	1. 品名；2. 用途；3. 结构组成	4. 品牌；5. 型号		
8525.6010	---卫星地面站设备				
8525.6090	---其他				
	-电视摄像机、数字照相机及视频摄录一体机:				
	---电视摄像机:				
8525.8011	----特种用途的	1. 品名；2. 用途；3. 是否可装内置存储装置	4. 品牌；5. 型号		
8525.8012	----非特种用途的广播级	1. 品名；2. 用途；3. 是否可装内置存储装置	4. 品牌；5. 型号		

税则号列	商品名称	申报要素			说明举例
		归类要素	价格要素	其他要素	
8525.8013	----非特种用途的其他类型	1. 品名；2. 用途；3. 高清摄像头报玻璃镜头层数；4. 高清摄像头报接口类型（是否USB2.0以上接口）；5. 高清摄像头报硬件传感器像素；6. 是否可装内置存储装置	7. 品牌；8. 型号		
	---数字照相机：				
8525.8021	----特种用途的	1. 品名；2. 用途；3. 是否可装内置存储装置	4. 品牌；5. 型号		
8525.8022	----非特种用途的，单镜头反光型	1. 品名；2. 用途；3. 是否可装内置存储装置	4. 品牌；5. 型号		
8525.8025	----非特种用途的，其他可换镜头的	1. 品名；2. 用途；3. 是否可装内置存储装置	4. 品牌；5. 型号		
8525.8029	----非特种用途的，其他类型	1. 品名；2. 用途；3. 是否可装内置存储装置	4. 品牌；5. 型号		
	---视频摄录一体机：	1. 品名；2. 用途；3. 是否可装内置存储装置	4. 品牌；5. 型号		
8525.8031	----特种用途的				
8525.8032	----非特种用途的广播极				
8525.8033	----非特种用途的家用型				
8525.8039	----非特种用途的其他类型				
85.26	**雷达设备、无线电导航设备及无线电遥控设备：**				
	-雷达设备：	1. 品名；2. 用途	3. 品牌；4. 型号		
8526.1010	---导航用				
8526.1090	---其他				
	-其他：				
	--无线电导航设备：	1. 品名；2. 用途	3. 品牌；4. 型号		
8526.9110	---机动车辆用				
8526.9190	---其他				
8526.9200	--无线电遥控设备	1. 品名；2. 用途	3. 品牌；4. 型号；5. 控制距离		
85.27	**无线电广播接收设备，不论是否与声音的录制、重放装置或时钟组合在同一机壳内：**				
	-不需外接电源的无线电收音机：	1. 品名；2. 使用媒介（是否为盒式磁带）；3. 是否需外接电源	4. 品牌；5. 型号；6. 外形尺寸		

税则号列	商品名称	申报要素			说明举例
		归类要素	价格要素	其他要素	
8527.1200	--袖珍盒式磁带收放机				
8527.1300	--其他收录（放）音组合机				
8527.1900	--其他				
	-需外接电源的汽车用无线电收音机：				
8527.2100	--收录（放）音组合机	1. 品名；2. 用途；3. 结构组成；4. 具备接收和转换数字广播数据系统信号功能的需注明	5. 品牌；6. 型号		
8527.2900	--其他	1. 品名；2. 用途；3. 结构组成	4. 品牌；5. 型号		
	-其他：	1. 品名；2. 用途	3. 品牌；4. 型号		
8527.9100	--收录（放）音组合机				
8527.9200	--带时钟的收音机				
8527.9900	--其他				
85.28	**监视器及投影机，未装电视接收装置；电视接收装置，不论是否装有无线电收音装置或声音、图像的录制或重放装置：**				
	-阴极射线管监视器：				
8528.4200	--可直接连接且设计用于税目84.71的自动数据处理设备的	1. 品名；2. 用途；3. 显示原理；4. 显示屏幕尺寸；5. 接口类型（包括接口电路）	6. 品牌；7. 型号		
	--其他：	1. 品名；2. 用途；3. 显示原理；4. 显示屏幕尺寸	5. 品牌；6. 型号		
8528.4910	---彩色的				
8528.4990	---单色的				
	-其他监视器：				
	--可直接连接且设计用于税目84.71的自动数据处理设备的：				
	---液晶的：	1. 品名；2. 用途；3. 显示原理；4. 显示屏幕尺寸；5. 接口类型（包括接口电路）；6. 构成（是否带标记板、解码板或高频头板等信号处理板）	7. 品牌；8. 型号		
8528.5211	----专用于或主要用于税目84.71的自动数据处理设备的				

税则号列	商品名称	申报要素			说明举例
		归类要素	价格要素	其他要素	
8528.5212	----其他，彩色的				
8528.5219	----其他，单色的				
	---其他：	1. 品名；2. 用途；3. 显示原理；4. 显示屏幕尺寸；5. 接口类型（包括接口电路）	6. 品牌；7. 型号		
8528.5291	----专用于或主要用于税目84.71的自动数据处理设备的，彩色的				
8528.5292	----其他，彩色的				
8528.5299	----其他，单色的				
	--其他：				
8528.5910	---彩色的	1. 品名；2. 用途；3. 显示原理；4. 显示屏幕尺寸	5. 品牌；6. 型号；7. 最高分辨率		
8528.5990	---单色的	1. 品名；2. 用途；3. 显示原理；4. 显示屏幕尺寸	5. 品牌；6. 型号		
	-投影机：	1. 品名；2. 用途；3. 显示原理；4. 接口类型（包括接口电路）	5. 品牌；6. 型号；7. 亮度		
	--可直接连接且设计用于税目84.71的自动数据处理设备的：				
8528.6210	---专用于或主要用于税目84.71的自动数据处理设备的				
8528.6220	---其他，彩色的				
8528.6290	---其他，单色的				
	--其他：				
8528.6910	---彩色的				
8528.6990	---单色的				
	-电视接收装置，不论是否装有无线电收音装置或声音、图像的录制或重放装置：				
	--在设计上不带有视频显示器或屏幕的：	1. 品名；2. 用途；3. 是否带显示屏	4. 品牌；5. 型号		
8528.7110	---彩色卫星电视接收机				
8528.7180	---其他彩色的				
8528.7190	---单色的				
	--其他，彩色的：	1. 品名；2. 用途；3. 显示原理；4. 显示屏幕尺寸	5. 品牌；6. 型号		

税则号列	商品名称	申报要素			说明举例
		归类要素	价格要素	其他要素	
	---阴极射线显像管的：				
8528.7211	----模拟电视接收机				
8528.7212	----数字电视接收机				
8528.7219	----其他				
	---液晶显示器的：				
8528.7221	----模拟电视接收机				
8528.7222	----数字电视接收机				
8528.7229	----其他				
	---等离子显示器的：				
8528.7231	----模拟电视接收机				
8528.7232	----数字电视接收机				
8528.7239	----其他				
	---其他：				
8528.7291	----模拟电视接收机				
8528.7292	----数字电视接收机				
8528.7299	----其他				
8528.7300	--其他，单色的	1. 品名；2. 用途；3. 显示原理；4. 显示屏幕尺寸	5. 品牌；6. 型号		
85.29	**专用于或主要用于税目 85.25 至 85.28 所列装置或设备的零件：**				
	-各种天线或天线反射器及其零件：	1. 品名；2. 用途（适用机型）	3. 品牌；4. 型号		
8529.1010	---雷达设备及无线电导航设备用				
8529.1020	---无线电收音机及其组合机、电视接收机用				
8529.1090	---其他				
	-其他：				
8529.9010	---电视发送、差转设备及卫星电视地面接收转播设备用	1. 品名；2. 用途（适用机型）	3. 品牌；4. 型号		
	---电视摄像机、其他视频摄录一体机、数字照相机用：				
8529.9041	----特种用途的	1. 品名；2. 用途（适用机型）	3. 品牌；4. 型号		
8529.9042	----非特种用途的取像模块	1. 品名；2. 用途（适用机型）；3. 是否带有数字信号处理电路	4. 品牌；5. 型号		
8529.9049	----其他	1. 品名；2. 用途（适用机型）	3. 品牌；4. 型号		
8529.9050	---雷达设备及无线电导航设备用	1. 品名；2. 用途（适用机型）	3. 品牌；4. 型号		

税则号列	商品名称	申报要素			说明举例
		归类要素	价格要素	其他要素	
8529.9060	---无线电收音机及其组合机用	1. 品名；2. 用途（适用机型）	3. 品牌；4. 型号		
	---电视接收机用（高频调谐器除外）：	1. 品名；2. 用途（适用机型）	3. 品牌；4. 型号		
8529.9081	----彩色电视接收机用（等离子显像组件、及其零件、有机发光二极管显示屏除外）				
8529.9082	----等离子显像组件及其零件				
8529.9083	----有机发光二极管显示屏				
8529.9089	----其他				
8529.9090	---其他	1. 品名；2. 用途（适用机型）	3. 品牌；4. 型号		
85.30	**铁道、电车道、道路或内河航道、停车场、港口或机场用的电气信号、安全或交通管理设备（税目86.08的货品除外）：**				
8530.1000	-铁道或电车道用的设备	1. 品名；2. 用途	3. 品牌；4. 型号		
8530.8000	-其他设备	1. 品名；2. 用途	3. 品牌；4. 型号		
8530.9000	-零件	1. 品名；2. 用途（适用机型）	3. 品牌；4. 型号		
85.31	**电气音响或视觉信号装置（例如，电铃、电笛、显示板、防盗或防火报警器），但税目85.12或85.30的货品除外：**				
8531.1000	-防盗或防火报警器及类似装置	1. 品名；2. 用途	3. 品牌；4. 型号；5. 工作原理		
8531.2000	-装有液晶装置（LCD）或发光二极管（LED）的显示板	1. 品名；2. 用途；3. 显示原理	4. 品牌；5. 型号；6. 规格尺寸		
	-其他装置：				
8531.8010	---蜂鸣器	1. 品名；2. 用途；3. 音量	4. 品牌；5. 型号		
8531.8090	---其他	1. 品名；2. 用途	3. 品牌；4. 型号		
	-零件：	1. 品名；2. 用途（适用机型）	3. 品牌；4. 型号		
8531.9010	---防盗或防火报警器及类似装置用				
8531.9090	---其他				

税则号列	商品名称	申报要素			说明举例
		归类要素	价格要素	其他要素	
85.32	**固定、可变或可调（微调）电容器：**				
8532.1000	-固定电容器，用于50/60赫兹电路，其额定无功功率不低于0.5千瓦（电力电容器）	1. 品名；2. 用途；3. 额定无功功率；4. 适用频率	5. 品牌；6. 型号		
	-其他固定电容器：	1. 品名；2. 结构类型（单层、多层等和片式、非片式）；3. 介质类型	4. 品牌；5. 型号		
	--钽电容器：				
8532.2110	---片式				
8532.2190	---其他				
	--铝电解电容器：				
8532.2210	---片式				
8532.2290	---其他				
8532.2300	--单层瓷介电容器				
	--多层瓷介电容器：				
8532.2410	---片式				
8532.2490	---其他				
	--纸介质或塑料介质电容器：				
8532.2510	---片式				
8532.2590	---其他				
8532.2900	--其他				
8532.3000	-可变或可调（微调）电容器	1. 品名；2. 是否可变、可调	3. 品牌；4. 型号		
	-零件：	1. 品名；2. 用途（适用机型）	3. 品牌；4. 型号		
8532.9010	---税号8532.1000所列电容器用				
8532.9090	---其他				
85.33	**电阻器（包括变阻器及电位器），但加热电阻器除外：**				
8533.1000	-固定碳质电阻器，合成或薄膜式	1. 品名；2. 结构类型；3. 介质	4. 品牌；5. 型号		
	-其他固定电阻器：	1. 品名；2 额定功率；3. 结构类型（片式、线绕式等）	4. 品牌；5. 型号		
	--额定功率不超过20瓦：				
8533.2110	---片式				
8533.2190	---其他				
8533.2900	--其他				
	-线绕可变电阻器，包括变阻器及电位器：	1. 品名；2 额定功率；3. 结构类型（片式、线绕式等）	4. 品牌；5. 型号		

税则号列	商 品 名 称	申 报 要 素			说 明 举 例
		归类要素	价格要素	其他要素	
8533.3100	--额定功率不超过20瓦				
8533.3900	--其他				
8533.4000	-其他可变电阻器，包括变阻器及电位器	1. 品名	2. 品牌；3. 型号		
8533.9000	-零件	1. 品名；2. 用途（适用机型）	3. 品牌；4. 型号		
85.34	**印刷电路：**	1. 品名；2. 电路层数；3. 是否装有机械元件或电气元件	4. 品牌；5. 型号		
8534.0010	---4层以上的				
8534.0090	---其他				
85.35	**电路的开关、保护或连接用的电气装置（例如，开关、熔断器、避雷器、电压限幅器、电涌抑制器、插头及其他连接器、接线盒），用于电压超过1000伏的线路：**	1. 品名；2. 用途；3. 电压	4. 品牌；5. 型号		
8535.1000	-熔断器				
	-自动断路器：				
8535.2100	--用于电压低于72.5千伏的线路				
	--其他：				
8535.2910	---用于电压在72.5千伏及以上，但不高于220千伏的线路				
8535.2920	---用于电压高于220千伏，但不高于750千伏的线路				
8535.2990	---其他				
	-隔离开关及断续开关：				
8535.3010	---用于电压在72.5千伏及以上，但不高于220千伏的线路				
8535.3020	---用于电压高于220千伏，但不高于750千伏的线路				
8535.3090	---其他				
8535.4000	-避雷器、电压限幅器及电涌抑制器				
8535.9000	-其他				

税则号列	商品名称	申报要素			说明举例
		归类要素	价格要素	其他要素	
85.36	**电路的开关、保护或连接用的电气装置（例如，开关、继电器、熔断器、电涌抑制器、插头、插座、灯座及其他连接器、接线盒），用于电压不超过1000伏的线路；光导纤维、光导纤维束或光缆用连接器：**				
8536.1000	-熔断器	1. 品名；2. 用途；3. 电压	4. 品牌；5. 型号		
8536.2000	-自动断路器	1. 品名；2. 用途；3. 电压	4. 品牌；5. 型号		
8536.3000	-其他电路保护装置	1. 品名；2. 用途；3. 电压	4. 品牌；5. 型号		
	-继电器：	1. 品名；2. 用途；3. 电压	4. 品牌；5. 型号		
	--用于电压不超过60伏的线路：				
8536.4110	---用于电压不超过36伏的线路				
8536.4190	---其他				
8536.4900	--其他				
8536.5000	-其他开关	1. 品名；2. 用途；3. 电压	4. 品牌；5. 型号		
	-灯座、插头及插座：	1. 品名；2. 用途；3. 电压	4. 品牌；5. 型号		
8536.6100	--灯座				
8536.6900	--其他				
8536.7000	-光导纤维、光导纤维束或光缆用连接器	1. 品名；2. 用途	3. 品牌；4. 型号		
	-其他装置：	1. 品名；2. 用途；3. 电压	4. 品牌；5. 型号		
	---接插件：				
8536.9011	----工作电压不超过36伏的				
8536.9019	----其他				
8536.9090	---其他				
85.37	**用于电气控制或电力分配的盘、板、台、柜及其他基座，装有两个或多个税目85.35或85.36所列的装置，包括装有第九十章所列的仪器或装置，以及数控装置，但税目85.17的交换机除外：**	1. 品名；2. 用途；3. 原理；4. 电压	5. 品牌；6. 型号		

税则号列	商品名称	申报要素			说明举例
		归类要素	价格要素	其他要素	
	-用于电压不超过1000伏的线路：				
	---数控装置：				
8537.1011	----可编程序控制器				
8537.1019	----其他				
8537.1090	---其他				
	-用于电压超过1000伏的线路：				
8537.2010	---全封闭组合式高压开关装置，用于电压在500千伏及以上的线路				
8537.2090	---其他				
85.38	**专用于或主要用于税目85.35、85.36或85.37所列装置的零件：**	1.品名；2.用途（适用机型）	3.品牌；4.型号		
	-税目85.37所列货品用的盘、板、台、柜及其他基座，但未装有关装置：				
8538.1010	---税号8537.2010所列货品用				
8538.1090	---其他				
8538.9000	-其他				
85.39	**白炽灯泡、放电灯管，包括封闭式聚光灯及紫外线灯管或红外线灯泡；弧光灯；发光二极管（LED）灯泡（管）：**				
8539.1000	-封闭式聚光灯	1.品名；2.用途；3.类型	4.品牌；5.型号		
	-其他白炽灯泡，但不包括紫外线灯管或红外线灯泡：				
	--卤钨灯：	1.品名；2.用途；3.类型	4.品牌；5.型号		
8539.2110	---科研、医疗专用				
8539.2120	---火车、航空器及船舶用				
8539.2130	---机动车辆用				
8539.2190	---其他				
	--其他灯，功率不超过200瓦，但额定电压超过100伏：	1.品名；2.用途；3.类型；4.功率；5.额定电压	6.品牌；7.型号		
8539.2210	---科研、医疗专用				
8539.2290	---其他				
	--其他：	1.品名；2.用途；3.类型；4.功率；5.额定电压	6.品牌；7.型号		
8539.2910	---科研、医疗专用				

税则号列	商品名称	申报要素			说明举例
		归类要素	价格要素	其他要素	
8539.2920	---火车、航空器及船舶用				
8539.2930	---机动车辆用				
	---其他：				
8539.2991	----12伏及以下的				
8539.2999	----其他				
	-放电灯管，但紫外线灯管除外：				
	--热阴极荧光灯：	1. 品名；2. 用途；3. 类型	4. 品牌；5. 型号		
8539.3110	---科研、医疗专用				
8539.3120	---火车、航空器及船舶用				
	---其他：				
8539.3191	----紧凑型				
8539.3199	----其他				
	--汞或钠蒸气灯；金属卤化物灯：	1. 品名；2. 用途；3. 类型	4. 品牌；5. 型号		
8539.3230	---钠蒸气灯				
8539.3240	---汞蒸气灯				
8539.3290	---其他				
	--其他：				
8539.3910	---科研、医疗专用	1. 品名；2. 用途；3. 类型	4. 品牌；5. 型号		
8539.3920	---火车、航空器及船舶用	1. 品名；2. 用途；3. 类型	4. 品牌；5. 型号		
8539.3990	---其他	1. 品名；2. 用途（如平板显示器背光源用等）；3. 类型	4. 品牌；5. 型号		
	-紫外线灯管或红外线灯泡；弧光灯：	1. 品名；2. 用途；3. 类型	4. 品牌；5. 型号		
8539.4100	--弧光灯				
8539.4900	--其他				
8539.5000	-发光二极管（LED）灯泡（管）	1. 品名；2. 用途；3. 类型	4. 品牌；5. 型号		
8539.9000	-零件	1. 品名；2. 用途（适用机型）	3. 品牌；4. 型号		
85.40	**热电子管、冷阴极管或光阴极管（例如，真空管或充气管、汞弧整流管、阴极射线管、电视摄像管）：**				
	-阴极射线电视显像管，包括视频监视器用阴极射线管：	1. 品名；2. 原理	3. 品牌；4. 型号		
8540.1100	--彩色的				
8540.1200	--单色的				

税则号列	商品名称	申报要素			说明举例
		归类要素	价格要素	其他要素	
	-电视摄像管；变像管及图像增强管；其他光阴极管：	1. 品名；2. 用途	3. 品牌；4. 型号		
8540.2010	---电视摄像管				
8540.2090	---其他				
	-单色的数据/图形显示管；彩色的数据/图形显示管，屏幕荧光点间距小于0.4毫米：				
8540.4010	---彩色的数据/图形显示管，屏幕荧光点间距小于0.4毫米	1. 品名；2. 是否彩色；3. 荧光点距	4. 品牌；5. 型号		
8540.4020	---单色的数据/图形显示管	1. 品名；2. 是否单色；3. 荧光点距	4. 品牌；5. 型号		
	-其他阴极射线管：	1. 品名；2. 用途；3. 类型	4. 品牌；5. 型号		
8540.6010	---雷达显示管				
8540.6090	---其他				
	-微波管（例如，磁控管、速调管、行波管、返波管），但不包括栅控管：	1. 品名；2. 用途；3. 类型	4. 品牌；5. 型号		
8540.7100	--磁控管				
	--其他：				
8540.7910	---速调管				
8540.7990	---其他				
	-其他管：	1. 品名；2. 用途；3. 类型	4. 品牌；5. 型号		
8540.8100	--接收管或放大管				
8540.8900	--其他				
	-零件：	1. 品名；2. 用途（适用机型）	3. 品牌；4. 型号		
	--阴极射线管用：				
8540.9110	---电视显像管用				
8540.9120	---雷达显示管用				
8540.9190	---其他				
	--其他：				
8540.9910	---电视摄像管用				
8540.9990	---其他				
85.41	**二极管、晶体管及类似的半导体器件；光敏半导体器件，包括不论是否装在组件内或组装成块的光电池；发光二极管；已装配的压电晶体：**				
8541.1000	-二极管，但光敏二极管或发光二极管除外	1. 品名	2. 品牌；3. 型号		

税则号列	商品名称	申报要素			说明举例
		归类要素	价格要素	其他要素	
	-晶体管，但光敏晶体管除外：	1. 品名；2. 耗散功率	3. 品牌；4. 型号		
8541.2100	--耗散功率小于1瓦的				
8541.2900	--其他				
8541.3000	-半导体开关元件、两端交流开关元件及三端双向可控硅开关元件，但光敏器件除外	1. 品名；2. 类型；3. 是否由多个半导体元件构成	4. 品牌；5. 型号		
	-光敏半导体器件，包括不论是否装在组件内或组装成块的光电池；发光二极管：				
8541.4010	---发光二极管	1. 品名	2. 品牌；3. 型号		
8541.4020	---太阳能电池	1. 品名；2. 额定功率	3. 品牌；4. 型号；5. 转换效率		
8541.4090	---其他	1. 品名	2. 品牌；3. 型号		
8541.5000	-其他半导体器件	1. 品名；2. 类型；3. 是否由多个半导体元件构成	4. 品牌；5. 型号		
8541.6000	-已装配的压电晶体	1. 品名；2. 是否已装配	3. 品牌；4. 型号		
8541.9000	-零件	1. 品名；2. 用途（适用机型）	3. 品牌；4. 型号		
85.42	**集成电路：**				
	-集成电路：				
	--处理器及控制器，不论是否带有存储器、转换器、逻辑电路、放大器、时钟及时序电路或其他电路：	1. 品名；2. 用途；3. 功能；4. 是否封装	5. 品牌；6. 型号；7. 芯片出厂序列号；8. 是否量产（量产或非量产）		
	---多元件集成电路：				
8542.3111	----具有变流功能的半导体模块				
8542.3119	----其他				
8542.3190	---其他				
	--存储器：	1. 品名；2. 用途；3. 功能；4. 是否封装	5. 品牌；6. 型号；7. 芯片出厂序列号；8. 是否量产（量产或非量产）；9. 容量		
8542.3210	---多元件集成电路				

税则号列	商品名称	申报要素			说明举例
		归类要素	价格要素	其他要素	
8542.3290	---其他				
	--放大器：	1. 品名；2. 用途；3. 功能；4. 是否封装	5. 品牌；6. 型号；7. 芯片出厂序列号；8. 是否量产（量产或非量产）		
8542.3310	---多元件集成电路				
8542.3390	---其他				
	--其他：	1. 品名；2. 用途；3. 功能；4. 是否封装	5. 品牌；6. 型号；7. 芯片出厂序列号；8. 是否量产（量产或非量产）		
8542.3910	---多元件集成电路				
8542.3990	---其他				
8542.9000	-零件	1. 品名；2. 用途（适用机型）	3. 品牌；4. 型号		
85.43	**本章其他税目未列名的具有独立功能的电气设备及装置：**				
8543.1000	-粒子加速器	1. 品名；2. 用途；3. 功能	4. 品牌；5. 型号		
	-信号发生器：	1. 品名；2. 用途；3. 功能；4. 输出信号频率范围	5. 品牌；6. 型号		
8543.2010	---输出信号频率在1500兆赫兹以下的通用信号发生器				
8543.2090	---其他				
8543.3000	-电镀、电解或电泳设备及装置	1. 品名；2. 用途；3. 功能	4. 品牌；5. 型号		
	-其他设备及装置：	1. 品名；2. 用途；3. 功能	4. 品牌；5. 型号		
8543.7091	----金属、矿藏探测器				
8543.7092	----高、中频放大器				
8543.7093	----电篱网激发器				
8543.7099	----其他				
	-零件：	1. 品名；2. 用途（适用机型）	3. 品牌；4. 型号		
8543.9010	---粒子加速器用				
	---信号发生器用：				
8543.9021	----输出信号频率在1500兆赫兹以下的通用信号发生器用				

税则号列	商品名称	申报要素			说明举例
		归类要素	价格要素	其他要素	
8543.9029	----其他				
8543.9030	---金属、矿藏探测器用				
8543.9040	---高、中频放大器用				
8543.9090	---其他				
85.44	**绝缘（包括漆包或阳极化处理）电线、电缆（包括同轴电缆）及其他绝缘电导体，不论是否有接头；由每根被覆光纤组成的光缆，不论是否与电导体装配或装有接头：**				
	-绕组电线：	1. 品名；2. 用途；3. 材质	4. 品牌；5. 型号		
8544.1100	--铜制				
8544.1900	--其他				
8544.2000	-同轴电缆及其他同轴电导体	1. 品名；2. 用途；3. 结构类型（同轴、有接头等）	4. 品牌；5. 型号		
	-车辆、航空器、船舶用点火布线组及其他布线组：				
8544.3020	---机动车辆用	1. 品名；2. 用途	3. 品牌；4. 型号；5. 额定电压		
8544.3090	---其他	1. 品名；2. 用途；3. 结构类型（有接头等）	4. 品牌；5. 型号；6. 额定电压		
	-其他电导体，额定电压不超过1000伏：				
	--有接头：				
	---额定电压不超过80伏：				
8544.4211	----电缆	1. 品名；2. 用途；3. 结构类型（是否有接头；是否同轴电缆）	4. 品牌；5. 型号；6. 额定电压		
8544.4219	----其他	1. 品名；2. 用途；3. 结构类型（是否有接头；是否同轴电导体）	4. 品牌；5. 型号；6. 额定电压		
	---额定电压超过80伏，但不超过1000伏：				
8544.4221	----电缆	1. 品名；2. 用途；3. 结构类型（是否有接头；是否同轴电缆）	4. 品牌；5. 型号；6. 额定电压		
8544.4229	----其他	1. 品名；2. 用途；3. 结构类型（是否有接头；是否同轴电导体）	4. 品牌；5. 型号；6. 额定电压		

税则号列	商 品 名 称	申报要素			说 明 举 例
		归类要素	价格要素	其他要素	
	--其他:				
	---额定电压不超过80伏:				
8544.4911	----电缆	1. 品名; 2. 用途; 3. 结构类型（是否有接头; 是否同轴电缆）	4. 品牌; 5. 型号; 6. 额定电压		
8544.4919	----其他	1. 品名; 2. 用途; 3. 结构类型（是否有接头; 是否同轴电导体）	4. 品牌; 5. 型号; 6. 额定电压		
	---额定电压超过80伏，但不超过1000伏:				
8544.4921	----电缆	1. 品名; 2. 用途; 3. 结构类型（是否有接头; 是否同轴电缆）	4. 品牌; 5. 型号; 6. 额定电压		
8544.4929	----其他	1. 品名; 2. 用途; 3. 结构类型（是否有接头; 是否同轴电导体）	4. 品牌; 5. 型号; 6. 额定电压		
	-其他电导体，额定电压超过1000伏:	1. 品名; 2. 用途; 3. 结构类型（有接头等）	4. 品牌; 5. 型号; 6. 额定电压		
	---电缆:				
8544.6012	----额定电压不超过35千伏				
8544.6013	----额定电压超过35千伏，但不超过110千伏				
8544.6014	----额定电压超过110千伏，但不超过220千伏				
8544.6019	----其他				
8544.6090	---其他				
8544.7000	-光缆	1. 品名; 2. 是否每根光纤被覆	3. 品牌; 4. 型号		
85.45	**碳电极、碳刷、灯碳棒、电池碳棒及电气设备用的其他石墨或碳精制品，不论是否带金属:**	1. 品名; 2. 用途; 3. 材质	4. 品牌; 5. 型号		
	-碳电极:				
8545.1100	--炉用				
8545.1900	--其他				
8545.2000	-碳刷				
8545.9000	-其他				
85.46	**各种材料制的绝缘子:**	1. 品名; 2. 用途; 3. 材质	4. 品牌; 5. 型号		
8546.1000	-玻璃制				
	-陶瓷制:				
8546.2010	---输变电线路绝缘瓷套管				

税则号列	商 品 名 称	申报要素			说 明 举 例
		归类要素	价格要素	其他要素	
8546.2090	---其他				
8546.9000	-其他				
85.47	**电气机器、器具或设备用的绝缘零件，除了为装配需要而在模制时装入的小金属零件（例如，螺纹孔）以外，全部用绝缘材料制成，但税目 85.46 的绝缘子除外；内衬绝缘材料的贱金属制线路导管及其接头：**	1. 品名；2. 用途；3. 材质	4. 品牌；5. 型号		
8547.1000	-陶瓷制绝缘零件				
8547.2000	-塑料制绝缘零件				
	-其他：				
8547.9010	---内衬绝缘材料的贱金属制线路导管及其接头				
8547.9090	---其他				
85.48	**原电池、原电池组及蓄电池的废碎料；废原电池、废原电池组及废蓄电池；机器或设备的本章其他税目未列名的电气零件：**				
8548.1000	-原电池、原电池组及蓄电池的废碎料；废原电池、废原电池组及废蓄电池	1. 品名；2. 用途	3. 品牌；4. 型号		
8548.9000	-其他	1. 品名；2. 用途；3. 若为触摸屏需注明结构（是否有显示屏）	4. 品牌；5. 型号		

第十七类　车辆、航空器、船舶及有关运输设备

注释：

一、本类不包括税目 95.03 或 95.08 的物品，以及税目 95.06 的长雪橇、平底雪橇及类似品。

二、本类所称“零件”及“零件、附件”，不适用于下列货品，不论其是否确定为供本类货品使用：

（一）各种材料制的接头、垫圈或类似品（按其构成材料归类或归入税目 84.84）或硫化橡胶（硬质橡胶除外）的其他制品（税目 40.16）；

（二）第十五类注释二所规定的贱金属制通用零件（第十五类）或塑料制的类似品（第三十九章）；

（三）第八十二章的物品（工具）；

（四）税目 83.06 的物品；

（五）税目 84.01 至 84.79 的机器或装置及其零件，但供本类所列货品使用的散热器除外；税目 84.81 或 84.82 的物品及税目 84.83 的物品（这些物品是构成发动机或其他动力装置所必需的）；

（六）电机或电气设备（第八十五章）；

（七）第九十章的物品；

（八）第九十一章的物品；

（九）武器（第九十三章）；

（十）税目 94.05 的灯具或照明装置；或

（十一）作为车辆零件的刷子（税目 96.03）。

三、第八十六章至第八十八章所称“零件”或“附件”，不适用于那些非专用于或非主要用于这几章所列物品的零件、附件。同时符合这几章内两个或两个以上税目规定的零件、附件，应按其主要用途归入相应的税目。

四、在本类中：

（一）既可在道路上又可在轨道上行驶的特殊构造的车辆，应归入第八十七章的相应税目；

（二）水陆两用的机动车辆，应归入第八十七章的相应税目；

（三）可兼作地面车辆使用的特殊构造的航空器，应归入第八十八章的相应税目。

五、气垫运输工具应按本类最相似的运输工具归类，其规定如下：

（一）在导轨上运行的（气垫火车），归入第八十六章；

（二）在陆地行驶或水陆两用的，归入第八十七章；

（三）在水上航行的，不论能否在海滩或浮码头登陆及能否在冰上行驶，一律归入第八十九章。

气垫运输工具的零件、附件，应按照上述规定，与最相类似的运输工具的零件、附件一并归类。

气垫火车的导轨固定装置及其附件应与铁道轨道固定装置及其附件一并归类。气垫火车运行系统的信号、安全或交通管理设备应与铁路的信号、安全或交通管理设备一并归类。

第八十六章　铁道及电车道机车、车辆及其零件；铁道及电车道轨道固定装置及其零件、附件；各种机械（包括电动机械）交通信号设备

注释：

一、本章不包括：

（一）木制或混凝土制的铁道或电车道轨枕及气垫火车用的混凝土导轨（税目 44.06 或 68.10）；

（二）税目 73.02 的铁道及电车道铺轨用钢铁材料；或

（三）税目 85.30 的电气信号、安全或交通管理设备。

二、税目 86.07 主要适用于：

（一）轴、轮、行走机构、金属轮箍、轮圈、毂及轮子的其他零件；

（二）车架、底架、转向架；

（三）轴箱；制动装置；

（四）车辆缓冲器；钩或其他联结器及车厢走廊联结装置；

（五）车身。

三、除上述注释一另有规定的以外，税目 86.08 包括：

（一）已装配的轨道、转车台、站台缓冲器、量载规；

（二）铁道及电车道、道路、内河航道、停车场、港口或机场用的臂板信号机、机械信号盘、平交道口控制器、信号及道岔控制器及其他机械（包括电动机械）信号、安全或交通管理设备，不论是否装有电力照明装置。

【要素释义】

一、归类要素

（一）用途：指该税目商品应用的方面、范围。例如，税目86.01的铁道电车可填写“城市轨道交通用”。

（二）驱动装置类型：指用于驱动车辆的装置的类型。例如，外部电力驱动的、蓄电池驱动的、柴油机驱动的、蒸汽机驱动的等。

（三）控制装置类型：该要素为税目86.01和86.02的专有归类要素，是指铁道机车是否由微型机控制的。

（四）类型：指铁道车辆的具体类型，例如，检验车、维修车、客车、货车等。

（五）结构：该要素为税目86.06的专有归类要素，指铁道车辆本身的结构特点。例如，封闭、带篷、无篷等。

（六）用途（适用车型）：该要素为税目86.07的专有要素，指铁道车辆的零件用途，即适用于什么车型。

（七）类型（公路等）：该要素为税目86.09的专有要素，指集装箱所适用的运输方式。例如，公路、铁路、海运等。

（八）规格尺寸：该要素为税目86.09的专有要素，指集装箱的具体规格和尺寸。例如，20英尺、25英尺、40英尺等。

二、价格要素

（一）品牌：指制造商或经销商加在商品上的标志。实际只需要申报名称即可，有外文品牌的以申报外文品牌名称为主。

（二）型号：指铁道及电车道机车、车辆及其零件的款式、用途等指标的代码。例如，零件即为零件编号。

税则号列	商品名称	申报要素			说明举例
		归类要素	价格要素	其他要素	
86.01	**铁道电力机车，由外部电力或蓄电池驱动：**	1. 品名；2. 用途；3. 驱动装置类型；4. 控制装置类型	5. 品牌；6. 型号		
	-由外部电力驱动：				
	---直流电机驱动的：				
8601.1011	----微型机控制的				
8601.1019	----其他				
8601.1020	---交流电机驱动的				
8601.1090	---其他				
8601.2000	-由蓄电池驱动				
86.02	**其他铁道机车；机车煤水车：**				
	-柴油电力机车：	1. 品名；2. 用途；3. 驱动装置类型；4. 控制装置类型	5. 品牌；6. 型号		
8602.1010	---微型机控制的				
8602.1090	---其他				
8602.9000	-其他	1. 品名；2. 用途；3. 驱动装置类型	4. 品牌；5. 型号		
86.03	**铁道及电车道用的机动客车、货车、敞车，但税目86.04的货品除外：**	1. 品名；2. 用途；3. 驱动装置类型	4. 品牌；5. 型号		
8603.1000	-由外部电力驱动				
8603.9000	-其他				

税则号列	商 品 名 称	申报要素			说 明 举 例
		归类要素	价格要素	其他要素	
86.04	**铁道及电车道用的维修或服务车，不论是否机动（例如，工场车、起重机车、道碴捣固车、轨道校正车、检验车及查道车）：**	1. 品名；2. 用途；3. 类型	4. 品牌；5. 型号		
	---检验车及查道车：				
8604.0011	----隧道限界检查车				
8604.0012	----钢轨在线打磨列车				
8604.0019	----其他				
	---其他：				
8604.0091	----电气化接触网架线机（轨行式）				
8604.0099	----其他				
86.05	**铁道及电车道用的非机动客车；行李车、邮政车和其他铁道及电车道用的非机动特殊用途车辆（税目86.04的货品除外）：**	1. 品名；2. 用途；3. 类型	4. 品牌；5. 型号		
8605.0010	---铁道客车				
8605.0090	---其他				
86.06	**铁道及电车道用的非机动有篷及无篷货车：**	1. 品名；2. 用途；3. 类型；4. 结构	5. 品牌；6. 型号		
8606.1000	-油罐货车及类似车				
8606.3000	-自卸货车，但税号8606.1000的货品除外				
	-其他：				
8606.9100	--带篷及封闭的				
8606.9200	--敞篷的，厢壁固定且高度超过60厘米				
8606.9900	--其他				
86.07	**铁道及电车道机车或其他车辆的零件：**	1. 品名；2. 用途（适用车型）	3. 品牌；4. 型号		
	-转向架、轴、轮及其零件：				
8607.1100	--驾驶转向架				
8607.1200	--其他转向架				
	--其他，包括零件：				
8607.1910	---轴				
8607.1990	---其他				
	-制动装置及其零件：				
8607.2100	--空气制动器及其零件				
8607.2900	--其他				
8607.3000	-钩、其他联结器、缓冲器及其零件				

税则号列	商品名称	申报要素			说明举例
		归类要素	价格要素	其他要素	
	-其他:				
8607.9100	--机车用				
8607.9900	--其他				
86.08	铁道及电车道轨道固定装置及附件;供铁道、电车道、道路、内河航道、停车场、港口或机场用的机械(包括电动机械)信号、安全或交通管理设备;上述货品的零件:	1. 品名;2. 用途	3. 品牌;4. 型号		
8608.0010	---轨道自动计轴设备				
8608.0090	---其他				
86.09	集装箱(包括运输液体的集装箱),经特殊设计、装备适用于各种运输方式:	1. 品名;2. 类型(公路等);3. 规格尺寸	4. 品牌		
	---20英尺的:				
8609.0011	----保温式				
8609.0012	----罐式				
8609.0019	----其他				
	---40英尺的:				
8609.0021	----保温式				
8609.0022	----罐式				
8609.0029	----其他				
8609.0030	---45、48、53英尺的				
8609.0090	---其他				

第八十七章　车辆及其零件、附件，但铁道及电车道车辆除外

注释：

一、本章不包括仅可在钢轨上运行的铁道及电车道车辆。

二、本章所称"牵引车、拖拉机"，是指主要为牵引或推动其他车辆、器具或重物的车辆。除了上述主要用途以外，不论其是否还具有装运工具、种子、肥料或其他货品的辅助装置。

用于安装在税目 87.01 的牵引车或拖拉机上，作为可替换设备的机器或作业工具，即使与牵引车或拖拉机一同报验，不论其是否已安装在车（机）上，仍应归入其各自相应的税目。

三、装有驾驶室的机动车辆底盘，应归入税目 87.02 至 87.04，而不归入税目 87.06。

四、税目 87.12 包括所有儿童两轮车，其他儿童脚踏车归入税目 95.03。

【要素释义】

一、归类要素

（一）用途：指商品应用的方面、范围。例如，税目 87.01 货品填写"牵引用"等；子目 8704.1 货品填写"公路用""非公路用"；子目 8705.9 货品填写"无线通信用""放射线检查用""环境监测用"等。

（二）结构类型：指商品内各组成要素之间的相互联系、相互作用的方式。该要素为税目 87.01 的专有要素，指牵引车为轮式、履带式。

（三）功率：指物体在单位时间内所做的功。该要素为税目 87.01 的专有要素，指牵引车的功率大小。功率单位有瓦、千瓦、兆瓦、马力。

（四）发动机类型（柴油、半柴油、汽油等）：指机动车辆所使用的发动机的具体类型，常见的有柴油、半柴油、汽油发动机。

（五）成套散件请注明：指机动车辆在报验状态时是否由成套散件（即未组装成成品）构成。

（六）座位数：指机动车辆的座位总数（即可乘载人员的总数，包括驾驶员）。例如，9 座小客车。

（七）排气量（毫升）：在发动机的某一循环运作中，能将全部空气及混合气送入所有气缸的能力，即该发动机所有气缸工作容积之和，经常用单位"毫升"表示。例如，排气量为 2000 毫升。

（八）是否为电动轮：该要素为税目 87.04 的专有要素，指非公路用自卸车是否由电动轮驱动的。

（九）车辆总重：指由生产厂家规定作为车辆最大设计载重量能力的车辆使用重量。该重量为车辆自重、最大设计载荷、驾驶员及装满燃油的油箱重量的总和。

（十）作业范围（全路面等）：该要素为税目 87.05 的专有要素，指起重车的作业范围是否可用于全路面。全路面起重车是一种不适用于运货的、由一个驾驶室及一个旋转起重机固定在一个机动车底盘上组成的特种车，其适用于在通行条件极差的油田、公路、铁路、建设工地等起吊重物。

（十一）最大起重重量：该要素为税目 87.05 的专有要素，指允许吊起的最大物料质量和吊具质量的总和。对于全路面起重车，额定起重重量包括固定在起重机上的吊具和从臂架头部到吊钩滑轮组的起重钢丝绳的质量。对于变幅起重机械，最小幅度时的额定起重重量为最大，称为最大额定起重重量。

（十二）固定安装配置：该要素为税目 87.05 的专有要素，指特种车在报验状态时在车辆上配有的各种装置，填写时应将所有装置一一列出。

（十三）适用车型：指机动车辆的车身、底盘及其他零件所适用的具体车型，在填写时应注明汽车品牌和型号。例如，"日产天籁 2.3L 小轿车用"，不能简单填写为"小汽车用"。如果多种车型通用，则应填写为"日产天籁 2.3L 等小轿车通用"。

（十四）是否带驾驶室：该要素为税目 87.06 的专有要素，指机动车辆底盘在报验状态时是否带有驾驶室。

（十五）成套散件或毛坯请注明：该要素为税目 87.08 的专有要素，在申报时不论是否是成套散件或毛坯件，都应注明。例如，可填写"成套散件非毛坯件"。

（十六）生产件的通用零件编号后加注"/TY"：该要素为税目 87.08 的专有要素，"TY"即"通用"。

（十七）成套散件装配后完整品的零部件的编号：该要素为税目 87.08 的专有要素，汽车零部件报验状态是成套散件的，不填写零部件编号，而应当填写该成套散件装配后的最终完整品的零部件编号。

（十八）零部件完整编号并在前加注"S"：该要素为税目 87.08 的专有要素，应当填写汽车零部件的完整编号，在零部件编号前应当加注"S"字样。

（十九）原理（是否为 4 挡及 4 挡以下）：该要素为税目 87.08 的专有要素，指变速箱的挡位数。需要注意的是，这里的挡位数仅指前进挡的最大挡位数，不包括驻车挡、倒车挡等其他挡位。若在不同的挡位下前进挡位数不同，取其最大值。

（二十）传动部件：该要素为税目 87.08 的专有要素，指装有差速器的驱动桥及其零件在报验状态时是否带有传动部件，以及带有何种传动部件。

（二十一）驱动位置：该要素为税目 87.08 的专有要素，指装有差速器的驱动桥及其零件驱动的具体位置。

（二十二）轴荷：该要素为税目 87.08 专有要素，指机动车辆前后轴所承担的车重。

（二十三）发动机类型：指机动车辆所使用的发动机的具体类型，常见的有柴油、半柴油、汽油发动机。

（二十四）适用场所：该要素为税目 87.09 的专有要素，指机动车辆的适用场所。例如，码头、工厂、仓库等。

（二十五）用途（适用车型）：指机动车辆的零件用途，即适用于什么车型。

（二十六）轮径：该要素为税目 87.12 的专有要素，指自行车轮的直径。

（二十七）驱动方式：该要素为税目 87.13 的专有要素，指残疾人用车是机械驱动的还是非机械驱动的。

（二十八）类型：该要素为税目 87.16 的专有要素，指非机械驱动的车辆是挂车、半挂车或其他类型。

二、价格要素

（一）品牌：指制造商或经销商加在商品上的标志。实际只需要申报名称即可，有外文品牌的以申报外文品牌名称为主。

（二）型号：指商品的用途、功能、款式等指标的代码。

（三）结构类型：该要素为子目 8701.3 履带式牵引车、拖拉机的价格要素。例如，子目 8701.3“PRINOTH”牌型号“BR350 型”的“履带式”牵引车。

（四）用途：指设备的实际用途。例如，税号 8701.9011 轮式拖拉机的用途可填写“农用”。

（五）厂牌（如与签注名称相同可省略）：指车辆的厂家品牌名称。例如，Mercedes Benz（梅赛德斯—奔驰）牌。

（六）签注名称：指车辆厂家备案的品牌具体款式的名称。例如，“大众”品牌项下的“途威”越野车。

（七）排气量（毫升）：指车辆的动力指标。用“CC”或者“毫升”表示。

（八）规格型号：指车辆具体性能、款式、功能和用途等指标的代码。例如，“大众”品牌项下规格型号“TIGUAN 2.0 TDI”的“途威”（签注名称）越野车。

（九）适用车型：该要素是税目 87.08 机动车辆零件的价格要素，指零件使用车辆的款式或者型号。需要申报具体适用车辆的品牌（或者厂牌）名称、签注名称及车辆型号。例如，“保险杠支架”适用现代（厂牌）的途胜（签注名称）、车辆型号：86616-2E000。

（十）税目 87.07 和 87.08 汽车零部件的价格要素：零部件完整编号并在前加注“S/”“W/”或“WF/”之一（生产件填写“S/”，品牌和适用的整车厂牌一致的维修件填写“W/”，品牌和适用的整车厂牌不一致的维修件的填写“WF/”）。

1. 例如，“江森”品牌的“汽车用仪表板”，生产件，用于“奔驰”V212，应填写“S/A2126802987”；
2. 例如，“奔驰”品牌的“减震器”，维修件，用于“奔驰”小车（品牌和适用的整车厂牌一致的维修件），应填写“W/A2303208513”；
3. 例如，“JL”品牌的“汽车前杠”，维修件，用于“奔驰”C 级小车（品牌和适用的整车厂牌不一致的维修件），应填写“WF/S0783B”。

（十一）扭矩：该要素是税号 8708.403、8704.103 及 8704.109 所列车辆用的零部件的价格要素，用“N/M”表示。

（十二）技术参数（最高时速、转弯半径等）：该要素是税目 87.09“短距离运输货物的机动车辆，未装有提升或搬运设备，用于工厂、仓库、码头或机场；火车站台上用的牵引车”的价格要素。它指上述车辆或者设备的最高时速和转弯半径等技术指标。

税则号列	商品名称	申报要素			说明举例
		归类要素	价格要素	其他要素	
87.01	牵引车、拖拉机（税目 87.09 的牵引车除外）：				
8701.1000	-单轴拖拉机	1. 品名	2. 品牌；3. 型号		

税则号列	商品名称	申报要素			说明举例
		归类要素	价格要素	其他要素	
8701.2000	-半挂车用的公路牵引车	1. 品名；2. 用途	3. 品牌；4. 型号		
8701.3000	-履带式牵引车、拖拉机	1. 品名	2. 品牌；3. 结构类型；4. 型号		
	-其他，其发动机功率：	1. 品名；2. 结构类型；3. 功率	4. 用途；5. 品牌；6. 型号		
	--不超过18千瓦：				
8701.9110	---拖拉机				
8701.9190	---其他				
	--超过18千瓦，但不超过37千瓦：				
8701.9210	---拖拉机				
8701.9290	---其他				
	--超过37千瓦，但不超过75千瓦：				
8701.9310	---拖拉机				
8701.9390	---其他				
	--超过75千瓦，但不超过130千瓦：				
8701.9410	---拖拉机				
8701.9490	---其他				
	--超过130千瓦：				
8701.9510	---拖拉机				
8701.9590	---其他				
87.02	**客运机动车辆，10座及以上（包括驾驶座）：**				
	-仅装有压燃式活塞内燃发动机（柴油或半柴油式）的车辆：				
8702.1020	---机坪客车	1. 品名；2. 发动机类型（柴油、半柴油、汽油等）；3. 成套散件请注明	4. 厂牌（如与签注名称相同可省略）；5. 签注名称；6. 排气量（毫升）；7. 规格型号		
	---其他：	1. 品名；2. 发动机类型（柴油、半柴油、汽油等）；3. 成套散件请注明；4. 座位数	5. 厂牌（如与签注名称相同可省略）；6. 签注名称；7. 排气量（毫升）；8. 规格型号		
8702.1091	----30座及以上（大型客车）				

税则号列	商品名称	申报要素			说明举例
		归类要素	价格要素	其他要素	
8702.1092	----20座及以上，但不超过29座				
8702.1093	----10座及以上，但不超过19座				
	-同时装有压燃式活塞内燃发动机（柴油或半柴油发动机）及驱动电动机的车辆：				
8702.2010	---机坪客车	1. 品名；2. 发动机类型（柴油及驱动电动机等）；3. 成套散件请注明	4. 厂牌（如与签注名称相同可省略）；5. 签注名称；6. 排气量（毫升）；7. 规格型号		
	---其他：	1. 品名；2. 发动机类型（柴油及驱动电动机等）；3. 成套散件请注明；4. 座位数	5. 厂牌（如与签注名称相同可省略）；6. 签注名称；7. 排气量（毫升）；8. 规格型号		
8702.2091	----30座及以上（大型客车）				
8702.2092	----20座及以上，但不超过29座				
8702.2093	----10座及以上，但不超过19座				
	-同时装有点燃往复式活塞内燃发动机及驱动电动机的车辆：	1. 品名；2. 发动机类型（汽油及驱动电动机等）；3. 成套散件请注明；4. 座位数	5. 厂牌（如与签注名称相同可省略）；6. 签注名称；7. 排气量（毫升）；8. 规格型号		
8702.3010	---30座及以上（大型客车）				
8702.3020	---20座及以上，但不超过29座				
8702.3030	---10座及以上，但不超过19座				
	-仅装有驱动电动机的车辆：	1. 品名；2. 发动机类型（电动等）；3. 成套散件请注明；4. 座位数	5. 厂牌（如与签注名称相同可省略）；6. 签注名称；7. 功率（千瓦）；8. 规格型号		
8702.4010	---30座及以上（大型客车）				
8702.4020	---20座及以上，但不超过29座				

税则号列	商品名称	申报要素			说明举例
		归类要素	价格要素	其他要素	
8702.4030	---10座及以上，但不超过19座				
	-其他：	1. 品名；2. 发动机类型（柴油、半柴油、汽油等）；3. 成套散件请注明；4. 座位数	5. 厂牌（如与签注名称相同可省略）；6. 签注名称；7. 排气量（毫升）；8. 规格型号		
8702.9010	---30座及以上（大型客车）				
8702.9020	---20座及以上，但不超过29座				
8702.9030	---10座及以上，但不超过19座				
87.03	**主要用于载人的机动车辆（税目87.02的货品除外），包括旅行小客车及赛车：**				
	-雪地行走专用车；高尔夫球车及类似车辆：				
	---高尔夫球车及类似车辆：				
8703.1011	----全地形车	1. 品名；2. 发动机类型（柴油、半柴油、汽油等）；3. 成套散件请注明；4. 座位数	5. 厂牌（如与签注名称相同可省略）；6. 签注名称；7. 排气量（毫升）；8. 型号		
8703.1019	----其他	1. 品名；2. 发动机类型（柴油、半柴油、汽油等）；3. 成套散件请注明；4. 排气量（毫升）	5. 厂牌（如与签注名称相同可省略）；6. 签注名称；7. 型号		
8703.1090	---其他	1. 品名；2. 发动机类型（柴油、半柴油、汽油等）；3. 成套散件请注明；4. 排气量（毫升）	5. 厂牌（如与签注名称相同可省略）；6. 签注名称；7. 型号		

税则号列	商品名称	申报要素			说明举例
		归类要素	价格要素	其他要素	
	-仅装有点燃往复式活塞内燃发动机的其他车辆：	1. 品名；2. 发动机类型（柴油、半柴油、汽油等）；3. 成套散件请注明；4. 座位数	5. 厂牌（如与签注名称相同可省略）；6. 签注名称；7. 排气量（毫升）；8. 型号；9. 是否中规车请注明（中规车、非中规车）；10. 非中规车请注明原销售目的国车版、型（美规、欧规、加规、中东规等）		
	--气缸容量（排气量）不超过1000毫升：				
8703.2130	---小轿车				
8703.2140	---越野车（4轮驱动）				
8703.2150	---9座及以下的小客车				
8703.2190	---其他				
	--气缸容量（排气量）超过1000毫升，但不超过1500毫升：				
8703.2230	---小轿车				
8703.2240	---越野车（4轮驱动）				
8703.2250	---9座及以下的小客车				
8703.2290	---其他				
	--气缸容量（排气量）超过1500毫升，但不超过3000毫升：				
	---气缸容量（排气量）超过1500毫升，但不超过2000毫升：				
8703.2341	----小轿车				
8703.2342	**----越野车（4轮驱动）**				
8703.2343	----9座及以下的小客车				
8703.2349	**----其他**				
	---气缸容量（排气量）超过2000毫升，但不超过2500毫升：				
8703.2351	----小轿车				
8703.2352	**----越野车（4轮驱动）**				
8703.2353	----9座及以下的小客车				

税则号列	商品名称	申报要素			说明举例
		归类要素	价格要素	其他要素	
8703.2359	----**其他**				
	---气缸容量（排气量）超过2500毫升，但不超过3000毫升：				
8703.2361	----小轿车				
8703.2362	----**越野车（4轮驱动）**				
8703.2363	----9座及以下的小客车				
8703.2369	----**其他**				
	--气缸容量（排气量）超过3000毫升：				
	---气缸容量（排气量）超过3000毫升，但不超过4000毫升：				
8703.2411	----小轿车				
8703.2412	----**越野车（4轮驱动）**				
8703.2413	----9座及以下的小客车				
8703.2419	----**其他**				
	---气缸容量（排气量）超过4000毫升：				
8703.2421	----小轿车				
8703.2422	----**越野车（4轮驱动）**				
8703.2423	----9座及以下的小客车				
8703.2429	----**其他**				
	-仅装有压燃式活塞内燃发动机（柴油或半柴油发动机）的其他车辆：	1. 品名；2. 发动机类型（柴油、半柴油、汽油等）；3. 成套散件请注明；4. 座位数	5. 厂牌（如与签注名称相同可省略）；6. 签注名称；7. 排气量（毫升）；8. 型号；9. 是否中规车请注明（中规车、非中规车）；10. 非中规车请注明原销售目的国车版、型（美规、欧规、加规、中东规等）		
	--气缸容量（排气量）不超过1500毫升：				
	---气缸容量（排气量）不超过1000毫升：				
8703.3111	----小轿车				

税则号列	商 品 名 称	申报要素			说明举例
		归类要素	价格要素	其他要素	
8703. 3119	----其他				
	---气缸容量（排气量）超过1000 毫升，但不超过 1500 毫升：				
8703. 3121	----小轿车				
8703. 3122	**----越野车（4 轮驱动）**				
8703. 3123	----9 座及以下的小客车				
8703. 3129	**----其他**				
	--气缸容量（排气量）超过1500 毫升，但不超过 2500 毫升：				
	---气缸容量（排气量）超过1500 毫升，但不超过 2000 毫升：				
8703. 3211	----小轿车				
8703. 3212	**----越野车（4 轮驱动）**				
8703. 3213	----9 座及以下的小客车				
8703. 3219	**----其他**				
	---气缸容量（排气量）超过2000 毫升，但不超过 2500 毫升：				
8703. 3221	----小轿车				
8703. 3222	**----越野车（4 轮驱动）**				
8703. 3223	----9 座及以下的小客车				
8703. 3229	**----其他**				
	--气缸容量（排气量）超过2500 毫升：				
	---气缸容量（排气量）超过2500 毫升，但不超过 3000 毫升：				
8703. 3311	----小轿车				
8703. 3312	**----越野车（4 轮驱动）**				
8703. 3313	----9 座及以下的小客车				
8703. 3319	**----其他**				
	---气缸容量（排气量）超过3000 毫升，但不超过 4000 毫升：				
8703. 3321	----小轿车				
8703. 3322	**----越野车（4 轮驱动）**				
8703. 3323	**----9 座及以下的小客车**				
8703. 3329	**----其他**				
	---气缸容量（排气量）超过4000 毫升：				

<table>
<tr><th rowspan="2">税则号列</th><th rowspan="2">商品名称</th><th colspan="3">申报要素</th><th rowspan="2">说明举例</th></tr>
<tr><th>归类要素</th><th>价格要素</th><th>其他要素</th></tr>
<tr><td>8703.3361</td><td>----小轿车</td><td></td><td></td><td></td><td></td></tr>
<tr><td>**8703.3362**</td><td>**----越野车（4轮驱动）**</td><td></td><td></td><td></td><td></td></tr>
<tr><td>**8703.3363**</td><td>**----9座及以下的小客车**</td><td></td><td></td><td></td><td></td></tr>
<tr><td>**8703.3369**</td><td>**----其他**</td><td></td><td></td><td></td><td></td></tr>
<tr><td></td><td>-同时装有点燃往复式活塞内燃发动机及驱动电动机的其他车辆，可通过接插外部电源进行充电的除外：</td><td>1. 品名；2. 发动机类型（汽油及驱动电动机等）；3. 成套散件请注明；4. 座位数；5. 是否可通过接插外部电源进行充电</td><td>6. 厂牌（如与签注名称相同可省略）；7. 签注名称；8. 排气量（毫升）；9. 型号；10. 是否中规车请注明（中规车、非中规车）；11. 非中规车请注明原销售目的国车版、型（美规、欧规、加规、中东规等）</td><td></td><td></td></tr>
<tr><td></td><td>---气缸容量（排气量）不超过1000毫升：</td><td></td><td></td><td></td><td></td></tr>
<tr><td>8703.4011</td><td>----小轿车</td><td></td><td></td><td></td><td></td></tr>
<tr><td>**8703.4012**</td><td>**----越野车（4轮驱动）**</td><td></td><td></td><td></td><td></td></tr>
<tr><td>8703.4013</td><td>----9座及以下的小客车</td><td></td><td></td><td></td><td></td></tr>
<tr><td>**8703.4019**</td><td>**----其他**</td><td></td><td></td><td></td><td></td></tr>
<tr><td></td><td>---气缸容量（排气量）超过1000毫升，但不超过1500毫升：</td><td></td><td></td><td></td><td></td></tr>
<tr><td>8703.4021</td><td>----小轿车</td><td></td><td></td><td></td><td></td></tr>
<tr><td>**8703.4022**</td><td>**----越野车（4轮驱动）**</td><td></td><td></td><td></td><td></td></tr>
<tr><td>8703.4023</td><td>----9座及以下的小客车</td><td></td><td></td><td></td><td></td></tr>
<tr><td>**8703.4029**</td><td>**----其他**</td><td></td><td></td><td></td><td></td></tr>
<tr><td></td><td>---气缸容量（排气量）超过1500毫升，但不超过2000毫升：</td><td></td><td></td><td></td><td></td></tr>
<tr><td>8703.4031</td><td>----小轿车</td><td></td><td></td><td></td><td></td></tr>
<tr><td>**8703.4032**</td><td>**----越野车（4轮驱动）**</td><td></td><td></td><td></td><td></td></tr>
<tr><td>8703.4033</td><td>----9座及以下的小客车</td><td></td><td></td><td></td><td></td></tr>
<tr><td>**8703.4039**</td><td>**----其他**</td><td></td><td></td><td></td><td></td></tr>
<tr><td></td><td>---气缸容量（排气量）超过2000毫升，但不超过2500毫升：</td><td></td><td></td><td></td><td></td></tr>
<tr><td>8703.4041</td><td>----小轿车</td><td></td><td></td><td></td><td></td></tr>
<tr><td>**8703.4042**</td><td>**----越野车（4轮驱动）**</td><td></td><td></td><td></td><td></td></tr>
</table>

税则号列	商 品 名 称	申 报 要 素			说 明 举 例
		归类要素	价格要素	其他要素	
8703.4043	----9座及以下的小客车				
8703.4049	----其他				
	---气缸容量（排气量）超过2500毫升，但不超过3000毫升：				
8703.4051	----小轿车				
8703.4052	----**越野车（4轮驱动）**				
8703.4053	----9座及以下的小客车				
8703.4059	----其他				
	---气缸容量（排气量）超过3000毫升，但不超过4000毫升：				
8703.4061	----小轿车				
8703.4062	----**越野车（4轮驱动）**				
8703.4063	----9座及以下的小客车				
8703.4069	----其他				
	---气缸容量（排气量）超过4000毫升：				
8703.4071	----小轿车				
8703.4072	----**越野车（4轮驱动）**				
8703.4073	----9座及以下的小客车				
8703.4079	----其他				
8703.4090	---其他				
	-同时装有压燃式活塞内燃发动机（柴油或半柴油发动机）及驱动电动机的其他车辆，可通过接插外部电源进行充电的除外：	1.品名；2.发动机类型（柴油及驱动电动机等）；3.成套散件请注明；4.座位数；5.是否可通过接插外部电源进行充电	6.厂牌（如与签注名称相同可省略）；7.签注名称；8.排气量（毫升）；9.型号；10.是否中规车请注明（中规车、非中规车）；11.非中规车请注明原销售目的国车版、型（美规、欧规、加规、中东规等）		
	---气缸容量（排气量）不超过1000毫升：				
8703.5011	----小轿车				
8703.5019	----其他				

税则号列	商品名称	申报要素			说明举例
		归类要素	价格要素	其他要素	
	---气缸容量（排气量）超过1000毫升，但不超过1500毫升：				
8703.5021	----小轿车				
8703.5022	**----越野车（4轮驱动）**				
8703.5023	----9座及以下的小客车				
8703.5029	**----其他**				
	---气缸容量（排气量）超过1500毫升，但不超过2000毫升：				
8703.5031	----小轿车				
8703.5032	**----越野车（4轮驱动）**				
8703.5033	----9座及以下的小客车				
8703.5039	**----其他**				
	---气缸容量（排气量）超过2000毫升，但不超过2500毫升：				
8703.5041	----小轿车				
8703.5042	**----越野车（4轮驱动）**				
8703.5043	----9座及以下的小客车				
8703.5049	**----其他**				
	---气缸容量（排气量）超过2500毫升，但不超过3000毫升：				
8703.5051	----小轿车				
8703.5052	**----越野车（4轮驱动）**				
8703.5053	----9座及以下的小客车				
8703.5059	**----其他**				
	---气缸容量（排气量）超过3000毫升，但不超过4000毫升：				
8703.5061	**----小轿车**				
8703.5062	**----越野车（4轮驱动）**				
8703.5063	**----9座及以下的小客车**				
8703.5069	**----其他**				
	---气缸容量（排气量）超过4000毫升：				
8703.5071	**----小轿车**				
8703.5072	**----越野车（4轮驱动）**				
8703.5073	**----9座及以下的小客车**				
8703.5079	**----其他**				
8703.5090	---其他				

税则号列	商品名称	申报要素			说明举例
		归类要素	价格要素	其他要素	
8703.6000	-同时装有点燃往复式活塞内燃发动机及驱动电动机、可通过接插外部电源进行充电的其他车辆	1. 品名；2. 发动机类型（汽油及驱动电动机等）；3. 成套散件请注明；4. 座位数；5. 是否可通过接插外部电源进行充电	6. 厂牌（如与签注名称相同可省略）；7. 签注名称；8. 排气量（毫升）；9. 型号；10. 是否中规车请注明（中规车、非中规车）；11. 非中规车请注明原销售目的国车版、型（美规、欧规、加规、中东规等）		
8703.7000	-同时装有压燃活塞内燃发动机（柴油或半柴油发动机）及驱动电动机、可通过接插外部电源进行充电的其他车辆	1. 品名；2. 发动机类型（柴油及驱动电动机等）；3. 成套散件请注明；4. 座位数；5. 是否可通过接插外部电源进行充电	6. 厂牌（如与签注名称相同可省略）；7. 签注名称；8. 排气量（毫升）；9. 型号；10. 是否中规车请注明（中规车、非中规车）；11. 非中规车请注明原销售目的国车版、型（美规、欧规、加规、中东规等）		
8703.8000	-仅装有驱动电动机的其他车辆	1. 品名；2. 发动机类型（电动等）；3. 成套散件请注明；4. 座位数	5. 厂牌（如与签注名称相同可省略）；6. 签注名称；7. 功率（千瓦）；8. 型号；9. 是否中规车请注明（中规车、非中规车）；10. 非中规车请注明原销售目的国车版、型（美规、欧规、加规、中东规等）		

税则号列	商 品 名 称	申报要素			说 明 举 例
		归类要素	价格要素	其他要素	
8703.9000	-其他	1. 品名；2. 发动机类型（柴油、半柴油、汽油等）；3. 成套散件请注明；4. 座位数	5. 厂牌（如与签注名称相同可省略）；6. 签注名称；7. 排气量（毫升）；8. 型号；9. 是否中规车请注明（中规车、非中规车）；10. 非中规车请注明原销售目的国车版、型（美规、欧规、加规、中东规等）		
87.04	**货运机动车辆：**				
	-非公路用自卸车：				
8704.1030	---电动轮货运自卸车	1. 品名；2. 用途；3. 是否为电动轮	4. 品牌（厂牌）；5. 型号		
8704.1090	---其他	1. 品名；2. 用途；3. 是否为电动轮；4. 发动机类型（柴油、半柴油、汽油等）；5. 车体长、宽、高（空载状态）；6. 汽车总重量	7. 品牌（厂牌）；8. 型号		
	-装有压燃式活塞内燃发动机（柴油或半柴油发动机）的其他货车：				
8704.2100	--车辆总重量不超过5吨	1. 品名；2. 发动机类型（柴油、半柴油、汽油等）；3. 车辆总重；4. 整备质量；5. 驾驶室座位排数；6. 驾驶室座位数；7. 载货重量	8. 品牌（厂牌）；9. 型号		
	--车辆总重量超过5吨，但不超过20吨：	1. 品名；2. 发动机类型（柴油、半柴油、汽油等）；3. 车辆总重	4. 品牌（厂牌）；5. 型号		
8704.2230	---车辆总重量超过5吨，但小于14吨				
8704.2240	---车辆总重量在14吨及以上，但不超过20吨				
8704.2300	--车辆总重量超过20吨	1. 品名；2. 发动机类型（柴油、半柴油、汽油等）；3. 车辆总重	4. 品牌（厂牌）；5. 型号		

税则号列	商品名称	申报要素			说明举例
		归类要素	价格要素	其他要素	
	-装有点燃式活塞内燃发动机的其他货车：				
8704.3100	--车辆总重量不超过5吨	1. 品名；2. 发动机类型（柴油、半柴油、汽油等）；3. 车辆总重；4. 整备质量；5. 驾驶室座位排数；6. 驾驶室座位数；7. 载货重量	8. 品牌（厂牌）；9. 型号		
	--车辆总重量超过5吨：	1. 品名；2. 发动机类型（柴油、半柴油、汽油等）；3. 车辆总重	4. 品牌（厂牌）；5. 型号		
8704.3230	---车辆总重量超过5吨，但不超过8吨				
8704.3240	---车辆总重量超过8吨				
8704.9000	-其他	1. 品名；2. 发动机类型（柴油、半柴油、汽油等）；3. 车辆总重	4. 品牌（厂牌）；5. 型号		
87.05	**特殊用途的机动车辆（例如，抢修车、起重车、救火车、混凝土搅拌车、道路清洁车、喷洒车、流动工场车及流动放射线检查车），但主要用于载人或运货的车辆除外：**				
	-起重车：	1. 品名；2. 作业范围（全路面等）；3. 最大起重重量	4. 品牌（厂牌）；5. 型号		
	---全路面起重车：				
8705.1021	----最大起重重量不超过50吨				
8705.1022	----最大起重重量超过50吨，但不超过100吨				
8705.1023	----最大起重重量超过100吨				
	---其他：				
8705.1091	----最大起重重量不超过50吨				
8705.1092	----最大起重重量超过50吨，但不超过100吨				
8705.1093	----最大起重重量超过100吨				
8705.2000	-钻探车	1. 品名	2. 用途；3. 品牌；4. 型号		
	-救火车：	1. 品名；2. 固定安装配置	3. 品牌；4. 型号		
8705.3010	---装有云梯的救火车				
8705.3090	---其他				

税则号列	商品名称	申报要素			说明举例
		归类要素	价格要素	其他要素	
8705.4000	-混凝土搅拌车	1. 品名；2. 固定安装配置	3. 品牌；4. 型号		
	-其他：	1. 品名；2. 用途；3. 固定安装配置	4. 品牌（厂牌）；5. 型号		
8705.9010	---无线电通信车				
8705.9020	---放射线检查车				
8705.9030	---环境监测车				
8705.9040	---医疗车				
	---电源车：				
8705.9051	----航空电源车（频率为400赫兹）				
8705.9059	----其他				
8705.9060	---飞机加油车、调温车、除冰车				
8705.9070	---道路（包括跑道）扫雪车				
8705.9080	---石油测井车、压裂车、混沙车				
	---其他：				
8705.9091	----混凝土泵车				
8705.9099	----其他				
87.06	**装有发动机的机动车辆底盘，税目87.01至87.05所列车辆用：**				
8706.0010	---非公路用自卸车底盘	1. 品名；2. 适用车型	3. 品牌；4. 型号		
	---货车底盘：	1. 品名；2. 适用车型；3. 车辆总重量；4. 是否带驾驶室	5. 品牌；6. 型号		
8706.0021	----车辆总重量在14吨及以上的				
8706.0022	----车辆总重量在14吨以下的				
8706.0030	---大型客车底盘	1. 品名；2. 适用车型；3. 是否带驾驶室	4. 品牌；5. 型号		
8706.0040	---汽车起重机底盘	1. 品名；2. 适用车型；3. 是否带驾驶室	4. 品牌；5. 型号		
8706.0090	---其他	1. 品名；2. 适用车型；	3. 品牌；4. 型号		
87.07	**机动车辆的车身（包括驾驶室），税目87.01至87.05所列车辆用：**	1. 品名；2. 适用车型；	3. 品牌；4. 型号		
8707.1000	-税目87.03所列车辆用				
	-其他：				

税则号列	商品名称	申报要素			说明举例
		归类要素	价格要素	其他要素	
8707.9010	---税号8702.1092、8702.1093、8702.9020及8702.9030所列车辆用				
8707.9090	---其他				
87.08	**机动车辆的零件、附件，税目87.01至87.05所列车辆用：**				
8708.1000	-缓冲器（保险杠）及其零件	1. 品名；2. 成套散件或毛坯请注明；3. 生产件的通用零件编号后加注“/TY”；4. 成套散件装配后完整品的零部件的编号	5. 品牌；6. 适用车型；7. 型号；8. 零部件完整编号并在前加注“S/”“W/”或“WF/”之一（生产件填报“S/”，品牌和适用的整车厂牌一致的维修件填报“W/”，品牌和适用的整车厂牌不一致的维修件的填报“WF/”）		
	-车身（包括驾驶室）的其他零件、附件：				
8708.2100	--座椅安全带	1. 品名；2. 成套散件或毛坯请注明；3. 生产件的通用零件编号后加注“/TY”；4. 成套散件装配后完整品的零部件的编号	5. 品牌；6. 适用车型；7. 型号；8. 零部件完整编号并在前加注“S/”“W/”或“WF/”之一（生产件填报“S/”，品牌和适用的整车厂牌一致的维修件填报“W/”，品牌和适用的整车厂牌不一致的维修件的填报“WF/”）		
	--其他：				

税则号列	商品名称	申报要素			说明举例
		归类要素	价格要素	其他要素	
8708.2930	---车窗玻璃升降器	1. 品名；2. 成套散件或毛坯请注明；3. 生产件的通用零件编号后加注“/TY”；4. 成套散件装配后完整品的零部件的编号	5. 品牌；6. 适用车型；7. 型号；8. 零部件完整编号并在前加注“S/”“W/”或“WF/”之一（生产件填报“S/”，品牌和适用的整车厂牌一致的维修件填报“W/”，品牌和适用的整车厂牌不一致的维修件的填报“WF/”）		
	---天窗：				
8708.2941	----电动的	1. 品名；2. 成套散件或毛坯请注明；3. 生产件的通用零件编号后加注“/TY”；4. 成套散件装配后完整品的零部件的编号	5. 品牌；6. 适用车型；7. 型号；8. 零部件完整编号并在前加注“S/”“W/”或“WF/”之一（生产件填报“S/”，品牌和适用的整车厂牌一致的维修件填报“W/”，品牌和适用的整车厂牌不一致的维修件的填报“WF/”）		
8708.2942	----手动的	1. 品名	2. 品牌；3. 适用车型；4. 型号		
	---其他车身覆盖件：	1. 品名	2. 品牌；3. 适用车型；4. 型号		
8708.2951	----侧围				
8708.2952	----车门				
8708.2953	----发动机罩盖				
8708.2954	----前围				
8708.2955	----行李箱盖（或背门）				
8708.2956	----后围				

税则号列	商品名称	申报要素			说明举例
		归类要素	价格要素	其他要素	
8708.2957	----翼子板（或叶子板）				
8708.2959	----其他				
8708.2990	---其他	1. 品名	2. 品牌；3. 适用车型；4. 型号		
	-制动器、助力制动器及其零件：	1. 品名；2. 适用车型；3. 成套散件或毛坯请注明；4. 生产件的通用零件编号后加注“/TY”；5. 成套散件装配后完整品的零部件的编号	6. 品牌；7. 型号；8. 零部件完整编号并在前加注“S/”“W/”或“WF/”之一（生产件填报“S/”，品牌和适用的整车厂牌一致的维修件填报“W/”，品牌和适用的整车厂牌不一致的维修件的填报“WF/”）		
8708.3010	---装在蹄片上的制动摩擦片				
	---防抱死制动系统（ABS）：				
8708.3021	----税目 87.01、税号 8704.1030 及 8704.1090 所列车辆用				
8708.3029	----其他				
	---其他：				
8708.3091	----税目 87.01 所列车辆用				
8708.3092	----税号 8702.1091 及 8702.9010 所列车辆用				
8708.3093	----税号 8704.1030 及 8704.1090 所列车辆用				
8708.3094	----税号 8704.2100、8704.2230、8704.3100 及 8704.3230 所列车辆用				
8708.3095	----税号 8704.2240、8704.2300 及 8704.3240 所列车辆用				
8708.3096	----税目 87.05 所列车辆用				
8708.3099	----其他车辆用				
	-变速箱及其零件：				

税则号列	商　品　名　称	申报要素			说明举例
		归类要素	价格要素	其他要素	
8708.4010	---税目87.01所列车辆用	1. 品名；2. 适用车型；3. 成套散件或毛坯请注明；4. 生产件的通用零件编号后加注“/TY”；5. 成套散件装配后完整品的零部件的编号	6. 品牌；7. 型号；8. 零部件完整编号并在前加注“S/”“W/”或“WF/”之一（生产件填报“S/”，品牌和适用的整车厂牌一致的维修件填报“W/”，品牌和适用的整车厂牌不一致的维修件的填报“WF/”）		
8708.4020	---税号8702.1091及8702.9010所列车辆用	1. 品名；2. 适用车型；3. 成套散件或毛坯请注明；4. 生产件的通用零件编号后加注“/TY”；5. 成套散件装配后完整品的零部件的编号	6. 品牌；7. 型号；8. 零部件完整编号并在前加注“S/”“W/”或“WF/”之一（生产件填报“S/”，品牌和适用的整车厂牌一致的维修件填报“W/”，品牌和适用的整车厂牌不一致的维修件的填报“WF/”）；9. 座位数		

税则号列	商品名称	申报要素			说明举例
		归类要素	价格要素	其他要素	
8708.4030	---税号 8704.1030 及 8704.1090 所列车辆用	1. 品名；2. 适用车型；3. 成套散件或毛坯请注明；4. 生产件的通用零件编号后加注“/TY”；5. 成套散件装配后完整品的零部件的编号	6. 品牌；7. 扭矩；8. 型号；9. 零部件完整编号并在前加注“S/”“W/”或“WF/”之一（生产件填报“S/”，品牌和适用的整车厂牌一致的维修件填报“W/”，品牌和适用的整车厂牌不一致的维修件的填报“WF/”）		
8708.4040	---税号 8704.2100、8704.2230、8704.3100 及 8704.3230 所列车辆用	1. 品名；2. 适用车型；3. 成套散件或毛坯请注明；4. 生产件的通用零件编号后加注“/TY”；5. 成套散件装配后完整品的零部件的编号	6. 品牌；7. 扭矩；8. 型号；9. 零部件完整编号并在前加注“S/”“W/”或“WF/”之一（生产件填报“S/”，品牌和适用的整车厂牌一致的维修件填报“W/”，品牌和适用的整车厂牌不一致的维修件的填报“WF/”）		
8708.4050	---税号 8704.2240、8704.2300 及 8704.3240 所列车辆用	1. 品名；2. 适用车型；3. 成套散件或毛坯请注明；4. 生产件的通用零件编号后加注“/TY”；5. 成套散件装配后完整品的零部件的编号	6. 品牌；7. 扭矩；8. 型号；9. 零部件完整编号并在前加注“S/”“W/”或“WF/”之一（生产件填报“S/”，品牌和适用的整车厂牌一致的维修件填报“W/”，品牌和适用的整车厂牌不一致的维修件的填报“WF/”）		

税则号列	商品名称	申报要素			说明举例
		归类要素	价格要素	其他要素	
8708.4060	---税目87.05所列车辆用	1. 品名；2. 适用车型；3. 成套散件或毛坯请注明；4. 生产件的通用零件编号后加注"/TY"；5. 成套散件装配后完整品的零部件的编号	6. 品牌；7. 扭矩；8. 型号；9. 零部件完整编号并在前加注"S/""W/"或"WF/"之一（生产件填报"S/"，品牌和适用的整车厂牌一致的维修件填报"W/"，品牌和适用的整车厂牌不一致的维修件的填报"WF/"）		
	---其他：	1. 品名；2. 适用车型；3. 原理（是否为6档及6档以上）；4. 成套散件或毛坯请注明；5. 生产件的通用零件编号后加注"/TY"；6. 成套散件装配后完整品的零部件的编号	7. 品牌；8. 扭矩；9. 型号；10. 零部件完整编号并在前加注"S/""W/"或"WF/"之一（生产件填报"S/"，品牌和适用的整车厂牌一致的维修件填报"W/"，品牌和适用的整车厂牌不一致的维修件的填报"WF/"）		
8708.4091	----小轿车用自动换挡变速箱及其零件				
8708.4099	----其他				
	-装有差速器的驱动桥及其零件，不论是否装有其他传动部件；非驱动桥及其零件：				
	---装有差速器的驱动桥及其零件，不论是否装有其他传动部件：				

税则号列	商品名称	申报要素			说明举例
		归类要素	价格要素	其他要素	
8708.5071	----税目87.01所列车辆用	1. 品名；2. 适用车型；3. 传动部件；4. 驱动位置；5. 轴荷；6. 成套散件或毛坯请注明；7. 生产件的通用零件编号后加注“/TY”；8. 成套散件装配后完整品的零部件的编号	9. 品牌；10. 型号；11. 零部件完整编号并在前加注“S/”“W/”或“WF/”之一（生产件填报“S/”，品牌和适用的整车厂牌一致的维修件填报“W/”，品牌和适用的整车厂牌不一致的维修件的填报“WF/”）		
8708.5072	----税号8702.1091及8702.9010所列车辆用	1. 品名；2. 适用车型；3. 传动部件；4. 驱动位置；5. 轴荷；6. 成套散件或毛坯请注明；7. 生产件的通用零件编号后加注“/TY”；8. 成套散件装配后完整品的零部件的编号	9. 品牌；10. 型号；11. 零部件完整编号并在前加注“S/”“W/”或“WF/”之一（生产件填报“S/”，品牌和适用的整车厂牌一致的维修件填报“W/”，品牌和适用的整车厂牌不一致的维修件的填报“WF/”）		
8708.5073	----税号8704.1030及8704.1090所列车辆用	1. 品名；2. 适用车型；3. 传动部件；4. 驱动位置；5. 轴荷；6. 成套散件或毛坯请注明；7. 生产件的通用零件编号后加注“/TY”；8. 成套散件装配后完整品的零部件的编号	9. 品牌；10. 型号；11. 零部件完整编号并在前加注“S/”“W/”或“WF/”之一（生产件填报“S/”，品牌和适用的整车厂牌一致的维修件填报“W/”，品牌和适用的整车厂牌不一致的维修件的填报“WF/”）		

税则号列	商 品 名 称	申报要素			说 明 举 例
		归类要素	价格要素	其他要素	
8708.5074	----税号 8704.2100、8704.2230、8704.3100 及 8704.3230 所列车辆用	1. 品名；2. 适用车型；3. 传动部件；4. 驱动位置；5. 成套散件或毛坯请注明；6. 生产件的通用零件编号后加注“/TY”；7. 成套散件装配后完整品的零部件的编号	8. 品牌；9. 型号；10. 零部件完整编号并在前加注“S/”“W/”或“WF/”之一（生产件填报“S/”，品牌和适用的整车厂牌一致的维修件填报“W/”，品牌和适用的整车厂牌不一致的维修件的填报“WF/”）		
8708.5075	----税号 8704.2240、8704.2300 及 8704.3240 所列车辆用	1. 品名；2. 适用车型；3. 传动部件；4. 驱动位置；5. 成套散件或毛坯请注明；6. 生产件的通用零件编号后加注“/TY”；7. 成套散件装配后完整品的零部件的编号	8. 品牌；9. 型号；10. 零部件完整编号并在前加注“S/”“W/”或“WF/”之一（生产件填报“S/”，品牌和适用的整车厂牌一致的维修件填报“W/”，品牌和适用的整车厂牌不一致的维修件的填报“WF/”）		
8708.5076	----税目 87.05 所列车辆用	1. 品名；2. 适用车型；3. 传动部件；4. 驱动位置；5. 成套散件或毛坯请注明；6. 生产件的通用零件编号后加注“/TY”；7. 成套散件装配后完整品的零部件的编号	8. 品牌；9. 型号；10. 零部件完整编号并在前加注“S/”“W/”或“WF/”之一（生产件填报“S/”，品牌和适用的整车厂牌一致的维修件填报“W/”，品牌和适用的整车厂牌不一致的维修件的填报“WF/”）		

税则号列	商品名称	申报要素			说明举例
		归类要素	价格要素	其他要素	
8708.5079	----其他	1. 品名；2. 适用车型；3. 传动部件；4. 成套散件或毛坯请注明；5. 生产件的通用零件编号后加注"/TY"；6. 成套散件装配后完整品的零部件的编号	7. 品牌；8. 型号；9. 零部件完整编号并在前加注"S/""W/"或"WF/"之一（生产件填报"S/"，品牌和适用的整车厂牌一致的维修件填报"W/"，品牌和适用的整车厂牌不一致的维修件的填报"WF/"）		
	---非驱动桥及其零件：	1. 品名；2. 适用车型；3. 传动部件；4. 成套散件或毛坯请注明；5. 生产件的通用零件编号后加注"/TY"；6. 成套散件装配后完整品的零部件的编号	7. 品牌；8. 型号；9. 零部件完整编号并在前加注"S/""W/"或"WF/"之一（生产件填报"S/"，品牌和适用的整车厂牌一致的维修件填报"W/"，品牌和适用的整车厂牌不一致的维修件的填报"WF/"）		
8708.5081	----税目87.01所列车辆用				
8708.5082	----税号8702.1091及8702.9010所列车辆用				
8708.5083	----税号8704.1030及8704.1090所列车辆用				
8708.5084	----税号8704.2100、8704.2230、8704.3100及8704.3230所列车辆用				
8708.5085	----税号8704.2240、8704.2300及8704.3240所列车辆用				
8708.5086	----税目87.05所列车辆用				
8708.5089	----其他				

税则号列	商品名称	申报要素			说明举例
		归类要素	价格要素	其他要素	
	-车轮及其零件、附件：	1. 品名；2. 材质；3. 适用车型；4. 成套散件或毛坯请注明；5. 生产件的通用零件编号后加注“/TY”；6. 成套散件装配后完整品的零部件的编号	7. 车轮尺寸；8. 品牌；9. 型号；10. 零部件完整编号并在前加注“S/”“W/”或“WF/”之一（生产件填报“S/”，品牌和适用的整车厂牌一致的维修件填报“W/”，品牌和适用的整车厂牌不一致的维修件的填报“WF/”）		
8708.7010	---税目87.01所列车辆用				
8708.7020	---税号8702.1091及8702.9010所列车辆用				
8708.7030	---税号8704.1030及8704.1090所列车辆用				
8708.7040	---税号8704.2100、8704.2230、8704.3100及8704.3230所列车辆用				
8708.7050	---税号8704.2240、8704.2300及8704.3240所列车辆用				
8708.7060	---税目87.05所列车辆用				
	---其他：				
8708.7091	----铝合金制的				
8708.7099	----其他				
	-悬挂系统及其零件（包括减震器）：	1. 品名；2. 适用车型；3. 成套散件或毛坯请注明；4. 生产件的通用零件编号后加注“/TY”；5. 成套散件装配后完整品的零部件的编号	6. 品牌；7. 型号；8. 零部件完整编号并在前加注“S/”“W/”或“WF/”之一（生产件填报“S/”，品牌和适用的整车厂牌一致的维修件填报“W/”，品牌和适用的整车厂牌不一致的维修件的填报“WF/”）		

税则号列	商品名称	申报要素			说明举例
		归类要素	价格要素	其他要素	
8708.8010	---税目87.03所列车辆用				
8708.8090	---其他				
	-其他零件、附件：				
	--散热器及其零件：	1. 品名；2. 适用车型；3. 成套散件或毛坯请注明；4. 生产件的通用零件编号后加注“/TY”；5. 成套散件装配后完整品的零部件的编号	6. 品牌；7. 型号；8. 零部件完整编号并在前加注“S/”“W/”或“WF/”之一（生产件填报“S/”，品牌和适用的整车厂牌一致的维修件填报“W/”，品牌和适用的整车厂牌不一致的维修件的填报“WF/”）		
8708.9110	---水箱散热器				
8708.9120	---机油冷却器				
8708.9190	---其他				
8708.9200	--消声器（消音器）、排气管及其零件	1. 品名；2. 适用车型；3. 成套散件或毛坯请注明；4. 生产件的通用零件编号后加注“/TY”；5. 成套散件装配后完整品的零部件的编号	6. 品牌；7. 型号；8. 零部件完整编号并在前加注“S/”“W/”或“WF/”之一（生产件填报“S/”，品牌和适用的整车厂牌一致的维修件填报“W/”，品牌和适用的整车厂牌不一致的维修件的填报“WF/”）		

税则号列	商品名称	申报要素			说明举例
		归类要素	价格要素	其他要素	
	--离合器及其零件：	1. 品名；2. 适用车型；3. 成套散件或毛坯请注明；4. 生产件的通用零件编号后加注“/TY”；5. 成套散件装配后完整品的零部件的编号	6. 品牌；7. 型号；8. 零部件完整编号并在前加注“S/”“W/”或“WF/”之一（生产件填报“S/”，品牌和适用的整车厂牌一致的维修件填报“W/”，品牌和适用的整车厂牌不一致的维修件的填报“WF/”）		
8708.9310	---税目87.01所列车辆用				
8708.9320	---税号8702.1091及8702.9010所列车辆用				
8708.9330	---税号8704.1030及8704.1090所列车辆用				
8708.9340	---税号8704.2100、8704.2230、8704.3100及8704.3230所列车辆用				
8708.9350	---税号8704.2240、8704.2300及8704.3240所列车辆用				
8708.9360	---税目87.05所列车辆用				
8708.9390	---其他				
	--转向盘、转向柱、转向器及其零件：				
8708.9410	---税目87.01所列车辆用	1. 品名；2. 适用车型；3. 成套散件或毛坯请注明；4. 生产件的通用零件编号后加注“/TY”；5. 成套散件装配后完整品的零部件的编号	6. 品牌；7. 型号；8. 零部件完整编号并在前加注“S/”“W/”或“WF/”之一（生产件填报“S/”，品牌和适用的整车厂牌一致的维修件填报“W/”，品牌和适用的整车厂牌不一致的维修件的填报“WF/”）		

税则号列	商 品 名 称	申 报 要 素			说 明 举 例
		归类要素	价格要素	其他要素	
8708.9420	---税号 8702.1091 及 8702.9010 所列车辆用	1. 品名；2. 适用车型；3. 成套散件或毛坯请注明；4. 生产件的通用零件编号后加注“/TY”；5. 成套散件装配后完整品的零部件的编号；6. 座位数	7. 品牌；8. 型号；9. 零部件完整编号并在前加注“S/”“W/”或“WF/”之一（生产件填报“S/”，品牌和适用的整车厂牌一致的维修件填报“W/”，品牌和适用的整车厂牌不一致的维修件的填报“WF/”）		
8708.9430	---税号 8704.1030 及 8704.1090 所列车辆用	1. 品名；2. 适用车型；3. 成套散件或毛坯请注明；4. 生产件的通用零件编号后加注“/TY”；5. 成套散件装配后完整品的零部件的编号	6. 品牌；7. 型号；8. 零部件完整编号并在前加注“S/”“W/”或“WF/”之一（生产件填报“S/”，品牌和适用的整车厂牌一致的维修件填报“W/”，品牌和适用的整车厂牌不一致的维修件的填报“WF/”）		
8708.9440	---税号 8704.2100、8704.2230、8704.3100 及 8704.3230 所列车辆用	1. 品名；2. 适用车型；3. 成套散件或毛坯请注明；4. 生产件的通用零件编号后加注“/TY”；5. 成套散件装配后完整品的零部件的编号	6. 品牌；7. 型号；8. 零部件完整编号并在前加注“S/”“W/”或“WF/”之一（生产件填报“S/”，品牌和适用的整车厂牌一致的维修件填报“W/”，品牌和适用的整车厂牌不一致的维修件的填报“WF/”）		

税则号列	商品名称	申报要素			说明举例
		归类要素	价格要素	其他要素	
8708.9450	---税号 8704.2240、8704.2300 及 8704.3240 所列车辆用	1. 品名；2. 适用车型；3. 成套散件或毛坯请注明；4. 生产件的通用零件编号后加注“/TY”；5. 成套散件装配后完整品的零部件的编号	6. 品牌；7. 型号；8. 零部件完整编号并在前加注“S/”“W/”或“WF/”之一（生产件填报“S/”，品牌和适用的整车厂牌一致的维修件填报“W/”，品牌和适用的整车厂牌不一致的维修件的填报“WF/”）		
8708.9460	---税目 87.05 所列车辆用转向器	1. 品名；2. 适用车型；3. 成套散件或毛坯请注明；4. 生产件的通用零件编号后加注“/TY”；5. 成套散件装配后完整品的零部件的编号	6. 品牌；7. 型号；8. 零部件完整编号并在前加注“S/”“W/”或“WF/”之一（生产件填报“S/”，品牌和适用的整车厂牌一致的维修件填报“W/”，品牌和适用的整车厂牌不一致的维修件的填报“WF/”）		
8708.9490	---其他	1. 品名；2. 适用车型；3. 成套散件或毛坯请注明；4. 生产件的通用零件编号后加注“/TY”；5. 成套散件装配后完整品的零部件的编号	6. 品牌；7. 型号；8. 零部件完整编号并在前加注“S/”“W/”或“WF/”之一（生产件填报“S/”，品牌和适用的整车厂牌一致的维修件填报“W/”，品牌和适用的整车厂牌不一致的维修件的填报“WF/”）		

税则号列	商品名称	申报要素			说明举例
		归类要素	价格要素	其他要素	
8708.9500	--带充气系统的安全气囊及其零件	1. 品名；2. 适用车型；3. 成套散件或毛坯请注明；4. 生产件的通用零件编号后加注“/TY”；5. 成套散件装配后完整品的零部件的编号	6. 品牌；7. 型号；8. 零部件完整编号并在前加注“S/”“W/”或“WF/”之一（生产件填报“S/”，品牌和适用的整车厂牌一致的维修件填报“W/”，品牌和适用的整车厂牌不一致的维修件的填报“WF/”）		
	--其他：				
8708.9910	---税目 87.01 所列车辆用	1. 品名；2. 适用车型	3. 品牌；4. 型号		
	---税号 8702.1091 及 8702.9010 所列车辆用：				
8708.9921	----车架	1. 品名；2. 适用车型；3. 成套散件或毛坯请注明；4. 生产件的通用零件编号后加注“/TY”；5. 成套散件装配后完整品的零部件的编号	6. 品牌；7. 型号；8. 零部件完整编号并在前加注“S/”“W/”或“WF/”之一（生产件填报“S/”，品牌和适用的整车厂牌一致的维修件填报“W/”，品牌和适用的整车厂牌不一致的维修件的填报“WF/”）		
8708.9929	----其他	1. 品名；2. 适用车型；3. 座位数	4. 品牌；5. 型号		
	---税号 8704.1030 及 8704.1090 所列车辆用：				

税则号列	商品名称	申报要素			说明举例
		归类要素	价格要素	其他要素	
8708.9931	----车架	1. 品名；2. 适用车型；3. 成套散件或毛坯请注明；4. 生产件的通用零件编号后加注“/TY”；5. 成套散件装配后完整品的零部件的编号	6. 品牌；7. 型号；8. 零部件完整编号并在前加注“S/”“W/”或“WF/”之一（生产件填报“S/”，品牌和适用的整车厂牌一致的维修件填报“W/”，品牌和适用的整车厂牌不一致的维修件的填报“WF/”）		
8708.9939	----其他	1. 品名；2. 适用车型	3. 品牌；4. 型号		
	---税号8704.2100、8704.2230、8704.3100及8704.3230所列车辆用：				
8708.9941	----车架	1. 品名；2. 适用车型；3. 成套散件或毛坯请注明；4. 生产件的通用零件编号后加注“/TY”；5. 成套散件装配后完整品的零部件的编号	6. 品牌；7. 型号；8. 零部件完整编号并在前加注“S/”“W/”或“WF/”之一（生产件填报“S/”，品牌和适用的整车厂牌一致的维修件填报“W/”，品牌和适用的整车厂牌不一致的维修件的填报“WF/”）		
8708.9949	----其他	1. 品名；2. 适用车型	3. 品牌；4. 型号		
	---税号8704.2240、8704.2300及8704.3240所列车辆用：				

税则号列	商 品 名 称	申 报 要 素			说 明 举 例
		归类要素	价格要素	其他要素	
8708.9951	----车架	1. 品名；2. 适用车型；3. 成套散件或毛坯请注明；4. 生产件的通用零件编号后加注“/TY”；5. 成套散件装配后完整品的零部件的编号	6. 品牌；7. 型号；8. 零部件完整编号并在前加注“S/”“W/”或“WF/”之一（生产件填报“S/”，品牌和适用的整车厂牌一致的维修件填报“W/”，品牌和适用的整车厂牌不一致的维修件的填报“WF/”）		
8708.9959	----其他	1. 品名；2. 适用车型	3. 品牌；4. 型号		
8708.9960	---税目87.05所列车辆用	1. 品名；2. 适用车型	3. 品牌；4. 型号		
	---其他：				
8708.9991	----车架	1. 品名；2. 适用车型；3. 成套散件或毛坯请注明；4. 生产件的通用零件编号后加注“/TY”；5. 成套散件装配后完整品的零部件的编号	6. 品牌；7. 型号；8. 零部件完整编号并在前加注“S/”“W/”或“WF/”之一（生产件填报“S/”，品牌和适用的整车厂牌一致的维修件填报“W/”，品牌和适用的整车厂牌不一致的维修件的填报“WF/”）		
8708.9992	----传动轴	1. 品名；2. 适用车型	3. 品牌；4. 型号		
8708.9999	----其他	1. 品名；2. 适用车型	3. 品牌；4. 型号		
87.09	**短距离运输货物的机动车辆，未装有提升或搬运设备，用于工厂、仓库、码头或机场；火车站台上用的牵引车；上述车辆的零件：**				

税则号列	商品名称	申报要素			说明举例
		归类要素	价格要素	其他要素	
	-车辆:	1. 品名; 2. 发动机类型; 3. 适用场所	4. 品牌; 5. 型号; 6. 技术参数(最高时速、转弯半径等)		
	--电动的:				
8709.1110	---牵引车				
8709.1190	---其他				
	--其他:				
8709.1910	---牵引车				
8709.1990	---其他				
8709.9000	-零件	1. 品名; 2. 用途(适用车型)	3. 品牌; 4. 型号		
87.10	**坦克及其他机动装甲战斗车辆,不论是否装有武器;上述车辆的零件:**	1. 品名	2. 品牌; 3. 型号		
8710.0010	---整车				
8710.0090	---零件				
87.11	**摩托车(包括机器脚踏两用车)及装有辅助发动机的脚踏车,不论有无边车;边车:**				
8711.1000	-装有往复式活塞内燃发动机,气缸容量(排气量)不超过50毫升	1. 品名; 2. 发动机类型; 3. 排气量	4. 品牌; 5. 型号		
	-装有往复式活塞内燃发动机,气缸容量(排气量)超过50毫升,但不超过250毫升:	1. 品名; 2. 发动机类型; 3. 排气量	4. 品牌; 5. 型号		
8711.2010	---气缸容量超过50毫升,但不超过100毫升				
8711.2020	---气缸容量超过100毫升,但不超过125毫升				
8711.2030	---气缸容量超过125毫升,但不超过150毫升				
8711.2040	---气缸容量超过150毫升,但不超过200毫升				
8711.2050	---气缸容量超过200毫升,但不超过250毫升				
	-装有往复式活塞内燃发动机,气缸容量(排气量)超过250毫升,但不超过500毫升:	1. 品名; 2. 发动机类型; 3. 排气量	4. 品牌; 5. 型号		
8711.3010	---气缸容量超过250毫升,但不超过400毫升				
8711.3020	---气缸容量超过400毫升,但不超过500毫升				

税则号列	商品名称	申报要素			说明举例
		归类要素	价格要素	其他要素	
8711.4000	-装有往复式活塞内燃发动机，气缸容量（排气量）超过500毫升，但不超过800毫升	1. 品名；2. 发动机类型；3. 排气量	4. 品牌；5. 型号		
8711.5000	-装有往复式活塞内燃发动机，气缸容量（排气量）超过800毫升	1. 品名；2. 发动机类型；3. 排气量	4. 品牌；5. 型号		
8711.6000	-装有驱动电动机的	1. 品名；2. 发动机类型	3. 品牌；4. 型号		
8711.9000	-其他	1. 品名；2. 发动机类型；3. 排气量	4. 品牌；5. 型号		
87.12	**自行车及其他非机动脚踏车(包括运货三轮脚踏车)：**	1. 品名；2. 用途（竞赛型、山地型、越野型等）；3. 轮径	4. 品牌；5. 型号		
8712.0020	---竞赛型自行车				
8712.0030	---山地自行车				
	---越野自行车：				
8712.0041	----16、18及20英寸				
8712.0049	----其他				
	---其他自行车：				
8712.0081	----16英寸及以下				
8712.0089	----其他				
8712.0090	---其他				
87.13	**残疾人用车，不论是否机动或其他机械驱动：**	1. 品名；2. 用途；3. 驱动方式	4. 品牌；5. 型号		
8713.1000	-非机械驱动				
8713.9000	-其他				
87.14	**零件、附件，税目87.11至87.13所列车辆用：**	1. 品名；2. 用途（适用车型）	3. 品牌；4. 型号		
8714.1000	-摩托车（包括机器脚踏两用车）用				
8714.2000	-残疾人车辆用				
	-其他：				
8714.9100	--车架、轮叉及其零件				
	--轮圈及辐条：				
8714.9210	---轮圈				
8714.9290	---辐条				
	--轮毂（倒轮制动毂及毂闸除外）；飞轮、链轮：				
8714.9310	---轮毂				
8714.9320	---飞轮				
8714.9390	---其他				

税则号列	商品名称	申报要素			说明举例
		归类要素	价格要素	其他要素	
8714.9400	--制动器（包括倒轮制动毂及毂闸）及其零件				
8714.9500	--鞍座				
	--脚蹬、曲柄链轮及其零件：				
8714.9610	---脚蹬及其零件				
8714.9620	---曲柄链轮及其零件				
8714.9900	--其他				
87.15	**婴孩车及其零件：**	1. 品名；2. 若为零件请注明适用车型	3. 品牌		
8715.0000	婴孩车及其零件				
87.16	**挂车及半挂车或其他非机械驱动车辆及其零件：**				
8716.1000	-供居住或野营用厢式挂车及半挂车	1. 品名；2. 用途；3. 类型	4. 品牌；5. 型号		
8716.2000	-农用自装或自卸式挂车及半挂车	1. 品名；2. 用途；3. 类型	4. 品牌；5. 型号		
	-其他货运挂车及半挂车：	1. 品名；2. 用途；3. 类型	4. 品牌；5. 型号		
	--罐式挂车及半挂车：				
8716.3110	---油罐挂车及半挂车				
8716.3190	---其他				
	--其他：				
8716.3910	---货柜挂车及半挂车				
8716.3990	---其他				
8716.4000	-其他挂车及半挂车	1. 品名	2. 品牌；3. 型号		
8716.8000	-其他车辆	1. 品名	2. 品牌；3. 型号		
8716.9000	-零件	1. 品名；2. 用途（适用车型）	3. 品牌；4. 型号		

第八十八章　航空器、航天器及其零件

子目注释：

子目 8802.11 至 8802.40 所称“空载重量”，是指航空器在正常飞行状态下，除去机组人员、燃料及非永久性安装设备后的重量。

【要素释义】

一、归类要素

（一）用途：指该税目商品应用的方面、范围。例如，载客用、载货用、农业用、灭火用等。

（二）类型：该要素为税目 88.02 的专有要素，指航空器和航器的具体类型。例如，飞机、直升机、航天飞机、卫星等。

（三）空载重量：该要素为税目 88.02 的专有要素，指航空器在正常飞行状态下，除去机组人员、燃料及非永久性安装设备的重量。

（四）用途（适用机型）：指零件所适用的航空器、航天器及其他设备的具体机型。

二、价格要素

（一）品牌：指制造商或经销商加在商品上的标志。实际只需要申报名称即可，有外文品牌的以申报外文品牌名称为主。

（二）型号：指表示航空器、航天器及其零件性能、用途、功能等指标的代码。例如，子目 8802.3 固定翼通用飞机的 CESSNA 牌的农业、林业用飞机的型号“208B-1189”。

税则号列	商品名称	申报要素			说明举例
		归类要素	价格要素	其他要素	
88.01	**气球及飞艇；滑翔机、悬挂滑翔机及其他无动力航空器：**	1. 品名；2. 用途	3. 品牌；4. 型号		
8801.0010	---滑翔机及悬挂滑翔机				
8801.0090	---其他				
88.02	**其他航空器（例如，直升机、飞机）；航天器（包括卫星）及其运载工具、亚轨道运载工具：**				
	-直升机：	1. 品名；2. 用途；3. 类型；4. 空载重量	5. 品牌；6. 型号		
8802.1100	--空载重量不超过 2000 千克				
	--空载重量超过 2000 千克：				
8802.1210	---空载重量超过 2000 千克，但不超过 7000 千克				
8802.1220	---空载重量超过 7000 千克				
8802.2000	-飞机及其他航空器，空载重量不超过 2000 千克	1. 品名；2. 用途；3. 类型；4. 空载重量	5. 品牌；6. 型号；7. 公务机请注明；8. 民航局注册号、飞机出厂序列号（S/N，即 SERIAL NUMBER）；9. 旧飞机请注明并申报飞机原生产日期		

税则号列	商品名称	申报要素			说明举例
		归类要素	价格要素	其他要素	
8802.3000	-飞机及其他航空器，空载重量超过2000千克，但不超过15000千克	1. 品名；2. 用途；3. 类型；4. 空载重量	5. 品牌；6. 型号；7. 公务机请注明；8. 民航局注册号、飞机出厂序列号（S/N，即SERIAL NUMBER）；9. 旧飞机请注明并申报飞机原生产日期		
	-飞机及其他航空器，空载重量超过15000千克：	1. 品名；2. 用途；3. 类型；4. 空载重量	5. 品牌；6. 型号；7. 公务机请注明；8. 民航局注册号、飞机出厂序列号（S/N，即SERIAL NUMBER）；9. 旧飞机请注明并申报飞机原生产日期		
8802.4010	---空载重量超过15000千克，但不超过45000千克				
8802.4020	---空载重量超过45000千克				
8802.6000	-航天器（包括卫星）及其运载工具、亚轨道运载工具	1. 品名；2. 若为通信用需注明	3. 品牌；4. 型号		
88.03	**税目88.01或88.02所列货品的零件：**	1. 品名；2. 用途（适用机型）	3. 品牌；4. 型号		
8803.1000	-推进器、水平旋翼及其零件				
8803.2000	-起落架及其零件				
8803.3000	-飞机及直升机的其他零件				
8803.9000	-其他				
88.04	**降落伞（包括可操纵降落伞及滑翔伞）、旋翼降落伞及其零件、附件：**	1. 品名；2. 用途（适用机型）	3. 品牌；4. 型号		
8804.0000	降落伞（包括可操纵降落伞及滑翔伞）、旋翼降落伞及其零件、附件				
88.05	**航空器的发射装置、甲板停机装置或类似装置和地面飞行训练器及其零件：**	1. 品名；2. 用途（适用机型）	3. 品牌；4. 型号		

税则号列	商品名称	申报要素			说明举例
		归类要素	价格要素	其他要素	
8805.1000	-航空器的发射装置及其零件；甲板停机装置或类似装置及其零件				
	-地面飞行训练器及其零件：				
8805.2100	--空战模拟器及其零件				
8805.2900	--其他				

第八十九章　船舶及浮动结构体

注释：

已装配、未装配或已拆卸的船体，未完工或不完整的船舶以及未装配或已拆卸的完整船舶，如果不具有某种船舶的基本特征，应归入税目 89.06。

【要素释义】

一、归类要素

（一）驱动方式：指船舶为机动的还是非机动的。

（二）用途：指商品应用的方面、范围。例如，娱乐用、捕鱼用、挖泥用等。

（三）载重量：运输工具在一定运行条件下所允许装载的最大重量。船舶的载重量是指船员、旅客、货物、燃料、淡水和消耗性供应品等的总重量。载重量中货物、旅客及其行李的重量称为净载重量，货船的净载重量即是载货量。

（四）容积：该要素为税目 89.01 的专有要素，指液化石油气船和液化天然气船可装载液化气体的总体积。

（五）可载标准集装箱数：指机动集装箱船可装载标准尺寸（20 英尺）集装箱的最大数量。

（六）类型：该要素为税目 89.03 的专有要素，指娱乐或运动用船的具体类型。例如，脚踏船、汽艇、帆船、划艇、橡皮艇等。

（七）发动机安装方式：该要素为税目 89.03 的专有要素，指船舶发动机的具体安装位置。例如，舷内和舷外、是否装有辅助发动机等。

（八）船体长度：指船舶船体的总长度，通常用单位"米"表示。

（九）固定安装配置：指船舶在报验状态时固定安装在船上装置的具体配置。

（十）功能：该要素为税目 89.04 的专有要素，指船舶的功能是否为拖轮或顶船。

（十一）结构：该要素为税目 89.05 的专有要素，指商品本身在组成构造上的特点。

（十二）材质：该要素为税目 89.07 的专有要素，指组成浮动结构体的材料的种类。

（十三）轻吨数（不包括非金属固定压载在内的空船重量）：该要素为税目 89.08 的专有要素，指不包括非金属固定压载在内的空船（或结构体）的重量。

（十四）船型（如油轮、客船、驳船、集装箱船等）：该要素为税目 89.08 的专有要素，指供拆卸的船舶及其他浮动结构体的具体类型。例如，油轮、集装箱船、驳船等。

二、价格要素

（一）品牌：指制造商或经销商加在商品上的标志。实际只需要申报名称即可，有外文品牌的以申报外文品牌名称为主。

（二）型号：指船舶及浮动结构体的性能和功能的指标的代码。

（三）最高时速：指船舶及浮动结构体的航行的最高速度，用"公里/小时"表示。

税则号列	商品名称	申报要素			说明举例
		归类要素	价格要素	其他要素	
89.01	**巡航船、游览船、渡船、货船、驳船及类似的客运或货运船舶：**				
	-巡航船、游览船及主要用于客运的类似船舶；各式渡船：	1. 品名；2. 驱动方式	3. 品牌；4. 型号；5. 最高时速		
8901.1010	---机动船舶				
8901.1090	---非机动船舶				
	-液货船：				
	---成品油船：	1. 品名；2. 用途；3. 载重量	4. 品牌；5. 型号		

税则号列	商 品 名 称	申报要素			说 明 举 例
		归类要素	价格要素	其他要素	
8901. 2011	----载重量不超过 10 万吨				
8901. 2012	----载重量超过 10 万吨，但不超过 30 万吨				
8901. 2013	----载重量超过 30 万吨				
	---原油船：	1. 品名；2. 用途；3. 载重量	4. 品牌；5. 型号		
8901. 2021	----载重量不超过 15 万吨				
8901. 2022	----载重量超过 15 万吨，但不超过 30 万吨				
8901. 2023	----载重量超过 30 万吨				
	---液化石油气船：	1. 品名；2. 用途；3. 容积	4. 品牌；5. 型号		
8901. 2031	----容积在 20000 立方米及以下				
8901. 2032	----容积在 20000 立方米以上				
	---液化天然气船：	1. 品名；2. 用途；3. 容积	4. 品牌；5. 型号		
8901. 2041	----容积在 20000 立方米及以下				
8901. 2042	----容积在 20000 立方米以上				
8901. 2090	---其他	1. 品名；2. 用途；3. 载重量	4. 品牌；5. 型号		
8901. 3000	-冷藏船，但子目 8901. 20 的船舶除外	1. 品名	2. 品牌；3. 型号		
	-其他货运船舶及其他客货兼运船舶：				
	---机动集装箱船：	1. 品名；2. 用途；3. 可载标准集装箱数	4. 品牌；5. 型号		
8901. 9021	----可载标准集装箱在 6000 箱及以下				
8901. 9022	----可载标准集装箱在 6000 箱以上				
	---机动滚装船：	1. 品名；2. 用途；3. 载重量	4. 品牌；5. 型号		
8901. 9031	----载重量在 2 万吨及以下				
8901. 9032	----载重量在 2 万吨以上				
	---机动散货船：	1. 品名；2. 用途；3. 载重量	4. 品牌；5. 型号		
8901. 9041	----载重量不超过 15 万吨				
8901. 9042	----载重量超过 15 万吨，但不超过 30 万吨				
8901. 9043	----载重量超过 30 万吨				
8901. 9050	---机动多用途船	1. 品名；2. 用途	3. 品牌；4. 型号		

税则号列	商品名称	申报要素			说明举例
		归类要素	价格要素	其他要素	
8901.9080	---其他机动船舶	1. 品名；2. 用途	3. 品牌；4. 型号		
8901.9090	---其他非机动船舶	1. 品名；2. 用途	3. 品牌；4. 型号		
89.02	**捕鱼船；加工船及其他加工保藏鱼类产品的船舶：**	1. 品名；2. 用途；3. 驱动方式	4. 品牌；5. 型号		
8902.0010	---机动船舶				
8902.0090	---非机动船舶				
89.03	**娱乐或运动用快艇及其他船舶；划艇及轻舟：**				
8903.1000	-充气的	1. 品名；2. 用途；3. 类型；4. 发动机安装方式；5. 船体长度；6. 固定安装配置	7. 品牌；8. 型号		
	-其他：				
8903.9100	--帆船，不论是否装有辅助发动机	1. 品名；2. 用途；3. 类型；4. 发动机安装方式；5. 船体长度	6. 品牌；7. 型号；8. 发动机品牌、型号；9. 发动机功率		
8903.9200	--汽艇，但装有舷外发动机的除外	1. 品名；2. 用途；3. 类型；4. 发动机安装方式；5. 船体长度	6. 品牌；7. 型号；8. 发动机品牌、型号；9. 发动机功率		
8903.9900	--其他	1. 品名；2. 用途；3. 类型；4. 船体长度；5. 固定安装配置	6. 品牌；7. 型号；8. 发动机品牌、型号；9. 发动机功率		
89.04	**拖轮及顶推船：**	1. 品名；2. 功能	3. 品牌；4. 型号		
8904.0000	拖轮及顶推船				
89.05	**灯船、消防船、挖泥船、起重船及其他不以航行为主要功能的船舶；浮船坞；浮动或潜水式钻探或生产平台：**				
8905.1000	-挖泥船	1. 品名；2. 用途	3. 品牌；4. 型号		
8905.2000	-浮动或潜水式钻探或生产平台	1. 品名；2. 用途	3. 品牌；4. 型号		
	-其他：	1. 品名；2. 用途；3. 结构	4. 品牌；5. 型号		
8905.9010	---浮船坞				
8905.9090	---其他				
89.06	**其他船舶，包括军舰及救生船，但划艇除外：**	1. 品名；2. 用途；3. 驱动方式	4. 品牌；5. 型号		

税则号列	商　品　名　称	申报要素			说明举例
		归类要素	价格要素	其他要素	
8906.1000	-军舰				
	-其他：				
8906.9010	---机动船舶				
8906.9020	---非机动船舶				
8906.9030	---未制成或不完整的船舶，包括船舶分段				
89.07	**其他浮动结构体（例如，筏、柜、潜水箱、浮码头、浮筒及航标）：**	1. 品名；2. 材质	3. 品牌；4. 型号		
8907.1000	-充气筏				
8907.9000	-其他				
89.08	**供拆卸的船舶及其他浮动结构体：**	1. 品名；2. 轻吨数（不包括非金属固定压载在内的空船重量）；3. 船型（如油轮、客船、驳船、集装箱船等）			
8908.0000	供拆卸的船舶及其他浮动结构体				

第十八类　光学、照相、电影、计量、检验、医疗或外科用仪器及设备、精密仪器及设备；钟表；乐器；上述物品的零件、附件

第九十章　光学、照相、电影、计量、检验、医疗或外科用仪器及设备、精密仪器及设备；上述物品的零件、附件

注释：

一、本章不包括：

（一）机器、设备或其他专门技术用途的硫化橡胶（硬质橡胶除外）制品（税目 40.16）、皮革或再生皮革制品（税目 42.05）或纺织材料制品（税目 59.11）；

（二）纺织材料制的承托带及其他承托物品，其承托器官的作用仅依靠自身的弹性（例如，孕妇用的承托带，用于胸部、腹部、关节或肌肉的承托绷带）（第十一类）；

（三）税目 69.03 的耐火材料制品；税目 69.09 的实验室、化学或其他专门技术用途的陶瓷器；

（四）税目 70.09 的未经光学加工的玻璃镜及税目 83.06 或第七十一章的非光学元件的贱金属或贵金属制的镜子；

（五）税目 70.07、70.08、70.11、70.14、70.15 或 70.17 的货品；

（六）第十五类注释二所规定的贱金属制通用零件（第十五类）或塑料制的类似品（第三十九章）；

（七）税目 84.13 的装有计量装置的泵；计数和检验用的衡器或单独报验的天平砝码（税目 84.23）；升降、起重及搬运机械（税目 84.25 至 84.28）；纸张或纸板的各种切割机器（税目 84.41）；税目 84.66 的用于机床或水射流切割机上调整工件或工具的附件，包括具有读度用的光学装置的附件（例如，“光学”分度头），但其本身主要是光学仪器的除外（例如，校直望远镜）；计算机器（税目 84.70）；税目 84.81 的阀门及其他装置；税目 84.86 的机器及装置（包括将电路图投影或绘制到感光半导体材料上的装置）；

（八）自行车或机动车辆用探照灯或聚光灯（税目 85.12）；税目 85.13 的手提式电灯；电影录音机、还音机及转录机（税目 85.19）；拾音头或录音头（税目 85.22）；电视摄像机、数字照相机及视频摄录一体机（税目 85.25）；雷达设备、无线电导航设备或无线电遥控设备（税目 85.26）；光导纤维、光导纤维束或光缆用连接器（税目 85.36）；税目 85.37 的数字控制装置；税目 85.39 的封闭式聚光灯；税目 85.44 的光缆；

（九）税目 94.05 的探照灯及聚光灯；

（十）第九十五章的物品；

（十一）税目 96.20 的独脚架、双脚架、三脚架及类似品；

（十二）容量的计量器具（按其构成的材料归类）；或

（十三）卷轴、线轴及类似芯子（按其构成材料归类，例如，归入税目 39.23 或第十五类）。

二、除上述注释一另有规定的以外，本章各税目所列机器、设备、仪器或器具的零件、附件，应按下列规定归类：

（一）凡零件、附件本身已构成本章或第八十四章、第八十五章或第九十一章各税目（税目 84.87、85.48 或 90.33 除外）所包括的货品，应一律归入其相应的税目；

（二）其他零件、附件，如果专用于或主要用于某种或同一税目项下的多种机器、仪器或器具（包括税目 90.10、90.13 或 90.31 的机器、仪器或器具），应归入相应机器、仪器或器具的税目；

（三）所有其他零件、附件均应归入税目 90.33。

三、第十六类注释三及四的规定也适用于本章。

四、税目 90.05 不包括武器用望远镜瞄准具、潜艇或坦克上的潜望镜式望远镜及本章或第十六类的机器、设备、仪器或器具用的望远镜；这类望远镜瞄准具及望远镜应归入税目 90.13。

五、计量或检验用的光学仪器、器具或机器，如果既可归入税目 90.13，又可归入税目 90.31，则应归入税目 90.31。

六、税目 90.21 所称“矫形器具”，是指下列用途的器具：

预防或矫正躯体畸变；或

生病、手术或受伤后人体部位的支撑或固定。

矫形器具包括用于矫正畸形的鞋及特种鞋垫，但需符合下列任一条件：

（一）定制的；

（二）成批生产的，单独报验且不成双的，设计为左右两脚同样适用。

七、税目 90.32 仅适用于：

（一）液体或气体的流量、液位、压力或其他变化量的自动控制仪器及装置或温度自动控制装置，不论其是否依靠要被自动控制的因素所发生的不同的电现象来进行工作的，它们将要被自控的因素调到并保持在一设定值上，通过持续或定期测量实际值来保持稳定，修正任何偏差；以及

（二）电量自动调节器及自动控制非电量的仪器或装置，依靠要被控制的因素所发生的不同的电现象进行工作的，它们将要被控制的因素调到并保持在一设定值上，通过持续或定期测量实际值来保持稳定，修正任何偏差。

【要素释义】

一、归类要素

（一）结构：该要素为税目 90.01 的专有要素，指光导纤维、光导纤维束及光缆的结构特点．例如，单根、单根被履等。

（二）用途：指商品应用的方面、范围。例如，税目 90.04 货品填写“矫正视力用”等；税目 90.06 货品填写“制版用”“水下照相用”等；税目 90.18 货品填写“诊断用”等。

（三）材质：指组成某种商品的材料种类。若为复合材质（一种以上材料构成），应一一填写出所有材质。

（四）形状（片、板等）：该要素为税目 90.01 的专有要素，指商品具体形状为片状或板状。

（五）类型（变色等）：指眼镜片的具体类型．例如，太阳镜、变色镜、偏光镜等。

（六）用途（适用机型）：零件的用途一般为“用途（适用机型）”。为了满足零件归类要求，应首先确定专用该零件的机器（设备）的归类。因此在填写零件的“用途（适用机型）”要素时，应包含其专用机器（设备）所属税号的归类要素。

（七）是否已装配：该要素为税目 90.01 的专有要素，“已装配”是指光学元件已装在底座、框架等托架上。但仅为运输安全而作临时装配的光学元件，仍作为未装配元件对待，按实际情况填写。

（八）是否双筒：该要素为税目 90.05 的专有要素，指望远镜是单筒还是双筒。

（九）原理：指商品具有的普遍、基本的规律，通常又称工作原理。

（十）胶片宽度：指照相机或摄影机所用胶片的宽度。例如，可填写“宽度 35 毫米”。

（十一）摄影速度：该要素为税目 90.07 的专有要素，指摄影机在拍摄时的最大速度，通常用单位“帧/秒”（即每秒钟可拍摄的帧数）表示。

（十二）尺寸：该要素为税目 90.13 的专有要素，指液晶显示板的具体尺寸。例如，可填写“50 毫米×20 毫米”。

（十三）感量：该要素为税目 90.16 的专有要素，指天平指针从平衡位置偏转到标尺 1 分度所需的最大质量。感量与灵敏度成反比，感量越小，灵敏度越高。

（十四）功能：指商品本身所具有的作用、能力和功效。

（十五）是否手用：该要素为税目 90.17 的专有要素，指测量长度的器具是否便于在进行测量时将其握在手中。

（十六）构成：该要素为税目 90.20 的专有要素，指呼吸器具及防毒面具的组成部分。例如，由面罩、过滤单位、软管组成的防毒面具等。

（十七）有无机械零件或可互换过滤装置：该要素为税目 90.20 的专有要素，指呼吸器具及防毒面具是否带有机械零件或可互换过滤装置。

（十八）人造关节部位：该要素为税目 90.21 的专有要素，指人造关节具体应用于人体的部位。例如，可填写“关节”“膝关节”等。

（十九）试验材料类型：该要素为税目 90.24 的专有要素，指各种材料测试机器具体可以试验的材料种类。如金属、木材、纺织材料、纸张、塑料等，若能试验多种材料，应将所有材料种类一一填写。

（二十）是否可直接读数：该要素为税目 90.25 的专有要素，指温度计和高温计在测量时是否可直接读出温度数值。

（二十一）检测对象：指检测设备可以检测对象的种类或类型。例如，液体、气体、烟雾等。

（二十二）频率：该要素为税目 90.30 的专有要素，指示波器可测试的频率范围，常用单位“兆赫兹”表示。

（二十三）量程：该要素为税目 90.30 的专有要素，指万用表可测量的数值范围。对于数字显示万用表，其首位数字通常只能表示“1”或“0”，因此称为“半位”。例如，量程为五位指量程由 00000～99999，量程为五位半指量程由 00000～199999，量程为六位指量程由 000000～999999，量程为六位半指量程由 000000～1999999。

（二十四）是否带记录装置：该要素为税目90.30的专有要素，指电量检验仪器是否可将检测结果记录并保存下来。

（二十五）测试频率：该要素为税目90.30的专有要素，指通讯专用的仪器及装置可测试的频率范围，常用单位“兆赫兹”表示。

二、价格要素

（一）品牌：指制造商或经销商加在商品上的标志。实际只需要申报名称即可，有外文品牌的以申报外文品牌名称为主。

（二）型号：指商品的款式或者用途的代码，有的用货号表示。

（三）倍数：该要素是税目90.11项下复式光学显微镜的价格要素，指复式光学显微镜的最佳效果的表示方式，用“××倍”表示。注意填写“倍数”的同时必须填写“目镜”和“物镜”的倍数，两者相乘可得出显微镜倍数。例如，目镜为10倍，物镜为40倍，则放大倍数为400倍。

（四）材质：该要素是子目9021.1矫形或骨折用器具的价格要素，指制造矫形或骨折用器具的主要材质的名称。例如，骨骼内固定的材质可填写“钛”“不锈钢”等。

（五）技术参数：该要素是子目9021.1矫形或骨折用器具的价格要素，指矫形或骨折用器具的硬度指标。

（六）排数：该要素是子目9022.12“X射线断层检查仪”的专用价格要素，指设备的性能和功能的指标。例如，GE牌型号OPTIMA CT660全身X射线计算机断层扫描系统的排数为“64排”。

税则号列	商品名称	申报要素			说明举例
		归类要素	价格要素	其他要素	
90.01	**光导纤维及光导纤维束；光缆，但税目85.44的货品除外；偏振材料制的片及板；未装配的各种材料制透镜（包括隐形眼镜片）、棱镜、反射镜及其他光学元件，但未经光学加工的玻璃制上述元件除外：**				
9001.1000	-光导纤维、光导纤维束及光缆	1. 品名；2. 结构；3. 用途	4. 品牌；5. 型号		
9001.2000	-偏振材料制的片及板	1. 品名；2. 用途；3. 材质；4. 规格尺寸	5. 品牌；6. 型号		
9001.3000	-隐形眼镜片	1. 品名	2. 品牌；3. 型号；4. 材质；5. 种类（软片或硬片）；6. 颜色；7. 直径；8. 使用周期（日抛、月抛等）；9. 度数（近视或远视度数，是否带散光度数）		
	-玻璃制眼镜片：	1. 品名；2. 材质；3. 类型（变色等）	4. 品牌；5. 型号		
9001.4010	---变色镜片				
	---其他：				
9001.4091	----太阳镜片				
9001.4099	----其他				

税则号列	商品名称	申报要素			说明举例
		归类要素	价格要素	其他要素	
	-其他材料制眼镜片：	1. 品名；2. 材质；3. 类型（变色等）	4. 品牌；5. 型号		
9001.5010	---变色镜片				
	---其他：				
9001.5091	----太阳镜片				
9001.5099	----其他				
	-其他：				
9001.9010	---彩色滤光片	1. 品名；2. 用途（适用机型）；3. 材质	4. 品牌；5. 型号		
9001.9090	---其他	1. 品名；2. 用途（适用机型）；3. 材质；4. 如为薄膜滤光片请申报波长	5. 品牌；6. 型号		
90.02	**已装配的各种材料制透镜、棱镜、反射镜及其他光学元件，作为仪器或装置的零件、配件，但未经光学加工的玻璃制上述元件除外：**	1. 品名；2. 用途（适用机型）；3. 是否已装配	4. 品牌；5. 型号		
	-物镜：				
	--照相机、投影仪、照片放大机及缩片机用：				
9002.1110	---税号 9006.1010 至 9006.3000 所列照相机用				
9002.1120	---缩微阅读机用				
	---其他照相机用：				
9002.1131	----单反相机镜头				
9002.1139	----其他				
9002.1190	---其他				
	--其他：				
9002.1910	---摄影机或放映机用				
9002.1990	---其他				
	-滤色镜：				
9002.2010	---照相机用				
9002.2090	---其他				
	-其他：				
9002.9010	---照相机用				
9002.9090	---其他				
90.03	**眼镜架及其零件：**	1. 品名；2. 材质	3. 品牌；4. 型号		
	-眼镜架：				
9003.1100	--塑料制				
	--其他材料制：				

税则号列	商品名称	申报要素			说明举例
		归类要素	价格要素	其他要素	
9003.1910	---金属材料制				
9003.1920	---天然材料制				
9003.1990	---其他				
9003.9000	-零件				
90.04	**矫正视力、保护眼睛或其他用途的眼镜、挡风镜及类似品：**	1. 品名；2. 用途；3. 类型（变色等）	4. 品牌；5. 型号		
9004.1000	-太阳镜				
	-其他：				
9004.9010	---变色镜				
9004.9090	---其他				
90.05	**双筒望远镜、单筒望远镜、其他光学望远镜及其座架；其他天文仪器及其座架，但不包括射电天文仪器：**				
9005.1000	-双筒望远镜	1. 品名；2. 用途；3. 是否双筒	4. 品牌；5. 型号		
	-其他仪器：	1. 品名；2. 用途	3. 品牌；4. 型号		
9005.8010	---天文望远镜及其他天文仪器				
9005.8090	---其他				
	-零件、附件（包括座架）：	1. 品名；2. 用途（适用机型）	3. 品牌；4. 型号		
9005.9010	---天文望远镜及其他天文仪器用				
9005.9090	---其他				
90.06	**照相机（电影摄影机除外）；照相闪光灯装置及闪光灯泡，但税目85.39的放电灯泡除外：**				
9006.3000	-水下、航空测量或体内器官检查用的特种照相机；法庭或犯罪学用的比较照相机	1. 品名；2. 用途；3. 原理	4. 品牌；5. 型号		
9006.4000	-一次成像照相机	1. 品名；2. 用途；3. 原理	4. 品牌；5. 型号		
	-其他照相机：				
9006.5100	--通过镜头取景［单镜头反光式（SLR）］，使用胶片宽度不超过35毫米	1. 品名；2. 用途；3. 原理；4. 胶片宽度	5. 品牌；6. 型号		
	--其他，使用胶片宽度小于35毫米：	1. 品名；2. 用途；3. 原理；4. 胶片宽度	5. 品牌；6. 型号		
9006.5210	---缩微照相机，使用缩微胶卷、胶片或其他缩微品的				
9006.5290	---其他				

税则号列	商品名称	申报要素			说明举例
		归类要素	价格要素	其他要素	
9006.5300	--其他，使用胶片宽度为 35 毫米	1. 品名；2. 用途；3. 原理；4. 胶片宽度	5. 品牌；6. 型号		
	--其他：	1. 品名；2. 用途；3. 原理	4. 品牌；5. 型号		
9006.5910	---激光照相排版设备				
	---制版照相机：				
9006.5921	----电子分色机				
9006.5929	----其他				
9006.5990	---其他				
	-照相闪光灯装置及闪光灯泡：	1. 品名；2. 用途；3. 原理	4. 品牌；5. 型号		
9006.6100	--放电式（电子式）闪光灯装置				
	--其他：				
9006.6910	---闪光灯泡				
9006.6990	---其他				
	-零件、附件：	1. 品名；2. 用途（适用机型）	3. 品牌；4. 型号		
	--照相机用：				
9006.9110	---税号 9006.3000、9006.5921、9006.5929 所列照相机用				
9006.9120	---一次成像照相机用				
	---其他：				
9006.9191	----自动调焦组件				
9006.9192	----快门组件				
9006.9199	----其他				
9006.9900	--其他				
90.07	**电影摄影机、放映机，不论是否带有声音的录制或重放装置：**				
	-摄影机：	1. 品名；2. 用途；3. 原理；4. 胶片宽度；5. 摄影速度	6. 品牌；7. 型号		
9007.1010	---高速摄影机				
9007.1090	---其他				
	-放映机：	1. 品名；2. 用途；3. 原理	4. 品牌；5. 型号		
9007.2010	---数字式				
9007.2090	---其他				
	-零件、附件：	1. 品名；2. 用途（适用机型）	3. 品牌；4. 型号		
9007.9100	--摄影机用				

税则号列	商品名称	申报要素			说明举例
		归类要素	价格要素	其他要素	
9007.9200	--放映机用				
90.08	**影像投影仪，但电影用除外；照片（电影片除外）放大机及缩片机：**				
	-投影仪、放大机及缩片机：				
9008.5010	---幻灯机	1. 品名；2. 用途	3. 品牌；4. 型号		
9008.5020	---缩微胶卷、缩微胶片或其他缩微品的阅读机，不论是否可以进行复制	1. 品名；2. 用途	3. 品牌；4. 型号		
	---其他影像投影仪：	1. 品名；2. 用途；3. 原理	4. 品牌；5. 型号		
9008.5031	----正射投影仪				
9008.5039	----其他				
9008.5040	---照片（电影片除外）放大机及缩片机	1. 品名；2. 用途	3. 品牌；4. 型号		
	-零件、附件：	1. 品名；2. 用途（适用机型）	3. 品牌；4. 型号		
9008.9010	---缩微阅读机用				
9008.9020	---照片放大机及缩片机用				
9008.9090	---其他				
90.10	**本章其他税目未列名的照相（包括电影）洗印用装置及设备；负片显示器；银幕及其他投影屏幕：**				
	-照相（包括电影）胶卷或成卷感光纸的自动显影装置及设备或将已冲洗胶卷自动曝光到成卷感光纸上的装置及设备：	1. 品名；2. 用途；3. 原理	4. 品牌；5. 型号		
9010.1010	---电影用				
9010.1020	---特种照相用				
	---其他：				
9010.1091	----彩色胶卷用				
9010.1099	----其他				
	-照相（包括电影）洗印用其他装置及设备；负片显示器：	1. 品名；2. 用途；3. 原理	4. 品牌；5. 型号		
9010.5010	---负片显示器				
	---其他：				
9010.5021	----电影用				
9010.5022	----特种照相用				
9010.5029	----其他				
9010.6000	-银幕及其他投影屏幕	1. 品名；2. 用途	3. 品牌；4. 型号		

税则号列	商品名称	申报要素			说明举例
		归类要素	价格要素	其他要素	
	-零件、附件：	1. 品名；2. 用途（适用机型）	3. 品牌；4. 型号		
9010.9010	---电影用				
9010.9020	---特种照相用				
9010.9090	---其他				
90.11	**复式光学显微镜，包括用于缩微照相、显微电影摄影及显微投影的：**				
9011.1000	-立体显微镜	1. 品名；2. 用途；3. 原理	4. 品牌；5. 型号；6. 倍数		
9011.2000	-显微照相、显微电影摄影及显微投影用的其他显微镜	1. 品名；2. 用途；3. 原理	4. 品牌；5. 型号；6. 倍数		
9011.8000	-其他显微镜	1. 品名；2. 用途；3. 原理	4. 品牌；5. 型号；6. 倍数		
9011.9000	-零件、附件	1. 品名；2. 用途（适用机型）	3. 品牌；4. 型号		
90.12	**显微镜，但光学显微镜除外；衍射设备：**				
9012.1000	-显微镜，但光学显微镜除外；衍射设备	1. 品名；2. 用途；3. 原理	4. 品牌；5. 型号		
9012.9000	-零件、附件	1. 品名；2. 用途（适用机型）	3. 品牌；4. 型号		
90.13	**其他税目未列名的液晶装置；激光器，但激光二极管除外；本章其他税目未列名的光学仪器及器具：**				
9013.1000	-武器用望远镜瞄准具；潜望镜式望远镜；作为本章或第十六类的机器、设备、仪器或器具部件的望远镜	1. 品名；2. 用途	3. 品牌；4. 型号		
9013.2000	-激光器，但激光二极管除外	1. 品名；2. 用途；3. 原理	4. 品牌；5. 型号		
	-其他装置、仪器及器具：				
9013.8010	---放大镜	1. 品名；2. 原理	3. 品牌；4. 型号		
9013.8020	---光学门眼	1. 品名；2. 原理	3. 品牌；4. 型号		

税则号列	商品名称	申报要素			说明举例
		归类要素	价格要素	其他要素	
9013.8030	---液晶显示板	1. 品名；2. 用途；3. 原理（是否为液晶）；4. 尺寸	5. 品牌；6. 型号；7. 配置（请注明配置显示驱动板、HDMI接口、标记板、解码板、高频头、视频接口、触摸功能等）		
9013.8090	---其他	1. 品名；2. 用途；3. 原理	4. 品牌；5. 型号		
	-零件、附件：	1. 品名；2. 用途（适用机型）	3. 品牌；4. 型号		
9013.9010	---税号9013.1000及9013.2000所列货品用				
9013.9020	---税号9013.8030所列货品用				
9013.9090	---其他				
90.14	**定向罗盘；其他导航仪器及装置：**				
9014.1000	-定向罗盘	1. 品名；2. 用途；3. 原理	4. 品牌；5. 型号		
	-航空或航天导航仪器及装置（罗盘除外）：	1. 品名；2. 用途	3. 品牌；4. 型号		
9014.2010	---自动驾驶仪				
9014.2090	---其他				
9014.8000	-其他仪器及装置	1. 品名；2. 用途；3. 原理	4. 品牌；5. 型号		
	-零件、附件：	1. 品名；2. 用途（适用机型）	3. 品牌；4. 型号		
9014.9010	---自动驾驶仪用				
9014.9090	---其他				
90.15	**大地测量（包括摄影测量）、水道测量、海洋、水文、气象或地球物理用仪器及装置，不包括罗盘；测距仪：**				
9015.1000	-测距仪	1. 品名；2. 用途；3. 原理	4. 品牌；5. 型号		
9015.2000	-经纬仪及视距仪	1. 品名；2. 用途；3. 原理	4. 品牌；5. 型号		
9015.3000	-水平仪	1. 品名；2. 用途；3. 原理	4. 品牌；5. 型号		
9015.4000	-摄影测量用仪器及装置	1. 品名；2. 用途；3. 原理	4. 品牌；5. 型号		

税则号列	商品名称	申报要素			说明举例
		归类要素	价格要素	其他要素	
9015.8000	-其他仪器及装置	1. 品名；2. 用途；3. 原理	4. 品牌；5. 型号		
9015.9000	-零件、附件	1. 品名；2. 用途（适用机型）	3. 品牌；4. 型号		
90.16	**感量为50毫克或更精密的天平，不论是否带有砝码：**	1. 品名；2. 感量	3. 品牌；4. 型号		
9016.0010	---感量为0.1毫克或更精密的天平				
9016.0090	---其他				
90.17	**绘图、划线或数学计算仪器及器具（例如，绘图机、比例缩放仪、分度规、绘图工具、计算尺及盘式计算器）；本章其他税目未列名的手用测量长度的器具（例如，量尺、量带、千分尺及卡尺）：**				
9017.1000	-绘图台及绘图机，不论是否自动	1. 品名；2. 用途；3. 功能	4. 品牌；5. 型号		
9017.2000	-其他绘图、划线或数学计算器具	1. 品名；2. 用途；3. 功能；4. 是否手用	5. 品牌；6. 型号		
9017.3000	-千分尺、卡尺及量规	1. 品名；2. 用途；3. 功能；4. 是否手用	5. 品牌；6. 型号		
9017.8000	-其他仪器及器具	1. 品名；2. 用途；3. 功能	4. 品牌；5. 型号		
9017.9000	-零件、附件	1. 品名；2. 用途（适用机型）	3. 品牌；4. 型号		
90.18	**医疗、外科、牙科或兽医用仪器及器具，包括闪烁扫描装置、其他电气医疗装置及视力检查仪器：**				
	-电气诊断装置（包括功能检查或生理参数检查用装置）：	1. 品名；2. 用途；3. 原理	4. 品牌；5. 型号；6. 探头数量		例：彩色多普勒超声诊断仪，医疗用，SIEMENS，SONOLINEG60S，2个常规探头
9018.1100	--心电图记录仪				
	--超声波扫描装置：				
9018.1210	---B型超声波诊断仪				
	---其他：				
9018.1291	----彩色超声波诊断仪				
9018.1299	----其他				
	--核磁共振成像装置：				
9018.1310	---成套装置				

税则号列	商品名称	申报要素			说明举例
		归类要素	价格要素	其他要素	
9018.1390	---零件				
9018.1400	--闪烁摄影装置				
	--其他:				
9018.1930	---病员监护仪				
	---听力诊断装置:				
9018.1941	----听力计				
9018.1949	----其他				
9018.1990	---其他				
9018.2000	-紫外线及红外线装置	1. 品名; 2. 用途; 3. 原理	4. 品牌; 5. 型号		
	-注射器、针、导管、插管及类似品:				
9018.3100	--注射器，不论是否装有针头	1. 品名; 2. 用途	3. 品牌; 4. 型号		
	--管状金属针头及缝合用针:	1. 品名; 2. 用途	3. 品牌; 4. 型号		
9018.3210	---管状金属针头				
9018.3220	---缝合用针				
9018.3900	--其他	1. 品名; 2. 用途; 3. 材质	4. 品牌; 5. 型号		
	-牙科用其他仪器及器具:				
9018.4100	--牙钻机，不论是否与其他牙科设备组装在同一底座上	1. 品名; 2. 用途	3. 品牌; 4. 型号		
	--其他:				
9018.4910	---装有牙科设备的牙科用椅	1. 品名; 2. 用途	3. 品牌; 4. 型号		
9018.4990	---其他	1. 品名; 2. 用途; 3. 原理	4. 品牌; 5. 型号		
9018.5000	-眼科用其他仪器及器具	1. 品名; 2. 用途; 3. 原理	4. 品牌; 5. 型号		
	-其他仪器及器具:				
9018.9010	---听诊器	1. 品名; 2. 用途	3. 品牌; 4. 型号		
9018.9020	---血压测量仪器及器具	1. 品名; 2. 用途; 3. 原理（如电子式等）	4. 品牌; 5. 型号		
9018.9030	---内窥镜	1. 品名; 2. 用途	3. 品牌; 4. 型号; 5. 配置（如含三晶片摄像系统、监视器、冷光源等）		
9018.9040	---肾脏透析设备（人工肾）	1. 品名; 2. 用途; 3. 原理	4. 品牌		

税则号列	商品名称	申报要素			说明举例
		归类要素	价格要素	其他要素	
9018.9050	---透热疗法设备	1. 品名；2. 用途；3. 原理	4. 品牌		
9018.9060	---输血设备	1. 品名；2. 用途	3. 品牌；4. 型号		
9018.9070	---麻醉设备	1. 品名；2. 用途；3. 原理（如电子式等）	4. 品牌；5. 型号		
	---其他：	1. 品名；2. 用途；3. 原理（如电子式等）	4. 品牌；5. 型号		
9018.9091	----宫内节育器				
9018.9099	----其他				
90.19	**机械疗法器具；按摩器具；心理功能测验装置；臭氧治疗器；氧气治疗器、喷雾治疗器、人工呼吸器及其他治疗用呼吸器具：**				
	-机械疗法器具；按摩器具；心理功能测验装置：				
9019.1010	---按摩器具	1. 品名；2. 用途；3. 功能	4. 品牌；5. 型号		
9019.1090	---其他	1. 品名；2. 用途；3. 功能；4. 原理	5. 品牌；6. 型号		
9019.2000	-臭氧治疗器、氧气治疗器、喷雾治疗器、人工呼吸器及其他治疗用呼吸器具	1. 品名；2. 用途；3. 功能	4. 品牌；5. 型号		
90.20	**其他呼吸器具及防毒面具，但不包括既无机械零件又无可互换过滤器的防护面具：**	1. 品名；2. 用途；3. 构成；4. 有无机械零件或可互换过滤装置	5. 品牌；6. 型号		
9020.0000	其他呼吸器具及防毒面具，但不包括既无机械零件又无可互换过滤器的防护面具				
90.21	**矫形器具，包括支具、外科手术带、疝气带；夹板及其他骨折用具；人造的人体部分；助听器及为弥补生理缺陷或残疾而穿戴、携带或植入人体内的其他器具：**				
9021.1000	-矫形或骨折用器具	1. 品名；2. 用途	3. 品牌；4. 材质；5. 型号；6. 技术参数		
	-假牙及牙齿固定件：	1. 品名	2. 品牌；3. 材质；4. 型号		
9021.2100	--假牙				
9021.2900	--其他				
	-其他人造的人体部分：				

税则号列	商　品　名　称	申　报　要　素			说　明　举　例
		归类要素	价格要素	其他要素	
9021.3100	--人造关节	1. 品名；2. 用途；3. 人造关节部位	4. 品牌；5. 材质；6. 型号		
9021.3900	--其他	1. 品名；2. 用途	3. 品牌；4. 材质；5. 型号		
9021.4000	-助听器，不包括零件、附件	1. 品名			
9021.5000	-心脏起搏器，不包括零件、附件	1. 品名；2. 材质			
	-其他：	1. 品名；2. 用途；3. 原理	4. 品牌；5. 型号		例1：冠状动脉支架，等离子体技术涂层钛氧化氮，球囊扩张式，强生CYPHER型；例2：单叶机械心脏，碳素合金材质，美敦力A4501
	---支架：				
9021.9011	----血管支架				
9021.9019	----其他				
9021.9090	---其他				
90.22	**X射线或α射线、β射线、γ射线的应用设备，不论是否用于医疗、外科、牙科或兽医，包括射线照相及射线治疗设备，X射线管及其他X射线发生器、高压发生器、控制板及控制台、荧光屏、检查或治疗用的桌、椅及类似品：**				
	-X射线的应用设备，不论是否用于医疗、外科、牙科或兽医，包括射线照相或射线治疗设备：				
9022.1200	--X射线断层检查仪	1. 品名；2. 用途；3. 原理	4. 品牌；5. 型号；6. 排数		
9022.1300	--其他，牙科用	1. 品名；2. 用途；3. 原理	4. 品牌；5. 型号		
9022.1400	--其他，医疗、外科或兽医用	1. 品名；2. 用途；3. 原理	4. 品牌；5. 型号		
	--其他：	1. 品名；2. 用途；3. 原理	4. 品牌；5. 型号		
9022.1910	---低剂量X射线安全检查设备				
9022.1920	---X射线无损探伤检测仪				
9022.1990	---其他				

税则号列	商 品 名 称	申报要素			说 明 举 例
		归类要素	价格要素	其他要素	
	-α射线、β射线、γ射线的应用设备，不论是否用于医疗、外科、牙科或兽医，包括射线照相或射线治疗设备：	1. 品名；2. 用途；3. 原理	4. 品牌；5. 型号		
9022.2100	--医疗、外科、牙科或兽医用				
	--其他：				
9022.2910	---γ射线无损探伤检测仪				
9022.2990	---其他				
9022.3000	-X射线管	1. 品名；2. 用途；3. 原理	4. 品牌；5. 型号		
	-其他，包括零件、附件：	1. 品名；2. 用途；3. 原理	4. 品牌；5. 型号		
9022.9010	---X射线影像增强器				
9022.9090	---其他				
90.23	**专供示范（例如，教学或展览）而无其他用途的仪器、装置及模型：**	1. 品名；2. 用途	3. 品牌；4. 型号		
9023.0010	---教习头				
9023.0090	---其他				
90.24	**各种材料（例如，金属、木材、纺织材料、纸张、塑料）的硬度、强度、压缩性、弹性或其他机械性能的试验机器及器具：**				
	-金属材料的试验用机器及器具：	1. 品名；2. 功能；3. 试验材料类型	4. 品牌；5. 型号		
9024.1010	---电子万能试验机				
9024.1020	---硬度计				
9024.1090	---其他				
9024.8000	-其他机器及器具	1. 品名；2. 功能；3. 试验材料类型	4. 品牌；5. 型号		
9024.9000	-零件、附件	1. 品名；2. 用途（适用机型）	3. 品牌；4. 型号		
90.25	**记录式或非记录式的液体比重计及类似的浮子式仪器、温度计、高温计、气压计、湿度计、干湿球湿度计及其组合装置：**				
	-温度计及高温计，未与其他仪器组合：	1. 品名；2. 原理；3. 是否可直接读数	4. 品牌；5. 型号		
9025.1100	--液体温度计，可直接读数				
	--其他：				
9025.1910	---工业用				

税则号列	商品名称	申报要素			说明举例
		归类要素	价格要素	其他要素	
9025.1990	---其他				
9025.8000	-其他仪器	1. 品名；2. 原理	3. 品牌；4. 型号		
9025.9000	-零件、附件	1. 品名；2. 用途（适用机型）	3. 品牌；4. 型号		
90.26	**液体或气体的流量、液位、压力或其他变化量的测量或检验仪器及装置（例如，流量计、液位计、压力表、热量计），但不包括税目90.14、90.15、90.28或90.32的仪器及装置：**				
9026.1000	-测量、检验液体流量或液位的仪器及装置	1. 品名；2. 功能；3. 检测对象	4. 品牌；5. 型号		
	-测量、检验压力的仪器及装置：	1. 品名；2. 功能；3. 检测对象	4. 品牌；5. 型号		
9026.2010	---压力/差压变送器				
9026.2090	---其他				
	-其他仪器及装置：	1. 品名；2. 功能；3. 检测对象	4. 品牌；5. 型号		
9026.8010	---测量气体流量的仪器及装置				
9026.8090	---其他				
9026.9000	-零件、附件	1. 品名；2. 用途（适用机型）	3. 品牌；4. 型号		
90.27	**理化分析仪器及装置（例如，偏振计、折光仪、分光仪、气体或烟雾分析仪）；测量或检验黏性、多孔性、膨胀性、表面张力及类似性能的仪器及装置；测量或检验热量、声量或光量的仪器及装置（包括曝光表）；检镜切片机：**				
9027.1000	-气体或烟雾分析仪	1. 品名；2. 原理；3. 功能；4. 检测对象	5. 品牌；6. 型号		
	-色谱仪及电泳仪：	1. 品名；2. 原理；3. 功能；4. 检测对象	5. 品牌；6. 型号		
	---色谱仪：				
9027.2011	----气相色谱仪				
9027.2012	----液相色谱仪				
9027.2019	----其他				
9027.2020	---电泳仪				
9027.3000	-使用光学射线（紫外线、可见光、红外线）的分光仪、分光光度计及摄谱仪	1. 品名；2. 原理；3. 功能；4. 检测对象	5. 品牌；6. 型号		

税则号列	商品名称	申报要素			说明举例
		归类要素	价格要素	其他要素	
9027.5000	-使用光学射线（紫外线、可见光、红外线）的其他仪器及装置	1. 品名；2. 原理；3. 功能；4. 检测对象	5. 品牌；6. 型号		
	-其他仪器及装置：	1. 品名；2. 原理；3. 功能；4. 检测对象	5. 品牌；6. 型号		
	---质谱仪：				
9027.8011	----集成电路生产用氦质谱检漏台				
9027.8012	----质谱联用仪				
9027.8019	----其他				
	---其他：				
9027.8091	----曝光表				
9027.8099	----其他				
9027.9000	-检镜切片机；零件、附件	1. 品名；2. 用途（适用机型）	3. 品牌；4. 型号		
90.28	**生产或供应气体、液体及电力用的计量仪表，包括它们的校准仪表：**				
	-气量计：	1. 品名；2. 用途	3. 品牌；4. 型号		
9028.1010	---煤气表				
9028.1090	---其他				
	-液量计：	1. 品名；2. 用途	3. 品牌；4. 型号		
9028.2010	---水表				
9028.2090	---其他				
	-电量计：	1. 品名；2. 用途；3. 原理	4. 品牌；5. 型号		
	---电度表：				
9028.3011	----单相感应式				
9028.3012	----三相感应式				
9028.3013	----单相电子式（静止式）				
9028.3014	----三相电子式（静止式）				
9028.3019	----其他				
9028.3090	---其他				
	-零件、附件：	1. 品名；2. 用途（适用机型）	3. 品牌；4. 型号		
9028.9010	---工业用				
9028.9090	---其他				

税则号列	商品名称	申报要素			说明举例
		归类要素	价格要素	其他要素	
90.29	**转数计、产量计数器、车费计、里程计、步数计及类似仪表；速度计及转速表，税目90.14及90.15的仪表除外；频闪观测仪：**				
	-转数计、产量计数器、车费计、里程计、步数计及类似仪表：	1. 品名；2. 用途	3. 品牌；4. 型号		
9029.1010	---转数计				
9029.1020	---车费计、里程计				
9029.1090	---其他				
	-速度计及转速表，频闪观测仪：	1. 品名；2. 用途	3. 品牌；4. 型号		
9029.2010	---车辆用速度计				
9029.2090	---其他				
9029.9000	-零件、附件	1. 品名；2. 用途（适用机型）	3. 品牌；4. 型号		
90.30	**示波器、频谱分析仪及其他用于电量测量或检验的仪器和装置，不包括税目90.28的各种仪表；α射线、β射线、γ射线、X射线、宇宙射线或其他离子射线的测量或检验仪器及装置：**				
9030.1000	-离子射线的测量或检验仪器及装置	1. 品名；2. 用途；3. 功能	4. 品牌；5. 型号		
	-示波器：	1. 品名；2. 用途；3. 功能；4. 频率	5. 品牌；6. 型号		
9030.2010	---测试频率在300兆赫兹以下的通用示波器				
9030.2090	---其他				
	-检测电压、电流、电阻或功率的其他仪器及装置：				
	--万用表，不带记录装置：	1. 品名；2. 用途；3. 功能；4. 量程；5. 是否带记录装置	6. 品牌；7. 型号		
9030.3110	---量程在五位半及以下的数字万用表				
9030.3190	---其他				
9030.3200	--万用表，带记录装置	1. 品名；2. 用途；3. 功能；4. 量程；5. 是否带记录装置	6. 品牌；7. 型号		
	--其他，不带记录装置：				

税则号列	商品名称	申报要素			说明举例
		归类要素	价格要素	其他要素	
9030.3310	---量程在五位半及以下的数字电流表、电压表	1. 品名；2. 用途；3. 功能；4. 量程；5. 是否带记录装置	6. 品牌；7. 型号		
9030.3320	---电阻测试仪	1. 品名；2. 用途；3. 功能；4. 是否带记录装置	5. 品牌；6. 型号		
9030.3390	---其他	1. 品名；2. 用途；3. 功能；4. 是否带记录装置	5. 品牌；6. 型号		
9030.3900	--其他，带记录装置	1. 品名；2. 用途；3. 功能；4. 是否带记录装置	5. 品牌；6. 型号		
	-通讯专用的其他仪器及装置（例如，串音测试器、增益测量仪、失真度表、噪声计）：	1. 品名；2. 用途；3. 功能；4. 测试频率	5. 品牌；6. 型号		
9030.4010	---测试频率在12.4千兆赫兹以下的数字式频率计				
9030.4090	---其他				
	-其他仪器及装置：				
9030.8200	--测试或检验半导体圆片或器件用	1. 品名；2. 用途；3. 功能；4. 是否带记录装置	5. 品牌；6. 型号；7. 测试结果显示内容（例如，电压值、电流值等）		
	--其他，带记录装置：	1. 品名；2. 用途；3. 功能；4. 是否带记录装置	5. 品牌；6. 型号		
9030.8410	---电感及电容测试仪				
9030.8490	---其他				
	--其他：	1. 品名；2. 用途；3. 功能；4. 是否带记录装置	5. 品牌；6. 型号		
9030.8910	---电感及电容测试仪				
9030.8990	---其他				
9030.9000	-零件、附件	1. 品名；2. 用途（适用机型）	3. 品牌；4. 型号		
90.31	**本章其他税目未列名的测量或检验仪器、器具及机器；轮廓投影仪：**				
9031.1000	-机械零件平衡试验机	1. 品名；2. 用途；3. 功能	4. 品牌；5. 型号		
9031.2000	-试验台	1. 品名；2. 用途；3. 功能	4. 品牌；5. 型号		
	-其他光学仪器及器具：	1. 品名；2. 用途；3. 功能	4. 品牌；5. 型号		
9031.4100	--制造半导体器件时检验半导体晶片、器件或检测光掩模或光栅用				

税则号列	商品名称	申报要素			说明举例
		归类要素	价格要素	其他要素	
	--其他：				
9031.4910	---轮廓投影仪				
9031.4920	---光栅测量装置				
9031.4990	---其他				
	-其他仪器、器具及机器：	1. 品名；2. 用途；3. 原理；4. 功能	5. 品牌；6. 型号		
9031.8010	---光纤通信及光纤性能测试仪				
9031.8020	---坐标测量仪				
	---无损探伤检测仪器（射线探伤仪除外）：				
9031.8031	----超声波探伤检测仪				
9031.8032	----磁粉探伤检测仪				
9031.8033	----涡流探伤检测仪				
9031.8039	----其他				
9031.8090	---其他				
9031.9000	-零件、附件	1. 品名；2. 用途（适用机型）	3. 品牌；4. 型号		
90.32	**自动调节或控制仪器及装置：**				
9032.1000	-恒温器	1. 品名；2. 用途；3. 原理；4. 功能	5. 品牌；6. 型号		
9032.2000	-恒压器	1. 品名；2. 用途；3. 原理；4. 功能	5. 品牌；6. 型号		
	-其他仪器及装置：	1. 品名；2. 用途；3. 原理；4. 功能	5. 品牌；6. 型号		
9032.8100	--液压或气压的				
	--其他：				
	---列车自动控制系统（ATC）车载设备：				
9032.8911	----列车自动防护系统（ATP）车载设备				
9032.8912	----列车自动运行系统（ATO）车载设备				
9032.8919	----其他				
9032.8990	---其他				
9032.9000	-零件、附件	1. 品名；2. 用途（适用机型）	3. 品牌；4. 型号		
90.33	**第九十章所列机器、器具、仪器或装置用的本章其他税目未列名的零件、附件：**	1. 品名；2. 用途（适用机型）	3. 品牌；4. 型号		
9033.0000	第九十章所列机器、器具、仪器或装置用的本章其他税目未列名的零件、附件				

第九十一章　钟表及其零件

注释：

一、本章不包括：

（一）钟表玻璃及钟锤（按其构成材料归类）；

（二）表链（根据不同情况，归入税目 71.13 或 71.17）；

（三）第十五类注释二所规定的贱金属制通用零件（第十五类）、塑料制的类似品（第三十九章）及贵金属或包贵金属制的类似品（一般归入税目 71.15）；但钟、表发条则应作为钟、表的零件归类（税目 91.14）；

（四）轴承滚珠（根据不同情况，归入税目 73.26 或 84.82）；

（五）税目 84.12 的物品，不需擒纵器可以工作的；

（六）滚珠轴承（税目 84.82）；或

（七）第八十五章的物品，本身未组装在或未与其他零件组装在钟、表机芯内，也未组装成专用于或主要用于钟、表机芯零件的（第八十五章）。

二、税目 91.01 仅包括表壳完全以贵金属或包贵金属制的表，以及用贵金属或包贵金属与税目 71.01 至 71.04 的天然、养殖珍珠或宝石、半宝石（天然、合成或再造）合制的表。用贱金属上镶嵌贵金属制成表壳的表应归入税目 91.02。

三、本章所称"表芯"，是指由摆轮及游丝、石英晶体或其他能确定时间间隔的装置来进行调节的机构，并带有显示器或可装机械指示器的系统。表芯的厚度不超过 12 毫米，长、宽或直径不超过 50 毫米。

四、除注释一另有规定的以外，钟、表的机芯及其他零件，既适用于钟或表，又适用于其他物品（例如，精密仪器）的，均应归入本章。

【要素释义】

一、归类要素

（一）外壳材质（贵金属或包贵金属制）：该要素为税目 91.01 的专有要素，指手表、怀表及其他表的表壳是否由贵金属或包贵金属制成。申报时需报出具体的金属材质（如金）名称。

（二）驱动方式（电子、机械、自动、非自动）：指钟、表在驱动方式上的特点。例如，电子表、机械表、自动表等。

（三）指示方式：指钟表是用什么方式展示时间内容的。例如，指针式、光电式等。

（四）用途（车辆、船舶等用）：该要素为税目 91.05 的专有要素，指天文钟的具体使用场所。

（五）用途（闹钟、天文钟等）：指钟表的实际用途。例如，闹钟、天文钟等。

（六）表面尺寸：该要素为税目 91.08 的专有要素，指表芯的长度、宽度或直径的最大值。

（七）用途（考勤钟、停车计时表等）：指钟表的实际用途。例如，考勤钟、停车计时表等。

（八）材质：构成商品的材料和种类，在本章通常指贵金属、贱金属或包贵金属等。

（九）贵金属含量：指包含贵金属的钟、表零件中，按重量计贵金属占总量的百分比。

（十）是否野生动物皮制：该要素为税目 91.13 的专有要素，指表带及其零件是否由野生动物皮制成。

二、价格要素

（一）品牌：指制造商或经销商加在商品上的标志。实际只需要申报名称即可，有外文品牌的以申报外文品牌名称为主。例如，"LONGINES（浪琴）"牌。

（二）型号：指商品款式的代码。例如，某种"LONGINES（浪琴）"手表型号"NT000134"。

（三）材质（贵金属、贱金属等）：指加工钟表零件的原材料，需填写具体的材质名称。例如，子目 9114.3 手表镜面材质"蓝宝石水晶玻璃"。

税则号列	商品名称	申报要素			说明举例
		归类要素	价格要素	其他要素	
91.01	**手表、怀表及其他表，包括秒表，表壳用贵金属或包贵金属制成的：**	1. 品名；2. 外壳材质（贵金属或包贵金属制）；3. 驱动方式（电子、机械、自动、非自动）；4. 指示方式（指针、光电）	5. 品牌；6. 型号		
	-电力驱动的手表，不论是否附有秒表装置：				
9101.1100	--仅有机械指示器的				
	--其他：				
9101.1910	---仅有光电显示器的				
9101.1990	---其他				
	-其他手表，不论是否附有秒表装置：				
9101.2100	--自动上弦的				
9101.2900	--其他				
	-其他：				
9101.9100	--电力驱动的				
9101.9900	--其他				
91.02	**手表、怀表及其他表，包括秒表，但税目 91.01 的货品除外：**	1. 品名；2. 外壳材质（金属制等）；3. 驱动方式（电子、机械、自动、非自动）；4. 指示方式（指针、光电）	5. 品牌；6. 型号		
	-电力驱动的手表，不论是否附有秒表装置：				
9102.1100	--仅有机械指示器的				
9102.1200	--仅有光电显示器的				
9102.1900	--其他				
	-其他手表，不论是否装有秒表装置：				
9102.2100	--自动上弦的				
9102.2900	--其他				
	-其他：				
9102.9100	--电力驱动的				
9102.9900	--其他				
91.03	**以表芯装成的钟，但不包括税目 91.04 的钟：**	1. 品名；2. 驱动方式（电子、机械、自动、非自动）	3. 品牌；4. 型号		
9103.1000	-电力驱动的				
9103.9000	-其他				

税则号列	商 品 名 称	申报要素			说 明 举 例
		归类要素	价格要素	其他要素	
91.04	**仪表板钟及车辆、航空器、航天器或船舶用的类似钟：**	1. 品名；2. 驱动方式（电子、机械、自动、非自动）	3. 品牌；4. 型号		
9104.0000	仪表板钟及车辆、航空器、航天器或船舶用的类似钟				
91.05	**其他钟：**				
	-闹钟：	1. 品名；2. 驱动方式（电子、机械、自动、非自动）	3. 品牌；4. 型号		
9105.1100	--电力驱动的				
9105.1900	--其他				
	-挂钟：	1. 品名；2. 驱动方式（电子、机械、自动、非自动）	3. 品牌；4. 型号		
9105.2100	--电力驱动的				
9105.2900	--其他				
	-其他：				
	--电力驱动的：				
9105.9110	---天文钟	1. 品名；2. 用途（车辆、船舶等用）	3. 品牌；4. 型号		
9105.9190	---其他	1. 品名；2. 用途（闹钟、天文钟等）；3. 驱动方式（电子、机械）	4. 品牌；5. 型号		
9105.9900	--其他	1. 品名；2. 用途（闹钟、天文钟等）；3. 驱动方式（电子、机械）	4. 品牌；5. 型号		
91.06	**时间记录器以及测量、记录或指示时间间隔的装置，装有钟、表机芯或同步电动机的（例如，考勤钟、时刻记录器）：**	1. 品名；2. 用途（闹钟、天文钟等）；3. 驱动方式（电子、机械）	4. 品牌；5. 型号		
9106.1000	-考勤钟、时刻记录器				
9106.9000	-其他				
91.07	**装有钟、表机芯或同步电动机的定时开关：**	1. 品名；2. 用途（闹钟、天文钟等）；3. 驱动方式（电子、机械）	4. 品牌；5. 型号		
9107.0000	装有钟、表机芯或同步电动机的定时开关				
91.08	**已组装的完整表芯：**				

税则号列	商品名称	申报要素			说明举例
		归类要素	价格要素	其他要素	
	-电力驱动的：	1. 品名；2. 用途（闹钟、天文钟等）；3. 驱动方式（电子、机械）；4. 表面尺寸；5. 指示方式	6. 品牌		
9108.1100	--仅有机械指示器或有可装机械指示器的装置的				
9108.1200	--仅有光电显示器的				
9108.1900	--其他				
9108.2000	-自动上弦的	1. 品名；2. 用途（闹钟、天文钟等）；3. 驱动方式（电子、机械）；4. 表面尺寸；5. 指示方式	6. 品牌		
	-其他：				
9108.9010	---表面尺寸在33.8毫米及以下	1. 品名；2. 用途（考勤钟、停车记时表等）；3. 驱动方式（电子、机械）；4. 表芯的表面尺寸	5. 品牌		
9108.9090	---其他	1. 品名；2. 表面尺寸			
91.09	**已组装的完整钟芯：**	1. 品名；2. 驱动方式（电子、机械、自动、非自动）			例：已组装电子闹钟芯
9109.1000	-电力驱动的				
9109.9000	-其他				
91.10	**未组装或部分组装的完整钟、表机芯（机芯套装件）；已组装的不完整钟、表机芯；未组装的不完整钟、表机芯：**				
	-表的：	1. 品名；2. 驱动方式（电子、机械、自动、非自动）			
9110.1100	--未组装或部分组装的完整机芯（机芯套装件）				
9110.1200	--已组装的不完整机芯				
9110.1900	--未组装的不完整机芯				
	-其他：	1. 品名；2. 用途			
9110.9010	---未组装或部分组装的完整机芯				
9110.9090	---其他				
91.11	**表壳及其零件：**				
9111.1000	-贵金属表壳或包贵金属表壳	1. 品名；2. 材质；3. 贵金属含量			

税则号列	商品名称	申报要素			说明举例
		归类要素	价格要素	其他要素	
9111.2000	-贱金属表壳，不论是否镀金或镀银	1. 品名；2. 材质			
9111.8000	-其他表壳	1. 品名；2. 材质			
9111.9000	-零件	1. 品名；2. 材质			
91.12	**钟壳和本章所列其他货品的类似外壳及其零件：**	1. 品名；2. 用途			例：塑料钟壳
9112.2000	-壳				
9112.9000	-零件				
91.13	**表带及其零件：**				
9113.1000	-贵金属或包贵金属制	1. 品名；2. 材质（贵金属、贱金属等）；3. 贵金属含量			
9113.2000	-贱金属制，不论是否镀金或镀银	1. 品名；2. 材质（贵金属、贱金属等）			
9113.9000	-其他	1. 品名；2. 材质（贵金属、贱金属等）；3. 是否野生动物皮制			
91.14	**钟、表的其他零件：**				
9114.1000	-发条，包括游丝	1. 品名；2. 用途	3. 材质		
9114.3000	-钟面或表面	1. 品名	2. 材质（贵金属、贱金属等）		
9114.4000	-夹板及横担（过桥）	1. 品名	2. 材质（贵金属、贱金属等）		
	-其他：				
9114.9010	---宝石轴承	1. 品名；2. 用途	3. 材质		
9114.9090	---其他	1. 品名	2. 材质（贵金属、贱金属等）		

第九十二章　乐器及其零件、附件

注释：

一、本章不包括：

（一）第十五类注释二所规定的贱金属制通用零件（第十五类）或塑料制的类似品（第三十九章）；

（二）第八十五章或第九十章的传声器、扩大器、扬声器、耳机、开关、频闪观测仪及其他附属仪器、器具或设备，虽用于本章物品但未与该物品组成一体或安装在同一机壳内；

（三）玩具乐器或器具（税目 95.03）；

（四）清洁乐器用的刷子（税目 96.03），或独脚架、双脚架、三脚架及类似品（税目 96.20）；或

（五）收藏品或古物（税目 97.05 或 97.06）。

二、用于演奏税目 92.02、92.06 所列乐器的弓、槌及类似品，如果与该乐器一同报验，数量合理，用途明确，应归入有关乐器的相应税目。

税目 92.09 的卡片、盘或卷，即使与乐器一同报验，也不视为该乐器的组成部分，而应作为单独报验的物品对待。

【要素释义】

一、归类要素

（一）有否琴凳：该要素为税目 92.01 的专有要素，指本税目包含的键盘弦乐器在报验状态时是否带有琴凳。

（二）是否为野生动物皮制：指本章所列各种乐器是否为野生动物皮制或带有野生动物皮部分。

（三）用途：该要素为税目 92.09 的专有要素，指乐器零件适用于何种乐器。

二、价格要素

（一）产品编码：该要素是税目 92.01 的价格要素，指这类商品的设计或者出厂编码。例如，某种日本产 KAWAI 牌钢琴产品编码“2657185”。

（二）材质（象牙琴键、贵金属、贱金属等）：该要素是税目 92.01 钢琴等弦乐器和子目 9209.3 乐器用的弦的价格要素，指生产上述乐器和零件的主要原材料材质。

（三）种类（新旧、竖卧式、是否数码）：指乐器的类别（竖式、卧式）、新旧程度（旧乐器需申报生产年限）、是否数码等综合要素。

（四）品牌：指制造商或经销商加在商品上的标志。实际只需要申报名称即可，有外文品牌的以申报外文品牌名称为主。

（五）型号（规格型号）：指商品的具体款式的代号。

（六）用途：该要素是税目 92.06 打击乐器的价格要素，指该税号项下乐器的具体用处。例如，“演奏用”“练习用”“展览用”等。

税则号列	商品名称	申报要素			说明举例
		归类要素	价格要素	其他要素	
92.01	**钢琴，包括自动钢琴、拨弦古钢琴及其他键盘弦乐器：**	1. 品名	2. 产品编码；3. 材质（象牙琴键、贵金属、贱金属等）；4. 种类（新旧、竖卧式、是否数码）；5. 品牌；6. 型号；7. 旧钢琴请申报生产年份		
9201.1000	-竖式钢琴				
9201.2000	-大钢琴				

税则号列	商 品 名 称	申报要素			说 明 举 例
		归类要素	价格要素	其他要素	
9201.9000	-其他				
92.02	**其他弦乐器（例如，吉他、小提琴、竖琴）：**	1. 品名；2. 是否为野生动物皮制	3. 用途；4. 型号；5. 品牌		
9202.1000	-弓弦乐器				
9202.9000	-其他				
92.05	**管乐器（例如，键盘管风琴、手风琴、单簧管、小号、风笛），但游艺场风琴及手摇风琴除外：**	1. 品名	2. 种类；3. 品牌；4. 型号		
9205.1000	-铜管乐器				
	-其他：				
9205.9010	---键盘管风琴；簧风琴及类似的游离金属簧片键盘乐器				
9205.9020	---手风琴及类似乐器				
9205.9030	---口琴				
9205.9090	---其他				
92.06	**打击乐器（例如，鼓、木琴、铙、钹、响板、响葫芦）：**	1. 品名；2. 是否为野生动物皮制	3. 用途；4. 品牌；5. 型号		
9206.0000	打击乐器（例如，鼓、木琴、铙、钹、响板、响葫芦）				
92.07	**通过电产生或扩大声音的乐器（例如，电风琴、电吉他、电手风琴）：**	1. 品名	2. 种类；3. 品牌；4. 型号		
9207.1000	-键盘乐器，但手风琴除外				
9207.9000	-其他				
92.08	**百音盒、游艺场风琴、手摇风琴、机械鸣禽、乐锯及本章其他税目未列名的其他乐器；各种媒诱音响器、哨子、号角、口吹音响信号器：**				
9208.1000	-百音盒	1. 品名	2. 种类；3. 品牌		
9208.9000	-其他	1. 品名	2. 品牌		
92.09	**乐器的零件（例如，百音盒的机械装置）、附件（例如，机械乐器用的卡片、盘及带卷）；节拍器、音叉及各种定音管：**				
9209.3000	-乐器用的弦	1. 品名；2. 用途（适用乐器类型）	3. 品牌；4. 材质；5. 型号		
	-其他：	1. 品名；2. 用途			
9209.9100	--钢琴的零件、附件				

税则号列	商品名称	申报要素			说明举例
		归类要素	价格要素	其他要素	
9209.9200	--税目92.02所列乐器的零件、附件				
9209.9400	--税目92.07所列乐器的零件、附件				
	--其他:				
9209.9910	---节拍器、音叉及定音管				
9209.9920	---百音盒的机械装置				
9209.9990	---其他				

第十九类　武器、弹药及其零件、附件

第九十三章　武器、弹药及其零件、附件

注释：

一、本章不包括：

（一）第三十六章的货品（例如，火帽、雷管、信号弹）；

（二）第十五类注释二所规定的贱金属制通用零件（第十五类）或塑料制的类似品（第三十九章）；

（三）装甲战斗车辆（税目 87.10）；

（四）武器用的望远镜瞄准具及其他光学装置（第九十章），但安装在武器上或与武器一同报验以备安装在该武器上的除外；

（五）弓、箭、钝头击剑或玩具（第九十五章）；或

（六）收藏品或古物（税目 97.05 或 97.06）。

二、税目 93.06 所称“零件”，不包括税目 85.26 的无线电设备及雷达设备。

【要素释义】

一、归类要素

（一）驱动方式：指某些大型武器装备驱动的方式。例如，自推进式、非自推进式等。

（二）用途：指商品应用的方面、范围。该要素为税目 93.07 的专有要素，指刀、剑等类似武器的具体用途。例如，舞台道具用、装饰用等。

二、价格要素

（一）型号：指商品的款式或者用途的代码。

税则号列	商品名称	申报要素			说明举例
		归类要素	价格要素	其他要素	
93.01	**军用武器，但左轮手枪、其他手枪及税目 93.07 的兵器除外：**	1. 品名；2. 驱动方式	3. 型号		
	-火炮武器（例如，大炮、榴弹炮及迫击炮）：				
9301.1010	---自推进的				
9301.1090	---其他				
9301.2000	-火箭发射器；火焰喷射器；手榴弹发射器；鱼雷发射管及类似的发射装置				
9301.9000	-其他				
93.02	**左轮手枪及其他手枪，但税目 93.03 或 93.04 的货品除外：**	1. 品名	2. 型号		
9302.0000	左轮手枪及其他手枪，但税目 93.03 或 93.04 的货品除外				

税则号列	商品名称	申报要素			说明举例
		归类要素	价格要素	其他要素	
93.03	**靠爆炸药发射的其他火器及类似装置（例如，运动用猎枪及步枪、前装枪、维利式信号枪及其他专为发射信号弹的装置、发射空包弹的左轮手枪和其他手枪、弩枪式无痛捕杀器、抛缆枪）：**	1. 品名	2. 型号		
9303.1000	-前装枪				
9303.2000	-其他运动、狩猎或打靶用猎枪，包括组合式滑膛来复枪				
9303.3000	-其他运动、狩猎或打靶用步枪				
9303.9000	-其他				
93.04	**其他武器（例如，弹簧枪、气枪、气手枪、警棍），但不包括税目93.07的货品：**	1. 品名	2. 型号		
9304.0000	其他武器（例如，弹簧枪、气枪、气手枪、警棍），但不包括税目93.07的货品				
93.05	**税目93.01至93.04所列物品的零件、附件：**	1. 品名	2. 型号		
9305.1000	-左轮手枪或其他手枪用				
9305.2000	-税目93.03的猎枪或步枪用				
	-其他：				
9305.9100	--税目93.01的军用武器用				
9305.9900	--其他				
93.06	**炸弹、手榴弹、鱼雷、地雷、水雷、导弹及类似武器及其零件；子弹、其他弹药和射弹及其零件，包括弹丸及弹垫：**	1. 品名	2. 型号		
	-猎枪子弹及其零件；气枪弹丸：				
9306.2100	--猎枪子弹				
9306.2900	--其他				
	-其他子弹及其零件：				
9306.3080	---铆接机或类似工具用及弩枪式无痛捕杀器用子弹及其零件				
9306.3090	---其他				
9306.9000	-其他				
93.07	**剑、短弯刀、刺刀、长矛和类似的武器及其零件；刀鞘、剑鞘：**	1. 品名；2. 用途			
9307.0010	---军用				
9307.0090	---其他				

第二十类　杂项制品

第九十四章　家具；寝具、褥垫、弹簧床垫、软坐垫及类似的填充制品；未列名灯具及照明装置；发光标志、发光铭牌及类似品；活动房屋

注释：

一、本章不包括：

（一）第三十九章、第四十章或第六十三章的充气或充水的褥垫、枕头及坐垫；

（二）落地镜［例如，税目 70.09 的试衣镜（旋转镜）］；

（三）第七十一章的物品；

（四）第十五类注释二所规定的贱金属制通用零件（第十五类）、塑料制的类似品（第三十九章）或税目 83.03 的保险箱；

（五）冷藏或冷冻设备专用的特制家具（税目 84.18）；缝纫机专用的特制家具（税目 84.52）；

（六）第八十五章的灯具及照明装置；

（七）税目 85.18、85.19、85.21 或税目 85.25 至 85.28 所列装置专用的特制家具（应分别归入税目 85.18、85.22 或 85.29）；

（八）税目 87.14 的物品；

（九）装有税目 90.18 所列牙科用器具或漱口盂的牙科用椅（税目 90.18）；

（十）第九十一章的物品（例如，钟及钟壳）；

（十一）玩具家具、玩具灯或玩具照明装置（税目 95.03）、台球桌或其他供游戏用的特制家具（税目 95.04）、魔术用的特制家具或中国灯笼及类似的装饰品（电气彩灯串除外）（税目 95.05）；或

（十二）独脚架、双脚架、三脚架及类似品（税目 96.20）。

二、税目 94.01 至 94.03 的物品（零件除外），只适用于落地式的物品。

对下列物品，即使是悬挂的、固定在墙壁上的或叠摞的，仍归入上述各税目：

（一）碗橱、书柜、其他架式家具（包括与将其固定于墙上的支撑物一同报验的单层搁架）及组合家具；

（二）坐具及床。

三、（一）税目 94.01 至 94.03 所列货品的零件，不包括玻璃（包括镜子）、大理石或其他石料以及第六十八章及第六十九章所列任何其他材料的片、块（不论是否切割成形，但未与其他零件组装）；

（二）税目 94.04 的货品，如果单独报验，不能作为税目 94.01、94.02 或 94.03 所列货品的零件归类。

四、税目 94.06 所称“活动房屋”，是指在工厂制成成品或制成部件并一同报验，供以后在有关地点上组装的房屋。例如，工地用房、办公室、学校、店铺、工作棚、车房或类似的建筑物。

【要素释义】

一、归类要素

（一）用途：指该税目商品应用的方面、范围。例如，机动车辆用、办公室用等。

（二）材质：指构成商品的材料种类。若由多种材质构成，应将所有材质一一填写。

（三）是否可调节、可转动：该要素为税目 94.01 的专有要素，指坐具是否可调节高度、角度等，是否可自由转动。

（四）是否可做床用：该要素为税目 94.01 的专有要素，指坐具是否可兼做床使用（一般收拢即坐具，放倒或拉开即一张简易床）。

（五）是否装软垫：该要素为税目 94.01 的专有要素。“装软垫的坐具”是指填有一层柔软材料。例如，填絮、泡沫塑料或海绵橡胶等的坐具。

（六）配置附属装置：该要素为税目 94.02 的专有要素，指牙科、理发及类似用途的椅，在报验状态时带有何种附属装置。例如，头靠、搁脚板、肘靠等。

（七）是否带医疗用具：该要素为税目 94.02 的专有要素，指各种特殊用途的椅，在报验状态时是否带有医疗用具。

（八）是否办公室用：该要素为税目 94.03 的专有要素，指家具的具体适用场所是否为办公室。

（九）是否厨房用：该要素为税目 94.03 的专有要素，指家具的具体适用场所是否为厨房。

（十）是否卧室用：该要素为税目94.03的专有要素，指家具的具体适用场所是否为卧室。

（十一）材质（包面及填充物）：该要素为税目94.04的专有要素，指本税目所列商品其包面材质及内部填充物材料，如有多种材料要将其一一填写。

（十二）种类：该要素为税目94.05的专有要素，指灯具及照明装置的具体类型。例如，吊灯、墙壁灯、地灯、台灯等。

（十三）内部配置：该要素为税目94.06的专有要素，指活动房屋在报验状态时其内部带有的各种设备。例如，电气配件、暖气及空调设备、卫生设备、厨房设备等。

二、价格要素

（一）品牌：指制造商或经销商加在商品上的标志。实际只需要申报名称即可，有外文品牌的以申报外文品牌名称为主。

（二）规格：指家具的规格尺寸，用“厘米”或者“米”表示。

税则号列	商品名称	申报要素			说明举例
		归类要素	价格要素	其他要素	
94.01	**坐具（包括能作床用的两用椅，但税目94.02的货品除外）及其零件：**				
9401.1000	-飞机用坐具	1. 品名；2. 用途	3. 品牌		
	-机动车辆用坐具：	1. 品名；2. 用途；3. 材质	4. 品牌		
9401.2010	---皮革或再生皮革面的				
9401.2090	---其他				
9401.3000	-可调高度的转动坐具	1. 品名；2. 用途；3. 材质；4. 是否可调节、可转动	5. 品牌		
	-能做床用的两用椅，但庭园坐具或野营设备除外：	1. 品名；2. 用途；3. 材质；4. 是否可做床用	5. 品牌		
9401.4010	---皮革或再生皮革面的				
9401.4090	---其他				
	-藤、柳条、竹及类似材料制的坐具：	1. 品名；2. 用途；3. 材质	4. 品牌		
9401.5200	--竹制的				
9401.5300	--藤制的				
9401.5900	--其他				
	-木框架的其他坐具：				
	--装软垫的：				
9401.6110	---皮革或再生皮革面的	1. 品名；2. 用途；3. 座面的表面材质；4. 框架材质；5. 是否装软垫	6. 品牌		
9401.6190	---其他	1. 品名；2. 用途；3. 表面材质；4. 框架材质；5. 是否装软垫	6. 品牌		
9401.6900	--其他	1. 品名；2. 用途；3. 座面的表面材质；4. 框架材质；5. 是否装软垫	6. 品牌		

税则号列	商品名称	申报要素			说明举例
		归类要素	价格要素	其他要素	
	-金属框架的其他坐具:	1. 品名; 2. 用途; 3. 座面的表面材质; 4. 框架材质; 5. 是否装软垫	6. 品牌		
	--装软垫的:				
9401.7110	---皮革或再生皮革面的				
9401.7190	---其他				
9401.7900	--其他				
	-其他坐具:	1. 品名; 2. 用途; 3. 材质	4. 品牌		
9401.8010	---石制的				
9401.8090	---其他				
	-零件:	1. 品名; 2. 用途(适用机型); 3. 材质			
	---机动车辆用:				
9401.9011	----座椅调角器				
9401.9019	----其他				
9401.9090	---其他				
94.02	**医疗、外科、牙科或兽医用家具(例如,手术台、检查台、带机械装置的病床、牙科用椅);有旋转、倾斜、升降装置的理发用椅及类似椅;上述物品的零件:**				
	-牙科、理发及类似用途的椅及其零件:				
9402.1010	---理发用椅及其零件	1. 品名; 2. 用途; 3. 材质	4. 品牌		
9402.1090	---其他	1. 品名; 2. 用途; 3. 配置附属装置; 4. 是否带医疗用具	5. 品牌		
9402.9000	-其他	1. 品名; 2. 用途; 3. 配置附属装置; 4. 是否带医疗用具	5. 品牌		
94.03	**其他家具及其零件:**				
9403.1000	-办公室用金属家具	1. 品名; 2. 材质; 3. 是否办公室用	4. 品牌; 5. 规格		
9403.2000	-其他金属家具	1. 品名; 2. 用途; 3. 材质	4. 品牌; 5. 规格		
9403.3000	-办公室用木家具	1. 品名; 2. 材质; 3. 是否办公室用	4. 品牌; 5. 规格		
9403.4000	-厨房用木家具	1. 品名; 2. 材质; 3. 是否厨房用	4. 品牌; 5. 规格		

税则号列	商品名称	申报要素			说明举例
		归类要素	价格要素	其他要素	
	-卧室用木家具：	1. 品名；2. 材质；3. 是否卧室用	4. 品牌；5. 规格		
9403.5010	---红木制				
	---其他：				
9403.5091	----天然漆（大漆）漆木家具				
9403.5099	----其他				
	-其他木家具：	1. 品名；2. 用途；3. 材质	4. 品牌；5. 规格		
9403.6010	---红木制				
	---其他：				
9403.6091	----天然漆（大漆）漆木家具				
9403.6099	----其他				
9403.7000	-塑料家具	1. 品名；2. 用途；3. 材质	4. 品牌；5. 规格		
	-其他材料制的家具，包括藤、柳条、竹或类似材料制的：	1. 品名；2. 用途；3. 材质	4. 品牌；5. 规格		
9403.8200	--竹制的				
9403.8300	--藤制的				
	--其他：				
9403.8910	---柳条及类似材料制的				
9403.8920	---石制的				
9403.8990	---其他				
9403.9000	-零件	1. 品名；2. 用途；3. 材质	4. 规格		
94.04	**弹簧床垫；寝具及类似用品，装有弹簧、内部用任何材料填充、衬垫或用海绵橡胶、泡沫塑料制成，不论是否包面（例如，褥垫、棉被、羽绒被、靠垫、坐垫及枕头）：**				
9404.1000	-弹簧床垫	1. 品名	2. 品牌；3. 规格		
	-褥垫：	1. 品名	3. 品牌；4. 规格		
9404.2100	--海绵橡胶或泡沫塑料制，不论是否包面				
9404.2900	--其他材料制				
	-睡袋：	1. 品名；2. 材质（填充物）	3. 品牌；4. 规格		
9404.3010	---羽毛或羽绒填充的				
9404.3090	---其他				
	-其他：	1. 品名；2. 材质（填充物）	3. 品牌；4. 规格		

税则号列	商品名称	申报要素			说明举例
		归类要素	价格要素	其他要素	
9404.9010	---羽毛或羽绒填充的				
9404.9020	---兽毛填充的				
9404.9030	---丝棉填充的				
9404.9040	---化纤棉填充的				
9404.9090	---其他				
94.05	**其他税目未列名的灯具及照明装置，包括探照灯、聚光灯及其零件；装有固定光源的发光标志、发光铭牌及类似品，以及其他税目未列名的这些货品的零件：**				
9405.1000	-枝形吊灯及天花板或墙壁上的其他电气照明装置，但不包括公共露天场所或街道上的电气照明装置	1. 品名；2. 用途	3. 品牌		
9405.2000	-电气的台灯、床头灯或落地灯	1. 品名；2. 材质；3. 用途	4. 品牌		
9405.3000	-圣诞树用的成套灯具	1. 品名；2. 材质；3. 用途	4. 品牌		
	-其他电灯及照明装置：	1. 品名；2. 用途	3. 品牌		
9405.4010	---探照灯				
9405.4020	---聚光灯				
9405.4090	---其他				
9405.5000	-非电气的灯具及照明装置	1. 品名；2. 材质；3. 用途	4. 品牌		
9405.6000	-发光标志、发光铭牌及类似品	1. 品名；2. 材质；3. 用途	4. 品牌		
	-零件：	1. 品名；2. 材质；3. 用途			
9405.9100	--玻璃制				
9405.9200	--塑料制				
9405.9900	--其他				
94.06	**活动房屋：**	1. 品名；2. 材质；3. 内部配置	4. 规格（尺寸）		
9406.1000	-木制的				
9406.9000	-其他				

第九十五章　玩具、游戏品、运动用品及其零件、附件

注释：

一、本章不包括：

（一）蜡烛（税目34.06）；

（二）税目36.04的烟花、爆竹或其他烟火制品；

（三）已切成一定长度但未制成钓鱼线的纱线、单丝、绳、肠线及类似品（第三十九章、税目42.06或第十一类）；

（四）税目42.02、43.03或43.04的运动用袋或其他容器；

（五）第六十一章或第六十二章的纺织品制的化装舞会服装；第六十一章或第六十二章的纺织品制的运动服装或特殊衣着（例如，击剑服或足球守门员球衣），无论是否附带保护配件，例如，肘部、膝部或腹股沟部位的保护垫或填充物；

（六）第六十三章的纺织品制的旗帜及帆板或滑行车用帆；

（七）第六十四章的运动鞋靴（装有冰刀或滑轮的溜冰鞋除外）或第六十五章的运动用帽；

（八）手杖、鞭子、马鞭或类似品（税目66.02）及其零件（税目66.03）；

（九）税目70.18的未装配的玩偶或其他玩具用的玻璃假眼；

（十）第十五类注释二所规定的贱金属制通用零件（第十五类）或塑料制的类似货品（第三十九章）；

（十一）税目83.06的铃、钟、锣及类似品；

（十二）液体泵（税目84.13）、液体或气体的过滤、净化机器及装置（税目84.21）、电动机（税目85.01）、变压器（税目85.04）；录制声音或其他信息用的圆盘、磁带、固态非易失性数据存储器件、“智能卡”及其他媒体，不论是否已录制（税目85.23）；无线电遥控设备（税目85.26）或无绳红外线遥控器件（税目85.43）；

（十三）第十七类的运动用车辆（长雪橇、平底雪橇及类似品除外）；

（十四）儿童两轮车（税目87.12）；

（十五）运动用船艇，例如，轻舟、赛艇（第八十九章）及其桨、橹和类似品（木制的归入第四十四章）；

（十六）运动及户外游戏用的眼镜、护目镜及类似品（税目90.04）；

（十七）媒诱音响器及哨子（税目92.08）；

（十八）第九十三章的武器及其他物品；

（十九）各种电气彩灯串（税目94.05）；

（二十）独脚架、双脚架、三脚架及类似品（税目96.20）；

（二十一）球拍线、帐篷或类似的野营用品、分指手套、连指手套及露指手套（按其构成材料归类）；或

（二十二）餐具、厨房用具、盥洗用品、地毯及纺织材料制的其他铺地制品、服装、床上、餐桌、盥洗及厨房用的织物制品及具有实用功能的类似货品（按其构成材料归类）。

二、本章包括天然或养殖珍珠、宝石或半宝石（天然、合成或再造）、贵金属或包贵金属只作为小零件的物品。

三、除上述注释一另有规定的以外，凡专用于或主要用于本章各税目所列物品的零件、附件，应与有关物品一并归类。

四、除上述注释一另有规定的以外，税目95.03主要适用于该税目所列的物品与一项或多项其他货品组合而成的物品，只要这些物品为零售包装，且组合后具有玩具的基本特征。这些组合物品不能视为归类总规则三（二）所指的成套货品，如果单独报验，应归入其他税目。

五、税目95.03不包括因其设计、形状或构成材料可确认为专供动物使用的物品，例如，“宠物玩具”（归入其适当税目）。

子目注释：

子目9504.50包括：

（一）在电视机、监视器或其他外部屏幕或表面上重放图像的视频游戏控制器；或

（二）自带显示屏的视频游戏设备，不论是否便携式。

本子目不包括用硬币、钞票、银行卡、代币或任何其他支付方式使其工作的视频游戏控制器或设备（子目9504.30）。

【要素释义】

一、归类要素

（一）用途：指商品应用的方面、范围，如娱乐用、体育活动用、体育竞赛用等。

（二）种类：指娱乐用品或体育用品的具体类型，如中国象棋、滑水板、乒乓球、溜冰鞋、跑步机等。

（三）是否成套：该要素为税目 95.03 的专有要素，指玩具在报验状态时是否包装成套。

（四）是否带有动力装置：该要素为税目 95.03 的专有要素，指玩具本身是否带有动力装置，如电动机等。

（五）是否与电视接收机配套使用：该要素为税目 95.04 的专有要素，指视频游戏设备在使用时是否与电视接收机配套使用。

（六）材质：指构成商品的材料种类。若由多种材质构成，应将所有材质一一填写。

二、价格要素

（一）品牌：指制造商或经销商加在商品上的标志。实际只需要申报名称即可，有外文品牌的以申报外文品牌名称为主。

（二）型号：指商品的具体款式的代号。

税则号列	商品名称	申报要素			说明举例
		归类要素	价格要素	其他要素	
95.03	**三轮车、踏板车、踏板汽车及类似的带轮玩具；玩偶车；玩偶；其他玩具；缩小（按比例缩小）的模型及类似的娱乐用模型，不论是否活动；各种智力玩具：**				
9503.0010	---三轮车、踏板车、踏板汽车和类似的带轮玩具；玩偶车	1. 品名；2. 用途；3. 种类	4. 品牌		
	---玩偶，不论是否着装；玩具动物：	1. 品名；2. 用途；3. 种类	4. 品牌		
9503.0021	----动物				
9503.0029	----其他				
9503.0083	----带动力装置的玩具及模型	1. 品名；2. 用途；3. 种类；4. 是否带有动力装置	5. 品牌		
9503.0089	----其他	1. 品名；2. 用途；3. 种类	4. 品牌		
9503.0090	---零件、附件	1. 品名；2. 用途；3. 种类	4. 品牌		
95.04	**视频游戏控制器及设备、游艺场所、桌上或室内游戏用品，包括弹球机、台球、娱乐专用桌及保龄球自动球道设备：**				
9504.2000	-各种台球用品及附件	1. 品名；2. 用途	3. 品牌		
	-用硬币、钞票、银行卡、代币或任何其他支付方式使其工作的其他游戏用品，但保龄球自动球道设备除外：				
9504.3010	---电子游戏机	1. 品名；2. 用途；3. 种类	4. 品牌		

税则号列	商品名称	申报要素			说明举例
		归类要素	价格要素	其他要素	
9504.3090	---其他	1. 品名；2. 用途	3. 品牌		
9504.4000	-扑克牌	1. 品名；2. 用途	3. 品牌		
	-视频游戏控制器及设备，但子目9504.30的货品除外：	1. 品名；2. 用途；3. 种类；4. 是否与电视接收机配套使用	5. 品牌		
	---与电视接收机配套使用的：				
9504.5011	----零件及附件				
9504.5019	----其他				
	---其他：				
9504.5091	----零件及附件				
9504.5099	----其他				
	-其他：				
9504.9010	---其他电子游戏机	1. 品名；2. 种类	3. 品牌		
	---保龄球自动球道设备及器具：	1. 品名；2. 种类	3. 品牌		
9504.9021	----保龄球自动分瓶机				
9504.9022	----保龄球				
9504.9023	----保龄球瓶				
9504.9029	----其他				
9504.9030	---中国象棋、国际象棋、跳棋等棋类用品	1. 品名；2. 种类	3. 品牌		
9504.9040	---麻将及类似桌上游戏用品	1. 品名；2. 种类	3. 品牌		
9504.9090	---其他	1. 品名；2. 材质	3. 品牌		
95.05	**节日（包括狂欢节）用品或其他娱乐用品，包括魔术道具及嬉戏品：**				
9505.1000	-圣诞节用品	1. 品名；2. 用途	3. 品牌		
9505.9000	-其他	1. 品名；2. 用途	3. 品牌		
95.06	**一般的体育活动、体操、竞技及其他运动（包括乒乓球运动）或户外游戏用的本章其他税目未列名用品及设备；游泳池或戏水池：**				
	-滑雪屐及其他滑雪用具：	1. 品名；2. 种类	3. 品牌；4. 型号		
9506.1100	--滑雪屐				
9506.1200	--滑雪屐扣件（滑雪屐带）				
9506.1900	--其他				
	-滑水板、冲浪板、帆板及其他水上运动用具：	1. 品名；2. 种类	3. 品牌；4. 型号		
9506.2100	--帆板				
9506.2900	--其他				

税则号列	商品名称	申报要素			说明举例
		归类要素	价格要素	其他要素	
	-高尔夫球棍及其他高尔夫球用具：	1. 品名	2. 品牌；3. 型号		
9506.3100	--棍，全套				
9506.3200	--球				
9506.3900	--其他				
	-乒乓球运动用品及器械：	1. 品名	2. 品牌；3. 型号		
9506.4010	---乒乓球				
9506.4090	---其他				
	-网球拍、羽毛球拍或类似的球拍，不论是否装弦：	1. 品名；2. 种类	3. 品牌；4. 型号		
9506.5100	--草地网球拍，不论是否装弦				
9506.5900	--其他				
	-球，但高尔夫球及乒乓球除外：	1. 品名；2. 种类	3. 品牌；4. 型号		
9506.6100	--草地网球				
	--可充气的球：				
9506.6210	---篮球、足球、排球				
9506.6290	---其他				
9506.6900	--其他				
	-溜冰鞋及旱冰鞋，包括装有冰刀的溜冰靴：	1. 品名；2. 种类	3. 品牌；4. 型号		
9506.7010	---溜冰鞋				
9506.7020	---旱冰鞋				
	-其他：				
	--一般的体育活动、体操或竞技用品及设备：	1. 品名；2. 用途；3. 种类	4. 品牌；5. 型号		
	---健身及康复器械：				
9506.9111	----跑步机				
9506.9119	----其他				
9506.9120	---滑板				
9506.9190	---其他				
9506.9900	--其他	1. 品名；2. 材质	3. 品牌；4. 型号		
95.07	**钓鱼竿、钓鱼钩及其他钓鱼用品；捞鱼网、捕蝶网及类似网；囮子“鸟”（税目92.08或97.05的货品除外）以及类似的狩猎用品：**				
9507.1000	-钓鱼竿	1. 品名；2. 材质	3. 品牌；4. 型号		

税则号列	商品名称	申报要素			说明举例
		归类要素	价格要素	其他要素	
9507.2000	-钓鱼钩，不论有无系钩丝	1. 品名	2. 品牌；3. 型号		
9507.3000	-钓线轮	1. 品名	2. 品牌；3. 型号		
9507.9000	-其他	1. 品名；2. 用途	3. 品牌；4. 型号		税目56.08货品除外
95.08	**旋转木马、秋千、射击用靶及其他游乐场的娱乐设备；流动马戏团及流动动物园；流动剧团：**	1. 品名			例：旋转木马；射击用靶
9508.1000	-流动马戏团及流动动物园				
9508.9000	-其他				

第九十六章　杂项制品

注释：

一、本章不包括：

（一）化妆盥洗用笔（第三十三章）；

（二）第六十六章的制品（例如，伞或手杖的零件）；

（三）仿首饰（税目 71.17）；

（四）第十五类注释二所规定的贱金属制通用零件（第十五类）或塑料制的类似品（第三十九章）；

（五）第八十二章的利口器及其他物品，其柄或其他零件是雕刻或模塑材料制的；但税目 96.01 或 96.02 适用于单独报验的上述物品的柄或其他零件；

（六）第九十章的物品，例如，眼镜架（税目 90.03）、数学绘图笔（税目 90.17）及各种牙科、医疗、外科或兽医专用刷子（税目 90.18）；

（七）第九十一章的物品（例如，钟壳或表壳）；

（八）乐器及其零件、附件（第九十二章）；

（九）第九十三章的物品（武器及其零件）；

（十）第九十四章的物品（例如，家具、灯具及照明装置）；

（十一）第九十五章的物品（玩具、游戏品、运动用品）；或

（十二）艺术品、收藏品及古物（第九十七章）。

二、税目 96.02 所称"植物质或矿物质雕刻材料"，是指：

（一）用于雕刻的硬种子、硬果核、硬果壳、坚果及类似植物材料（例如，象牙果及棕榈子）；

（二）琥珀、海泡石、黏聚琥珀、黏聚海泡石、黑玉及其矿物代用品。

三、税目 96.03 所称"制帚、制刷用成束、成簇的材料"，仅指未装配的成束、成簇的兽毛、植物纤维或其他材料。这些成束、成簇的材料无需分开即可安装在帚、刷之上，或只需经过简单加工（例如，将顶端修剪成形）即可安装的。

四、除税目 96.01 至 96.06 或 96.15 的货品以外的本章的物品还包括全部或部分用贵金属、包贵金属、天然或养殖珍珠、宝石或半宝石（天然、合成或再造）制成的物品。而且，税目 96.01 至 96.06 及 96.15 包括天然或养殖珍珠、宝石或半宝石（天然、合成或再造）、贵金属或包贵金属只作为小零件的物品。

【要素释义】

一、归类要素

（一）材质：指构成商品的材料种类。若由多种材质构成，应将所有材质一一填写。

（二）是否野生动物产品：该要素为税目 96.01 的专有要素，指已加工的兽牙及其制品是否为野生动物制。

（三）是否已加工：该要素为税目 96.01 的专有要素，由于税目 96.01 是"已加工的兽牙、骨、玳瑁壳、角、鹿角、珊瑚、珍珠母及其他动物质雕刻材料及其制品"，故归入本税目的商品必须填写"已加工"。

（四）加工工艺：指商品经过的工艺及步骤。

（五）用途：指商品应用的方面、范围。例如，机器用、香水喷雾器用等。

（六）组成（内装货品）：该要素为税目 96.05 的专有要素，指成套货品中所包含货品的具体品名，申报时应将所有货品一一填写。

（七）种类：指商品的具体类型。例如，税目 96.13 的打火机填写"一次性打火机"或"可充气打火机"；税目 96.08 填写"圆珠笔""自来水笔"或"活动铅笔"等。

（八）是否用纺织材料包裹：该要素为税目 96.06 的专有要素，指扣子及其零件在报验状态时是否外部用纺织材料包裹。

（九）是否带外壳的保温瓶：该要素为税目 96.17 的专有要素，指申报商品是否为带外壳的保温瓶。

（十）用途：该要素为税目 96.19 的专有要素，指对于尿布和尿裤，填写"婴儿用"或"成人用"。

二、价格要素

（一）品牌：指制造商或经销商加在商品上的标志。实际只需要申报名称即可，有外文品牌的以申报外文品牌名称为主。

（二）型号：指商品的款式，款式不同，型号不同。

<table>
<tr><th rowspan="2">税则号列</th><th rowspan="2">商　品　名　称</th><th colspan="3">申　报　要　素</th><th rowspan="2">说　明　举　例</th></tr>
<tr><th>归类要素</th><th>价格要素</th><th>其他要素</th></tr>
<tr><td>96.01</td><td>已加工的兽牙、骨、玳瑁壳、角、鹿角、珊瑚、珍珠母及其他动物质雕刻材料及其制品（包括模塑制品）：</td><td></td><td></td><td></td><td></td></tr>
<tr><td>9601.1000</td><td>-已加工的兽牙及其制品</td><td>1. 品名；2. 是否野生动物产品</td><td></td><td></td><td>例：野生象牙制的筷子，已加工</td></tr>
<tr><td>9601.9000</td><td>-其他</td><td>1. 品名；2. 材质；3. 加工工艺</td><td></td><td></td><td></td></tr>
<tr><td>96.02</td><td>已加工的植物质或矿物质雕刻材料及其制品；蜡、硬脂、天然树胶、天然树脂或塑型膏制成的模塑或雕刻制品以及其他税目未列名的模塑或雕刻制品；已加工的未硬化明胶（税目35.03的明胶除外）及未硬化明胶制品：</td><td></td><td></td><td></td><td></td></tr>
<tr><td>9602.0010</td><td>---装药用胶囊</td><td>1. 品名</td><td></td><td></td><td>不包括税目19.05的装药空囊</td></tr>
<tr><td>9602.0090</td><td>---其他</td><td>1. 品名；2. 材质；3. 加工工艺</td><td></td><td></td><td></td></tr>
<tr><td>96.03</td><td>帚、刷（包括作为机器、器具、车辆零件的刷）、非机动的手工操作地板清扫器、拖把及毛掸；供制帚、刷用的成束或成簇的材料；油漆块垫及滚筒；橡皮扫帚（橡皮辊除外）：</td><td>1. 品名；2. 用途；3. 材质</td><td></td><td></td><td>例：机器用钢丝刷；野鸡羽毛掸</td></tr>
<tr><td>9603.1000</td><td>-用枝条或其他植物材料捆扎而成的帚及刷，不论是否有把</td><td></td><td></td><td></td><td></td></tr>
<tr><td></td><td>-牙刷、剃须刷、发刷、指甲刷、睫毛刷及其他人体化妆用刷，包括作为器具零件的上述刷：</td><td></td><td></td><td></td><td></td></tr>
<tr><td>9603.2100</td><td>--牙刷，包括齿板刷</td><td></td><td></td><td></td><td></td></tr>
<tr><td>9603.2900</td><td>--其他</td><td></td><td></td><td></td><td></td></tr>
<tr><td></td><td>-画笔、毛笔及化妆用的类似笔：</td><td></td><td></td><td></td><td></td></tr>
<tr><td>9603.3010</td><td>---画笔</td><td></td><td></td><td></td><td></td></tr>
<tr><td>9603.3020</td><td>---毛笔</td><td></td><td></td><td></td><td></td></tr>
<tr><td>9603.3090</td><td>---其他</td><td></td><td></td><td></td><td></td></tr>
<tr><td></td><td>-油漆刷、涂料刷、清漆刷及类似的刷（子目9603.30的货品除外）；油漆块垫及滚筒：</td><td></td><td></td><td></td><td></td></tr>
<tr><td></td><td>---漆刷及类似刷：</td><td></td><td></td><td></td><td></td></tr>
<tr><td>9603.4011</td><td>----猪鬃制</td><td></td><td></td><td></td><td></td></tr>
</table>

税则号列	商品名称	申报要素			说明举例
		归类要素	价格要素	其他要素	
9603.4019	----其他				
9603.4020	---油漆块垫及滚筒				
	-作为机器、器具、车辆零件的刷：				
	---金属丝刷：				
9603.5011	----作为机器、器具零件的刷				
9603.5019	----其他				
	---其他：				
9603.5091	----作为机器、器具零件的刷				
9603.5099	----其他				
	-其他：				
9603.9010	---羽毛掸				
9603.9090	---其他				
96.04	**手用粗筛、细筛：**	1. 品名			例：手用粗筛、细筛
9604.0000	手用粗筛、细筛				
96.05	**个人梳妆、缝纫或清洁鞋靴、衣服用的成套旅行用具：**	1. 品名；2. 组成（内装货品）			例：擦鞋套具（内含棕色、黑色鞋油各1支，鞋擦1个，鞋刷2把，成套盒装）
9605.0000	个人梳妆、缝纫或清洁鞋靴、衣服用的成套旅行用具				
96.06	**纽扣、揿扣、纽扣芯及纽扣和揿扣的其他零件；纽扣坯：**				
9606.1000	-揿扣及其零件	1. 品名；2. 材质；3. 种类；4. 是否用纺织材料包裹			
	-纽扣：	1. 品名；2. 材质，是否用纺织材料包裹；3. 种类（是否袖口、饰扣）			
9606.2100	--塑料制，未用纺织材料包裹				
9606.2200	--贱金属制，未用纺织材料包裹				
9606.2900	--其他				
9606.3000	-纽扣芯及纽扣的其他零件；纽扣坯	1. 品名；2 种类			
96.07	**拉链及其零件：**	1. 品名；2. 材质	3. 品牌		例：铜拉链
	-拉链：				
9607.1100	--装有贱金属制咪牙齿的				
9607.1900	--其他				
9607.2000	-零件				

税则号列	商品名称	申报要素			说明举例
		归类要素	价格要素	其他要素	
96.08	**圆珠笔；毡尖和其他渗水式笔尖笔及唛头笔；自来水笔、铁笔型自来水笔及其他钢笔；蜡纸铁笔；活动铅笔；钢笔杆、铅笔套及类似的笔套；上述物品的零件（包括帽、夹），但税目96.09的货品除外：**	1. 品名；2. 种类	3. 品牌；4. 型号		
9608.1000	-圆珠笔				
9608.2000	-毡尖和其他渗水式笔尖笔及唛头笔				
	-自来水笔、铁笔型自来水笔及其他钢笔：				
9608.3010	---墨汁画笔				
9608.3020	---自来水笔				
9608.3090	---其他				
9608.4000	-活动铅笔				
9608.5000	-由上述两个或多个子目所列物品组成的成套货品				
9608.6000	-圆珠笔芯，由圆珠笔头和墨芯构成				
	-其他：				
9608.9100	--钢笔头及笔尖粒				
	--其他：				
9608.9910	---机器、仪器用笔				
9608.9920	---蜡纸铁笔；钢笔杆、铅笔杆及类似的笔杆				
9608.9990	---其他				
96.09	**铅笔（税目96.08的铅笔除外）、颜色铅笔、铅笔芯、蜡笔、图画碳笔、书写或绘画用粉笔及裁缝划粉：**	1. 品名；2. 种类	3. 品牌；4. 型号		不包括活动铅笔
	-铅笔及颜色铅笔：				
9609.1010	---铅笔				
9609.1020	---颜色铅笔				
9609.2000	-铅笔芯，黑的或其他颜色的				
9609.9000	-其他				
96.10	**具有书写或绘画面的石板、黑板及类似板，不论是否镶框：**	1. 品名；2. 种类	3. 品牌		
9610.0000	具有书写或绘画面的石板、黑板及类似板，不论是否镶框				

税则号列	商品名称	申报要素			说明举例
		归类要素	价格要素	其他要素	
96.11	**手用日期戳、封缄戳、编号戳及类似印戳（包括标签压印器）；手工操作的排字盘及带有排字盘的手印器：**	1. 品名；2. 用途			
9611.0000	手用日期戳、封缄戳、编号戳及类似印戳（包括标签压印器）；手工操作的排字盘及带有排字盘的手印器				
96.12	**打字机色带或类似色带，已上油或经其他方法处理能着色的，不论是否装轴或装盒；印台，不论是否已加印油或带盒子：**	1. 品名；2. 材质	3. 品牌；4. 型号		不包括未上有油墨的色带；例：化学纤维制打字机色带，松下kx-8
9612.1000	-色带				
9612.2000	-印台				
96.13	**香烟打火机和其他打火器（不论是机械的，还是电气的）及其零件，但打火石及打火机芯除外：**	1. 品名；2. 种类	3. 型号；4. 品牌		
9613.1000	-袖珍气体打火机，一次性的				
9613.2000	-袖珍气体打火机，可充气的				
9613.8000	-其他打火器				
9613.9000	-零件				
96.14	**烟斗（包括烟斗头）和烟嘴及其零件：**				
9614.0010	---烟斗及烟斗头	1. 品名；2. 材质	3. 品牌；4. 型号		
9614.0090	---其他	1. 品名；2. 材质	3. 品牌		例：野生象牙制的烟嘴，无品牌
96.15	**梳子、发夹及类似品；发卡、卷发夹、卷发器或类似品及其零件，但税目85.16的货品除外：**	1. 品名；2. 材质			例：牛骨梳，非野生
	-梳子、发夹及类似品：				
9615.1100	--硬质橡胶或塑料制				
9615.1900	--其他				
9615.9000	-其他				
96.16	**香水喷雾器或类似的化妆用喷雾器及其座架、喷头；粉扑及粉拍，施敷脂粉或化妆品用：**	1. 品名；2. 用途			例：香水喷雾器
9616.1000	-香水喷雾器或类似的化妆用喷雾器及其座架、喷头				

税则号列	商品名称	申报要素			说明举例
		归类要素	价格要素	其他要素	
9616.2000	-粉扑及粉拍，施敷脂粉或化妆品用				
96.17	**带壳的保温瓶和其他真空容器及其零件，但玻璃瓶胆除外：**	1. 品名；2. 是否带外壳的保温瓶			
	---保温瓶：				
9617.0011	----玻璃内胆制				
9617.0019	----其他				
9617.0090	---其他				
96.18	**裁缝用人体模型及其他人体活动模型；橱窗装饰用的自动模型及其他活动陈列品：**	1. 品名；2. 用途；3. 材质			
9618.0000	裁缝用人体模型及其他人体活动模型；橱窗装饰用的自动模型及其他活动陈列品				例：裁缝用塑料人体模型
96.19	**任何材料制的卫生巾（护垫）及止血塞、婴儿尿布及尿布衬里和类似品：**				
	---尿裤及尿布：	1. 品名；2. 用途（婴儿用、成人用等）	3. 品牌（包括中英文品牌名称）；4. 系列；5. 码数（型号）；6. 包装规格（每包所含片数）；7. 个体重量（每包重量）		
9619.0011	----供婴儿使用的				
9619.0019	----其他				
9619.0020	---卫生巾（护垫）及止血塞	1. 品名	2. 品牌		
9619.0090	---其他	1. 品名	2. 品牌		
96.20	**独脚架、双脚架、三脚架及类似品**	1. 品名；2. 用途	3. 品牌		
9620.0000	独脚架、双脚架、三脚架及类似品				

第二十一类　艺术品、收藏品及古物

第九十七章　艺术品、收藏品及古物

注释：

一、本章不包括：

（一）税目 49.07 的未经使用的邮票、印花税票、邮政信笺（印有邮票的纸品）及类似的票证；

（二）作舞台、摄影的布景及类似用途的已绘制画布（税目 59.07），但可归入税目 97.06 的除外；或

（三）天然或养殖珍珠、宝石或半宝石（税目 71.01 至 71.03）。

二、税目 97.02 所称“雕版画、印制画、石印画的原本”，是指以艺术家完全手工制作的单块或数块印版直接印制出来的黑白或彩色原本，不论艺术家使用何种方法或材料，但不包括使用机器或照相制版方法制作的。

三、税目 97.03 不适用于成批生产的复制品及具有商业性质的传统手工艺品，即使这些物品是艺术家设计或创造的。

四、（一）除上述注释一至三另有规定的以外，可归入本章各税目的物品，均应归入本章的相应税目而不归入本目录的其他税目；

（二）税目 97.06 不适用于可以归入本章其他各税目的物品。

五、已装框的油画、粉画及其他绘画、版画、拼贴画及类似装饰板，如果框架的种类及价值与作品相称，应与作品一并归类。如果框架的种类及价值与作品不相称，应分别归类。

【要素释义】

一、归类要素

（一）是否野生动物产品：指商品是否由野生动物制成或部分制成。

（二）用途（如具有商业性质的装饰用雕塑品、个人装饰品及其他具有商业性质的传统手工艺品）：该要素为税目 97.03 的专有要素，指本税目包含的商品是否为具有商业性质的装饰用雕塑品、个人装饰品及其他具有商业性质的传统手工艺品，按实际情况填写即可。

（三）种类：指商品的具体类型。例如，古钱币、矿石标本等。

（四）年代：指商品的生产年代。例如，1800 年产。

二、价格要素

（一）尺寸大小：该要素是税目 97.01 至税目 97.03 项下画的专有价格要素。尺寸大小指“长×宽”，计量单位用“米”或者“厘米”或者“英寸”表示。

（二）原作者姓名：该要素为税目 97.02 的专有要素，指雕版画、印制画、石印画的原本的作者姓名。

（三）创作年份：该要素为税目 97.02 的专有要素，指雕版画、印制画、石印画的原本创作的具体年份。

（四）指运国（地区）：该要素是税目 97.04 邮票及类似品的专用价格要素，指上述商品使用或者发行的国家或地区。例如，未使用过的新加坡邮票。

税则号列	商品名称	申报要素			说明举例
		归类要素	价格要素	其他要素	
97.01	**油画、粉画及其他手绘画，但带有手工绘制及手工描饰的制品或税目 49.06 的图纸除外；拼贴画及类似装饰板：** -油画、粉画及其他手绘画： ---原件：				
9701.1011	----唐卡	1. 品名；2. 是否野生动物产品	3. 尺寸大小		

税则号列	商品名称	申报要素			说明举例
		归类要素	价格要素	其他要素	
9701.1019	----其他	1. 品名；2. 是否野生动物产品	3. 尺寸大小；4. 作者；5. 作品名称		
9701.1020	---复制品	1. 品名；2. 是否野生动物产品	3. 尺寸大小		
9701.9000	-其他	1. 品名；2. 是否野生动物产品	3. 尺寸大小		
97.02	**雕版画、印制画、石印画的原本：**	1. 品名	2. 尺寸大小；3. 原作者姓名；4. 创作年份；5. 作品名称		
9702.0000	雕版画、印制画、石印画的原本				
97.03	**各种材料制的雕塑品原件：**	1. 品名；2. 材质（是否濒危动植物制）	3. 尺寸大小；4. 作者；5. 作品名称		
9703.0000	各种材料制的雕塑品原件				
97.04	**使用过或未使用过的邮票、印花税票、邮戳印记、首日封、邮政信笺（印有邮票的纸品）及类似品，但税目49.07的货品除外：**	1. 品名；2. 种类	3. 指运国（地区）		税目49.07的货品除外。例：未使用过的新加坡邮票
9704.0010	---邮票				
9704.0090	---其他				
97.05	**具有动物学、植物学、矿物学、解剖学、历史学、考古学、古生物学、人种学或钱币学意义的收集品及珍藏品：**	1. 品名；2. 种类；3. 年代；4. 是否野生动物产品			例：2~3亿年前的三叶虫化石（注：该例仅限于举例，实为国家禁止出口古文物）
9705.0000	具有动物学、植物学、矿物学、解剖学、历史学、考古学、古生物学、人种学或钱币学意义的收集品及珍藏品				
97.06	**超过100年的古物：**	1. 品名；2. 年代；3. 是否野生动物产品			
9706.0000	超过100年的古物				